国家出版基金项目

NATIONAL PUBLICATION FOUNDATION

长江专门史丛书

长江文化史

第一卷

李学勤 徐吉军 主编

长江出版社

CHANGJIANG PRESS

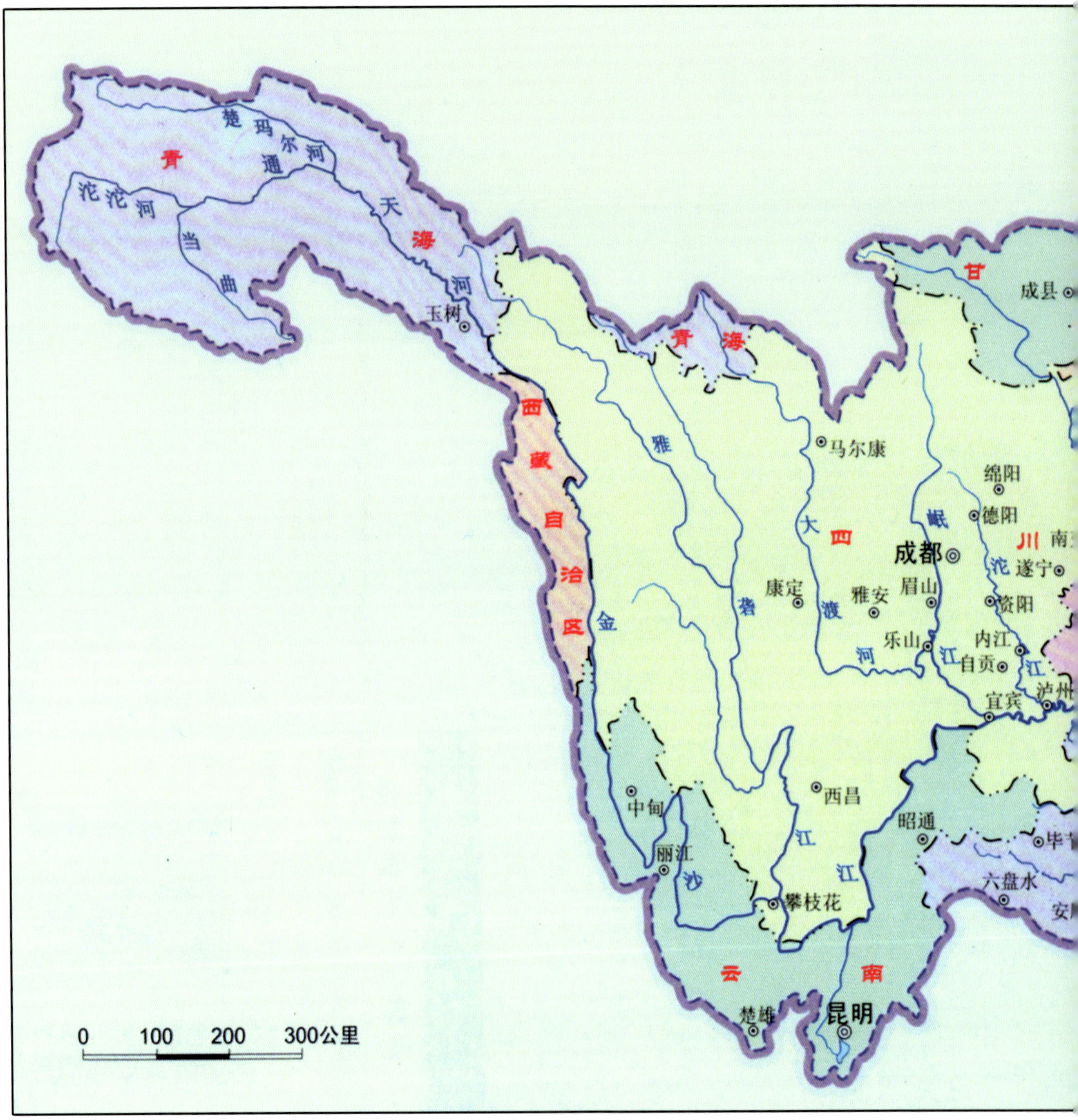
青
海
楚玛尔河
通天河
沱沱河
当曲
玉树
西藏自治区
青
海
甘
成县
马尔康
雅砻江
大渡河
四
川
成都
岷江
沱江
绵阳
德阳
遂宁
资阳
康定
雅安
眉山
乐山
内江
自贡
泸州
宜宾
金沙江
西昌
中甸
丽江
攀枝花
昭通
六盘水
云
南
楚雄
昆明
0 100 200 300公里

商洛
丹
江
河
南
南阳
西
水
安康
十堰
汉
水
湖
北
荆门
孝感
武汉
黄冈
宜昌
荆州
鄂州
黄石
咸宁
恩施
重
江
长
江
张家界
湖
南
常德
岳阳
洞庭湖
吉首
沅
江
益阳
资
水
长沙
株州
娄底
湘潭
湘
江
怀化
铜仁
邵阳
衡阳
永州
郴州
凯里
乌
江
广西壮族自治区
九江
鄱阳湖
南昌
景德镇
江
西
上饶
信
江
鹰潭
抚川
宜春
新余
萍乡
吉安
赣
江
赣州
合肥
巢湖
安
徽
安庆
铜陵
贵池
芜湖
马鞍山
宣州
南京
滁州
扬州
镇江
江
苏
南通
常州
无锡
大
运
河
太湖
苏州
上
海
市
上海
浙
江
湖州
嘉兴
杭州

长江流域图

前 言

长江是世界第三、我国第一大河，发源于青藏高原的唐古拉山主峰各拉丹冬雪山西南侧，自西而东流经青海、四川、西藏、云南、重庆、湖北、湖南、江西、安徽、江苏、上海等11个省（自治区、直辖市）注入东海。支流展延至贵州、甘肃、陕西、河南、浙江、广西、广东、福建等8个省（自治区）。流域面积约180万km^2，约占我国国土面积的18.8%。

长江是中华民族的母亲河，是中华民族发展的重要支撑。长江以其庞大的河湖水系，独特完整的自然生态系统，强大的涵养水源、繁育生物、释氧固碳、净化环境功能，维护了我国重要的生物基因宝库和生态安全；以其丰富的水土、森林、矿产、水能和航运资源，保障了国家的供水安全、粮食安全和能源安全；通过流域的治理与开发，养育了4.59亿人口，孕育了灿烂的长江文明，在经济社会发展中发挥了重要作用。

（一）重要的生态屏障

长江流域山水林田湖草浑然一体，是我国重要的生物基因宝库。地跨热带、亚热带和暖温带，地貌类型复杂，生态系统类型多样，川西河谷森林生态系统、南方亚热带常绿阔叶林森林生态系统、长江中下游湿地生态系统等是具有全球重大意义的生物多样性优先保护区域，其中长江中下游湿地是百余种、百万余只国际迁徙水鸟的中途停歇地和重要越冬地，也是世界湿地和生物多样性保护的热点地区；森林覆盖率达41.3%，河湖、水库、湿地面积约占全国的20%，物种资源丰富，珍稀濒危植物占全国总数的39.7%，淡水鱼类占全国总数的33%，不仅有中华鲟、江豚、扬子鳄、大熊猫和金丝猴等珍稀动物，还有银杉、水杉、珙桐等珍稀植物，是我国珍稀濒危野生动植物集中分布区域。

长江流域分布有众多的国家级生态环境敏感区，是我国重要的生态安全屏障区。目前已建立有国家级自然保护区93个，面积2399.3万hm^2，分别占全国的30.7%、26.3%；国家级水产种质资源保护区253个，占全国的51.0%；国家级森林公园255个，占全国的28.9%；国家级地质公园54个，占全国的29.3%；同时拥有世界文化和自然遗产地15处、国家级风景名胜区75处。

（二）重要的资源支撑

长江流域是我国水资源配置的战略水源地。长江流域水资源相对丰富，多年平均水资源量9959亿m^3，约占全国的36%，居全国各大江河之首，单位国土面积水资源量为59.5万m^3/km^2，约为全国平均值的2倍。每年长江供水量超过2000亿m^3，支撑流域经济社会供水安全。通过南水北调、引汉济渭、引江济淮、滇中引水等工程建设，惠泽流域外广大地区，保障供水安全。2017年长江流域净调出水量达92.14亿m^3。

长江流域是实施能源战略的主要基地。长江流域是我国水能资源最为富集的地区，水力资源理论蕴藏量达30.05万MW，年电量2.67万亿kW·h，约占全国的40%；技术可开发装机容量28.1万MW，年发电量1.30万亿kW·h，分别占全国的47%和48%，是我国水电开发的主要基地。流域内风能、太阳能、生物能、地热能等十分丰富，是我国新能源发展的重点地区。

长江是联系我国东中西部的“黄金水道”。长江水系航运资源丰富，3600多条通航河流的总计通航里程超过7.1万km，占全国内河通航总里程的56%；通航能力大，2017年完成客运量1.84亿人次，占全国水路客运量的65.0%，完成货运量47.14亿t，占全国水路货运量的70.6%。

长江流域是我国重要的粮食生产基地。耕地面积为4.62亿亩，粮食产量1.63亿t，占全国粮食产量的32.5%。

长江流域矿产资源丰富。储量占全国比重50%以上的约有30种，其中钒、钛、汞、铷、铯、磷、芒硝、硅石等矿产储量占全国的80%以上，铜、钨、锑、铋、锰、铊等矿产储量占全国的50%以上，铁、铝、硫、金、银等矿产储量占全国的30%以上。

（三）重要的战略地位

长江流域横跨我国西南、华中和华东三大区，2017年流域总人口4.59

亿，占全国的33%，城镇化率达到49%。流域人口密度较高，约为全国平均人口密度的1.8倍。

长江流域形成了长江三角洲城市群、长江中游城市群、成渝城市群、江淮城市群、滇中城市群和黔中城市群，聚集地级以上城市50多个。2017年长江流域地区生产总值29.3万亿元，占全国的35.4%，是我国经济重心所在、活力所在，长江三角洲地区是我国经济最发达的区域之一。流域内已建立起比较完善的水运、铁路、公路、航空等综合交通运输体系，初步形成了综合立体交通走廊。

长江是长江经济带发展、长江三角洲一体化发展等国家战略的重要依托，是连接丝绸之路经济带和21世纪海上丝绸之路的纽带，集沿海、沿江、沿边、内陆开放于一体，具有东西双向开放的独特优势，在我国经济社会发展中具有重要地位。

长江第一湾

绪　论

——李学勤先生论长江文化史的研究

2019年2月24日，在我们编纂图文本《长江文化史》之际，主编李学勤先生驾鹤仙去，享年86岁。李先生的辞世，对本书的编纂来说无疑是一大打击，好在大家化悲痛为力量，高质量地完成了这一大型的学术著作，告慰了先生之灵。

李先生是国内外著名的历史学家、古文字学家，一生致力于汉以前的历史文化研究，注重将传世文献与考古学、出土文献研究成果相结合，在甲骨学、青铜器、战国文字、简帛学以及与其相关的历史文化研究等众多领域，均有卓越建树。毫无疑义，长江文化史研究也是先生着重的一大领域。

早在20世纪80年代，中国曾掀起所谓“文化热”，有关文化和文化史的专著、论文，一时如风起云涌。其间，观点倾向虽属不一，但多数作品对于认识中国历史文化，开拓人文研究领域，有着积极的促进作用。此后，文化的探索趋于深入，日益发达的区域文化研究即其标志之一。当时，李先生写过《多彩的古代地区文化》等论文，讨论过这一点。他认为，中国早期文明是多线性、多样性发展起来的，具有多元起源、多区域不平衡发展的特点。中国从来是一个多民族多地区的国家，历史上不同时期的不同区域的人民，各自创造出富于特色的文化，经过交流融会，呈现为光辉灿烂的中华文明。各区域在文化上的特殊性，是区域文化研究得以成立的基础。然而中国的文化又有其共同性，若干相邻接关联的小区域也可合观为大区域，这样的文化上的共同性，更是进行区域文化研究时必须重视的。人们常常谈到的中国文化南方、北方的差异，所指就是一种大区域的文化观念。大区域的文化研究，由于有较广阔的眼界，有利于整个文化史特征的探讨，在区域研究中是一个值得提倡的方向。①

但在中国文明的起源问题上，过去很长一段时期内，研究古代史和考古学的学者总

① 李学勤：《长江文化史》序言，江西教育出版社1995年版；李学勤：《中国早期文明史上的虞舜》，《湖南科技学院学报》2012年11月第33卷第11期。

是把眼光集中在黄河中下游的中原一带，盛行的看法就是中华文明的起源是一元的，即中原中心论，认为黄河流域是中华文明的摇篮，其中心在黄河中下游，中原地区最为先进，由之向外传播，以至各地。如1933年发表的傅斯年的名文《夷夏东西说》就持这一主张，他认为，夏与周在西，夷与商在东，彼此先后兴起。“自东汉末以来的中国史，常常分南北，或者是政治的分裂，或者由于北方为外族所统治。但这个现象不能倒安在古代史上。到东汉，长江流域才大发达。到孙吴时，长江流域才有独立的大政治组织。在三代时及三代以前，政治的演进，由部落到帝国，是以河、济、淮流域为地盘的。在这片大地中，地理的形势只有东西之分，并无南北之限。历史凭借地理而生，这两千年的对峙，是东西而不是南北。”①傅斯年的《夷夏东西说》，讲到的夏、夷、商、周，各自的中心都在黄河中下游一带。他的这一论点，曾对学术界有很大的影响。还有不少著作，把这种看法同文明兴起于大河流域的理论联系起来。西亚的文明初起于幼发拉底、底格里斯两河流域，埃及的文明发祥于尼罗河流域，印度的文明繁盛于印度河、恒河流域，而中华文明则在黄河流域产生和兴起。李先生认为，这种“中原中心论”的看法，恐怕还是古代“内华夏而外夷狄”思想的遗存，它忽视了中国最大的河流——长江。中原地区有可能首先跨入文明社会，但文明的构成因素肯定是融合了周围很多地区的创造成果。所以说，中国古代文明的渊源不是单元的，地区文化间的影响也不是单向的。②

人们不禁要问：长江流域，特别是其中下游地区，物产丰饶，土地肥沃，交通便利，为什么落后于黄河流域，没有孕育出绚丽的文明来？难道在中国历史文化的形成发展中，长江地区长期处于落后的被开发态势，真像有人说的，直到六朝，甚至宋代，南方才成为较发达的区域吗？传说北宋晚年，邵雍在洛阳桥上听见杜鹃啼声，预言南人北上，那时南方的力量才开始进入历史舞台的中心。这当然是偏见。

偏见的出现，也是有其历史原因的。过去人们研究中国文明的起源，多着眼于黄河流域，这与古代经籍的传统观念及当时考古成果的局限性有关。《史记·货殖列传》说：“昔唐人都河东，殷人都河内，周人都河南。夫三河在天下之中，若鼎足，王者所更居也，建国各数百千岁。”那时的政治中心确在北方，中原地区是虞、夏、商、周历朝都邑所在，是

---

① 《庆祝蔡元培先生六十五岁论文集》，后收入《傅孟真先生集》第四册中编下。

② 李学勤：《〈吴越徐舒金文集释〉序》，《浙江学刊》1991年第3期。《吴越徐舒金文集释》，董楚平著，浙江古籍出版社1992年版。

当时政治、经济的中心,从而传统上以中原为古代文明的荟萃之地,是有道理的。但这并不等于南方在文化上没有重要的位置。不管是殷商,还是西周,王朝的控制范围都很大,看《左传》周王所述四土就可知道。只是到东周时期,王室衰落,强调"尊王攘夷"之论,荆楚吴越等国才被摈为化外,在华夏与蛮夷之间划下了严格的文化界限。事实上,夏商周三代都邑固然都在黄河流域,但其文化内涵已吸收综合了其他地区的因素。应该说,中原同周围地区的文化一直是互相交流融汇的。中国古代文明的渊源不是单元的,地区文化间的影响也不是单向的。仅把眼光限在中原,很准揭示历史的真相。①

到了 20 世纪后半叶,随着考古工作在全国普遍开展,长江流域的考古成果突出,古史研究者的眼界由此也不断拓展,长江流域的重要性在这一过程中得到关注,使我们逐渐消除了上述偏见,从而得出这样的结论:从考古文化来看,长江地区是相当进步的,绝对不是一个落后的地区。黄河流域和长江流域在中国古代文明的形成过程中都有重大作用。于是,东西关系的观点为南北关系取代,一些论著提出了黄河、长江为中国"两河"的新说,认为黄河流域的文化和长江流域的文化,既有联系又有区别,互相影响、沟通和融会。"长江文明"的概念即由是产生,成为学术界热议的话题,有关研究成绩显著。② 这不妨归结为下面几点。

第一,证明了早自史前时代,长江地区已有相当高度的文化。例如浙江的河姆渡文化,年代不晚于仰韶文化,且有着很多自身的特点,其发达的程度已使许多人深感惊奇。湖南澧县城头山发现的屈家岭文化时期的圆形古城,距现在约 4800 年,比中原地区发现的龙山文化古城都早。类似的古城在江汉和洞庭湖地域还有好几处。良渚文化的时代比陶寺的时代更早,良渚文化的时代是公元前 3300 年到公元前 2500 年。大家可能想象不到,离中原这么远,在杭州这个地方它的文化程度有这么高。而且良渚古城的面积是 290 多万平方米,比陶寺还要大一些。当然这仅仅是一个例子,有关这类的发现,我们还可以举出很多,也就是说中国古代的文明不是仅仅在中原地区发生、发展,而是同样在一些当时非常边缘的地区发生、发展。③ 这很清楚地说明,长江流域的文明发展不晚于黄河地区。现在可以说,长江流域,特别是长江下游地区,早于史前时期已经显示出文化的一

---

① 李学勤:《〈吴越文化新探〉读后》,《历史研究》1989 年第 3 期;《安徽南部存在着颇具特色的青铜文化》《学术界》1991 年第 1 期。《吴越文化新探》,董楚平著,浙江人民出版社 1988 年版。

② 李学勤:《〈帝系〉传说与蜀文化》,《四川文物》1992 年第 1 期。

③ 李学勤:《考古学与中国古代文明》(下),《紫光阁》2012 年 1 月 1 日。

定优势，其影响及至以中原为核心的虞、夏、商、周等王朝。江西清江的吴城商代遗址，打开了人们的眼界。1989年秋在清江南面的新干大洋洲，发掘出一座商代大墓，年代相当于殷墟早期，其内涵的丰富竟接近殷墟著名的“妇好墓”。这更使我们相信，商代晚年到西周，今安徽南部存在着颇具特色的青铜文化。① 由此看来，建立在这个地区的几个重要诸侯国，越国传为夏少康之裔所封，吴国为周太伯、仲雍所创，徐国曾受周穆王征伐，诸如此类的传说，未必全为子虚，当有史实的影子可寻。否则如这些国的金文所表现出的其文化水准较之中原未见逊色，就不好解释了。② 春秋战国之际，吴、越两国先后振兴，是我国古代历史文化发展过程中的一件大事。在此以前，吴、越一直被斥为蛮夷，摈于中原华夏之外。吴国的统治者本为周室之长，仍不得与诸侯并列，越国则尚不及子爵，更为诸侯所不齿。在文化上，两国都发展了富于本身地方特色的一套体系，同中原文化有很大区别，和长江中游一带的楚人文化亦有所不同。随着吴、越的兴盛，其势力逐渐北上中原，使吴、越文化的影响也得北被，与中原等地文化交流融会，为我国古代文化的繁荣作出了特殊的贡献。③

第二，显示了夏商周三代的中原文化，不少因素实源于长江流域的文化。比如说三代最流行的器物纹饰饕餮纹，特别是二里头文化至商周时代器物上最流行的饕餮纹饰，其意义和来源曾有各式各样的解释，但都缺少充分证据。在浙江余杭反山出土的良渚文化玉器，为破解这一疑案投射了新的光明④。玉器饕餮纹的特征是能中分为左右两半，有的有特定轮廓的冠、爪，这些与商周饕餮纹的共同点不会是偶然的。这种神秘纹饰本身具有信仰的性质，所以纹饰的相通说明良渚文化的人们和商周先人在作为文化重要内容的神话、信仰上是一脉相承的。⑤

第三，从上古到三代，南北之间的文化交往实未间断。以前人们总是过分低估古人的活动能力，以致长江流域一系列考古发现都出乎人们意料。以生活在长江上游的蜀为

① 李学勤：《新干大洋洲商墓的若干问题》，《文物》1991年第10期；李学勤：《安徽南部存在着颇具特色的青铜文化》，《学术界》1991年第1期。

② 李学勤：《〈吴越徐舒金文集释〉序》，《浙江学刊》1991年第3期。

③ 李学勤：《范蠡思想与帛书〈黄帝书〉》，《浙江学刊》1990年第1期。

④ 浙江省文物考古研究所反山考古队：《浙江余杭反山良渚墓地发掘简报》，《文物》1988年第1期。

⑤ 李学勤：《论良渚文化玉器符号》，中国古文字研究会第七届年会论文；李学勤：《良渚文化玉器与饕餮纹的演变符号》，《东南文化》1991年第5期。

例，就是一个发端于上古的民族。这一民族有自己的悠久文化，并长期保持着文化的特色。从三星堆器物坑的发现看，商代的蜀不仅有自己的礼乐，而且受到中原礼乐的强烈影响。昌意或乾荒与蜀山氏缔姻，就象征着蜀同中原文化的联系。很多人以为蜀地僻远，交通封闭，长期不通中原，甚至怀疑随武王伐纣的蜀的地理方位。现代考古学的发现已足以纠正这种误解。有充分证据表明，在商代及其以前，蜀地已与中原有文化上的沟通。蜀国的陶盉、玉璋等确与二里头文化有明显的联系。蜀、夏同出于颛顼的传说绝不是偶然的。① 最近四川广汉三星堆商代器物坑和江西新干大洋洲商代大墓的发现，轰传海内外，是最典型的事例。特别是四川广汉三星堆的发掘，更以大量材料印证了这一点。徐中舒先生讲过："四川是古代中国的一个经济文化区，但是它并不是孤立的；也不是与其他地区，尤其是与中原地区没有联系的。四川的地形，山高水急，唐代诗人李白形容它说'蜀道之难，难于上青天'，这样过分夸大，不是事实。实际上这样艰险的环境，也不能限制我们勇敢勤劳的祖先的足迹。"②实为卓见。当然，生活在长江中游或下游的荆楚、吴越先民，同样与中原文化关系密切。

第四，青铜器在古代文明中有着特殊的意义。青铜器的使用，已被历史与考古学家们公认是与文字发明、城市出现、礼仪性建筑兴建齐名的古代文明标志性要素之一。中国青铜文化在世界文明史上占有非常突出的地位，近一个世纪以来，中外学者围绕中国青铜器的用途、器形、纹饰及合金成分、铸造工艺等问题进行了深入细致的研究，有大量的论文著作问世，成果卓然。专家们无不惊叹商周时代青铜器的制作水平，甚至用"鼎盛""繁荣"来形容其发达程度。美籍华裔考古学家张光直先生在《夏商周三代都制与三代文化异同》(收入《中国青铜时代》(二集)，三联书店 1990 年版）等文中曾指出：已经发现的中国青铜器的数量，相当于世界出土青铜器数量的总和；已经发现的中国青铜器的种类，也是世界出土青铜器种类的总和。中国青铜时代的辉煌延续了 1500 年，约占整个中国文明发展历程的三分之一。进入铁器时代以后，铜及其制品并没有销声匿迹，它们与其他质地的用品共生共存，继续在生活、生产的许多方面发挥着重要作用。他还强调了铜锡矿源对夏、商、周王朝的价值。但是，学术界对古代中国甚为发达的青铜器主要成

① 李学勤：《三星堆与蜀国古史传说》，《当代学者自选文库——李学勤卷》，安徽教育出版社 1999 年版；李学勤：《〈帝系〉传说与蜀文化》，《四川文物》1992 年第 1 期；李学勤：《商文化怎样传入四川》，《中国文物报》1989 年 7 月 21 日。

② 徐中舒：《论巴蜀文化》，四川人民出版社 1981 年版，第 1 页。

分铜、锡的来源，对其矿石的开采、冶炼技术的进步缺乏系统的研究。作为夏商周政治经济中心的中原地区及其周边地区铜锡的资源十分匮乏，已发现的古代青铜器铸造遗址很多，规模也很大，而铜矿采掘和冶炼遗址却寥若晨星。古代中原地区发达的青铜铸造的铜料、锡料到底来自何方？它们来自哪里的矿山和冶炼场？由于时代的久远和文献资料的匮乏，成为令学术界感到困惑的谜团。近几十年考古事业迅速发展，在中原以外的广大地区，特别是长江流域的工作取得重大突破，新发现层出不穷。荆楚、巴蜀和吴越铜器的大量出土，以及湖北铜绿山、皖南、江西瑞昌等古铜矿采冶遗址，江西新干大洋洲商代大墓，四川广汉三星堆商代祭祀坑等的发现，都获得了大量青铜器、玉器等工巧瑰丽的文物，令世界为之瞩目。1986 年在三星堆发掘了两座大型器物坑，时代是商朝晚期。出土了许多青铜器、金器、玉石器、陶器、骨器、象牙、海贝等珍贵文物，一下子吸引了海内外学者的目光，大家无不惊异于其文化的独特及高度发展。在相当于中原殷墟的年代，成都平原竟存在如此发达的青铜文化，实在超出人们预料。包括三星堆、月亮湾在内的古城址的勘察认定，更加深了人们的这种印象。关于巴蜀古代历史文化的认识，至此已全面改观。① 三星堆的重大发现，以客观事实告诉我们，当时非中原地区的文化也相当发达，且具有相当高的文明水平。大家都注意到，三星堆以及别的一些地点的蜀文化青铜器，尽管铸造工艺尚不够成熟，却体现出强大的创造力和丰富的美术思维。因此，较之中原和“荆楚”（今湖北、湖南）的青铜器，别有引人入胜之处。蜀文化对中国文明的贡献，很值得深入探讨。② 这表明中原以外地区，尤其是长江流域的青铜文化隐藏着许许多多鲜为人知的秘密，有待于重新认识，深入研究。中原地区高度发达的青铜文化，其作用和地位具有不可替代性，但同时我们也应该对中原以外地区青铜文化的影响和作用有一个清醒的合乎历史真实的认识。文化的传播历来是双向的，不同地区、不同民族间文化彼此影响、相互借鉴，是中国文明博大精深的源泉，我们应该把中国青铜文化置于一个更为广阔的视野内来加以考察。中原王朝在很多方面，其实是依赖于南方地区的。③ 李先生认为：“长江下游安徽、江西、江苏、浙江等省，先秦时期部族林立，先后出现的诸侯国有偃姓的英、六、桐、群舒，嬴姓的徐，姬姓的吴，传为拟姓的越，等等。他们被商周王朝视为蛮夷，

① 李学勤：《略论巴蜀考古新发现及其学术地位》，《中华文化论坛》2002 年第 3 期。

② 李学勤：《蜀文化神秘面纱的揭开》，《寻根》1997 年第 4 期。

③ 李学勤：《江南铜研究》序言，《安徽师范大学学报》（人文社会科学版）2005 年第 2 期；李学勤：《五十年来的中国考古学与古代文明研究》，《中国史研究》1999 年第 4 期。

很难参与华夏诸侯的会盟，因此古书中关于他们的史事，直到春秋中叶还是极少的。事实上，长江下游诸国的青铜文化相当发达。研究金文的学者早已指出，吴、越、徐等国青铜器制作精美，铭文用韵精严，反映着高度的文化水平。过去传统观念以为南方长期在文化上落后于北方，实在是一种误解。”①载籍和一些金文都表明，吴、越、徐、舒一带，也即淮水以至长江下游地区，一直以盛产铜锡及其制品闻名于世。当时所说“金(铜)道锡行”，是中原不可缺少的一条命脉。这些诸侯国的青铜器非常精美，金文从书法到文理也具有极高水平，是其社会经济和文化相当发达的表征，绝不是偶然的现象。如果还由于他们的习俗与中原有别，将其作为蛮夷排斥，就缺乏史家应有的公允了。②

第五，长江流域可分为上游和中游、下游。长江在南方一直是横贯东西的交通干线，其上游有滇文化、巴蜀文化，中游有荆楚文化，下游有吴越文化，等等。大家看，在三星堆器物坑里，已经发现特点与湖南、湖北荆楚地区相似的青铜尊、罍。巫山大宁河李家滩发现的大尊，是它们的中介。这里还出有与安徽阜阳润河所出类似的龙虎尊。在金沙遗址中出土的有刻画符号的长琮，则是由良渚文化分布地流传过来的。这一类现象表明，远古以来的巴蜀地区，除接受北方中原文化的影响外，还与长江中下游的文化进行着交流，而且与后者也许关系还更密切些。中原文化的影响，很可能是通过长江中游，间接传入上游的巴蜀地区的。无论怎样，把长江流域不同文化放在一起加以考虑，会给我们带来许多启发。③

第六，南方还存在通向异国的通道。如成都平原因其地理位置，实为西南交通的重要枢纽，且与近时许多学者艳称的“西南丝绸之路”极有关系。越南北部前些时出土的玉“牙璋”，便和广汉月亮湾、三星堆所出最为相近。我曾设想，中原商文化的影响从长江中

① 李学勤:《从新出青铜器看长江下游文化的发展》,《文物》1980 年第 8 期。

② 李学勤:《〈吴越徐舒金文集释〉序》,《浙江学刊》1991 年第 3 期。

③ 李学勤:《三星堆与长江文明》前言。该书是 2003 年 10 月在四川德阳举行的“三星堆与长江文明国际学术研讨会”的论文集，四川文艺出版社 2004 年出版。李先生在还进一步指出:“广汉三星堆位于成都平原，属于古代的蜀国。传统看法认为蜀地封闭，长期不与外界交通，但是从考古实践可以知道那里和中原是保持着联系的，能够看到中原文化的明显影响，尽管这些影响可能是间接的。从种种迹象看，三星堆的青铜器可能是受荆楚地区的影响，而荆楚地区又在中原商文化的影响下。商文化的影响通过三峡进入四川，还可能由陕西的汉中城固、洋县一带影响到四川。江西新干大洋洲大墓器物的出土也曾引起学术界震动。从这些器物中很容易看到中原商文化的影响，与相邻的湖南的关系反而没有那么强烈和明显。估计商文化的影响是从河南、湖北直接进入江西赣水流域的。”李学勤、邹兆辰:《对中国古代文明的多学科多领域探索——访李学勤教授》,《历史教学问题》2007 年第 4 期。

游的“荆楚”进入四川，由之与“西南丝绸之路”连接。这样看来，蜀文化的发现和研究还有着更深远的意义。① 另外，已有一些科学证据告诉我们，早在商代便有物品从东南亚来到殷墟，同时商文化的影响也伸展至遥远的南方。

总之，长江流域在中国古代文明史上的重要作用，已为学术界所公认。图文本《长江文化史》，所论述的长江文化是一种大区域的文化，它通过对历代长江流域文化史的探索，展示出这一大区域在中华文明中的重要地位。希望读者通过这本书，不仅对长江流域地区悠久而灿烂的文化，而且对中国文化的形成发展全程都能有新的理解和观感。这在长江地区位置非常重要的今天，应该是很有益的。

徐吉军　整理

2019 年 12 月于杭州

① 李学勤：《商代通向东南亚的道路》，《学术集林》（卷一），上海远东出版社 1994 年版。

目　录

第一卷

第二卷

第三卷

第四卷

导论

浩渺的长江从青藏高原奔腾而下，穿过险峻壁立的峡谷，一泻千里，经巴蜀之地扑向江汉平原，一路上裹挟着风尘和无数的支脉、细流，造就了大江东去的宏伟气势。最后在中国东方构建了肥沃的三角洲。天地灵秀之气孕育了长江流域神奇、秀丽、婀娜多姿的山水。滔滔江水，滚滚波涛，冲刷、滋润着两岸的土地，富饶的土地上勤劳、智慧、勇敢的人们在领袖人物的率领下，谱写了中国文化史上灿烂而辉煌的篇章。

毫无疑义，在“多元一体”的中华文明中，长江文化和黄河文化是两支最具代表性和影响力的主体文化。虽然，它们各有其不同的文化内涵、形式、作用和历史发展进程，但却不是彼此孤立、互不相干的。在长达数千年的发展过程中，它们既相互冲撞、相互对抗，又相互影响、相互渗透、相互补充，是两支平行发展的、并驾齐驱的文化系统。这种刚柔相济、阴阳互补的文化联系，在血缘上自然而然地形成了“你中有我，我中有你”的文化统一体，成为中华文化发展的基础，使大一统的中华文化呈现出绚丽多姿的色彩，并给周围的文化以深远的影响。

第一节　长江文化的概念与内涵

长江文化的研究，早在20世纪二三十年代就已经引起海内外学者的重视。进入90年代，长江文化的研究开始呈现出强劲的发展势头。但至今也还存在不少问题，如基础性的理论研究就显得薄弱。有鉴于此，我们就长江文化的概念与内涵问题做一初步探讨，以期抛砖引玉。

一、长江文化概念的界说

关于长江文化的概念，有广义和狭义之分。

首先从内涵来看，广义上的长江文化，应是一种以长江流域特殊的自然地理和人文地理为优势，以生产力发展水平为基础的，具有认同性、归趋性的文化体系，是长江流域文化特性和文化集结的总和或集聚。通俗地说，长江文化就是长江流域人民在长期的社会实践过程中所创造的物质财富和精神财富的总和，它包括一定社会规范、生活方式、风俗习惯、精神面貌和价值取向，以及由此所达到的社会生产力水平，等等。而狭义上的长江文化，则是一种历史学意义的文化。

其次，从长江文化生存的地域范围来看，也有广义和狭义之分。在这里狭义的长江文化的生存空间只包括长江干流部分区域；而广义上的长江文化，则除干流流经区外，还包括支流流经区，其范围要扩大到整个中国南方地区。因此，从广义上来说，长江文化是一个以巴蜀文化、楚文化、吴越文化为主体，包含诸如滇文化、黔文化、闽文化、桂文化、淮南文化（或称江淮文化）、岭南文化等亚文化而构成的庞大文化体系，即中国南方文化体系。当然，这并不是说，凡是长江干流或支流流经的地区，都应该纳入长江文化的体系。这是因为，长江文化是在长江流域地方共同体中发现的文化规则的聚合。因此，我们在选择和确定长江文化的生存空间时，不应该单纯地按地理概念来界定长江文化区，而应该取决于它们所共享的、并不为相邻共同体所拥有的文化性质。例如，青海和西藏虽然都是长江干流的流经区，但其文化特性显然无法纳入长江文化体系，而应该划归中国西部文化体系。又，台湾虽然不属长江水系，但从文化渊源和文化特征来看却属于中国南方文化系统，因此，应该将其纳入长江文化区的范围中。

总之，长江文化是一个时空交织的多层次、多维度的文化复合体。

二、长江文化的内涵

长江文化的内涵十分丰富，博大深邃，是一个多层次的结构体系。具体来说，它包括政治、经济、艺术、哲学、科技、教育、语言、史学、宗教、民间信仰、道德规范和社会生活习俗等方面的内容，即文化概念中所包含的思维模式、情感模式和行为模式。具体来说，长江文化可以分为以下几类。

（一）区域文化

在一个面积达 180 多万平方公里的流域整体中，文化形态的空间差异客观存在。古代中国，长江流域不同地区的文化差异或大或小一直存在着，并在或长或短的历史时期里形成了具有本地鲜明特征的个性文化传统。如先秦时期的巴蜀、楚、吴越三大区域的古代文化，色彩各异。又如，盛行于黔桂地区的“铜鼓文化”自成特色。因此，只有对长江流域各区域的文化特色有一个比较清楚的认识，才能对百川归海的长江文化的内涵和特征有一个深刻的认识。

（二）民族文化

民族文化是指一个民族由历史积淀而形成的生活方式、风俗习惯、伦理道德、心理结构、价值观念和审美情趣。

长江流域是多民族的地区。历史上所谓的“百越”“百蛮”“百夷”“百濮”等民族，大多居住在这一地区。据统计，我国现存的55个少数民族中，有34个居住在南方。这些少数民族曾在这一片土地上留下了丰富的文化遗产，对中国文化的发展作出了重大的贡献。要研究这些民族的性格特征是什么，造成它们的性格的原因又是什么，它们在文化发展过程中有什么特点和规律，它们对长江文化和中华文化有什么贡献……在这些少数民族中，有的直至近代还保留着逝去历史时代特性的民族文化，如纳西族的阿注婚姻制度、凉山彝族的奴隶制文化等。这为我们研究长江文化的起源和发展，提供了丰富多彩的生动例证。

（三）语言文化

语言是文化产生和发展的关键，研究语言文化，对于弄清楚长江文化的起源和发展及其在中国文化发展史上的地位具有十分重要的作用。长江流域不仅早在五千年前的良渚文化时期就已经出现了一种比甲骨文更为古老的文字，具有汉字的先行形态，而且前人还为我们留下了至少8种以上神秘的、无人辨识而有待破解的原始文字或符号。据1993年1月30日《福建日报》傅康文所述，它们是：

（1）《仓颉书》。有关专家研究发现，此书是用古彝文书写的一段彝族先民祭祀记录。

（2）《夏禹书》。据学者研究，书中12个字，有5个是古彝文，7个是汉甲骨文。两种文字混合使用，记述远古海岛人春天喜欢到大陆来的生活习俗。

（3）《红岩天书》。在贵州关岭布依族苗族自治县的晒甲山悬崖石壁上有数十个铁灰色的符号，大者如斗，小者如升，非镌非刻，非阴非阳，若篆若隶，力度雄浑，被国内外学者称为“红岩天书”。

（4）“巴蜀符号”。在四川出土的春秋战国时期器物上，发现有150个不同图符，统称“巴蜀符号”（或称“巴蜀图语”“巴蜀文字”）。

（5）“东巴文字”。这是千余年前云南纳西族先民创造的原始象形文字，有“活着的象形文字”之称。

（6）“岣嵝碑”文字。“岣嵝碑”原存衡山，现置绍兴禹庙。碑文似篆非篆。有学者认为这是大禹治水的记功碑。

（7）“夜郎天书”。发现于贵州赫章彝族地区。共有4480字，以毛笔烟墨书写，如草似篆，笔画盘旋弯曲，字形粗细不一，疏落有致，自然流畅。

(8)“仙居蝌蚪文”。在浙江仙居县淡竹乡一个高达128米的高山陡壁上，发现有人工镌凿的日纹、虫纹和蝌蚪文。

另外，流行于湖南江汞县萧水流域的“女书”，作为一种系统的异形汉字，亦是长江流域罕见的特殊文化现象。至于现代，长江流域的语言文化更是丰富多彩。如在汉语的七大方言中，就有吴语、赣语、湘语、闽语、粤语及客家语六种分布在南方地区。这还不包括汉藏语系中分布于长江流域的壮侗语族、苗瑶语族等①。

（四）宗教文化

在长江文化中，宗教文化占有比较重要的地位。如中国土生土长的道教就是在长江流域孕育而成的，此后其主要基地也始终在南方，且其代表人物大多是南方人。佛教在长江流域的传入亦早于文献记载，且存在着一条与此传入系统不同的南传（陆路—海路）系统②。明清之际的“基督东渐”（又称“西学东渐”）更与长江文化有着密切的联系。徐光启、李之藻、杨廷筠等人就是在基督教传教士利玛窦等人的影响下，成为中国学习西方近代科学的先驱。至于长江流域地区的民间秘密宗教巫风更是盛行，而且许多还很奇诡、驳杂。又如，南方地区的天妃（又称妈祖）信仰等。从文化学的角度来研究长江流域的宗教问题，搞清楚它的起源和发展及其在长江文化中的地位和作用，非常重要。

（五）学术文化

在长江文化的研究中，学术文化的研究非常重要，任务也最为艰巨。自古以来，这里学术长盛不衰，学派迭出。在中国哲学史上，这里相继产生了先秦时期的鬻子哲学、老子哲学、庄子哲学、屈子哲学；宋代的湖学、蜀学、湖湘之学、闽学（又称“朱学”）、江西之学（又称“陆学”）、浙学和明代的阳明学。在中国经学史上，长江流域在清代有惠栋为首的吴派、以戴震为首的皖派及承吴、皖二派之余诸的以王念孙、引之父子为代表的扬州学派。在史学上，长江流域在清代出现了以黄宗羲、万斯同、全祖望、章学诚等人为代表的浙东史学。在文学上，长江流域先后产生了以屈原、宋玉为代表的楚辞文学，以曹操、曹丕、曹植为代表的建安文学，以袁宏道三兄弟为代表的公安派，以钟惺和谭元春为代表的竟陵派，以方苞、刘大櫆、姚鼐为代表的桐城派等。

（六）科技文化

科技文化是文化史研究的重要内容之一，对人类的文化进化起着十分重要的作用。然而，人们对长江流域在中国科技史上的地位、贡献和作用，缺乏综合而系统的研究。

① 周振鹤、游汝杰：《方言与中国文化》，上海人民出版社1986年版，第7—10页。
② 阮荣春：《早期佛教造像的南传系统》，《东南文化》1990年第1—2期合刊。

(七)生活文化

生活文化包括人类吃、穿、住、行等方面的文化现象和活动,它是中华民族智慧的结晶,是中国人对世界文化的伟大贡献。以饮食文化为例,在长江文化中的地位和作用就不容忽视。众所周知,中国有八大地方菜系,它们是鲁、川、粤、苏、浙、闽、湘、徽。"八大菜系"南方有其七,可见长江地区在中国饮食文化史中占有举足轻重的地位。

(八)艺术文化

所谓"艺术文化",就是将人类的艺术活动或艺术现象放在文化背景中加以考察,以便从文化产生和发展的机制来阐明艺术的起源和本质,搞清楚它在文化整体中所占的地位。它是文化的一个局部层次,包括音乐、舞蹈、戏剧、曲艺、雕塑、绘画、书法及工艺美术等方面的内容。在长江文化中,艺术文化绚丽多彩。以舞蹈艺术为例,长江流域有着悠久的历史和文化传统。广西花山崖壁画中的舞蹈场面,反映了原始社会时期长江文化的精神风貌。先秦时期盛行于长江流域地区的芦笙舞、葫芦舞、干戚舞、矛舞、羽舞、徒手舞、铜鼓舞等,都是当时人们思想情感的真实表露,在中国舞蹈史上占有重要的地位。又如,中国南方的佛教艺术肇始于何时?它是怎样传入长江流域的?与北方相比,它是否具有自身的艺术特色?在中国乃至世界佛教艺术史中,它究竟有无独特的文化地位?像这些问题也都值得深入研究。

(九)民俗文化

民俗是一种社会文化现象,它的产生有深厚的社会基础。加强对长江流域地区民俗文化的研究,可以对长江有更全面、更深刻的认识。以婚姻为例,南方古代民族普遍存在着"俗尚赘婿""不落夫家""姑家之女,必字舅氏""非婚生子女地位与婚生子女同""抢婚""哭嫁"等文化现象,通过对这些文化现象的剖析,有助于加深对长江文化发展轨迹的认识。同样,长江流域历史上普遍存在的悬棺葬(或称崖葬)这一文化现象,也反映了当地居民的宗教观念的价值取向。另外,水族的石板墓、布依族的瓷棺葬、彝族的火葬墓等,都是南方丧葬文化研究中值得重视的问题。

(十)体育文化

所谓体育文化,就是将人类的体育活动放到文化的大背景中去加以考察和审视,以便从文化产生和发展的机制来阐明体育的起源和发展。盛行于广大南方地区的龙舟文化就很值得研究。这种约始于春秋战国时期的龙舟游戏,到隋唐五代时期达到了鼎盛,表现了长江流域人民好勇斗胜的精神风貌和祈求来年风调雨顺、五谷丰登的美好愿望。而道家创立的导引术,不仅使后人祛病强身、延年益寿,而且还使人们从中汲取到一些有益的人生哲理。

（十一）教育文化

教育文化就是从文化学的角度去观察、审视教育的起源、本质及其在整个文化中的地位。它包括学校、书院、科举制度及学风等方面的内容。

在中国文化史上，教育文化占有非常重要的地位。以科举为例，“如果说，一个民族，一个社会的文化代表是知识分子，那么中国无数代知识分子的面貌、精神，都是由科举制度塑造出来的”。因此，“可以说，科举制度从中国文化土壤中产生出来以后，又再创造了中国文化”①。而在中国科举文化中，长江流域更是占有举足轻重的地位。明代自洪武四年（1371 年）到万历四十四年（1616 年），前后 245 年，每科的状元、榜眼、探花和会元，共计 244 人。南方计 215 人，占 88%；北方仅 29 人，占 12%。清乾隆元年（1736 年）诏举博学鸿词，先后选举者 267 人，其中江苏占 78 人，浙江 68 人，江西 36 人，安徽 19 人，四省合计 201 人，占全部人数 75%，而江苏、浙江两省独占 146 人，超过全国的半数②。其他，如书院、学校等的分布也大致如此。为什么南北方的教育文化会产生如此大的反差呢？有什么规律可循呢？诸如这些问题，都值得重视和深思，并加以深入而细致的分析研究，为今所用。

（十二）社群文化

社群文化包括血缘组织（如宗族、家族等）、地缘组织（村落、城镇、会馆等）、业缘组织（如商会、行会、学会等）以及信仰组织的起源、发展及组织结构、地位和作用等方面的内容。在长江文化中，社群文化的内容非常丰富，它包含着长江流域独特的乡土传统、价值观念、行为习惯及宗教信仰等。首先，就血缘组织方面来说，中国传统文化中的宗族、家族组织和思想在长江流域地区影响极深。毛泽东在其早期著作《湖南农民运动考察报告》中曾经指出：近代中国“由宗祠、支祠以至家长的家族系统”，构成了一种以“祠堂族长”为代表的族权，成为封建统治者压迫劳动人民的四大权力体系之一。因此，从文化学的角度来分析家族组织的结构、功能，对我们研究长江文化具有重要的现实意义。其次，在业缘组织方面，徽州商人、扬州盐商、宁波商人、龙游商人、绍兴师爷等的研究，也会使我们对明清时期江南社会风俗之隆窳、风尚之演替等有一个清楚的认识。再次，在地缘组织方面，我们可以将其划分为都市文化、乡镇文化、山村文化、江湖文化四种，其中都市文化和乡镇文化的研究尤应值得我们重视。因此，从组成社会结构的社区文化着手，更有利于展示整个长江文化结构的实质。

---

① 金铮：《科举制度与中国文化》“绪论”，上海人民出版社 1990 年版。

② 陈正祥：《中国文化地理》第一篇《中国文化中心的迁移》，三联书店 1983 年版，第 21—22 页。

第二节　长江文化区的划分

长江文化是一种以长江流域特殊的自然地理和人文地理为优势，以生产力发展水平为基础的具有认同性、归趋性的文化体系，是长江流域文化特性和文化集结的总和和集聚。从其生存空间来说，包括四川、云南、湖北、湖南、江西、安徽、江苏、上海七省一市外，还应包括浙江、贵州、广西、广东、福建等省、自治区，不仅因为这些地区是长江水系的干流或支流流经区，而且在文化体系上也同出一辙，同属中国南方文化的体系。因此，我们可以说，长江文化是一个时空交织的多层次、多维度的文化复合体。

既然我们说长江文化是一个时空交织的多层次、多维度的文化复合体，那么我们依据什么来划分长江文化区呢？

所谓文化区，就是指有着相似或相同文化特质的地理区域，又称文化地理区。在同一个文化区中，其居民的语言、宗教信仰、艺术形式、生活习惯、道德观念及心理、性格、行为等方面具有一致性，带有浓厚的区域文化特征。作为文化特质的区域分类，文化区与行政区不属于同一个概念。行政区是行政管理区域单位，而文化区则是不同文化特质的空间载体。前者是人为划分的，而后者则是在一定的地理环境中形成的。因此，我们不能简单地运用行政区划的概念来代替文化区划，否则就无法得出正确的结论。当然，有一些行政区划由于是按照一定的地理环境划分的，加之历朝行政区划的延续性，久而久之也就具有文化区的性质，如四川省的巴蜀文化就是典型代表。但许多行政区划在古代与文化区截然有别，如江苏省虽是一个独立的行政区，但在文化上却以长江为界，有苏南、苏北之别，不能构成一个统一的文化区。而苏南地区与浙江北部的杭嘉湖地区由于所处的地理环境相同，在文化上也如出一型，因此在事实上应认为属同一个区域。又如安徽省也是一个独立的行政区域，但在文化上却可根据淮河、长江水系，将其划分为淮北、江淮之间和江南三个部分。淮北接近黄河流域，具有浓厚的中原文化色彩，而江南的徽州地区由于接近太湖流域，则应归入吴越文化的体系，为江南文化之一支——徽州文化。江淮地区则带有吴越文化与中原文化过渡带的性质，但更多地具有长江文化的因素。

同时，文化区还是一个动态的概念，它是不断发展、变化的。随着长江文化的发展、扩散和融合，一些旧的文化区衰落或消失了，一些新的文化区却出现了。如在近代，四川文化区、江西文化区等在衰落或消失之时，上海和岭南文化区却迅速崛起。另外，文化区的文化特质也有一个不断变化的过程。在文化发展过程中，它不断地淘汰旧的因素，进行更新改造、自我组织、自我完善，形成和造就与传统文化区域性质和面貌完全不同的新的文化区域。因此，我们在研究文化区的分类和特征的时候，既要考虑传统的文化区域特征，又要认真研究和分析新文化区的形成、发展和变化①。

基于上述认识，我们认为，在长江文化这个大整体中，可以根据流域内局部的和地区的多样性将其划分为相当数量的亚文化区（或称次文化区）。

一、巴蜀文化区

巴蜀文化区又称四川文化区，位处我国西南，地跨青藏高原东缘及四川盆地，与陕西、甘肃、青海、西藏、云南、贵州、湖北、湖南等省区接壤，气候温和多雨，有利于农业生产，自古以来便有“天府之国”之誉。但“其地四塞，山川重阻”②，以致大诗人李白在《蜀道难》中发出了“蜀道之难，难于上青天”的慨叹。然而从文化上来看，巴蜀文化又具有开放性、包容性。如在先秦时期，巴蜀文化不仅吸收了楚文化、吴越文化、滇文化和中原文化的先进因素，而且吸纳了西亚文明、东南文明和印度文明中的某些养分。因此，有学者认为，“自古以来（四川）就是南北民族迁徙往来的通道。这就使四川古代的文化，既带有南方文化的特点，又带有北方文化的特点。黄河中下游古文化与东南亚文化的交流以四川为中心”③。

这种地理上的封闭性和文化特征上的开放性形成了巨大的矛盾，自然也对巴蜀文化的发展产生了极其深远的影响。一方面，这种独特而优越的地理环境，使它具有特别安定的社会政治环境，有利于当地文化的独立发展；另一方面，这种地理环境对文化的发展也有非常不利的地方，由于地居内陆盆地之中，该地区的文化很难与周围文化进行交流，容易形成一种“盆地型文化”，“容纳虽多，外射却少；保守意识容易生根，开放意识难以生长；创业精神强烈，外拓意识薄弱；文而不华，柔而不弱；具体而微，绌于宏观；善于筹措现实，不善规划未来；因悠久的地方文化传统而生自豪感与自大感；因历史传统的羁绊而生渴求新奇感与怀疑拒斥心；深沉有余而自省不足”④。这些困难，需要四川人民以不屈不挠的精神，以开放的姿态进行艰苦的努力，加以克服和扬弃。

从发展进程来看，巴蜀文化始终是长江文化中的主体文化，在长江文化中占有举足轻重的地位。

---

① 司马云杰：《文化社会学》，山东人民出版社 1987 年版。

② 〔唐〕魏征等：《隋书》卷二九《地理志上》，中华书局 1973 年版，第 3 册，第 830 页。

③ 童恩正：《古代的巴蜀》，四川人民出版社 1979 年版，第 3 页；《略谈秦汉时代成都地区的对外贸易》，《巴蜀考古论文集》，文物出版社 1987 年版。

④ 王世达、陶亚舒：《巴蜀文化的特征及其对当代四川文化发展的影响》，《成都大学学报》1989 年第 4 期。

据考古资料表明，四川文化区早在旧石器时代晚期便有人类活动。新石器时代月亮湾—三星堆遗址的发现，说明巴蜀文化是一支具有鲜明地域特征的独立发展的区域文化。而从广汉三星堆—成都十二桥早期蜀文化遗存的发掘和研究来看，殷商时期的巴蜀文化已与中原地区不相上下了。到春秋战国时期，巴蜀文化已发展到相当高度，青铜冶炼、蚕丝纺织、造船及漆器等手工业并不逊色于同时期的中原地区。秦汉时期，巴蜀地区的经济已经非常发达，成为统一全国的重要基地。而秦迁民巴蜀及西汉统治者在蜀地政治、文化措施上的加强，对巴蜀文化的发展起到了积极的作用。特别是西汉文翁守蜀立学，更使"蜀学比于齐、鲁"①。在辞赋、黄老、律历、灾祥等巴蜀固有文化的基础上，出现了像落下闳、司马相如、扬雄这样具有重要影响的代表人物。到隋唐五代时期，巴蜀文化的发展再次形成高潮。在绘画、文学、书法、音乐、舞蹈、科技等方面都产生了具有重要影响的代表人物或流派。两宋时期，巴蜀文化继续发展，达到了历史最高峰，与当时号称文化极盛的江南地区不相上下，互为伯仲。但自宋以后，巴蜀文化便迅速衰落，至近代几乎湮没无闻，令人深思。为此，早在元代，袁桷便感叹道："蜀由秦帝入中原，至于宋凡一千五百余年，文物大盛，绝不知有兵革，一旦扫削殆尽。迄今百余年，遗墟败棘，郡县降废几半，可哀也已！可哀也已！"②

二、滇文化区

滇文化区，又称云南文化区，位于我国南部边疆。它的西部、南部与东南业的缅甸、老挝、越南三国交界，东部、北部邻广西、贵州、四川、西藏等省、自治区。地形地貌错综复杂，气候属亚热带—热带高原型湿润季风气候，各地差异很大，是我国居住民族最多的一省。据统计，全部或部分居住在云南境内的有 25 个民族。

滇文化的发展具有悠久的历史。"东方人"和元谋猿人的发现，表明在人类的童年时代，云南境内就有原始人群活动。而近年来该地区一大批新石器时代文化遗址的出土，则有力地推翻了云南地区在史前时期是"莽荒异域"的传统偏见。而这一时期生活在洱海区域的"稻作民族"，还创造了非常发达的、丰富多彩的稻作文明，以致国外的"照叶树林文化论"者认为"以刀耕火种为基础的杂粮栽培（包括陆〈旱〉稻和薯类栽培农耕）最早起源于'照叶树林文化带'的中心——云南地区"③。此后，剑川海门口铜石并用文化遗址的发现，揭开了云南文化史的新篇章。表明大约在公元前 1150 年，云南剑门地区已走进

① 〔晋〕常璩：《华阳国志》卷一〇《先贤士女总赞上·张宽传》，刘琳校注《华阳国志校注》，巴蜀书社 1984 年版，第 712 页。

② 〔元〕袁桷：《清容居士集》卷三四《史母程氏传》，文渊阁《四库全书》本。

③ 刘刚：《照叶树林文化论与云南民族研究》，《思想战线》1989 年第 6 期。

文明社会的大门。而晋宁、江川、安宁、楚雄、祥云、大理、永胜等地相继发现的大批青铜器，表明云南古代存在一个光辉灿烂的青铜文化①，其青铜器的技术水平较之中原和长江流域并不逊色②。但由于种种原因，云南的大部分地区在春秋末期到战国时期尚处于"编发左衽，随畜迁徙"③的原始社会。楚顷襄王时的庄蹻入滇，加速了云南地区文化的发展，成为滇文化的最早渊源④。秦汉时期，滇文化在接受汉文化辐射的同时，继续保持着自己独特的文化特性。到唐宋时期，云南的"哀牢夷"和"白蛮"等民族在滇文化的基础上，又大量吸收了先进的汉族文化，创造了光辉灿烂的民族文化——南诏文化、大理文化。明清时期，云南在文化方面进一步发展，达到了鼎盛，出现了一些像郑和这样闻名全国的人物，并形成了具有鲜明地域特色的滇戏、云南民居等文化丛。

云南晋宁石寨山战国青铜器上梳长辫的女子

三、贵州文化区

贵州文化区，又称黔文化区或黔中文化区。它位于祖国西南部，是一个气候温和、物产丰富、地貌复杂多样的地区。西部与云南高原相接，合称云贵高原；北面与四川盆地相连；东部与湖南丘陵接壤；南部与广西盆地为界。其境内的沅江、乌江和赤水河都是长江的重要支流。

贵州在古代被蔑称为"蛮貊之邦"。但根据近年来的考古发现，贵州境内早在五六十万年前就有人类生活。其境内的旧石器时代观音洞文化与湖北大冶发现的石龙头文化有一定的渊源⑤。到公元前2000年左右的新石器时代，贵州境内已有越人先民的分布，他们主要集中在乌江以南地区⑥。这一地区发现的双肩石斧和有段石锛，就充分表明了它与我国东南沿海地区的古文化的关系⑦。到春秋战国时期，在巴蜀、楚、吴越及中原文化的影响下，居住于这一地区的土著民族和越人一起终于创造出富有地域特色和民族特

① 马曜主编：《云南简史》，云南人民出版社1983年版，第24页。
② 李学勤：《东周与秦代文明》（增订本），文物出版社1991年版，第171页。
③ 〔晋〕常璩：《华阳国志》卷四《南中志》，刘琳：《华阳国志校注》，巴蜀书社1984年版，第333页。
④ 马曜主编：《云南简史》，云南人民出版社1983年版，第30页。
⑤ 周春元等编著：《贵州古代史》，贵州人民出版社1982年版，第15页。
⑥ 汪宁生：《古代云贵高原上的越人》，《百越民族史论集》，中国社会科学出版社1982年版。
⑦ 《新中国的考古发现与研究》，文物出版社1984年版，第169页。

点的“黔文化”(或称“黔中文化”),其主体便是今人所说的“濮文化”和“夜郎文化”①。此后,由于各族豪强的割据混战,贵州地区的文化从东汉末年到宋代末年,竟然出现了“千年文化断层”。这种现象直至明代王阳明贬谪贵州时,才有所改变。王阳明在贵州的讲学活动,有力地推动了贵州文化的发展,使贵州文化在文学、艺术和方志学等方面都取得一定的成就。至今,贵州的芦笙鼓、玉屏箫笛、茅台酒、蜡染等仍是黔文化的重要内容。

四、两湖文化区

两湖文化区在历史上先后被称为荆楚文化区、湖湘文化区。地处长江中游,以洞庭湖、湘江为中心,大致包括今天的湖北、湖南两者。自古以来,这里就是中国东西南北水陆交通的枢纽,有“楚塞三湘接,荆门九脉通”的说法。

两湖地区的历史可以推溯到旧石器时代。“郧县人”“长阳人”等的发现,表明早在几十万年前这里就是远古人类的重要活动地区之一。而我国考古学家在湖北江陵鸡公山首次发现的旧石器时代人类在平原上的活动遗址,更被列入 1992 年度的中国十大考古发现,它为进一步探讨长江文化的渊源提供了科学实物资料。新石器时代,传说中的三苗主要活动在这一地区。考古发现的彭头山文化、城背溪文化、大溪文化和较晚的

大溪文化彩绘筒形瓶②

大溪文化蛋壳形彩陶碗一对③

屈家岭文化以及更晚的季家湖文化、石家河文化,都可能是三苗的文化遗存。夏商时期,通过对黄陂盘龙城、石门皂市等一系列与中原二里头、二里岗、殷墟时代相当而又具有自己鲜明特色的遗址的考古发掘和研究,表明这里也已进入文明时代。春秋战国时期,两

① 王海平:《贵州有段石器与古夜郎国的族属问题》,《贵州社会科学》1987 年第 6 期;黄万机:《贵州文化史分期及演化规律初探》,《贵州社会科学》1991 年第 8 期。

② 谭维四:《湖北出土文物精华》,湖北教育出版社 2001 年版。

③ 谭维四:《湖北出土文物精华》,湖北教育出版社 2001 年版。

1990 年湖南省安乡县汤家岗
新石器时代遗址出土的印纹白陶盘

湖地区的文化达到了鼎盛，是其“最繁荣、最光辉的阶段。铜器生产登峰造极的发展，促进了铁器的改善和推广。其他各行各业，如丝织、刺绣、髹漆和城市建设等，也欣欣向荣。经济结构方面，封建领主制的普及与家务奴隶制的延伸并行而不悖。政治体制方面，陆续有所改革、有所创造。……精神文化方面的成就异常突出，哲学行于前，文学殿于后，这是一个从老子经庄子到屈子，东方的智慧之星一个接一个升起的伟大时代！”①

1982 年湖北江陵九店
15 号墓出土的战国五山字纹铜镜②

1982 年湖北荆门包山
2 号墓出土的战国镂空蟠螭纹铜镜③

1982 年湖北荆门郭店
楚墓出土的战国郭店楚简④

1986 年湖北荆门包山
2 号墓出土的战国人擎铜灯⑤

1986 年湖北荆门包山 2 号墓
出土的战国人擎铜灯局部⑥

① 张正明：《楚文化史》，上海人民出版社 1987 年版，第 139 页。
② 谭维四：《湖北出土文物精华》。
③ 谭维四：《湖北出土文物精华》。
④ 谭维四：《湖北出土文物精华》。
⑤ 谭维四：《湖北出土文物精华》。
⑥ 谭维四：《湖北出土文物精华》。

湖北江陵战国楚墓出土的用于喝交杯酒的双连杯①

1956 年湖南长沙出土的楚国官印②

1975 年湖北江陵雨台山 427 号墓出土的战国彩绘鸳鸯形漆豆③

但秦汉以后，这一地区的文化很快衰落，逐渐成为“碌碌无所轻重于天下”的文化闭塞落后地区。叶适说：“汉之末年，荆、楚甚盛，不惟民户繁实，地著充满，而材智勇力之士森然出于其中，孙、刘资之以争天下。及其更唐、五代，不复振起，今皆为下州小县，乃无一士生其间者。”④皮锡瑞《师伏堂未刊日记》说：“唐开科三百年，长沙刘蜕始举进士，时谓之‘破天荒’。”直到宋代，长沙岳麓书院的创立和湖南道州人周敦颐在庐山莲花峰下濂溪书堂讲学授徒，才为这一地区文化的再次崛起创造了条件。此后，福建崇安人胡安国父子讲学南岳，更是“卒开湖湘之学统”，奠定了湖湘文化的基础。而四川绵竹人张栻在湖南的讲学活动，亦有力地促进了南宋两湖地区文化的发展。史称“方今学术源流之盛，未有出湖湘之右者”。但从总的来说，宋代两湖地区的文化远远不及邻近的四川、江西和江浙地区。其文化发达的景象仅在长沙及其周围的少数府州方可见到，绝大多数地区仍是荆榛塞路、教化未开⑤。明清时期，两湖地区的经济得到了迅速的发展，一跃而成为“湖广熟，天下足”⑥的富庶之地，其文化自然也相应高速发展，以至在近现代变成为“功业之盛，举世无出其右”⑦的显赫省份，变化之大着实令人瞩目，值得深入探讨。

---

① 谭维四：《湖北出土文物精华》。
② 湖南省博物馆：《湖南省博物馆文物精粹》。
③ 谭维四：《湖北出土文物精华》。
④ 〔宋〕叶适：《水心别集》卷二《民事中》，《叶适集》，中华书局 1961 年版，第 3 册，第 655 页。
⑤ 周跃云：《近代湖湘文化与湖南地理》，《湖南师大社科学报》1990 年第 3 期。
⑥ 《清实录 · 圣祖朝》卷一九三，叶一九，中华书局 2008 年影印本。
⑦ 谭其骧：《中国内地移民史一湖南篇》，《史学年报》第 1 卷第 4 期。

五、江西文化区

江西文化区，又称赣文化区，位于长江中下游以南，邻浙江、安徽、湖北、湖南、广东、福建等省。其分布范围集中在今日江西省境内的鄱阳湖和赣江流域一带。

江西的文化具有悠久的历史。1962 年和 1989 年先后在乐平县（今乐平市）涌山岩（洞）和安义县城郊发现旧石器晚期的打制石器，说明距今四五万年前赣江流域已有远古人类活动。20 世纪 60 年代在万年仙人洞发现的一处以渔猎和采集经济为特征的新石器时代早期遗址，距今有 8000 至 1 万年的历史，对研究我国新石器时代早期的长江文化具有重要意义。到商周时期，从江西新干大洋洲商墓遗址、樟树吴城商代遗址和瑞昌铜岭

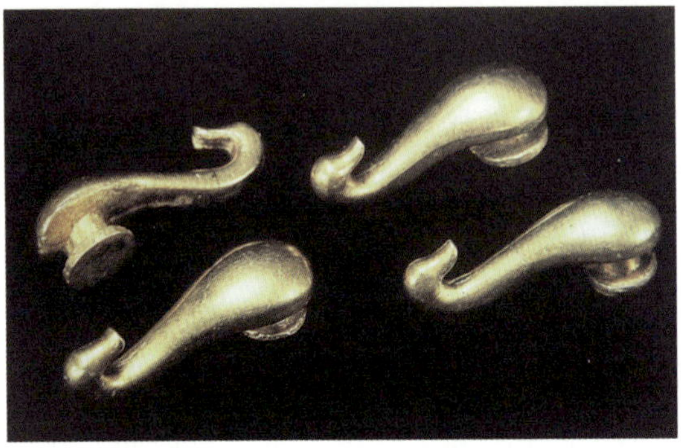

1978 年湖北随州曾侯乙墓出土的战国早期金带钩①

1978 年湖北随州曾侯乙墓出土的战国早期金盏、漏②

1978 年湖北随州曾侯乙墓出土的战国早期金镇③

1978 年湖北随州曾侯乙墓出土的战国早期双环耳金杯④

---

① 谭维四：《湖北出土文物精华》。
② 谭维四：《湖北出土文物精华》。
③ 谭维四：《湖北出土文物精华》。
④ 谭维四：《湖北出土文物精华》。

1978 年随州曾侯乙墓出土战国编钟上的力士①

1982 年湖北江陵纪城 1 号墓出土的战国彩绘木俑②

战国楚错金鄂君启节③

商周矿冶遗址等的发掘和研究来看，远在 3000 多年以前，赣江和鄱阳湖流域就已有着高度发达的青铜文明，有着与中原殷王朝并存发展的另一个奴隶制政权④。进入春秋战国时期，江西被喻为“楚头吴尾”⑤，受到吴越文化和楚文化的“左右夹击”，东西方的吴越文化和楚文化给予其强烈的影响，使生活于这一地区的千越也取得了光辉灿烂的文化成就。贵溪仙岩崖墓的考古资料充分证实了这一点。原始青瓷器的成功烧制、纺织印花技术的熟练掌握和斜织机的出现……这些都是江西先民对中华古代文明及长江文化的贡献。

2007 年江西省靖安县李洲坳东周墓葬出土金箔饰⑥

江西省贵溪县出土东周云雷纹兽首提梁黑陶盉⑦

① 谭维四:《湖北出土文物精华》。

② 谭维四:《湖北出土文物精华》。

③ 中国历史博物馆:《中国通史陈列》。

④ 李申:《江南考古的一项重大突破——江西新干发现大型商墓》,《江西文物》1990 年第 4 期。

⑤ 〔清〕同治《饶州府志》卷三,清同治十一年(1872 年)刻本。

⑥ 江西省博物馆、首都博物馆:《赣水流韵　辉耀千载》。

⑦ 江西省博物馆、首都博物馆:《赣水流韵　辉耀千载》。

秦汉时期，江西文化较之邻近的吴楚腹地要落后，自然更比不上文化发达的中原地区。到了六朝时期，随着江西的开发和经济的腾飞，文化也蒸蒸日上。政治家和军事家陶侃、大诗人陶渊明、科学家綦毋怀文等的出现，表明这一时期的江西文化已达到一定的高度。隋唐时期是江西文化大发展的时期，以科举考试为例，江西中举入仕者颇多。据《江西通志·选举表》统计，唐代江西共有进士 65 名。其中以袁州（今宜春）籍的人数最多，共 27 名；其次是德兴、南昌、余干、高安等地人①，故唐人杜佑说袁州“艺文儒术为盛”。有鉴于此，唐代文学家王勃在《滕王阁序》中赞美说：“南昌故郡，洪都新府，星分翼轸，地接衡庐，襟三江而带五湖，控蛮荆而引瓯越。物华天宝，龙光射牛斗之墟；人杰地灵，徐孺下陈蕃之榻。”②五代十国时期，江西为文化繁盛之地。经济发达，佛教盛行，教育昌盛，人才荟萃。宋明时期，是江西文化的鼎盛期。俊彦辈出，举凡政治、军事、经济、教育、科技、艺术、哲学诸领域均有一批独领风骚的卓著人物，对中华古代文明和长江文化的发展作出了重要的贡献。相继产生了欧阳修、王安石、曾巩、黄庭坚、杨万里、李觏、朱熹、乐史、刘恕、刘攽、徐梦莘、洪适、马端临、陆九渊、文天祥、吴澄、虞集、揭傒斯、宋应星、汤显祖这样杰出的人物，形成了江西文化中的“儒雅风格”。但自近代以来，随着江西经济地位的衰退和海派文化、湖湘文化、岭南文化的崛起，其文化地位也一落千丈，不可与往日繁荣景象同日而语了③。

六、吴越文化区

吴越文化区又称江浙文化区，以太湖流域为中心，其范围大致包括今日的苏南、皖南和浙江省。东临大海，西临彭蠡，与两湖文化区、江西文化区接壤，北与江淮文化区隔长江相望，南邻闽台文化区。

从考古资料来看，吴越文化的渊源可以推溯到旧石器文化时期。1985 年春，在吴县（今撤销）三山岛发现的一处旧石器时代文化遗址，是长江下游首次发现旧石器的地点，为研究吴越文化的起源提

杭州萧山跨湖桥文化陶釜

① 许智范：《江山代有才人出——江西历史名人简述》，《江西历史文物》1985 年第 2 期。

② 〔唐〕王勃：《滕王阁诗并序》，清雍正《江西通志》卷一五〇《艺文》，文渊阁《四库全书》本。

③ 周兆望：《六朝时期江西地区的大开发》，《江西社会科学》1991 年第 2 期；韩国磐：《唐代江西道的经济和人文活动一瞥》；任爽：《南唐时期江西的经济与文化》，《求是学刊》1987 年第 2 期；曹开华：《试论南唐江西经济文化的初步发展》，《江西师大学报》1991 年第 1 期；许怀林：《试论宋代江西经济文化的大发展》，《宋史研究论文集》，上海古籍出版社 1982 年版。

供了重要资料。到新石器时代早期，吴越文化区内相继产生了上山、跨湖桥、河姆渡、马家浜和南京北阴阳营等支自成系统的原始文化，其丰富多彩的文化内涵充分表明长江下游的吴越地区也是中华古代文明的主要发源地之一。到新石器时代晚期的良渚文化时期，吴越地区的文化已发展到相当高的水平，率先进入文明时代，“从而翻开了中国东方文明的历史”，并在宗教、礼制和工艺等方面，对中原地区的商周文化产生过深远的影响。

进入夏商时代，作为良渚文化后继者的马桥文化最终与湖熟文化融为一体，使整个吴越文化区的文化面貌趋于一致①。春秋战国时期，吴越文化随着吴、越两国的强大，相继称霸于中原，遂著称于世。青铜冶炼、造船、航海、纺织、稻作农业、渔业等物质文化，都居当时先进行列。

上海马桥出土的商代印纹陶单柄壶

上海青浦骆驼墩出土的西周印纹硬陶罍

战国铜斧上的羽人竞舟②

温岭大溪出土商代蟠龙青铜大盘

孙武像及南宋刊本《孙子兵法》

秦汉时期，吴越文化先后融入楚文化和中原文化之中，其特征开始淡化。当然，其成就也与春秋战国时期不可同日而语。这种现象直至东汉末年才有所改变，王夫之《读通鉴论》卷三说：“江、浙、闽、楚，文教日兴，迄于南海之滨、滇云之壤，理学节义文章事功之

① 曾骐：《论南方新石器时代考古》，《中山大学学报》1989年第3期。

② 董贻安：《宁波文物集粹》。

选，肩踵相望，天所佑也，汉肇之也。”

魏晋南北朝时期，吴越地区在北方动乱不定之时保持着相对稳定的局面，故其文化在经济发展的基础上也有了长足的进步，并成为南朝的文化重心，其水平已达到或超过了同时期的中原文化。

隋唐时期，随着大运河的开通和中国经济重心的南移，吴越文化的地位也日显重要，到唐中叶以后已成为全国最重要的文化区。钱穆先生在《国史大纲》中称说：“唐中叶以前，中国经济文化之支撑点偏倚在北方（黄河流域）；唐中叶以后，中国经济文化支撑点偏倚在南方（长江流域）。此大转变，以安史之乱为关捩。”①

五代两宋时期，吴越文化得到了全面的发展。叶适说：“夫吴、越之地，自钱氏时独不被兵，又以四十年都邑之盛，四方流徙尽集于千里之内，而衣冠贵人，不知其几族，故以十五州之众，当今天下之半。”②而北宋，更有“国家根本，仰给东南”及“两浙之富，国用所恃”③之说。

元明清时期，是吴越文化的鼎盛期，其水平在全国首屈一指，时有“东南财赋地，江浙人文薮”之称④。

近代中国文化仍以吴越文化为最盛。梁启超在《近代学风之地理分布》中说：“浙江与江南——江苏、安徽同为近代文化中心点。”“实近代人文渊薮，无论何派之学术艺术，殆皆以兹域为光焰发射之中枢焉。”

七、江淮文化区

江淮文化区又称两淮文化区，以巢湖为中心，其范围大致包括今天长江以北的江苏、安徽两省境地。北与黄河文化的齐鲁文化区、中原文化区接壤，南与两湖文化区、吴越文化区隔长江相望。它处在长江文化与黄河文化交流的过渡地带，是连接中国南北文化的走廊与桥梁。

江淮地区有着悠久的历史文明和丰富的文化遗存。江苏泗洪下草湾猿人化石和安徽和县龙潭洞猿人化石、巢县猿人化石等的发现，表明早在更新世晚期，江淮地区就有了古人类的活动。新石器时代，这里又出现了独具地域特色的潜山薛家岗文化和苏北青莲

① 钱穆：《国史大纲》第三十八章《南北经济文化之转移（上）【自唐至明之社会】》，商务印书馆2010年版。

② 〔宋〕叶适：《水心别集》卷二《民事中》，《叶适集》，中华书局1961年版，第3册，第654页。

③ 《宋史》卷三三七《范镇传（附祖禹）》，中华书局1977年版，第31册，第10796页；〔宋〕苏轼：《苏轼文集》卷三二《进单锷吴中水利书状》，中华书局1986年版，第3册，第916—917页。

④ 〔清〕康熙：《圣祖仁皇帝御制文集》卷四〇《示江南大小诸吏》，文渊阁《四库全书》本。

岗文化。苏秉琦在1977年10月14日的长江下游新石器时代文化学术讨论会上说："淮河流域在中国考古学中确实具有不可低估的重要性。这个地区也是中国古代文化发源地之一。"①

夏商时期，居住在这一区域的先民创造了光辉灿烂的"徐淮夷文化"，并在西周达到了顶峰，曾给南方的楚文化、吴越文化以深远的影响②。但其文化强烈受到黄河文化的影响，带有浓厚的中原文化色彩。进入春秋战国时期以后，随着楚文化的东渐和吴越文化的北上西传，江淮地区的徐淮夷文化迅速改弦易辙，向楚文化、吴越文化靠拢，出现了文化大融合，其文化风貌已趋于一致③。如春秋中期或晚期的徐国铜器，"大都制作精良，铭文字体秀丽，纹饰细致优美，为长江流域的风格，与北方的庄穆雄浑不同"④。到战国末年，淮水南岸的寿春曾一度成为楚国的政治、文化中心，自然江淮地区的徐淮夷文化也融入楚文化之中了。

秦汉时期，江淮地区是全国文化发达区域之一。特别是淮南王刘安都寿阳，招致宾客方术之士数千人著书立说，对本地文化的发展予以深远的影响，其文化总体水平当在同时期的吴越文化之上。魏晋时期，由于江淮间大批豪族士人大规模南迁和曹魏的移民，使这一地区的文化迅速衰落，仅靠政治力量维持着畸形的文化繁荣。到南北朝时期，"江淮为战争之地，其间不居者各数百里"，自然文化也遭到毁灭性的打击，一落千丈。隋唐时期，江淮地区的经济和文化迅速得到恢复，时有"江、淮田一善熟，则旁资数道，故天下大计，仰于东南"⑤，"天下以江淮为国命"⑥等说，当然文化也得到了迅速的发展，但其总体水平已远远落后于同时期的吴越地区，更无法与黄河流域的关中文化、中原文化相比了。此后，江淮文化虽然在五代、两宋及明清时期有所发展，但已瞠乎吴越文化之后⑦。其内部的扬州等地区，也在明清时期融入吴越文化区之中。

---

① 苏秉琦：《略谈我国东南沿海地区的新石器时代考古》，《东南文化》第二辑，江苏古籍出版社1987年版。

② 郭沫若：《两周金文辞大系》（1932年）、《两周金文辞大系图录二编》（1935年），《两周金文辞大系图录考释》（1957年）；杨树达：《积微居金文说》卷五、卷一，1959年增补本；李白凤：《东夷考》"徐夷考"。

③ 杨国宜：《略论江淮地区的古文化及其与吴楚文化的融合》，《安徽史学》1985年第3期。

④ 李学勤：《从新出青铜器看长江下游文化的发展》，《文物》1980年第8期。

⑤ 〔宋〕欧阳修、宋祁：《新唐书》卷一六五《权德舆传》，中华书局1975年版，第16册，第5076页。

⑥ 〔唐〕杜牧：《上宰相求杭启》，〔清〕董诰等编：《全唐文》卷七五三，上海古籍出版社1990年版，第4册，第3459页。

⑦ 陈正祥：《中国文化中心的迁移》，唐代诗人分布图、唐代前后期进士分布图、宋代城市图、北宋词人分布图、宋代诗人分布图、明代进士分布图、明代三鼎甲分布图等，载《中国文化地理》，三联书店1983年版。

八、闽文化区

闽文化区又称福建文化区，东与台湾文化区隔海相望，北、西、南分别与吴越文化区、赣文化区、岭南文化区相接壤。

我们将闽文化区列为长江文化亚文化区，理由有二：一从地理上说，长江支流延伸到福建省境内；二从文化内涵来看，闽文化与吴越文化、两湖文化、赣文化、巴蜀文化等基本相同，同属中国南方文化体系。

从目前的考古资料来看，福建早在 1 万年以前就有古人类活动。到新石器时代，距今约 4000 年的昙石山文化在某些文化因素和特征上已比较接近邻近地区的良渚文化。闽西、闽北地区新石器时代晚期的文化面貌，也与武夷山西麓的江西有较多的共同因素①。

西周时期，福建已进入青铜时代，其文化受到吴越文化、楚文化等的渗透和影响。西周以后，作为福建土著文化的闽文化在吴越文化的强烈影响下，最终融二为一，形成了闽江下游的闽越文化②。秦汉以后，福建文化与长江流域其他亚文化一起归入汉文化圈。

三国时期，占据江东的孙吴政权在福建境内首置封建郡县，标志着长江文化在福建主导地位的确立。两晋南朝时期及唐朝末年，由于大批中原及江淮地区的士大夫避难来到福建，使福建文化有了显著的发展。顾颉刚在《论闽中文化》时说："唐末黄巢之乱，区域极大，西至陕西，东至山东，南至广东，中间江浙湖湘河南都经他的蹂躏。福建偏处一方，未遭扰及，当时湖南、江西、浙江的故家世族搬去的很多，所以能够成就一种文化。但那时土著仍旧没有开化，到近代原来搬去的故家世族反给土著同化了。"③两宋时期，福建地区的文化水平已处于全国先进行列。"此时期的福建文化一改旧貌，迅速发展，甚至在某些领域(如理学)曾一主潮流，成为全国中心"④。据统计，《宋史·文苑传》所载宋代 90 名著名文人中，福建有 8 位，居全国第 6 位；《全宋词》辑录的千余位词人中，北宋福建词人有 14 名，占全国第 6 位；到南宋则有 63 名，跃居全国第 3 位。《宋史》"道学传""儒林传"共载人物 89 人，福建占有 17 人，居全国首位⑤。与此同时，福建还成为长江文化与域

---

① 福建省博物馆等：《福建近十年的文物考古收获》，《文物考古工作十年(1979—1989)》，文物出版社 1990 年版。

② 吴春明：《闽江下游史前文化发展序列的初步线索》，《东南文化》1990 年第 3 期；《闽文化刍议》，《厦门大学学报》1990 年第 3 期；林忠干：《从考古发现看吴越文化在闽地的传播影响》，同上。

③ 载《民锋》第 4 卷第 5 号，1923 年。

④ 郑学檬、袁冰凌：《福建文化传统的形成与特色》，《东南文化》1990 年第 3 期；蒋炳钊：《福建汉文化的由来及其发展形成的过程》，《东南文化》1990 年第 3 期。

⑤ 陈明光：《试论两宋八闽文化的发展》，《中国文化研究集刊》第 5 辑。

外文化交流与融会的前沿地带。宋元以后，福建文化一直在长江文化中占有重要的地位，并形成了具有鲜明地域特色的文化，如闽学、闽剧、闽菜、闽语等。

九、岭南文化区

岭南文化区地处我国南端，濒临太平洋，其范围包括今天的广东省和海南省。这种独特的地理特征，奠定了岭南文化的基本特征。地处五岭之内，使其在很长一段时期内处于相对孤立、闭塞和落后的状态，很难从邻近文化区中获得先进的文化因素，并与其进行文化交流；又由于它濒临海洋，容易受到海外文化的强烈冲击和影响，使其具有一种开放、兼容、善变的文化特征，富有冒险创新精神。

从考古资料来看，岭南文化可以远溯到一二十万年前的旧石器时代。1958 年曲江县(今韶关市曲江区)马坝区狮子岩出土的“马坝人”头骨化石，是目前广东省境内发现最早的人类化石。到新石器时期，长江文化已经成为岭南地区的主体文化。如广东新石器中期遗址发现的彩陶，就与我国东南沿海或长江流域的彩陶有关。而广东新石器时代晚期石峡文化遗址发现的有肩石器、几何印纹陶、干栏式建筑及栽培稻等，都说明了它与长江文化的一致性①。张光直认为：“石峡几无问题是大坌坑在长江中游文化影响下进一步的发展”②。

大约在商朝末年，岭南地区已进入青铜器时代。到了春秋战国时期，岭南的青铜器时代已经历了数百年的自身发展，加上吴越文化、楚文化等的影响和渗透，终于出现了奴隶制的生产关系③，文化自然也得到了进一步的发展。

秦朝灵渠的开凿，不仅沟通了长江与珠江两大水系，而且成为岭南文化汲取内地先进文化成就的主要生命线，揭开了岭南文化史上的重要篇章。魏晋南北朝时期，岭南文化在内地文化的影响下得到了进一步的发展。唐宋时期，岭南继续向前发展，并成为长江文化与域外文化交流的一个重要据点，初步形成了自身的文化特色，这就是具有平民倾向，充满商业色彩的市井文化。明清时期是岭南文化大发展的时期，丘濬的经济思想、陈白沙的哲学思想、海瑞的政治思想、屈大均的史学思想都在全国有一定的影响。

近代是岭南文化登峰造极的时期。在这一时期，这里产生了洪秀全、洪仁玕、康有为、梁启超、孙中山、詹天佑、邹伯奇、黄遵宪、吴趼人、容闳、郑观应、邓世昌等一大批杰出的人才，其戏剧、诗歌、小说、史学和科学技术等方面的成就，均居全国领先地位，在近代

---

① 杨式挺：《建国以来广东新石器时代考古述论》，《学术研究》1985 年第 5 期。

② 张光直：《考古学专题六讲》第 2 讲《从世界古代史常用模式看中国古代文明的形成》，文物出版社 1986 年版。

③ 蒋祖缘、方志钦主编：《简明广东史》，广东人民出版社 1987 年版，第 49 页。

长江文化中占有举足轻重的地位。

十、桂文化区

桂文化区，又称广西文化区，地处我国南部边疆，南临北部湾。西南与越南交界，东、北、西三面与广东、湖南、贵州、云南等省接壤。属亚热带湿润季风气候。长江支流延伸到广西境内，并通过灵渠进一步沟通了与广西地区的联系。它虽在地理上也属岭南地区，但其文化发展上有着自身的特色，因此应该单独划为一区。

“柳江人”“麒麟山人”化石的发现，表明早在旧石器时代广西境内就已经有远古人类活动。到新石器时代，从该时期遗址中出土的有肩石斧、有段石锛、石钺、几何印纹陶等文化遗物及花山崖画的内容来看，该地区的主体文化无疑为长江文化。春秋战国时期，生活于我国东南沿海地区的越人驾驶着“双身船”，大批迁徙到广西东部，这就是文献所载的“骆越”和“西瓯”人。他们在这里创造出了名扬四海的铜鼓文化，并成为今日壮侗语族诸民族的先民①。

综上所述，我们认为，长江文化是以一个以巴蜀文化、楚文化、吴越文化为主体，包含滇文化、黔文化、赣文化、闽文化、淮南文化、岭南文化等亚文化层次的庞大文化体系，这些不同的文化体在相同的文化规则下聚合成一个共同的文化复合体——长江文化。

第三节　长江文化的发展特征

在漫长的历史发展过程中，长江文化形成了一种普遍、持久和相对稳定的本质特征。这些特征尽管在不同的历史发展阶段有着不同的表现形式，但就其本质来看，始终是一致的。

一、多样性与统一性

任何一种文化，其成就愈大，则其吸收外来文化的成分也就愈多，反之则否。这在人类文化发展史上是一条颠扑不破的客观规律。在这条客观规律的支配下，长江文化的起源和发展就不可避免地呈现出多元一体的特征。

首先，从长江文化的起源来看，早在新石器时代，长江流域至少就形成了三个文化系

① 梁钊韬：《西瓯族源初探》，《学术研究》1978年第1期；石钟健：《论西瓯的来源及其有关问题》，《百越史论集》，云南民族出版社1989年版；黄增庆：《广西考古资料所见百越文化习俗》，《百越史研究》，贵州人民出版社1987年版。

统中心。它们是，宁绍平原的河姆渡文化系统中心、太湖地区的马家浜文化系统中心、江汉平原的大溪文化和屈家岭文化系统中心①。

其次，从长江文化中各次文化区的地理分布来看，由于自然环境和社会条件的不同，位于不同地区的文化群体会在文化特征上产生了一些差异。梁启超就曾言："凡河流之南北向者，则能连寒、温、热三带之地而一贯之，使种种之气候，种种之物产，种种之人情，互相调和，而利害不至于冲突。河流之东西向者反是，所经之区，同一气候，同一物产，同一人情，故此河流与彼河流之间，往往各为风气。"②如巴蜀文化、楚文化、吴越文化虽都是开放型文化，但在开放程度上存在着一定的差异。巴蜀文化地处西部内陆，是一种盆地型文化。这种盆地型文化与地处中国东南沿海地区的吴越文化相比，就具有封闭性和排他性的特点。"容纳虽多，外射却少；保守意识容易生根，开放观念难以生长；创业精神强烈，外拓意识薄弱；文而不华，柔而不弱；具体而微，绌于宏观，善于筹措现实，不善规划未来；因悠久的地方文化传统而生自豪感与自大感；因历史传统的羁绊而生渴求新奇感与怀疑拒斥心；深沉有余而自省不足。"虽然，它们各有其不同的文化内涵、形式、作用和历史进程，但在长达数千年的中华文化发展过程中，它们既相互冲撞、相互对抗，又相互影响、相互渗透、相互补充，是两支平行发展的、并驾齐驱的文化系统。这种刚柔相济、阴阳互补的文化联系，在血缘上自然而然地形成了"你中有我，我中有你"的文化统一体，成为中华文化发展的基础，使大一统的中华文化呈现出绚丽多姿的色彩，并给周围的海外文化以深远的影响。长江文化是长江流经地区文化特性和文化集结的总和和集聚，是一个时空交织的多层次、多维度的文化复合体。在漫长的历史发展过程中，它形成了一些带普遍性、持久性和相对稳定性的本质特征。这些特征尽管在不同的历史发展阶段有着不同的表现形式，但就其本质来看，始终是一致的，下面就长江文化的发展特征作一简略的阐述，以求教于方家。③ 楚文化虽然发轫于江汉平原，但也带有某些河谷型和山岳型文化的特点，具有一定的封闭性和排他性。这也是它在2000多年中国封建社会历史中长期落后于江浙地区和四川的原因所在。由于山岳型文化一般受周国文化的影响较小，自成体系，而且在极力影响周围的文化，所以它与其他文化的关系往往是单向输出型，很少发生共振的现象。又由于这种文化自尊自立性较强，所以容易产生盲目的排外情绪，难以适应激烈竞争的环境，因此在发展过程中常常会遭受到大的挫折。与前述的巴蜀文化、楚文化相比，属海洋型文化的吴越文化最富有开放性和冒险精神。它在吸收异质文化优

① 佟柱臣：《中国新石器时代文化的多中心发展论和发展不平衡论》，《文物》1986年第2期。

② 梁启超：《饮冰室合集·文集(10)》，中华书局1989年版，第78页。

③ 王世达、陶正舒：《巴蜀文化的特征及其对当代四川文化发展的影响》，《成都大学学报》1989年第4期。

秀成分的同时，还源源不断地向外传播自己的文化①。梁启超在《地理与文化之关系》一文中，曾对这种文化加以详细的阐述，他说："海也者，能发人进取之雄心者也。……试一观海，忽觉超然万累之表，而行为思想，得无限自由。彼航海者，其所求固在利也，然求之之始，却不可不先置利害于度外，以性命财产为孤注，冒万险而一掷之。故久于海上者，能使其精神日以勇猛，日以高尚。此古来海之民，所以能比陆居者活气较胜，进取较锐。"②

根据文化地理学的理论，这种地理上的文化差异，时代越早，差异越大；时代越晚，差异越小。

当然，在长江文化各次文化区内也同样存在着这种地理上的文化差异。如云南新石器时代文化，有的学者就根据该地区的文化内涵将其分为 8 种类型：①滇池地区——石寨山类型；②滇东北地区——闸心场类型；③滇东南地区——小河洞类型；④滇南、西双版纳地区——曼蚌囡类型；⑤金沙江中游地区——元谋大墩子类型；⑥洱海地区——马龙类型；⑦澜沧江中游地区——忙怀类型；⑧滇西北地区——戈登类型。在上述这 8 种不同类型的云南新石器时代文化中，滇西北地区的新石器文化是氐羌先民创造的原始文化；洱海地区和金沙江中游地区的新石器文化是氐羌文化和百越文化结合的产物，其中氐羌文化因素占主导地位；滇池地区、滇东北地区、滇东南及西双版纳地区新石器文化的主人主要是南方百越族系的先民。同样，滇池、滇东北地区在新石器时代也有氐羌先民居住，澜沧江中游地区新石器文化的主人是百濮先民。③

再次，从长江文化的发展过程来看，同样具有多元性特点。据文献记载，自夏商时代开始，长江文化的发展就一直受到黄河文化强有力的影响，自觉或不自觉地吸收和融汇了黄河文化的部分因素。此外，它还受到诸如东洋文化、西洋文化及印度文化、阿拉伯文化等的影响。

长江文化发展的多样性特点，使其表现形式异彩纷呈。各次文化在相互接触过程中又产生了自发的竞争机制，相互吸收比自己优秀的文化而不失其个性；同时，由于各区域文化频繁的接触和交流，又使其萌生出某种一体化的因素，在长江流域形成了一个有别于黄河文化的文化共同体。这种文化共同体在先秦时期，至少具有以下几个要素：①稻作农业；②蚕桑纺织；③几何印纹陶；④干栏式建筑；⑤习水行舟；⑥悬棺葬和崖葬，等等。秦汉以后，长江文化在文学、哲学、宗教、经学、书画、音乐、戏曲、风俗习惯、道德风尚、价

---

① 李桂海：《对我国地域文化发展特点的一点思考》，《云南社会科学》1989 年第 3 期。

② 梁启超：《饮冰室全集》文集之十，中华书局 1989 年版，第 114 页。

③ 李昆声、肖秋：《试论云南新石器时代文化》，《文物集辑》第 2 期，文物出版社 1980 年版；李昆声：《云南原始文化族系试探》，《云南社会科学》1983 年第 4 期。

值观念等方面都形成了截然有别于北方黄河文化的文化因素。这种多样一体的显著特征，主导着长江文化发展的格局和历史进程，使长江文化在几千年连绵不断的发展过程中，奏出一曲和谐而雄浑的交响乐章，创造出光辉灿烂的文化成就。

二、开放性与凝聚性

从长江文化的整体功能来看，它是一个开放型的文化系统。所谓开放性，一是指它宽容的博爱精神，具有兼收并蓄、容纳百家的恢宏气度，在充分认识自己文化的基础上，敢于吸收和融汇异质文化系统的养分，不断地更新和增宏自己；二是指它在吸收异质文化养分的同时，还能源源不断地输出自己文化的能量，对其他文化体系产生十分深远的影响。

从历史上看，长江文化是在各地区、各民族文化不断融合的基础上发展起来的，同时它也大量吸收了外来文化的因素（特别是黄河文化）。先秦时期的长江文化就充分反映了这一点。

以楚文化为例，楚人以博大的胸怀和“抚有蛮夷，奄征南海，以属诸夏”[①]的庞大气魄，包容了一切有生机的文化。其文化主流虽然可以推溯到祝融，但其干流是黄河流域的华夏文化，支流为蛮夷文化，三者的交汇合流才构成了楚文化[②]。

与楚文化相比，吴越文化更具开放性、包容性。在春秋战国时期，吴、越两国不断吸收了齐鲁文化和楚文化的有益成分，从而创造出辉煌而又独具特色的地方文化。伍子胥营建阖闾城和范蠡筑造会稽城，孙子著兵法，吴公子季札到鲁国观礼等，都无不清楚地显示出吴越文化善于吸收、融汇外来文化所焕发出来的活力和博大的包容、凝聚精神。

吴越文化的开放性还体现在它具有对外扩展的开放型冒险性格和相当雄健、恢宏的“拓边精神”。吴越人较早地掌握了制造和驾驭舟楫的本领，“以船为车，以楫为马，往若飘风，去则难从”[③]。早在四五千年之前，他们就滋生了一种朝江海外拓展的文化心理，开辟了一条走向海洋、走向世界的通途。他们舍生忘死，率领船队前仆后继地来到太平洋各岛屿，并抵达美国、墨西哥、秘鲁等美洲国家，奠定了中国古代航海事业的基础[④]。

同样，巴蜀文化也具有开放性、凝聚性的特点。它不仅吸收了楚文化、吴越文化、滇

---

① 《春秋左传·襄公十三年》，辽宁教育出版社1997年版，下册，第194页。

② 张正明：《楚文化史》，上海人民出版社1987年版，第26页。

③ 〔汉〕袁康、吴平辑录：《越绝书》卷八《越绝外传记地传第十》，上海古籍出版社1985年版，第58页。

④ 石钟健：《古代中国船只到达美洲的文物证据——石锚和有段石锛》，《思想战线》1983年第1期；《论悬棺葬和越人的海外迁徙》，《贵州社会科学》1983年第1期；〔美〕杨江（译音）：《马来—玻里尼西亚与中国南方文化传统的关系》，《浙江学刊》1991年第1期等。

文化和中原文化的先进因素，而且还吸收了西亚文明、东南亚文明和印度文明中的某些养分。同时，它也将自己的文化远播到北方的黄河流域及东南亚、中亚和西亚等地。童恩正说："自古以来（四川）就是南北民族迁徙往来的通道。这就使四川古代的文化，既带有南方文化的特点，又带有北方文化的特点，黄河中下游古文化与东南亚文化的交流常以四川为中心。"①

秦汉以后，长江文化汇集融合其他文化的优长，加以发扬光大，并孕育出自己的文化特色。黄河文化的三次南迁，更显示出长江文化的开放精神。到明清时期，长江流域发达的商品经济，更加强了流域内各次文化之间的横向联系，加强了它与其他异质文化的交往，使整个长江流域都处于一种动态的开放状态，率先接受了西方先进的科技文化，开始向近代文化转型。

在接受外来文化辐射的同时，长江文化亦不断地向外辐射能量。所谓的"稻米之路""海上丝绸之路""西南丝路""香瓷之路""丝瓷之路"等，都是长江文化向外辐射的象征。

当然，长江文化发展中的开放性和凝聚性特点，与其特定的地理环境、历史特点和社会发展规律密不可分。陈垣曾把中国文化比作海，认为"海无所不容，无所不化"。我们认为，陈垣的这一说法对长江文化来说更为恰切。长江文化正是用大海一样的胸怀、春燕衔泥一样的精神来营筑自己文化的巢穴，形成了长江文化的智慧大本营和开放型的知识宝库。

长江文化的开放精神，长期以来积淀在它的发展机体之中，使其勇于迎击外来文化的冲击，善于吸收和消化外来的优秀文化，以一种自由的精神和理性的态度来对待自己，不断更新，并向外大量传输自己的文化。这种文化发展过程中的开放性、凝聚性特点，正是长江文化伟大之所在，是长江文化富有生命力的体现。在这种开放、凝聚精神的指导下，使得长江文化在数千年的历史长河中得以持续地发展，并取得了光辉灿烂的伟大成就。

三、对抗性与交汇性

长江文化作为一个自在的文化实体，和一个动态的、历史的、涵盖面很广的范畴，是几千年来在与黄河文化的对抗、融合中形成与发展的。日本学者白乌库吉把中国古代文化发展大势看成是"南北冲突，东西交流"。英国史学家赫·乔·韦尔斯也指出："从中国的史料看，这些是很清楚的：中国的文明有南北两个渊源；公元前 2000 年见于史册的中

① 童恩正：《略谈秦汉时代成都地区的对外贸易》，《巴蜀考古论文集》，文物出版社 1987 年版。

国文明乃是南北文化之间长期冲突、混合、交流的结果。”①这些观点具有一定的道理，值得重视。由于自然条件、气候等文化背景的影响，造成了南北文化交流上的障碍和阻绝，使南北各自为政，成为两种不同形态的文化系统，具有显著不同的文化差异。这种文化上的显著差异，便导致了长江文化和黄河文化两个异质文化的冲突和对抗。

从历史来看，长江文化与黄河文化的冲突和对抗始终贯穿在整个中国文化发展过程中，其形式表现于政治、军事、经济等各个方面。虽然这种南北文化的冲突和对抗会对两方文化的发展产生某些不良的影响，但总的来说，无论哪个获胜，都促进了双方文化的进步。如春秋战国时期南北诸侯的混战，就使双方文化获益匪浅。山东春秋战国时代鲁墓中越、楚文化因素的存在，就表明这些鲁墓应是“随越之风，从楚之俗”，这是长江文化向黄河文化渗透的真实反映②。同样，在这一时期的长江文化中也存在着黄河文化的因素。如出土的越王室者沪编钟就深深地刻有黄河文化的痕迹，明显华夏化了③。由此可见，南北方的军事对抗，一方面加速了长江文化和黄河文化的相互同化和融合，另一方面也促进了双方的发展和进步。

春秋战国以后，南北文化多次呈现出大的冲突与交融的现象。秦始皇强力统一南北文化后，否定黄河文化与长江文化的差异，结果加剧了两者之间的冲突。“楚虽三户，亡秦必楚”④的民谣，就充分反映了南方文化与北方文化的激烈对抗。汉初的社会稳定，得益于对长江文化和黄河文化的认同。到魏晋南北朝时期，南北又形成了对峙的局面。长江文化在这种对峙过程中自然又获得了长足的发展。如诸葛亮治蜀，其实就是将中原黄河文化强行移植到巴蜀地区，从而引起了这两种文化的相互撞击、相互认同、相互融合，表现了巴蜀文化对于外来文化从抗拒、认同到融汇的特性⑤。隋唐文化在这基础上，进一步发展了魏晋南北朝以来的民族大融合，并且不断汇聚吸收了各民族新的优秀文化，从而将中华文化推到了一个繁荣昌盛的新高峰。此后，五代十国和宋朝与辽、金、元的南北对峙，也都促进了长江文化的大发展。

总之，中国南北两个文化体系因对峙而生争斗，因争斗而引起文化的混合，因文化的混合而促进了文化的进一步发展。

长江文化圈内各亚文化区也同样存在着对抗与交汇的文化现象。如春秋战国时期，

① 〔英〕赫·乔·韦尔斯：《世界史纲》，人民出版社1982年版，第187页。

② 王恩田：《从曲阜两周墓看鲁文化面貌及楚文化对鲁国的影响》，《楚文化研究论集》第一集，荆楚书社1987年版。

③ 郭沫若：《者沪钟铭考释》，《考古学报》1958年第1期。

④ 〔汉〕司马迁：《史记》卷七《项羽本纪第七》，中华书局1959年版，第1册，第300页。

⑤ 李立功、武玉平：《环境、历史与社会文化心态》，《中州学刊》1991年第4期。

吴、越、楚三国之间曾发生过无数次战争，这些频繁的诸侯争霸战，一方面加速了流域内各地区、各民族文化的交流和联系，另一方面也促进了楚文化和吴越文化的融合和同化。在对抗过程中，吴、越两国不断地吸取了楚、齐、晋、鲁等国文化中的有益成分，推动了吴越文化的迅速发展。例如铁器的应用，有一部分就是从楚国引进的①。《史记·仲尼弟子列传》记越大夫文种曾对吴王夫差说："因越贱臣种奉先人藏器，甲二十领，钬屈卢之矛，步光之剑，以贺军吏。"文种为楚人，因此这里所说的"先人藏器"无疑是楚国之物。同样，吴越文化也对楚文化产生了深远而巨大的影响。据一些学者研究，战国时期的越式鼎就曾对楚式罐形铜鼎和陶鼎的形态演变产生过极大的影响，吴越的金属冶铸技术也对楚国产生过巨大的影响②。

以上这些事例充分说明："没有对抗就没有进步，这是文明直到今天所遵循的规律。"③

四、延续性与不平衡性

长江文化的延续性表现在文化传统上具有相对稳定的特性。如封建社会末期的湖湘文化，与先秦的楚文化渊源相通：一是"在文化心理上，两者所反映的楚湘人民心理素质基本上是相同的：激情浪漫，幻想奇丽，执着追求，神思浩渺"。"其气质、性格上，突出地表现刚正不阿，正气凛然，稳重、务实，好胜倔强"。二是"在士民精神风貌、诗文风格上，'酌奇而不失其真，玩华而不坠其实'，既是屈原诗歌创作的突出风格，也可用来概括楚文化和湖湘文化的显著特色"。由此，巫瑞书认为：楚文化是"'湖湘文化'的滥觞和前驱，湖湘文化则是'楚文化'在近现代历史条件下的革新与弘扬"④。又，越族先民的习俗也被后人继承下来，虽有变异，但"原型还是有迹可循的"，仍"保留着它的内核"。现在吴越地区把"家蛇出现看成是祖宗回家，就是很明显的原始时代图腾观的遗迹"。"把蛇视为保护神，也是图腾信仰的一种表现"。现在吴越地区祭蛇、召蛇等也都是古越人蛇图腾信仰中的"一种承袭和演变"⑤。

长江文化的发展不仅在纵向上具有延续性，而且在横向上还具有差异性的特点。

由于长江流域内各文化系统所处的自然环境和历史背景的不同，以及政治、经济、社

---

① 刘兴：《从江苏东周时期遗存看楚文化的东渐》，《楚文化研究论集》第一集，荆楚书社1987年版。

② 贺刚：《论越文化的特质及其与楚文化的相互浸染和融合》，《百越民族研究》，江西教育出版社1990年版。

③ 马克思：《哲学的贫困》，《马克思恩格斯全集》第4卷，人民出版社1958年版，第104页。

④ 巫瑞书：《湖湘文化与楚文化关系管窥》，《湖南师范大学学报》1990年第1期。

⑤ 姜彬主编：《吴越民间信仰民俗》，上海文艺出版社1992年版，第10、37—44页。

会等方面发展的不平衡，从而在长江文化的统一体之中产生了不平衡性。这种不平衡性，我们大致可以从中国南方地区历代人物之地理分布表中看出。

中国南方地区历代人物地理分布表①

省别 \ 人数 \ 朝代	西汉	东汉	唐	北宋	南宋	明	合计
江苏	23	13	82	97	49	241	505
浙江	2	14	34	84	136	288	558
湖北	7	11	29	19	14	76	156
四川	4	26	12	93	71	57	263
安徽	3	24	21	53	38	199	338
江西	1	2	7	81	83	204	378
湖南	0	2	2	12	12	27	55
福建	0	1	2	95	88	92	278
贵州	0	0	1	0	0	10	11
云南	0	0	0	0	0	14	14
广东	0	0	3	3	4	50	60
广西	0	1	0	2	6	13	22

浙江、江苏人物最多，分别为558、505人，应居中国南方各省的最高层次；其次为江西、安徽，分别为378、338人，居第二层次；又次为福建、四川，分别278、263人，居第三层次；湖北、广东、湖南三省人数均在50人以上，分别为156、60、55人，居第四层；最后为广西、云南、贵州三省，分别为22、14、11人，居第五层。所以，我们可以说长江文化的地域分布总形势是东南最盛，四川、两湖地区次之，西南地区的广西、云南、贵州最为落后。

另外，缪进鸿根据《中国大百科全书》所列的《历代杰出专家学者的地区分布表》和《历代杰出专家学者的地区—学科分布表》②也比较准确地反映了这一地区的文化不平衡现象，如下表。

当然，长江文化发展的特点远远不止以上所举的几个，时间上的传承性与空间上的传播性、时代性与民族性等也应是长江文化发展中的特点，它们都是一个整体，需要我们进行全面的、细致的观察，绝不能孤立地撷取一端而为之。

---

① 据丁文江《历史人物与地理的关系》所制，《科学》1923年，8卷1期。

② 缪进鸿：《长江三角洲与其他地区人才的比较研究》（修改稿），《中国东南地区人才问题国际研讨会论文集》，浙江大学出版社1993年版，第222—239页。

历代杰出专家学者的地区分布表

朝代 人数 省别	先秦	秦汉	三国两晋	南北朝	隋唐五代	宋辽金	元	明	清	近代	现代	合计
江苏	2	5	11	23	26	15	13	29	74	48	240	486
浙江	3	3	3	8	16	44	12	36	53	53	212	443
安徽	3	8	8	1	3	4	1	26	29	6	57	146
福建	—	—	1	—	1	22	2	12	6	16	85	145
广东	—	—	—	1	1	—	—	4	10	46	82	144
湖南	—	—	—	—	1	2	—	—	11	23	95	132
江西	—	—	1	1	—	43	10	22	3	6	31	117
四川	—	7	5	—	4	14	1	3	3	4	63	104

历代杰出专家学者的地区—学科分布表

学科 人数 地区	哲学	经济学	法学	教育学	文学	历史学	理学	工学	农学	医学	军事	合计
江苏	16	22	12	10	132	21	100	73	32	52	14	484
浙江	24	15	11	17	116	25	96	51	22	56	10	443
安徽	11	6	7	8	39	5	19	14	—	15	22	146
福建	7	5	7	10	29	7	44	16	2	15	3	145
广东	9	13	9	6	20	8	30	21	9	11	8	144
湖南	10	5	7	9	31	11	14	18	5	7	15	132
江西	9	5	7	4	37	10	13	14	7	7	4	117
四川	11	5	2	2	22	12	9	13	3	15	10	104

第一章　史前长江文化的孕育

中华文明的起源，按照传统的观点，是从夏代开始的。中华人民共和国成立后，随着长江中下游地区考古工作的不断发展，田野考古资料的日益积累，就有人预感到长江流域的史前文化，需要根据考古资料进行新的观察和研究。到20世纪70年代初，随着浙江余姚河姆渡遗址的发掘，在距今约7000年的第四文化层内发现了大量的稻谷遗物和木建筑构件，以及精致的象牙器和漆器等遗物，使考古学家们大开眼界。长江流域的史前文化已发展到如此进步的程度，不能不承认长江也是中华民族的摇篮之一——中华南方文明的摇篮。这对以往有人认为中华大地的文化发展都是起源于中原然后影响于四周的观点，提出了强有力的挑战。嗣后，吴县草鞋山，武进寺墩，青浦福泉山，余杭反山、瑶山等地先后发掘出良渚文化的大型墓葬，并证实这些大型墓葬的墓地是人工堆筑起来的高台，里面又有大量精致的玉器随葬，更进一步证实长江也是中华文明的起源地之一。这种认识日益为众多的历史学家、考古学家所接受。所以，我们对长江流域史前文化的发展，并追溯其文明的出现，都必须以新发现的考古资料为依据，进行分析研究。

第一节　人类起源的新光芒

人类的远古祖先是原上猿和埃及猿，现代人就是由腊玛古猿→南方古猿→直立人→智人进化而来的。

据古人类学家研究，亚洲高原可能是人类的摇篮，而长江流域上游的云贵高原位于这个范围之内，当属人类的起源地之一。近年来的考古发现也证实了这一点。如这里相继发现了1400万年前的开远腊玛古猿，800万年前的禄丰腊玛古猿，300万～400万年前的元谋腊玛古猿，250万年前的“东方人”及170万年前的元谋人。这些腊玛古猿和早期人类化石及石器，有力地加强了人类起源于亚洲南部的论点①。为此，西方学者将其誉为“人类起源的新光芒”。根据现有的资料来看，中国境内的早期人类是从长江上游的云贵高原逐渐向长江下游和黄河流域扩散、迁徙的②，如下表。

中国境内早期人类扩散迁徙表

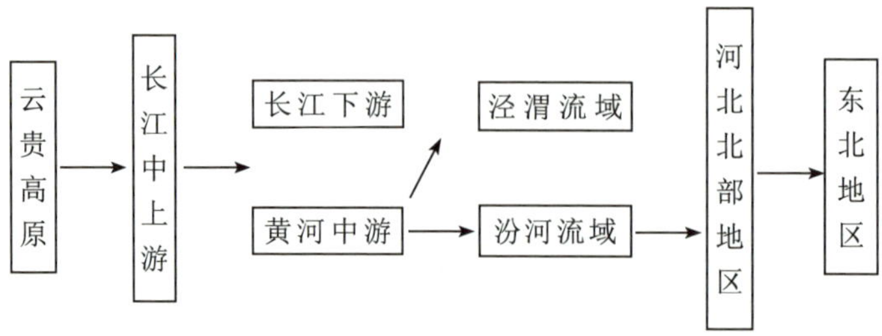

一、长江流域旧石器时代早期的文化

长江流域现已发现的旧石器时代早期的文化遗存，有元谋猿人、巫山猿人和“鄂西臼齿”、郧县猿人、郧西猿人、和县猿人、巢县人、贵州观音洞文化和湖北大冶市章山乡石龙头发现的文化遗存。

元谋猿人化石是 1965 年 5 月在云南省元谋县上那蚌村西北小山岗的褐色黏土层中发现的。出土有同属一个成人个体的两枚牙齿。据中国地质科学院地质力学研究所用古地磁方法测定生活年代为距今 170±10 万年，但也有人认为距今 50 万～60 万年。对元谋人的年代，看来尚需作进一步的研究。在元谋猿人化石中出土的石器共 4 件，均为刮削器。此外，在地层中还发现有大量炭屑，贾兰坡认为是人工用火的遗迹③。这样就把人类用火的历史，从北京人向前推进了 100 多万年。元谋猿人是迄今所知的我国境内最古老的直立猿人，这表明早在 100 万年以前长江流域就有人类居住了。

和县猿人化石发现于安徽省和县龙潭洞，出土有 1 个相当完整的头盖骨、1 块左下颌骨和 9 枚牙齿。其中头盖骨是中国南方迄今为止发现的直立人中唯一的一件，它的年代距今约为 20 万年。

观音洞遗址发现于贵州省黔西县沙井乡井山观音洞，共出土石制品 3000 余件，以刮削器为主，次为砍砸器和尖状器，另有少量的石锥、凹缺刮削器和雕刻器等。这是我国迄今在长江以南发现的旧石器时代早期最大的文化遗址。它和北京猿人文化分别代表以

① 贾兰坡：《中国大陆上的远古居民》，天津人民出版社 1978 年版，第 3—7 页；云南博物馆：《十年来云南文物考古新发现及研究》，《文物考古工作十年(1979—1989)》，文物出版社 1990 年版。

② 张之恒、吴建民：《中国旧石器时代文化》，南京大学出版社 1991 年版，第 141 页。

③ 贾兰坡：《从工具和用火看早期人类对物质的认识和利用》，《自然杂志》1978 年第 5 期。

小石器为主体的旧石器文化传统在中国南、北方的两个支系①。

另据报道，最近在南京汤山发现了直立人的额骨、眉骨和部分顶骨、颞骨、左面骨等化石，距今约10万年，这是继北京猿人、蓝田猿人、元谋猿人等之后，我国古人类的又一重大发现。

和县直立人时代的古气候，有人认为是“亚热带气候，温暖湿润，与今日当地气候相近或比今日偏凉”。有人认为这一结论“可能代表和县猿人地点堆积时期内气候的变化”②。

直立人时代的生产工具十分简陋，狩猎无疑是取得生活资料的一个重要方面。由于当时狩猎技术落后，“肉食供应不可能是很经常的。采集植物性食物仍是主要的食物来源，狩猎只是食物来源的一种补充办法”。这种采集生产活动，“几乎可以肯定是女性干的活，这从明显的两性形体大小的差别上可以看得出来”③。

二、长江流域旧石器时代中期的文化

旧石器时代中期相当于早期智人（古人）阶段，在文化上仍为蒙昧时代中级阶段。

中华大地上最早发现的早期智人化石，是山西襄汾县丁村发现的3枚牙齿。其后，在其他地区陆续有发现。在长江流域内，有在湖北长阳下钟家湾发现1件残上颌骨和1枚臼齿。安徽巢湖市银山发现不完整的枕骨、上颌骨各1块和臼齿6枚。贵州桐梓发现门齿、犬齿、臼齿等共6枚，最近有人对这些牙齿进行研究，认为直立人的性状多于早期智人。桐梓还发现石制品12件，有多面体石核、刮削器、尖状器等。贵州水城硝灰洞的中层为胶结坚硬的黑、灰、红、白杂色灰烬层，含有炭屑块、烧骨、烧石等遗迹④。这种用火遗存的堆积，表明早期智人不仅能用火，而且已有造火的可能；同时还发现人骨化石、石制品50多件，有锤、石片、刮削器和尖状器等。此外，还在广东曲江马坝乡的狮子山洞穴中发现1个残破的头盖骨和2件砾石器。

早期智人打制石器的制作技术和直立人时期相比较，“基本上还是早期的一些类型和一套加工技术，即使类型稍有变化，技术稍有进步……但是变化和进步都是缓慢的”⑤。

① 张之恒、吴建民：《中国旧石器时代文化》，南京大学出版社1991年版，第149页。

② 许春华、张银运、方笃生：《和县和巢湖人类化石的关系》，《文物研究》第7辑，黄山书社1991年版。

③ 吴汝康：《古人类学》，文物出版社1989年版，第153、156页。

④ 吴汝康、吴新智、张森水主编：《中国远古人类》，科学出版社1989年版，第217、218页。

⑤ 吴汝康、吴新智、张森水主编：《中国远古人类》，科学出版社1989年版，第218、219页。

三、长江流域旧石器时代晚期的文化

早期智人之后，人类进化史上进入了晚期智人（新人）时期，这是人类进化史上的第三个阶段，也是最后的一个阶段，即蒙昧时代高级阶段，或旧石器时代晚期。长江流域现已发现晚期智人的人骨化石的主要地点有，四川资阳黄鳝溪发现1个头盖骨和1块完整的骨性硬腭，还发现骨锥1件。贵州普定县的穿洞发现1个头骨和石制工具等。云南丽江收集到3段股骨，其后在木家桥又发现1个少女的头骨化石。江苏泗洪下草湾发现1段股骨。此外，在广西柳江发现1个完整的头骨和胸椎、腰椎、骶骨、肋骨等。对这些人骨化石又结合其他地区的资料进行分析研究，认为从体质特征上看，与现代人基本相类同，并且还认为“已具有黄色人种的大多数基本特征，例如：颧骨较大而向前突出，鼻骨低而宽，鼻梁稍凹，鼻根点并不低陷。梨状孔宽，其下缘不成锐缘而低凹。鼻前棘小，犬齿窝不明显，齿槽突颌程度中等。有下颌圆枕，上门齿呈铲形等”①。这些是现代蒙古人种中常见的体质形态。“在中国发现的直立人直到晚期智人中都经常出现。显示它们与黄种人和现代中国人之间存在着连续性，有着亲缘上的继承关系”②。

晚期智人的文化即考古学上通常称的旧石器时代晚期。在长江流域地区内发现这时期的遗址数量是相当多的，总数在10处以上。这些遗址内发现的石器主要有石核、砍砸器、石叶、刮削器、尖状器、雕刻器等。这些石器在制作技术上，不仅使用以往的直接打制法，而且还使用了间接打制法，有的遗址内还发现锥等骨器。在四川汉源县的富林、云南丘北县的黑箐笼、贵州普定县的穿洞和白岩脚洞、兴义县的猫猫洞等遗址内均有用火遗迹的发现。这些用火遗址的发现，从中折射出这时期人工造火技术较早期智人时期有了进一步的发展。

长江流域现已发现的古人类化石，不仅有直立人，并且还有早期智人和晚期智人等三个人类进化阶段的遗存，而且还有与人类起源有着密切关系的古猿化石，这于人类起源和发展进化的分析研究来说，无疑是一个重点地区，必须充分地重视它。更应该注意到的是在人类体质的进化上，显示了古人类与黄种人和现代中国人之间有着血缘关系上的连续性，这对研究中华民族的起源、形成和发展有着极其重要的意义。

第二节　长江流域的新石器时代文化概况

1949年以前，长江流域及其以南地区的新石器时代文化遗址发现较少。至20世纪

① 吴汝康、吴新智、张森水主编：《中国远古人类》，科学出版社1989年版，第57—58页。

② 吴汝康：《古人类学》，文物出版社1989年版，第206页。

30 年代，施昕更在杭州湾区的良渚镇发现了几处类似山东龙山文化的遗址及实物，后来卫聚贤在南京附近发现含几何印纹陶的遗址，判断其属于新石器时代。除此之外，长江流域的新石器文化还是一片空白。

进入 20 世纪 50 年代，考古工作者相继在湖北屈家岭、四川大溪、浙江吴兴钱山漾、江苏南京北阴阳营及福建闽侯昙石山等地发现了新石器时代文化遗址，并提出了青莲岗文化、屈家岭文化、大溪文化、马家浜文化等考古学文化。但当时学术界对长江流域新石器时代文化的认识仍不明朗，如夏鼐在 1959 年 12 月曾就长江流域考古发表文章说：长江流域“从猿发展到人，石器工具的出现，可能并不比黄河流域为晚，但是，进一步战胜了自然，从渔猎采集经济进到有农业和家畜的新石器文化，长江流域可能较晚”①。

60 年代，长江流域又发现了上海青浦区崧泽、湖北郧阳区青龙泉、江西修水县山背及万年县仙人洞等新石器时代的重要遗址，使人们对长江流域的新石器时代文化有了进一步的认识。夏鼐在《解放后中国原始社会史的研究》中指出：在长江中游新发现的屈家岭文化是和黄河流域不同的一种水稻耕作文化，并根据湖熟文化已发现青铜器的事实，指出湖熟文化已进入阶级社会②。

70 年代以来，长江流域新石器时代的考古新材料不断涌现，其重要的文化遗址在长江下游有河姆渡、草鞋山、圩墩、寺墩、张陵山、罗家角、马桥、薛家岗、青墩、福泉山、反山、瑶山等；长江中游有红花套、关庙山、桂花树、王家岗、季家湖、七里河、毛家山、三元宫、划城岗、度家岗、丁家岗、汤家岗、车轱山、岱子坪、献冲等③。

这些遗址的发掘，使新石器时代的长江文化第一次以全新的面貌出现在世人面前，对传统的中国文化以黄河文化为单一中心的论点提出了强有力的挑战！

一、长江下游的新石器时代文化

长江下游地区的新石器时代文化主要有以浙江金衢盆地为中心的上山文化，宁绍平原的跨湖桥文化、河姆渡文化，太湖流域的马家浜文化、崧泽文化、良渚文化，江苏宁镇地区的北阴阳营文化，安徽江淮地区的薛家岗文化，等等。

（一）上山文化

上山文化是浙江境内也是长江中下游地区和东南沿海地区迄今发现的最早的新石器时代考古学文化，距今 10000—9000 年。它以浦江上山遗址命名，以钱塘江上游的金

① 夏鼐：《长江流域考古问题》，《考古》1960 年第 2 期。

② 夏鼐：《解放后中国原始社会史的研究》，《历史教学》1963 年第 4 期。

③ 曾骐：《论南方新石器时代考古》，《中山大学学报》1989 年第 3 期。

衢盆地为中心，分布范围涉及嵊州的小黄山，龙游的荷花山、青碓、下库，永康的庙山、太婆山、蓭山、长田、湖西、长城里，武义的大公山，金华的山下周、青阳山，义乌的桥头，仙居的下汤等遗址，这些遗址均发现了相似的文化遗存。① 如此丰富的早期新石器时代遗址在一个区域如此集中地出现，在中国乃至世界上都是罕见的事。其中龙游荷花山遗址是目前上山文化中保存最完整、内涵最丰富的一个遗址，遗址地貌在发掘前基本没被人为破坏过。可惜除上山和小黄山遗址外，其他遗址都还没有发表发掘报告甚至还没有进行考古发掘。从考古发掘资料来看，上山人已处于定居或半定居的生活状态。从遗存物看，上述这些遗址里都发现了稻遗存，都有石器和陶器。但石器大多仍为打制，磨制石器少见，数量最多的是石磨盘和石磨石（有块状、球状、棒状等）。采集和渔猎还是当时最重要的食物获取方式，虽已出现稻作农业，但水稻还处在栽培驯化过程中，收获的稻谷在整个食物供应中只是很小的一部分。陶器上山遗址以夹炭陶为主，小黄山遗址以夹砂陶为主，但两者的胎壁均疏松粗厚，表面多施红衣，器形多为平底器和圈足器，最常见的是平底陶盆，而且还发现了迄今为止中国最早的彩陶，距今 9000 多年。虽然上山文化早期器型单一，基本只有大口盆和鼓腹罐，但器种增加较快，有盘、钵、壶、釜、杯等器形，而且有器耳、把手、鋬耳的设置，说明已经不是最初的陶器，从这一点看浙江新石器时代的起始年代或许还能前推。②

上山文化上山遗址大口盆

小黄山上山文化遗址石磨盘

（二）跨湖桥文化

距今 8000 年左右，上山文化发展为跨湖桥文化，萧山跨湖桥遗址和下孙遗址是典型的跨湖桥文化遗址。已有较多的考古学证据表明，跨湖桥文化与彭头山、城背溪、皂市下层、贾湖等长江中游和淮河上游的考古学文化有关。有人认为跨湖桥文化是皂市下层文

---

① 蒋乐平：《钱塘江史前文明史纲要》，《南方文物》2012 年第 2 期。

② 浙江省文物考古研究所、浦江博物馆：《浙江浦江县上山遗址发掘简报》，《考古》2007 年第 9 期。

化东向迁移的结果①，有人认为是上山文化接受了来自长江中游彭头山文化的影响，才突变为跨湖桥文化，而兴盛期的跨湖桥文化也曾反向影响长江中游文化，促成了彭头山文化向皂市下层文化的转变。② 可以明确的是，长江中游的洞庭湖流域（彭头山、城背溪、皂市下层均位于此区）与钱塘江流域有过长期的互相影响，一般认为先是钱塘江流域的夹炭陶影响了洞庭湖流域，然后是洞庭湖流域的绳纹影响到了钱塘江流域。③

相较于上山文化，跨湖桥文化在定居、农耕、家畜饲养、制器、建筑等各方面都有长足的进步，跨湖桥遗址里出土了迄今号称中国第一的独木舟、漆木弓、骨耜以及南中国地区最早的家猪。石器已以磨制为主，陶器出现了慢轮修整技术和黑光陶。出现骨耜，说明当时已进入耜耕稻作农业阶段。但因得天独厚的自然资源，采集渔猎经济仍占极大比重。釜之外还出现了甑和釜支座等典型炊器，说明炊煮技术已进入一个新阶段。釜由此开始成为浙江史前先民的主要炊器，直到崧泽和良渚文化时期才逐渐被鼎替代。鱼、肉、坚果尚能煨烤着吃，但籽粒细小的谷物几乎只能煮着吃，因此陶炊器的兴盛当和人们开始以稻米为主食有关，暗示了定居和稻作农业在这个时期有所强化。而且跨湖桥遗址和下孙遗址只相距 2 公里左右，说明由于河口三角洲自然资源丰富，加之农畜业的发展，同样的土地面积已能承担起更多人口的生活，聚落开始规模化集群，这非常有利于文化的交流和发展。④

跨湖桥文化遗址出土的扁腹罐

（三）河姆渡文化

河姆渡文化是长江下游地区新石器时代的早期文化，因 1973 年在浙江省余姚县（今余姚市）的河姆渡遗址发现而得名。其主要分布范围是在杭州湾南岸的宁绍平原东部地区，并越海东达舟山群岛。据放射性碳-14 断代并经校正，河姆渡文化的年代为公元前 5000—前 3300 年，大约和中原地区新石器时代早期的裴李岗文化与磁山文化相当。

河姆渡文化的社会经济是以稻作农业为主，兼营畜牧、采集和渔猎。在这里曾发掘

① 焦天龙：《论跨湖桥文化的来源》，载《浙江省文物考古研究所学刊》第八辑，科学出版社 2006 年版。

② 韩建业：《试论跨湖桥文化的来源和对外影响：兼论新石器时代中期长江中下游地区间的文化交流》，《东南文化》2010 年第 6 期。

③ 蒋乐平：《钱塘江流域的早期新石器时代及文化谱系研究》，《东南文化》2013 年第 6 期。

④ 浙江省文物考古研究所、萧山博物馆：《跨湖桥》，文物出版社 2004 年版；宋烜：《跨湖桥遗址建筑遗迹分析》，林华东、任关甫主编：《跨湖桥文化论集》，人民出版社 2009 年版。

出世界上目前最古老的人工栽培稻，因此它对于探讨中国水稻栽培的起源及其在世界稻作农业史上的地位，具有十分重要的意义。

河姆渡文化的原始手工业也很发达。陶器以夹炭黑陶最富特点，出现了三足器、袋足器等较复杂的器形，有的烧成温度已达到1000℃左右。此外，河姆渡文化的木作工艺、骨器制作、编织业、纺织业都比较发达。这里出土和发现了中国迄今最早的漆器和中国目前所知最早的水井遗址及干栏式建筑等。

河姆渡文化的原始艺术丰富多彩，出土的雕塑品制作精致，形象生动，为新石器时代早期文化遗址所罕见。

（四）马家浜文化、崧泽文化

1. 马家浜文化

上海市青浦区崧泽
出土的崧泽文化时期黑陶壶

马家浜文化因发现于浙江嘉兴马家浜遗址而得名，是太湖地区目前发现最早的考古学文化。其年代据碳-14断代并经校正，约始于公元前5000年，距今已有7000年历史了。在江苏吴县草鞋山遗址，发现墓葬106座，其中有25座墓没有随葬器物，25座墓只有随葬器物1件，39座墓有随葬器物2件，14座墓有随葬器物3件，2座墓有随葬器物4件，只有38号墓有随葬器物9件①。从随葬器物总的情况分析，没有随葬器物的和有随葬器物一两件的墓数约占总墓数的近90%。由此可见，随葬器物是相当贫乏的。就是随葬器物最多的38号墓，陶器豆、盆各1件，石斧1件，骨柶3件，鹿角器2件和玉饰1件，其中制作较简易的骨、角器有5件，占总随葬器物的1/2左右，也不能称为随葬器物丰富的墓。这些墓葬的随葬器物，主要是日常生活中使用的陶器，大多是一件食器，或是一件炊器和一件食器组成。食器以豆为多，炊器以釜为主。墓葬中随葬的器物从一个侧面反映了当时社会生产发展水平还比较低，生活仍然十分艰苦，必须实行共同生产、共同分配的原始共产主义制度。

稻作农业是马家浜文化居民定居生活的基础，这里曾发现目前中国最早的粳稻遗存。此外，采集和渔猎经济也占有重要地位。石器以磨制为主，技术较高，器类以斧、锛

① 南京博物院：《江苏吴县草鞋山遗址》，《文物资料丛刊》第3辑，文物出版社1980年版。

居多。陶器有夹砂陶和泥质陶两种，以腰沿釜为特征的文化面貌，成为这一族群的象征。在草鞋山遗址中还发现了公元前4000年的残布片，这是中国目前最早的纺织品实物。

2. 崧泽文化

马家浜文化之后是崧泽文化，约始于公元前4000年，距今约6000年。它的主要分布区域在太湖地区，范围包括浙江北部、上海市和江苏东南部地区。现已发掘的主要遗址除马家浜外，还有浙江吴兴邱城、桐乡罗家角，江苏吴江梅埝袁家埭、吴县草鞋山、张陵山、苏州越城、常州圩墩、武进潘家塘、寺墩和上海青浦崧泽等。在草鞋山崧泽文化遗址内，发掘墓葬89座，其中没有随葬器物的有16座墓，有1～3件随葬器物的有墓29座，有6～10件随葬器物的墓23座，有10～15件随葬器物的墓13座，有16件以上随葬器物的墓4座。随葬器物最多的是陶器，一般由炊器、饮食用器和盛放器组成，常见的有鼎、豆、壶、罐、杯，还有釜、甑、盆、盘、缸等。有的墓中有石器钺、锛、凿等武器和生产工具随葬，有的墓中有玉、石制的璜、玦、坠等装饰器。在这批崧泽文化墓葬中，明显地出现随葬器物多寡不一的现象，如203号墓随葬的石器有钺、锛、坠饰；陶器有鼎、甑、豆、壶、罐、杯、钵、盆、盘等25件，其中豆、罐各6件，超出了个人需用的数量。96号墓随葬陶器有豆、壶、罐等5件，还随葬了两个猪下腭骨和一个鹿上腭骨。“把猪下颚骨等随葬应是作为个人财富的象征”。而51号墓在墓主人头旁放置一件陶盆残片，肩部置一件鼎足，以此表示食器和炊器。这两类墓葬反映了当时社会上已出现了贫富分化的现象①。浙江嘉兴南河浜崧泽文化晚期遗址，发掘墓葬约80座，发掘者对这批墓葬的随葬器物从数量上和质量上分析，认为可分为三个层次：第一层次的墓葬，随葬器物丰富，多的达20余件，有的墓还有兽面陶壶等珍贵艺术品。随葬的玉器有钺、璜、镯等大件玉器。第二层次的墓葬，仅有几件陶器随葬，偶见小件玉器。第三层次的墓葬，没有随葬器物，有的甚至骨骼不全。崧泽文化晚期，贫富分化加剧在此一目了然②。

上述列举的两处崧泽文化的墓葬反映了生产水平的逐渐提高。以烧陶技术为例，已经从红陶时代发展到了黑陶时代，标志着窑炉技术的改进。从原来以釜为特征的文化，发展成为以鼎为特征的文化。与此相适应的是，社会财富开始有了积累，当时社会已出现了贫富分化的现象，说明了由平均分配社会产品发展到了不平等地分配社会产品的阶段，私有制在此基础上产生。随着私有制的产生，私有观念也日益显著，特别是到了晚

① 上海市文物保管委员会：《崧泽——新石器时代遗址发掘报告》，文物出版社1987年，第89—95页。

② 浙江文物考古研究所：《南河浜——崧泽文化遗址发掘报告》，文物出版社2005年；刘斌、蒋卫东：《嘉兴南河浜遗址发掘取得丰硕成果》，《中国文物报》1996年12月15日。

期，这种社会现象更为明显。

（五）良渚文化

良渚文化因首先在今浙江省杭州市余杭区良渚遗址发现而得名。1936 年，浙江杭州西湖博物馆的施昕更在余杭良渚一带进行发掘，初次认识了以黑陶为代表的良渚文化，并以“良渚”一词作为其考古报告的书名①。1959 年，良渚文化作为一个考古学文化，得到了正式的命名和认同。其空间分布范围，各方有着不同的意见。产生这种不同意见的原因，主要对它的文化影响所及和它的分布范围这两个不同的概念，有时难以区分。如钱塘江南岸的宁绍地区和江苏新沂的花厅大汶口文化遗址是否为良渚文化先民的一支远征军占领，而应属于良渚文化的分布地域等。我们认为可以从遗址中出土的全部遗物分析其文化的主体构成部分是否属于良渚文化，以此标准来衡量。钱塘江南岸相当多的良渚文化遗址，虽受到良渚文化的一定影响，但不属于良渚文化的分布地域。至于新沂花厅大汶口文化遗址，发现较多有良渚文化因素的遗物，但其文化主体仍是大汶口文化，只是受良渚文化的影响较多。海安青墩、南京太岗寺和昝庙等遗址，仅是有受良渚文化影响下产生的遗物而已。所以，良渚文化的分布范围，我们同意朔知提出的意见，他说：“东到上海，南至钱塘江，西以茅山、天目山为界，北达宁镇地区边缘的长江以南，围绕太湖大致呈三角状。”②据放射性碳素断代并经校正，其年代为公元前 3300—前 2200 年，距今 5000 年左右。发掘的遗址除良渚外，主要还有杭州老和山、水田畈、湖州钱山漾、江苏吴县草鞋山、张陵山上层、上海市闵行区马桥俞塘等。其他在嘉兴双桥、雀幕桥，吴江梅埝袁家埭、团结村大三瑾，吴县澄湖，苏州越城，无锡仙蠡墩，武进寺墩，昆山荣庄、陈墓镇、周庄太史淀，上海市松江区广富林、金山区亭林等地，都发现有其文化遗存。

1953 年杭州老和山遗址出土有段石锛

崧泽文化、良渚文化这两个考古学文化在物质文化的关系上，是前后继承和发展的关系。有的学者认为，崧泽文化晚期的石斧平面略呈长方形，刃部微弧，到良渚文化时演变为长方形平刃斧；崧泽文化晚期出现背面有脊的石锛，到良渚文化时演变为有段石锛；崧泽文化晚期有少量呈等腰三角形的小型石犁，到良渚文化时演变为器形较大而普遍使用的石犁。在陶器方面，崧泽文化时的扁方侧足鼎，到良渚文化时演变为鱼鳍形足或扁方形足的鼎；崧泽文化的高领圆肩器壁较直的罐，到良渚文化时演变为高领圆肩瓮；崧泽文化带有竹节形纹的

① 施昕更：《良渚（杭县第二区黑陶遗址初步报告）》，浙江省西湖博物馆 1938 年版。

② 朔知：《良渚文化的初步分析》，《考古学报》2000 年第 4 期。

圈足豆，到良渚文化时器形基本与前者相似，唯在口颈部附加对称的双贯耳，等等。以此“可以清楚地看出崧泽文化与良渚文化之间前后继承和发展的关系”①。近年来，在浙江海盐仙坛庙遗址，发现自崧泽文化早期至良渚文化晚期的文化遗存，在千余年的跨度内，保存着相当好的延续性，几无缺环。报道中称：“发现了分属于崧泽文化早期和晚期的人工堆筑的土台遗迹，以及自崧泽——良渚过渡期到良渚文化晚期多次扩建、持续使用的高土台专用墓地一处。清理自崧泽文化早期至良渚文化晚期的墓葬 134 座，房屋遗迹 20 处，水井 6 座，灰坑 56 个，祭祀坑 50 个。出土玉器、石器、陶器和牙骨器等各类遗物 1000 余件(组)。”②

良渚文化时期，生产水平进一步提高，社会财富积累明显增多，并且集中到少数人的手中，这为古代文明社会的出现创造了条件。这一时期的文化内涵非常丰富。社会经济以稻作农业为主。手工业发展比较全面、兴旺，主要有纺织、竹编、制木、制玉和制陶等。其中玉器制作在全国同时期的原始文化中显得十分突出，其制作之精细和花纹之美观，已表现出空前的工艺技术水平，充分体现了长江下游地区史前社会的文化发展水平。

(六)北阴阳营文化

北阴阳营文化因发现于江苏省南京市北阴阳营遗址而得名。其分布范围大致在江苏省宁镇地区和安徽东南部。年代为公元前 4000—前 3000 年。文化遗存除北阴阳营外，还有江苏江宁太岗寺、卸甲甸、庙山，江浦蒋城了，安徽滁县朱勤大山等地。

北阴阳营文化的经济生活以稻作农业为主，石器的磨光和穿孔技术较高，制玉工艺比较发达，陶器制作处于手制轮修阶段。有些学者根据其生产水平、未发现成年男女合葬墓及随葬品数量有所差别等情况，认为北阴阳营文化大致处于母系社会末期，但已孕育着父系氏族社会的萌芽。

(七)薛家岗文化

薛家岗文化因首先发现于安徽省安庆市潜山县河镇乡薛家岗而得名。分布地域西到鄂皖交界的黄梅和宿松地区，东到巢湖地区，北抵淝水，南达长江。迄今已发现的主要遗址除薛家岗外，还有安徽宿松县程岭乡黄鳝嘴、望江县汪洋庙等处。其第 3 期放射性碳素断代并经校正的年代为公元前 3700—前 3000 年。

薛家岗文化的主体是第二、三期，陶器以夹砂灰黑陶为主，均为手制，轮修比较普遍。

① 黄宣佩：《关于良渚文化若干问题的认识》，《中国考古学会第一次年会论文集》，文物出版社 1980 年版。

② 王宁远、蒋卫东、李林、沈明生：《浙江海盐仙坛庙发现崧泽文化早期到良渚文化晚期文化遗存》，《中国文物报》2004 年 2 月 4 日。

器表多素面，饰纹主要有刻画纹、弦纹、镂孔、戳刺纹和朱绘。石器有石铲、石钺、石刀、石锛、石凿、石镞等，其中以扁薄穿孔石铲、窄长条有段石锛、横长梯形穿孔石刀等最为典型。器表通体磨光，刃部锋利。穿孔技术比较发达，穿孔方法有对钻和一面钻两种。尤应注意的是，几件穿孔石铲、多孔石刀的孔周还规整地绘以红色花果形图案，为国内所罕见。住房有地面建筑和半地穴式两种。当时人们过着以稻作农业为主的定居生活。

（八）广富林文化、马桥文化和钱山漾文化

1. 广富林文化

距今4500年之后，黄河中下游进入统一的龙山文化时代，这是中原文明勃兴的开始。龙山文化威赫四邻，其中的一支“王油坊类型”，一度侵入东南沿海。中国地形西高东低，江南正处于最低层级的滨海地带，加之太湖是个碟形洼地，这里的良渚文化此时正遭受着天象异常带来的持续性大洪水和海侵等灾难，外来势力在这种时候侵入，无疑加速了良渚社会的崩溃。良渚文化衰落后，太湖流域进入了后良渚文化时期。但良渚文化与后良渚文化的区分界线，学界的分歧还比较大。例如以湖州钱山漾遗址一期为代表、以大鱼鳍形足鼎为典型器物的文化遗存，有人视之为良渚文化的末期，距今4500—4200年；有人认为这种遗存文化的质变已大于量变，应视为广富林文化（一种分布于太湖流域的后良渚文化）的早期阶段，广富林文化的晚期阶段则以上海广富林遗址三期文化和湖州钱山漾遗址二期文化为代表，以侧装三角足鼎为典型器物，距今4200—3900年。但不管怎么划分，广富林文化都是太湖流域新石器时代的末期文化，它之后历史将进入青铜时代的马桥文化。与此同时，浙南的瓯江流域也分布着一支后良渚文化——好川文化，以遂昌好川墓地和温州老鼠山遗址为代表，属山地文化，以渔猎经济为主，除自身的文化特点外，还带有强烈的良渚文化和闽粤文化的因素。但大家一直不知道钱塘江流域尤其是中上游地区此时处于何种状态。随着近年诸暨尖山湾、萧山茅草山等遗址的发现，这个问题才打开了突破口。诸暨尖山湾遗址没有发现良渚文化典型的鱼鳍鼎足和T字形鼎足，却出土了大量的泥质灰黑陶器，有豆、盘、罐等器物，陶质硬实，陶色泛白，火候较高，表明它的时代要晚于良渚文化，但它没有几何印纹硬陶，又表明要早于马桥文化。因此，它的时段就落在了后良渚文化时期。

浙江遂昌好川遗址出土的玉钺

尖山湾遗址出土的大鱼鳍形足鼎、捏口篮和垂棱足、弦断绳纹等特征，在上海广富林、浙江湖州钱山漾、浙江遂昌好川等遗址中都有发现。从大鱼鳍形鼎数量少、侧扁三足鼎数量多的情况看，年代相当于广富林文化晚期。但尖山湾与上述三个后良渚文化遗址又有区别，如矮圈足器丰富，圈足外卷翻出等。与广富林文化和好川文化相比，尖山湾遗址似乎保存了更多的良渚文化因素，究其原因，其一或许和它处于较偏僻内陆山区的地理位置有关，处于开阔平原地带的广富林文化就受到了来自北边的龙山文化王油坊类型的严重冲击①，这就是山居文化在保持文化稳定性上的优势；其二或许和它正处于良渚文化外迁的重要交通要道——浦阳江流域有关，外迁的良渚族群曾给这里带来内涵丰富的良渚文化，甚至其本身有可能就是外迁良渚族群的留居后裔。萧山茅草山遗址以扁圆形足与 T 字形足鼎为代表的晚期文化面貌（这里的 T 字形鼎足与浙北良渚文化中心区 T 字形鼎足不同，横部特别发达竖部则弱化成一道脊），可能是浙江目前所知最晚的史前文化。扁圆形鼎足在浙江史前遗址中较少见，目前只在浙江桐乡新地里遗址、诸暨尖山湾遗址、上海广富林遗址里有发现，有人认为是来自龙山文化的因素，但也可能是这个时期产生于钱塘江流域的一个新的文化因素②。

2. 马桥文化

距今 3800 年左右，马桥文化取代广富林文化，成为浙江最早的青铜器时代文化。在以往，由于马桥文化和良渚文化晚期的考古资料比较欠缺，在田野考古的调查时，人们在马桥文化的遗址内往往见到的多是陶片，且又以几何形印纹陶较为突出。这种几何形印纹陶是与良渚文化的陶器显然有异的一种外来文化。因此，就有学者提出良渚文化突然消失、中断等说法。也有的学者根据良渚遗址群的调查资料分析，认为在良渚末期的遗存中，含有马桥文化因素的过渡性遗址也有发现，因而提出在这地域内的良渚文化有始有终，似乎没有突然消失③。余杭卞家山遗址的发掘，使我们有一个初步的感觉是："良渚晚期在这一地区仍然有较大的生存空间，其社会发展程度也并非如人们想象的那样低下。同时在晚期遗存中零星出现了更接近马桥四层的遗物，客观上也拉近了良渚文化与马桥文化之间的距离。"还认为陶器上"饰绳纹或方格纹的印纹软陶已有零星发现，这些纹饰出现在罐身和鼎足上，个别绳纹罐已是凹底。这些现象多少与马桥文化有一些联系。由此可见从良渚文化跨入马桥文化并非如人们想象的那样生硬和突兀，两者之间年

① 丁品：《浙江湖州钱山漾遗址第三次发掘带来的新思考》，《南方文物》2006 年第 4 期；陈杰：《广富林文化初论》，《南方文物》2006 年第 4 期。

② 浙江省文物考古研究所：《楼家桥、亶塘山背、尖山湾：浦阳江流域考古报告之二》，文物出版社 2010 年版，第 320、321—322 页。

③ 浙江省文物考古研究所：《余杭良渚遗址群调查简报》，《文物》2002 年第 10 期。

代和文化内涵上的断层也不像人们想象的那么大”①。我们再从马桥文化遗址出土的石器分析，具有典型良渚文化因素的石犁、斜柄石刀、有段石锛、石钺等都有发现。马桥文化新出现的有槽石锛，有的学者认为“应自有段石锛发展而来”。以陶器分析，据马桥遗址第一、二次发掘出土的陶片统计，夹砂红陶占 25.9%，泥质红褐陶占 41.1%，泥质灰陶占 33%，其中少数是灰胎黑衣和红衣陶。泥质红褐陶的陶色有淡黄、橘黄、紫红、紫褐等，一般色深的硬度高，与印纹硬陶很难区分。这种陶色和硬度的变化，在泥质红褐陶系中是渐变的，在良渚文化中也露出一些蛛丝马迹，可供我们分析时参考。又如夹砂红陶经打磨，并涂有红褐色陶衣。泥质红陶中也有这种现象。泥质黑陶在马桥遗址中反映出，从“成形的方法、烧制技术、器皿形态和色泽等方面，受良渚文化的影响颇深”。还有泥质灰陶中，以“轮制成形，圈足器与平底器居多，弦纹常见，有压印纹等”。“此类灰陶也应受到了良渚文化的影响”。在器形方面，马桥文化中的部分豆、罐、盆、尊等，都有良渚文化的因素。在夹砂陶中的鼎，其腹部下垂，附三圆锥形高足，具有良渚文化的特点②。因此，我们可以说，良渚文化的人们一直在太湖地区居住着，他们的文化在马桥文化中得到了延续。但是我们还应看到，有大量的几何形印纹陶出现，据马桥遗址第四层（马桥文化层）出土的陶片统计，泥质红褐色印纹陶占陶片总数的 41.1%，无疑是绝对多数。不过，这一层的年代大约相当于夏代至商代前期，是马桥文化的早、中阶段。所以，这个 41.1% 的比例数字，乃是马桥文化早、中阶段综合的结果。我们今后应该要注意在它的早期阶段，这种几何形印纹陶在太湖地区的影响力有多大，其后，又是怎样扩大其影响的。

马桥文化的构成要素中，除了良渚文化和广富林文化外，还有闽浙赣交界处的肩头弄类型。肩头弄类型给浙江青铜时代带来了几何印纹硬陶。如果说后良渚文化时期，浙江文化带上了较强的北方因素，那么可以说在马桥文化时期又回归了南方特色。也就是说，北方文化在龙山时代在这里完成了军事上的征服，并没能完成文化上的征服，而那些承续不断的南方因素，为后来的越文化奠定了基础。

3. 钱山漾文化

钱山漾遗址位于浙江省湖州，被认为是良渚文化消亡后出现的一种全新的文化类型，于 2014 年被命名为“钱山漾文化”。遗址文化堆积包含钱山漾文化一期、二期和马桥文化的遗迹遗物，碳-14 测年显示，钱山漾一期年代为距今 4400—4200 年，钱山漾二期年

① 赵晔：《下家山遗址良渚晚期遗存的观察与思考》，《史前研究（2004 年）》，三秦出版社 2005 年版。

② 上海市文物管理委员会：《上海马桥遗址第一、二次发掘》，《考古学报》1978 年第 1 期；《上海市闵行区马桥遗址 1993—1995 年发掘报告》，《考古学报》1997 年第 2 期。

代为距今4000年前后①。

二、长江中游的新石器时代文化

长江中游的新石器时代文化，在江汉地区主要形成本土的彭头山文化、城背溪文化、皂市下层文化、大溪文化、屈家岭文化、石家河文化的传承序列和演变阶段；在地处长江中下游之交的鄱阳湖及赣江流域一带，则分布着一些具有一定地域特征的新石器时代文化遗存，代表性的有万年仙人洞遗址和修水山背文化遗址。

（一）彭头山文化

彭头山文化因发现于湖南省澧县大坪乡彭头山而得名，主要分布在澧水下游澧阳平原，迄今发现的主要遗址除彭头山外，还有李家岗、刘家湾、八十垱、肖家岗、黄麻岗、胡家坟山、曹家湾、宋家溪等处。经碳-14测定，其标本年代距今9100±120年和8200±120年，因此这一类型遗址的年代比黄河流域的裴李岗、磁山和老官台遗址更早，应是我国目前所知最早的新石器时代文化遗址之一。

彭头山文化时的经济生活，已有稻作农业，这里出土有我国目前发现最早的稻作实物。陶器以夹炭红皮陶为主，多饰绳纹，器类主要为罐和钵。石器除磨制的外，还有较多细小燧石器和大型打制石器。已出现大型地面建筑和小型半地穴式建筑两种。

（二）仙人洞文化

仙人洞文化遗址位于江西省万年县城东北15公里的小河山。其文化堆积可分为上下两层，内涵有较大的差异。年代估计在距今9000年左右。其经济生活主要为渔猎和采集，原始农业已经萌芽。生产工具有打制石器和磨制石器两种。大量使用骨、角（牙）、蚌器，而且制作相当精致和讲究，这是仙人洞下层文化的一个重要特色。陶器质地粗糙，全为手制，火候很低。丧葬形式为就近埋葬②。

（三）城背溪文化和皂市下层文化

城背溪文化，年代距今8500—7000年，兴盛于汉西至江南，形成汉西城背溪和洞庭湖区彭头山两大亚区类型。城背溪文化遗存显示出江汉地区史前母系氏族社会的繁荣景象。

城背溪文化遗址有11处遗址点，主要分布在长江河谷阶地。

皂下层文化或称前大溪文化，约距今6920年。文化遗址有27处，除在澧水仍有分

① 浙江省文物考古研究所、湖州市博物馆编著：《钱山漾第三、四次发掘报告》，文物出版社2014年版，第452—464页。

② 彭適凡：《万年仙人洞新石器早期文化的几个问题》，《江西历史文物》1981年第2期。

布外，在其西部的山地丘陵区以及南部的沅江下游也有零星分布。

（四）大溪文化

大溪文化因发现于重庆市巫山县大溪遗址而得名。其分布区域东起鄂中南，西至重庆，南抵洞庭湖北岸，北达汉水中游沿岸，主要集中在长江中游西段的两岸地区。其遗址除大溪外，迄今发掘的还有湖北宜都红花套、枝江关庙山、江陵毛家山、松滋桂花树、公安王家岗，湖南澧县三元宫和丁家岗、安乡汤家岗和划城岗等十多处。大溪文化的年代据碳-14 断代并经校正，为公元前 4400—前 3300 年。

大溪文化的社会经济生活以稻作农业为主，渔猎、采集等辅助经济仍占一定比重。制陶业方面，以白陶和薄胎彩陶最为突出，具有较高的工艺水平。房屋建筑分半地穴式和地面建筑两种。①

（五）屈家岭文化

屈家岭文化因首先发现于湖北省京山县屈家岭遗址而得名。其分布范围以江汉平原为中心，东起大别山南麓，西至三峡，北到豫西南，南抵洞庭湖北岸。重要遗址除屈家岭外，还有湖北钟祥六合、京山朱家嘴、天门石家河、武昌放鹰台、枝江关庙山、松滋桂花树（中层）、公安王家岗，湖南澧县三元宫、安乡划城岗、华容车轱山等处。其年代据碳-14 断代并经校正，后期为公元前 3000—前 2600 年，大体上和黄河中游的仰韶文化晚期和龙山文化早期相当。

屈家岭文化的经济生活以稻作农业为主，兼营畜牧与渔猎。主要农具是扁平穿孔石铲和石镰。制陶工艺有所发展，出现了精美的薄胎晕染彩陶。住房多属方形、长方形的地面建筑。

（六）石家河文化

石家河文化，因其首先发现于湖北省天门市石家河镇而得名，距今 4600—4000 年。主要分布在江汉地区，其遗址除石家河外，还有湖北房县七里河、十堰市郧阳区青龙泉上层、当阳季家湖下层、松滋桂花树上层等处。其年代大体上与中原的龙山文化相当。其社会经济生活以稻作农业为主，兼营渔猎与畜牧。生产工具以石器为主。陶器以砂质和泥质灰陶为主，并有少量棕灰陶与黑陶。房屋建筑有方形和圆形两种。

（七）山背文化

山背文化因首先发现于江西省修水县山背村而得名。迄今已发掘遗址除修水山背

① 四川长江流域文物保护委员会文物考古队：《四川巫山大溪新石器时代遗址发掘记略》，《文物》1961 年第 11 期；邹后曦、白九江（重庆市文物考古研究所）：《巫山大溪遗址历次发掘与分期》，《重庆·2001 三峡文物保护学术研讨会论文集》，科学出版社 2003 年版。

跑马岭外，还有清江营盘里、筑卫城遗址等处。据碳-14断代并经校正，年代为公元前2800年。其社会经济以稻作农业为主。生产工具多为磨制石器，制作精细，别具一格。陶器有夹砂红陶、泥质灰陶和黑陶三种，其中以夹砂红陶最多。居住的房屋多为地面建筑，已显示出建筑技术的进步①。

三、长江上游的新石器时代文化

在长江上游的云南、贵州、四川等地，也曾发现有不少新石器时代文化遗址，如云南已知新石器时代遗址和石器出土地点达300多处，其中较重要的有宾川白羊村遗址、元谋大墩子遗址、晋宁石寨山遗址、昆明官渡遗址、耿马南碧桥洞穴遗址、宣威尖角洞遗址、永仁菜园子遗址及抚仙湖、杞麓湖沿岸遗址和怒江流域遗址等处。贵州地区的新石器时代文化遗址，迄今已知有中河、可乐、白云、青场等处，但大多未做科学发掘。四川长江上游地区的新石器时代文化遗址以川西南的礼州遗址最具典型，被定名为“大墩子——礼州文化”②。

此外，广西桂林甑皮岩遗址和福建闽侯昙石山等，也是长江以南地区重要的新石器时代文化遗址。甑皮岩下层距今已达9000年以上，出土有打制和磨制石器，以及骨鱼镖、骨镞等渔猎工具，陶器以红陶为主，已饲养家猪。综合全部遗存，可见其生产活动当以渔猎和采集为主，同时可能也有原始农业。昙石山中层距今约3000多年，其出土器物主要有釜、豆、壶等陶器，石锛、石镰、石镞等生产和渔猎工具，此外还发现有猪、狗等家畜的骨骼。

四、文献传说中的长江远古先民

在远古时代，相传在今中国领域，居住着许许多多不同祖先的氏族和部落。虽然这些氏族和部落大多已湮没无闻，但也有一些为古代文献传说所保存，直至战国时期，庄子还能列举出容成氏、大庭氏、伯皇氏、中央氏、栗陆氏、骊畜氏、轩辕氏、赫胥氏、尊卢氏、祝融氏、伏羲氏、神农氏等一大批传说人物③。

徐旭生认为，中国传说时代的部落，大致可以分为华夏、东夷、苗蛮三个集团。华夏

---

① 彭適凡：《试论山背文化》，见彭適凡《江西先秦考古》，江西高校出版社1992年版，第20—38页。

② 中国社会科学院考古研究所：《新中国的考古发现和研究》，文物出版社1984年版；《文物》月刊编辑委员会编辑：《文物考古三十年》，文物出版社1979年版；《文物考古工作十年》，文物出版社1990年版；《中国大百科全书》（考古学），中国大百科全书出版社1986年版。

③ 〔清〕王先谦《庄子·胠箧》，清王先谦《庄子集释》卷三《胠箧》，《诸子集成》本，第3册，第58—62页。

集团是其中最重要的集团，此部族中又可分为两个大亚族：一个叫作黄帝，一个叫作炎帝。他们分别发祥于陕西的北部和陕西西部偏南。东夷集团所居的地域在山东、河南一带，其较早的氏族所知道的有太皞（或作太昊，实即大皞）、少皞（或作少昊，实即小皞）、蚩尤。苗蛮集团似乎以湖北、湖南、江西等地为中心，祝融、伏羲、女娲属于这一集团①。但蒙文通、傅斯年等学者不同意徐旭生的观点，认为炎帝、共工、蚩尤、祝融应分属于南方的江汉民族（即徐旭生所说的苗蛮集团）。而林惠祥所著的《中国民族史》，又有华夏系、东夷系、荆吴系、百越系之分。真可谓众说纷纭，莫衷一是。不过，从现有的考古资料和研究来看，炎帝可以推为长江文化的"人文始祖"。

炎帝，又称为神农氏。《国语·晋语四》载司空季子曰："昔少典娶于蟜氏，生黄帝、炎帝，黄帝以姬水成，炎帝以姜水成。成而异德，故黄帝为姬，炎帝为姜。"韦昭注引贾侍中云："炎帝，神农也。"刘歆、班固及谯周的《古史考》、张守节的《史记正义》等，也持此说。炎帝又有连山氏、列山氏之称，《史记·五帝本纪正义》引《帝王世纪》曰：神农氏"有圣德，以火德王，故号炎帝，初都陈，又徙鲁，又曰魁隗氏，又曰连山氏，又曰列山氏"。列山即烈山，意为放火烧山，将草木烧成灰肥后，以备农耕播种，这种刀耕火种的原始生产方式，曾在南方地区延续了数千年之久，至今仍在西南的一些少数民族中流行。连山即烈山之音转。所谓火德王、炎帝等名称，便是神农氏创造刀耕火种的功德，被后人所赞颂，故高诱注《淮南子·时则训》云："赤帝，炎帝，少典之子，号为神农。"

如前所述，有许多学者主张炎帝族起源于陕西西部黄土高原上，为姜姓，本系今甘青一带羌人的一支。但也有许多文献记载炎帝神农氏属南方集团。《春秋元命苞》说："少典妃安登游于华阳，有神农首感之于常羊，生神子，人面龙颜，好耕，是为神农。"《后汉书·西羌传》曰："西羌之本出自三苗，姜姓之别也。其国近南岳。及舜流四凶，徙之三危，河关之西南羌地是也。"《山海经·海内经》说："炎帝之妻，赤水之子听沃生炎居，炎居生节并，节并生戏器，戏器生祝融。祝融降处于江水。"据《路史·国名纪》记载："江水，祝庸之封地，今朱提。"可见，江水在今四川宜宾一带。又据文献记载，烈山氏的活动地域在今湖北随州市境。《左传·襄公二十九年》说："有烈山氏之子曰柱，为稷，自夏以上祀之。"《国语·鲁语上》说："昔烈山氏之有天下也，其子曰柱，能植百谷百蔬……故祀以为稷。"《礼记·祭法》篇说："是故厉山氏之有天下也，其子曰农，能殖百谷。夏之衰也，周弃继之，故祀以为稷。"厉、烈古音相同，互相通假。《汉书·地理志》南阳郡随县下，班固自注说："故国。厉乡，故厉国也。"这就是说，随县本是随国；境内的厉乡，原来为厉国。《水经注》卷一二《漻水》下说：一水西径厉乡南，水南有重山，即烈山也。山下有一穴，父老相

① 徐旭生：《中国古史的传说时代》，文物出版社1985年版，第5页。

传云:“是神农所生处也,故礼谓之烈山氏。”依上述文献所载的地望推测,神农氏当属于南方的苗蛮集团。另有文献记载,神农氏葬于长沙茶陵。如《帝王世纪》云:“神农氏崩,葬长沙。”《路史》引云葬茶陵。《宋史·礼志·先代陵庙》载:淳熙十四年,“衡州守臣刘清之奏:史载炎帝陵在长沙茶陵,神宗时给近陵七户守视,禁其樵牧,宜复建庙,给户如故事”。

炎帝神农氏是中国农耕文化的创始人之一,其贡献有五:

一是创制耒、耜等农具,教民垦荒种地。如《白虎通义》卷一上说:“古之人民皆食禽兽肉。至于神农,人民众多,禽兽不足,于是神农因天之时,分地之利,制耒耜,教民农作,神而化之,使民宜之,故谓之神农也。”《易·系辞下》:“神农氏作,斫木为耜,揉木为耒,耒耨之利,以教天下,盖取诸《益》。”

二是教天下之民种植谷物。《帝王世纪》说,炎帝“始教天下种谷,故号神农氏”。《管子·轻重》篇说:“神农作种五谷于淇山之阳,九州之人乃知谷食。”又说:“神农教耕生谷以致民利。”干宝《搜神记》说,神农“鞭百草,尽知其平毒寒温之性,臭味所主,以播百谷,故天下号神农也”。

三是教民制作陶器,以供炊煮食物之用。如《古史考》说:“神农之时,民方食谷,释米加烧石上而食之。”《太平御览》引《周书》佚文说“神农耕而陶”。

四是发明了纺织技术,使人们穿上布制的衣服。《商君书·画策》:“神农之世,男耕而食,妇织而衣。”

五是发明了用草药治病的方法。《淮南子·修务训》曰:“神农……尝百草之滋味,水泉之甘苦……一日而遇七十毒。”

炎帝族创造的这些文化已为长江流域的考古发现所证实。如木制的耜、人工栽培稻、陶器、纺织工具等,在距今7000年左右的浙江余姚河姆渡遗址均有出土。

由于炎帝创造了农耕文化,所以受到了南方劳动人民的敬仰和崇拜,成为当地之农神。如《礼记·月令》云:“南方曰炎天,其帝炎帝,乘离执衡而治夏。其神荧惑,其佐祝融。”《周礼·春官》曰:“以赤璋礼南方。”郑玄注:“礼,南方以立夏,而炎帝、祝融食焉。”

除炎帝外,祝融、伏羲、女娲、蚩尤、盘瓠等也是传说中的长江远古先民。

祝融据前面所述,乃炎帝之裔。《左传·昭公十七年》记:“郑,祝融之虚也。”可见其原先活动于中原腹地,在今河南新郑市一带。又据《国语·郑语》和《史记·楚世家》所说,祝融是高辛帝喾的火正,又可知其曾依附高辛部落集团,后成为南方民族的祖先和楚文化的主源。如《山海经·海外南经》说:“南方祝融,兽身人面,乘两龙。”《淮南子·时则训》说:“南方之极,自北户孙之外,贯颛顼之国,南至委火炎风之野,赤帝(炎帝)、祝融之所司者万二千里。”

蚩尤是南方九黎族的首领。黎,是蛮夷族(或称"南蛮族")中最勇猛、最强大的一支。其作为部落集团的名称,最早见于《尚书·尧典》:"黎民于变时雍。"据《国语·楚语》记载,黎有9个部落,每个部落又各有9个兄弟氏族,黎总共为81个兄弟氏族。《龙鱼河图》说:"蚩尤摄政,有兄弟八十一人。"传说九黎族曾驱逐炎帝族,直到涿鹿(今河北怀来县或涿鹿县),后炎帝族联合黄帝族与九黎族决斗,蚩尤请风伯雨师作大风暴雨,黄帝也请天女魃下来相助,最后蚩尤斗败被杀。九黎族经长期斗争后,一部分被迫退回家乡;一部分留在北方,后来建立黎国;一部分被炎黄族俘获,到西周时还留有"黎民"的名称①。

伏羲和女娲的传说也来自南方的苗蛮。《庄子·人间世》篇说:"是万物之化也,禹、舜之所纽也,伏羲、几蘧之所行终,而况散焉者乎。"又《大宗师》篇说:"狶韦氏得之,以挈天地;伏戏氏得之,以袭气母;维斗得之,终古不忒;日月得之,终古不息;堪坏得之,以袭昆仑;冯夷得之,以游大川;肩吾得之,以处大山;黄帝得之,以登云天;颛顼得之,以处玄宫;禺强得之,立乎北极;西王母得之,坐乎少广,莫知其始,莫知其终;彭祖得之,上及有虞,下及五伯;傅说得之,以相武丁,奄有天下,乘东维,骑箕尾而比于列星。"此后,伏羲氏又变成首出庶物的大圣人。《周易·系辞下》说:"古者包牺氏之王天下也,仰则观象于天,俯则观法于地。观鸟兽之文与地之宜。近取诸身,远取诸物。于是始作八卦,以通神明之德,以类万物之情。作结绳而为网罟,以佃以渔。盖取诸《离》。包牺氏没,神农氏作。"而《淮南子》又进了一步,将伏羲、女娲推为"泰古二皇",取消了神农列于"二皇"的资格。不仅伏羲、女娲的神话出自南方,而且南人还将他们视为远古祖先,并加以祭祀。

南宋马远《伏羲图》

如《路史·后纪》说:"太昊伏戏氏……母华胥,居于华胥之渚。"注道:"乃阆中俞水之地。"渝水即今四川嘉陵江。《路史·后纪》在女娲氏纪中又注道:"今峨眉亦有女娲洞。常璩《华阳志》等谓伏羲、女娲之所常游。此类犹多。"信如罗氏之说,则伏羲、女娲均可能生于阆中。他们兄妹生于川北,游于川西,而太昊的子孙又建国于川东。《山海经·海内经》说:"西南有巴国。太皞生咸鸟,咸鸟生乘厘,乘厘生后照,后照是始为巴人。"另清初陆次

① 范文澜:《中国通史》,人民出版社1978年版,第1册,第16页。

云《峒溪纤志》说："苗人腊祭日报草。祭用巫，设女娲、伏羲。"按苗人传说，苗族全出于伏羲与女娲。他们本为兄妹(或姐弟)。遭遇洪水，人烟断绝，仅存此二人，遂结为夫妻，绵延人类①。

此外，南方各族还盛行着盘瓠(即盘古)、廪君、涂山氏、人皇、钜灵氏、蜀山氏、颛顼、帝喾、禹、桀等传说②。反映了这些神话传说人物与史前长江文化的密切关系。

第三节　史前时期长江文化的成就

史前时期，长江文化的成就可从下列八个方面进行分析阐述。

一、住所的发展

长江流域史前时期人们的居所，经历了穴居野处、干栏式建筑、地面建筑的居住址、半地穴式或浅地穴式等几个阶段。

(一)穴居野处

在上古时代，人们并不知道建造房屋，皆穴居野处。《易·系辞下》中"上古穴居而野处"的话，就是对这一时期人类生活一个朴素、简略的回顾。

20 世纪 60 年代初在江西万年仙人洞发现了距今约 9000 年的穴居遗址③。这座遗址地处四面高山环绕的狭长形盆地的小河山麓下，洞口向东南，临文溪水，洞穴进深达 40 米，高 2～9 米。这座洞穴遗址的所在地有山，有水，又有平原，为穴居人们获得生活资料创造了优越的环境。

可供人们穴居的洞穴毕竟是有限的。生产的不断发展，人口的增长，人们不得不离开洞穴进入到平原或丘陵地区生活。在长江上游的云南金沙江流域的宣威尖角洞和维西哥登村等个别史前遗址，仍有这种穴居的残余遗迹。

(二)干栏式建筑

长江流域多湖泊、沼泽，为了适应这种地理环境，他们创造了干栏式的居住房屋。

以往的考古资料所提供的这种建筑的年代，以上山遗址发现的为最早，在浙江浦江

① 芮逸夫：《苗族洪水故事与伏羲、女娲的传说》，马倡仪编《中国神话学论文选》上册，陕西师范大学出版社总社有限公司 2013 年版。

② 顾颉刚：《论巴蜀与中原的关系》，四川人民出版社 1981 年版；吴永章：《中国民族关系史》第 1 章第 3 节，民族出版社 1992 年版；徐旭生：《中国古史的传说时代》，文物出版社 1985 年版。

③ 江西省文物管理委员会：《江西万年大源仙人洞洞穴遗址的试掘》，《考古学报》1963 年第 1 期。

县上山新石器时代遗址的第三文化层下，发现一座编号为 F1 的房址遗存，呈西北—东南走向，总长 14 米，总宽约 6 米，有柱洞 32 个，分三行排列，南行有 10 个柱洞，间距约 1.6 米；中行有 11 个柱洞，与南行相距 3 米；北行有 11 个柱洞，与中行相距约 3 米。三行柱洞基本呈平行分布，每行内的柱洞基本相互对应，这与河姆渡遗址的干栏式建筑相似。这座干栏式建筑的绝对年代，经碳-14 测定为距今 8050±110 年，树轮校正值为距今约 8600 年①，比河姆渡遗址提前了 1500 多年。

但这种木建筑的干栏式房屋，一般都容易腐朽，不易保存，只有如河姆渡遗址第 4 层那样，在地下水位层之上，才得以较好地保存。第一期发掘发现了排列整齐的桩木 13 排，至少包含有 3 座干栏式长屋，其中发掘报告编号的 8、10、12、13 等 4 排桩木保存得较完整，方向一致，当是一座有前廊的干栏式长屋建筑②。这种有前廊的干栏式长屋，有人根据民族志资料分析，认为前廊的后部分隔为小房间，供一对已婚夫妇居住；或再划分出若干面积作为妇女煮饭、编织的场所。河姆渡遗址的干栏式长屋后部未见有分隔的遗迹，可能是所用的分隔材料易于腐朽，未能保存下来③。

早在 20 世纪 50 年代发掘浙江吴兴钱山漾良渚文化遗址时，在甲区第四文化层内，人们发现许多呈东西向排列的木柱，据推测房址平面略呈长方形，东西长约 2.5 米，南北宽约 1.9 米，正中有一根直径 11 厘米的长木，似乎是作为“脊”使用，上面盖有几层大一片的竹席。在乙区第四文化层发现一排长约 3.18 米的密集木桩，正中也有一根直径 18 厘米的长木，上面盖有大片的树皮、芦席和竹席④。这类建筑遗存，较多的学者认为很可能是属于干栏式建筑。

良渚庙前遗址出土编号为 F1 的房址，平面是呈东北—西南走向的长方形，长 10 米、宽 8 米。除西面外，其他三面都有双排木柱。双排木柱的间距为 1.8～2 米。柱坑一般呈长方形，长 0.5～1.9 米，宽 0.3～0.85 米，深 0.2～0.6 米。坑底都铺垫木板，一般为两三块，多的可达 5 块，有的铺垫的木板用绳捆绑。西北面的单排木桩，排列较密，木柱的间距为 0.5～1 米，其余三面的双排木柱间距为 1～2 米。从柱坑的布局分析，“F1 可能是一种大跨度屋顶内设柱子或重檐加设回廊的建筑形式”⑤。庙前遗址的这座 F1，择址在

① 浙江省文物考古研究所、浦江博物馆：《浙江浦江县上山遗址发掘简报》，《考古》2007 年第 9 期；蒋乐平：《浙江浦江县上山新石器时代遗址——钱塘江流域早期稻作文化遗存的最新发现》，《中国社会科学院古代文明研究中心通讯》第 7 期，2004 年 1 月。

② 浙江省文物管理委员会：《河姆渡遗址第一期发掘报告》，《考古学报》1978 年第 1 期。

③ 汪宁生：《中国考古发现的“大房子”》，《考古学报》1983 年第 3 期。

④ 浙江省文物管理委员会：《吴兴钱山漾遗址第一、二次发掘报告》，《考古学报》1960 年第 2 期。

⑤ 浙江省文物考古研究所：《余杭良渚庙前遗址发掘的主要收获》，《浙江省文物考古研究所学刊》，科学出版社 1993 年版。

如今的水稻田下，地下水位高，而房址内又无其他遗迹发现，因此，有的学者认为是干栏式建筑是有道理的。

河姆渡遗址建筑木桩

河姆渡文化干栏式建筑模型

良渚文化的民居建筑

良渚文化的民居建筑情景

更值得注意的是浙江海盐县仙坛庙遗址，在良渚文化晚期墓葬中的 52 号墓中发现了一件黑皮陶器，器物盖的内壁中心部位，刻画着一座干栏式建筑的图案。图案似乎表现的是一座单体房屋的正面。房屋由高出地面的平台、窄于平台的墙和坡度较陡的长脊短檐式房屋组成，底部平台由 6 根桩柱支撑，屋脊上有数根茅草状物竖立。这一发现使人们对于良渚时期的干栏式建筑有了较直观的认识①。干栏式建筑刻画在陶器上，本身就反映了良渚文化时期的人们对这种建筑形式的重视和较普遍的使用，这与太湖地区的地势低洼有着一定的关系。目前，田野考古发现这类遗存不多，这与居住遗址的发掘甚少有关。

干栏式建筑的特点是“悬虚构屋”，依据文献记载，其作用可归纳为三说：①避瘴疠及

① 王宁远、蒋卫东、李林、沈明生：《浙江海盐仙坛庙发现崧泽文化早期到良渚文化晚期文化遗存》，《中国文物报》2004 年 2 月 4 日。

虫害说；②避猛兽说；③禁忌说①。从河姆渡遗址使用干栏式建筑的住房分析，似以前两说为主②，尤其是前一说更为重要。

河姆渡遗址干栏式长屋所用的木构件，依据不同的建筑部位，采用了不同的榫卯结构。如连接地板龙骨的柱脚榫，连接上承屋梁的有柱头榫，还有梁头榫、带销钉的榫，这是为防止受力后拉脱榫，因此采用销钉固定，此外企口的拼接技艺，更为高超。

（三）地面建筑的居住址

在平原较高亢的地区建立村落，一般采用地面建筑房屋的方式。如马家浜文化的房屋面积一般不大，呈长方形或圆形，以地面式建筑为主，少量半地穴式，面积从几平方米到几十平方米不等。在房屋的中心往往留下烧火的痕迹，让我们可以想象那先民围炉时的生活场景。江苏宜兴骆驼墩 F1，平面为不规则的椭圆形，东西长约 6.75 米、南北宽约 6 米，面积约 40 平方米。房址由红烧土居住面、柱洞、基槽、灶坑等组成③。浙江余杭茅山 F4，为略呈凸字形的半地穴房子，面积 12 平方米，斜坡式门道，地穴外侧一周有柱洞④。

江苏宜兴骆驼墩遗址马家浜文化房址 F1、F2⑤

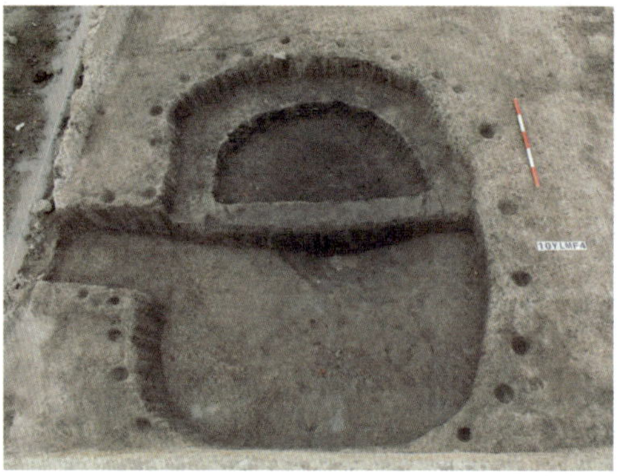

浙江余杭茅山遗址马家浜文化房址 F4⑥

① 戴裔煊：《干栏——西南中国原始住宅的研究》，岭南大学西南社会经济研究所 1948 年版，第 29—30 页；安志敏：《“干栏”式建筑的考古研究》，《考古学报》1963 年第 2 期。

② 吴汝祚：《我国早期种植水稻的氏族部落》，《史前研究》1985 年第 2 期。

③ 南京博物院、宜兴市文物管理委员会：《江苏宜兴骆驼墩遗址发掘报告》，《东南文化》，2009 年第 5 期，第 26—44 页。

④ 浙江省文物考古研究所：《浙江余杭茅山史前聚落遗址第二、三期发掘取得重要收获》，《中国文物报》2011 年 12 月 30 日第 4 版。

⑤ 南京博物院、宜兴市文物管理委员会：《江苏宜兴骆驼墩遗址发掘报告》，《东南文化》2009 年第 5 期，第 26—44 页。

⑥ 浙江省文物考古研究所：《浙江余杭茅山史前聚落遗址第二、三期发掘取得重要收获》，《中国文物报》2011 年 12 月 30 日第 4 版。

地面木构建筑形式的房屋建筑，目前发现的数量较少。但是，种种迹象显示，这是长江流域新石器时代的主要建筑形式。如在良渚文化莫角山遗址的大莫角山、小莫角山和乌龟山之间的区域内，从进行发掘、调查和钻探的资料推测，有总面积不少于3万平方米的夯筑遗存，它是由沙层和泥层相间筑成，总厚度在50厘米左右。在这夯筑遗存中发现大型柱坑12个，呈东西向三排排列。大柱坑的口径为23～135厘米，深度多超过30厘米，最深的达72厘米，并推测最大的柱径可达60厘米，一般的柱径也在40厘米以上。这一重要的建筑遗存，由于发掘面积有限，未能揭露出这一建筑的基本面貌。但已揭露的遗迹表明，这座建筑的规模大，规格也高。有的学者认为这样超凡的建筑，“绝不会是一般的用途，而只能是良渚文化各部族最神圣的礼仪中心”①。浙江桐乡市普安桥良渚文化遗址发现房址4座，编号为F1—F4，其中F1、F2和F4三座房址的位置重叠在一起，可能是同一建筑的不同层位，也有可能是连续的重复建设。而F3是保存较好的一座。房址平面近方形，南北为6.3米，东西为5.4米，房址中部有一条隔墙，分为南北两室。北室较宽大，宽3.1米，南室内宽2.4米。两室都在东南隅开设门户，两室之间的隔墙上未有门相通。这座房址的营建方式，是在房址的四周挖浅基槽，基槽宽约30厘米左右，深15～20厘米，槽内埋设木柱，是墙体的木骨。基槽填实后，在其上起墙。墙的厚度一般为25～30厘米。而屋内的隔墙下没有挖基槽，而是在地表挖坑埋柱后起墙。室内地面较平整，北室中部有一个略呈矩形的灶。这座房址的室外平坦开宽，在北室东侧门外约1.3米处，有一个直径约40厘米的圆形浅坑，坑内被烧成砖红色，并发现有炭屑、烧土渣粒等，以此推测这是一个露天灶塘②。浙江余杭良渚庙前遗址发现了一座编号为F3的房址，平面略呈长方形，长约12米，宽约5.4米，有呈东西向排列的柱洞9个。室内用红烧土平铺，局部红烧土上有砂质硬面，可能是F3的活动面。在江苏昆山少卿山遗址发现房基址一座(F1)，仅约12平方米，全貌还不是很清楚，据推测平面可能呈长方形，墙壁是用芦苇编织物为骨架，内外抹草泥土，墙厚15～20厘米。江苏昆山绰墩遗址发现房址4座(编号为F1—F4)，其中以F2和F3保存较好。F2平面呈长方形，由南面的土墙、北面的2条基槽及东北面的门道和柱洞构成。从土墙和基槽的长度以及这两者之间距离，可测知这房址开阔10米左右，进深为6.5米左右。在室内近门道旁有一个长方形坑，埋有一具完整的动物骨架，这应与建房时进行过奠基活动有关。F3平面呈圆形，由柱洞、门道和灶址构成。F1只清理了东南一角。房基是在原地面上堆筑黄土而成，由两条沟槽将

① 浙江省文物考古研究所:《余杭莫角山遗址1992—1993年的发掘》,《文物》2001年第12期。

② 北京大学考古学系、浙江省文物考古研究所、日本上智大学联合考古队:《浙江桐乡普安桥遗址发掘简报》,《文物》1998年第4期。

F1 围成圆形，内侧沟槽推测为木骨泥墙基槽，外侧沟槽为屋檐排水沟，室内面积从围沟弧度推算，可能接近 40 平方米①。

在长江中游地区发现的房基址，平面有呈圆形的、方形的或长方形的，墙基多是挖槽建筑。如十堰市郧阳区青龙泉 4 号房基址，基槽内填两层大石块，“用以巩固墙基并起柱础的作用”。“墙壁以木柱为骨，里外用草泥土垒叠而成，表面抹平”。墙外有散水的护坡。到屈家岭文化时期，出现了双间的房屋，即在长方形大屋内用隔墙分为两间。在 6 号房基址内的“南室东边墙基内，埋有完整的猪骨架一具”。在 3 号房基址下埋有狗骨架一具。这两座房基址下埋的猪、狗，当是建筑房屋时奠基用的牲畜。墙壁，在木柱之间再用竹木编排，内外壁抹有夹红烧土碎块的黏土，并经火烤而质坚②。这时期的墙壁，较前一时期的要坚固些。

枣阳雕龙碑遗址发现 1 座大型房屋，东西长 11.5 米、南北宽 8.8 米，面积为 100 余平方米，四周的墙基槽内竖立长方形、方形、梯形等多种木柱为骨，木骨之间又用藤条和绳索把它们缠结起来，再在其内外涂上草拌泥，表面修饰平整，与现代的篱笆墙相似。室内先以红烧土块填基，再在其上铺抹细泥三层。墙和居住面均经火烤，地面平整，坚硬而又光滑。室内用十字形隔墙分为 4 间，东侧为长方形两大间；西侧为方形两大间，其北间又分隔为两小间，南间分隔为三小间，成为七间式大屋。每间屋内设有灶。有的门框设置在墙体内壁，从其沟槽形式分析，推测可能是推拉式的屋门③。

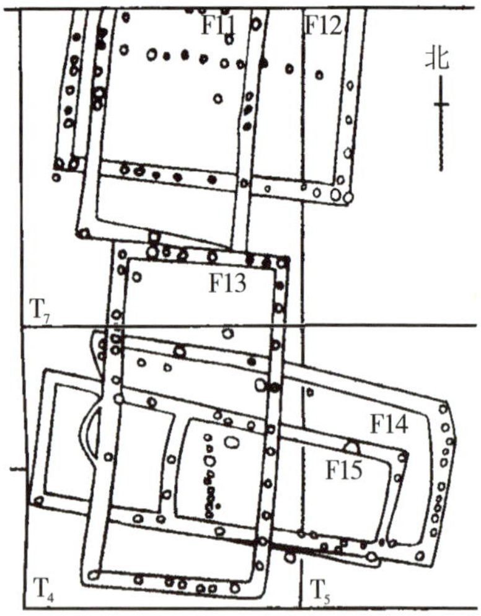

云南大墩子文化房屋遗址

在江西广丰的社山头遗址也发现有圆形和方形的房基址，在方形房基址中有三连间的，每间约为 16 平方米④。

云南元谋大墩子遗址发现房基址 15 座，是平面大多呈长方形的地面建筑，它们的结构与中游地区的房基址大体相似，唯“屋顶似属稍作倾斜的平面结构。

① 浙江省文物考古研究所：《浙江良渚庙前遗址第五、六次发掘简报》，《文物》2001 年第 12 期；苏州博物馆、昆山市文化局、千灯镇人民政府：《江苏昆山市少卿山遗址的发掘》，《考古》2000 年第 4 期；苏州博物馆、昆山市文物管理所：《江苏昆山市绰墩遗址发掘报告》，《东南文化》2000 年第 1 期；《江苏昆山绰墩遗址第二次发掘报告》，《东南文化》2000 年第 11 期。

② 中国社会科学院考古研究所：《青龙泉与大寺》，科学出版社 1991 年版，第 15、21、28、26 页。

③ 王杰、黄卫东：《枣阳雕龙碑遗址又有新收获》，《中国文物报》1992 年 8 月 9 日。

④ 李家和、翁松龄：《广丰社山头遗址揭示一批重要遗迹、遗物》，《中国文物报》1992 年 5 月 3 日。

用木椽紧密铺垫，多平行排列，亦有少数交叉现象。外表涂草拌泥而成的泥顶”。泥顶经火烤呈红褐色。“为了防止雨水浸蚀和烈日暴晒，草拌泥厚达15～20厘米”。房基址内设有灶坑，还发现环绕村落的沟道1条。沟道上宽下窄呈斗形，口宽150～210厘米，底宽24～90厘米，深130～160厘米，这种环绕村落的沟道，应是一种防卫设施①。

（四）半地穴式或浅地穴式两种

目前的考古资料表明，半地穴式房址主要集中在长江下游地区。江苏吴江龙南良渚文化遗址发现12间房基址，为半地穴式或浅地穴式两种。在这座遗址的中部有一条大致呈东北—西南向的河道，河道内发现有丰富的渔猎工具，如鱼镖、网坠和镞等，应是捕鱼时的遗留物。半地穴式房址就分布在这条河道的两岸。

江南地区，一般说来，由于地下水位高，土壤又缺乏竖立性，不适宜于半地穴式这类建筑。那么，龙南遗址会不会受到地下水位高的影响呢？有的学者在河旁发现木构埠头，在其上的木板面距地表1.56米，埠头一般总是稍高于正常水位，换句话说，就是正常水位要低于1.56米。回过头来看看88F1房址的居住平面距地表1.24米，87F5的睡坑编号为87H8的最深处距地表1.32米，分别高于正常水位线0.32米和0.24米。因此，我们认为龙南遗址营建半地穴式房址是可以存在的。

龙南遗址半地穴式房址的营建，如88F1是选择在临河高地上，挖长6.8米、宽3米、深0.4米的浅穴。门道向南。发现柱洞42个。南北面的柱洞较为对称，并且有一定的向屋内倾斜角度，其倾斜度为50°～55°。东西面的柱洞与地面垂直、不对称。柱洞内垫有陶片作为柱础。屋内居住面平整。从这座房址的南北面柱洞向内倾斜分析，屋顶应是两面坡形式。由倾斜度为50°～55°计算，估计屋顶高度为2.2～2.5米。在88F1外2米处，有88H20，呈不规则袋状，口长4.6米，最宽处2米；底长3.19米，宽1.3米，最深处1.8米，南面有台阶可供上下。底部有3个小坑，其中一个小坑内放置陶甗2件，坑底有灰烬和炭。从与88F1的关系上分析，此坑主要是房主炊煮处。类似这样的坑，有88F2向东2米处的88H 22，呈袋状，口长4.44米，宽1.6米；底长3.8米，宽1.42米。西部有斜坡式踏步。东半部出土陶器31件，其中鼎10件，豆和器盖各4件，盆3件，甗、杯、钵各2件，罐、瓮、盘、簋各1件，还有石锛1件。西半部有大量的灰烬，还有部分鼎、甑等炊器靠向西侧。由此可知，此坑不仅用作炊煮，还用于贮藏。另外，在上述88H 20的两侧分布着88H15—88H18四个整猪坑，都出有一只整猪骨架，其中88H16和88H17两坑内的猪头都向着H20。这些坑都在88F1的附近，当是用于建房奠基等祭祀活动。再从87F1、88F2、88F3等屋内堆积的红烧土块遗留的印痕分析，有树干、竹、芦苇、稻草、糠、散草和

① 云南省博物馆：《元谋大墩子新石器时代遗址》，《考古学报》1977年第1期。

黄土做建筑材料。还在87F1废弃堆积的红烧土块上面和中间发现了被火再一次烧红的陶片，88F1废弃堆积的灰褐土层中也发现有这样的陶片。这两处堆积未被后世人们所扰乱，那么，这些陶片怎样会再一次被烧成深红色的呢？有的学者认为“这些陶片原应置于房屋面上，才能出现这种现象。因此推测当时先民利用残陶器压在屋顶之上作为脊‘瓦’”。在两面坡屋盖上捆绑树干、竹竿、芦苇，用掺和谷糠、散草的草泥土抹在屋盖内外两面，里面的则加以抹平；外面的用草泥土一层层抹上，到收顶时压上大陶片为屋脊。87F5和87F6是呈曲尺形的双间，前者平面呈长方形，长4.75米，宽4.05米，深0.2米。发现柱洞6个，柱洞底部垫有木板或陶片等作为柱础，其中北面残留的3个柱洞向南倾斜约呈45°。还有3个柱洞在南面，遭严重破坏，难以测得倾斜角度。房内中部有一排东西向的排柱。室内有窖穴87H7和睡坑87H8。西南角有一个圆形硬土台。87F5的南北跨度大，为4.05米，屋内中部有东西向排柱，以此推测是为室内撑柱的遗迹。撑柱偏南，距北壁2.2米，从北面残留的3个柱洞的倾斜度推测，这座两面坡房址的北坡的坡度稍缓，而南面的柱洞已遭严重破坏，但仍可分析出南坡较陡。从柱洞的倾斜度分析，推测房高约为2.2米。87F6在87F5的东侧，平面也呈长方形，长4.8米，宽1.85米，深0.2米。门向南。居住面与87F5一样为硬质黄土。发现柱洞6个，在室内的柱洞，向室内约呈65°倾斜，以此推测居住面至屋顶的高度为2.4米，与87F5的房高有约20厘米的差程。两者相接，稍有倾斜，有可能建房时在其他方面进行弥补。也可能是在计算房高上有误所致。另外，在江苏昆山绰墩遗址发现良渚文化房址8座，编号为F1—F3、F5、F6、F10—F12。其中只有F11为半地穴式建筑，平面呈长方形，由柱洞、墙、居住面和门楣等组成。柱洞共发现16个，分为南北两排，北排10个，南排6个。北排柱洞除1号柱洞向西倾斜，10号柱洞向东南倾斜外，其余8个柱洞均向南倾斜。南排11号柱洞稍垂直，12—14号柱洞均向北倾斜。室内由于下挖而形成半地穴式。下挖的泥土堆积在四周为墙，墙高等于半地穴的深度，即10～20厘米。在房址西南角有南北向两根立柱，高出地面约80厘米，直径8～10厘米。在北面的立柱上顶着一根长约140厘米、宽16厘米、厚6厘米的木板，发掘者推测为门楣。还从两根门柱的高度及其距离可以得知，门高80厘米，宽120厘米。①

除江苏吴江龙南良渚文化遗址外，考古工作者在宁波慈湖遗址下层发现一条用小木

---

① 苏州博物馆、吴江市文物管理委员会：《江苏吴江龙南新石器时代村落遗址第一、二次发掘简报》；钱公麟：《吴江龙南遗址房址初探》，均见《文物》1990年第7期。苏州博物馆、昆山市文物管理所、昆山市正仪镇政府：《江苏昆山绰墩遗址第一至第五次发掘简报》，见《绰墩山》（《东南文化》2003年增刊Ⅰ）。

棍固定路基并铺垫砂石的道路①。余杭庙前良渚文化遗址内发现一座呈长方形的大型房基址(F1),面积约 80 平方米,四周有方形和圆形柱洞 26 个,除与 2 号房基址相邻的一侧为单排柱洞外,其余三面的柱洞均为双列形,柱洞底部铺设长约 1 米的垫板。2 号房基址只清理一角,从发现的柱洞排列分析,其结构与规模和 1 号房基址大体相似②。分析这两座房基址的规模和营造方式,似非一般的住房,并且两座房基址并列在一起,更显得其有着特殊的使用意义,值得重视。

余杭卞家山良渚文化遗址出土的陶屋模型③

总之,长江流域史前人们的住房建筑,为了适应多雨、潮湿的自然环境,采用了有利于防潮、加固的各项措施,同时还将江南盛产的竹材用于建筑上。

二、凿井技术的发明

与建筑遗迹有密切关系的是凿井技术的发明,对地下水的利用为生活领域的空间扩展创造了条件。

众所周知,水源是人类繁衍的最重要的物质基础之一。人类可一日无食,但不可能一日不饮水。水是人类最重要的饮料,也是进行食物加工、饲养牲畜所不可缺少的。从文献、考古和民族学等资料来看,史前时代的基本饮料为淡水,而最早的水源是自然界存在的江河湖泊中的淡水。为了饮食方便,人类必须在靠近水源的地方,如河流、湖泊周边活动,并且在水源附近选择住地。无论是旧石器时代的洞穴遗址还是新石器时代的村

① 王海明:《宁波市慈湖新石器时代遗址》,见《中国考古学年鉴》(1989 年),文物出版社 1990 年版,第 158—159 页。

② 刘斌:《余杭县庙前新石器时代遗址》,见《中国考古学年鉴》(1990 年),文物出版社 1991 年版,第 215 页。

③ 浙江省文物考古研究所:《卞家山》,文物出版社 2014 年。

落，都是靠近饮用水源的，或在河边高地上，或泉水、湖水旁边。当然，不会是大河大江，而是大河的支流两岸的第二层台地上，洪水袭来不会被淹没，平时汲水比较方便①。

在中国的古籍中，有许多关于饮水的记载。如《淮南子》卷一九《修务训》曰："古者民茹草饮水，采树木之实，食蠃蚌之肉，时多疾病毒伤之害。于是神农乃始教民播种五谷，相土地宜燥湿肥硗高下，尝百草之滋味，水泉之甘苦，令民知所避就。当此之时，一日而遇七十毒。"东汉王充《论衡》引述尧帝时的"击壤歌"涉及饮水用井："吾日出而作，日入而息，凿井而饮，耕田而食。尧何等力?"②说明采集和饮水曾是远古时代人类最重要的生活方式之一。

随着生产水平的提高，定居生活的发展，人类对饮水的卫生也越来越重视。为了改善饮用水质，克服水土条件的制约，人们还发明了造井取水的方法，采用凿井以汲洁净水的技术。因为当地低洼，又靠近河流和海域，在雨季内，河流或江水浑浊污染，不堪食用，要吃到干净清洁的水非常困难，所以，挖井主要是为防咸、洪而挖，是为了提取清洁的水吃。当然也不排除偶有抗旱的功能③。有的学者认为："长江下游地区，许多遗址周围遍布的河湖水体都与海水直接相连。河湖水位受海潮涨落影响极大，致使河湖水体盐分升高、苦卤，不堪饮用。同时洪涝灾害、河流季节性涨水等原因亦会使水体浑浊或受到污染，以致不能直接饮用。"④

从传说上看，挖井的历史十分悠久，黄帝、炎帝、舜和伯益都与井的起源有关，或者说他们是井的发明者。《世本》谓尧臣"伯益作井"（一云禹时人），又说"黄帝见百物，始穿井"⑤。宋祝穆《古今事文类聚》载"尧民凿井"："帝尧之时，有老人击壤于路，曰：'吾日出而作，日入而息，凿井而饮，耕田而食。帝何力于我哉！'"又曰："舜穿井""瞽瞍使舜穿井，瞽瞍与象共下石填井，舜为匿孔旁出。"⑥汉代司马迁《史记·五帝本纪》记有"瞽叟复使舜穿井"。宋代胡宏《皇王大纪》曰："灵后氏因轩辕灵龟之图象形篆以铭钟鼎命天下，修社祀。水既大泄，益始教民凿井而饮。"⑦元代马端临《文献通考》载："昔黄帝始经土设井以塞争端，立步制亩以防不足。使八家为井，井开四道而分八宅。凿井于中，一则不泄地气，二则无费一家，三则同风俗，四则齐巧拙，五则通财货，六则存亡更守，七则出入相司，

① 宋兆麟：《原始社会风俗》，陈高华、徐吉军主编《全彩插图本中国风俗通史丛书》，上海文艺出版社 2017 年版，第 45—46 页。

② 〔汉〕王充：《论衡》卷五《感虚篇》，上海人民出版社 1974 年版，第 81 页。

③ 陈忠来：《河姆渡文化探原》，团结出版社 1993 年版，第 69—70 页。

④ 王涛：《史前水井的考古学分析》，《文博》2001 年第 2 期。

⑤ 〔唐〕徐坚：《初学记》卷七《地部下》，文渊阁《四库全书》本。

⑥ 〔宋〕祝穆：《古今事文类聚续集》卷一〇《居处部》，文渊阁《四库全书》本。

⑦ 〔宋〕胡宏：《皇王大纪》卷三《五帝纪帝尧陶唐氏》，文渊阁《四库全书》本。

八则嫁娶相媒，九则无有相贷，十则疾病相救，是以性情可得而亲，生产可得而均。均则欺凌之路塞，亲则斗讼之心弭，既牧之于邑。故井一为邻，邻三为朋，朋三为里……迄乎夏殷不易其制。”①明代徐光启《农政全书》卷一七《井》载“尧民凿井而饮”“井之功大矣”。当然也有持异议者，如马骕《绎史》载高士传曰：“帝尧之世，天下太和，百姓无事。壤父年八十余，而击壤于道中，观者曰：‘大哉！帝之德也。’壤父曰：‘吾日出而作，日入而息，凿井而饮，耕田而食，帝何德于我哉！”②更有人认为是时代更早的“有巢氏”：“昔在上世，人固多难。有圣人者，教之巢居，冬则营窟，夏则居兽巢。未有火化，搏兽而食，凿井而饮。捡菘秸以为蓐，以辟其难，而人说之，使王天下，号曰有巢氏。”③

汉代《淮南子·本经训》云：“伯益作井，而龙登玄云，神栖昆仑。”汉高诱注曰：“伯益佐舜，初作井，凿地而求水，龙知，将决川谷，漉陂池，恐见害，故登云而去，栖其神于昆仑之山。”元王祯《农书》曰：“井，穴地出水也。《说文》曰：清也。《易》曰：井冽寒泉。食，甃之以石，则洁而不泥，汲之以器，则养而不穷。井之功大矣。按《周书》云：黄帝穿井。又《世本》云：伯益作井。尧民凿井而饮。汤旱，伊尹教民田头凿井以溉田，今之桔槔是也。此皆人力之井也。”④明徐光启撰《农政全书》也持此说：“井，池穴出水也。《说文》曰：清也，故《易》曰：井冽寒泉食。甃之以石，则洁而不泥。汲之以器，则养而不穷。井之功大矣。按《周书》云：黄帝穿井。又《世本》云：伯益作井。尧民凿井而饮。汤旱，伊尹教民田头凿井以溉田，今之桔槔是也。此皆人力之井也。”⑤

黄帝、炎帝和舜都是中国传说时期的部落首领，中华文明的始祖，人们将很多发明传说都归于黄帝和炎帝的名下，因此，井的发明权归于黄帝和炎帝完全是顺理成章的事。伯益又名益、伯翳，是禹舜时期的人物，时间比黄帝和炎帝要靠后一些，他是舜的大臣，做过掌管山林川泽的官，与大禹一起治水，并立功，与水井有关。又传启代替伯益为王，并把伯益杀掉。伯益是治水的功臣，因此发明井的可能性极大。《淮南子·本经训》不仅指出了伯益是中国历史上最早凿出水井的人，而且也指出了这一项发明所引起的重要作用，显示出人们在大自然面前的积极作为。

从考古上看，井的出现时间比传说中的还要早一些。1973—1974 年，考古工作者在

---

① 〔宋〕马端临：《文献通考》卷一二《职役考一·历代乡党版籍职役》，中华书局 1986 年版，上册，第 123 页。

② 〔清〕马骕：《绎史》卷九《陶唐纪》，文渊阁《四库全书》本。

③ 〔宋〕罗泌：《路史》卷九《前纪九·禅通纪》，文渊阁《四库全书》本。

④ 〔元〕王祯：《农书》卷一八《农器图谱十三·灌溉门》，文渊阁《四库全书》本。

⑤ 〔明〕徐光启：《农政全书》卷一七《水利·灌溉图谱》，上海古籍出版社 1979 年版，上册，第 445 页。

浙江余姚河姆渡遗址第二文化层发现一口人工木构水井，属于河姆渡文化第三期文化较早阶段的建筑遗存，这是中国境内迄今发现的最早的水井，距今约有6000年的历史了。据报道：这口水井分内外两个部分，外围是一圈近圆形的栅栏桩，直径约6米，面积约28平方米。里面是一个方形竖井，边长约2米，面积约4平方米。井底距当时地表约1.35米。栅栏桩共28根，排列成近似圆形的平面，桩距不甚匀称，西、南、东北都有缺桩。桩径一般约0.05米，垂直入土约1米，最深达1.42米。其中两根桩木比较特殊，桩径约8厘米，南北对峙。栅栏桩范围内，有16根平卧的长圆木构件，长1.96～2.6米，直径0.15～0.18米，出土时架成一个方形的平面。其中6根的一端有一个丫杈，一根的一端有一个十字形的斗口。在上述16根圆木以下，有四排垂直入土的桩木，两者套合在一起，组成一个近方形的竖井，它位于近圆形栅栏范围的中心稍偏西北处。每排桩木的数量不等(21～40根)，桩径约6厘米，排列紧密，彼此大体平行。转角处的桩木较粗，四排桩木的内侧又各紧贴一根圆木或半圆木，互相套接成一个方框，其中南北两根为直径0.17米的半圆木，其两端各有一个0.13～0.18米的卯眼。东西两根为圆木，两头有榫，出土时榫头还紧楔在南北两根半圆木的卯眼内。从外围的一圈栅栏，是呈辐射状的小长圆木，以及芦苇席残片等出土情况来看，水井上应盖有简单的井亭。木构水井时代为河姆渡遗址第二文化层的年代，属于新石器时代早期末晚期初，距今6174—5921年。截至目前，这是我国田野考古中发现建造年代最早的井。而这种浅坑井亭式的水井，至今所见仅此一例，之后发现的木构井尚无与此相雷同者①。据学者研究，它原先可能是一个天然的或是人工挖掘的锅底形水坑，在雨季时坑内可积满水，人们可以在坑边取水，可供日常需用。待到旱季时水位逐渐下降，人们不断在坑内垫石，以便到坑中取水。遇到大旱季节，由于坑内水源接近枯竭，为了解决人们的用水问题，在原先的水坑中部挖一竖井。在挖竖井之前，先打入四排桩木，成为一个方形的桩木墙，再把桩木内的泥土挖去。为了防止桩木向内倾倒，在各排桩的顶部套有一个木框，以加强各排桩的抗压力。排桩之上的16根长圆木，很可能是构成井口的井架或加固井口面设置的构件。从水井的外围有一圈栅栏，呈辐射状的长圆木，以及芦苇席残片等出土情况分析，井上应筑有简单的井亭，可见当时对饮用水的保护②。从当时水井上的设施来看，已是相当完备的了。由此看来，河姆渡人对水井挖掘和对地下水的性质与变化有了一定的了解和认识。从纵向来说，它有涨有

① 浙江省文物管理委员会、浙江省博物馆：《河姆渡遗址第一期发掘报告》，《考古学报》1978年第1期；浙江省文物考古研究所：《河姆渡(上)》，文物出版社2003年版，第292—294页；涂师平：《从河姆渡水井谈井文化》，《中国水文化》2018年第1期；王凌浩、黄渭金：《河姆渡水井研究——兼论我国水井的起源》，《农业考古》2002年第1期。

② 浙江省文物考古研究所：《河姆渡(上)》，文物出版社2003年版，第292—294页。

落，也就是有升有降，这就要求当时的人们对于升降的原因要有一定的了解；从横向来说，与江河的水一样，要保持一个水平面。如水坑内的水取走了一大桶，水位下降了，在水坑周围的地下水立刻会流过来，仍保持同一水平面。这样水坑内的水便取之不尽。此外，对当地的土壤性质也要有一定的了解，以防止井壁的坍塌。如河姆渡水井的四壁桩木及其他设施，反映了河姆渡人对分力和合力的作用已有相当的认识，否则是无法建造这样完善的设施的。因此，我们可以说，史前时期水井的出现，是史前人们认识自然、改造自然、利用自然的一个重大进步，它对社会经济和文化的发展有积极的推动作用。

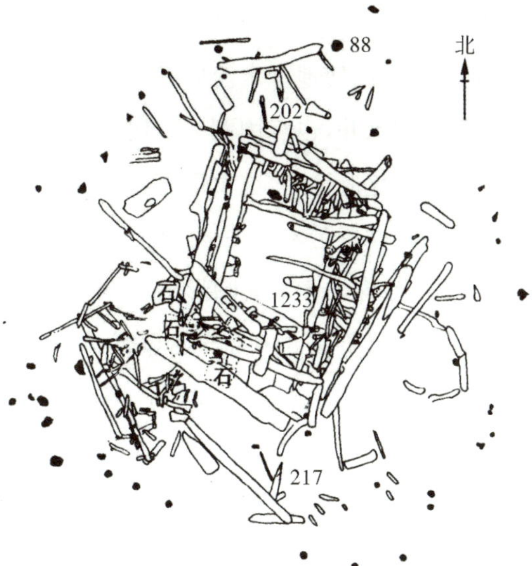

河姆渡遗址第二层木构水井图

水井在史前文化的发展史上，应有其重要地位。长江流域到良渚文化时期，在水井的利用上比河姆渡遗址第二层时要普遍，凿井技术也有了提高。据有的学者在 1998 年初步统计，良渚文化遗址发现水井“已达 134 口以上，其数量之多，为全国史前文化所罕见”①。这么多的良渚文化水井，从其结构上分析，可以分为四种类型。

第一种类型为土坑井，一般为圆形竖井。如余杭钵衣山良渚文化遗址发现的一口水井(编号为 J1)，平面近圆形，口径为 1.48～1.55 米，深 5.86 米，井身向下微有收缩，近平底而微圜。在这井的四周发现 13 个柱洞，从平面分布看，这些柱洞组成东北—西南走向的长方形建筑遗迹，东西长 4～5 米、南北宽 3.2 米。这应是与 J1 配套的井亭类设施②。井上有井亭设施的，在良渚文化时期尚属首次发现。

第二种类型是木筒形井圈的井。如浙江嘉善县新港良渚文化遗址发现的一口水井，井筒断面呈椭圆形，长径为 63 厘米，短径为 45 厘米，高 163 厘米，壁厚 5 厘米，系用原生木段剖为两半，挖空后用长榫拼合固定，每半边距底部 79 厘米处凿有长宽各 7 厘米的斜方孔两个，用长榫穿过方孔连接。为了防止长穿榫滑脱，方孔外又用小木榫固定。井筒靠剖口处有长 5 厘米、宽 1 厘米的竖向小孔，西半边两孔，东半边一孔，东半边斜方孔以上 56 厘米处另有小孔一个。估计这些小孔是作穿绳捆绑用的。井底垫一层 10 厘米的

① 林华东：《良渚文化研究》，浙江教育出版社 1998 年版，第 116 页。
② 浙江省文物考古研究所：《浙江余杭钵衣山遗址发掘简报》，《文物》2002 年第 10 期。

河蚬贝壳，以起到过滤、净化井水的作用①。我们认为底部的贝壳层，除过滤、净化井水作用外，还可能因井筒壁与已挖的井坑壁之间，已用土填实，所以原井坑底垫一层厚10厘米的贝壳，可以使地下水流向井内比较畅通。此外，上海青浦朱家角西漾淀养殖场发现的良渚文化水井，也有用剥去大树皮对剖刳空而成的井圈②。还有苏州见山嘴、昆山太史淀等良渚文化遗址内，也发现有相似的木构井圈。

第三种类型是木构井框架的井。如浙江余杭良渚庙前遗址发现一口古井，先挖一个口径2.6米、深2.8米的圆形土坑，坑壁向内倾斜，至底部略呈方形，边长0.8米。木构井框架在土坑口下0.8米处开始显露，其平面呈井字形，用长1.3米、宽0.15～0.23米、厚0.07～0.1米的长方木，并凿有长榫，由底部往上架设而成。残高1.5米。木构井框架近方形，边长0.82米和0.83米。土坑与木构井框架之间用土填实。在木构井框架内为青灰色淤土，以此可以证明是水井无疑③。这样木结构的水井，在良渚文化中甚为罕见。

第四种类型是以竹编筐形为井圈的井。如上海松江广富林良渚文化遗址发现一口水井(编号为J14)，井口近圆形，壁斜直内收，平底。口径2.43～2.5米，底径0.3～0.5米，深3.1米。在距井口深0.446米处的两侧各有一个不规则踏步。距井底深1.1处有一件竹编筐形物，因长年受周围泥土侵压而变形。筐口已成椭圆形。竹筐也是斜直壁内收，平底。筐口径0.93～0.96米，底径0.3～0.5米，深1.1米④。这种竹筐放置在井内的功能是什么？若是防止井壁坍塌，而竹筐的抗压力太差，起不了这个作用。这需要我们多加思索⑤。

从上述资料看出，先民重视对水井设施的精构，不少井已应用木结构井壁，这是凿井术的重大进步；同时表明当时先民已具备了相当的饮水卫生常识，为克服“水浊重而洎”找到了有效的途径。他们对饮水已经比较讲究起来了，饮用的水质已经非常清洁卫生了。

水井在黄河中、下游地区的出现，是在龙山文化、后岗第二期文化时期。在兖州西吴寺龙山文化遗址发现3口水井，邯郸涧沟遗址发现2口水井，洛阳矬李、汤阴白营遗址各发现1口水井，其绝对年代以白营遗址为例，与水井同时期的55号房基址的木炭测定的校正年代为4540±135年。若以这个年代来推算，要比长江流域水井的出现晚约

① 陆耀华、朱瑞明：《浙江嘉善新港发现良渚文化木筒水井》，《文物》1984年第2期。

② 黄宣佩：《远古时代上海历史探索》，《东南文化》1990年第1、2期合刊。

③ 浙江省文物考古研究所：《余杭良渚庙前遗址发掘的主要收获》，《浙江省文物考古研究所学刊》，科学出版社1993年版。

④ 周丽娟：《广富林遗址良渚文化墓葬与水井的发掘》，《东南文化》2003年第11期。

⑤ 吴汝祚、徐吉军：《良渚文化兴衰史》，社科文献出版社2009年版，第82—86页。

1500 年。

三、稻作农业和水利设施

世界四大文明古国的出现，都与农业生产有着密不可分的关系。农业是对植物的栽培，畜牧业是对动物的驯化。两者都与原先依赖大自然的采集和狩猎的掠夺性经济生活有着质的区别，是人类征服自然的一个新起点。从另一方面来分析，农业的对象是种植在土地上的作物，需要有定居生活；畜牧业的对象是牛、羊等动物，需要有一块有水草的牧地，若牧地上的草被牛羊吃尽了，就得另找有水草的牧地；所以，牧民的生活方式有很大的流动性。这是两者明显的区别，也就是说在改造自然的深度上有差别。

农业生产种植的作物，主要是禾本科植物。长江流域史前时期人们的经济生活是以种植水稻为主的稻作农业文化，与黄河流域史前时期人们以种植粟为主的旱作农业文化，分属两种不同类型的经济生活。水稻或粟是怎样由野生的成为人工种植的作物的呢？目前还缺乏明确的证据。不过，农业的产生对人类社会生活的影响太大了，它使人们由以攫取自然界的动植物转变为以种植作物为取得生活资料的主要来源，从而由游荡不定的生活方式逐渐转变为定居生活。这个大转变，对人类社会的发展有着重大的意义，有人称它为“农业革命”。

（一）稻谷的栽培

长江流域稻谷的驯化，主要表现在脱粒上。野生稻的同穗谷粒不同时成熟，随时成熟随时脱落；栽培稻的同穗谷粒一起成熟，不易脱落。在增产的途径上，是增加每穗的籽粒数和每一籽粒的体积和重量。所以，对稻谷原有习性的改造是相当难的。若从人类改造自然的角度上分析，稻谷的栽培应是当时最先进的技术之一。

稻作农业的产生，据目前的考古资料分析，以湖南道县玉蟾岩洞穴遗址 1993 年发掘出土的三粒完整的稻谷和 1/4 粒残片为最早，经鉴定为普通野生稻，从地层上看时代稍早；1995 年发掘出土的一粒稻谷，“为栽培稻，但尚保留野生稻、籼稻、粳稻的综合特征，它是目前世界上发现的时代最早的人工栽培稻标本”。在时间上，距今超过 1 万年①。

① 湖南省文物考古研究所：《湖南省考古工作五十年》，见《新中国考古五十年》，文物出版社 1999 年版。

1973 年在浙江余姚河姆渡出土的新石器时代水稻①

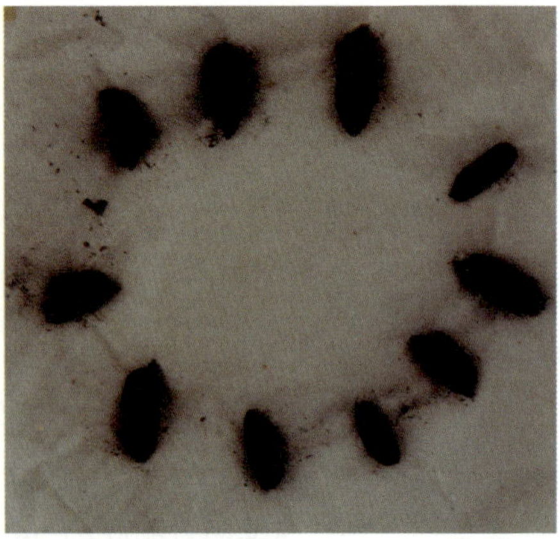

1988 年湖南省澧县彭头山出土的含碳化稻谷

河姆渡遗址出土的距今六七千年的稻谷

太湖及其附近地区发现的史前稻谷，以浙江浦江县黄宅镇渠南村上山遗址发现的为最早。2001 年对其进行发掘发现，出土的陶片表面有大量的稻谷印痕，陶胎中夹杂大量的谷壳。“对陶片取样进行植物硅酸体分析显示，许多陶片中含有来自稻叶片运动细胞的扇形硅酸体。对陶片中谷壳形状的初步观察结果是，粒的长度比野生为短，粒的宽度比野生稻大，与野生稻有所不同，可能是一些经人类选择的早期栽培稻”。上山遗址的年代，据碳-14 测定的四个标本的校正年代，为距今 11400—8600 年。因此，有的学者认为，上山遗址稻作遗存的发现，把长江下游地区的稻作历史上溯了 2000 年之久。所以，“长江中下游地区是我国稻作起源地。在这个广阔的地域内，存在着多个驯化中心，这些地区可能都有自身从驯化本地普通野生稻为栽培稻的历程”②。有的学者根据当时稻作农

① 中国历史博物馆：《华夏之路》，朝华出版社 1997 年。

② 蒋乐平：《浙江浦江县上山新石器时代遗址——钱塘江流域早期稻作文化遗存的最新发现》，见《中国社会科学院古代文明研究中心通讯》第 7 期，2004 年。

业遗存的分布状况，在2002年初提出猜想："探索太湖与杭州湾地区原始稻作农业的起源，钱塘江流域是个十分重要的地区。"①这一猜想，经上山遗址稻谷遗存的发现，初步得到了证实。

江西万年仙人洞遗址也有发现有稻谷遗物，并有反映定居生活的陶器被发现，从中可折射出此时已有了农业生产的因素。

浙江杭州市萧山区跨湖桥遗址发现水稻遗存1000多粒，其中稻谷196粒，占18.4%；稻米369粒，占34.7%；秕谷498粒，占46.8%。这些水稻遗存，从粒形的长宽比例看，跨湖桥遗址的古稻明显区别于野生稻，是人工驯化后的栽培稻。稻谷粒形分析显示，其特征接近现代的栽培籼稻。另一方面，对运动细胞硅酸体的形状解析显示，各个地层的硅酸体形状具有相似的特征，而与现代籼稻的差距较大，与现代粳稻相类似。这和上述的粒形分析判别有很大的不同。这些现象的出现，若说是在遗址中存在着籼稻和粳稻，还不如把它们看成尚未完全分化的早期栽培稻的原始特性更为合理。从跨湖桥古稻的硅酸体形状特征分析，粳稻可能是其演变、发展的方向。还应看到跨湖桥古稻虽是走上了栽培化道路，但仍保留有一些原始习性，如稻穗谷粒成熟期不一致，谷粒脱落率较低。因此，有的学者认为，跨湖桥古稻"是从当地野生稻驯化起来的原始性古栽培稻"。跨湖桥遗址测定的最早年代为距今8000多年前②。

到距今约7000年的河姆渡、马家浜和城背溪等考古学文化时期，尤其是在河姆渡遗址的第四文化层（即第一期文化）内发现了大量的稻谷遗物。从地层堆积上分析，在第四文化层内可分为A、B两小层。4A层的堆积厚度为0.42～1.06米。这层内有以木屑（片）、谷壳、稻秆、稻叶等组成的多层次连续堆积，其间也有碳化稻谷，最厚处达1米左右③。经鉴定有籼稻和粳稻两种。在江苏吴县草鞋山遗址发现有74块马家浜文化的水稻田。在江苏昆山绰墩遗址发现64块水稻田。这两处遗址发现的水田均在地势低洼的原生土面上，为长条形、圆角长方形或不规则形的浅坑。这些坑与坑之间的原生土即为田埂，由几块到几十块相串联，田块之间有水口连通。另有一些与田块相配套的水沟、水塘、水井或蓄水坑等，构成水田的灌溉系统④。

在长江上游，元谋大墩子遗址也发现有粳稻。

① 朱乃诚：《太湖与杭州湾地区原始稻作农业起源初探》，《东南文化》2004年第2期。

② 浙江省文物考古研究所、萧山博物馆：《跨湖桥》，文物出版社2004年版，第273—277页。

③ 浙江省文物考古研究所：《河姆渡（上）》，文物出版社2003年版，第85、8—11页。

④ 丁金龙：《马家浜文化时期水田与稻作农业》，《江南文化之源——纪念马家浜遗址发现五十周年图文集》，中国摄影出版社2011年，上卷，第162—175页。

（二）农具与栽培技术

河姆渡遗址第四层发现翻土工具——骨耜达 154 件，其数量之多，说明这时期的农业生产已进入到了耜（锄）耕阶段，脱离了原始的刀耕火种阶段，是农业生产发展上的一个重要转折点。因此，有人认为河姆渡文化“在水稻的栽培技术及其耕种的规模上，都已达到了相当高的水平”①。

分布在太湖地区的马家浜文化时期的农业生产，在桐乡罗家角遗址发现骨耜 4 件，用偶蹄类动物的肩胛骨制成。江苏常州圩墩遗址发现的木铲，只保留两面削平的铲身，刃部较薄；还发现木耒 20 件，是截取细长树枝制作而成的如标本 T8503⑤：62，“取较坚硬树枝，保留树梢的枝丫，头部削尖在火中稍微烧烤以加强硬度。通长 57.6 厘米”。还发现点种用的木棒等遗物②。在江苏金坛区三星村遗址发现石锄 3 件，器形为“扁薄长方形，器中部有椭圆形大孔，刃部有使用痕迹”；石刀 3 件，穿有七孔的和三孔的两种，都呈扁长条形；蚌镰 4 件，后部上下各有一个凹槽，刃部呈锯齿形③。

到约 5000 年前的崧泽文化时期，在农业生产工具上也出现了新的器形，如在浙江吴兴邱城、上海松江汤庙两座遗址中发现有呈三角形的石犁形器。及至崧泽文化之后的良渚文化时期，各遗址内多有石犁形器，为其后良渚文化的农业生产进入犁耕阶段奠定基础，是史前农业生产发展上的第二个转折点，表明其又上了一个新台阶。

浙江余姚河姆渡遗址出土的骨耜

庄桥坟良渚文化遗址出土的分体式石犁

① 浙江省博物馆自然组：《河姆渡遗址动植物遗存的鉴定研究》，《考古学报》1978 年第 1 期。

② 常州市博物馆：《1985 年江苏常州圩墩遗址的发掘》，《考古学报》2001 年第 1 期。

③ 江苏省三星村联合考古队：《江苏金坛三星村新石器时代遗址》，《文物》2004 年第 2 期。关于这一遗址的文化性质，目前尚有不同意见，但较多学者认为是马家浜文化。

这一时期的石犁，器形较小，平面略呈等腰三角形，中部穿有一孔。如汤庙遗址发现的石犁，顶部平直，长13.9厘米，宽10.4厘米。邱城遗址发现的石犁，顶部呈圆弧形，微向上隆起，长15厘米，宽20厘米，厚1.5厘米。到良渚文化时期，各遗址中较普遍都有石犁发现。它的形态，平面也略呈等腰三角形，器形较崧泽文化时期的要大，两侧有刃，中间有穿孔。这种石犁的翻土能力，比崧泽文化时期的要大，这是当时人们在长期农业生产经验积累下取得的丰硕成果。这种石器，当考古工作者开始提出是石犁时，有的学者提出疑问，这是一种正常的现象，而今在浙江平湖市庄桥坟良渚文化遗址的70号灰坑内，发现一件“带木质犁底的组合式分体石犁，犁通长106厘米，石犁头部分长51厘米、宽44厘米；木犁底部长84厘米，其中镶于犁头部分长29厘米，在尾端有装置犁辕的榫口，残长15.6厘米、宽6厘米。这是至今发现最早的带犁底的石犁”①。这一发现，使石犁的命名得到了进一步的证实。上述庄桥坟良渚文化遗址发现的木质犁底，报道者说是一件组合式分体石犁。什么叫分体石犁呢？所谓分体石犁，即把整体石犁分为一件三角形犁头和两件长方形犁尾。这种组合而成的分体石犁在良渚文化中的出现，在时间上大体在良渚文化中期。有的学者认为：“自良渚中期开始迨至西周，历经千年，分体石犁与整体三角形石犁并行不悖，成为环太湖地区乃至整个江浙地区同时使用的两种石犁型（形）式。”②已有学者经过长期的研究、探讨，认为这种三角形犁犁耕后，留有犁不透之处。“也就是耕松的‘虚’土和未耕的免耕‘实’土，在耕层中同时存在，古称‘虚实相间’，今天农学界称‘虚实并存’。这种‘虚实并存’，改变了土壤通常水、热、养分的垂直运移，产生侧向水平运移，因而创造出一种独特的土壤环境，使生活在其中的土壤微生物和作物根系发生一系列变化，最终可提高作物产量一成。实际还可提高土壤有机质含量0.2%，从而改变了土壤耕作不能培肥土壤的传统观念。这种又增产又培肥土壤、实现用养结合等一系列良好作用，我们称为虚实并存效应。”③这种虚实并存效应已有学者作了进一步的分析阐述，认为用三角形犁铧耕地，“使土壤有耕动和未被耕动的两个部分，产生了虚实相间结构，虚部（动土部分）因土壤孔隙大，好气性微生物活动旺盛，好气性微生物为作物生长提供速效养分——用地；实部（未动土部分）因土壤孔隙度小，土壤紧实，嫌气性微生物活动活跃，嫌气性微生物在土壤中进行腐殖质合成，保存了土壤有机质——养地。这种微观上的日积月累，使土壤用养结合，才使我国并不优越的土壤条件历经几千年而‘地

① 徐新民、楼航、程杰、杨根文、高祥慧：《浙江平湖庄桥坟发现良渚文化最大墓地》，《中国文物报》2004年10月29日。

② 蒋卫东：《新地里遗址出土的良渚文化分体石犁的初步研究》，《史前研究（2004年）》，三秦出版社2005年版。

③ 迟仁立等：《“精耕”优良传统与土壤耕作现代化》，《农业考古》2002年第3期。

力常新壮’。正是对三角犁铧耕地的继承和发展，才创造了虚实并存耕作，产生了用养结合一系列良好的虚实并存效应”①。

犁耕农业和耜耕农业对水稻田的规模、形制等要求是不相同的。马家浜文化时期现已发现的水稻田，面积最大的仅有 16 平方米左右，面积太小，不适宜于犁耕使用；就是澄湖崧泽文化遗址的水稻田，面积最大的也只有 105 平方米左右，也难于实行犁耕。再有水稻田的形制必须规整，单位面积要大，才能顺利地进行犁耕。因此，对原有的小型水稻田要有步骤地进行改革，新开辟的水稻田要符合犁耕的要求。有的学者认为：“犁的出现和大量使用，及其形制的变大，表明环太湖地区在进入良渚文化后，已出现了面积较大、形制较规整的水稻田。”②浙江余杭茅山遗址，田野发掘揭露了良渚时期的稻田遗迹。良渚中期的稻田呈条块状，田块平面形状有长条形、不规则圆形等多种，面积大小不一，自 1～2 平方米至 30～40 平方米不等。田块之间有生土埂，并有纵横交错分布的小河沟，部分有明显的排灌水口。良渚晚期的稻田形态和稻作活动比中期更为复杂。稻田由河道、河堤兼道路、灌溉水渠和田埂构成，南北走向的 9 条田埂和东西走向的 2 条灌溉水渠分隔出了长方形的田块，每块田块面积为 1000～2000 平方米。稻田耕作层土样中鉴定出植物 27 种，多为草本，木本极少。良渚晚期的水田杂草群落主要包括华东藨草、酸模、夏飘拂草、水葱、狗尾草、眼子菜、碎米莎草、褐穗苔草和野慈姑，多年生种类多于一年生种类，表明当时可能还没有采用深耕移栽技术③。伴随着稻田形态的变化，灌溉系统也发生了根本性的改化，土壤微形态分析显示晚期水田含水饱和持续时期更长，并可能利用了漫灌季节的周期性，或存在有控制的灌溉。此外，微形态和粒度分析都表明动物和人的粪块被作为土壤改良剂刻意添加到耕作土中，良渚晚期比中期更加丰富。焚烧也被广泛应用于土地的生态管理④。发掘者由此认为，良渚晚期水稻田

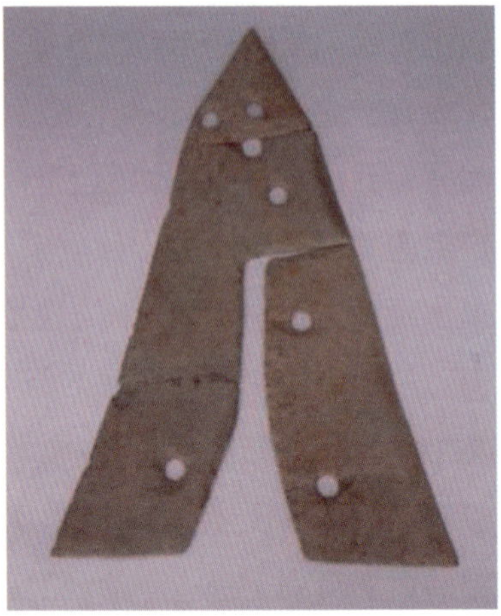

浙江余杭茅山

良渚文化遗址出土耜耕用的石犁

① 左淑珍：《精耕细作是中国农业可持续发展的灵魂》，《农业考古》2003 年第 3 期。

② 蒋卫东：《新地里遗址出土的良渚文化分体石犁的初步研究》，《史前研究（2004 年）》，三秦出版社 2005 年版。

③ 郑云飞、陈旭高、丁品：《浙江余杭茅山遗址古稻田耕作遗迹研究》，《第四纪研究》2014 年第 1 期第 34 卷。

④ 庄奕杰、丁品、Charles French 著，宿凯、靳桂云译：《中国长江下游茅山遗址新石器时代晚期水稻耕作的水资源管理及农业集约化》，山东大学文化遗产研究院编：《东方考古（第 12 集）》，第 398—415 页，科学出版社 2015 年版。

的变迁体现了稻作生产规模和劳动形式的巨大变化，反映出良渚晚期社会拥有较强的行政控制力和社会动员力，以及较为严密的劳动分工①。

总之，崧泽文化晚期，在少数遗址中开始出现犁耕的现象。犁耕到良渚文化时期又有了新的改进，并且普遍地使用在农业生产上，这说明此时已由耜耕农业发展到了犁耕农业，是农业生产的又一次跃进。农业生产的产量不断增加，不仅使当时人们的生活条件得到改善，而且还为手工业生产的发展提供了可靠的物质基础。

(三)水稻田和种植方法

1. 水稻田

近年来，在草鞋山等马家浜文化遗址发现了水稻田，这对于水稻种植、预防水旱灾害设施和农田规模等方面的研究，有着重要的意义，也可以说是不可缺少的重要资料。

江苏吴县草鞋山遗址是最早发现水稻田的遗址，现已发现的有 44 块，其后在昆山市绰墩遗址发现水稻田 46 块，两者合计为 90 块。这些水稻田分布在地势低洼的原生土面上，打破原生土而形成圆角长方形或不规则形等多种形状的浅坑，浅坑与浅坑之间的坑边为田埂。由几块到几十块水稻田相串联，田块之间有水口相连通。与水稻田相配套的有水沟、水塘、水井或坑等水利设施，也可以说是灌溉系统。这种灌溉系统可分为两类：有以水井作为水田供水的来源，即由水井、水口组成；有以水塘为水源的水田体系。水稻田块的面积从 1 平方米到 10 多平方米不等，深度为 0.2～0.5 米。这些田块都分布在水塘边沿。有的水稻田水口与水塘直接连通，使水稻田内所需要的水量可通过水口来调节。这种以水塘为水源的灌溉系统，既可通过水口灌溉，又可排水。

草鞋山和绰墩这两处马家浜文化时期的水稻田，是根据遗迹现象来判断而确认的，但其可靠性有多大呢？我们还可通过水稻植物蛋白石定量分析、炭化米粒的形态分析等科学的检测手段来确定。田块中的每克土样的水稻植物蛋白石超过水田判断标准值 5000 个，即可确认是水稻田遗迹。这两个遗址的水稻田土壤，经定量分析检测的结果：每克土中的水稻植物蛋白石的数量都超过 5000 个。绰墩遗址水稻田内、在水田之上同时期的地层内，水稻植物蛋白石的密度都超过 5000 个，说明稻作农业有了持续性的发展。再从水稻田内碳化米粒的形态分析，草鞋山遗址水稻田内筛洗出的碳化米粒，经鉴定属粳型稻。绰墩遗址水稻田内淘洗发现的碳化米粒，经鉴定，具有长粒形、椭圆形及中间形多种形态。绰墩遗址碳化米的粒形偏小，形状变异幅度较大。粒形的大小与野生稻相差无几，粒形的变异比野生稻为大。因此有的学者推测，此时的稻被人类栽培的时间不长，

① 郑云飞、陈旭高、丁品：《浙江余杭茅山遗址古稻田耕作遗迹研究》，《第四纪研究》2014 年第 1 期第 34 卷。

属原始栽培稻，处于野生稻向栽培稻进化的过渡阶段①。

江苏昆山绰墩遗址Ⅵ区马家浜文化水稻田局部（由东向西）②

马家浜文化之后，继起的崧泽文化时期，由于生产工具的进步和生产方式改进的需要，水稻田块的面积和分布的地点随之变化，以适应农业生产发展的需求。如江苏吴中区的澄湖崧泽文化聚落遗址，有居住和作业两个区：居住区内有房址、窖穴、水沟、水井、灰坑；作业区内有水稻田、池塘、水沟、蓄水坑、水口。作业区在居住区的东南，有一个池塘和分布在池塘西、北岸的 20 块水稻田。池塘面积为 425 平方米左右。水稻田的形状有圆角长方形、长条形和不规则形等；面积小的仅有 0.8 平方米，最大的有 105.44 平方米，深 0.15～0.79 米。这 20 块水稻田有高低之分，分布池塘西侧的是低田，有 5 块；分布在池塘西部和北部岸边的 15 块是高田。高田底高出低田底 0.6～0.7 米。高田主要靠人工灌溉，在池塘北边发现两个水埠。其中 1 号水埠的上面就是 9 号水稻田。由此可知，水埠是用于提水灌溉的。崧泽文化时期出现的水稻田面积增大，最大的达 100 平方米以上，而马家浜文化时期水稻田面积最大的只有 16 平方米左右。这种现象的出现，有的学者认为是“水田面积大了要提高劳动强度以及工具的改进，说明生产力有了进一步的发展”。

澄湖底发现的崧泽文化时期水稻田的土样，经定量分析，只有部分样品的水稻植物蛋白石的数量较多，每克土样超过 5000 个，而大部分土样的水稻植物蛋白石的每克数量不足 5000 个。对这种现象的出现，有的学者认为由于“湖沼面积的扩大，水田经常遭受

① 丁金龙：《长江下游新石器时代水稻田与稻作农业的起源》，《东南文化》2004 年第 2 期。

② 丁金龙：《马家浜文化时期水田与稻作农业》，《江南文化之源——纪念马家浜遗址发现五十周年图文集（上卷）》，中国摄影出版社 2011 年版，第 162—175 页。

水流的冲刷以及耕种时间不长等原因，使之稻田内水稻植物蛋白石数量不多”。还应看到水稻植物蛋白石并不是判断是否水稻田的唯一标准，对水稻田内发现的碳化米粒的形态分析，也是确认水稻田的一个重要依据。澄湖水稻田淘洗发现的碳化米粒，其粒形较绰墩遗址发现的碳化米粒大，说明是人工长期栽培筛选的结果。澄湖水稻田内出土的碳化米粒，也属于粒形较大的栽培稻①。

上述草鞋山、绰墩两处马家浜文化的水稻田和澄湖崧泽文化的水稻田，从遗迹现象、水稻田土样测定水稻植物蛋白石每克的数量和水稻田内发现的米粒形态，三个方面进行鉴定无疑属于水稻田。

崧泽文化时期，在马家浜文化先民长期农业生产的经验积累下，在水稻田的设施上，较马家浜文化时期有了进一步发展。

良渚文化晚期，稻田的规模已相当可观。2009 年在浙江省余杭临平茅山遗址发现的良渚晚期稻田，总面积大于 53333 平方米，田块规划整齐，每隔 20 米左右有一条用红色沙土铺垫的田埂，单一田块的面积有 2000 平方米左右(20 米×100 米)。②

浙江余杭茅山良渚文化中期遗址中的稻田

2017 年，浙江省文物考古研究所在对位于莫角山南部、皇坟山和桑树头之间池中寺遗址进行大规模勘探工作时，发现黄褐色堆筑土厚约 2 米，其下为碳化稻谷堆积和青灰色堆筑土。碳化稻谷堆积共分南北两大片，呈黑灰色，夹杂大量炭灰及红烧土颗粒，南片叠压在池中寺台地下，面积达 6700 平方米，堆积厚度普遍约 70 厘米，局部厚达 120 厘米；北片仅局部叠压于池中寺台地下，面积达 5150 平方米，堆积厚度约 25 厘米。两片碳化

① 丁金龙：《长江下游新石器时代水稻田与稻作农业的起源》，《东南文化》2004 年第 2 期。

② 浙江省文物考古研究所：《浙江余杭茅山史前聚落遗址第二、三期发掘取得重要收获》，《中国文物报》2011 年 12 月 30 日第 4 版。

稻谷堆积的总体量约6000立方米。根据以上勘探结果及随机取样所获得的稻谷平均密度(1毫升的土中包含稻米粒数),专家们对该堆积的稻谷埋藏量进行了估算。取样研究显示稻谷密度为2.17粒/毫升,假设稻谷的千粒重为15克(现代稻谷千粒重为18～34克),计算出池中寺稻谷的重量(重量＝平均密度×分布体积/15克/千粒)约为195300千克。这是继莫角山东坡H11之后的又一个重大发现,充分说明城内稻谷储藏量之丰富,间接反映出以良渚国王为代表的王国统治阶层拥有巨大的财富。

2. 水稻种植方法

至于水稻的种植方法,还未见报道。不过,在湖南澧县城头山大溪文化早期(距今约6000年)的城墙下,发现年代更早的汤家岗文化时期的水稻田遗迹(距今6500—6300年),据局部剖面观察,"可以看出一根根往下伸展的根须或留下的痕迹,可以辨认出当时采用的撒播法。还发现与水稻田配套的水沟、水坑等原始灌溉系统和田埂4条,其中由西北向东南走向的3条田埂之间,形成长方形的二块丘田。丘田的面积有的至少有二分"①。种植的水稻,主要是粳型稻。

澧县城头山汤家岗文化遗址内发现的水稻田,在年代上要比草鞋山、绰墩两处马家浜文化的水稻田略早,水稻田的结构相类似,因此后者的史前人们种植水稻的方法,可能与前者一样,是采用的撒播法。

(四)苎麻等的种植

农业生产除种植粮食作物外,在杭州水田畈、吴兴钱山漾等良渚文化遗址内,都有苎麻织品的发现,可证已有了苎麻的种植。此外,还有葫芦、甜瓜等。

(五)家畜饲养

与农业生产有密切关系的是家畜饲养,现已发现的家畜遗骸有猪、狗和水牛。余姚河姆渡、桐乡罗家角发现的水牛,"是目前所知最早被驯化的水牛,它的形态特征和野水牛是一致的",可能已用来代替人力②。在元谋大墩子遗址还发现可能驯养的羊、鸡。

(六)水利设施

水是人类的生命之源,文明之母,生产之要,生态之基。早在2600多年前,我们的先人管仲就认识到了这一点,他在《管子·水地篇》中说:"水者,何也?万物之本原也,诸生之宗室也。"长江文化的发展,深深地印证了这一点。从长江流域漫长而悠久的历史来

---

① 湖南省文物考古研究所:《澧县城头山古城址1997—1998年度发掘简报》,《文物》1999年第6期。

② 魏丰、吴维棠、张明华、韩德芬:《浙江余姚河姆渡新石器时代遗址动物群》,海洋出版社1989年版,第98、99页。

看，已探明的史前诸文化，大都属于典型的水文化。早在8000年前后，生活在这一地区的先民，已经对水有了较深的认识，他们制造了世界上最早的独木舟。而5000年前后的良渚人，更是建造了中国现存最早的大型水利工程，也是世界上最早的拦洪水坝系统。

2016年，良渚古城西北方位确定了一处工程浩大、结构复杂、功能多样的水利系统遗址。该遗址仅外围堤坝的总土方量即达260万立方米，由塘山长堤、平原低坝、谷口高坝三部分共11条堤坝组成，控制面积超过100平方公里，是良渚古城建设之初，统一规划设计的城外有机组成部分，有力地阻拦和引导了山水的储备与分流。初步推测该系统可能具有防洪、运输、用水等诸方面综合功能，与良渚遗址群及良渚古城的生产与生活关系密切。

塘山长堤坝，也称作塘山土垣。它位于良渚遗址群的西北部。起于余杭区瓶窑镇栲栳山，至毛园岭村，折向东，至罗村，全长约6.5公里。其中栲栳山至毛园岭村这一段为南北向，长约2公里；毛园岭村至罗村这一段为东西向，长约4.5公里。它依托自然低丘和人工连接营建而成。各段的堆筑因地制宜，有所不同，有的分层夯筑，有的填埋碎石砂砾。这长堤现存宽30～70米，高3～5米。这样高大而又相当宏伟的建筑，耸立在天目山余脉与莫角山遗址之间，不仅保证了良渚遗址群人们的安全，免遭山洪之灾，并且也是留给后人值得研究的重要遗迹之一。这遗迹明显呈“L”字形高出地面，由于它的年代缺乏实物佐证，在文献上也无记载，难以确定，影响到学术界对其的重视。直到1995年在罗村附近修路时，在塘山长堤上发现了良渚文化时期的陶片，才引起考古学者的重视。其后经浙江省文物考古研究所的发掘，发现了良渚文化的墓葬，以此可以确认是属于良渚文化时期的。至于这条长堤坝的功能，有的学者认为是莫角山遗址的北侧城墙，主要是防御设施；有的学者认为是“挡水防洪用的”，并且还认为“是良渚文化时期最伟大的水利工程”。这一论断为当今研究良渚文化的学者们所接受①。

2009年，人们在彭公岗公岭挖山取土，发现一人工堆筑而成的高大土山，上部土质为黄土，下部为青淤泥。考古专家从其堆筑方式和土质结构初步判断，这应该是良渚人堆筑的水坝。2010年，经碳-14测年证实，岗公岭水坝的年代为距今4900年左右。至2014年共发现良渚古城上游水坝有10条，它们与塘山长堤共同组成了良渚古城外围的治水体系②。

良渚人在流域的上游、中下游兴建不同类型的水利设施，表明他们已经具备全流域

① 费国平：《塘山遗址初论》，《良渚文化论坛》，浙江古籍出版社2002年版；浙江省文物考古研究所：《余杭良渚遗址群调查简报》，《文物》2002年第10期。

② 浙江省文物考古研究所：《良渚古城外围水利系统的调查》，《考古》2015年1期。

的水环境规划和改造能力，从而证实良渚古城由内而外具有宫城、王城、外郭和外围水利系统的完整结构。它是中国现存最早的大型水利工程，比4000年前的大禹治水传说还早1000年。中国现存的水利工程遗迹如都江堰、灵渠、白渠等均早不过战国时期（前475—前221），因此良渚古城开创了史前水利史研究的新领域，它也是世界上最早的拦洪水坝系统，与埃及和两河流域早期文明以渠道、水窖等以引水为主要目的的水利系统形成鲜明对照①。

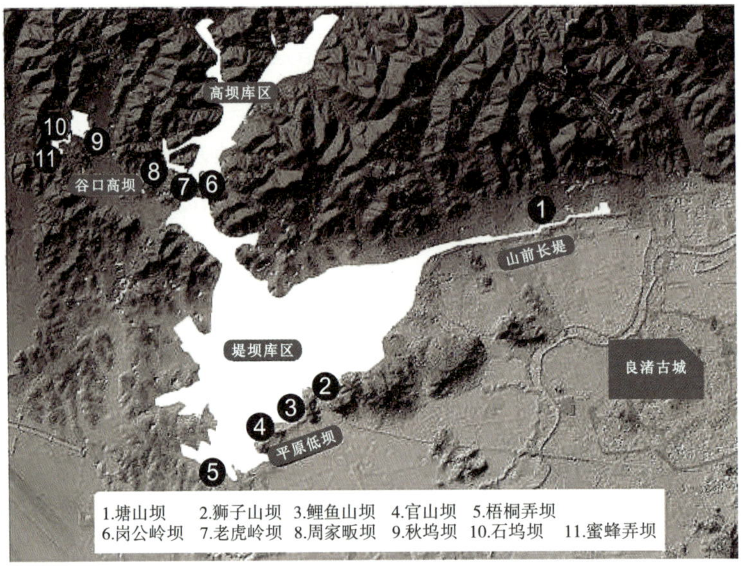

良渚水利系统图

总之，农业生产一步步发展，在社会财富的积累上要优于畜牧业社会。古代文明社会的产生，归根到底是财富的大量积累，所以，世界各文明古国都是农业社会，如东亚、南亚以种植粟、稻为主，西亚、北非和欧洲以种植小麦为主，中美、南美以种植玉蜀黍为主。各地区种植的农作物，因地理环境、可供栽培的野生种的不同而异，它们对社会发展所起的作用是同一的。因此，农业的产生，我们可以说开始孕育了文明时代的种子。

四、门类繁多、产品制作精良的手工业

农业生产的发展，推动了各种手工业生产的发展。在广阔的草原地区的畜牧业生产的发展，同样也会推动各种手工业生产的发展。不过，农业和畜牧业两种不同的生产方

① 浙江省文物考古研究所：《良渚古城外围水利系统的调查》，《考古》2015年第1期。王宁远：《5000年前的大型水利工程》，《中国文物报》2016年3月11日第8版。王宁远：《良渚古城及外围水利系统的遗址调查与发掘》，《遗产与保护研究》2016年第5期。

式下出现的手工业，在类别、性质和服务对象等方面会有很大的区别，有的甚至是截然不同的。

畜牧业社会的手工业生产，主要是为畜牧生产服务，如皮革加工、生产乳制品和狩猎用的各种工具，等等。由于畜牧业社会的分散性和流动性，手工业生产不可能像农业社会那样集中、稳定，也不及农业社会手工业发展迅速，因而在社会发展的进程上，无疑要受到一定的影响。

农业社会的手工业生产，不论是直接的还是间接的，都是围绕着为农业生产这个中心服务的。各种手工业的生产和发展均有其重要意义，都从各个不同的角度来满足人们的需要。手工业产品除陶、玉、石、骨、角、牙、蚌等器物外，还有大量的木、麻、竹等易腐的器物或物品。由于一般难以保存下来，致使研究史前手工业生产存在一定的局限性。如浙江吴兴钱山漾良渚文化遗址，出土竹器 200 多件，是一批难得的重要资料。而在其他良渚文化遗址和在其前的崧泽文化、马家浜文化遗址中，十分罕见，即使在有的遗址内有竹器发现，其数量也甚少，这对竹器编织技艺的产生、发展、演变过程的研究，带来一定的困难，我们只能作一般性的阐述。

从考古资料来看，长江流域的手工业生产主要可以分为玉器、陶器、纺织、编织、象牙、漆器、镶嵌等，现分述如下。

(一)玉、石器制作手工业

1. 玉器制作业

长江流域的史前物质文化中，玉器占有重要的地位，它的产生以距今 7000 年左右的河姆渡遗址内发现的璜、玦、管、珠为最早。

马家浜、北阴阳营等考古学文化中都有玉器发现，器形较为简单。马家浜文化时期的玉器以玦为主，其次为璜、环、镯、钺、管、坠、串饰等。这些玉器制作规整，器表磨光，有的还经过抛光，经鉴定均为假玉。如发现玉器最多的贵阳市金坛区三星村遗址，发现玉器 109 件，经鉴定，大理岩的有 33 件，叶蜡石的有 25 件，玉髓的有 23 件，石英岩的有 17 件，岫玉的有 5 件，玛瑙的有 4 件，东陵石的有 2 件；器形以玦为主，其次为璜，还有钺、纺轮、琀、串饰、耳坠等。串饰常以玉管、玉片等缀合而成，往往置于墓主人的左右手①。

到崧泽文化时期，在福泉山遗址发现的 10 件玉器，“主要用透闪石或长石制作。制法是将玉料线割成片后，再作研磨和钻孔，小孔使用钻，大孔使用管钻，大多从两面相向

① 江苏省三星村联合考古队：《江苏金坛三星村新石器时代遗址》，《文物》2004 年第 2 期。这遗址的文化性质，目前尚有不同意见，但较多学者认为是马家浜文化。

对钻。器表在磨光后未作进一步抛光，有的可见研磨痕。器形有璜、管、玲、坠、璧等”①。在崧泽遗址发现崧泽文化时期的玉器 24 件，用碧玉制成。先将玉料锯切割成片状，再加以琢磨，有的玉器表面还留有锯切割的痕迹。磨制光滑，穿孔习用单面钻，然后在另一面稍加修整。器形有璜、璧、玲、镯等②。上述福泉山和崧泽两处崧泽文化遗址，出土的玉器在玉材、制作上有所差异。如前者虽出土玉器仅有 10 件，却有 7 件采用透闪石的软玉制成，占全部玉器的 2/3 以上。后者虽出土玉器 24 件，但没有一件用软玉制成，而是用碧玉制成。碧玉虽名为玉，实是一般性的岩石。这种现象的产生，可能是崧泽文化时期，开始认识到软玉的特性而加以利用时，在认识领域内不免有先有后、有早有晚的一种不平衡性的反映。

这两处崧泽文化遗址的人们，在玉器制作上，前者将玉料用线切割成片，钻孔用两面钻透法；而后者则以锯切割将玉料制成片状，钻孔用一面钻透法。这种线切割与锯切割乃是切割玉材的两种方法，并没有先进或落后之分；同样，钻孔采用两面钻透法或一面钻透法，也无先进与落后之分。这些差别是与当时人们的制玉习惯和具体条件有关。

浙江嘉兴南河浜崧泽文化晚期遗址，发掘墓葬约 80 座，随葬品丰富的墓常有玉器发现，除数量较多的小件饰品外，还有玉钺、玉璜、分体玉镯等大件玉器。特别是分体玉镯的出现，在制作上既省工又便利，对使用者来说也较方便，增加了实用功能。

崧泽文化的人们，开始认识到了玉、石虽同为岩石，但在性质上有明显的差别，玉材有光润而美的特点，是石材所无法达到的。为什么玉材有这样的特性呢？毫无疑义，当时的人们是无法解答的，不得不将其归之于神，从而产生了玉有神灵性的观念，这种观念在良渚文化人们中表现得相当突出，它对当时玉器生产工艺技术的发展有着相当大的推动力，从而使其出现了前所未有的飞速迈进之势。

玉文化发展到良渚文化、凌家滩遗址时期，可以说是到达了一个高峰。这时期发现的玉器经鉴定是属透闪石和阳起石的软玉。取得的玉材需要切割成形，它的纹饰是采用阴线刻、半圆雕、减地浮雕和透雕等多种雕刻法琢成的。有的学者对瑶山出土的玉器进行分析研究，认为玉器的开料采用线切割和锯切割两种。线切割法是用柔性的线状物，带动解玉砂粒进行切割，留下了平面呈椭圆或抛物线状的弧形线条。从有的玉器上可以看到遗留有呈直线或弧线的切割痕迹。《淮南子·说山训》有“马氂裁玉”的记载，这表明马鬃绳是切割玉材的一种工具。但仅是马鬃绳是无法切取玉材的，其上必须有黏合砂子的黏合剂，才能成为切割工具。良渚文化玉器上遗留的弧线切割痕，说明可能就是用这种切割法。锯切割

① 黄宣佩：《福泉山》，文物出版社 2000 年版，第 28—29 页。
② 上海市文物保管委员会：《崧泽》，文物出版社 1987 年版，第 35 页。

是用质地较硬的薄片状物体，以直线来回运动的方式，带动解玉砂进行玉料的切割加工，主要用在锥形器、管等体形较细长的玉件上。玉器的钻孔主要采用空心的管钻，也有用实心的桯钻。通常表现为双向对钻，对钻的深度大致相当。有些单面钻孔的玉器，实际上都是双向钻孔后再切割而成的。玉琮上的神像形纹的眼睛，就是采用管钻制成的①。

福泉山遗址出土的良渚文化玉器上，常有制作痕迹的遗留，为研究这一时期制玉工艺技术的重要线索。如 M60：14 璧的边缘有一条直线凹槽，这说明璧在制作时，在一块扁平的物体上，经过了多次的切角，从四角到八角、十六角……再研磨成圆片，过程中留下了一条切断痕迹。又有的如钺的顶部，留有一条锯切割的凹槽，这是制作时将顶部的多余部分从两面相向锯切割，在两向接近时再把它折断的结果。这种凹槽的发现，说明锯切割是福泉山良渚文化玉器成形的主要方法。钻孔是良渚玉器制作工艺的重要工序之一，大体上使用尖头钻和管形钻两种工具。大都采用两面相向对钻穿孔，大孔用管钻法，小孔则用尖头钻。某些玉器上的凹凸面甚至还出现了砣制的痕迹，如福泉山遗址 M60：38 的圆柱锥形器的器表，“有一对以三圈阳线表现的目纹，目纹长、宽各 1.2 厘米。每圈间隔仅 0.24 厘米，面积小，又处于圆弧面上，制作的难度很大，尤其是阳纹的内圈并无往来研磨的余地。现经放大镜观察，两条阳纹中间的凹弧面上有一个个浅浅的凹窝，它是使用很小球面状的物体，通过旋转研磨形成的凹弧面，这该是一种砣旋的痕迹”。此外，还有 M65：50 玉琮上的兽面眼睑上的凹弧面等，说明良渚玉器确实已经使用了旋转的工具。总之，福泉山遗址出土的良渚玉器，在“技术上掌握线割、锯割、钻孔、砣旋以及减地法、刻画和抛光等一系列制玉工艺，反映这一时期的制玉，已经进入了成熟阶段”②。

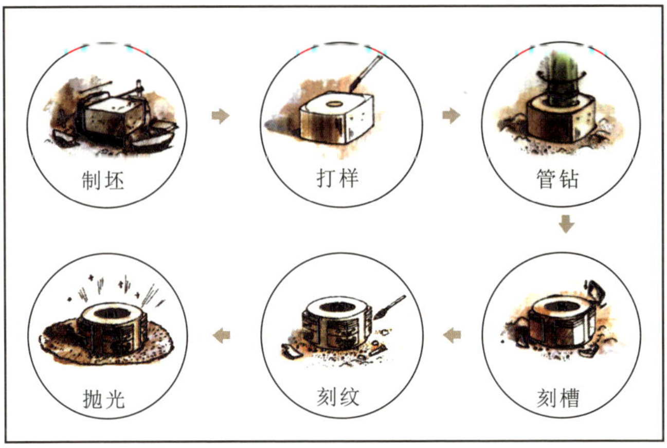

良渚玉器制玉工艺流程图③

① 浙江省文物考古研究所：《瑶山》第五章第二节《玉器的研究》，文物出版社 2003 年版。
② 黄宣佩主编：《福泉山》，文物出版社 2000 年版，第 139—140 页。
③ 《艺术时尚·典藏》2019 年第 9 期。

浙江余杭反山良渚文化墓地12号墓出土的一件玉琮（M12∶98），有两节呈矮方柱体，在结构上与常见的孔大壁薄的琮有所不同，孔径仅4.9厘米，而射径达17.1～17.6厘米，成为孔小壁厚的琮，俯视似呈玉璧形。有的学者更明确地说，这件玉琮“是琮璧合二为一的特殊礼玉，上面小孔圆璧，象征着天；琮身四面八方，象征着地；琮下面琢磨得凹凸不平，象征着地下阴间。由此可见，琮代表着天上、地上和地下三个世界，即神界、阳界和阴界”①。可见，这件玉琮在制作前，设计者必然要考虑到当时人们思想意识上的认识实际而加以精心设计。目前发现的仅有这一件，十分珍贵。琮上的纹饰，在正面的四个直槽上下各有一个神像形纹（也有学者称为神人兽面纹），共有八个，形象基本类同。每个神像形纹仅占有约12平方厘米，而头部、躯体四肢俱全，在头上还戴有冠帽。冠略呈无弦弓形，其上有十余组微弧的线条放射出。内层为帽，刻有十余组卷云纹。脸面呈倒梯形，眼、鼻、嘴俱全。上肢为耸肩、平臂、弯肘，五指平张叉向腰部。下肢作蹲踞状，脚为三爪的鸟形足。四肢和躯体上都密布卷云纹、短直线和弧线。在神人的胸腹部，以浅浮雕刻琢出兽面纹。“肉眼极难看清所有细部”。有的花纹仅一毫米宽，竟刻上四五根细线，“神工鬼斧，堪称微雕”②。因此，我们至少可以说它是良渚文化时期高水平琢玉工艺技术的一件主要代表作。

反山 M12∶98 玉琮竖槽中的神徽

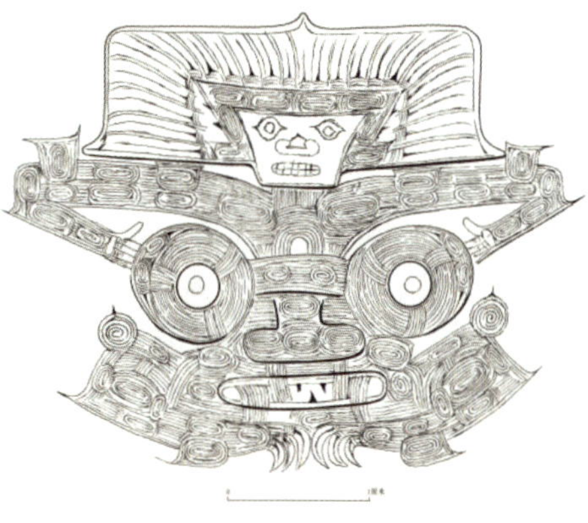

反山 M12∶98 玉琮上的神徽图案线图

江苏常州市武进区的寺墩良渚文化遗址出土的玉器，经鉴定大都是透闪石，其次为阳起石，都是软玉。玉质坚硬的，制作时必须依靠一种质坚的矿物细砂与水作为介质，琢

① 殷志强：《试论良渚文化玉器的历史地位》，见《东方文明之光——良渚文化发现60周年纪念文集》，海南国际新闻出版中心，1996年。

② 浙江省文物考古研究所反山考古队：《浙江余杭反山良渚文化墓地发掘简报》，《文物》1988年第1期。

磨玉料使其成形。这种质坚的矿物细砂，俗称解玉砂。在寺墩墓葬中曾经发现过，经鉴定主要成分是石英粒。对寺墩遗址出土的直径不同的璧、高矮不一的琮进行分析，每一件璧的直径误差不超过1毫米，每一件琮上各节的高程误差更小。如此小的误差，除熟练的技术外，可能已使用了砣。璧琮上的钻孔，都是两面相对钻，一般认为是使用竹管。而从管内台痕上留下的宽仅有1毫米，甚至只有0.5毫米的钻槽，玉琮表面纹饰的圆圈，直径只有2～3毫米的迹象推测，应该是使用青铜管所钻。因此，良渚文化人们的玉器制作工艺具有相当高的技能，成为商代制作玉器技艺的先声①。

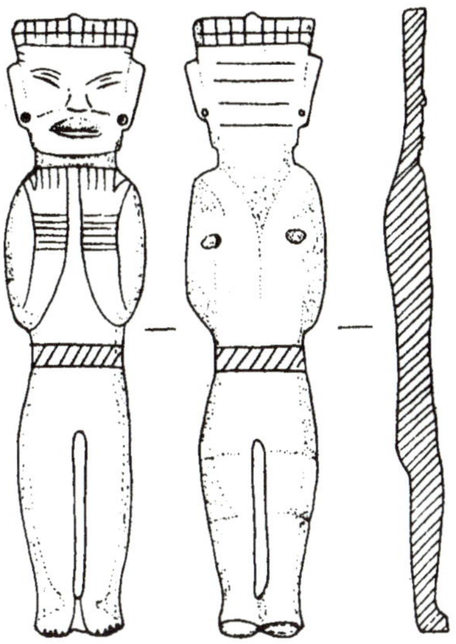
凌家滩遗址出土的玉神(人)像

良渚文化时期玉器的器形有琮、钺、璧、三叉形冠饰、冠状饰、璜、镯、臂饰、带钩、锥形器、柱端饰、柱状饰、半圆形饰、圆牌饰和珠、坠等组成的串挂饰，由鸟、龟、蝉、鱼等组成的穿缀饰，以及各种形状的镶嵌小件。在凌家滩遗址还发现有神(人)像，为“方脸，长眼粗眉，蒜头鼻，两大耳穿孔，大嘴，上唇留短须，头戴扁冠，冠上饰两排方格纹，冠中间有三角形小尖顶，脑后刻四条横线，似与冠饰有关。两臂弯曲，十指张开置于胸前，腕部饰弦纹，可能表示带有环，腰部饰一周宽3毫米的斜线纹，似表示腰带。背部钻一对隧孔，直立，赤双足，左右脚均刻五趾”②。这件神(人)像形纹戴的冠的外形与反山神像形纹戴的冠相类似，都与纳西族的东巴文中的太阳文的形象相似，有可能是作为太阳(或太阳神)的象征。

2. 石器制作

石器的制作，总的来说与玉器相似，但在制作过程中工艺要简单一些。我们以福泉山遗址出土的石器为例，崧泽文化时期的石材，可分为变质岩和岩浆岩两大类，其中以前者为主。制作上把石材打制成形后，多数为通体磨光，少数仅在刃部磨光。器体上的钻孔，多采用两面对钻的管钻法，少数采用琢透法。

良渚文化时期石器的石材，与崧泽文化时期的相类似。在制作上，以片状物质加砂、加水锯磨，切割成所需器形，然后再加以研磨，有些石器还加以抛光。这种抛光的石器，不是生产工具，而是礼仪用器。至于石器上的钻孔法，与崧泽文化时期的相类似，唯琢孔

① 南京博物院：《1982年江苏常州武进寺墩遗址的发掘》，《考古》1984年第2期。
② 安徽省文物考古研究所：《安徽含山凌家滩新石器时代墓地发掘简报》，《文物》1989年第4期。

法消失①。

（二）制陶手工业

农业的产生、定居生活的出现，与陶器的发明是紧密联系在一起的。在农业产生之前的以采集、狩猎经济为主的时期，由于采集的食物随季节的变化而异，需要在大范围内进行，加上狩猎的对象流动性大，因此人们不得不经常迁徙。在这种不安定的生活状态下，陶器对他们来说，既笨重又容易破碎，肯定是个累赘。而对定居生活者来说，陶器既可烹煮食物，增加生活资料的来源，有益于身体健康，又可以作为贮藏食物和盛水的器皿，因而妥善地保存了下来。陶器开始出现的时候，由于生产条件的限制，只能注重实用性，因此不论在制作上还是在造型上都比较粗糙而笨拙。

关于陶器是怎样发明的，目前还无定论。近年来，有的学者提出泥土和水可黏和成器，史前人们利用这种特性，用手捏塑成简单的形状，如缸、碗、罐之类的器皿，是容易做到的。它比用枝条编成篮子等器物再在其上涂抹泥土要容易得多。“偶尔发现这种手塑的泥土器物经火烧后会变结实和不怕水”“这和我国迄今发现的新石器时代早期陶器都是手塑成形以及有罐、碗（杯）、钵（盆）等简单器型的事实也是一致的。”②我们认为，恐怕不一定是“偶尔发现这种手塑器物经火烧后会变结实和不怕水”，很可能是从旧石器时代用火，观察到经火长期烧过的泥土不仅坚硬，而且在遇水也不变形的启发下，有意识地把泥土捏塑成粗糙的器皿，并放在火上烧烤，再经过反复试验，逐步得到的烧制陶器的最佳方案。

陶器开始产生时，制作上是相当粗糙的。随着社会生产的发展、人们生活条件的不断改善，制陶技术也随之一步步地向前发展。

根据目前的考古资料，长江下游地区以浙江金华市浦江县黄宅镇的上山新石器时代遗址出土的陶器为最早，其不同层位的碳-14 测定的校正年代，为距今 11400—8600 年。这遗址出土的陶器以夹炭陶为主。所谓夹炭陶，就是在陶土内夹有大量的稻壳，使陶器表面显露出稻壳印痕，还有极少量夹砂陶。在陶片破裂的断面上常可见到片状层理结构，它反映出了一种十分原始又具有相当普遍性的“贴塑法”制陶技术。陶器的器壁厚度，以超过 2 厘米的比较常见。烧陶时火候低，而受火又不均，陶胎以淡黄色居多。器表有的似有红衣。器形以平底器为主，约占 85%，还有少量的圜底器、低矮的圈足器或假圈足器，不见三足器。器表多素面，偶见绳纹、戳印纹、刻画纹等。绳纹多见于环钮、把手根

① 黄宣佩主编：《福泉山》，文物出版社 2000 年版，第 21、22、69 页。

② 李家治、张志刚、邓泽群、梁宝鎏：《新石器时代早期陶器的研究——兼论中国陶器起源》，《考古》1996 年第 5 期。

部的凹面部位，似为抹去后的残留。戳印纹多见于盆的口沿，刻画纹较为散乱，器类有盆、釜、罐等。盆大多为大敞口、小平底的盆形器，口径 30～50 厘米，高 9.5～12.5 厘米，底径 10.5～24 厘米；器腹中部或近口沿处有环形钮；另有一种盆形器口微敞，腹较直，口沿外侧附有把手，还有少量侈口釜、直口罐类器等①。

长江中游地区，湖南玉蟾岩洞穴遗址发现可修复的深腹尖底罐是我国最早的一件完整陶器，该陶器器壁厚约 2 厘米，陶土内夹炭、夹大颗粒的石英，用贴塑法制成，内外壁有麻布的编织印纹。这件陶器上附有烟炱，经碳-14 测定，远远超过 1 万年②。彭头山遗址发现的陶器，以夹炭陶为主，还有少量的夹炭、夹砂陶和泥质陶。陶质疏松，器壁厚而不匀，外表以粗绳纹为多，器形有罐、盆、钵和支座等③。江西万年仙人洞遗址的下层，发现的陶片均为夹砂陶，火候低，陶质与前者相似，器形主要是罐类④。

到距今七八千年的跨湖桥遗址，出土的陶器以夹砂陶和夹炭陶为主，还有少量的夹蚌陶。在罐、盆、钵、豆、圈足盘的外壁，常有红色陶衣。部分釜、甑类炊器内外壁也有一层薄衣，外壁一般为褐黄色，内壁一般为灰白色。陶器的装饰纹饰，主要有彩陶、印纹、戳印纹、刻画纹、镂孔等。彩陶的纹饰主要施于罐、圈足盘和豆等三种器形上。据粗略统计，彩陶片约占陶片总数的 2%，占罐、圈足盘、豆三种器形的陶片数量的 5%。在长江下游地区的史前遗址中，这是出土彩陶最多的一处遗址，但比黄河流域的仰韶文化遗址要少得多，如河南陕县庙底沟遗址出土的彩陶片占总陶片数的 14.02%⑤；年代与跨湖桥遗址相当的陕西临潼区白家村的老官台文化遗址出土的彩陶总数，约占陶器总数的 34%⑥。跨湖桥遗址出土彩陶的数量虽不是很多，但它的特色非常鲜明。报告编写者根据出土陶器色彩浓度的不同，将其分为厚彩与薄彩两种。厚彩的色彩为乳白色，向器壁微隆凸，均施于器外表，脱落现象严重。薄彩以红彩为主，多施于豆盘和圈足盘的内壁，也有少量施于陶器外壁的。此外还有少量黑彩。彩陶图案纹饰有条带纹、波折纹、波浪纹、环带纹、垂挂纹、太阳形纹、火焰形纹、十字或叉形纹、点形纹、直线纹，还有以复线交叉为框架，间以点缀点纹、方框纹等；又有网格形纹和梯形格纹等。除彩陶图案纹饰外，

① 蒋乐平：《浙江浦江县上山新石器时代遗址——钱塘江流域早期稻作文化遗存的最新发现》，见《中国社会科学院古代文明研究中心通讯》第 7 期，2004 年。

② 湖南省文物考古研究所：《湖南省考古工作五十年》，见《新中国考古五十年》，文物出版社 1999 年版。

③ 《湖南彭头山遗址进行正式发掘》，《中国文物报》1989 年 2 月 24 日。

④ 江西省文物管理委员会：《江西万年大源仙人洞洞穴遗址的试掘》，《考古学报》1963 年第 1 期；《江西万年大源仙人洞洞穴遗址第二次发掘报告》，《文物》1976 年第 12 期。

⑤ 中国科学院考古研究所：《庙底沟与三里桥》，科学出版社 1959 年版，第 25 页。

⑥ 中国社会科学院考古研究所：《临潼白家村》，巴蜀书社 1994 年版，第 85 页。

陶器上的装饰工艺还有印、刻画、戳印、镂孔、附加堆纹等。具体地说，有绳纹、米粒形纹、篮纹、方格形纹、网格形纹、折线形纹、波折纹、菱格形纹等。陶器的制作方法，从出土的多数陶器来看，器形规整，器壁厚薄均匀，反映了当时的跨湖桥人已具有较高的制陶工艺技术。需要说明的是，当时的制陶工艺还处在手制阶段，但有了慢轮修整的痕迹；大型陶器内壁有分段拼接成形的工艺遗迹。陶器的烧成温度，一般为750℃～850℃。

跨湖桥遗址出土的陶容器，可分为圜底器、圈足器、平底器三类。以圜底器最多，约占陶容器总数的79％；圈足器次之，约占18％；平底器最少，约占3％。陶容器的器形，有釜、罐、钵、盆、盘、豆六类。其中以陶釜的数量最多，占陶容器总数的52.6％；其次为罐、圈足盘、豆、钵、盆等①。

距今约7000年的浙江桐乡罗家角马家浜文化遗址，发现的陶器以夹砂、夹蚌陶为主，在其早期有少量的夹炭陶，制法脱离了早期的贴塑法，进入到泥条盘筑法阶段。器形较规整，以圜底器和平底器为主，还有少量的圈足器和三足器。陶器的烧成温度多数在800℃～850℃。器类有釜、罐、盆、盘、钵、盉、豆、鼎、匜、壶、碗等。在豆类器中，出土了引人注目的白陶豆。这种白陶豆的残片在遗址的各文化层中都有发现，它的器壁厚薄均匀，制作精致，器表有白色陶衣，浅弧腹的豆盘，下附有较粗壮的高圈足，器表压印凸起的粗弦纹、勾连纹、曲折纹、菱形纹、月牙形纹等组合成主纹图案，图形近似于饕餮纹，在主纹边缘的下凹部位，普遍地刻画有纤细的篦纹；在月牙形凸纹的间隙处，留有细网格纹。总之，全器造型别致，图案繁复，烧成温度又高，是罗家角遗址制陶工艺最高水平的代表作。这种白陶经测试，不是瓷土或高岭土，而是一种含有氧化镁较高的陶土②。

江苏江阴市祁头山马家浜文化遗址，发现灰坑39个，墓葬132座，石、玉、陶器200多件。其中陶器有166件，器表施红衣和彩陶是此处遗址出土陶器的一个特点。值得一提的是两件浮雕彩陶器，即小口圆腹罐和矮圈足豆，都采用先施红衣、后用浅浮雕的方法剔划出主题纹饰和边饰，最后在纹饰上施白彩。圆腹罐的主题纹饰为两两相对、中心对称的抽象“龙”形纹三组，尾部卷曲如雷纹。地纹和边饰分别为拍印细方格纹和三角形锯齿纹。这两件陶器是该遗址具有自身独特风格的陶器皿③。

江苏宜兴市骆驼墩马家浜文化遗址，发现房址3座，墓葬52座，瓮棺葬39座，灰坑5个，祭祀遗迹4处。陶器以夹蚌陶为主，夹砂和泥质陶少见。炊器以灶、釜配套组合为

① 以上跨湖桥遗址的陶器资料，均见浙江省文物考古研究所、萧山博物馆：《跨湖桥》第四章第一节，文物出版社2004年版。

② 罗家角考古队：《桐乡罗家角遗址发掘报告》，《浙江省文物考古研究所学刊》，文物出版社1981年版。

③ 杭涛、陆建方、唐汉章：《江阴祁头山遗址考古获新突破》，《中国文物报》2001年2月28日。

主。在各文化层中均有相当数量的残灶陶片发现，反映骆驼墩马家浜文化的人们对陶灶使用的普遍性，而在其他马家浜文化遗址中，却缺乏这一方面的资料。灶的造型是直口、斜腹、下腹稍内收，腹部有对称的两鋬，圈足较高，圈足之上有灶门。灶门上沿和下沿均外挑，下沿主要防止烧柴脱落，上沿上翘可防止烟熏或釜内食物等溢出浇灭火焰。与灶配合使用的是罐形釜，一般只有窄脊式腰沿。灶的口径与罐形釜的最大腹径大致相当。灶口内有泥突或黏附泥条，使其与釜接触处形成空隙，促进灶内外空气对流，以利燃烧①。由此可见，灶的设计者已明白灶内空气的对流才能使灶膛内的柴火得到充分燃烧的道理，同时将烧煮食物的火控制在灶膛内，不仅使燃烧产生的热量不易扩散，还使当时尚属草木结构的房屋增加了安全性。

河姆渡遗址第四层的陶器多为夹炭陶，陶质较疏松，器壁也较粗厚，硬度稍低，纹饰以绳纹和刻画纹为主。这时期的器形较复杂，主要有釜、罐、钵、盆、盘、器盖、支座等，还有少量的碗、杯、盂等。这些陶器多为平底器和圜底器。它们的制作方法主要是采用泥条盘筑法，还有少量叠塑法制陶。这种叠塑法制陶是将泥片在一种框模内逐层贴塑，因此在陶片断面上呈现出成层的现象。它在江西万年仙人洞遗址下层、湖南石门皂市下层、广西桂林甑皮岩等遗址中均有发现，因此，我们可以推测它是早期的一种制陶方法。

崧泽文化时期，据上海市青浦区崧泽遗址中层出土的陶器分析，陶质以夹砂红褐陶为主，泥质灰陶次之，还有泥质红陶、泥质黑衣陶等。制法以泥条盘筑法为主，并经慢轮修整。在它的晚期，已经出现了少量的轮制陶器，这是史前制陶业上的一项重要突破。器物造型规整，器壁厚薄均匀，器表常有附加堆纹、弦纹、压划纹、镂孔和彩绘。彩绘有红褐和淡黄两色，施于罐、壶、豆、杯等器表，有的全器涂抹一层红褐色彩，有的从口沿至底足施红褐色彩绘宽带纹；有的在器肩以红褐色彩绘联圈纹，中间施淡黄色彩。这种彩绘陶是陶器烧成后绘上去的，极易脱落，所以不可能是日常生活用器，可能是一种礼器。器类有鼎、釜、鼎形甗、豆、罐、盘、碗、钵、盆、壶、杯、觚、尊、瓶、匜、勺等。由于生产的发展和人们生活条件改善的需要，陶器的器类较马家浜文化时期增多，鼎、豆、罐、壶的形制也较多②。

长江流域的史前制陶业发展到良渚文化、屈家岭文化时，进入了一个新时期。良渚文化经马家浜文化、崧泽文化两个时期，陶器的制作从手制进入了轮制，器表经过精心的磨光而略带光泽，造型规整，左右对称，器表多素面，器形有鼎、豆、壶、罐、尊、簋形器、杯、鬶、圈足盘和缸等。“在浙江余杭良渚镇棋盘坟发现的陶窑，其产品为单一的成批的双鼻壶和圈足

① 南京博物院考古研究所：《江苏宜兴市骆驼墩新石器时代遗址的发掘》，《考古》2003 年第 7 期。
② 上海市文物保管委员会：《崧泽》，文物出版社 1987 年版，第 39 页。

盘，可以证明良渚的制陶业，已进入了专业的手工作坊阶段"[1]。以上海市青浦区福泉山遗址出土的良渚文化陶器分析，陶质有夹砂（夹草屑）红陶、泥质灰陶、泥质黑衣灰陶等，泥质红陶极少。制法较普遍地采用轮制，器形规整，器壁厚薄均匀，最薄的仅有 0.1 厘米。良渚人注重器物造型的美观，如福泉山遗址出土的陶鼎（M65：90），为夹砂黑衣红陶，器表打磨光滑，全器自盖钮至三足外侧，满布精细而繁密的鸟首盘龙（蛇）纹；陶豆（M101：90），豆盘外壁有细刻的鸟首盘龙（蛇）纹和侧视、正视的飞鸟形纹；双鼻壶（M74：160）的器盖和圈足上细刻飞鸟形纹，颈部满布鸟首盘龙（蛇）纹，腹部细刻飞鸟形纹和鸟首盘龙（蛇）纹；双鼻壶（M128：1），颈部细刻正视小飞鸟纹作地的侧视飞鸟形纹，上海青浦福泉山良渚文化墓地出土的 IV 式陶鼎（T22M5：90）腹部细刻鸟首盘龙（蛇）纹；宽把杯（M65：2）器表打磨光洁，翘流下细刻正视飞鸟形纹，腹部以曲折纹为地，上刻几何形鸟纹[2]。这些刻纹都用流畅的细线条刻成，显示刻画技艺已相当熟练。这种细刻纹饰，在江苏吴县草鞋山等良渚文化遗址出土的陶器上有相似的发现。这时的陶器明显地走上了礼器化的道路。

葡萄畈 T0404⑧兽面纹陶豆及其纹饰展开

蟠龙纹及其纹饰展开（葡萄畈 T0304⑦）

① 《中国文明起源研讨会纪要·黄宣佩发言》，《考古》1992 年第 6 期。

② 黄宣佩主编：《福泉山》，文物出版社 2000 年版，第 96—124 页。

(三)纺织手工业

1. 纺织和家蚕丝织品的发现

中国现已发现的纺织品实物,以江苏吴县草鞋山马家浜文化遗址内发现的三块纺织品残件为最早,经鉴定:"纤维原料可能是野生葛,织物为纬起花的罗纹(螺纹)织物。织物的密度是,经密每厘米约 10 根,纬密每厘米罗纹部 26~28 根,地部 13~14 根,花纹为山形斜纹和菱形斜纹,织物组织结构是绞纱罗纹,嵌入绕环斜纹,还有罗纹边组织。"①它是中国田野考古出土的最早罗纹纺织实物。

吴兴钱山漾良渚文化遗址发现的残绢片、丝带、丝线等遗物,引人注目。麻织品有残麻布三块和细麻绳等。该织品最初鉴定为苎麻。后经重新鉴定,确定并不是麻,也不能确定是属何种植物的纤维。有的学者认为:"江浙史前地区的麻纤维从植物分布区、历史发展及遗存本身的纤维状况来看,来源于葛和苎麻的可能性较大。"②麻布为平纹织品,每平方厘米经纬线为 16~24 根,有的经线 31 根、纬线 20 根,其细密程度与现今的细麻布相似,可见麻纺织品的技艺已是相当高了。而要织成如此细密的麻布,必须对植物纤维进行脱胶等处理。丝织品有残绢片、丝带、丝线等。残绢片为平纹织品,每平方厘米经纬线各 48 根,丝带是用 30 根单线分为 10 股,织成圆形带子。这些丝织品经鉴定为家蚕丝③。吴江梅堰袁家埭遗址发现的一件良渚文化带柄灰陶壶的腹下部,刻有围绕器壁的 5 条蚕纹,其形态与现在的家蚕酷似,这是养蚕业在艺术上的反映④。

吴兴钱山漾良渚文化遗址发现的丝带

① 南京博物院:《江苏吴县草鞋山遗址》,见《文物资料丛刊》第 3 辑,文物出版社 1980 年版。
② 俞为洁:《良渚文化植物遗存研究之二》,见《良渚文化论坛》,浙江古籍出版社 2002 年版。
③ 浙江省文物管理委员会:《吴兴钱山漾遗址第一、二次发掘报告》,《考古学报》1960 年第 2 期。
④ 赵青芳:《长江下游先民对中国古代文明的几项重要贡献》,《南京博物院集刊(6)》,1983 年。

家蚕丝织品的发现，必然要联想蚕丝的起源问题。以往一般都认为是黄帝正妻嫘祖发明了养蚕工艺，这一种说法早已有人提出疑问而加以否定①。根据考古资料，野蚕开始驯化为家蚕，首推浙江余姚河姆渡遗址第三层发现的一件象牙制的盖帽形器（T244③B：71）外壁上刻画的一周蚕纹图案②。要驯化野蚕，首先要认识到蚕丝的可利用性。蚕吐出来的丝，缫丝时总长达 800～1500 米，最长的可达 3000 米左右③。野蚕吐出的丝可能要短一些，但至少也要有数百米长。所以，对蚕丝的利用，需要在长期的观察中去认识，在不断的实践探索中取得缫丝的方法。因此，我们可以说蚕茧的奥秘已初步为河姆渡遗址的人们所揭露，那时蚕丝就开始作为纺织原料之一了。而钱山漾遗址发现的家蚕丝织品，对这个问题的探索更是提供了可靠的实物证据，它有雕刻编织纹和蚕纹图案一周。若以河姆渡遗址第三层发现的刻画蚕纹的蚕作为开始驯化的蚕，到良渚文化时，经历了 1000 多年的驯化过程，已成为家蚕，是完全可能的。

20 世纪 80 年代，河南荥阳市青台仰韶文化遗址瓮棺葬内发现了纺织品残片（距今约 5500 年），经鉴定为丝麻织品。丝织品为平纹组织的纨（纱）和绞经组织的罗。有的罗呈浅绛色，表明当时已能加工着色。由于丝织品碳化严重，难以确定是否已将野蚕驯化为家蚕④。由此看来，中原地区有可能也是中国的一个养蚕起源地区，当然还需要今后的考古资料作进一步的证实。

浙江余姚河姆渡遗址第三层发现的象牙制的盖帽形器（T244③B：71）

---

① 周匡明：《"嫘祖"发明养蚕说考异》，载《科学史集刊》1965 年第 8 期。

② 河姆渡遗址考古队：《浙江河姆渡遗址第二期发掘的主要收获》，《文物》1980 年第 5 期；浙江省文物考古研究所：《河姆渡（上）》，文物出版社 2003 年版，第 85、8—11 页。

③ 周匡明：《蚕业史话》，上海科学技术出版社 1983 年版，第 111 页。

④ 张松林、高汉玉：《荥阳青台遗址出土丝麻织品观察与研究》，《中原文物》1999 年第 3 期。

2. 纺织工具

纺织用的工具，在田野考古工作中发现以纺轮较为常见。有的学者认为纺轮直径大小和厚重程度的不同，应与纤维原料的粗细有着必然的联系。纺轮孔内插入捻杆组成纺坠，纺轮的直径与重量对于纺坠的转动惯量而言是十分关键的因素。大溪文化的纺轮一般直径较大而厚重，如早期纺轮的直径多在6厘米以上，厚1厘米以上，重60克左右。到了它的晚期，形体开始变薄，直径一般为4.5～5.5厘米，这种纺轮适合于纺粗硬纤维，成纱较粗，如葛、苎麻等。到屈家岭文化时期，纺轮直径为3～4厘米，平均重量在早期为38.2克，晚期为21.7～32.2克。可见，屈家岭文化时期纺轮的平均重量呈逐渐递减的趋势，因此纺坠转动惯量较小，适宜于纺经过加工处理过的植物纤维和蚕丝之类的柔软纤维，成纱较细。

原始腰机复制品（良渚博物院）

当时人们对植物纤维的加工脱胶处理方法，可能是将其沤浸在水中用竹木棍棒反复捶打，从而获得软而细的纤维。用这样的纤维捻纺，必然要用较轻的纺轮，纺出细的纱，织成细的布。由此推测，屈家岭文化时期的人们在衣着方面，比起大溪文化时期的人们已有了相当大的改善。屈家岭文化之后，进入了石家河文化的早期，纺轮的形体变得扁薄，小型纺轮增多，一般直径为2.5～4厘米，厚为0.3～0.5厘米；到晚期，大部分纺轮变得更加扁薄轻巧，直径一般为3厘米左右，厚0.3厘米。这样的纺轮，捻纺的纱更细，可织成更细的布①。

---

① 张绪球：《长江中游新石器时代文化概论》，湖北科学技术出版社1992年版，第206—212页；刘德银：《论江汉地区新石器时代出土的陶纺轮》，见《湖北省考古学会论文选集（二）》，1991年。

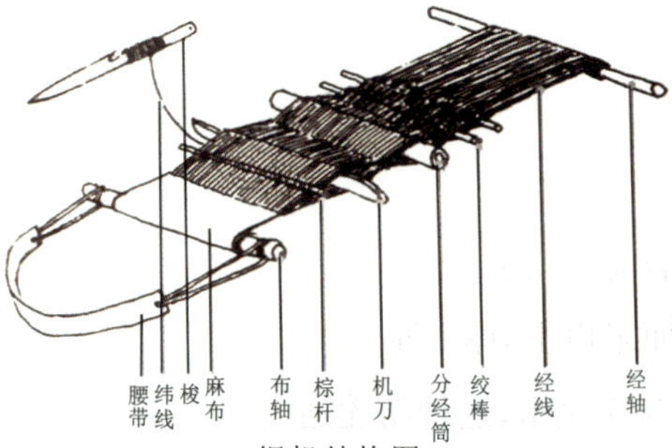

织机结构图

浙江余杭庙前良渚文化遗址出土的石纺轮（良渚博物院）

现代少数民族使用腰机织布的情景及织机结构图

屈家岭文化彩绘陶纺轮一组①

在河姆渡遗址第四层发现有木卷布棍、骨机刀，此外，还发现可能是木经轴、木齿形器的物体，有人推测可能是梳整经纱用的。有人根据卷布棍、机刀等进行分析研究，认为可能是腰机上的纺织工具，这是中国在约7000年前已有织机的有力证据。

（四）编织手工业

编织品的原料，主要取自植物性实物，尤其是竹最为常见。竹，在江南地区普遍生长，易于采集。它的特性是竹竿挺直、纹理清晰、富有弹性和韧性，易于将一根竹竿分裂为若干根竹篾，可供编织之用。由于竹是有机物质，容易腐蚀，难以保存，因此目前田野考古工作中所能见到的基本都是腐蚀后遗留下来的痕迹，所以，较复杂的编织方法就难以辨别明白，只能说出一个大概的形态。如吴兴钱山漾良渚文化遗址发现竹器200多件，数量相当可观，是一批不易得到的重要资料。但这些竹器是埋在地下水位层的黏湿泥土中才得以保存下来的。从其腐蚀后遗留下来的痕迹观察，大多用刮光的篾条编织而成，少数是用竹片编成。采用的是直径约2.3厘米的小竹，与现今余杭一带的刚竹相似。这批竹器，基本上能确定器形、用途的有供建筑、坐卧或暴晒用的竹席，农业、养蚕和日常

① 谭维四：《湖北出土文物精华》，湖北教育出版社2001年版。

生活需用的篓、箩、筐、篮、箪、席、刀篰、簸箕等,还有捕鱼用的倒梢。它们的编织方法多种多样,丰富多彩,随器形、用途的不同而异:①一经一纬、二经二纬和多经多纬的人字形编织法。其中,采用一经一纬编织的器物,竹篾细薄均匀,编织紧密。采用二经二纬和多经多纬编织的器物,一般是竹篾较粗糙的大型器。②纬密经疏的十字形编织法,在竹编器物中占半数以上。纬篾编织紧密,有的用竹丝,也有用竹片的。经篾都用竹片作单线或双线,间距比较疏朗,大多用于箩、篰、篮等。③梅花眼是以三组疏朗、均匀的平行篾片交织而成。采用这种编织法的在钱山漾遗址中只见圆柱形篓一件。④菱形花格是以稠密的平行纬篾和疏朗交叉的经篾编织而成。⑤"辫子口"是用于竹器的收口处的,它与梅花眼是竹器编织中难度相当大的两种编织法。钱山漾良渚文化遗址的人们,对这两种编织法能够运用自如,这表明竹器的编织技术已达到了相当成熟的程度,为日常生活和农业生产的需要提供了必要的用具。除竹器编织品外,在钱山漾良渚文化遗址还发现形如草帽外圈,编织精巧,可惜所用原料无法辨认的器物①。此外,在杭州水田畈良渚文化遗址还发现了用草类精细编织的、有似草帽形象的遗存物②。吴江龙南遗址发现有用蒲草经纬交叉编织成的席。宁波坟桥港遗址发现用芦苇编织成的篓。

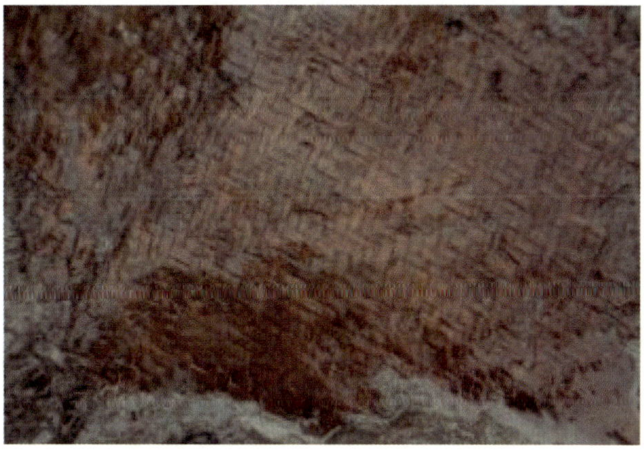

良渚古城钟家港南段出土的编织物

此外,在钱山漾良渚文化遗址还发现两件棕刷。它是把一大把棕丝的一端用麻线绳紧紧捆绑而成的。它的制作虽相当简单,却是中国使用刷子的最早实物证据,距今已有近 5000 年了。

(五)象牙和骨器制作手工业

中国史前时期的人们很早就认识到象牙的性能并作为一种工艺品的材料加以利用,

① 浙江省文物管理委员会:《吴兴钱山漾遗址第一、二次发掘报告》,《考古学报》1960 年第 2 期。

② 浙江省文物管理委员会:《杭州水田畈遗址发掘报告》,《考古学报》1960 年第 2 期。

据目前的考古资料分析，以距今7000年前的河姆渡遗址发现的鸟形器等象牙制品为最早。河姆渡遗址发现有较多的象牙制品，有鸟形的象牙圆雕（T244④：124），全器如匕，"一端作鸟头，喙弯曲。一端作长尾，中间饰翅膀""似鹰一类猛禽"。还有双鸟朝阳的象牙雕刻（T266③：76），它的上部已残缺，从残余部分观察，全器可能呈圆角长方形，长16.6厘米，残宽5.9厘米，厚1.2厘米，残余面积近98平方厘米，正面平整。在当时社会生产条件下，能切锯出如此薄的象牙片并非是一件轻而易举的事，需要当时人们对象牙的特性有相当的了解，在切锯和磨制上已掌握了较高的技能才能办到①。

在太湖地区的马家浜文化遗址内，发现有象牙梳等遗存。如嘉兴吴家浜遗址发现一件象牙梳（M5：2），呈长条扁平薄片状，出土时已遭严重腐蚀。梳背"上端有三个同心圆成排，其下有三道阴刻的细线纹，下端有两排各三个同心圆和两道阴刻的细线纹，并且相互间隔，靠下的一排同心圆之间有略成弧状的两条阴刻细线相连。全长21.1厘米，宽4.1厘米，厚0.4厘米，齿长6.5厘米"。有梳齿5个②。昆山市绰墩马家浜文化遗址的73号墓随葬一件象牙梳，制作较前者简单，有梳齿8个。和桐乡罗家角遗址还发现了一件象牙端饰（T2（二）：2）③。金坛三星村遗址发现一件象牙镦，有纹饰四组，其中前后是鸟首正面纹，左右则是喙部外凸的立体鸟首纹；还有象牙簪和象牙柱形器，有的通体抛光，器表光滑④。到崧泽文化时期，在上海青浦区福泉山崧泽文化遗址的墓葬中，11号墓出土象牙镯4件，"内壁可见旋削痕，层层递进，与良渚文化玉器上的旋痕近似"⑤。

发展到良渚文化时期，在反山、福泉山等墓地中都有象牙制品发现。福泉山9号墓出土的一件象牙雕刻器（M9：36），为一段剖开的象牙，一面凹弧，另一面弧凸，正背面细刻由眼、嘴、獠牙等组成的兽面纹，主纹中填刻横直线和云纹组成的几何形图案，构图风格与玉器上的兽面纹相似⑥。

良渚文化时期的骨器制作业，由于目前发现的遗物极少，对它的认识也受到了限制。虽然如此，还是可以从中了解一些情况。现以福泉山遗址为例，在崧泽文化时期发现的

① 河姆渡遗址考古队：《浙江河姆渡遗址第二期发掘的主要收获》，《文物》1980年第5期。

② 浙江省文物考古研究所、嘉兴市博物馆：《嘉兴吴家浜遗址发掘简报》，见《马家浜文化》，浙江摄影出版社2004年版。

③ 苏州博物馆、昆山市文物管理所、昆山市正仪镇政府：《江苏昆山绰墩遗址第一至第五次发掘简报》，见《绰墩山》（《东南文化》2003年增刊1）；罗家角考古队：《桐乡罗家角遗址发掘报告》，《浙江省文物考古所学刊》，文物出版社1981年版。

④ 江苏省三星村联合考古队：《江苏金坛三星村新石器时代遗址》，《文物》2004年第2期。

⑤ 黄宣佩主编：《福泉山》，文物出版社2000年版，第28页。

⑥ 上海市文物保管委员会：《上海青浦福泉山良渚文化基地》，《文物》1986年第10期；黄宣佩主编：《福泉山》，文物出版社2000年版，第75—76页。

骨器，大多是用动物肢骨劈削成形，然后再研磨而成的，个别的器表光亮，大部分制作粗糙，还遗留有劈削的痕迹。到良渚文化时期，它的制作方法基本上与崧泽文化相类同。其中发现的1件牌饰，“器形与玉冠形器近似，器面上部刻凹线两条，并有两个凹缺，底下有一处残损。长6.4、宽4厘米”。这件牌饰，可能与礼仪用器有关①。

(六)漆器手工业

中国史前时期经考古发现并经鉴定明确为漆器的，始见于河姆渡遗址第三文化层发现的一件木碗(T231③:30)，“器表髹朱红色漆，薄而匀，略有光泽”②。它的绝对年代，大约为距今6500年。有的学者认为河姆渡遗址第四文化层发现的木筩(也有学者称为木筒形器)，有的“还经过髹漆，刚出土时漆色微黄”③。如此说成立，则其历史可推到距今7000年左右。但漆器一般人不可能享用，《韩非子·十过》篇和汉刘向《说苑》卷二〇《反质》载：“尧禅天下，虞舜受之，作为食器。”“舜禅天下，而禹受之，作祭器，漆其外，而朱画其内。”只能是像舜、禹那样居领导地位的人才能享有。因此，河姆渡遗址漆器的出现，有其特殊性。

在江苏常州圩墩马家浜文化遗址发现了两件喇叭形器，一件(IT1210④)在器壁外表上部涂有略带光泽的黑色漆，下部为红色漆；另一件(IT1210④)在器表涂有略带光泽的黑色漆。还发现一件残漆器(T8501④:41)“呈半圆筒形，残高12厘米。器表涂成黑色，上端有火烧痕迹”。可见这一时期的漆不仅有红色的，还有黑色的。此外，这一遗址还出土了相当多的木器，以生产工具和生活用具为主，有橹、桨、耒、镞、插销等。橹1件(T8504⑤:107)，“橹把残断，取较粗大原木砍削而成，橹背面斜削，由中间向橹尾渐薄，橹把与橹面接合处保留宽约4厘米的原木圆体，在两边对应处凿一长方形凹坑。橹身残长120厘米，橹面斜宽18.4厘米”。桨2件，标本T8502⑤:53，桨面略残。取整段榉木剖削而成，桨面平整，近似椭圆形，背面呈弧形，手柄略弯曲，柄端渐宽，中间镂出三角形小孔。通长74厘米，桨面长27.2厘米。耒20件，截取细长树枝制成。标本T8503⑤:62，取较紧密而硬的树枝，保留树梢的枝丫，头部削尖并经火烤，以加强硬度。通长57.6厘米。镞2件，系用硬木枝条加工而成，镞身细长。插销53件，平面略呈长方形，顶部加工成铆头形，中间钻有一个方孔。标本T8503⑤:63，长6.2厘米，宽3.2厘米，方孔每边长约1厘米。也有没有钻孔的④。到崧泽文化时期，上海青浦区福泉山的崧泽文化遗址的灰陶

① 黄宣佩主编：《福泉山》，文物出版社2000年版，第24、75—76页。

② 浙江省文物考古研究所：《河姆渡(上)》，文物出版社2003年版，第291页。

③ 陈忠来：《河姆渡文化探原》，团结出版社1993年版，第190页。

④ 赵青芳：《长江下游先民时中国古代文明的几项重要贡献》，见《南京博物院集刊(6)》，1983年；常州市博物馆：《1985年江苏常州圩墩遗址的发掘》，《考古学报》2001年第1期。

壶，在其颈、肩、腹和圈足上饰有红褐色漆绘宽带纹和弧线图案①，可见其时漆的使用范围已经扩展到陶器上。

到良渚文化时期，在吴江梅堰、江阴青阳南楼等遗址，也发现有漆绘陶器。吴江梅堰遗址发现漆绘陶器2件，都是先在外表涂一层薄薄的棕色漆，再用较浓稠的漆绘上图案；另有1件是在黑陶壶上用棕红色和金黄色漆绘环绕器壁一周的纽丝形纹。此外，在江阴南阳南楼遗址也有漆绘陶器发现。在杭州水田畈遗址发现一件木盆，用一块完整的木刳成，口沿处有明显的磨痕②。余杭庙前遗址，"发现一件木胎双色残漆盘，先是里外涂上朱漆(器外底除外)，然后在口沿和外腹部用黑漆勾绘几何形图案"。还发现了木豆等遗物③。在江苏昆山市绰墩遗址发现一件漆木杯(F11②:7)，器表涂有外红内黑的漆。口部已残缺，圆弧腹，圈足，有一把。还发现一件长方形大木块(CH1②:8)，左右两侧面都加工平整，前后两端，一端有砍伐留下的痕迹，另一端加工成从上往下约呈45度角的斜面，类似船头。在其上中部凿有银锭形象鼻孔的把手，可用于系绳。这大木块经鉴定为二针松，体积为0.1771立方米，干重94.4千克，浮水力为82.7千克(极限)。以此，简报编写者认为是当时人们的渡河工具，它的一端似船头形，可便于靠岸；其上的象鼻孔把手，可系绳来回牵引摆渡过河。在罗家角遗址发现榫卯木构件20多件，多采用火烧焦和斧锛砍劈相结合的方法，有的木构件加工得相当方正，有转角柱、带梢钉孔的榫、带企口的构件、带凸榫的柱头、栏杆横梁等。有的学者认为，从木构件的加工水平看，似乎要比河姆渡遗址出土的木构件进步④。在余杭反山、瑶山墓地还发现有髹漆木器。如瑶山9号墓发现一件朱漆嵌玉高柄杯，出土时木胎已腐朽，漆皮呈朱红色，髹漆均匀，仍有光泽。而其内外壁的漆皮仍保持原状，从现场观测，原器壁厚2～3毫米，高18.4厘米，口径14.8厘米。在杯体与圈足的接合处以及圈足近底部的外壁上均镶嵌一周玉粒。玉粒正面弧凸，背面平整⑤。这是中国迄今为止发现的最早的嵌玉漆器，是一项突破性的成就。考古工作者在良渚古城城河的生活堆积中和城南的卞家山遗址中出土了较多的漆杯残片。髹漆应是漆器手工业专业化的产物，它为中国漆器手工业的发展奠定了基础。

① 黄宣佩主编：《福泉山》，文物出版社2000年版，第35页。

② 浙江省文物管理委员会：《杭州水田畈遗址发掘报告》，《考古学报》1960年第2期。

③ 浙江省文物考古研究所：《余杭良渚庙前遗址发掘的主要收获》，《浙江省文物考古研究所学刊》，科学出版社1993年版。

④ 苏州博物馆、昆山市文物管理所、昆山市正仪镇政府：《江苏昆山绰墩遗址第一至第五次发掘简报》，见《绰墩山》(《东南文化》2003增刊1)；罗家角考古队：《桐乡罗家角遗址发掘报告》，《浙江省文物考古研究所学刊》，文物出版社1981年版。

⑤ 浙江省文物考古研究所：《瑶山》第五章第二节《玉器的研究》，文物出版社2003年版。

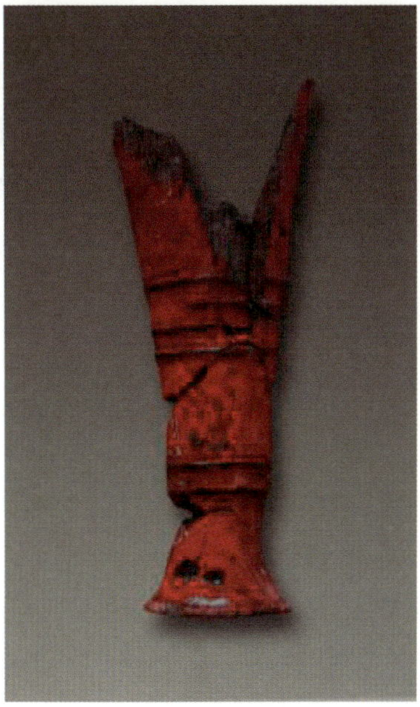

浙江余杭卞家山

良渚文化彩绘漆器 G1②:207

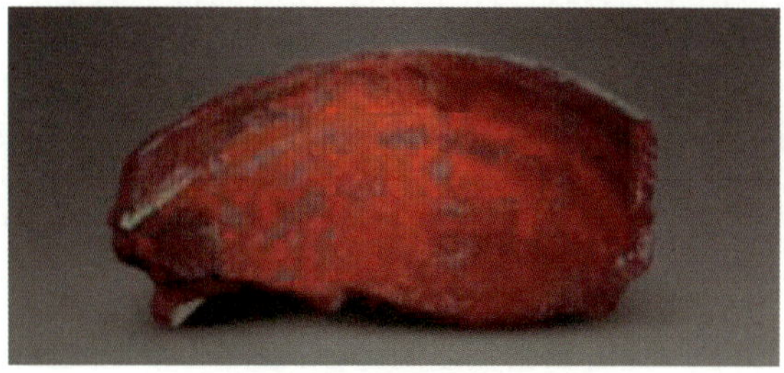

卞家山漆盘 G1①:140

卞家山漆器残片 G2②B:10

大溪文化、屈家岭文化遗址也出土有漆器。如阴湘城遗址的古壕沟中发现 1 件屈家岭文化漆器，是 1 件木质钺柄，长 59.5 厘米、宽 6.5 厘米、厚 0.8 厘米，表面髹三色漆，以褐漆为地，以黑漆在首端描绘几何形纹饰，以红漆涂饰握手处前后，做工相当考究，漆艺甚为精湛，是大溪文化黑地朱饰或朱地黑饰漆艺的发展。阴湘城遗址发掘者称："它是我国迄今为止发现的最好的 1 件史前漆器，距今约 5000 年。"①

(七)镶嵌手工业

镶嵌用的玉粒、玉片等物，主要是镶嵌在木材等有机物上。这类有机物容易腐蚀，难以较完整地保存下来，而且，在其腐朽过程中，镶嵌其上的玉粒、玉片等物有移位的可能，致使镶嵌的图案难以辨识。具体来说，上述漆木器制作手工业除提到良渚文化墓地瑶山 9 号墓出土的朱漆嵌玉高柄杯外，还会提到反山 14 号墓发现的在玉钺的木柄上镶嵌了 96 颗玉粒。在反山墓地里还发现相当数量的镶嵌玉件，"小如芝麻，大如茶杯盖，从出土迹象看，似是某种涂朱或髹漆的木器上的镶嵌玉饰"②。福泉山墓地发现 77 粒镶嵌用的小玉片，散见于墓主人骨架周围。这些小玉片，有的学者认为，圆形的似眼，椭圆长条形

① 张绪球：《屈家岭文化》，文物出版社 2004 年版，第 154—155 页。

② 浙江省文物考古研究所反山考古队：《浙江余杭反山良渚文化墓地发掘简报》，《文物》1988 年第 1 期。

的似横鼻,凹弧边方形的和长方形的似额,曲尺形的似眼睑的两角,“因此可能是从镶嵌于有机物神像图案上掉落下来的”①。瑶山“发现不少朱红色的漆皮残痕和200余颗用于镶嵌的玉粒,可推知原来随葬不少漆木器具”。其中较完整的一件是出于9号墓的朱漆嵌玉高柄杯,在杯身与高柄接合处和高柄的近底部外壁分别镶嵌平面呈椭圆形、正面弧凸、背面平整的玉粒一周。这是中国已知的最早嵌玉实物。由此可见,良渚文化时期的镶嵌手工业是相当发达的。以此推测,太湖地区史前时期镶嵌手工业出现的时间,还得向上推。

(八)木器制作手工业

河姆渡遗址第四层发现相当先进的榫卯结构的木构件,这种木构件的发现,使考古学者大开眼界,震动甚大。此时的建筑业,大致可以分为两个发展阶段。

第一阶段主要是栽桩立柱架板的干栏式建筑。这种建筑是以木桩为基础,“其上架设大小梁(龙骨)承托地板,构成架空的建筑基座,再于其上立柱架梁构成高于地面的‘干栏式’房屋”。

第二阶段主要是立柱式的地面建筑。有的先挖柱洞再放置木垫板以立柱,然后在柱洞内填放红烧土块、碎陶片、黏土,层层填实加固。也有的不挖柱洞,直接打入地基内②。

河姆渡遗址的建筑,在第一阶段出现的干栏式建筑已是相当先进,这不可能是一开始就出现的住房形式,在其之前应是已有一个发展时期。

水田畈、钱山漾等良渚文化遗址内都发现有木器,器形有盆、杵、桨、槽、锤和尖状器等。盆、槽等器都是用独木刳成的。木桨在水田畈遗址发现的数量较多,有宽翼和窄翼两种。宽翼的桨身扁平,在其末端削成尖状,另用柄捆绑其上。窄翼桨的桨身和桨柄是用一根木材削成的,数量较多,是常见的一种桨④。在余杭庙前遗址还发现有木制的豆、盘、矛和镞等。宁波慈湖遗址发现有木屐、耜、桨、

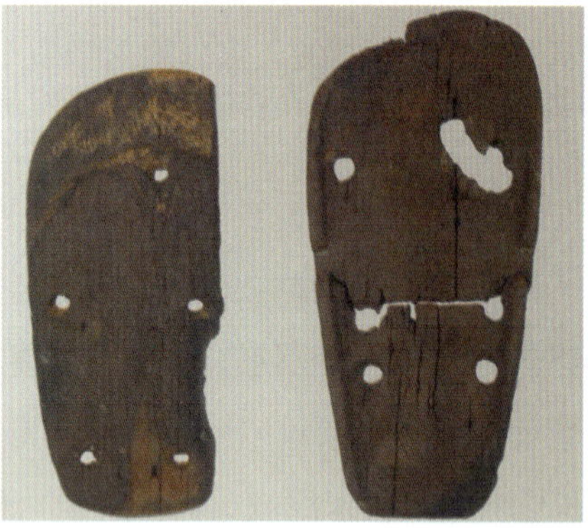

河姆渡遗址出土的木屐③

① 黄宣佩主编:《福泉山》,文物出版社2000年版,第95—96页。

② 河姆渡遗址考古队:《浙江河姆渡遗址第二期发掘的主要收获》,《文物》1980年第5期。原报告把河姆渡遗址的建筑分为三个发展阶段,本文采用时将二、三两阶段合为一个阶段。

③ 董贻安主编:《宁波文物集粹》。

④ 浙江文物管理委员会:《杭州水田畈遗址发掘报告》,《考古学报》1960年第2期。

锛柄、木钻头等①，其中木屐的发现，是中华民族最早穿用的实物证据。

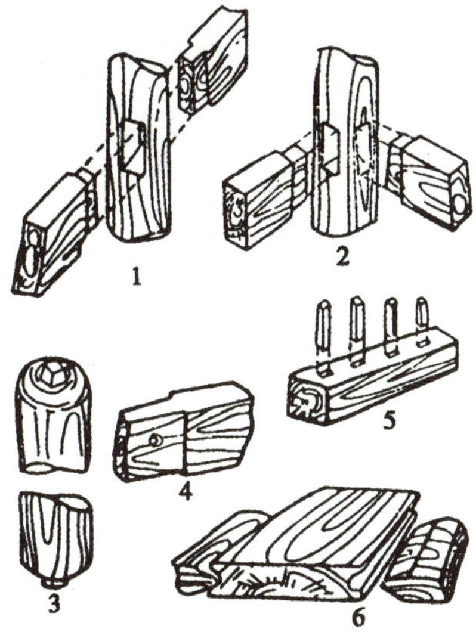

河姆渡文化木构件上的榫卯类型

1. 梁头榫和平身柱上的卯　2. 转角柱上的卯　3. 柱头和柱脚榫　4. 带销钉孔的榫　5. 插入栏杆直棂的方木　6. 企口板

五、精神生活

精神生活包含的内容相当丰富，如思维、语言、图腾崇拜、自然崇拜、祖先崇拜、音乐、舞蹈、巫术、葬俗、符号、文字、礼仪活动，等等。上述内容，有的由于资料还不足难以作出确切的阐述，有的在其他各节中已经作了一定的分析说明，有的内容比较重要则另立一个专题论述。下面我们主要从图腾崇拜、巫术活动、饮食生活和丧葬习俗等几个部分进行探讨。

（一）图腾崇拜

图腾一词，在中国古代文献中是没有的。它是北美印第安人奥古布瓦的土语。英国人格朗在1791年出版的一部论述北美印第安人社会生活的游记中，首先提出图腾的名称②。其后，各国学者一直采用。中国最早研究图腾文化的严复在1903年翻译英国学者甄克思的《社会通诠》一书时，将“TOTEM”译为图腾，成为学术界常用的译名。严复在按

① 王海明：《宁波市慈湖新石器时代遗址》，载《中国考古学年鉴（1989年）》，文物出版社1990年版，第158页。

② 岑家梧：《图腾艺术史》，商务印书馆1937年版，第2页。

语中指出，图腾是群体的标志，旨在区分群体，并认为中国古代也有与澳大利亚人和印第安人相似的图腾现象。他说："古书称闽为蛇种，盘瓠犬种，诸此类说，皆以宗法之意，推言图腾，而蛮夷之俗，实亦有笃信图腾为其先者。"①严复明确提出中国古代也有图腾这一文化现象。

图腾的产生，大体上是因为有血缘关系的亲属集团，把图腾作为其同一的祖先，奉其为保护神。至于对象，有以动物为其共同祖先的，有以植物的，也有以无生命的、自然现象作为图腾的。

图腾的起源，一般认为始于旧石器时代中期，盛行于旧石器时代晚期，到新石器时代开始走向衰落。图腾文化是一种古老而神奇同时又有相当大影响力的文化现象。文化是随社会的发展而发展的，没有长期存在而不演变、不发展的文化。文化在发展的进程中有快有慢，这是客观存在的。图腾文化当然也不例外。以图腾对象来说，根据现有的考古资料分析，早期是以某一种动物作为图腾对象，尤其是哺乳动物因其生理特征、行为状态、形貌等与人比较相近，容易被认为是同类，于是就产生了图腾神话。人们把这种动物说成是祖先的恩人，造福于人类，于是尊敬它、崇拜它，奉之为图腾。当然，这种动物必然是当地有的，当地没有的动物、见都没有见过的动物，是不可能以此作为图腾的。这类图腾神话在中国各族人民中都较普遍地存在着。其后又出现了以植物(主要是人们可食或可用的)作为图腾的现象，这大概是在万物有灵观念出现以后才产生的。而以无生命的自然现象作为图腾的现象，出现更晚，可能是在图腾文化的晚期。这些图腾对象产生的时间有先后的不同，但绝不是以植物为图腾对象后，就替代了以动物为图腾对象，而是以植物为图腾对象后，以动物为图腾对象的现象仍继续存在，并且还向前发展。现今的图腾文化中，仍以动物图腾为主，这就说明了图腾文化与其他文化一样是有积累、有层次的。

关于图腾的类型，有的学者根据中外资料分析，认为主要有七种：氏族图腾、胞族图腾、部落图腾、民族图腾、性别图腾、家庭图腾和个人图腾②。其中氏族图腾是最普遍、最主要的图腾。中国学者大多以氏族图腾为主要研究对象。若要了解图腾文化全貌及其发展演变关系，仅研究氏族图腾一种是不够的。氏族图腾通常只有一个图腾对象，同一氏族的成员都认为是出自一个图腾的祖先，有着血缘上的亲属关系。至于一个氏族内有两个或两个以上图腾的较为罕见，是较晚时期出现的一种文化现象。

① 见林耀华为何星亮《中国图腾文化》一书所作《序》，中国社会科学出版社 1992 年版。

② 何星亮：《中国图腾文化》，中国社会科学出版社 1992 年版，第 326—352 页。

有的学者认为："从新石器时代起，我国东方沿海和东南地区就形成了一个独特的历史文化体系，它是构成中华民族原始共同体的一个重要组成部分。"又说，这地区内的"这些文化因素中，各氏族部落对鸟的崇拜占着重要的地位"①。良渚文化分布范围，正是在这一地区内；他们对鸟崇拜的表现形式，主要反映在陶器和玉器上，下面择要进行介绍。

在陶器方面，上海市青浦区福泉山良渚文化遗址出土的陶鼎（M65：90），为夹砂黑衣红陶，外表打磨光滑，有盖，盖作笠形，全器自盖至三足外侧，满布刻鸟首盘龙（蛇）纹。口径26.4厘米，全器通高25.8厘米，是一件大型器。豆（M101：90），豆盘外壁在凹弦纹下，细刻鸟首盘龙（蛇）纹和侧视与正视飞鸟纹，盘内壁刻画侧视飞鸟纹。豆把上饰有七周凸棱，成为竹节形，在两凸棱之间细刻侧视和正视飞鸟纹。不论飞鸟纹或盘龙（蛇）纹，体内均填刻横直线与云纹组成的图案。双鼻壶（M74：166），盖和圈足上细刻飞鸟纹，颈部满刻鸟首盘龙（蛇）纹，腹部细刻飞鸟纹和鸟首盘龙（蛇）纹；M74：166的双鼻壶，颈和腹上部以及圈足上刻谷粒形纹作地的几何形鸟纹，腹下部细刻飞鸟纹；M65：1的双鼻壶，盖、颈、腹和圈足满刻鸟首盘龙（蛇）纹；M128：1的双鼻壶，颈部刻正视小飞鸟作地的侧视飞鸟纹，腹部刻鸟首盘龙（蛇）纹，圈足上刻曲握形的云纹。阔把壶（M65：2）外表打磨光洁，其上细刻纹饰，流下刻正视飞鸟纹，腹部以旗形曲折纹为地，上刻几何形鸟纹②。

江苏吴县草鞋山良渚文化遗址出土的一件陶鼎（M198Ⅰ：2），器身为夹砂红陶。器盖为泥质红陶，并在内外壁涂有一层光亮的黑皮。盖面外圈饰一周竖向曲折纹，内圈对称阴线细刻四组龙纹图案，作圈头卷尾回旋盘曲状，形似鸟首龙（蛇）身，并填刻卷云纹、短直线、弧线等组合而成的纹饰。双鼻壶为泥质灰陶，外表施黑衣，器壁薄，制作较精致。M198Ⅱ：6的双鼻壶，颈部遍饰阴线细刻的竖向曲折纹，腹部相对应部位阴线细刻鸟纹一对，皆作长嘴圆眼，展翅飞翔形态；M198Ⅱ：7的双鼻壶，颈部主体形象系由不同形式的卷云纹组成展翅飞翔鸟纹，底纹则由卷云纹、横竖短直线纵横交错组成网状图案；M198Ⅰ：6和从198Ⅰ：7两件器物的大小、器形、刻纹皆相同，颈部有三周凸棱，凸棱间依次阴线细刻三排、二排、三排简化飞鸟纹，腹上部也阴线细刻二排简化飞鸟纹③。

浙江嘉兴双桥良渚文化遗址出土一件陶鬶裆部的残片，外表朱绘，刻有鸟形图像，鸟身上饰有涡纹，小翼轻舒，似为试飞的雏鸟。还在这遗址里发现一件较完整的陶鬶（T4：

① 石兴邦：《我国东方沿海和东南地区古代文化中鸟类图像与鸟祖崇拜的有关问题》，《中国原始文化论集——纪念尹达八十诞辰》，文物出版社1989年版。

② 黄宣佩主编：《福泉山》，文物出版社2000年版，第98—104、111—112页。

③ 南京博物院：《苏州草鞋山良渚文化墓葬》，《东方文明之光——良渚文化发现60周年纪念文集》，海南国际新闻出版中心，1996年。

8)，为橘红色夹砂陶，三袋足较肥，分裆较高，薄胎，器表涂[1]。这种鬶在嘉兴雀幕桥、昆山市绰墩等良渚文化等遗址中都有发现。鬶的造型，较多的学者认为与鸟有关，有的学者更明确地认为"即鸟的化身"[2]。太湖地区陶鬶的出现，始于马家浜文化时期，当时以异形鬶或鬶形器命名，一直演变到良渚文化时期的陶鬶，从中反映了良渚人对鸟崇拜的思想意识是延绵不断的。

江苏昆山市绰墩良渚文化遗址出土的阔把杯(F11②:5)，在筒形腹上通体饰形态各异、颇有传神之感的鸟纹。

良渚文化陶器上的鸟纹和造型上与鸟有关的器物，在此不再一一列举，至于它的含义，与下面要阐述的玉器一起进行分析。

在玉器方面，良渚文化玉器上的鸟纹和玉鸟的数量是相当多的，它的社会功能，有的学者认为与巫术和图腾信仰有关。因此，要区分哪些鸟纹是用于巫术活动的，哪些鸟纹是图腾的标志物，具有一定的难度。

浙江余杭反山良渚墓地出土的玉鸟

有的鸟纹玉器，可能这两种功能都有。如图腾的祭祀活动往往包含着巫术的因素，同样，巫术活动时也可能需要借助图腾始祖的神力。所以，这两者既有区别，又有联系。如1989年在浙江余杭安溪百亩山出土一件有刻符的玉璧。这件玉璧出土地点明确，是属良渚文化时期的，以此可以论证传世的有相类似刻符的，也应是良渚文化的遗物。安

① 浙江省文物考古研究所:《嘉兴双桥遗址发掘简报》,《浙江省文物考古研究所学刊》,科学出版社1993年版。

② 石兴邦:《我国东方沿海和东南地区古代文化中鸟类图像与鸟祖崇拜的有关问题》,《中国原始文化论集——纪念尹达八十诞辰》,文物出版社1989年版。

溪百亩山出土玉璧的刻符是一个略呈长方形的框内刻有一只似作展翅飞翔般的神化了的鸟，在这长方框的上部两侧各有三个台阶，会合处呈一平台。对此，有的学者释读为山形符号，有的学者释读为表示祭坛。我们同意后者的释读意见。现已发现有长方形刻符玉器，在其上部两则，无一例外的都是各有三个台阶；再结合考古资料来看，保存较完整的祭坛均有三个台阶，如福泉山、汇观山等良渚文化祭坛就是这样，红山文化的祭坛也是这样。由此可见，祭坛上筑三个台阶，供当时人们上下之用，有着特殊的意义。

美国华盛顿弗里尔美术馆收藏的四件有刻符的玉璧中，除 4 号玉璧外，其他 3 件玉璧的平台顶部都立有形态各异的鸟。

中国台北“故宫博物院”收藏的有刻符的玉璧，在平台上的立鸟可能曾改制而大部分被磨去，而长方形框内的展翅似飞翔的神化形鸟，依然存在。

北京首都博物馆收藏的一件琮，有与上述玉璧相类似的刻符，在平台中部有一立鸟。

法国巴黎基美博物馆收藏的琮，由于被磨损，在平台上是否有立鸟无法得知，但长方形框内的展翅似飞翔的神化形鸟还完好地保存着。

上述这些玉璧、琮刻符的平台上的立鸟有什么含义呢？我们联想到 1981 年在浙江绍兴发掘的一座战国时期的越人墓葬，出土一座十分难得的铜制房屋模型，在房顶的中央立一柱，柱顶端有一只鸠鸟蹲着，学者们都认为这是鸟图腾的明显标志。同样，玉璧、琮上刻符的立鸟，无疑也是鸟图腾的标志。这两者的差别是，前者在房顶的中部，后者在长方形祭坛顶部平台的中部，以此表示这祭坛和墓葬的主人是属于鸟图腾部族的成员。

为什么把作为图腾标志物的立鸟刻在璧、琮上，这可能与《周礼·鸡人》中说的有关：“驵圭、璋、璧、琮、琥、璜之渠眉，疏璧、琮以敛尸。”《注》：“疏璧、琮者，通于天地。”由于璧、琮有通天地的神奇功能，把祭坛的形象和图腾标志物——鸟刻在璧、琮上，以此可以告知天地间的神灵，这祭坛和墓主人是以鸟为图腾的。之前提到的立鸟的形态各异，反映了鸟图腾崇拜的各异，可能与东夷族的少昊氏族部落内各氏族以鸟为名号有关。正如《左传·昭公十七年》郯子的一次表述那样：“我高祖少皞挚之立也，凤鸟适至，故纪于鸟，为鸟师而鸟名。凤鸟氏，历正也。玄鸟氏，司分者也；伯赵氏，司至者也；青鸟氏，司启者也；丹鸟氏，司闭者也；祝鸠氏，司徒也；鴡鸠氏，司马也；鳲鸠氏，司空也；爽鸠氏，司寇也；鹘鸠氏，司事也。五鸠，鸠民者也。五雉，为五工正，利器用，正度量，夷民者也。九扈为九农正，扈民无淫者也。”郯子所说的十个氏族，只是在少昊的氏族部落内负有职责的，如果算上没有担任职责的，当然还要更多。

良渚文化璧、琮上刻符的不同形态的鸟形纹像，可能也是这种情况。福泉山良渚文化遗址，在 126 号墓内出土一件玉立鸟(M126:3)，作侧立状，头部钻孔为眼，短尾，微向上翅，其形态与璧、琮上的刻符立鸟相近似。再从墓葬中出土的位置分析，这墓出土玉器3件——2件玉管和1件立鸟。立鸟位于墓主人下腭骨旁，这可能是显示墓主人的图腾物。而反山、瑶山出土的5件玉鸟作展翅飞翔状，与福泉山立鸟的形态显然有异，有的学者分析认为这与巫师作为神灵的替身有关，是巫术活动时使用的一种玉器。

上述陶器上的鸟纹，主要在鼎、豆、双鼻壶（也称双耳壶或贯耳壶）和阔把壶上，这些陶器的制作都较精致、器表光洁，所施的鸟纹多是细画的鸟首盘龙（蛇）纹、飞鸟形纹等。这样的陶器与日常使用的陶器显然有别，也就是说，不可能是良渚文化人们日常使用的一般性陶器，乃是鸟图腾崇拜活动时的一种用器，如遇到节日需要祭祀图腾神的用器。嘉兴双桥良渚文化遗址出土的鸟形陶鬶的外表涂朱，此外还发现了一件鬶残片上刻有鸟纹，并涂有朱色。红色在史前时期的人们的心目中，相当普遍地被认为是象征血液，有能使生命延续和再生的能力。因此，红色有着特殊的意义，也是有着巫术的作用，说明了图腾崇拜与巫术活动有千丝万缕的联系。如哀牢山的彝族，以虎为他们的图腾。每隔三年的首月，即虎月的第一个虎日，远近各彝村联合举行一次大祭，地点在山神庙。各村巫师集合于此，白天由年长的巫师主祭，将祭品羊的头割下，投入龛前火塘烧烤后，剥取额骨占卜，如果额骨表面显现像文羊字"（十）"裂纹，则预示母虎神将于当晚降临，人们就要举行盛大歌舞，以欢庆母虎神来临①。

（二）巫术活动

巫术在原始社会的人们中普遍存在，并且影响到当时人们生活的各个方面。那么，巫术是怎样产生的呢？这可能是由于人类处在幼年时期，生产水平非常低下，生活十分艰苦，为了求生存，人们凭着特有的主观能动性，祈求能对周围自然界给以一定的制约、控制。在这种愿望的推动下，就产生了各色各样的做法和想法。在长期的实践过程中，如果有一个偶然的机会让某个做法得到了验证，就会认为这种做法是有效的，于是反复实践，加以改进，成为最早的巫术。

巫术产生后，发展到新石器时代，农业生产逐渐成为人们最重要的生产方式和生活资料的主要来源，体现出无可置疑的优越性；另一方面，农业生产又存在着不稳定性。人们既要获得丰收，又对风雨雷电等自然现象无法理解，因此由恐惧、依赖进而发展到崇拜。在心理由不平衡到平衡的发展过程中，巫术就成为人们实现丰收、战胜自然力的精神支柱。所以，许多原始民族在农业生产过程中，都要进行一系列的巫术活动，就是这个缘故。

① 何星亮：《中国图腾文化》，中国社会科学出版社1992年版，第205页。

1. 巫术活动

长江流域史前时期人们的巫术活动，其证据始见于距今约7000年的河姆渡遗址第四层发现的一件刻有猪纹的圆角长方形陶钵（T243④:235），在器壁外表两侧“各刻一只猪纹图像，长嘴，竖耳，高腿，短尾，粗鬃，腹略下垂”①。值得注意的是，猪的左侧有两个同心圆圈，其意义可能是指出猪的心脏所在位置，强调狩猎时需要投刺的部位②。它应是一件举行狩猎巫术活动时的用具。五叶纹陶块（T213④:84）上的图案，较多的学者认为是万年青植物。有的学者更进一步认为与“原始先民的生产、生活或宗教等方面有着密切的关系”③。还发现有一件稻穗纹陶盆（T221④:232），在一束稻穗纹中，中间的一株稻穗亭亭直立，其两侧沉甸甸的稻穗向两边下垂，在其旁还刻有猪纹。这种刻纹陶器的器形及其饰纹特点，在河姆渡遗址中罕见，到目前都是各发现1件，数量甚少，这表明了不可能是一般的日常生活用器，必定有其特殊的意义。从盆、钵上刻的稻穗纹和猪纹分析，都是与农业生产有关的，可能是祈求农业丰收、家畜兴旺的巫术用器，也可以说是巫师的一种法器。若上述分析无误，那双耳陶盆（T29④:46）的腹部刻有鱼藻形纹和凤鸟形纹各一组，可能是与渔猎有关的巫术用具。

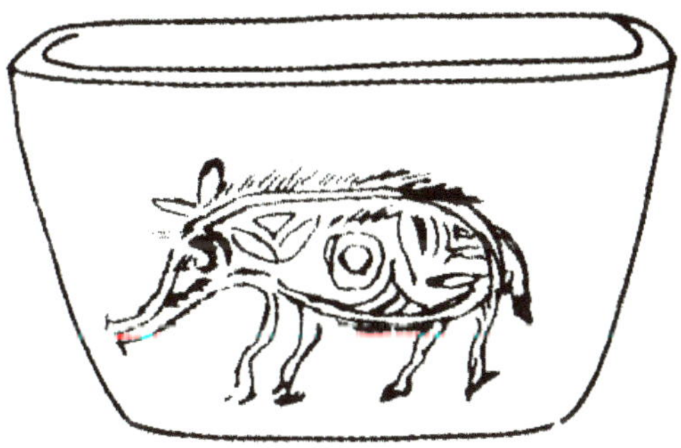

河姆渡文化猪纹陶钵

河姆渡遗址还发现了引人注目的太阳神崇拜遗物。如在一件有柄骨匕的残柄的正面刻有两组相类似的图案（T21④:18），每组图案以同心圆为中心，在它的上部有一个无弦弓形似的图案，在这两者之间有短斜线，两侧有头相背的双鸟，托住同心圆和无弦弓形似的图案。这两组图案的意义是什么呢？我们的释读是，同心圆是象征太阳，这无弦弓

① 浙江省文物考古研究所：《河姆渡》，文物出版社2003年版，上册，第53—55页和图三二、9，图三三、7。

② 袁靖：《史前人类和自然生态的关系——关于动物考古学的几个问题》，《史前研究》1990—1991年辑刊。

③ 姚晓强：《河姆渡五叶纹植物之再探讨》，《考业考古》1999年第1期。

形似的图案，与纳西族东巴文的“天”字相类同，有可能是天的象征。太阳外缘的短斜线是表示太阳的光芒，双鸟托着的当是太阳。与此相类似的纹饰，有双鸟朝阳的象牙鸟形器（T226③：79），上部已残缺，长 16.6 厘米，残宽 5.9 厘米，厚 1.2 厘米。它以大小相套的同心圆为中心，外圆边缘刻有熊熊烈火似的光芒，在其两侧有昂首相望的双鸟，双鸟的下部似为托住同心圆纹。这组图案的意义与上述两组图案相似，同心圆是象征太阳，外圆边缘的熊熊烈火纹，表示太阳的光芒四射，双鸟托着的是太阳。托着太阳的这类鸟不是一般的鸟，应是神鸟。这与中国古代“金乌负日”的神话有着不可分割的联系。还有在陶盆（T29④：46）上刻有两组图案：一组是在它的中间部位有无弦弓形的图案，在其下有左右两个同心圆，在它的两侧有鸟形图像。这无弦弓形上述已说明是天的象征，在天下面的两个同心圆，应是代表眼睛，在史前时期人们的思想意识中，认为太阳是宇宙的眼睛，所以眼睛象征着太阳，另一组中间有似禾本科植物，在其两侧有鸟形图像①。

余姚河姆渡遗址出土的双鸟朝阳象牙雕片

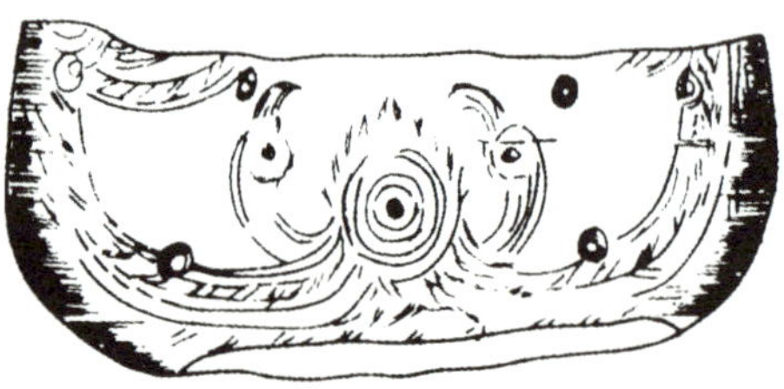

河姆渡文化双鸟朝阳象牙雕刻线绘图

江苏常州圩墩马家浜文化遗址出土一件陶制的面具（T8502⑤：35），为“泥质灰陶，面部平，用刻画线条表示眼、嘴、胡须。鼻子则由泥团堆塑而成。高 4.9 厘米，宽 3.2 厘米。整个人面线条简洁，形象生动”②。

到崧泽文化时期，在崧泽遗址出土的陶豆（T2：7）圈足上和陶壶（M33：4）的底部，都有八角形纹③，这种八角形纹，以 T2：7 的陶豆纹饰分析，以方框为中心，内有交叉的“十”字形符号。这种“十”字形符号，文化人类学家、古民俗学家都认为是史前时期人们的思想意识中作为太阳的象征，是生命的符号。因此，我们可以认为方框内的“十”字形符号是太阳的象征，在其上下、左右各有两个尖角，表示太阳的光芒四射。

---

① 浙江省文物考古研究所：《河姆渡》，文物出版社 2003 年版，上册，第 53—55 页和图三二、9，图三三、7。第 116 页和图七〇、2、3；284 页和图一九四、5、6；46 页和图二九、1。

② 常州市博物馆：《1985 年江苏常州圩墩遗址的发掘》，《马家浜文化》，浙江摄影出版社 2004 年版。

③ 上海市文物保管委员会：《崧泽》，文物出版社 1987 年版，第 54 页和图四二、2；第 71 页和图五四、7。

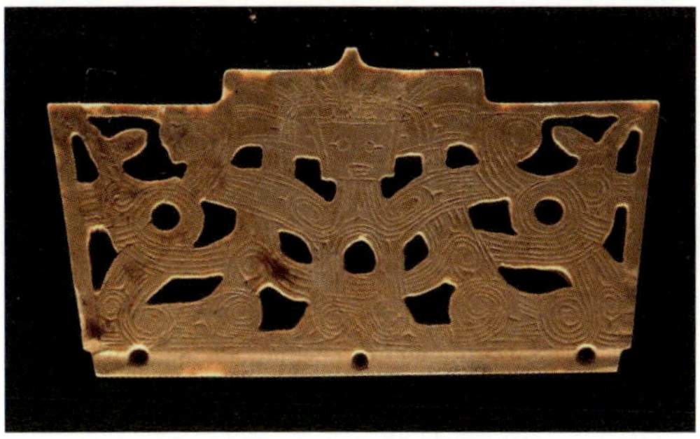

良渚反山 M15:7 玉冠状器

良渚反山 M16:4 玉冠状器

到良渚文化时期，玉器盛行，在玉器上往往有神面形纹，少数玉器上还有神像形纹，其中反山墓地 M12:98 的大玉琮上，不仅有神面形纹，还有神像形纹①。这神像形纹头部戴的似无弦弓形的冠，是象征天；下部有辐射的线条，表示阳光四射，应是太阳，所以，这个神像形纹可能正是太阳神。这种太阳神像形纹，在反山还有 M12:100 的玉，M22:20 的玉璜和 M15:7 的冠状饰等；瑶山墓地有 M2:1 的冠状饰、M10:20 的牌饰等。

在安徽含山凌家滩遗址发现的玉神像即太阳神形象，有站姿和坐姿两种，头上戴的冠，也呈无弦弓形。②

这种太阳神崇拜，不仅在长江下游地区史前文化中存在，而且在长江中游、上游，黄河流域以及其他地区都有发现。如在长江中游地区的秭归朝天嘴遗址的第二期文化中发现的陶支座，顶部和器身上刻印较繁复的成组纹饰。这种陶支座，有人认为是支撑炊器用的，而朝天嘴遗址发现的支座，很难看到有烟炱的遗迹，所以，朝天嘴等遗址发现的这种陶支座不可能主要是作为炊煮食物时支撑炊器用的。若是作为饮食时放置食器用的，那么顶部纹饰为食器所掩盖，就失去了它的意义。因此，它也有其特殊的使用意义，有可能是作为巫术活动或祭祀时使用的器物。在屈家岭文化时期，有蛋壳彩陶杯、蛋壳彩陶碗，有的器壁厚度仅为 0.05 厘米，与蛋壳相似。这样薄的器物，有的还有内彩，制作又精致而规整，不可能是一般的饮食用器，很可能是一种有特殊用途的礼器。

为什么史前人们要崇拜太阳神呢？这与他们日常生活中接触到的天象有关，如太阳、月亮、星星和各种云彩等，其中太阳与他们的关系最为密切。早上太阳从东方升起，给人带来了光明和温暖，到傍晚时，太阳渐渐地从西方落下去，慢慢地进入了黑夜。这种地球自转和公转所产生的现象，史前时期的人们是无法理解的。之后崇拜进入到神秘

① 浙江省文物考古研究所反山考古队：《浙江余杭反山良渚文化墓地发掘简报》，《文物》1988 年第 1 期。

② 安徽省文物考古研究所、含山县文物管理所：《安徽含山县凌家滩遗址第三次发掘简报》，《考古》1999 年第 11 期。

化、神灵化阶段,到距今 5000 年左右,进入了人格化阶段。如上述反山良渚文化墓地 12 号墓出土的大玉琮上的神像形纹,正是太阳神,但以人的形象出现,头上戴有象征太阳的冠,上下肢齐全,唯足部明显的有呈禽兽形的爪,那就不属于人的脚趾了。

当然,这种人格化并不局限于太阳神,必然要影响到其他神灵。所以,神的神秘化进入到人格化,是一个大转变。这个大转变是怎样产生的呢?由于农业生产的日益发展,史前人们愈来愈感觉到太阳与他们日常生活的关系十分密切,不可分离。太阳能有这样大的威力,当时人们是难以想象的。因对太阳神崇拜的迫切要求,就会产生这样的问题:太阳神的形象是怎样的呢?这个形象是依据什么来塑造的呢?最好的办法是根据人的形象,在某些部位加以神化,成为似人非人的形态。这样,太阳神就完成了人格化。这对中华民族其后把太阳神崇拜世俗化有着直接的影响。

太阳神崇拜的世俗化,如《淮南子·天文训》中说:"日出于旸谷,浴于咸池,拂于扶桑。……至于悲泉,爰止其女,爰息其马,是谓县车。"这说明太阳神与人一样要洗澡,并且还使用了有女御者驾驶着的马车,在空中行走。把当时社会上主要的交通工具——马车也给太阳神使用,这是为了事神以致福,于是把当时社会上最进步、美好的事物奉献给神。又如屈原《离骚》中说:"鸾皇为余先戒兮,雷师告余以未具。"《楚辞·远游》中说:"左雨师使径侍兮,右雷公叹卫。"楚人把雨神和雷神作为太阳神的侍卫,把人世间的统治者都有侍卫模式,也搬到诸神身上。

上述反山墓地出土有太阳神像的大玉琮(M12:98),较多的学者认为琮是巫师进行巫术活动时的一种用器。玉琮上往往有神面形纹、神鸟形纹,而这件大玉琮,除这两种纹饰外,又有太阳神像纹。这些纹饰是巫师作法时需要借助的一种神力,因此,有太阳神像纹的玉器,当是巫师进行巫术活动时借助的神力的工具。

浙江余杭良渚反山"琮王"(M12:98)

浙江余杭瑶山良渚文化

祭坛遗址 M10:6 出土的玉三叉形器

2. 巫术用器

巫术活动的用器是巫师不可缺少的工具。当巫术还未被少数人垄断之前,凡是符合作为巫师条件的人，都有成为巫师的权利。这时期的巫师还不可能有特殊的社会地位，仅是受到人们的尊敬。这是由于社会生产力的发展水平还比较低，必须参加生产劳动才能取得必要的生活资料。及至社会生产的发展水平已相当高，一个人的劳动所得不仅可以供应其自身的需要，还可能有一定剩余的条件下，就产生了脱离生产劳动、专门从事巫术活动的巫师。这种人与普通生产劳动者之间逐渐产生了一条鸿沟，巫师就高居一般社会成员之上。他们既垄断了巫术活动，同时巫术活动的用器和制作，甚至有的原料等，也要进行垄断、独占，以保持巫术用器的神圣性、神秘性。

如在崧泽文化时期，嘉兴大坟遗址的崧泽文化层内发现了一件陶神（人）形葫芦瓶，在其顶部塑一神（人）头像，“脑后有一竖向小孔，可能用以插戴冠帽。脸面方正，两眼为圆凹窝形”“鼻孔隆起呈三角形，两侧有鼻翼，鼻孔仅有一个，为锥戳的凹窝”。头两侧有对称的双耳，“后脑有外突微上翘的发髻”。“从塑像的整体造型看，可能为一象征母性的陶偶”。并认为“可能具有某种宗教的意味”①，更可能是在巫术活动时的一种用具，也是原始艺术的珍品。

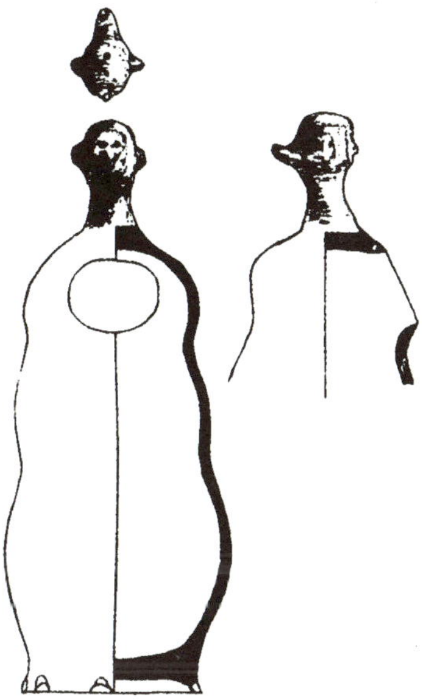

嘉兴大坟崧泽文化的陶神（人）像葫芦瓶

良渚文化的土筑高台墓地的大墓都有大量的玉器出土。这些玉器中有大型的琮、钺、璧、冠状饰、三叉形器等，有的冠状饰和三叉形器上刻琢神像形纹，从发现时出土的位置分析，是一种冠饰，是巫师进行巫术活动时头上戴的冠的一种装饰，它与一般人的装饰在性质上是完全不同的，其目的是事神致福，也就是说，为了使神高兴而降福。

玉器的神圣化、神秘化，使玉有了神物的内涵。玉的神物性由来已久，目前，中华大地上出土玉器最早的遗址是辽宁阜新市查海遗址，以玦为主，还有匕形器、管形饰、斧和锛等。这些玉器都经磨制、抛光，能发出光泽。经鉴定的玉器均为真玉。能发光泽的玉器，为其他石器所无。史前人面对这种现象，在无法解答时，脑中就会认为这是具有神灵性的物品。查海玉器的年代距今 8000 年左右，与它同时期出土玉器的遗址，还有内蒙古敖汉旗兴隆洼等遗址。

从距今 8000 年左右神物性的玉器，发展到良渚文化时期的玉器，可以说是进入了一个高潮，一般社会成员是不能享有的。所以，良渚文化小墓内，迄今未见有用玉器随葬

① 陆耀华：《浙江嘉兴大坟遗址的清理》，《文物》1991 年第 7 期。

的；中型墓葬中有少数墓有小型玉器随葬，而未见象征神权、军权的琮、钺等玉器，而偶有玉璧发现。由此可见，当时的玉器已被少数统治者所垄断。那么，中型墓葬中的这些玉器是怎样落到墓主人手中的呢？这可能是这些中型墓的主人生前为少数统治者做出了一定的功绩，从而得到表扬，为了鼓励他们继续为其效劳，把一般性的小型玉器赐给他们。至于个别的墓有玉璧随葬，这可能也是功绩比较突出的人，赐给他玉璧，使他有荣誉感，同时也可增高他的社会地位，促使他为统治者更好地效劳。

（三）饮食生活

长江流域史前时期的饮食文化，不可能是从天而降突然产生的，当有其渊源。从目前的考古资料来看，只能追溯到距今约 170 万年前的云南元谋猿人，此后经过极其漫长的时期，才逐步得以发展。

1. 从生食到熟食

人类是从古猿演变来的，在人类的童年时代所处的生活环境，可能正如《庄子·马蹄》中说的“同与禽兽居，族与万物并”。从这种传说记载分析，当时人们还保持着古猿时期的生活方式。那么，古猿时期的生活方式是怎样的呢？我们无法得知。不过，我们从现代还存在的猿类生活习性分析，可以发现它们是以植物性食物为主食，动物性食物较少，正如《礼记·礼运》中说的：“昔者……未有火化，食草木之食，鸟兽之肉，饮其血，茹其毛。”陈澔注说：“茹其毛者，以未有火化，故去毛不能尽，而并食之也。”这段记载当是人类的童年时期，还不能用火之前的一段生活方式的传说记载，不可能是古人的一种想象或推测。所以，人类童年时代的生活方式，乃是承袭了从古猿时期遗传下来的生食本能。

人类由生食转变为熟食，是与火的使用相关的，它是人类饮食生活中的一个重大转折，恩格斯称其为“半消化了的食物”。原始人怎么会想到对火的利用？这可能与当时森林茂盛，因雷电等原因引起了天然的火灾有关。有的动物未能及时躲避这场灾难，而被烧死。原始人在灾后见到被烧死的动物，带回家吃时，感到有香味、好吃，于是就有利用天然火来烧烤兽肉的设想，并成为事实。

熟食可以帮助消化，还可加温到 100℃以上，可以把动植物体内有害人体的细菌杀死，也可以使有害成分发生变性而失去作用；对于那些难于消化的食物，高温加热可以改变它的性质，易于被胃肠消化吸收。同时，在烹煮成熟食的过程中，不同食物会产生出各自的特殊香味，食用时滋味也好得多，使其成为美食。

熟食需要经过人为的加工。随着生产的发展，人们对食物的加工日益精致，品类也在不断地增多。这使饮食成为一种文化。因而可以说，火的使用、开始吃熟食，使人类与其他动物在饮食方面完全区分开来。人类开始吃熟食后，并不是说所有的生食都放弃了，直到现在，不同地区的人们都有生食的习惯，如吃生菜、生鱼等。这种生食与茹毛饮血时的生食是根本不相同的。以吃生菜来说，不是所有的菜都可以生吃，而是有选择的。把选好的菜洗得干干净净，再加上一定的调料来吃。这样的生菜，经过人工的调配，有着文化上的意义，应是美食中的一种。

火使史前人类的饮食方式产生了根本性的改变。熟食增强了人们的体质，有益于身体健康，同时也扩大了生活资料的来源。火在史前人们生活中的影响甚大，人们无法理解时，就归之于神，就产生了火的神圣性和对火的崇敬心理。

从考古资料分析，人类用火以北京猿人时期为最早，距今已有数十万年。在北京猿人居住的洞穴内，有厚厚的灰烬堆积和灰堆以及大量的灰屑、烧土块、烧骨等。那么北京猿人是不是人类最早的用火者呢？值得我们注意的是，在距今约 180 万年的山西芮城县西侯度遗址和距今约 170 万年的云南元谋猿人遗址内，都有少量的用火遗迹。对这种遗迹，有的学者加以肯定，有的学者持否定的态度，要解决这个问题，还需要发现更为丰富的、确实可靠的用火遗迹。

火对原始人类的重要性，不仅是改变了饮食方式，还可用以御寒、防止野兽的侵扰等，可以说是影响到生活的各个方面。

原始人类开始用火时，是利用的天然野火，若是一不小心而熄灭，又无野火可利用，这对他们的生活影响就太大了。他们在制作石器过程中，注意到打击石块时常会出现火花，受此启发，就有了人工取火的想法。有了这个想法，就会注意到在制作石器的过程中，哪一种石块容易发出火花，怎样把这种火花保存下来，供原始人所用，这是摆在他们面前的一个大难题。为了解决这个难题，他们就会联想到在利用野火时，哪些燃料容易燃烧，怎样使这种易燃物与火花不断接触，把火引出来。

中国就有燧人氏钻木取火的传说记载，如《韩非子・五蠹》中说："有圣人作，钻燧取火，以化腥臊，而民说之，使王天下，号之曰燧人氏。"《庄子・外物》中说："木与木相摩则然(燃)。"这是一种比较进步的原始取火法。而最初的取火方法，可能是用石块相互打击，产生火花而取火。但这种取火法取得火源困难较多，于是各地区的人群多在设法改进这种取火法。其中一个集团(氏族)的人们，总结了以往的各种取火方法，创造出了钻木取火法，这个集团(氏族)就以燧人氏名之。因此，燧人氏乃是集团(氏族)之名，并不是一个人之名。这种钻木取火法，在海南岛的黎族、台湾的高山族和古代的汉族，都曾经采用过。

2. 饮食原料的逐渐多样与丰富

农业(狭义)、家畜和家禽的饲养、渔猎、采集等，都是史前时期人们获取生活资料的主要途径，其中以农业最为重要。这是由于农业的产生对人类社会的发展有着深刻的影响。它使人类生活资料的获得，由攫取性转变为生产性，有选择性地把野生植物在人工控制下进行种植，以求得产量增多、质量提高，解决史前人们的吃饭问题。有了这个基础，史前文化就以前所未有的速度向前发展了。如在旧石器时代的人们以狩猎、采集为其获取生活资料的主要途径。以狩猎来说，有时可能获得多，有时可能获得少，甚至可能一无所获。猎得多时，可以饱食一餐，甚至还有余供下一次再吃；猎得少时，不免难以饱腹；无所获时就得挨饿。而采集的主要对象是野生的块根、块茎类植物和野菜、野果以及贝壳类的水生动物等。这些食物的季节性强，在夏秋季节时期获得量较多，到冬季时就难以采集到了。同时还有地域性的影响，在不同地域内，这些食物的多少也不同，因此，在生活方式上就要有流动性。这些野生的可吃的植物，经长期采集，不免会出现资源的日渐减少，影响到人们生活。总之，旧石器时代的人们生活是很艰苦的，摆在他们面前的主要问题是如何满足生活上的最低需求。所以，当史前人们温饱问题还难以得到解决时，其他文化活动就难以顾及了。因此，那一时期文化的发展是非常缓慢的。

到了新石器时代，农业的发展带来了一种崭新的生产方式，从这个角度来说，可以称它为农业革命。农业在食物生产中的优势地位，并不是一开始就明显地表露出来的，而是在不断的发展过程中日渐显露的。在长江流域，目前发现最早的史前农业遗迹的遗址，主要有湖南道县玉蟾岩洞穴遗址、江西万年仙人洞和吊桶环等遗址，均在距今1万年以前。以前者玉蟾岩洞穴遗址分析，在1993年发掘这处遗址，出土三粒完整的稻谷和1/4粒残片，经鉴定为普通野生稻。从地层上来说，年代稍早。1995年发掘发现一粒稻谷，经鉴定为栽培稻，“但尚保留野生稻、籼稻和粳稻的综合特征，它是目前世界上发现的时代最早的人工栽培稻标本”。还发现有最原始的陶器，已复原的一件是深腹尖底罐。

玉蟾岩洞穴遗址虽已有了农业生产，不过尚处在起步阶段，狩猎仍是获得生活资料的重要手段。在遗址内有大量的动物遗骸，经初步观察，哺乳动物达20多种，其中以鹿科动物的数量最多，有梅花鹿、水鹿、赤麂、小麂等；食肉类动物的遗骸也相当丰富，还有食虫类动物的遗骸。由此可见，玉蟾岩人的狩猎对象主要是大型的食草类动物和小型的食肉类动物。在动物遗骸中引人注目的有禽鸟类骨骼，其种类达10种以上，这说明玉蟾岩人将禽鸟类也作为主要的捕猎对象之一，也说明当时的狩猎技术和狩猎经济有了进一步的发展。在动物遗骸中还发现有鲤、草、青等多种鱼类和龟、鳖、螺、蚌等水生动物。采集经济方面，块根、块茎、野菜、野果等多容易腐朽，难以保存下来，但在这处遗址内采集到植物的核、茎、叶达40多种，其中以朴树籽最为丰富①。

① 以上玉蟾岩遗址资料主要见湖南省文物考古研究所：《湖南省考古工作五十年》，文物出版社编：《新中国考古五十年》，文物出版社1999年版；袁家荣：《玉蟾岩获水稻起源重要新物证》，《中国文物报》1996年3月3日。

以往在太湖地区及其附近一带地域内发现的史前遗址中，有稻谷遗存的，以距今7000年左右的为最早，如浙江桐乡罗家角马家浜文化遗址、浙江余姚河姆渡文化的河姆渡遗址等。不过，1990年人们对钱塘江南岸的萧山跨湖桥遗址进行了发掘，其后的2001年和2002年又进行了发掘，在8000年前的地层内发现了稻谷、稻米和稻谷壳等遗存，这样就把长江下游地区发现稻谷的时间提前了1000年。跨湖桥遗址显示当时的人们在农业生产上已由刀耕火种（也称为砍倒烧光）阶段进入了耜耕农业阶段，这是史前农业生产上的一个大的转折点。这个转折点，使史前农业生产上的潜力开始显露出来，逐渐成为史前人们生活资料的主要来源。不过这并不是说其他生产活动已退出历史舞台，而应该说是逐步成为生活资料来源上的一个重要补充，可以丰富他们的生活内容。在跨湖桥遗址内发现的动物遗骸经鉴定，哺乳动物有貉、獾、野猪、麋鹿、梅花鹿、熊、犀、水牛、苏门犀、虎等；爬行动物有扬子鳄、龟等；鱼类有乌鳢、鲤鱼等；鸟类有雁、天鹅、丹顶鹤、鹰、雕、灰鹤、鸭等。采集经济生活中遗留下来的遗存有毛桃、杏子、酸梅、麻栎果、栓皮栎、白栎果、南酸枣、菱角、芡实等。此外，还发现了豆科、葫芦科、山茶科和蓼科等植物的种子和果实。研究者认为跨湖桥遗址的人们采集植物种实，“具有两个特点：一是这些食物是人类传统的采集对象，到近现代仍然见到人们采摘食用；二是食物可分两类：一类含糖、含水量较高，如毛桃、野生梅和杏子，以及南酸枣等，它们不容易贮藏，采后即食；另一类是成熟的种子或果实含淀粉量高，水分含量较少，采集后便于贮藏，如栎属树木的果实、菱角、芡实等。”

跨湖桥遗址显示当时的人们农业生产已进入到耜耕阶段，物质生活条件比以往有了一定的改善，农业对手工业生产的发展也起到了相当的推动作用。在这里不准备对各项手工业一一加以说明，仅列举木器制作手工业加以分析阐述。

跨湖桥人加工木器的技术有“砍、削、凿、刻、磨等，许多尖锥形器利用火烤法增加其硬度”。“木器是由粗大的原木加工而成。从木材利用的特点看，跨湖桥遗址的多数木器是利用树木的心材仔细劈削而成的，说明古人知道利用心材防止木器的开裂，能根据木材的性质进行加工”。跨湖桥人能认识各种不同木材的性质来制作不同的木器。对现代人来说，这是一般常识，不足为奇，但是对8000年前的跨湖桥人来说，可以说是在认识上的一大突破。

跨湖桥人饲养的家畜，经出土的兽骨鉴定，有猪、狗两种。猪是中华民族重要的家畜，以往有的学者认为，河北武安磁山遗址出土的猪是迄今为止所知的中国最早的家猪，磁山遗址属于北方地区，其年代为7500年前左右。现在跨湖桥遗址的研究证实，迄今为止南方地区最早的家猪出于跨湖桥遗址，其年代为距今8000—7000年。还认为这遗址早期出土的猪颌骨已有齿列凌乱的现象，又有相当数量的第三臼齿小于40毫米，这是长期驯化的影响下产生的，以此可证明在此之前，已有一个相当长的被饲养过程。所以，跨湖桥遗址出土猪骨的这一现象，对于认识中国家猪的起源与演变、发展，有着重要的意义。跨湖桥遗址还出土了家畜狗骨，有的学者认为狗在动物中所占的比例是由少到多的，到中晚期占到10%以上，这种现象，在中国新石器时代遗址中是十分少见的①。

还值得我们注意的是2001年发掘的，浙江省浦江县黄宅镇渠南村的上山遗址出土的陶片内常可见到明显的稻谷壳粒。"对陶片取样进行植物硅酸体分析显示，许多陶片中含有来自稻叶片运动细胞的扇形硅酸体。对陶片中谷壳形状的初步观察结果是，粒的长度比野生为短，粒的宽度比野生稻大，与野生稻有所不同，可能是一些经人类选择的早期栽培稻。上山遗址的绝对年代，据碳-14测定的4个标本为距今11400—8600年(校正年代)。这个年代，无疑把跨湖桥遗址的稻作年代又往前提早了2000年之久。上山遗址的器物组合以石磨盘、石磨棒、石球和厚胎、平底、夹炭陶盆为其主要形式，这与钱塘江两岸、太湖地区及其附近一带地域内的新石器时代遗址截然有异。"②可惜，这批发掘资料还未见较详细的报道。

与跨湖桥遗址相邻近的是距今约7000年的余姚河姆渡遗址，当时人们的耜耕农业已有了一定的发展。如在第四文化层中发现有木屑(片)、稻谷、稻秆、稻根和稻叶等相间组成的多层次连续堆积，最厚处达1米左右，但不连片。反映了农业生产正兴旺起来的景象。随着农业生产的发展，家畜饲养业也随之兴起。在跨湖桥文化时期，家畜仅有猪、狗两种。而在河姆渡文化时期，又增添了水牛。猪骨在遗址中相当丰富，反映了养猪业正逐渐发展起来。

河姆渡遗址出土的猪纹黑陶方钵

① 浙江省文物考古研究所、萧山博物馆:《跨湖桥》第六章第四节、第三节和第四章第四节，文物出版社2004年版。

② 蒋乐平:《浙江浦江县上山新石器时代遗址》,《中国社会科学院古代文明研究中心通讯》第7期，2004年1月。

此时人们狩猎的对象主要是陆生动物，有 21 种，其中有一些凶猛的兽类，如虎、豹等；也有善跑的兽类，如鹿类中的獐、麂、鹿等；还有穴居的动物，有獾、貉、豪猪等；又有躯体庞大的兽类，如象、犀牛等。在当时的捕猎条件下，要捕获这些兽类是十分困难的。从兽骨的鉴定分析来看，在动物遗骸中有不少是青幼年个体。这些幼小期的动物，应付追捕的能力较弱，易于捕获。鹿类遗骸的数量较多，这与鹿类的反抗能力较弱，并且是成群活动有关，河姆渡人就把它们作为捕猎的主要对象。至于虎、豹等猛兽类，攻击力强，难以捕猎，所以这类猛兽的遗骸在遗址中甚少发现。这些陆生动物为河姆渡人提供了肉食和兽皮，也提供了生产资料，如出土的大量骨耜主要取自鹿类的肩胛骨。

河姆渡遗址发现数量较多的水生动物的遗骸反映出了河姆渡人肉食品的主要来源。遗址中水生动物的遗骸有鱼类、龟鳖类、蚌类等。清理的一小部分龟类遗骸，就有近 2000 件之多，鳖类的数量也很可观。蚌类的贝壳因受溶蚀，在地面上已成为一片晶亮的白色物体。因此，食草类动物鹿类和麂类遗骸的数量只能列于第二位。遗址中还出土了飞禽类动物的遗骸，经鉴定分析有鹈鹕、鸬鹚、鹤、鹭、鸭、雁、鸦、鹰等 8 种。这 8 种飞禽，大多是在水中生活的，这与河姆渡遗址的地理环境有着密切的联系。遗址周围有广阔的河湖、沼泽，在其周边又有森林、灌木、湿地、草原，适宜各种鸟类栖息，为河姆渡人取得多种多样的生活资料创造了有利条件。

河姆渡人采集的食用植物，有橡子、菱角、酸枣、芡实、槐树子、薏仁等，其中橡子、菱角等，往往是成坑地发现，有的完整，有的已成碎壳，应是河姆人采集后贮藏和食用后丢弃的遗留物①。

桐乡罗家角、嘉兴马家浜等马家浜文化遗址反映的农业生产，特别是江苏吴县草鞋山和昆山绰墩等马家浜文化遗址内都发现水稻的田和灌溉农田的设施，充分说明此时农业生产有了进一步的发展。罗家角人在农业生产开始显露出欣欣向荣之势时，对改善、提高他们生活条件的自然资源也绝不轻意放弃。罗家角遗址下层出土的兽骨重达 1000 多千克，其数量相当可观，经鉴定有野猪、貉、梅花鹿、四不像、獐、亚洲象、鲸、乌龟、中华鳖、扬子鳄等；鸟类能鉴定的仅有雁一种；鱼类的遗骸在这遗址出土的数量特别多，多保存在各个灰坑中，有的堆积厚度达 40～50 厘米，但因骨骼纤细，容易腐蚀，采集较困难。已采集到的 600 多件中，脊椎骨近 500 多件，经鉴定有鲤、鳢、青鱼、鲫等；还有蚌一类遗存，由于保存不佳，采集困难，未作鉴定。已驯养的家畜有狗、猪、水牛三种，而野生的鹿

① 浙江省文物考古研究所：《河姆渡(上)》第三章第三节，文物出版社 2003 年版。

类、鱼类和爬行类可能是经常捕猎的对象①。

嘉兴马家浜遗址发现的兽骨极多，在 50 平方米的范围内，发现兽骨达 1000 千克，特别是在下层的底部，有 20～30 厘米全是兽骨堆积，多为折断的乱骨，大多破碎，部分被腐蚀成粉末，只有少量鹿和牛的头骨保存得比较完整。这些兽骨经鉴定，有水牛、鹿、野猪、狐狸、麝，还有龟、螺蛳和蚌等。其中以水牛和鹿为最多。在文化层中发现碳化的圆角菱和一些植物种子，这种圆角菱与现在嘉兴南湖菱相近似②。

罗家角、马家浜等马家浜文化遗址的下层均有大量的兽骨堆积，与此相似的还有吴兴邱城等遗址。因此，马家浜文化早期地层内有大量兽骨的现象，不是个别的，而是相当普遍的。之所以有这种现象，是因为耜耕农业还未得到充分的发展，这些兽类仍有着相当大的活动空间，并得到生息繁殖的优良环境。史前人们猎取这些野生兽类作为生活资料上的重要补充。但到距今约 7000 年之后，随着农田灌溉设施的出现，农业生产得到了飞跃式的发展，日益成为生活资料的主要来源。此时，人们就会感到耕地的不足，并尽量设法开辟可能成为农田的荒地，也可以说是与野生的食草类和杂食类动物争地盘，这一争夺战，无疑是史前人们取得了胜利，耕地面积得到大幅度的增加。也就是说，这些兽类的生存空间大大被压缩，影响到它们的生息繁殖，不得不另找出路，这是距今 7000 年前史前文化层中的野生兽骨数量日益减少的主要原因。

良渚文化时期的饮食原料，与上述的河姆渡、跨湖桥、罗家角、马家浜等文化遗址相差不大，其时种植或采集的蔬菜、瓜果，主要有酸模、榆叶、榆果、板栗、蓬蒿、蕨菜、龙须菜、扁蒲、蒺藜、芦笋、葛根、艾蒿、竹笋、灰菜、羊蹄菜、梅子、桃子、桑葚、杏子、甜瓜、小瓠瓜、枣、菱角、胡桃、葫芦等。水产食物更加丰富，其日常食用的主要为淡水品，如鲤鱼、龟鳖、鲫鱼、黑鱼、青鱼、蟹、蚬、螺蛳、河蚌、蛤蜊以及海产的鲨鱼等。禽肉类食物除良渚文化先民圈养的家猪、狗、鸡、鸭、牛等外，还有狩猎来的野鹿、梅花鹿、四不像、麋、獐、野猪、虎、象以及各种鸟类。③

3. 烹煮方式、炊器和饮食用器

在烹煮方式方面，我们前面已阐述了原始人对火的利用，由采取自然火源到人工取火，使生食转变为熟食。那么，当时是用什么方式来煮熟食物的呢？《礼记·礼运》中有“燔黍捭豚”的记载，陈澔注：“燔黍，以黍米加于烧石之上燔之使熟也；捭豚，擘析豚肉加于烧石之上而熟之也。”粮食作物的黍米或畜兽的肉撕裂为条状后，都可放在烧得很热的

① 罗家角考古队：《桐乡县罗家角遗址发掘报告》；张明华：《罗家角遗址的动物群》，均见《浙江省文物考古所学刊》，文物出版社 1981 年版。

② 浙江省文物管理委员会：《浙江嘉兴马家浜新石器时代遗址的发掘》，《考古》1961 年第 7 期。

③ 闻惠芬：《太湖地区先秦饮食文化初探》，《东南文化》1993 年第 4 期。

石上烘烤成熟食。在马家浜、崧泽等遗址发现的兽骨，多数较为较多破碎，较多的学者认为是先民吃肉后砸骨吸髓而丢弃的。至于这些兽骨上的肉是怎样由生肉成为熟肉的，还未见报道。我们从当时的熟食条件作一定的分析推测。马家浜文化、崧泽文化和良渚文化时期的熟食方式，大体主要有煮熟(包括蒸熟等)和烤熟两种。兽骨上的肉成为熟食，也在这两种熟食方式之内。参考陕西临潼区姜寨仰韶文化遗址第一期发现烧骨 470 件①，反映了这时期的姜寨先民保持原有烧烤肉类的饮食方式是比较可能的。由此观之，马家浜文化时期出土的兽骨虽然还未见有烧骨的报道，但是，我们推测这个时期烧烤肉食的生活方式，仍有存在的可能。

在炊器和饮食用器方面，马家浜文化时期的炊器主要有陶釜、陶鼎等。釜的腹部常有一周宽沿，因此，通常称这种釜为腰沿釜，是马家浜文化具有代表性的一种陶器。这种腰沿釜大体上可分为两种：一是器身呈罐形的或直筒形的深腹釜；一是器身呈圆形的、腹较浅的釜。深腹釜，如余杭潘板遗址出土的一件直筒形釜，器高 41 厘米；江苏吴县草鞋山遗址出土一件筒形釜，器高 39 厘米。这种器高在 40 厘米左右的，烧煮食物的盛放量可以增多，但釜内冷热交流缓慢，容易产生釜底的食物已焦煳，而上部的食物还不熟或不很熟的现象。为避免这种现象的出现，必须经常不断地搅拌食物，把底部食物向上翻动，上部食物转向下部。这样的大搅拌，能使釜内的热气散发，延长食物煮熟的时间；但同时一不小心，容易把釜倒翻。而圆腹或扁圆腹的釜，器身高一般都在 20 厘米以下，腹部又向外鼓，可增加釜的容量，明显优于深腹釜。所以，崧泽文化时期的人们使用的炊器釜，都是从马家浜文化的圆腹釜演变而来的。

在江苏宜兴市骆驼墩马家浜文化遗址出土的炊器，以灶、釜相配套。灶的陶土是夹蚌红褐陶或灰陶，造型为直口、斜腹，下腹稍内收，腹部有两鋬，高圈足，圈足之上有灶门。灶门上下沿均外挑。下沿外挑以防止烧柴脱落，影响安全；上沿上翘以遮掩灶门，可防止烟熏或釜内食物等溢出浇灭火焰。与灶相配合使用的是罐形釜，一般只有窄脊式腰沿。灶的口径与罐形釜的最大腹径大致相似。灶口内有泥突或贴附泥条，使其与釜的接触处有间隙，使空气对流，以利柴火燃烧②。

骆驼墩马家浜文化遗址，在各文化层中都有相当数量的陶灶残片发现，形制上从早到晚的演变关系明确，这些现象说明骆驼墩人对灶的使用相当普遍，不是一种个别的实例，还充分反映了当时人对火的利用上又比过去前进了一大步。在当时的条件下，除了尽量发挥火的有益因素外，把火局限在灶内，避免了人身的烧伤和房屋烧毁事故的发生，

① 祁国琴：《姜寨新石器时代遗址动物群的分析》，见《姜寨(上)》，文物出版社 1988 年版。

② 南京博物院考古研究所：《江苏宜兴市骆驼墩新石器时代遗址的发掘》，《考古》2003 年第 7 期。

从而将火对人的危害性降到最低。我们也应看到，灶的产生需要人有一定的物理知识，首先是灶体内的空气要得到畅通的对流，才能使燃烧旺盛。灶上的灶门和灶口上的泥突或泥条，就是为此而设置的。这对我们现代人来说是一般常识，但对数千年前的马家浜人来说则是认识上的一个大突破。

江苏吴县草鞋山马家浜文化遗址，发掘墓葬 106 座，随葬器物少，以一两件的为多，三四件较少，最多的有 9 件，但仅有 1 座墓。随葬器物主要是日常生活用的陶器，大多是一件食器，或是一件食器和一件炊器配合成组。炊器多为釜，共出土 23 件，不用釜的就用鼎，共出土 5 件；食器以豆为多，共出土 52 件，其次是钵，共出土 31 件，还有罐，共出土 9 件，盆共出土 7 件，杯共出土 4 件。从炊器底部烟炱遗迹分析，这些陶器都是墓主人生前使用的①。

史前时期的人们认为人的死亡仅是肉体的消亡，而其灵魂在另一世界继续生存，因此，要把他生前日常所用的器物埋葬在墓内，供其在另一世界中使用。从这个角度来看，墓葬中的随葬器物在一定程度上反映了当时人们生活的一般概况。随葬器物的数量少，说明当时人们生活还是相当艰苦的。当时的炊器主要是釜，其次为鼎；食器主要是豆，其次为钵，还有罐、盆、杯等。此外，在马家浜文化遗址中常附有三足的异形鬶出土，但数量不多，它的形制是小口（口径一般不足 10 厘米），短细颈，扁圆腹，前两足为袋足，后一足为环形器把延伸的实足，腹上部往往有一小嘴外伸，若没有小嘴，则在口部设置一流。嘴或流的设置，是为了便于取出鬶内液体。当时的液体食物主要是水，也可能还有酒。有的学者把陶盉和酒联系起来研究，认为青铜时代的盉都是酒器，河姆渡遗址出土的陶盉是它的原始型。那么，河姆渡人是否已掌握了酿酒技术呢？在河姆渡遗址一带的农村中，曾流行着一种古老而又简易的酿酒法。它是利用当地河畔溪滩生长的一种俗名叫“辣蓼”的蓼草，夏秋间把它采集来，洗净后捆绑成束悬于屋檐下，让其自行风干。到冬天酿酒时取下放在锅里煮熬成暗红色的蓼汁，然后把它洒在蒸熟的米饭上，焖在缸内，缸外包裹稻草等物，以保持缸内的温度，使其发酵，经过一定时间的酝酿，它就成为一种很好的米酒。若将蓼汁与捣碎的米末拌和捏成团，晒干后，也是用于酿酒的很好的发酵剂。据此，有学者认为这种古老而又简便的酿酒方法，有可能是从史前河姆渡人那里流传下来的②。也有可能是采集野果较多时，堆放在一起，发出一股酒香味，从而产生了果酒。酒的产生问题，值得我们注意。

最近，有的学者对山东日照市两城镇龙山文化遗址出土的 23 个陶器标本做了多项

① 南京博物院：《江苏吴县草鞋山遗址》，《文物资料丛刊(3)》，文物出版社 1980 年版。

② 陈忠来：《河姆渡文化探原》，团结出版社 1993 年版，第 93、94 页。

化学分析，结果显示"当时人们饮用的酒是一种包含有稻米、蜂蜜和水果并可能添加了大麦和植物树脂(或草药)等成分之后而形成的混合型发酵饮料"。没有发现用粟做酿酒原料的。在饮料标本中发现有酒石酸或酒石酸盐成分，意味着这时期的酿酒者使用了葡萄作为酵母和糖的来源。陶器中最为常见的酒器是杯、鬶、壶、罍和罐等。而在陶箅子和陶盆中也发现有酒的遗留。这两种陶器一般认为是蒸煮和盛放非流质食物的。对这种现象产生的原因，人们提出两种可能，一是在酒的预制、过滤或饮食过程中被作为辅助器具使用；二是酒被用于烹制和炊煮某些食物①。我们认为两城镇遗址的龙山人都是用大米作为酿酒的主要原料。大米必须蒸熟后才能酿酒，古人可能将蒸熟了的大米仍放在箅上，待其凉后拌上发酵剂，再行存放；也有可能将蒸熟的大米放在陶盆内拌上发酵剂。因盆口大而器身较浅，大米和发酵剂两者较容易拌匀，从而使这两者遗留有酒的遗迹。

上述龙山文化的酒器，在良渚文化陶器中大都可找到，并且制作精致、造型优美，当非一般性的日常用器，很可能是礼仪用器。

马家浜文化的异形陶鬶和河姆渡遗址出土的陶盉，我们把它认定为酒器。如果今后化学分析能得到证实的话，那么说明长江下游地区酿酒技术的出现已有六七千年历史了。黄河下游地区的龙山文化时期，已有相当完备的酒器，当不是其酿酒的开始阶段，应还要向上推，至于比较确切的年代，也是值得我们注意的一个问题。

黄河下游海岱地区的史前各考古学文化，不论是龙山文化、大汶口文化，或是北辛文化等，当时的人们种植的农作物主要是粟，至于稻谷的种植当是受长江中下游地区史前文化的影响。这种稻谷种植技术的传播或稻谷的直接输入，有可能把长江下游地区史前文化中的酿酒技术也同时传入。

酒的功能，除可供人们饮用外，更重要的用途是祭祀，所谓"无酒不成礼"。酒就成为礼仪活动中不可缺少的饮料，随之对酒器的追求也逐渐精致、高尚，为其后夏、商、周文明所继承、发扬，使中国古代文明更加辉煌。

马家浜文化的炊器和饮食用器，在崧泽文化时期基本上是继承了下来，为了适应当时的需求人们加以了必要的调整。如炊器方面，马家浜文化的人们以釜为主，鼎次之；崧泽文化时期，转变为以鼎为主，釜次之。据崧泽遗址出土的陶器统计，共出土陶鼎 89 件，其中鼎身呈釜形的有 67 件，约占全部鼎的四分之三，其他 22 件的鼎身呈盆形、壶形和盘形等三种形式。釜仅有 9 件。还出土了一种新型的炊器——鼎形甗，即在鼎身的内壁有可以放置箅的凸沿，腹下部残缺。有的学者就称它为甗。食器主要仍是豆，有 108 件。

① 麦柯文、方辉、栾丰实、于海广、文德安、王辰珊、蔡凤书、格里辛·霍尔、加里·费曼、赵志军：《山东日照市两处遗址龙山文化酒遗存的化学分析》，《考古》2005 年第 3 期。

豆身有盆形、盘形、罐形和碗形等四种形式;圈足有高矮之分、粗细之别,形态多种多样。其次为壶、盆、杯、钵和碗、盘等。这些陶器中,有的豆、壶、杯的器表有红褐色彩绘,这种彩绘是陶器烧成后绘上去的,容易脱落①。这种有彩绘的陶器,有可能是与祭祀有关的一种用器,也可称为礼器。以陶器作为礼器使用,在马家浜文化时期就已出现,如罗家角遗址发现的白陶豆,器壁厚薄均匀,制作规整,器表有压印的勾连纹、曲折纹、菱形纹和月牙纹等相互组合的主纹图案,图形近似饕餮纹②。这样器形的白陶豆,又有近似饕餮纹的图案纹饰,绝非一般的生活用器,当是与祭祀有关的一种祭器,也可称为陶礼器。

崧泽文化之后为良渚文化。良渚文化的炊器和饮食用器主要是继承崧泽文化而来的,当然在继承中又有所发展。

炊器仍以陶鼎为主,鼎身呈釜形的仍是相当多见。鼎形甗在遗址中常可见到,数量不多,这一现象说明了良渚人蒸熟食物的生活方式逐渐发展。釜这种炊器在遗址中较为罕见,似乎衰落了下去。

饮食用器,以陶制的豆、壶、杯较为常见,数量也较多。此外,还有钵、盆、盘、簋、鬶、匜等陶器。这些陶器,由于当时普遍采用快轮制作,造型都较规整而优美,尤其是鼎、豆、壶、杯等陶器上装饰有细刻的飞鸟形纹或鸟首盘龙(蛇)纹等,当与祭祀有关。

除此之外,在饮食用器中出现了木制器皿,如杭州水田畈良渚文化遗址发现了一件木盆,是用一块完整的木刳成,口沿处有明显的磨痕,器形为平口、弧壁、圜底,口径 34 厘米,深 12.3 厘米③。浙江余杭良渚庙前良渚文化遗址,“发现一件木胎双色残漆盘,先是里外涂上朱漆(器外底除外),然后在口沿及外腹部用黑漆勾绘几何形图案”。人们还在遗址发掘中发现了木质船形盘、木胎漆盘、木豆等遗物④。对此,我们至少可以说木胎漆盘等器物,是与祭祀有关的一种祭器。

良渚文化及其以前的崧泽文化、马家浜文化的先民,都是种植水稻,以大米成为主要粮食的,他们是怎样煮熟来吃的呢?在河姆渡遗址出土的陶釜中,有的底部有烧焦的残渣,稻米粒痕清晰可见。从残余的食物焦渣分析,它是较为黏稠的,才能牢固地粘在釜底上。由此可见,河姆渡人食用的稻米,既不是像现代人那样蒸的米饭,又不是煮的稀粥,而是“粥而食”,即糜粥⑤。在云南西盟县的佤族,不分主食和副食,无论贫富几乎都吃烂

① 上海市文物保管委员会:《崧泽》,文物出版社 1987 年版,第 39—81 页。

② 罗家角考古队:《桐乡县罗家角遗址发掘报告》,《浙江省文物考古所学刊》,文物出版社 1981 年版。

③ 浙江省文物管理委员会:《杭州水田畈遗址发掘报告》,《考古学报》1960 年第 2 期。

④ 浙江省文物考古研究所:《余杭良渚庙前遗址发掘的主要收获》,《浙江省文物考古研究所学刊》,科学出版社 1993 年版。

⑤ 王尚尊:《河姆渡人如何食用稻米》,《农业考古》1989 年第 2 期。

饭，即把米、菜和盐巴等物煮在一起的较稠的稀饭。其他地区的佤族则分主副食，多吃干饭①。西盟佤族吃的烂饭（稠的稀饭），可能与河姆渡人煮的米饭相似，但不能就此排除还有吃干饭和稀粥的可能。太湖地区的马家浜、崧泽和良渚等文化先民，吃的米饭可能与河姆渡人的相似。

至于当时的人们用怎样的工具来进食，我们认为可能主要是用木料制成的工具。由于木质容易腐朽，难以保存下来，所以当今考古发现的遗物主要是骨匕。《说文解字》中说：匕，"用比取饭，一名柶"②。有的考古报告中把骨匕也叫骨柶，两者名称不同，而器形、功能是相同的，都是取饭的工具、一种进食用的器物。在马家浜文化的嘉兴马家浜、桐乡罗家角和新桥、余杭吴家埠、吴县草鞋山、吴江广福村、常州圩墩、金坛三星村等遗址都有骨匕发现，其中圩墩发现骨匕 10 件，三星村发现 15 件，也有的遗址只发现 1 件，在数量上有一定的差距。这种差距的产生，可能与发掘遗址的面积和地点有关，也有可能与各遗址的人们使用木质进食工具的多寡相关。此外，在余杭南湖马家浜文化遗址发现的陶勺，它的功能可参考河南密县莪沟北岗裴李岗文化遗址出土的陶勺。裴李岗的陶勺多放置在筒形罐的炊器内，以此推断应是盛取食物的一种用器。南湖遗址出土的陶勺应是与此相似。到崧泽文化和良渚文化时期，这类取食工具比较少见，尤其是良渚文化时期更为罕见，其原因可能是木质进食工具虽在制作上较骨质简便，但容易腐蚀，难以保存下来。

（四）葬俗及其有关问题的探讨

葬俗是精神生活的另一个方面，也反映了长江流域史前人们对生死观念的一种认识。我们今天要了解当时人们葬俗的全过程已是不可能了，只能从已经发掘出来的墓葬进行分析了解。

长江流域范围大，分布的氏族多，各地区间的葬俗往往区别甚大。如长江下游太湖地区的马家浜文化，在葬式上以单人俯身葬为主，有少量的同性合葬墓。在草鞋山遗址的墓葬中发现有些墓主人的头部用釜、钵、豆、盆等陶器覆盖着，有的把头骨放在陶器中，较为特殊。随葬器物都少，甚至没有随葬器物的墓有 25 座，约占草鞋山墓地发现的 106 座墓的四分之一。有随葬器物的墓以一两件的为多，主要是陶制的炊器和食器。到崧泽文化时期，在崧泽和草鞋山等墓地有分区埋葬的现象，如崧泽遗址发掘的 100 座墓葬，可以分为五个墓区（群）③。每一墓区的墓数在 20 座上下。这些墓葬若以早晚分期的标准

① 《佤族简史》编写组：《佤族简史》，云南教育出版社 1986 年版，第 102 页。

② 〔汉〕许慎：《说文》八上《匕部》，《说文解字》，中华书局 1963 年影印本，第 168 页。

③ 上海市文物保管委员会：《崧泽——新石器时代遗址发掘报告》，文物出版社 1987 年版，第 12 页。

来区分，每个墓区同时期的墓葬，晚期最多的是南部墓区，有 20 座，东北部墓区的晚期墓有 18 座；中期墓葬最多的是北部偏西的墓区，有 16 座，北部偏东墓区的有 12 座；早期墓仅在北部偏西和偏东两墓区内分别有 4 座、3 座。而崧泽文化大约经历了 600 年，每期的时间若以平均数计算，约有 200 年。又从墓葬中发现的人骨年龄统计，死亡者以成年的为多，以此可以推断即使同一期的墓主人也不可能同时生活在世上。因此每一个墓区所代表的社会群体的人数大约在 20 人以下，有的还不足 10 人，它应是氏族公共墓地里的家族墓区①。这是由于一个氏族在正常情况下，人数不可能比这更少了。

崧泽文化这种墓地内又分为若干墓区的现象，绝不是偶然的、个别的，它应有普遍的社会意义，为了使上述的分析能够得到进一步的证实，有必要结合民族学的资料来加以论证。

在云南宁蒗县永宁区的纳西族，至今还有这种葬俗遗存。相传纳西族原有“西”“胡”“牙”“峨”“布”“搓”等六个“尔”，“尔”在纳西族中的含义是“一根骨头”或“一个根根”，即是同一血缘后裔组成的共同体。每个“尔”都有一块公共墓地，它是纳西族社会组织的基本单位——氏族组织。随着生产的发展、人口的增多，血缘关系上亲疏的不同，逐渐形成了血缘亲密的亲族集团，纳西族称它为“斯日”，是从“尔”派生出来的。一个“尔”有若干个“斯日”，有人认为“斯日”即家族，反映到墓地方面，在“尔”的公共墓地内，又划分为若干“斯日”墓区②。以此推测，崧泽文化时期在氏族内部已有家族的存在。

崧泽文化时期的葬式，以单人仰身直肢葬为主，还有少量成年男女合葬墓。有人依这种成人男女合葬墓推测，认为墓主人是夫妻关系，表明当时已有一夫一妻制。随葬的器物比马家浜文化时期的要多，如草鞋山崧泽文化遗址的 31 号墓，随葬陶器 19 件，其中鼎、豆各 3 件，罐 10 件，还有釜、盆、钵等；203 号墓随葬器物 25 件，其中陶器有豆、罐各 6 件，还有壶、杯、盆、盘、钵和石器斧、锛等③。前者的 10 件陶罐，后者的豆、罐各 6 件，都是超出了一般社会成员的需用数量，从中折射出在社会产品的分配上已经有了不平等的现象，贫富在分化，必然会影响到社会关系的变迁。

马家浜文化时期的葬式以俯身葬为主，到崧泽文化时转变为以仰身直肢葬为主，在葬式上是一个 180 度的大转变。这个转变主要是在马家浜文化向崧泽文化过渡的时期。为什么会产

① 吴汝祚：《太湖文化区史前时期的墓葬》，《文物》1992 年第 11 期。

② 夏之乾：《氏族公社时期墓地的演变及其同氏族组织演变的关系》，《民族研究》1980 年第 5 期；詹承绪、王承权、李近春、刘龙初：《永宁纳西族阿注婚姻和母系家族》，上海人民出版社 1980 年版，第 30—50、268—274 页；严汝娴、宋兆麟：《永宁纳西族的母权制》，云南人民出版社 1983 年版，第 31—78、170—187 页，等等。

③ 南京博物院：《江苏吴县草鞋山遗址》，见《文物资料丛刊》第 3 辑，文物出版社 1980 年版。

生这一大转变呢？要回答这个问题，目前资料还不足，比较困难。不过，我认为它在与周围或邻近地区其他史前考古学文化的交往中，受到它们的影响，这也许是其中的一个原因。

崧泽文化之后是良渚文化。良渚文化的墓地可以分为两类：一是有土筑高台的大型墓葬的墓地，并且以玉器为主进行随葬；一是中小型墓葬，仍是埋葬在平地上，以陶器为主进行随葬。这两类墓地内的墓葬数都较少，如发现中小型墓地上海马桥只有10座墓、松江广富林2座墓、海宁千金角10座墓、徐步桥15座墓、平湖平邱墩28座墓、余杭吴家埠19座墓、嘉兴雀幕桥5座墓等。土筑高台的大型墓葬的墓地的数量也不多，如余杭反山发现11座、瑶山12座、青浦福泉山25座、张陵山5座、武进寺墩3座墓，等等。总之，已不见大片的氏族公共墓地。这种小型的墓地，有的墓葬的排列又不规则，如马桥发现的10座墓葬分布在约3300平方米的范围内，其中4、5、6号3座墓呈东西向较整齐地排列着；在4号墓之西约20米处有8、9号2座墓，在其东南近20米处有3、10号2座墓，西南约50米处有2号墓1座，南约60米处有1号墓1座，北约5米处有7号墓1座，可见是相当分散了。这样的小型墓地，应是一个家族或家庭的墓地。因此，我们可以说氏族公共墓地已被家族或家庭墓地所替代。这种以一个家族为单位拥有一块墓地的现象，在中华人民共和国成立前的少数民族中就有。如内蒙古自治区阿荣旗查巴奇地区的鄂温克族，就有叫作“毛哄”的父系家族组织，它是由几个家族组成的，每个“毛哄”有一块墓地，本家族的人死后都埋葬其内。此外，云南沧源县的尖顶、央杠坑等地的佤族，泸水市六初罗、称戛等地的傈僳族，潞西市弄内寨等地的景颇族，等等，都以一个家族为单位占有一块墓地。至于家庭墓地，以往在云南西盟的大马散寨、龙坎寨和翁戛科等地的佤族中，已不存在公共墓地，各个家庭可以自由选择自己的墓地，有的选在自己住房的正前方，有的选在住房门外的日落西方，有的选在村寨左边靠近主人的住房处①，等等，似无定规，可以任意选择。

良渚文化时期氏族公共墓地消失，代之而起的是家族或家庭墓地。这种墓地性质上的变化，是与当时社会经济的发展、社会关系的变迁、社会制度的变更等等相联系着的。这些变化，必然要在丧葬习俗上反映出来。

良渚文化的大型墓葬有大量的成组玉器随葬，如余杭反山发掘的11座墓葬，随葬玉器“如成组、成串计有1100余号，占全部随葬品的90%以上，单件计数则多达3200余件”②，陶器只有37件。瑶山发掘墓葬也是11座（不包括被破坏的1座），共发现随葬器

① 夏之乾：《民族公社时期墓地的演变及其同民族组织演变的关系》，《民族研究》1980年第5期。

② 浙江省文物考古研究所反山考古队：《浙江余杭反山良渚墓地发掘简报》，《文物》1988年第1期。

物707件，其中玉器635件，约占全部随葬器物的90%，陶器只有49件①。这两处墓地除玉陶器外，还有漆器、石器等。武进寺墩发掘的3号墓，发现的玉器共有琮33件、璧24件、钺3件，还有锥形器、镯、珠、管、坠等共100余件，而陶器只有4件，石器8件②。只有单个的礼器与成组礼器的性质是不相同的，成组礼器的产生，比单个礼器的社会意义至少要高出一个层次。

浙江余杭瑶山 M11 玉器出土情况

江苏武进寺墩 M1 玉器出土情况

良渚文化的大型墓葬是以玉器为主进行随葬的，这种现象在安徽含山凌家滩遗址的墓地、湖北京山石家河遗址的墓葬中都有发现。如面积约75万余平方米的凌家滩遗址，发现大中小型墓葬数十座及祭坛、祭祀坑、积石圈、大面积红烧土等遗迹，出土1000多件玉器及大量石器、陶器。大墓07M23的随葬品竟达330件，包括玉器200件、石器97件、陶器31件，碎骨和绿松石各1件。发掘者认为："凌家滩遗址具备了大规模聚落中心的地位，凌家滩先民……进入了高一级阶段的文明社会。"③它们都改变了以往以陶器为主的随葬方式。这种随葬器物上的转变，是一种表面现象，必须透过它来认识其真实的内涵，可能"是包涵（含）着社会向更高层次发展的一种反映"④。玉，在中国人民的心中，对其有着特殊的思想感情，《礼记·玉藻》中说："君子无故，玉不去身，君子于玉比德焉。"把玉器人格化了，并且只有君子才能享用。风胡子更明确地说："夫玉亦神物也。"⑤具有神

① 浙江省文物考古研究所：《余杭瑶山良渚文化祭坛遗址发掘简报》，《文物》1988年第1期。

② 南京博物院：《1982年江苏常州武进寺墩遗址的发掘》，《考古》1984年第2期。

③ 安徽省文物考古研究所：《安徽含山凌家滩新石器时代墓地发掘简报》，《文物》1989年第4期；安徽省文物考古研究所：《凌家滩玉器》，文物出版社2000年版，第278页；安徽省文物考古研究所：《凌家滩：田野考古发掘报告之一》，文物出版社2006年版。

④ 吴汝祚：《初论太湖地区文明的产生》，见《亚洲文明》第二集，安徽教育出版社1992年版。

⑤ 袁康、吴平辑录：《越绝书》卷——《越绝外传记宝剑第十三》，上海古籍出版社1985年版，第81页。

物意义的玉，一般人是不能享有的，只能是占统治地位的人所占有，说明了有神物性质的玉与当时的统治者是相连着的，也可以说两者是一体的，是作为神在人间的代言人的标志。他们在人世间是这样，身后到另一个世界仍然占有统治地位。

在这里我们还得分析，随葬的成组玉器主要有哪些器物？这些器物的含义是什么？目前在中国考古学界对有些玉器的含义，有着各种不同的意见，在这里我们不能详细地进行分析讨论，只能把笔者的认识加以阐述。现已发现的成组玉器的资料，以良渚文化的较为丰富，就以它为例进行分析。

琮 它的器形特点是外方内圆，在这柱体上又分为若干节，以四角为中线的每节上刻琢有眼、鼻、嘴的神面形纹，而反山 M12:98 的琮，还琢有神像形纹。有神像形纹的琮，目前只发现这一件，虽然属于个别现象，但是，对琮的含义可以更深入一步地去认识。从这一方面来说，它不能与一般的个别现象等同看待，而是具有重要的特殊意义。从琮的外表形态分析，外方内圆，与中国古代天圆地方的思想意识不能说没有联系，又是与神结合为一体的，就有可能是巫师作为贯通天地的用器。琮上的神面形纹，有的在其旁侧有神鸟形纹，都是巫师作法时需要借助神力的象征。所以，占有玉琮的人，是掌握神权者。在中小型墓葬中未见有用琮随葬的，可能就是这个缘故。

良渚反山 M12:98 玉琮及其上鸟纹

良渚反山 M12:97 玉琮

钺 原是一种武器，作为礼器的钺，比原有武器的含义要更深一层，它是作为军事统率权的象征。反山 M12:100 的钺，琢磨精致，带有光泽，在刃部两面的一侧各有一浅浮雕的神像形纹；在刃部两面的另一侧各有一浅雕的神鸟形纹。这件玉钺更是形象地反映出统治者集军权和神权于一身。

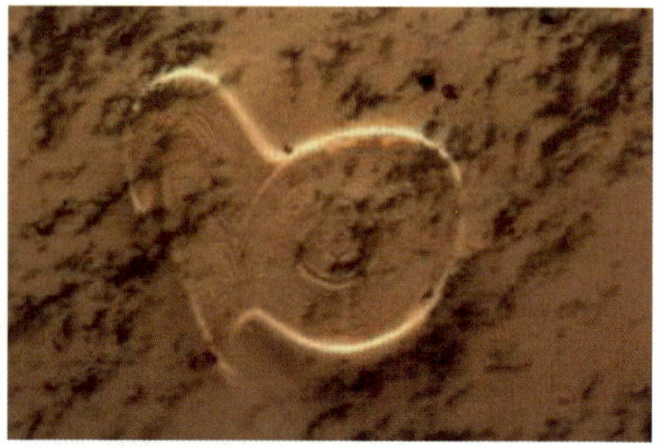

良渚反山 M12:100 玉钺及玉钺上的鸟纹

浙江余杭良渚出土的玉钺

良渚反山 M20:151 玉璧

璧 以往根据《周礼·春官·大宗伯》中"以苍璧礼天，以黄琮礼地"的记载，认为是祭天的一种礼器。最近有人从反山良渚文化大墓中发现璧的现象分析，认为在墓葬中随葬的玉璧，在制作上有两种不同的现象：一种是制作精致的璧，多放置在墓主人的身下；而叠放在墓主人腿脚部位的璧，制作粗糙，有的"边缘缺损，厚薄不匀，直径误差甚至超过2 厘米"。若是以制作如此粗糙的璧作为祭天的礼器，是不恰当的，与礼器的性质是相矛盾的，从而提出"将玉璧视为财富的象征物比较合理"，并且还进一步阐述"加工精细的璧代表墓主人自己的财产，随葬于身下，加工粗糙的璧似是匆忙赶制的，应是别人奉献于墓主人的‘葬玉’”①。由此可见,《周礼》以璧作祭天的礼器,那是周代的礼制,对良渚文化未必适用。有人提出作为财富象征的观点,值得考虑。

良渚文化的大墓除随葬琮、钺、璧等大型玉礼器为主体的成组玉器外,还值得注意的是,埋葬这类墓葬的墓地都是人工用泥土堆筑起来的高台。如现存反山墓地东西长约 90 米,南北宽约 30 米,面积约 2700 平方米,人工堆筑的厚度六七米,而高出地面部分为 4 米左右。这座土筑高台是分层堆筑,“分别由带黏性的深灰土、黑色团块状黏土和缺少黏性的深灰土、青灰色粉土、深灰褐土以较平整的层次堆筑增高”②。这种分层堆筑的现象,说明它不是任意堆筑起来的,事先有一定的设计,动工时就得按照这个设计选择不同的土壤逐层堆高。

良渚反山墓葬平面图

良渚 M12 平面图

① 王明达:《反山良渚文化墓地初论》,《文物》1989 年第 12 期。
② 浙江省文物考古研究所反山考古队:《浙江余杭反山良渚墓地发掘简报》,《文物》1988 年第 1 期。

土筑高台墓地的形制，有略呈长方形、方形和圆丘形等不同种类。长方形和方形的土筑高台都高出地表数米，形似一座小土山，耸立在平原上，故当地人常以“山”或“墩”命名，如福泉山、寺墩等。圆丘形土筑高台仅是微微地向地表隆起，远不及前者威严、宏伟，在随葬玉器方面不仅在数量上不及前者，而且在质量上也逊于前者。

这种土筑高台墓地，只有反山墓地是埋葬在一座也是人工堆筑的“中心遗迹”的西北约数百米处，它是围绕“中心遗迹”的大型墓葬墓地。这种建筑格局，与辽宁牛河梁红山文化的坛、庙、冢的大型礼制建筑的布局相似，以此推测“中心遗迹”也是一座大型礼制建筑，身后埋葬在这座大型礼制建筑内的人，必然要与这座礼制建筑的所有者、主持者有亲密的血缘关系。从反山墓地与这座礼制建筑的关系上分析，它不是位于主要地位，不可能是最主要的墓主人。因此这座主要墓葬的所在地，需要进一步去探索。

现已发现的良渚文化土筑高台墓地，除反山外，福泉山、草鞋山、寺墩等墓地的邻近或其周围均未见与良渚相似的礼制建筑。可见这种礼制建筑在良渚文化分布地域内，只有这一座，其他地点内不许有此建筑。所以，围绕良渚礼制建筑的大墓墓主人的生前社会地位是最高的，在良渚文化的层次上是居第一位的。福泉山、草鞋山、寺墩等土筑高台墓地的墓主人的生前社会地位，应是次于前者，居第二位。圆丘形土筑高台墓地的墓主人，不论从墓地的结构上还是随葬的玉器上看，都是次于前两者，居第三位。由此可见，良渚文化的社会已是一个有不同等级的社会。至于良渚文化的社会等级是否就是这三个层次，需要积累资料，作进一步的分析研究。

良渚文化的大型墓葬中，有用人殉葬的现象。余杭反山墓地的 19 号墓是唯一没有明显的墓坑、随葬品最少、无礼仪用玉的墓葬，“从地层关系分析，我们推测这座墓是‘封土层’，最后封土之前埋入的。因此，M19 或许是反山墓地的‘殉人’墓”①。

在青浦福泉山墓地 35 号探方的 13 号墓的墓主人足后的一些随葬陶器的上面，发现一具保存较好的屈肢葬人骨，似一人跪着倒下的样子，在其头顶有玉环、面颊旁有玉饰片各一件，还有玉管、玛瑙管等，“似为地位较低的女殉葬者”②。

最近发掘的昆山赵陵山良渚文化土筑高台墓地，在第二层红烧土之下“覆盖着一批重要墓葬，有的坑内葬具外明显埋放杀殉人骨，有的人头骨放置在一堆散乱的人骨之上，有的单独埋放一个人头骨，有的在墓主人两腿间埋放一头向与墓主人一致的婴幼儿。还发现在两个大墓的墓坑北面，埋有两具并列的婴儿骨架”。又在揭露“土台西北部外围时发现的 19 座小墓，均无墓坑，头向不一，多无随葬品，半数下肢被砍去，有的双腿呈捆绑

① 王明达:《反山良渚文化墓地初论》,《文物》1989 年第 12 期。

② 上海市文物保管委员会:《福泉山遗址第三次发掘的重要发现》,《东南文化》1987 年第 3 期。

状，还有仅见人头、无头人架、身首异处等人骨”。这些人骨经鉴定以青少年为主，并认为是杀殉的牺牲者①。

长江中游地区史前时期的葬俗，在大溪遗址发掘的200多座墓葬中，得到一定的体现。在葬式方面大多是头南脚北，除较多的仰身直肢葬外，还有相当数量的屈肢葬。这种屈肢葬可分为仰身屈肢、侧身屈肢和俯身屈肢三类。多数墓葬有随葬器物。在随葬的陶器中，有的底部打洞或被打碎。较为特殊的是，有的头部枕一支大象牙，个别墓用鱼随葬，有的把两条鱼放在两臂下，有的把鱼尾衔在口中，也有用龟随葬的②。这种用龟随葬的现象，有人认为是龟灵崇拜在墓葬中的反映。

在大溪遗址的墓地里，成人与小孩交错埋葬在一起，小孩墓的葬俗与成人墓基本相同，随葬器物也大体相似。若是按照一般的氏族习俗，氏族墓地是埋葬氏族成员的墓葬，小孩还未达到成年期，不可能成为氏族的一名正式成员，死后不能葬入氏族墓地。而大溪遗址的墓地里出现了小孩与成人交错埋葬在一起的现象，说明了氏族的习惯对氏族成员的约束力在减退，氏族制可能走上了衰落的道路。

在江汉地区的十堰市郧阳区大寺遗址的“仰韶文化”墓葬中，有多人二次合葬墓，8人、10人合葬墓各一座。如12号墓是10人合葬墓，“由东北向西南并列一行”“四肢骨和肋骨等均堆置于头骨下方和两侧。在1号人骨北10厘米处，立有大石一块，可能用作界石”③。

屈家岭文化时期，葬式以仰身直肢葬为主，在屈家岭遗址的个别墓葬的底部铺有木炭。随葬器物一般为2～13件，有的多达70件，“随葬品的放置位置较有规律，一般置于死者的头部或一侧，其中M3的随葬品的放置尤为规整，九鼎二簋（即簋形器，下同）先依墓坑顶端将鼎、簋、鼎、簋、鼎仰放一排，然后紧贴其下在两端各对称放置3件陶鼎组成两个对称的倒三角形，第二、三排的鼎皆口朝下足朝上覆置，布局严谨对称。M2的所有随葬品呈长方形依坑纵置，在墓坑中轴线的两端和中部等距放置3件大陶罐，其间再参置各类鼎、簋和曲腹杯等小型器物，器物层层相间，疏密有度”④。说明了屈家岭遗址的墓葬，在随葬器物的组合和放置上，可能开始有了一定的制度，尤其是在3号墓随葬的鼎、簋的数量和放置位置上，反映得更为明显。

到石家河文化时期，在石家河遗址群的邓家湾和肖家屋脊发现的墓葬中，有的墓葬

---

① 钱锋：《赵陵山遗址发掘获重大成果》，《中国文物报》1992年8月2日。

② 四川长江流域文物保护委员会文物考古队：《四川巫山大溪新石器时代遗址发掘记略》，《文物》1961年第11期；四川省博物馆：《巫山大溪遗址第三次发掘》，《考古学报》1981年第4期。

③ 中国社会科学院考古研究所：《青龙泉与大寺》，科学出版社1991年版，第168页。

④ 屈家岭考古发掘队：《屈家岭遗址第三次发掘》，《考古学报》1992年第1期。

在放置死者的坑边缘和底部抹有胶泥，有的骨架上也有胶泥填封。在随葬器物上有多达100余件的。还在肖家屋脊发现两座瓮棺葬，发现了一批制作精致的玉器。在一座成人瓮棺葬内发现玉器56件，有玉人（神）、兽、飞鹰、蝉、璜等①，其中玉人（神）和飞鹰的制作更为精美，是难得的精品。在郧阳区青龙泉遗址，个别墓葬在臀部下面有一腰坑，坑内放置红陶罐和碗各一件，并且有14块猪下腭骨随葬。在时代上属于同时期的湘乡岱子坪遗址的第二期文化层发现墓葬95座，在葬俗上全部是二次葬。据墓坑底部“积满草木灰、炭渣，并夹杂大量烧烤并经砍碎的兽骨”推测，“迁葬时应举行过祭祀”②。江西新余拾年山遗址的墓葬，“墓壁和底均经火烤，被烤壁面厚1～1.5厘米”“骨骸上覆盖厚10～43厘米的黑色灰烬土，内含大量炭粒”③。这种葬俗与岱子坪遗址的墓葬的葬俗有相似之处。

长江上游的云南元谋大墩子遗址发掘墓葬37座，其中成年竖穴土坑墓19座、埋葬幼童的瓮棺葬17座和圆坑墓1座。19座成年墓的“葬式有仰身断肢、仰身直肢、仰身屈肢、侧身、侧身屈肢、俯身屈肢和母子合葬七种”。有7座墓为仰身断肢葬，埋葬时将人骨架的下肢或上肢砍断，倒置于胸、腹部位或骨盆两侧，脚掌多在肩部或胸前。这种葬俗在其他地区史前墓葬中未见，较为特殊。瓮棺葬的葬具往往有意识地凿1～3个圆孔④。这种圆孔是供死者的灵魂出入之用，是灵魂不灭观念的一种反映。

六、城市的出现

城市是经过一个很长时间的发展过程而出现的。在中华大地上，史前时期城市的出现，总的来说有这么一个过程：在公元前8000多年前，由于农业的产生，开始有了定居生活；到公元前8000—前6000年间，有了聚落；到公元前6000—前4000年间，产生了中心聚落（市镇）；到公元前4000—前2000年间，出现了城市。城市的出现，是中华古代文明社会成熟的一个重要因素。

长江流域的史前文化，同样有由定居演变发展到城市出现的这一过程，以长江下游地区为例：

浙江浦江县上山遗址，距今11400—8600年。我们从测定的年代和出土的遗迹、遗

① 石家河联合考古队：《石家河遗址群1987年考古发掘的主要收获》，《江汉考古》1989年第2期；田园：《石家河出土玉器》，《江汉考古》1989年第1期。

② 湖南省博物馆：《湘乡岱子坪新石器时代遗址》，见《湖南省考古辑刊》第2辑，岳麓书社1984年版。

③ 江西省文物考古研究所、厦门大学人类学系、新余市博物馆：《江西新余市拾年山遗址》，《考古学报》1991年第3期。

④ 云南省博物馆：《元谋大墩子新石器时代遗址》，《考古学报》1977年第1期。

物分析，当是处在定居向聚落转化的过程中，并向完成聚落形态的方向发展。

到距今 8000 年—7000 年的跨湖桥遗址时期，从遗址面积较大等现象分析，已是一座聚落遗址，并有可能向中心聚落发展。

到距今约 7000 年的河姆渡遗址，从遗址的规模、居住的人数等方面可以得知，这是该地区内的一座中心聚落遗址。

距今约 7000 年的浙江桐乡罗家角马家浜文化遗址，东西长约 400 米，南北宽约 300 米，面积约 12 万平方米。

青浦区崧泽文化的崧泽遗址，从考古资料来分析，也不可能是一般性的遗址，当具有中心遗址的地位。

崧泽文化之后为良渚文化时期，此时由崧泽文化时期的中心聚落，进一步演变为城市。我们曾认为："良渚文化与其他考古学文化在经济上、文化上的交流或贸易范围之大，很可能导致城市的产生。""良渚遗址的大型礼制建筑，应是大巫的所在地，是神权统治的中心地，也是政治的中心。随着政治和神权的需要，必然也成为经济、文化的中心。"①如莫角山遗址是一座 30 多万平方米的人工营建的大土台，在其中部耸立着成"品"字形排列的大莫角山、小莫角山和乌龟山等三座土丘。在这三座土丘间已发现有大型柱坑 12 个，显示了这座建筑的规模较大，规格较高。这些现象，表明了莫角山遗址气势的宏伟。因此，有的学者认为如此超凡的场所，"只能是良渚文化各部族最神圣的礼仪中心"②。"最神圣的礼仪中心"地，是大巫的所在地，也是神权统治的中心地。良渚文化的社会，是神权与王权相结合的早期国家。如余杭反山高台墓地的 12 号墓出土一件玉钺(M12:100)，在其刃部上角两面各有一浅浮雕的神像形纹，在刃部下角两面还各有一浅浮雕的神鸟形纹。玉钺是掌握军权的象征，而神像形纹和神鸟形纹是神权的象征，这就说明了军权与神权相结合。军权是王权赖以生存的依靠，玉钺也就成为神权与王权相结合的象征。

莫角山遗址，上文已说明是良渚文化时期礼仪中心地，而整个礼仪中心的范围，应包括分布在其周围的高台墓地，这些都是其组成的一部分。据此，莫角山遗址及其相关设施所占的空间是相当大的。如瑶山高台墓地，在莫角山遗址的东北约 5 公里；汇观山高台墓地，在其西部约 2 公里处。这样大的范围内，要营建一座较为完整的礼仪性建筑，并非易事。事前要在广大的地域内进行调查、勘察，选择地理环境优越的地点。而莫角山

① 吴汝祚：《良渚文化——中华文明的曙光》，载《文明的曙光——良渚文化》，浙江人民出版社 1996 年版。

② 浙江省文物考古研究所：《余杭莫角山遗址 1992—1993 年的发掘》，《文物》2001 年第 12 期。

及其周围地区，背靠天目山余脉，面向广阔的平原，东望大海，又有东苕溪在此贯穿而过，是难得的一块宝地。在这块宝地上，主要的礼仪性建筑的地理位置的确定，以及环绕它的各个高台墓地的分布地点等，都需要有一定地理知识和建筑知识的人进行设计、规划。为避免来自西部山地和北部山谷的洪水，修筑长达 6.5 公里的防洪长堤，使其成为有力的屏障十分必要。要修筑这条长堤，需要有一定的防洪知识，以免被来势汹汹的洪水所冲垮。在兴建时，还需要管理、检查等人员。总之，要完成这项巨大的工程，需要把良渚人中具有各方面知识的人集中起来，此地就成了当时的文化中心①。

2007 年，浙江省文物考古研究所经过一年的钻探，最终确定了总面积约 300 万平方米的四面围合的城墙。良渚古城发现之后，浙江省文物考古研究所选择了四面的城墙进行了解剖发掘，发掘面积共计 2745 平方米。经过发掘得知，四面城墙的堆筑方式与土质基本一致，叠压着城墙边缘的生活堆积也都属于良渚文化晚期，因此，这座城的使用年代的下限不晚于良渚文化的晚期。经碳-14 测年，距今约 4300 年左右。良渚古城具有完整的都城结构，由内而外依次为宫殿区、内城、外郭城和外围水利系统，成为中国后来都城结构的滥觞。整个都城系统历经 5000 年尚能保存如此完整，世所罕见，这为中国城市史的研究提供了重要资料。2007 年 11 月 29 日，由浙江省文物局与杭州市人民政府正式举行了新闻发布会，宣布良渚古城为“石破天惊”的“中华第一城”。

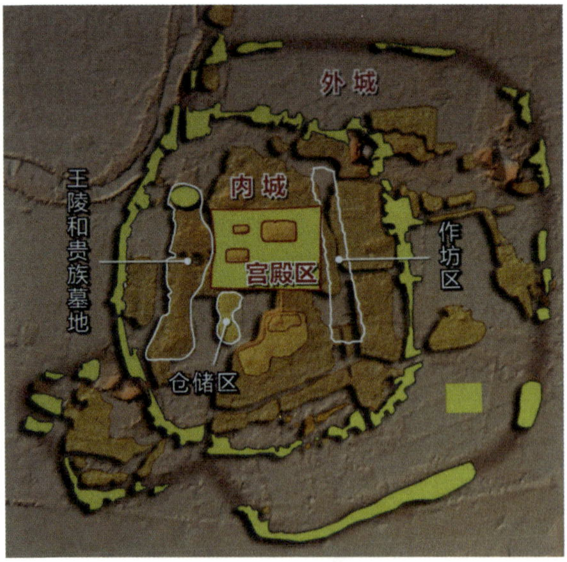

良渚古城遗址平面图②

① 浙江省文物考古研究所：《良渚古城遗址 2006—2007 年的发掘》，《考古》2008 年第 7 期。
② 《艺术时尚·典藏》2019 年第 9 期。

良渚文化时期建筑宫殿情景想象图

良渚古城四面城墙的堆土主要都是黄色黏土，而每条探沟的城墙基础垫石都略有不同。尤其南城墙探沟的剖面显示，基础石与墙体的黄土都呈条垄状分布，每一条的石头与土质都略显不同，专家们认为应该是土石来源不同的一种表现，而每个两立方米左右的条块，应该恰好反映了一条船的运载量。以凤山和雉山为起点全长 6 公里，宽度 20～150 米的城墙，内外都有很多凹凸不齐的地方，类似于后来城墙的马面。良渚古城的内外马面，形态并没有统一规范的规格，宽窄长短有很大随意性，应该是沿着水边地势有意修成这样的形态。而每两个马面之间便形成了一个小小的港湾，凸出的马面可以作为码头，外城河将这些小港湾连起来，并与外面大的水域相通。外城河全长约 3050 米，一般宽 13～40 米，深 0.5～2 米，应该是沿着沼泽人工开挖形成，挖掘出的沼泽地上层的青淤泥，正好铺在了城墙基础石块的底部，起到了黏接与防渗漏的作用。沿着城墙内侧，利用区域内一些原有的小河，修成了可以环绕城内的内城河，内城河全长约 6488 米，宽 5～80 米，深 0.5～5 米，其中北城墙内城河至今仍存。除了沿着城墙的城河之外，在城内共发现古河道 51 条，在莫角山遗址的北、东、南三面各分布有一条主河道，呈“工”字形布局，在内城河与主河道之间开挖支河道，与主河道、内城河共同形成“井”字形的河道网，河道纵横交错，构成完整的水路系统。据勘探，这些河道以及内外城河大多数为人工开挖而成，开挖河道形成的淤泥则用来堆筑莫角山等台地的基础。城内外古河道总长度达 31562 米，超过了 30 公里，其中内外城河的总长度达 9538 米，城内其他河道总长度达 11733 米，外郭内的河道总长度 10291 米。其中，位于古城内南侧的东西向主河道现名良渚港，应该是利用了原来的自然河道改造而成。十分神奇的是这条河道经历了 5000 年仍完好地保留至今，如果不是在现在河岸的下面发现了有良渚时期文化堆积的古河岸，真是让人无法想象。内外城河用 8 个水城门相连，每面城墙有 2 个水城门，与内外水系连通，水城门一般宽 30～60 米，西城墙的两座水门由于面向苕溪而设计得偏窄，分别宽 10 米和 20 米左右。整个良渚古城犹如一座水城，水路交通为当时最主要的交通方式，舟楫交通之便，令人可以想见。城墙南部地势略高，并未发现外城河，但在南城墙的中部设计了一座由 3 处小型夯土台基构成的陆城门，三处台基呈对称状布局，互不连属，形成 4 条出入城墙的门道。这种夹河筑城的方式在江苏常州春秋战国时期的淹城，以及许多后代江南古城中都可见其遗风①。以现存最高的北城墙 4 米高计算，修筑城墙的土方量约为 110 立方米；石方量以平均 30 厘米厚度计算，总共有约 10 万立方米的石头。如果以 3 个人一天能完成 1 立方米的土石方计算，那么城墙的修筑约需要 1 万个人连续工作 1 年时间。从考古发掘的情况看，城墙的修筑过程并没有间歇的时间，如果有较长时间的停顿，雨水的冲刷和长草的情况往往会在地层之间被看出来，也就是说筑城的时间可能仅仅用了几个月，这就需要同时用更多的人力才能实现。

莫角山遗址，既然是良渚文化神权、王权和文化的中心地，那么，为掌握神权、王权和文化事业的上层人士服务的一切经济活动也就日益发展起来，使之又成了经济中心。因此，莫角山遗址无疑是一座城市。这座城市，从其结构上分析，具有浓厚的礼仪性。这种现象，与惠特利认为世界上第一批中心都市都具有强烈的礼仪性②是相符合的。2010—2016 年，浙江省文物考古研究所开始对莫角山进行持续不断的考古发掘，至 2016 年，基本了解了莫角山宫殿区内的围沟、房基、沙土广场、沙土面、石头墙基等大型遗迹的分布情况，取得了突破性的进展。整个莫角山宫殿区内共发现房屋台基 35 座、围沟 1 处、石头遗迹若干③。

莫角山宫殿土台遗迹分布图及想象复原图

除长江下游地区外，相当于长江中游地区的屈家岭文化时期，在湖南澧县城头山遗址进行发掘，发现了被认为是“屈家岭文化”的城址。“城址平面呈圆形，由护城河、夯土

① 张驭寰：《中国城池史》，百花文艺出版社 2003 年版，第 299—300 页。

② 乔纳森·哈斯著，罗林平、罗海钢、朱乐夫、陈加贞译：《史前国家的演进》，求实出版社 1988 年版，第 190 页。

③ 浙江省文物考古研究所：《余杭莫角山遗址 1992—1993 年的发掘》，《文物》2001 年第 12 期；刘斌、王宁远：《2006—2013 年良渚古城考古的主要收获》，《东南文化》2014 年第 2 期。

城墙、东、南、西、北四门和城西南的夯土台基组成，至今保存基本完好”①。江汉地区迄今发现的史前古城，包括新发现的石家河古城内的谭家岭古城，已有 20 座之多。其中谭家岭古城在屈家岭文化时期进行了大规模的外围扩建，包容众多聚落而重新开挖环壕、堆筑城墙，逐步形成面积达 120 万平方米的石家河古城中的城中城。繁荣昌盛于屈家岭文化早中期的城头山古城，其城墙和护城河是在大溪文化时期的垣壕基础上增筑和扩挖而成的，其城中有与大溪文化时期古城大致相同的功能分区，但规划格局有了变化。阴湘城遗址可以看出的城区布局大致是，东、西部可能属居址遗存，中部低洼处则可能是稻作农业区，西部偏南可能为墓葬区。石家河古城可以看出的城区布局大致是，中部及东北、东南部主要是居住生活区，西北部主要是墓地和祭祀场所，西南部或主要为手工业作坊区等，且城内当还有农田②。

中国史前时期城址的出现，以目前的考古资料分析，在黄河流域的河南、山东两省内都有城址发现，在河南的有淮阳的平粮台、郾城的郝家台、登封的王城岗、辉县的孟庄等；山东的有章丘的城子崖、邹平的丁公、寿光的边线王等。这些城址的年代，以郝家台城址分析，城址的建筑年代是在距今 4600 年以前，与城头山城址的年代大体相似，在现已发现的城址中，都是属于年代上较早的。

七、神秘的文字

研究中华古代文明起源的学者，多关心文字的产生。但文字并不是文明起源必不可少的因素，如南美洲的印加文明，已有强大的国家，还没有文字。虽然如此，它毕竟是一个重要因素。

文字产生后，不可能马上就有文字记载的历史，这是由于字数有限，不能就此来记载社会上发生的复杂事件。只有经过一个发展的过程，使字增加到一定的数量，并且对每一个字的含义都确定，才能将其作为记载历史的工具。把人类的历史，由口耳相传的传说时代，转变为有文字可证的信史时代，这社会上掌握文字的少数人，也可以说是早期的“知识分子”。

从中国古代史分析，殷商时期已有了甲骨文，记载历史事件和事迹。甲骨文是相当进步的文字，因此它绝不是文字的开端，文字的产生与它之间必然还有相当长的一段发展时期。

---

① 单先进、曹传松：《澧县城头山屈家岭文化城址被确认》，《中国文物报》1992 年 3 月 15 日。

② 蔡靖泉：《江汉地区三苗酋邦的昌兴——屈家岭文化遗存的历史学考察》，《长江大学学报(社会科学版)》2018 年 3 月第 41 卷第 2 期；袁建平：《试论中国早期文明的产生——以湖南城头山地区古代文明化进程为例》，《中原文物》2010 年第 5 期。

20 世纪 70 年代初，有学者认为仰韶文化半坡遗址发现的“彩陶上的那些刻划（画）记号，可以肯定地说就是中国文字的起源，或者中国原始文字的孑遗”。又认为“彩陶和黑陶上的刻画（符号——笔者所加）应该就是汉字的原始阶段”①。其后，有的学者对大汶口文化陶器上的刻符进行研究，认为上部的圆形象征太阳，中间的象征云气，下部还有五峰的山形，即“山上的云气承托着初出山的太阳，其为早晨旦明的景象”。因此这刻符是“原始的旦字，也是一个会意字”②。有的学者认为，“大汶口文化陶器文字是我国现行文字的远祖”。它反映了很多事实，有的“像自然物体，如‘𠦍’（音忽）字像花朵形；有的像工具和兵器，如斤字像短柄的锛，戉字像长柄的大斧；有的是代表一种语义的意符文字，如炅（热）字”。这些文字都可以与“殷商铜器和甲骨上的文字一一对照的”③。有的学者认为大汶口文化的刻画符号，“同后世的甲骨文、金文形状结构接近，一看就产生很像文字的感受”④。还有一些学者认为，大汶口文化陶器上的符号是原始文字。不过，有的学者认为不是文字。但是，我们认为，大汶口文化陶器上的刻符，与甲骨文、金文有一定联系，应是原始文字。

长江流域史前时期文字的产生，也有像仰韶文化那样的一个时期。在宜昌杨家湾大溪文化遗址的发掘中，发现了与半坡遗址相似的陶器上的刻画符号。这些刻画符号的数量较多，都处于圈足器的底部外表，有的符号仅发现一次，有的符号则反复出现多次，它应是“用来表达语言的记事符号，表示原始记录语言的固定含义”⑤。因此，我们也可以称之为长江流域原始文字的孑遗。随着农业和手工业的发展，人们之间的社会关系日益复杂起来，仅是限用这种刻画符号，已不适应社会发展的需要，就得在刻画符号的基础上演变为文字。最近有人对良渚文化玉器上的刻画符号进行分析研究，认为良渚文化玉器符号有些与大汶口陶器符号是一样的，如炅、封、五峰的“山”等。“我们将良渚文化玉器和大汶口文化陶器的刻画符号释为文字，仅仅是一种试验”⑥。

良渚文化的刻画符号，始见于 1935 年何天行在调查良渚遗址时，发现的一件椭圆形黑陶豆盘。这件黑陶豆虽是调查时发现的，但它具有良渚文化陶豆的特点。这件刻符陶豆，发表在 1937 年出版的《杭县良渚镇之石器与黑陶》一书中。作者认为是“原始形的图像文字”，它的年代必早于甲骨文和金文。在这本著作的《附录》中，有卫聚贤的《中国最

---

① 郭沫若：《古代文字之辩证发展》，《考古》1972 年第 3 期。

② 于省吾：《关于古文字研究的若干问题》，《文物》1973 年第 2 期。

③ 唐兰：《大汶口文化的陶器文字看我国最早文化的年代》，见《大汶口文化讨论文集》，齐鲁书社 1981 年版。

④ 李学勤：《论新出大汶口文化陶器符号》，《文物》1987 年第 12 期。

⑤ 宜昌地区博物馆：《宜昌杨家湾遗址的彩陶和陶文介绍》，《史前研究》1986 年第 3、4 期合刊。

⑥ 李学勤：《论良渚文化玉器符号》，见《湖南省博物馆文集》，岳麓书社 1991 年版。

古的文字已发现》一文,文中说:“黑陶上有刻文的文字,系何天行在杭县良渚发现的,其文字在甲骨文以前,文字虽不多,又不能认识,但为中国最古的文字,可以断言的。”可见,何天行发现的“原始形的图像文字”已得到了当时学者的重视。

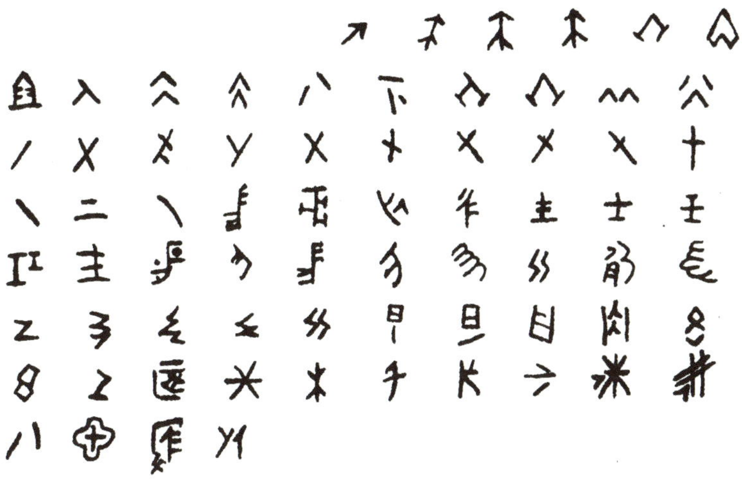

湖北宜昌杨家湾大溪文化刻画符号

1936年良渚遗址进行发掘,发现陶器上有5个刻符,发掘报告编写者认为是“记号文字”①。在《杭县良渚镇石器和陶器》一书中收录了8个称为“原始图像文字”的刻符。近年来,在江苏吴县澄湖古井中发现一件黑陶贯耳罐上刻有4个符号,有的学者把它释为“巫戌五俞”,“戌”就是钺,“俞”即偶,五偶即五对。这样,这件陶罐上的4个刻符,可读为“巫钺五偶”。其意义“即神巫所用的五对钺”。上海马桥良渚文化遗址发现的一件宽柄杯(B10:11)的底部刻有两个刻符,左面一个符号的结构与澄湖陶罐上的“戌”相近似,“右面一个的轮廓很像‘田’,已不完整,不能准确释读”②。澄湖遗址还采集到一件刻符陶罐,有的学者认为此罐的年代可能早于良渚文化,其腹部刻有兽面、鱼、鸟、蝶、蛇等动物图案,环绕器壁一周。这五种动物图像近似均等地布置在一起。“在器表的装饰中尚未他见,似应具有装饰之外的某种含意,不知能否作为表意性图画的一种”③。余杭南湖发现一件黑陶罐(87C3—658)其腹上部有连续的多个刻画符号,成横向环绕器壁展开。这些符号有呈动物形象的,有栅栏形象的、曲折形纹的,还有近似半椭圆形的。有的学者对此释为:“朱扩戋石,网虎石封。”它的意义是:“朱扩到石地,在石的境界网捕老虎。用网捕

① 施昕更:《良渚》,1938年,第25页。

② 李学勤:《良渚文化的多字陶文——吴文化历史背景的一项探索》,《苏州大学学报·吴学研究专辑》(第一辑),1992年。

③ 牟永抗:《良渚文化的原始文字》,《文明的曙光——良渚文化》,浙江人民出版社1996年版。

方法捉虎，见于甲骨文，如《殷墟文字缀合》387。”①这就成为有意义的文句了。在南湖还发现一件椭圆形黑陶豆盘内壁有三个刻画符号。这件豆的器形与何天行发现有刻画符号的陶豆相类似，豆盘内壁的符号则与大汶口文化的符号有相似之处。人们还在上海金山亭林良渚文化遗址发现一块陶片上有一个刻画符号，与上述南湖陶罐上的符号有相似之处。

马桥良渚文化陶杯符号　　吴县澄湖良渚文化陶罐符号　　杭县良渚文化陶盘符号

余杭良渚文化陶罐符号

良渚文化陶器上的文字符号

至于收藏在美国哈佛大学赛克勒博物馆的黑陶贯耳壶，其圈足内壁上有刻画符号，“横向成一直行，足壁薄如蛋壳，且有破损，很是脆弱，要想后加伪刻是十分困难的”②。有的学者认为笔画清晰的约有九个字，经饶宗颐先生考释为：“孓孑人土宅乇(厥)肱……育。”还认为“良渚此一陶文乃有关古代奇肱民之记载”。“此一黑陶之刻文，已非同于一般孤立的符号，而应是相当成熟之文字记载，与甲骨文为同一系统，其重要性可想而知。”③有的学者推测，该器“足壁薄如蛋壳，且有破损，很是脆弱，要想后加伪刻是十分困

① 李学勤：《试论余杭南湖良渚文化黑陶罐的刻画符号》，《浙江学刊》1992年第4期。

② 李学勤：《良渚文化的多字陶文——吴文化历史背景的一项探索》，载《苏州大学学报·吴学研究专辑》（第一辑），1992年。

③ 饶宗颐：《良渚黑陶上的符号试释》，《浙江学刊》1990年第6期。

难的”。又说:“希望陶壶及其符号,不久能有清晰的照片正式发表,以供更多的学者研究鉴定。”①这是十分重要的。因为这件陶壶上的刻符,其形态和结构,与现已发现的良渚文化刻画符号有相当大的差异。

良渚文化庄桥坟

遗址石钺上的原始文字

总之,良渚文化陶器上的这些刻画符号,大体上可分为象形和指事两大类,它的性质,可能与纳西族的东巴文相类似。有的学者认为,“在所有已发现的史前陶器刻划(画)符号之间,良渚陶器的这些例子最符合严格的文字标准。它们有多个符号,可以用分析文字的方法去释读,恐怕不易否认它们就是文字”“这些文字和商周为同一系统”“肯定良渚文化存在文字,而且是汉字的始源”②。因此,我们可以说,良渚文化已有文字产生,是符合当时实际的。

良渚文化精美的玉器,为学术界人士所关注。1989年浙江余杭安溪乡百亩山发现一件有刻符的玉璧。以往有刻符的璧、琮等传世玉器,虽有较多的学者认为是良渚文化的遗物,但总有论据似乎还不够充分之感。而这件有出土地点,明确属于良渚文化的玉璧的发现区域,尤其是长方形框内的刻符,与美国华盛顿弗里尔美术馆所藏的一件玉璧上的刻符有相似之处,有力地论证了传世璧、琮上有与此相类似刻符的,均属良渚文化时期的玉器。

有的学者认为:“良渚文化与殷商文化有着一定的联系,如殷墟玉器除继承二里头文化的玉器传统之外,更多地继承了良渚文化玉器的品种,尤以纹饰中的兽面纹、云雷纹引人注目。”又说:“良渚文化玉雕工艺水平比较高,传入中原后为商文化所发展。”③又如反山玉琮(M12:98)上的神像形纹,有的学者见到后惊喜地说,殷商铜器上的饕餮纹,找到了源头。有的学者更进一步说,商代“最流行的饕餮纹,其始源可追溯到良渚文化,彼此间的共同点很多,把良渚玉器符号和商代铭文放在一起考虑,也不是勉强凑合”。所以,“尝试用分析商周文字的方法和知识去释读良渚文化的刻画符号”。“因此,当发现良渚文化玉器上面的若干符号同大汶口文化陶器符号相同或类似时,把它们作为文字来试行

① 李学勤:《良渚文化的多字陶文——吴文化历史背景的一项探索》,《苏州大学学报·吴学研究专辑》(第一辑),1992年。

② 李学勤:《良渚文化的多字陶文——吴文化历史背景的一项探索》,《苏州大学学报·吴学研究专辑》(第一辑),1992年。

③ 郑振香:《殷墟玉器探源》,《庆祝苏秉琦考古五十五年论文集》,文物出版社1989年版。

释读，实系顺理成章”①。

余杭安溪百亩山发现的良渚文化刻符玉璧，刻符为一个略呈长方形框，上端有五个台阶，可以理解为“山”。在这长方形框内，“有另一符号，中央有圭首形，两侧有羽毛形，应释为本义为羽冠的‘皇’”②。

对于良渚文化传世玉器上的刻画符号，已有学者进行分析研究，认为有“炅”“鸟”“山”“封”“燕”“冠形符号”“珏”“目”“石”“菱形符号”等14种。在数量上超过了大汶口文化的陶器符号，有些符号与大汶口文化的陶器符号相一致，如“炅”“封”、五峰的“山”等。我们将良渚文化玉器和大汶口文化陶器的刻画符号释为文字，仅仅是一种试验③。

良渚文化陶壶圈足上的刻文

有的学者认为良渚文化玉器符号有下列四个特点：①符号主要见于璧、琮两种器类，只有个别见于臂环（镯）。②符号有较广泛的使用，不仅见玉器，也见于陶器，表明了符号有着通用性。③良渚玉器符号多与大汶口文化陶器符号近似，这绝非偶然。④良渚玉器“符号的结构，和大汶口陶器符号一样，与商周文字，特别是商代的族氏铭文接近。很多学者曾经指出，商代族氏铭文形象古朴，更多地保存着原始文字的形态，而良渚玉器符号恰与之相类”。④ 以此观之，良渚文化时期已有文字，应是没有疑义的了。

良渚文化时期，已有用数字组成的有意义的文句，开始要走上以文字来记载历史的道路。这对它已是进入文明时代的论断上，增加了一个重要的论据。

八、海上交通的开拓

长江流域河流交叉分布，有些地域密如蛛网。史前时期人们的来往，需要有舟楫这一类的交通工具。我们还应该看到，江苏、浙江和上海市地处沿海，海上交通的开拓，不仅对这些地区内的史前人们在经济上、文化上都有着十分重要的意义，而且，对整个长江流域史前文化的发展而言，也是不可缺少的重要一环。

---

① 李学勤：《余杭安溪玉璧与有关符号的分析》，《文明的曙光——良渚文化》，浙江人民出版社1996年版。

② 李学勤：《余杭安溪玉璧与有关符号的分析》，《文明的曙光——良渚文化》，浙江人民出版社1996年版。

③ 李学勤：《论良渚文化玉器》，《湖南省博物馆文集》，岳麓书社1991年版。

④ 李学勤：《余杭安溪玉璧与有关符号的分析》，《文明的曙光——良渚文化》，浙江人民出版社1996年版。

以往对史前时期海上交通的研究，由于当时考古资料和文献记载都相当贫乏，难以进行分析阐述。不过，中国有漫长的海岸线和较多的良港，这对海洋资源的开发利用、海上交通的开拓，都是十分有利的。这种有利的条件，早在史前时期的沿海先民，在当时的条件下已经能够尽量地利用了。他们首先是在海滨采集贝壳类软体动物等，进一步发展为海上捕鱼，再由海上捕鱼逐渐开拓了海上交通。

1982 年，人们在渤海湾口的庙岛群岛中的大竹山岛附近海域内，打捞起一件陶釜，器形侈口、宽沿，腹下垂呈扁圆形，有绳纹。这样形制的陶釜，在山东半岛、辽东半岛，甚至在环渤海湾的史前文化中都没有发现过，而是与长江下游的河姆渡遗址第一层或崧泽文化的釜相似。长江下游的陶釜在渤海湾内发现的这一事实，使我们至少可以说，在五六千年前这两个地区之间已经有了海上交往。

内河或海洋的水上交通，必须要有舟楫等交通工具，据《易·系辞下》载："黄帝尧舜……刳木为舟，剡木为楫，舟楫之利，以济不通。"而今发现的考古资料是在约 8000 年前的浙江萧山跨湖桥遗址发现的一艘独木船，在其两侧各有一支木桨。1 号木桨保存较差，2 号木桨保存完整，长 1.4 米，桨叶宽 0.22 米，厚 0.2 米。由此可以证实，中国在 8000 年前已有了独木船。从这艘独木船的结构和停靠湖边的埠头设施推测，独木船产生的年代，有可能还要向上推。约 7000 年前河姆渡遗址第四层发现的木桨，它的桨叶与柄部系用同一块木料制成，柄上部残缺，残长 36 厘米，迄今还未发现船。既有木桨必然要有船相配套，有桨而无船，桨就没有实际的使用意义。在河姆渡遗址内还采集到一件陶船模型。这件陶船的陶质与河姆渡遗址第三、四层的夹炭陶器相类似，可以说是河姆渡遗址第三、四层时期的遗物。它的形态是"两头尖，尾部微翘，船首有一鸡胸式的穿孔小鋬，两侧等高，底部略圆"。与发现的史前时期之后的独木船以及民族学提供的资料进行分析比较，可以确认河姆渡遗址有独木船的存在①。

浙江萧山跨湖桥遗址发现的独木船

独木船属小型船。远古时的生产技术条件，只能生产这种小型船。那么，这种小型船能否在海上航行呢？在中华人民共和国成立前的贫穷渔民，用一种俗称为"小舢板"的小船在海上航行捕鱼。这种"小舢板"与独木船的大小相差无几。如新几内亚的梅兰内

① 吴玉贤：《从考古发现谈宁波沿海地区原始居民的海上交通》，《史前研究》1983 年第 1 期。

西亚人（超卜连兹人），善于捕鱼，他们就是使用这种独木船在海上航行捕鱼的，他们在长期的海上航行过程中，积累了成熟的经验①。又如北美洲太平洋沿岸的海达人、加拿大那佛斯科的亚半岛和圣劳伦斯湾的土人等，也都是用独木船航行海上。因此，独木船在海上航行是完全可以的。

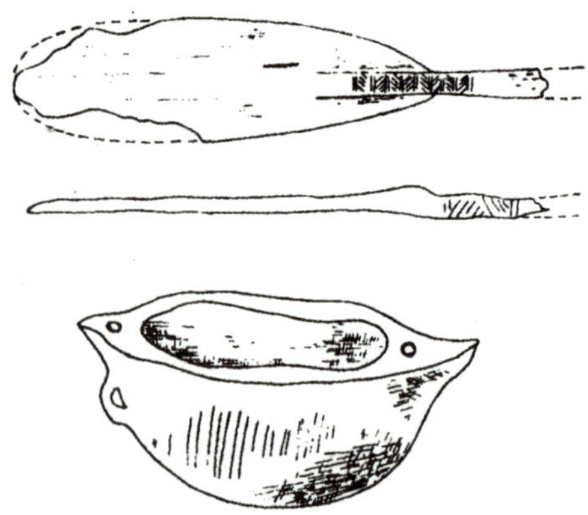

河姆渡遗址出土的木桨和陶船

1985 年，人们对距今约 6000 多年的灌云县大伊山遗址的 38 座墓葬进行发掘②，发现玉璜 4 件、玉玦 1 件，与马家浜、河姆渡等文化的同类玉器有关。大伊山遗址发现了腰沿釜、豆、鼎，有人认为腰沿釜是在北辛文化的深腹圜底釜上加一周腰沿，腰沿豆是在腰沿釜下加有喇叭形圈足，腰沿鼎即在北辛文化的斜腹圜底鼎上加一周腰沿。陶器上加有腰沿的特点，在淮北地区的史前文化中都没有，而在马家浜文化中却是盛行；同时，大伊山腰沿陶器的沿，与马家浜文化腰沿釜的沿十分相似。因此，我们可以说大伊山的史前先民吸收了马家浜文化中对其适用的腰沿部分运用于陶器上。

1987 年和 1989 年人们对新沂花厅大汶口文化遗址进行了两次发掘，在墓葬的随葬器物中发现了大量的玉器，如在第二次发掘的 40 座墓葬中，发现了 378 件有良渚文化风格的玉器，器形有琮、钺、璧、锥形器、冠饰、璜、环、琮形管、佩、珠、管和各种串饰等。除玉器外，陶器中的贯耳壶、宽把杯、贯耳圈足罐等，也都具有良渚文化的风格③。显然，花厅大汶口文化遗址的人们与良渚文化的关系是相当密切的。

从灌云大伊山遗址往南行，在阜宁梨园、淮安青莲岗等遗址也出土有相当数量的腰沿釜残器。

总之，在江苏的淮北和江淮之间的史前文化中，有较多具有长江下游地区史前文化风格的遗物。这些遗址的地理位置都是在近海地区，离海较远的遗址如大汶口、野店、大墩子、刘林等，都没有发现这样的密切关系。推其原因，不能不说与海上交通的开拓有着不可分割的联系。

海上交通的开拓相比陆路交通有其优越性，不仅运载量多，而且又较为安全稳妥，可以节约人力和时间。容易破碎的陶器进行长途的陆路跋涉也不及海上运输稳妥。

① 马林诺夫斯基著、李安宅译：《巫术科学宗教与神话》，商务印书馆 1936 年版，第 15—19 页。

② 连云港市博物馆：《江苏灌云大伊山新石器时代遗址第一次发掘报告》，《东南文化》1988 年第 2 期。

③ 南京博物馆：《江苏新沂花厅遗址 1989 年发掘纪要》，《东南文化》1990 年 1、2 期合刊。

第四节　史前时期长江文化的文明标志

文明是社会发展到较高阶段和较高文化水平的产物，它的出现伴随着阶级社会的出现，是社会演进过程中一个突破性的标志。

在传统认知上，人们往往认为中华文明开端于夏禹时代，距今已有4000多年的历史。但从现今的考古资料来看，中华文明时代的出现或将要出现的年代大约在距今5000年以前；在距今四五千年时，中国各地区可能已经较普遍地进入了文明时代，这是历史上一个大变化的时期①。

约在5000年前的良渚文化社会发展阶段，长江流域中下游地区已迈向文明时代的门槛，基本具备了各种文明的要素。

一、犁耕农业阶段的进入

生产力的发展，是推动社会演进过程中质变的原因，也是促进文明形成最重要的因素。

随着长江流域农业生产的发展，到良渚文化时期已由耜耕阶段进入了犁耕阶段。犁耕的普遍采用，使粮食生产量大幅度增加，为手工业生产者提供了必要的生活资料，使他们能从农业生产中解放出来，有了可靠的保证，从而产生了农业与手工业的大分工，手工业生产者可以全力去从事他的生产活动，钻研他的生产技术，比较全面地总结前人的生产成果。这样优越的生产条件，自然会使手工业生产迈上一个新台阶，呈现欣欣向荣的新气象。这个新时期，在年代上分析，是在距今5000—4000年；若以考古学文化分析，大体是与太湖地区的良渚文化、江汉地区的屈家岭文化的中晚期和其后的石家河文化同时期。这时期的手工业生产，以陶器、玉器、蚕丝、纺织、编织、漆器和新出现的镶嵌等最为突出。

陶器的制作由泥条盘筑法进展到了快轮制陶，这是制陶技术上的一个重要转折点。它不仅加快了制陶的速度，而且还可使器壁厚薄均匀、前后左右对称，造型更加美观。在草鞋山、福泉山的良渚文化大墓中，都发现鼎、壶等陶器上有线条纤细而流畅的纹饰，如草鞋山发现的陶鼎盖上刻有涡纹、回转的勾连纹和曲折纹等；在陶壶上有的刻有涡纹、双线构成的编织纹，有的刻有曲折纹和鸟纹，也有的刻有简化的鱼纹。福泉山的大墓中发

① 吴汝祚：《初探龙山文化的社会性质——兼论中国文明时代产生的多元性》，见《文物研究》（五），黄山书社1989年版。

现陶鼎和壶的盖及器身通体细刻蟠螭纹。这些现象反映太湖地区的史前制陶业达到了一个鼎盛时期。江汉地区的屈家岭文化中，有蛋壳彩陶碗、蛋壳彩陶杯，器壁有的厚0.05～0.2厘米，也有的为0.25厘米或更厚一些。薄的确实近似蛋壳。这种彩陶碗、杯，有的仅内表有彩绘图案，有的内外表面有一片黑灰彩色，颇有神秘之感，少数底部有彩陶纹饰①。底部和内表的彩陶纹饰，从实用的功能上分析，似乎意义不大。再从蛋壳彩陶碗、杯的出土地点分析，主要是在石龙过江水渠东侧南部发掘区的几个探方内。从这些现象分析，我们推测可能是礼仪上的用器，也是屈家岭文化制陶水平的主要代表之一。

制作玉器的发展水平更为突出，不仅有珠、坠、管等小型器，而且还有琮、钺、璧、冠状饰、三叉形器等大型礼器。这种占据了主要地位的大型玉礼器，造型优雅，制作规整而精致，经抛光而带有光泽，有的还刻琢了神面形纹，少数琮、钺、冠状饰、三叉形器和璜等器物上还有神像形纹。这种神像形纹在各类玉器上的布局，因器形的不同而异：琮是在每节以四角为中线的两神面形纹之间；钺是在靠近刃部的一侧，另一侧刻琢神鸟形纹，两者相对应；三叉形器和璜则在其中部，而三叉形器的左右上侧还各琢一神鸟形纹，似作飞向神像形纹的姿态；冠状饰有的在其中部，有的以阴线细刻和透雕刻琢满布全器。由此可见，神像形纹在玉器的设计部位上是与它的使用功能相结合的，玉钺上的神像形纹更明显地反映了这一点。所以，良渚文化玉器的制作、造型、纹饰的布局和刻琢技艺，都达到了相当高的水平。

浙江余杭反山 M17:8 冠状饰

浙江余杭瑶山 M2:1 冠状饰

蚕丝业的兴起，说明了先民已把野生的蚕驯化为了家蚕。吴兴钱山漾遗址发现的残绢片、丝带、丝线等遗物，经鉴定为家蚕丝是可信的。吴江梅堰袁家埭良渚文化遗址内发

① 中国科学院考古研究所：《京山屈家岭》，科学出版社1965年版，第3、33—35、53、58页，图二三、1，二四、1，四三、1、3、4，四六、6—11。

现的一件陶壶上刻有蚕纹，这是养蚕生活在艺术上的一种反映①。

把蚕这种野生昆虫驯化为家蚕，这是长江下游地区史前时期人们的重大贡献，尤其是从河姆渡文化到良渚文化时期，人们经过长期的苦心培育，终于完成家蚕的养育使命。

漆器在良渚文化时期也有突破性的成就，即髹漆木器的产生。在反山、瑶山等良渚文化墓地里都有这种漆器发现，说明了当时人们对漆的利用不仅仅是停留在器物的外表以增加其美感，还在此过程中产生了新工艺。

镶嵌是良渚文化时期新产生的一项手工业门类，反山、瑶山两处良渚文化墓地里都有镶嵌器物的发现，如反山墓地的14号墓在已腐朽的玉钺柄部有朱砂涂痕，还镶嵌小玉粒96颗；瑶山的19号墓发现的朱漆嵌玉高柄杯，是中国现已发现的最早的嵌玉漆器。

综上所述，长江史前时期的手工业发展过程，是与农业生产的发展相联系着的。当农业生产由耜耕进入到犁耕阶段，手工业生产随之出现了腾飞跃进的势头，制陶由泥条盘筑法进展到快轮制陶，玉器、漆器、蚕丝、竹器等都以空前的速度发展，还有新出现的镶嵌工艺，具呈现出一片繁荣的景象。

农业和手工业生产的发展，仅代表了长江流域史前文化发展的一个方面，而更值得注意的是大型礼制建筑、城址和文字等的发掘出现，对于衡量长江史前文化发展水平是必不可少的重要因素。

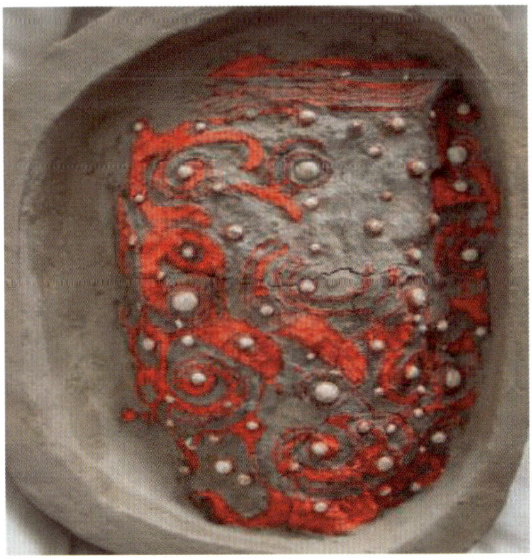

良渚反山 M12:1 嵌玉漆杯

良渚反山 M12:1 嵌玉漆杯复制品

① 赵青芳:《长江下游先民对中国古代文明的几项重要贡献》,《南京博物院集刊》第6辑,1983年版。

二、大型礼制建筑的出现

大型礼制建筑的出现，是文明产生的重要标志之一。

新石器时代晚期，随着农业和手工业的大发展，社会财富迅速增加，当时社会上有特殊地位的人利用其已有的地位和权力，占有更多财富，造成社会产品分配的不平等。这加速了贫富分化，打破了以往平均分配社会产品的原则，使原始氏族社会制度日益松弛并最终解体，代之而起的是比原始氏族社会更高级的新社会。

这种社会产品分配上的不平等，反映到意识形态，就出现了人与人之间的不平等思想，有特殊地位的富有者比贫穷者要高人一等，这是与社会阶级相联系的。有特殊地位的富有者，活着时在人世间高人一等，死后在另一世界里，为了显示其仍保持有与人世间同样的地位，就埋葬在平原地区的大墓中，因此有了土筑高台的墓地；而中小型墓葬仍在平地上。在一望无际的太湖平原，大墓高高耸立着，形似一座座小土山。这样一高一低，不仅表现了两种不同性质的墓地，而且显示出高台墓地者的雄厚财力和强硬的统治力。

余杭反山、青浦福泉山、昆山赵陵山、吴县草鞋山、江阴高城墩、武进寺墩等良渚文化土筑高台墓地，都有着数千平方米的面积。以现今保存面积较小的反山墓地来说，东西长约 90 米，南北宽约 30 米，高约 7.5 米，面积约 2700 平方米，土方量约 2 万立方米。这座土筑高台墓地是分层堆筑而成的，分别由带黏性的深灰土、黑色团块状黏土和缺少黏性的深灰黄土、青灰色粉土、深色褐土，以较平整的层次堆筑增高①。由此可知，反山土筑高台墓地不是任意堆筑起来的，建造者事前对地点、范围以及怎样去堆筑等问题都要有规划，为符合规划要求，动工时在工地上也要有管理、检查人员。

再以福泉山土筑高台墓地为例来分析。此墓地东西长 84 米，南北宽 74 米，面积达 6000 多平方米，高约 8 米。墩上发现的崧泽文化前期居民建立的居住点，比墩下文化堆积层高出 1.62 米。其后，又成为崧泽文化后期及良渚文化早期墓地的堆土，地势由此不断增高。到良渚文化后期，又进行了大规模的堆土作业，终堆筑成高台。筑台堆土取自近旁的农田，破坏了农田下的遗址。因此，出现了良渚文化高台的堆土中有大量的马家浜文化遗物的现象②。

上述反山和福泉山两个土筑高台墓地，营建时的用土及建筑方式显然不同。前者相当注重各层堆土的土质和色泽，不可能都是就地取土，有的需要到较远的地点取得。后

① 浙江省文物考古研究所反山考古队：《浙江余杭反山良渚文化墓地发掘简报》，《文物》1988 年第 1 期。

② 上海市文物保管委员会：《福泉山》，文物出版社 2000 年版，第 8、9 页。

者是就地取土堆筑而成。两者之间的这种不同，当与墓主人的社会地位和经济实力有关。因此，他们在当时社会上，虽同属于上层人士，但是在层级上是不同的。

反山、瑶山、汇观山等高台墓地都围绕着莫角山遗址分布，所以有的学者称莫角山为“中心遗址”。莫角山遗址也是人工堆土筑成的，平面呈长方形，东西长约 670 米、南北宽约 450 米，面积 30 多万平方米，相对高度约 8 米。遗址中部耸立着三个土丘(俗名大莫角山、小莫角山和乌龟山)，略呈品字形分布着。大莫角山平面略呈长方形，东西长约 180 米，南北宽约 110 米，面积约 2 万平方米。小莫角山位于大莫角山西北，东西长约 100 米，南北宽约 60 米，面积约 6000 平方米。乌龟山位于小莫角山之北，东西长约 80 米，南北宽约 60 米，面积约 4800 平方米。在莫角山遗址的南部曾发现呈东西向排列的 6 处大型烧土块堆积遗迹，底部呈锅底形，直径约 20 米，红烧土块堆积厚达 1.8 米，四周渐薄，至边缘处有小颗粒烧土和灰烬。这里“可能是某种大型祭祀活动之遗迹。假如在祭祀时六处遗迹同时点燃篝火，场面之壮观，不难以设想”。在红烧土块堆积下，是青灰两色的人工堆土，厚度在 10 米以上。以此推测，营建这座大型工程时，曾填没一些沼泽地区①。

在大莫角山、小莫角山和乌龟山之间，经初步发掘，发现约有 3 万平方米的夯土建筑基址。夯土层由沙层和黏土层相间筑成。在小莫角山南侧发现打破夯土基址的大型柱坑 12 个，大致呈东西向分三行排列。有的学者根据柱坑的直径推测，最大的木柱直径可达 60 厘米。这样大型的木柱，表明这座建筑的规模较大，规格较高。

这座 30 多万平方米的人工营建的大土台，在其中部耸立着呈品字形排列的三座土丘，显示了它的宏伟气势。要营建这座大型礼制建筑，首先对这座礼制建筑要有一个总的规划设计，在广大的区域内选择适当的地理环境，即是要营造符合礼制的人文景观。这需要相当丰富的地理知识。良渚这个地点选定以后，就要把总的规划设计安排到各个地点上，使地理环境与规划要求相对。在营造时，得动用大量的人力。这座礼制建筑，目前只发掘了反山、瑶山和汇观山等大型墓葬的一小部分墓地，是全部工程的极小一部分，其主要部分还未发掘，因此对整个礼制建筑的全部工程量，实在难以作出比较合理的估计。若以反山土筑高台墓地分析，总土方量约 2 万立方米，以此推测 30 多万平方米的“中心遗迹”的土方量得在百万立方米以上，加上围绕它的土筑高台墓地，总土方量约在数百万立方米以上；各种不同色、质的土在堆筑上还要有一定程序。这项工程的完成，必须动用大批的人力，消耗大量的财力、物力。所以，这种大型礼制建筑产生的时代，在生产的发展上必已有了相当高的水平，社会生产所创造的财富，除生产者必需的生活资料外，大部分被集中到少数人的手中。他们占有大量的社会财富，才有可能营建这样的礼

① 牟永抗、吴汝祚：《水稻、蚕丝和玉器——中华文明起源的若干问题》，《考古》1993 年第 6 期。

制建筑。礼制建筑的落成，又为他们聚敛社会财富增加了新的重要手段。因此，有的学者认为："如此超凡的场所，绝不会是一般的用途，而只能是良渚文化各部族最神圣的礼仪中心。"又说："莫角山遗址从设计、营建、组织指挥、劳动力投入、种种礼仪活动等诸多方面所显现的生产力发展水平、社会组织结构和意识形态，是良渚文化进入文明阶段最具说服力的证据之一。"①

反山 M12:103 玉权杖瑁

三、城乡的分化

城市的出现，显示了城乡的分化，是文明时代已经形成的象征。在"湖北天门石家河、石首走马岭、湖南澧县南岳等地都发现过城址"②。这三座史前城址中，1992 年报道了澧县南岳城址的调查和试掘成果。这座城址位于澧县城西北约 20 公里的车溪乡南岳村，平面略呈圆形，由护城河、夯土城墙、东、南、西、北四门和城西南部的夯土台基组成。城址直径约 310 米，城墙底部宽约 20 米，残余的城墙顶部宽约 7 米，内坡平缓，外坡陡直，护城河宽 35～50 米，深约 4 米，与城墙外侧紧相连接。护城河是自然河道与人工开凿的河道相合而成。四城门的交点将城内分为四区，东门正中有一条小河卵石铺垫的宽约 5 米的道路。北门是一座与城内外相联结的水上通道，护城河不仅是防御设施，也具有交通上的重要功能。城的西南区有一组由几座长方形夯土台基组成的群址，也是城内最高的地区。这座城址的年代，从考古学的层位关系上来分析，"发现的夯土城墙建筑在大溪文化晚期，屈家岭文化早、中期依次叠压的文化层上，城墙的内坡又被屈家岭文化晚期，石家河文化早、晚期的文化遗存所叠压"，以此表明"它的建筑年代上限为屈家岭文化中

① 浙江省文物考古研究所：《余杭莫角山遗址 1992—1993 年的发掘》，《文物》2001 年第 12 期。

② 严文明：《略论中国文明的起源》，《文物》1992 年第 1 期。

期，下限为屈家岭文化晚期，即距今 4700—4000 年”①。据了解，天门石家河发现的城址规模，要比澧县城头山城址更大。

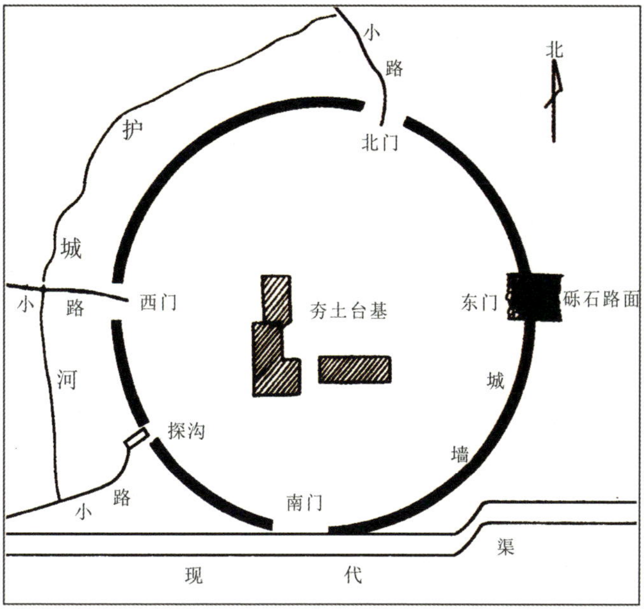

湖南澧县城头山城址平面图

在长江中游地区发现的二座城址，说明城乡关系在分化，城址成为一个地域内或是一个早期国家的政治、经济和文化的集中地，是文明产生的一个重要标志。城市的产生，不一定都得有城墙作为防御设施，如安阳殷墟是殷代的故都，数十年的田野发掘工作，迄今还未发现有城墙。长江下游良渚文化的良渚遗址是一座大型的礼制建筑，“可能是某种政治或宗教的中心文化遗迹”。若此推测无误，那么，既是政治、宗教的中心地，必然也就成为经济和文化的中心地，具有城市的基本形态。1977 年苏秉琦先生考察良渚遗址时，曾说过：“古老的杭州，可能就在这里。”惠特利曾说过：“世界第一批都市具有强烈的礼仪性。”②

四、文字的产生

文字的产生，是进入文明时代最为重要的标志，它为其后记载历史创造了条件。但是仅文字产生，不能就此认为已有了文字记载的历史，两者既有联系又有区别。文字刚产生的时候，字数有限，不能以此来记载社会上发生的复杂现象，必须经过一段发展的时

① 单先进、曾传松：《澧县城头山屈家岭文化城址被确认》，《中国文物报》1992 年 3 月 15 日。

② 乔纳森·哈斯著，罗林平、罗海钢、朱乐夫、陈加贞译：《史前国家的演进》，求实出版社 1988 年版，第 190 页。

间，字增加到一定的数量，才能用来记载历史。不论怎样，文字的产生，说明了社会上已有掌握文字的少数人，也可以说是最早的知识分子。它是社会发展到一个重要时期的转折点的产物，是文明起源的又一个标志。在良渚文化遗址发掘的黑陶罐上有八个刻画符号，李学勤释为“朱旟戔石，网虎石封”八个字；福格艺术博物馆收藏的一件陶壶上的刻文，饶宗颐认为是“有关古代奇肱民的记载”，这些都组成了有意义的文句，值得重视。所以，良渚文化时期已有文字，应该说是没有疑问的了。

五、伟大的原始艺术

原始艺术是人类由蒙昧、野蛮状态走向文明社会的重要标志之一，也是当时社会现实生活的真实反映。

史前长江文化中的原始艺术，主要体现在玉石器、骨器、陶器等物品上。根据现有的考古资料，可以分为绘画、雕刻、装饰、音乐、舞蹈等方面。

（一）绘画

史前时期长江先民高超的绘画技艺已在河姆渡文化遗迹中得到了充分的体现（此处主要是指陶器上的部分纹饰）。

从河姆渡遗址中出土的各种精美的艺术品来看，河姆渡人普遍具有绘画禀赋，他们善于用苍劲古朴、粗犷有力的线条描画事物，手下既有形象的写实图像，又有抽象的写意作品。天空中飞翔的野禽、地面上奔走的动物、水中游弋的鱼类、田里种植的植物以及自然界中的太阳、树木花草等，都能成为他们绘画的主题。他们竭力想把实物的形式和动作用最逼真的方法重现在图画上，故画面简洁、风格朴实而又生机盎然、惟妙惟肖，表现了河姆渡人对大自然的赞美，富有浓厚的生活气息。鱼禾纹陶盆、稻穗纹陶盆、猪纹陶钵、植物纹陶块等，都是河姆渡人绘画艺术作品的代表。如猪纹陶钵，在陶钵外腹壁两侧各刻有一猪的图像，猪的造型为尖嘴、细耳、大眼，身上还刻有花叶纹，把写实与抽象图案结合起来，极其生动，体现了史前长江先民在美术创作上所具有的智慧和能力。而五叶纹陶块上的植物图像，更是线条简洁明快，画面厚重而粗犷，呈现出一派郁郁葱葱、生气勃勃的景象。

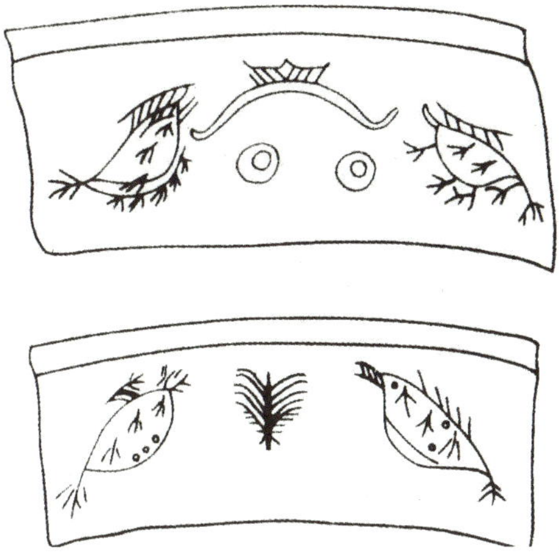

河姆渡文化陶器上的刻画鸟纹

河姆渡文化河姆渡遗址刻纹陶盆

河姆渡遗址第四层出土的五叶纹陶块

(二)雕刻

史前时期长江文化中的雕刻艺术，不仅自成特色，而且已经达到了极高的水平。雕刻工艺依使用材料可以分为象牙雕刻、骨雕、木雕和玉雕四类。

象牙雕刻早在河姆渡文化时期就已达到相当高的水平，出土有“双鸟朝阳”纹蝶形器、“太阳”纹蝶形器、圆雕鸟形匕、“蚕”纹盖帽等 10 多件珍品。这些象牙雕刻品线条洗练简洁、形象逼真生动、造型精美，是这一时期原始艺术中的精华。

史前时期长江文化中的骨雕工艺，也以河姆渡文化为代表。该遗址出土有连体双鸟纹骨匕、编织纹骨匕、钻刻鸟纹骨匕、兽纹骨片及骨勺(瓢)等具有代表性的骨制工艺品，这些骨制工艺品都往往雕刻有各种精致的花纹和图案。如连体双鸟纹骨匕，在中间部位雕刻有两组相同的异首连体的双鸟纹图像：上有背翼，下有爪足，喙如利钩，双眼炯炯有神，羽冠向后飘逸。腹部施刻火焰纹，其中心和鸟的眼睛系以经火烧烤的圆钻具炙钻而成，造型巧妙而又美观，线条娴熟流畅，生动而形象地刻画出猛禽的神态，惟妙惟肖，栩栩如生，是原始艺术中一件不可多得的骨雕工艺品。

河姆渡遗址出土的连体双鸟纹骨匕

史前时期长江文化中的木雕艺术，以河姆渡遗址出土的圆雕木鱼、木雕鱼器柄及木构件为代表。如圆雕木鱼，体态浑圆肥胖，把鱼的特征表现得淋漓尽致，是一件典型的木雕原始艺术珍品。

河姆渡遗址出土的圆雕木鱼

史前时期长江文化中的玉雕，同样以河姆渡遗址发现的璜、玦、管、珠等工艺品为最早。发展到良渚文化、凌家滩遗址时期，可以说达到了一个高峰。浙江省文物考古所在《浙江余杭反山发现良渚文化重要墓地》的报告中说："玉器一般雕琢精致，器表均经仔细打磨抛光，在着土面仍保留闪亮如镜的玻璃光泽。不少器物上琢有考究的花样图案，其中以饕餮纹最为常见，一般为横额、圆目、宽鼻、巨口，口中显露锋利的尖齿；构图常以转角线为中轴作对称布列，体现了我国传统的审美观念。雕琢手法以阴纹线刻为主，也有浅浮雕、半圆雕乃至通体透雕和立体的鸟、龟等圆雕，有的还配有肉眼不易辨认的极其纤细的卷云纹为地纹，显示了当时琢玉工艺的高度技巧"①。

（三）装饰

原始装饰艺术可以分为两类：一是人体装饰，一是日常生活器具乃至生产工具的装饰。

史前时期的长江先民，有着强烈的爱美之心，他们非常喜欢装饰和美化自己，除在身上绘上各种图案外，还往往使用装饰品来满足自己对美的需求，尽量把身上可以装饰的部分都用饰物装饰起来。从考古资料来看，史前时期长江先民的人体装饰以颈饰最为盛行。如在河姆渡、良渚等文化遗址中都出土有串饰，而这些串饰大多是挂在脖子上的。另外，从河姆渡等遗址出土的骨笄来看，史前时期长江人对发饰也颇为重视。

① 浙江省文物考古所：《浙江余杭反山发现良渚文化重要墓地》，《文物》1986年第10期。

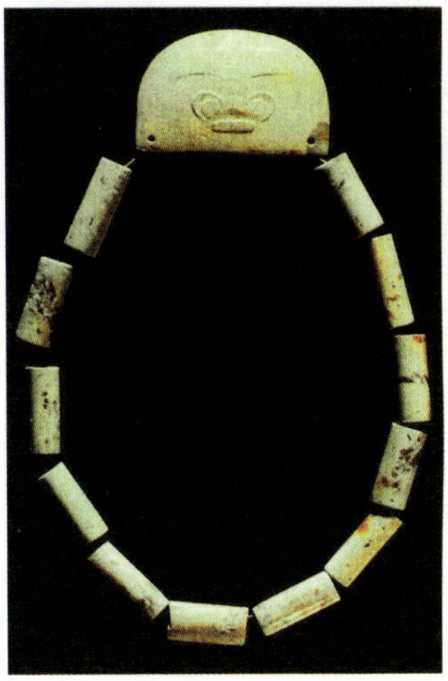

良渚文化玉项饰

马家浜文化罗家角遗址陶塑人体像

崧泽文化南河浜遗址陶塔形壶

长江文化中的用具装饰，在史前时期远比人体装饰要落后得多，但它同样显示了这一时期长江先民的原始审美观。史前长江先民的用具装饰，主要体现在多姿多彩的陶器装饰上。如在史前时期江南地区兴起的几何印纹陶就是其中的代表。

早期的几何印纹陶纹样来源于生产生活，如“叶脉纹是树叶脉纹的模拟，水波纹是水波的形象化，云雷纹导源于流水的漩涡”。但随着社会生产力的发展和人类审美观念的进步，原始人对器物在实用之外还要求美观，于是陶器纹饰也从写实的图绘发展到非写实的几何纹。其纹样有大小方格纹、网状纹、编织纹、圆圈纹、圆窝纹、重圈纹、漩涡纹、曲折纹、水波纹、重菱纹、云雷纹、兽面纹，等等。这些印纹陶器装饰艺术手法的出现，标志着长江文化装饰艺术的初步成熟。到商周时代，长江文化装饰艺术中的几何纹艺术已达到高峰，并或多或少地影响了中原地区的陶器装饰艺术乃至青铜器装饰艺术。

（四）舞蹈

原始舞蹈是原始先民们审美感情最直率、最完美、最有力的表现形式，与其他艺术一样起源于劳动生产。

史前时期长江远古先民的舞蹈艺术，从现存的一些文献和民族学资料来看，是和歌唱、音乐等结合在一起的。李泽厚认为：“后世的歌、舞、剧、画、神话、咒语……在远古是完全糅合在这个未分化的巫术礼仪活动的混沌统一体之中，如火如汤，如醉如狂，虔诚而蛮野，热烈而谨严……它们浓缩着、积淀着原始人们强烈的情感、思想、信仰和期望。”①他们充分利用舞蹈的艺术形式，来表达自己美好的愿望、劳动的欢乐和丰收的喜悦，借以减

① 李泽厚：《美的历程》，中国社会科学出版社1992年版，第11页。

轻或解除肉体的疲劳,增加精神上的快感,并借以达到巩固氏族内部团结、加强同自然斗争的信心,从而憧憬未来的幸福生活的目的①。如后汉赵晔撰的《吴越春秋·勾践阴谋外传》中的《弹歌》就是对此很好的反映,歌词曰:“断竹,续竹;飞土,逐宍。”意思是:把竹子砍下来,再把它们组装成弹弓。把丸弹出去,逐杀禽兽。这首歌相传创作于黄帝时代,它质朴天然,语言简洁明快,节奏感很强,洋溢着热烈而紧张的劳动气息,富有感染力②,生动地反映了史前时期长江流域原始先民们渔猎的情景。另外,《吕氏春秋·古乐》篇中说:“昔葛天氏之乐,三人操牛尾,投足以歌八阕:一曰《载民》,二曰《玄鸟》,三曰《遂草木》,四曰《奋五谷》,五曰《敬天常》,六曰《建帝功》,七曰《依地德》,八曰《总禽兽之极》。”这葛天氏是传说中生活于太湖流域地区的原始部落首领,自然“葛天氏之乐”也属于史前时期长江文化原始歌舞艺术的主要组成部分。在“葛天氏之乐”中,《玄鸟》《遂草木》是关于狩猎、畜牧方面的舞蹈;《奋五谷》是反映农业生产的舞蹈;《敬天常》《依地德》是有关宗教仪式的舞蹈;《总禽兽之极》是模仿各种飞禽走兽动作的狩猎的舞蹈。可以说,“葛天氏之乐”全面地反映了史前长江人社会生活的各个方面。

(五)音乐

原始音乐是和舞蹈密切联系在一起的。在史前时期,长江流域的远古先民往往用音乐来伴舞歌唱,从而使音乐、舞蹈和诗歌形成一个自然的整体。

原始音乐由声乐和器乐组成。从考古资料来看,新石器时期的乐器种类主要有打击乐器类(体鸣乐器与膜鸣乐器类)、吹管乐器类(气鸣乐器类)等。打击乐器类出土有陶鼓、鼍鼓、特磬等乐器,吹管乐器类则出土有骨笛、骨哨、陶号角等乐器,另还出土有摇响器或陶响球(属体鸣乐器类)等。

埙和哨是长江流域远古先民最为常用的乐器,具有悠久的历史。河姆渡遗址中出土的陶埙和骨哨,是我国及世界上迄今发现的早期的吹奏乐器之一,已有7000年左右的历史。陶埙在河姆渡遗址第四文化层中出土有两件,埙身呈鸭蛋形,中空,一端有一小吹孔。据学者研究:“最原始的埙,只有吹孔而无音孔”“有音孔陶埙应被视为按照一定的音阶或调式而制成的旋律乐器,并从而断定在这些乐器出现的时代里已有若干音阶或调式”了③。骨哨在河姆渡遗址中出土较多,仅第一次考古发掘就在第四文化层中出土了45件之多。这些骨哨系用禽类肢骨中段制成,长6～10厘米,哨身中空而略呈弧曲,一侧有孔,多数为两个孔,少数也有三四个孔。其中有的骨哨还在哨管内插有一根肢骨,可能

① 宋兆麟等:《中国原始社会史》,文物出版社1983年版,第424—425页。
② 孙景琛:《中国舞蹈史》(先秦部分),文化艺术出版社1983年版,第8页。
③ 李纯一:《原始时代和商代的陶埙》,《考古学报》1964年第1期。

是在吹奏时用作推拉用的附件。除河姆渡遗址外，马家浜遗址和吴江梅堰遗址也发现过相似的骨哨。湖南高庙遗址、辰溪松溪口遗址与征溪口遗址中出土有一音孔骨哨，骨哨音孔开孔于管身，属吹管乐器类。发掘简报显示，高庙遗址出土的骨哨材质为猪蹄骨，音孔呈椭圆形；整长 3.3 厘米，宽 1.2 厘米。辰溪松溪口遗址所出土的骨哨是用动物的趾骨粗磨而成，音孔也呈椭圆形；骨哨长 5.6 厘米，宽 1.9 厘米。征溪口遗址所出土的骨哨长 5.7 厘米，宽 1.8 厘米。

另据考古发掘报告，在江苏吴县草鞋山、吴江梅堰、常州圩墩等遗址中，还出土有一种所谓的“陶勺”的物品，呈球形，敛口，中空，有一短小握柄。据研究，它“可能是一种狩猎用的拟声工具，或是一种构造简单，吹、音孔合一的古老乐器”①。

陶响球在大溪文化中极为盛行，屈家岭文化中也较多见篦点纹空心陶响球与极少的彩陶球。这种中空的陶质球形器是我国新石器时期音乐文化的主要考察点之一，学界曾对这种中空的新石器时期陶质球形器产生了乐器、准乐器、响器、游戏工具、饰具等多种说法。而中国艺术研究院的王子初以为：“就像把骨哨这种可能为狩猎诱捕工具或玩具归入原始乐器一样，无论陶响器可能是古人的乐舞饰具，还是儿童的玩具，它作为一种响器的娱乐功能是存在的。把陶响器看作一种原始乐器，应该说是有理由的。”②在湖南出土的新石器时期音乐文物中，主要有陶响球、陶鼓与骨哨等。湘北华容车轱山新石器时期遗址出土有陶响球 1 件，澧县三元宫遗址出土有陶响球 7 件，湘潭县堆子岭新石器时代遗址出土有陶响球 1 件。三元宫陶响球于 1967 年出土，泥质红陶器件，球面用篦点纹组成的双线划分为许多等腰三角形。小孔最多的是中号的陶响球，有 6 个孔。大、小号球体内含有砂粒或泥丸，可摇奏。该遗址属大溪文化与屈家岭文化遗址，3 件陶响球均采自大溪文化土层。华容车轱山遗址属屈家岭文化遗址，该遗址所出土的陶响球为黑皮陶制圆球，直径 3.4 厘米。球体外表满布用锥点连线划分出的 24 个对称的等腰三角形。内装砂粒，摇之作响。陶响球属摇响器类。依据德国霍恩博斯特尔—萨克斯乐器分类法，摇响器与大多数的打击乐器同属体鸣乐器类，但摇响器还兼具游戏与演奏功能或巫术法器的功能。我们从安徽汪家庙遗址所出土的陶响器伴有吹奏乐器陶埙的出土，可知此类陶响器与陶埙可同时演奏于原始乐舞。湖南新石器时期的陶响器，应可如苗族伴舞所用响器“金铎”③或民俗歌舞中的哗唧棒摇奏一般，奏响于湖南新石器时期的原始乐舞。

陶鼓是我国原始艺术打击乐器类的代表，是我国远古文化发展的主要标志之一。从

① 宋兆麟等：《中国原始社会史》，文物出版社 1983 年版，第 422—423 页。

② 王子初编著：《中国音乐考古学》，福建教育出版社 2004 年版，第 67 页。

③ 清代陈鼎在其《滇黔土司婚礼记》中记载曰：苗族“跳月为婚者，元夕立标于野，大会男女，男吹芦笙于前，女振金铎于后，盘旋跳舞，各有行列。讴歌互答，有洽于心，即奔之。”

考古实物可知，鼓在我国原始社会的后期，其形制已基本定型。陶鼓在长江流域的史前文化遗址中多有出土，如澧县梦溪三元宫遗址或澧县东田丁家岗遗址。关于湖南澧县丁家岗新石器时代遗址所出土的那面陶鼓（考古报告中名为“M8：1 陶釜”），报告曰：“M8：1，为瓮棺葬具。有红色陶衣，厚胎，直口斜长颈，尖唇，大扁圆腹，圜底。径 36 厘米、高 27.6 厘米。”①黄厚明在其《中国史前音乐文化区及相关问题初论》一文中这样描述它：“该陶鼓为泥质红陶，口微侈，折唇，鼓腹，小平底口沿下饰刺丁一周，共 23 个，腹中有散音孔一个。”②如以陶鼓相比普通陶罐而言，更应将具备蒙革条件作为其乐器功用形制设置上的基本要求。澧县三元宫遗址屈家岭文化晚期墓葬 M24：1 所出土的陶罐则更具陶鼓使用的可能性。《澧县梦溪三元宫遗址》考古报告描述 M24：1 陶罐为：“泥质红陶，口微侈，鼓腹，平底，口下一周二十三个鹰嘴式突纽。口径 35.6 厘米、高 28.5 厘米。”③黄厚明所描述的湖南丁家岗新石器遗址陶鼓（陶釜），除增加罐体腹部一散音孔的说明文字外，该陶鼓的材质、外形及其突纽情况等文字性的描述指标均贴近澧县三元宫遗址所出土的 M24：1 陶罐的基本形制。

上述这些乐器在长江流域史前时期文化遗址中的出土，表明史前时期长江文化中的原始音乐已发展到一定的程度，应在中国音乐发展史中占有一席之地。方建军曾在其《中国上古乐器的发现与种类》一文中总结性地表明：“从目前的考古发现观察中国上古乐器主要发现于‘两河流域’地区，即黄河中下游地区和长江中下游地区。……据今所知，新石器时代的乐器虽然在中国南北两方均有发现，但其中有些乐器（比如石磬）则仅在北方发现，显示出乐器发生的地理范围以及古代音乐文化的区域差别。”④

总之，长江中下游地区在距今 5000 年前后的良渚文化时期，已进入到了文明时代。它的文化发展水平较高，同时我们还应看到在手工业中榫卯木结构和企口板的拼接技术，对中国木建筑的发展有着重大的推动作用。此外，探究象牙器、蚕丝、漆器、镶嵌和竹篾的编织等工艺技术对中国传统手工业萌芽的促进，都要追溯到史前时期的长江流域，这是其形成与发展的基础。玉器制作工艺在这一方面也有特殊贡献。

---

① 湖南省博物馆：《澧县东田丁家岗新石器时代遗址》，《湖南考古辑刊》第一集第 9 页，湖南省博物馆编，1982 年版。

② 黄厚明：《中国史前音乐文化区及相关问题初论》，《华夏考古》2005 年第 2 期。

③ 湖南省博物馆：《澧县梦溪三元宫遗址》，载《考古学报》1979 年第 4 期。

④ 柳青：《音乐考古学视野中的湖南新石器时期音乐文化》，《音乐创作》2016 年第 8 期；方建军：《中国上古乐器的发现与种类》，《中央音乐学院学报》1996 年第 2 期。

第五节　史前时期长江文化的发展规律

史前时期长江文化的发展规律，主要表现在以下四个方面。

一、创造性

长江文化是一种富有创造力的文化，生活在这里的远古先民创造了一系列的物质精神财富，为中华文明的繁荣昌盛作出了重要贡献，也为世界文明作出了不可磨灭的贡献。

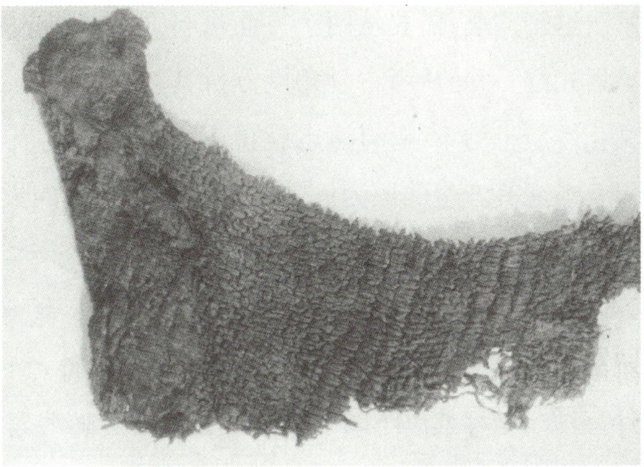

吴县草鞋山遗址出土的葛藤纤维物

从迄今为止发现的考古资料来看，长江文化的主要表现有，我国目前发现最早的稻作实物，是在湖南省澧县彭头山文化遗址发现的；世界上目前最古老的人工栽培稻，是在浙江余姚河姆渡文化遗址发现的；我国迄今为止发现的最古老的陶器之一，是江西万年仙人洞下层出土的夹粗砂绳纹陶；我国迄今为止发现最早的白陶，是距今约 7000 年的桐乡罗家角遗址出土的白陶豆残片；我国乃至世界迄今为止发现的最早的织机遗存，见于河姆渡遗址出土的定经杆、绞纱棒、分经木、骨梭形器、机刀、布轴及齿状器等纺织工具；我国迄今为止发现最早的葛藤纤维物，是距今约 6000 年的江苏吴县草鞋山遗址出土的三块碳化了的纺织物残片；我国迄今为止发现最早的蚕纹图像，是河姆渡遗址出土的“蚕”纹盖帽上的蚕纹图像；我国迄今为止出土最早的丝织品，是 4700 年前吴兴钱山漾遗址出土的绢片；世界上最早使用生漆的是长江先民，河姆渡遗址第三层出土的一件木质漆碗是中国迄今为止发现的最早漆器，距今已有 6500 年左右的历史；中国迄今为止最早的嵌玉漆器，是余杭良渚瑶山 9 号墓发现的一件朱漆嵌玉高柄杯；我国迄今发现的最为古老而又精美的木船桨，是在跨湖桥遗址和河姆渡遗址第四层中出土的；我国迄今为止最早的水井遗址，也是在河姆渡遗址发现的；世界上迄今为止发现的骨耜，年代最早、制作最精并且数量最多的，也当推河姆渡遗址；中国迄今为止最早的木结构干栏式建筑，发现于上山遗址；中国迄今为止发现的最古老的巫术用器，是在河姆渡遗址出土的，等等。所有这些都有力地证明，长江文化是一种富有创造和开拓精神的文化。

二、连续性

史前时期的长江文化，是在长期稳步、连续地向前发展的。

在长江流域史前时期的各地区内，有不同的考古学文化分布着，如长江下游的太湖地区分布着距今约 7000 年的马家浜文化，6000 年前后出现崧泽文化，再到 5000 多年前出现了良渚文化。在长江中游的江汉地区，首先发现的是屈家岭文化，在屈家岭文化之前有所谓“仰韶文化”，其后为石家河文化。

这里以这两个地区的考古学文化为例，分析其是否有前后相继的连续发展关系。要解决这个问题，需要从两个方面进行研究：一是从历史学的角度来阐述其社会发展是否前后相继；一是从考古学角度分析其物质文化是否有着它的演变关系。若是出现了物质文化性质上的不同，自然也就说不上两者之间有前后相继的演变关系。在此情况下，就得要考虑其产生的原因。若是对墓葬中发现的人骨加以鉴定，前后两者的人骨特征不一致，就有可能是前后居住着不同人。

吴县草鞋山遗址发掘马家浜文化时期墓葬 106 座，其中有 25 座墓没有随葬器物，25 座墓只随葬器物 1 件，39 座墓随葬器物 2 件，14 座墓随葬器物 3 件，2 座墓随葬器物 4 件，只有 38 号墓出土随葬器物 9 件①。从随葬器物总的情况分析，没有随葬器物的和随葬只有一两件器物的墓约占总数的 90%，由此可见，随葬器物是相当贫乏的。就是随葬器物最多的 38 号墓，陶器有豆、盆各 1 件，石斧 1 件，骨柶 3 件，鹿角器 2 件和玉饰 1 件。其中有制作较简易的骨、角器 5 件，约占总随葬器物的 1/2，也不能认为是随葬器物丰富的墓。这些墓葬的随葬器物，主要是日常生活中使用的陶器，大多是由一件食器，或是一件炊器和一件食器组成。食器以豆为多，炊器以釜为主。

墓葬中的随葬器物，从一个侧面反映了当时社会生产的发展水平还是比较低的，生活仍然十分艰苦，故必须实行共同生产、共同分配的原始共产主义制度。

马家浜文化之后为崧泽文化，在草鞋山遗址发掘崧泽文化墓葬 89 座，其中没有随葬器物的有 16 座墓，1～3 件随葬器物的有 29 座，6～10 件随葬器物的有 23 座，10～15 件随葬器物的有 13 座，16 件以上随葬器物的有 4 座。随葬器物最多的是陶器，一般由炊器、饮食用器和盛放器组成，常见的有鼎、豆、壶、罐、杯，还有釜、甑、盆、盘、缸等。有的墓中有石器钺、锛、凿等武器和生产工具随葬，有的墓中有玉、石制的璜、玦、坠等装饰品。

在这批崧泽文化的墓葬中，明显地出现随葬器物多寡不一的现象。如 203 号墓随葬的石器有钺、锛、坠饰；陶器有鼎、甑、豆、壶、罐、杯、钵、盆、盘等 25 件，陶器中的豆、罐各 6

① 南京博物院：《江苏吴县草鞋山遗址》，见《文物资料丛刊》第 3 辑，文物出版社 1980 年版。

件，超出了个人需用的数量。96 号墓随葬陶器有豆、壶、罐等 5 件，还随葬了两个猪下腭骨和一个鹿上腭骨。“把猪下腭骨等随葬应是作为个人财富的象征”。而 51 号墓在墓主人头旁放置一件陶盆残片，肩部置一鼎足，以此表示食器和炊器。这两类墓葬反映了当时社会上已出现贫富差距，由平均分配社会产品发展到了不平等地分配社会产品，私有制在此基础上产生。随着私有制的产生，私有观念开始盛行。

浙江余杭汇观山良渚文化大型墓葬 M4

崧泽文化之后为良渚文化，人们在草鞋山遗址内发现大型墓葬一座，修筑在土筑高台墓地上，出土了大量精致的玉器和陶器等器物。玉器有琮、钺、璧、锥形器、镯、管、珠，陶器有鼎、豆、壶、罐、盆、簋等，其中刻琢神面形纹的琮和钺、璧等玉器，是第一次有明确的地层关系证明是属于良渚文化的，陶器的鼎、壶上有细刻的图案纹饰，线条纤细而流畅，也属首次发现的陶器精品。

这种以玉器随葬为主，建造在土筑高台墓地内的良渚文化大型墓葬，以余杭良渚遗址最为典型，具有代表性。现已发掘有反山、瑶山和汇观山等三处墓地，这三处墓地是这座大型礼制建筑的组成部分。以这座大型礼制建筑并结合其他有关资料分析，当时已进入到了文明时代，在此就不再赘述了。

在距今六七千年的马家浜文化时期，因当时生产水平还较低，必须实行共同生产、共同分配的原始共产主义制度；及至约 6000 年前的崧泽文化时期，生产水平逐渐提高，社会财富开始有了积累，出现了社会产品分配上的不平等现象，私有制在此基础上产生，思想意识上的私有观念也随之形成；到 5000 多年前的良渚文化时期，生产水平进一步提高，社会财富积累明显增加，并且集中到少数人的手中，为古代文明的出现创造了条件。由此观之，太湖地区史前文化的社会发展上的三个大阶段，是相互联系着的。

再从马家浜—崧泽—良渚文化遗址内发现的物质文化遗存分析，在草鞋山遗址第七层发现的 6 座墓葬，墓主人的头朝北，略偏西，其中仰身葬 3 座，俯身葬 1 座，随葬的陶器有夹砂红陶釜、鼎和泥质灰陶罐、壶、盆、镂孔圈足豆等。从头的方向、葬式看，与马家浜文化的墓葬比较接近；再从陶器的陶质和器形上看，又有崧泽文化的特点，它应是处在马家浜文化向崧泽文化转变的过渡期内。

马家浜文化向崧泽文化过渡的遗存，在考古学文化的属性上怎样去区分呢？对于这个问题，有人提出了两者在物质文化特征上的基本区别：①石器。马家浜文化的石斧比较厚实、狭长，平面近似舌形；崧泽文化时的石斧则比较扁薄，平面近似长方形，刃部呈弧形。②玉器。马家浜文化时以玦较多，璜较少见；到崧泽文化时则反之。③陶器。马家浜文化的炊器以釜为主，稍晚才有鼎出现，以喇叭形圈足上有镂孔的豆、牛鼻形或鸡冠形耳的罐和盉为主；崧泽文化时鼎的数量增多，成为主要的炊器，釜的数量减少，以喇叭形圈足上附有竹节形纹的豆、折腹的罐和壶等为主。④葬俗。马家浜文化时以俯身葬为主，后逐渐演变为俯身与仰身共存；到崧泽文化时则以仰身葬为主。① 以此标准来衡量，草鞋山遗址第七层发现的 6 座墓葬为崧泽文化早期遗存，与马家浜文化晚期遗存是相联系着的。

崧泽文化之后为良渚文化，这两个考古学文化在物质文化的关系上，有人认为：崧泽文化晚期的石斧平面略呈长方形，刃部微弧、近平，到良渚文化时演变为长方形平刃斧；崧泽文化晚期有背面带脊的石锛，到良渚文化时演变为有段石锛；崧泽文化晚期出现呈等腰三角形的石犁，到良渚文化时演变为器形较大的形式而且普遍使用。在陶器方面，崧泽文化时的扁方侧足鼎，到良渚文化时演变为鱼鳍形足或扁方形足的鼎；崧泽文化的高领圆肩器壁较直的罐，到良渚文化时演变为高领圆肩瓮；崧泽文化带有竹节形纹的圈足豆，到良渚文化时演变为竹节形把的豆；崧泽文化的直颈圆腹圈足壶，到良渚文化时器形基本与前者相似，唯在口颈部附加对称的双贯耳，等等。以此“可以清楚地看出崧泽文化与良渚文化之间前后继承和发展的关系”②。

以往在考古学界，有人把崧泽文化作为马家浜文化晚期的一个文化类型，也有人把它作为良渚文化早期的遗存，还有人把它作为马家浜文化与良渚文化之间的一个考古学文化类型，称为崧泽类型。

这些事实充分说明了马家浜—崧泽—良渚文化是前后相继，一脉相承的。

江汉地区的史前文化，从古遗址发现的地层堆积上分析，它们早晚出现的序列是“仰韶文化—屈家岭文化—石家河文化”。属于“仰韶文化”时期的遗址，目前发掘的较少，对它的认识上还有一些局限性。我们透过已发现的遗存，还能看出它与屈家岭文化的一些关系，如郧县青龙泉遗址的“仰韶文化”中的蛋壳红陶小杯、彩陶高领小罐、凸弦纹的盆形鼎以及鸭嘴形有圆窝纹的鼎足和敛口深腹罐、带流盆等，都与青龙泉屈家岭早期的同类陶器有关，显示了青龙泉“仰韶文化”中已孕育着某些屈家岭文化的因素③。

再来看屈家岭文化与石家河文化的关系。在石家河文化青龙泉遗址出土的红顶碗、

① 黄宣佩：《略论崧泽文化的分期》，《中国考古学年会第三次年会论文集》，文物出版社 1984 年版。

② 黄宣佩：《关于良渚文化若干问题的认识》，《中国考古学会第一次年会论文集》，文物出版社 1980 年版。

③ 中国社会科学院考古研究所：《青龙泉与大寺》，科学出版社 1991 年版，第 154 页。

绳纹大口尊、彩陶纺轮、石盘状器、石锄以及带腰坑的墓葬等，与屈家岭文化晚期的同类器物和墓葬相同或相似，这些现象表明了石家河文化可能起源于屈家岭文化晚期遗存①。有人更进一步认为屈家岭文化和石家河文化都保持了这一地区内的史前文化盛行圈足器的特点。还有在屈家岭文化晚期处于萌芽状态的厚胎喇叭形的杯，到石家河文化时演变为常见的典型器；石家河文化有的甑的特点是底部中央有 1 个圆孔，周围有 4 个椭圆形孔和尊等陶器的器形，与屈家岭遗址的晚二期的同类器相似。总之，在屈家岭文化中已孕育着石家河文化的某些因素，表明这两个考古学文化是先后相承接的②。

江汉地区史前文化的发展序列，从上述的分析表明，也可以说是前后一脉相承的。

三、开放性

史前时期人们之间的交往，产生了文化上的相互影响。一般来说，这种影响主要表现在吸取对方有利于自身生产发展上的技能，或是仿造满足人们生活上需要的物品。总之，能使生产得到发展，社会生活上的需要得以满足。

长江流域的史前先民，早在 6000 多年前就与其他地区的史前人们发生了相当频繁的交往，如第三节所述 1985 年江苏灌云大伊山遗址发掘，在发现的陶器中，有的鼎、豆等器物上有腰沿，这与马家浜文化中具有典型代表性的腰沿釜相似。大伊山发掘玉器中的璜、玦，与河姆渡文化、马家浜文化中的同类玉器相似。大伊山墓地发现的墓葬中"有用红陶钵覆盖在（墓主人——作者引用时所加）头部的习俗，这在马家浜文化早期类型的圩墩（下层）和草鞋山（下层）遗址的墓葬中也有出现。这说明远古时代在东部滨海地区存在着南北区域的文化交流"③。

黄河下游苏鲁地区的大汶口文化、龙山文化与良渚文化的关系是相当密切的。在泰安大汶口、邹县野店、诸城呈子、邳州市大墩子等大汶口文化遗址内，都发现有含有良渚文化因素的有段石锛、双耳壶等遗物。而新沂花厅遗址更为明显。1987 年和 1989 年对花厅遗址进行的两次发掘，在大墓的随葬器物中发现有大量的玉器，"全属良渚文化玉器系统"④。还有陶器中的双耳壶、宽把带流杯、双耳圈足罐等，都具有良渚文化的风格。到龙山文化时期，仍然保持了这样的交往关系，如日照两城镇发现的玉圭的上部两面有神

---

① 中国社会科学院考古研究所：《青龙泉与大寺》，科学出版社 1991 年版，第 159 页。

② 李文杰：《试论青龙泉文化与屈家岭文化、庙底沟二期文化的关系》，见《中国考古学会第二次年会论文集》，文物出版社 1982 年版。

③ 连云港市博物馆：《江苏灌云大伊山新石器时代遗址第一次发掘报告》，《东南文化》1988 年第 2 期。

④ 南京博物院花厅考古队：《江苏新沂花厅遗址 1989 年发掘纪要》，《东南文化》1990 年 1、2 期合刊。

面形纹，与良渚文化玉器上的神面形纹相类似。尤其是江苏新沂市大汶口文化墓地发现的一批有良渚文化特征的器物，引起了人们对它的文化性质的不同意见。有的学者认为："良渚文化一支武装力量北上远征，打败原住花厅村的大汶口文化居民并实行占领。作战中自己一方阵亡的战士不可能运回老家，只有就地安葬，他们不用大汶口文化居民原有的墓地（南区），而在其北约 600 米的北区另设墓地。为了缅怀这些在异乡战死的英雄，特地给他们随葬了最能反映本族特色的玉器和陶器等物品，甚至把敌方未能逃走的妇女儿童同猪狗一起殉葬。"①按照这位学者的描述，花厅遗址的人们无缘无故地遭受良渚文化远征军的侵略，其情景是相当凄惨的。另一方面，良渚文化远征军占领的花厅聚落，处在大汶口文化居民的层层包围之中，又是距良渚文化数百里之外的一块小小飞地，能保得住吗？有的学者认为良渚文化人北上，占领花厅"未执行文化灭绝政策，原有的大汶口文化居民在日常生活上并未发生重大变化，反映在墓葬上即形成与大墓杂处的成组墓葬"②。上述这两种意见的学者，都没有说明以下问题：①良渚文化的先民为什么选择北上，而不到其他地区？②确定北上后，为何选在距良渚文化分布地较远的花厅？对这两个问题，如不加以探讨说明，其论点自然也就无法具有说服力了。

还有的学者提出与上述相反的意见，认为花厅墓地发现有良渚文化特征的器类的数量较多，"而尚未能改变花厅遗址的文化性质，但确实表明它在花厅遗存中占有重要的地位"。并且将花厅墓地出土的玉器与良渚文化相比较，有明显的不同。良渚玉器以钺、琮、璧等大型玉礼器为突出代表；而花厅墓葬除个别有琮、钺外，常见的是小型的装饰品③。有的学者对花厅遗址和大汶口遗址的墓葬进行分析比较，认为从葬俗、典型器物的特征上都反映出这两处墓地的关系密切，当是同属大汶口文化系统。近年来还出土了一些具有良渚文化特征的玉器和陶器，其数量仅占出土器物总数的一小部分，并不占有主导地位，其中最能反映良渚文化特征的玉器，只有带兽面纹的玉琮和锥形器，而其他的玉器在这两个考古学文化中都有发现。因此，花厅墓地应是属于大汶口文化先民的墓地，在其形成过程中，受到太湖地区良渚文化的强烈影响④。这一观点我们是同意的。所以，对一个史前墓地的文化性质的确定，绝不能以出现一些其他文化因素的遗物来定性，而必须全面地、细致地进行分析和研究，从而得出科学的、令人信服的结论。

同样地，良渚文化也受到了大汶口、龙山文化的影响，如青浦福泉山良渚文化墓葬中发现的彩陶背壶、余杭南湖遗址发现的篮纹鼎等遗物，都有大汶口文化的因素。嘉兴雀

① 严文明：《碰撞与征服——花厅墓地埋葬情况的思考》，《文物天地》1990 年第 6 期。
② 徐坚：《花厅墓地浅析》，《东南文化》1997 年第 3 期。
③ 栾丰实：《花厅墓地初论》，《东南文化》1992 年第 1 期。
④ 王根富：《花厅墓地初探》，《东南文化》1992 年第 2 期。

幕桥发现的陶鬶，其特点是后腿明显地向后伸，这与胶县三里河龙山文化 2113 号墓发现的鬶相似，含有龙山文化的因素。江苏吴江市龙南良渚文化遗址发现房址 11 间，都是半地穴式建筑。它是怎样产生的呢？可能是在河南龙山文化和海岱地区山东龙山文化的共同影响下产生的。

长江下游地区的史前时期的人们，并不限与苏鲁地区的史前人们交往，其范围是相当广阔的。如 1982 年在渤海湾口的庙岛群岛中的大竹山岛附近打捞起一件陶釜，它的形制与长江下游的河姆渡遗址第一层或崧泽文化中的陶釜相类似。长江下游史前文化中的陶釜在渤海湾发现的这一事实，至少说明了长江下游先民与渤海湾的史前先民之间，在五六千年前已经有了海上交往。

在五六千年前长江下游的史前先民，既然能到达渤海湾，必然与渤海及其附近地区的史前先民可能发生文化上的交流，如辽西地区牛河梁的红山文化大型礼制建筑的布局规格，与良渚文化的良渚遗址的大型礼制建筑的布局规格基本相似。前者以坛（祭坛）、庙（女神庙）为轴心，围绕它的是大型墓葬；后者以“中心遗迹”（还未进行发掘，它的具体内涵还不够清楚）为中心，围绕它的也是大型墓葬。这种布局规格的基本相似不可能是偶然的巧合，应是在相互影响下产生的相类似的思想意识的产物。

中原地区也发现有良渚文化因素的遗物，如山西襄汾陶寺遗址的大墓里，有玉石制的琮、钺、斜柄刀等，这些都有良渚文化的因素。山西襄汾县陶寺河南龙山文化早期遗址的墓葬中发现了一件斜柄石刀，这种形制的石刀在中原地区的史前文化中没有发现过，而在良渚文化各遗址中却相当普遍地存在着，并且是具有一定代表性的一种石器。因此，可以认为它是受良渚文化影响产生的。陶寺大墓中还发现有较多木质的漆器，器形有鼓、圈足盘、长方平盘、斗、豆、案、俎、匣、仓形器等，尤其是龙纹陶盘引人注目，当与良渚文化陶器上细线刻的龙（蛇）纹有关。陶寺遗址发现的漆器，在之前的史前文化中，迄今还未见有用漆的遗迹，所以不可能是突然产生的。中华大地上人们对漆的使用，以距今约 6500 年的河姆渡遗址第三文化层发现的一件漆碗为最早。在太湖地区的马家浜文化、崧泽文化和良渚文化都有用漆的遗物发现。因此，我们可以认为陶寺的漆器，当是直接或间接地受到崧泽文化、良渚文化的影响产生的。陶寺遗址出土的玉石器中的琮、钺等遗物，也有良渚文化的因素。陕北延安芦山峁遗址发现的一批玉器，在时代上有早晚的不同，其中玉琮的形制和纹饰都有良渚文化的风格，还有玉钺也与良渚文化有关。神木市石峁客省庄第二期文化遗址曾发现一批玉器，大部分已丢失，目前能见到的有璋、圭、钺、斧、戚、戈、刀、璜、璧和人（神）头像、虎头、蚕等，其中钺、斧、璧、璜、圭等玉器当与良渚文化同类玉器有关，尤其是玉琮有浓厚的良渚文化风格。

甚至远至岭南地区的石峡文化与太湖地区的史前文化也有关系，苏秉琦先生在 20

世纪70年代曾作了扼要的分析。他说："上海市青浦县（区）崧泽遗址下文化层中出的盘豆类圈足，特征明显，类似三级塔式，加饰一组三角排列的小圆孔。石峡遗址下文化层底部遗存中，也有相似的器物。""崧泽中层鼎的器体变化序列大致是从流行塔式到流行盘、盆式，器足的发展序列，大致是从厚重的瓦式逐渐减轻、减薄，再变成鳍式。器体特征与石峡大部分墓出土的鼎类有明显不同，器足部分则两者都经历了类似的、为适合实用目的而逐渐改变的序列。"①

曲江石峡遗址的第二、三期墓葬中有有段石锛、钺、琮、璧、环、玦、璜、瑗、笄和珠等，都具有良渚文化的因素，其中105号墓"出土的大玉琮，和江苏吴县草鞋山上层墓葬出土的大玉琮，从玉料的选择、内圆孔的对钻到浅雕花纹几乎一模一样，两地相距2000公里，却如此类同，值得注意。"②在陶器方面，石峡文化的人们盛行三足器、圈足器，在良渚文化中三足器、圈足器也较常见。石峡遗址的墓葬中发现的双耳壶和陶壶，都有明显的良渚文化的因素。另一方面，石峡文化也影响了良渚文化，如余杭北湖乡发现的一件三足陶盘，这不是良渚文化固有的陶器，而在石峡文化中则是有代表性的一种陶器。

石峡文化的先民不仅与长江下游的史前先民有着密切的交往，与其相邻近的江西赣江流域的史前先民也有着密切的交往，如"石峡墓葬中出土的盘鼎、鬶、有段石锛、石镞和形式多样的鼎足，与江西赣江流域清江县筑卫城遗址下层、江西修水山背遗址出土的同类器物相比较，有许多相似之处。从地理位置上考察，广东东北部从始兴、南雄这一线与赣南之间有谷地和山口相连，可通赣江上游"。这些现象，反映出在四五千年前这两个地区内的史前人们"就有过直接或间接的交往"③。

石峡文化发现的石镬特点是"长身弓背，两头有刃，上刃窄，下刃宽，窄刃的一头镬身短，宽刃的一头镬身长，犹如现今的铁镐"④。这种形式的石镬，在湖南安仁县安平司等遗址中也有发现，反映了这两个地区内的史前人们有着一定的交往。

此外，福建昙石山文化的圈足壶、大圈足盘等陶器，台湾圆山文化的有段石锛、卑南文化中的玉玦、凤鼻头文化中的靴形石刀等，都有良渚文化的因素。

至于长江流域内各史前文化之间的来往，也是较早就已出现了，并随着时间的推移，逐渐地频繁起来。

---

① 苏秉琦：《石峡文化初论》，见《苏秉琦考古学论述选集》，文物出版社1984年版。

② 广东省博物馆、曲江市文化局石峡发掘小组：《广东曲江石峡墓葬发掘简报》，《文物》1978年第7期。

③ 广东省博物馆、曲江市文化局石峡发掘小组：《广东曲江石峡墓葬发掘简报》，《文物》1978年第7期。

④ 杨式挺：《谈谈石峡发现的栽培稻遗迹》，《文物》1978年第7期。

江苏金坛区三星村马家浜文化遗址，地处太湖平原和宁镇丘陵地区的分水岭，具有地势平坦、河流密布的有利条件。该遗址出土遗物相当丰富。据报告编写者认为，三星村墓地出土的彩陶纹饰、骨管、骨针、骨锥、陶锤等，与常州圩墩遗址下层出土的同类器类同。鹿角靴形器则是长江下游地区马家浜文化中的常见器形。此外，钵形陶鼎、七孔石刀、石锄、陶尊与南京北阴阳营文化下层墓葬中出土的同类器相似。三星村遗址出土刻纹镂孔陶尊(M707:5)，也与龙虬庄遗址陶尊(M156:5)类似①。由此可见，三星村马家浜文化先民，不仅与其邻近的宁镇地区的北阴阳营文化的先民有文化上、经济上的交往，并且与淮河下游的高邮市龙虬庄遗址的先民，有文化上、经济上的交往。这种交往，促使三星村人的眼光放得长远，增加了对事物的认识能力，因此“如彩陶豆上所刻的云雷纹，是中国目前所见的最早的云雷纹之一。同时，遗址出土两套有完整组合的石钺，其造型、纹饰基本相同，说明此种礼仪性石钺在当时已成定制。此外，板状刻纹骨器制作精良，所刻花纹繁缛而又有一定规律，反映出当时人们的一种抽象思维”②。三星村人在和其他文化人群的交往中，不断吸取他们的文化精髓，并加以总结提高，从而达到丰富三星村人的物质生活和精神生活的目的。

浙江桐乡市罗家角马家浜文化遗址发现的白陶豆，在其他马家浜文化遗址中迄今还未见有发现。有的学者认为：“洞庭湖地区是白陶的原生地，又是白陶向外传播的中心。”又说：“东则途经赣北的高安等地，到达属于马家浜文化早期的浙江桐乡罗家角遗址。”③所以，罗家角马家浜文化遗址产生的白陶，直接或间接地受到洞庭湖地区史前文化的影响。但是，我们还应看到，这种豆的器形和纹饰在洞庭湖地区史前文化的陶器中未见，由此可知，罗家角人采用了洞庭湖地区史前文化的人们制作白陶器的原料和技术后，制成了适合于自身需要的白陶器。又如分布在江汉平原和洞庭湖地区的大溪文化，与马家浜文化也有着密切的交往关系。如马家浜文化的陶釜是一种重要的炊器，它的主要特点是腹部有一周较宽的沿，因此人们就称它为腰沿釜，这是它是异于其他考古学文化陶釜的主要标志；但在器物的造型上，如罗家角马家浜文化遗址出土的侈口圆腹(T119③:8)和扁圆腹的陶釜(H27:2)，与湖北枝江市关庙山大溪文化遗址出土的圆腹釜(T63⑤BH165:1)和扁圆腹釜(T55⑥H122:35)，两者器形有相似之处。江苏吴县草鞋山马家浜文化遗址出土的侈口、扁圆腹、圜底的陶鼎，与湖南安乡县划城岗大溪文化遗址发现的陶鼎(M41:4)，两者器形有相似之处。陶鼎在马家浜文化遗址中发现的数量较多，而大溪

① 江苏省三星村联合考古队：《江苏金坛三星村新石器时代遗址》，《文物》2004 年第 2 期。
② 江苏省三星村联合考古队：《江苏金坛三星村新石器时代遗址》，《文物》2004 年第 2 期。
③ 何介钧：《环珠江口的史前彩陶与大溪文化》，见《湖南先秦考古学研究》，岳麓书社 1996 年版。

文化遗址中发现的数量少，因此，大溪文化中陶鼎的出现，可能与马家浜文化的影响有关。上海市青浦区崧泽马家浜文化遗址出土的直口、折腹、喇叭形圈足的陶豆（T1：19），与湖南澧县三元宫大溪文化遗址出土的陶豆（T1①：4），两者形制相似。江苏常州市圩墩马家浜文化遗址在7801号探方第三文化层出土的一件敞口、盘形的豆盘，下附粗矮的喇叭形圈足，它的形制与关庙山大溪文化遗址出土的盘形豆（T55⑤H148：1）相似；草鞋山马家浜文化遗址发现的钵形盘、高圈足陶豆，它的形制与巫山大溪遗址发现的陶豆（M151：13）和湖北钟祥市六合大溪文化遗址发现的陶豆（T15④：6）相类似。此外，大溪文化遗址中发现的玉玦、玉璜和漆器，与河姆渡文化、马家浜文化有关。更值得注意的是，湖南澧县城头山古城址下发现汤家岗文化时期的水稻田及其灌溉系统，与草鞋山马家浜文化遗址内发现的水稻田与其灌溉系统，两者相似，在年代上，前者略早于后者。

江苏灌云大伊山遗址发掘发现墓葬38座，出土玉璜4件、玉玦1件，都与马家浜、河姆渡等考古学文化的同类玉器有关。大伊山遗址发现的腰沿釜、鼎、豆，有的学者认为："大伊山类型的腰沿釜实际上是在北辛类型的深腹圜底釜上加了一道腰沿，与南方马家浜文化的弧腹腰沿釜和深直腹腰沿釜有一定区别；腰沿豆实际上是在腰沿釜上加一喇叭形圈足；腰沿鼎则在北辛类型的斜腹圜底鼎上加了一道腰沿，也不同于马家浜文化的腰沿鼎。"[①]这种腰沿陶器，在淮北及其邻近地区的大多数史前文化的遗址中没有发现，只在江苏淮安青莲岗和阜宁梨园等少数遗址中有腰沿釜或其残片。因此，我们可以说大伊山等遗址的人们吸收了马家浜文化陶器中对其适用的腰沿部分。

大伊山遗址发掘的38座墓中"有16座墓的墓主头部覆盖红陶钵"[②]。这种头部覆盖红陶钵的葬俗，占已发掘墓数的近二分之一，可见在大伊山遗址的先民中比较盛行。这种葬俗在草鞋山、常州圩墩等马家浜文化遗址的墓葬中也有少量发现。在草鞋山马家浜文化的墓葬中，除用陶钵覆盖头骨外，还有用釜、豆、盆等陶器覆盖的[③]。所以，马家浜文化遗址的墓葬中出现少量的墓主人的头部覆盖陶钵，可能是受大伊山先民葬俗的影响。

在太湖地区的史前文化与分布在宁镇地区的北阴阳营文化的北阴阳营遗址第一期文化中发现的腰沿釜、牛鼻形器耳等陶器，说明了早在6000多年前，这两个地区的史前人们就有了文化上的交流。到崧泽文化时期，在北阴阳营和营盘山等遗址发现的玦、璜、镯、环等玉器，也说明了两者之间的关系。在这一时期，由于海上交通的发展，向北到达

① 纪仲庆、车广锦：《苏北淮海地区新石器时代诸文化的再认识》，《考古学文化论集（2）》，文物出版社1989年版。

② 连云港市博物馆：《江苏灌云大伊山新石器时代遗址第一次发掘报告》，《东南文化》1988年第2期。

③ 南京博物院：《江苏吴县草鞋山遗址》，《文物资料丛刊》第3辑，文物出版社1980年版。

了渤海湾，同时与长江中游地区的史前文化仍保持着密切的关系。崧泽文化的年代大体与屈家岭文化相当。崧泽文化时期的炊器，可以说是以鼎替代了釜。鼎的器形，主要是在陶釜的底部安置三足。据崧泽遗址的统计，釜形鼎 67 件，而盆形鼎、壶形鼎、盘形鼎等共有 17 件，约占釜形鼎的 1/4。屈家岭文化时期的炊器，也是以陶鼎为主，早期是以釜形鼎为多。这种现象，与崧泽文化的釜和鼎的演变关系基本相同。同时，这两个考古学文化中都出现了鼎和甑相配合的炊器，它的功能与甗相同。崧泽文化时期，饮食用器中的陶豆占有重要的位置。如崧泽遗址出土的口部微向内敛的钵形豆（M93：2），下附喇叭形圈足，和湖南澧县三元宫屈家岭文化遗址出土的同类陶豆（如 M23：11）相似；崧泽遗址出土的盘形豆（M42：9）和碗形豆（M86：2），与三元宫遗址发现的同类陶豆（M4：4 和 M2：5）相似。屈家岭文化中发现的石钺、璜、玦以及有段石锛等，这些遗物在太湖地区的史前文化中出现的时间较早，有的还具有一定的代表性。因此，它有可能与崧泽文化的影响有关。

崧泽文化之后为良渚文化。良渚文化的年代与长江中游地区的石家河文化、中原地区的河南龙山文化、客省庄第二期文化的年代大体相似。从随葬器物上明显地反映出大型墓葬的随葬器物，由原来的以陶器为主转变为以玉器为主。这种大型墓葬随葬器物的转变，在石家河文化的大型瓮棺葬中也有明显的反映。如湖北天门石家河的肖家屋脊遗址，有一片瓮棺葬墓地，大型瓮棺墓随葬玉器有十多件至几十件，其中 6 号瓮棺出土玉器 56 件，数量之多、质量之精，在石家河文化墓葬中首屈一指，尤其是玉飞鹰和盘龙玦，更为精美。玉器的器形有神（人）头像、神兽面像、鹰、蝉、璜、盘龙、盘凤、琮、坠、笄形器、锥形器、锛、纺轮等①。这两个考古学文化的玉器器形上差别甚大，应属于史前时期中华大地上两个不同的玉器中心，前者以太湖地区为中心，后者以云梦泽地区为中心，两者也有一定的交往和影响。如石家河文化中发现的琮、璜、鸟、蝉等玉器，与良渚文化的同类器有一定的关系。更应注意的是这两个考古学文化的先民，在大型墓葬的葬俗上都转变为以玉器为主进行随葬，表明在葬俗上的一致性。在陶器方面，这两个考古学文化都有黑陶器，且多黑皮陶。在器形方面，如湖北随州西花园石家河文化遗址发现的圈足盘、深腹盆形豆（T8②：83）、粗矮圈足的浅钵形豆（T22H13：159）等陶器，与良渚文化同类陶器相似，反映了两者之间有着一定的关系。在北阴阳营遗址内发现的细颈袋足鬶、大口尊等，在昝庙遗址发现的双耳壶、石钺、有段石锛、神面形纹的玉佩等，都有良渚文化的因素。福泉山良渚文化墓葬中发现有五孔石刀，这种石刀在薛家岗文化中是有代表性的器物。北阴阳营文化与其西邻的薛家岗文化，两者都比较盛行三足器和圈足器；石器中都有多孔

① 张绪球：《长江中游新石器时代文化概论》，湖北科学技术出版社 1992 年版，第 294—300 页。

的刀，说明这两个考古学文化之间相互影响的关系。薛家岗文化与江汉地区屈家岭文化的关系，有人认为，“这两种文化均出土有镂孔陶球、高圈足杯和圈足壶等器形，这些器形是屈家岭文化的典型器之一，而在薛家岗文化中则不是典型器，显然薛家岗文化在其发展过程中，特别是到了三期阶段受到了屈家岭文化的强烈影响。”①至于薛家岗文化与太湖地区史前文化的关系，在薛家岗遗址第一期发现了与马家浜文化有关的腰沿釜、牛鼻形器耳等。到第二期时，发现的石钺、玉璜和器身略似葫芦形的鼎、豆等，与崧泽文化的同类器相似。到第三期时，发现的有段石锛、玉钺、石钺、玉璜和陶器中的圈足壶、罐形鼎、尊等，都有良渚文化的因素。

长江中游地区往南可进入到岭南地区。该地区的考古学文化，以曲江市的石峡遗址较为引人注目。有的学者对此进行分析研究，认为崧泽遗址下层的盘形豆类圈足的明显特征是类似三级塔式加一组三角排列的小镂孔。在石峡遗址下层也有相似的遗存发现。到崧泽遗址中层时，在三级塔式圈足的基础上，演变为斜直壁的喇叭筒形，继而演变为弧线曲壁，在石峡遗址出土的盘形豆类圈足的演变过程与前者相类似。崧泽中层出土的陶鼎，它的器足演变序列，大致是从厚重的瓦式逐渐减轻、减薄，再演变为鳍式，石峡遗址的部分鼎足也经历了类似的、为适合实用目的而逐步改变的序列②。

良渚文化与岭南地区石峡文化也有一定关系。在石峡遗址的墓葬中发现有琮、璧、璜、玦等玉器和石钺等一组器物，出土数量虽不多，但其特征明显，毫无疑问是在良渚文化影响下产生的。此外，曲江市乌石区床板样山岗的 1 号墓，发现一件石琮，其形制与石峡遗址 105 号墓出土的琮相似③。封开县杏花区鹿尾村对面的山岗顶部发现一座墓葬，出土石琮一件，琢有简化的神面纹④。海丰县田墘圩遗址发现两件玉琮，以每节的四角为中线琢刻神面形纹，有的学者还认为，海丰出土“玉琮的质地、纹饰与良渚文化的玉琮相似”⑤。石峡遗址出土的贯耳陶壶（也称双鼻陶壶），其形制特点与良渚文化中具有代表性的陶器贯耳壶相类似，还有子母口形或直口、长颈、扁圆腹的圈足壶，从它的器形特点分析，与良渚文化的陶壶有一定的关系⑥。从石峡遗址发现的稻谷，经鉴定主要是籼稻，也

① 高一龙：《关于薛家岗文化几个问题的探讨》，《文物研究》第 4 期，黄山书社 1988 年版。

② 苏秉琦：《石峡文化初论》，见《苏秉琦考古学论述选集》，文物出版社 1984 年版。

③ 杨式挺：《广东新石器时代文化及相关问题的探讨》，《史前研究》1986 年第 1、2 期合刊。

④ 杨式挺：《封开县鹿尾村新石器时代墓葬》，《中国考古学年鉴（1985 年）》，文物出版社 1985 年版，第 201—202 页。

⑤ 毛衣明：《海丰县田墘圩发现新石器时代玉器》，《中国考古学年鉴（1985 年）》，文物出版社 1985 年版，第 202 页。

⑥ 吴汝祚：《试论石峡文化与海岱、太湖史前文化区的关系》，见《纪念马坝人化石发现三十周年文集》，文物出版社 1988 年版。

有一些粳型稻粒。这种粳型稻,有的学者认为可能是粳糯。这里发现的稻谷,大多“不够充实饱满,大小不一,反映了当时的品种纯度较差,种植技术还比较原始”。因此有的学者认为,从石峡遗址发现的石铲、有段石锛、栽培稻以及其他文化遗物,可以清楚地看到石峡文化与长江中下游地区新石器时代晚期诸文化的密切关系①。

江西地区的史前文化中,在丰城发现的玉琮分为8节,每节以四角为中线刻琢神面形纹,还有一件玉钺;在新余拾年山等遗址中发现的有段石锛、琮、钺等器物;在清江樊城堆、筑卫城等遗址内发现的“T”字形鼎足、竹节形把的豆、高颈无腹的鬶等陶器,都有良渚文化同类器物的因素。

湖南的湘北地区,在澧县三元宫、安乡划城岗等遗址发现的石钺、竹节形把的豆、壶、簋、羊乳形袋足鬶和尊等,与良渚文化的同类器物相似。它还与北邻的大溪文化、屈家岭文化和石家河文化有关系,因此有人把湘北地区的史前文化作为这三个考古学文化中的一个类型,以此可看出这两个地区史前人们之间的交往是十分密切的。湘中地区的湘乡岱子坪遗址发现的有段石锛、双耳壶、竹节形把的豆、细长颈羊乳形袋足鬶等器物,与良渚文化同类器物相近似。

总之,长江流域史前时期的人们,不仅在本流域内的各地区之间有着密切的交往,而且与邻近地区史前时期的人们也有着频繁的接触,尤其是良渚文化区的人们,南及岭南地区的石峡文化,北抵江西地区的红山文化,东达台湾,西至延安的芦山峁遗址,都有他们的“足迹”。如此广大的地区内,广泛地与各地区史前时期的人们相互接触交流,不仅让良渚人开阔眼界,更重要的是在经济、文化的交流中,取人之长,补己之短,使其生产力得到了大发展,促进了社会的飞跃前进。

四、不平衡性

长江流域各地区之间的史前文化,在发展水平上是不平衡的,这是一个方面;另一方面,也反映出与其他地区史前文化在发展水平上的不平衡。这种发展水平上的不平衡,不是始终如一的、不变的,往往是由不平衡逐渐走向平衡,在平衡中又产生了不平衡,如此不断地推动社会向前发展。

从各地区整个生产发展过程分析,不平衡性是长期存在着的,平衡性仅仅是一个短暂的过程。在考古学中要认识一个考古学文化的生产发展水平,有一定的局限性:

(1)发掘的遗址要有典型代表性,才能了解这个考古学文化的生产发展水平;

(2)发掘面积要大,才能有比较深入的了解;

① 杨式挺:《谈谈石峡发现的栽培稻遗迹》,《文物》1978年第7期。

（3）有的生产工具是木质的或由易于腐朽的材质制成，难以保存下来。

目前我们的田野考古工作，发掘的典型遗址不多，大面积揭露的遗址也较少。虽然如此，我们透过现有的考古资料进行分析，还是能够了解其生产发展状况的某个方面的。

长江流域史前时期的考古学文化璀璨夺目，在距今约 7000 年的河姆渡遗址，发现有大量的稻谷堆积。随着农业生产的发展，手工业生产也随之大发展，此地不仅有精致的象牙器出土，而且更引人注目的是有大量的各种形式的榫卯结构，都使用了企口的拼接技术。凡亲身目睹者，无不为我们 7000 年前的祖先能有这样的创造成就感到惊叹和自豪，从而使长江也是中华民族摇篮之一的说法，更加响亮。与其年代大体相当的是长江中游的城背溪文化等，但从现已发现的考古资料分析，似乎都不及河姆渡遗址所反映的生产水平。若是从中原地区来看，在距今七八千年的裴李岗文化贾湖类型的舞阳贾湖遗址中，在龟甲、骨器和石器上发现有契刻的符号，其中一件石柄形饰物的上部还刻有符号一行。有人认为“很可能具有原始文字的性质，其中如‘ꝏ’形符号等与安阳殷墟甲骨卜辞中的目字极为相似。我们认为这些龟甲及契刻符号可能也与占卜有关”①。从用刻符的龟甲作随葬品的 344 号墓分析，除随葬 8 件龟甲（其中有刻符的龟甲）外，还有陶壶、骨笛、杈形骨器、骨鱼镖、骨镞、骨饰、牙饰等 24 件随葬品。这座墓的随葬器物，在当时的条件下，可以说是相当丰富了。再“把龟甲上的刻符联系起来分析，其意义就愈显得重要了。当时社会上具有特殊地位的觋巫，是这种刻符的掌握者，又是社会上的富有者，这种人在社会上可能是居高层次的领导者、统治者”②。

贾湖墓葬出土的 16 支七孔骨笛中，考古工作者选择完整的、无裂纹的 M282:20 的一支骨笛进行音测，认为“这支骨笛的音阶结构至少是六声音阶，也有可能是七声齐备的、古老的下徵调音阶”③。

贾湖遗址的刻符不仅有单个符号，还有成行的刻符；七孔骨笛至少有六声音阶，也有可能已有七声音阶，说明了骨笛的制作经过了正确的计算，才能使其发音正确，能够吹奏出旋律。还有 2 间、3 间、4 间等多间房屋的出现等，都说明贾湖史前社会已发展到较高的层次，同时也折射出生产已发展到较高的水平，有可能不比河姆渡遗址反映的生产水平低。

辽宁阜新查海和内蒙古赤峰市敖汉旗的兴隆洼遗址都发现有玉器，器形有玦、匕形器、斧、管等，经鉴定为透闪石、阳起石的软玉，即真玉。这些玉器在器形上与石器有别，

---

① 河南省文物研究所：《河南舞阳贾湖新石器时代遗址第二至六次发掘简报》，《文物》1989 年第 1 期。

② 吴汝祚：《舞阳贾湖遗址发掘的意义》，《中原文物》1991 年第 2 期。

③ 黄翔鹏：《舞阳贾湖骨笛的测音研究》，《文物》1989 年第 1 期。

尤其是玦更为明显；在制作上比石器要精致得多，并且还使用了抛光技术。由此可见，查海和兴隆洼遗址的史前人们，对玉与石已有明确的认识。而河姆渡遗址的玉器经鉴定不是真玉，而是假玉。

玉是一种岩石，查海和兴隆洼遗址的人们能把玉与其他岩石区分开来，说明他们已经具有一定的地质学知识。这种知识的产生，一方面与生产发展到一定的水平有关，另一方面与人们的需要相联系，从这一个侧面可以推知，查海和兴隆洼遗址的先民，生产已达到了较高的水平。有人认为查海的玉器，“全是真玉（软玉），对玉料的鉴别已达到相当高的水平。玉器的社会功能已超越一般装饰品，附加上社会意识，成为统治者或上层人物‘德’的象征。没有社会分工生产不出玉器，没有社会分化也不需要礼制性的玉器”①。

贾湖和查海、兴隆洼等遗址的年代要比河姆渡遗址稍早，四者社会生产的发展水平都是从考古学的各个不同角度反映出来的，其意义则是同一的。自距今 7000 年后，这种不平衡，逐渐地走向基本平衡。如河姆渡遗址第二层，距今 6000 年左右，大体上趋于平衡，但在平衡中又有不平衡的因素在滋长；如崧泽文化的晚期，距今约 5500 年，在吴兴邱城和松江汤庙两遗址内各发现一件比较小型的石犁。石犁的出现，显示开始有了犁耕。到良渚文化时，距今约 5000 年，各遗址中普遍有石犁发现，表明农业生产进入了犁耕阶段。农业、手工业大发展，社会财富大量积累，导致了大型礼制建筑、土筑高台墓地的出现。从土筑高台墓地形制的不同和随葬玉器的数量、质量的差别，反映了当时社会不仅有了阶级，而且还分为了不同层次的等级，开始闪耀着文明的曙光。

在长江流域的其他史前文化中，还未见规模宏大的礼制建筑、土筑高台墓地和高水平的手工业制品。到距今 5000 年之后，在长江中游地区发现了城址。城址的出现，是社会生产发展到一定阶段的产物。但若以发现的玉器分析，它的制作技术不及良渚文化的精致。

再从中华大地上来看，辽西地区的红山文化，距今约 5000 年，在牛河梁发现了以坛、庙为中心的大型礼制建筑，还发现了大量炼铜用的坩埚残片，这充分说明已有了冶铜术，这是社会生产发展到一个新阶段的重要标志。

在中原地区的襄汾陶寺遗址，发掘了 1000 多座墓葬，其中大墓仅占 1%。有的大墓随葬器物达 200 多件，主要的有龙纹盘、鼍鼓、土鼓、特磬、彩绘木案、俎、玉（石）钺等。鼍鼓绝非一般的乐器，应是象征王权的礼器②。而且在这个墓地里还发现了一件铜铃。这些都标志着社会生产发展到了一个新阶段。

---

① 苏秉琦：《关于重建中国史前史的思考》，《考古》1991 年第 12 期。

② 高炜、高天麟、张岱海：《关于陶寺墓地的几个问题》，《考古》1983 年第 6 期。

在渭河上游的甘肃秦安大地湾的仰韶文化遗址内，发现了一座901号的房基址，为坐北朝南、主次分明、结构严谨的建筑群体。在长方形的主室两侧，有东西侧室，主室之北有后室，主室的前面有附属建筑和宽广的场地。主室面积为126平方米，室内地面坚硬而有光泽，外观与现今的水泥地坪相似，经鉴定，它在建筑学上为人造轻骨料，使地面增强保温、防潮、抗压的力量。在主室南壁中部有正门，在其两侧有对称的旁门。发现的器物有四足鼎、敛口的小平底釜、条形盘和附有把手的箕形器等一组陶器，与一般遗址中发现的日常生活用器有别，有可能是专用的一组礼器。从这座房基址的布局结构、用材、营造方式及其出土遗物分析，绝不是一般性的居住房屋，有人认为是礼仪性的建筑物。“这种礼仪性建筑在大地湾不止一座，已发掘的F405是另一座，它们周围还暴露有其他大型建筑遗迹，它们共同组合为礼仪性建筑的群体”①。这座405号房基址与901号房基址南北遥相对应，处在这个遗址的中轴线上，它们的重要性不言而喻。

大地湾仰韶文化晚期遗址，在建筑材料上已有人造轻骨料的使用，说明了当时已有较高的科学知识，从中折射出在生产上也有了较高的水平，否则就不能生产出这样高水平的建筑材料。再结合礼仪性建筑群体的出现，都说明了大地湾仰韶文化晚期遗址的人们，已进入到了一个新的阶段。

综上所述，与良渚文化同时期的社会生产发展水平相似的，仅有辽西地区的红山文化、中原地区的陶寺遗址和渭河上游的大地湾仰韶文化晚期遗址等数处。至于大汶口文化有可能与此相似或稍低，还有含山凌家滩等这一类遗址，由于目前发现的资料还少，难以作进一步的分析说明。

第六节　史前时期长江文化在中国文明史的地位及其影响

以往有些人以为史前时期长江文化的发展水平总是要比中原地区低，不可能更高。中原地区的史前文化代表的是最高水平，它首先影响周围地区的史前文化，然后逐渐扩散到更远的地区。在其影响下所产生的物质文化，焉能超过中原地区呢？若是在长江地区发现了超过中原地区的物质文化，一些人就持否定的态度，或是虽然肯定这种物质文化，但是却在时代上做“文章”，认为是相当晚的遗存。

近二三十年来，随着各地区田野考古工作的开展，埋葬在地下的物质文化资料不断地被发掘出来，在大量的物质文化资料面前，认为中原史前文化始终是领先的思想，逐渐被肃清；与此同时，另一种片面的思想又在露头，认为中原史前文化的发展水平不及其他

① 郎树德：《大地湾考古与中国文明起源的线索》，《西北史地》1988年第3期。

部分地区。我认为在思想认识上不要被一个框框束缚住，只有实事求是地去观察分析问题，才能有正确的或基本正确的认识，戴着有色眼镜去看问题，不可能有正确的认识。

为了使读者对长江物质文化在海内外的影响有较为深入的认识，本文在这里把主要的物质文化进行逐项的、简要的分析研究。

一、世界稻作文明的中心

长江流域水稻的栽培，以澧县彭头山遗址发现的稻谷为最早，距今大约有 9000 年，这还不是中国史前时期栽培稻的开端。若要研究中国史前时期栽培稻的开始，就得再往上推来探讨它的起源问题。由于最早的栽培稻迄今还未发现，对中国稻作农业的起源问题，形成了各家不同的看法，在短期内还难以统一。但不论哪种说法，都认为中国南方，尤其是云南一带，是中国稻作的起源地。“云南出土古稻地点，在古代多有傣族人居住，傣族的民间传说和创业史诗中也记述了他们的祖先如何在渔猎过程中驯种了野生稻的‘香稻米’，如何找到了谷种，学会了水田稻作”①。

长江流域以及华南等地区的稻作农业与黄河流域等地区内的粟作农业，是中国史前时期南北两大农业系统。中国目前水稻种植的总面积达 5 亿亩，占全国粮食作物总面积的 1/3，产量占全国粮食总产量的 43.8%，是世界上生产稻谷最多的国家，占世界稻谷总产量的 1/3 以上②。由此可见，长江流域的史前人们对水稻的栽培种植和发展，直到现在，仍有其深远影响。

20 世纪 70 年代，河姆渡遗址发掘发现了大量稻谷，其后有人提出长江下游的稻作农业与日本史前时期的绳纹时代的稻作农业的产生有着联系。日本有学者分析认为：“据考古学资料昭示，北九州地区在绳纹时代的后期和晚期，曾是自然生产力相对比日本其他地区更为低下的地区。穷则思变，为迅速改变贫穷落后的面貌，该地区人类及时地利用了与当时文化发达的中国大陆邻近的优越地理条件，通过与中国大陆古代先进文化的频繁交流和接触，经过不懈的努力，终于从实践中学到了中国大陆古文化的先进经验，在日本地区率先掌握了新的能够获取更多粮食的稻作农耕方法，从而成为日本列岛中最早尝到稻作农耕业所带来的丰收甜头的地区。”③还有人认为“河姆渡文化无疑是水稻栽培文化传播向日本、朝鲜、东南亚以及东南太平洋地区的起点”④。

---

① 卢勋、李根蟠：《民族与物质文化史考略》，民族出版社 1991 年版，第 13 页。

② 外文出版社中国情况编辑室：《中国概览》，人民出版社 1987 年版，第 231 页。

③ 〔日〕高岛忠平著、郑若葵译：《日本稻作农业的起源》，《农业考古》1991 年第 1 期。

④ 〔日〕林巳奈夫：《“河姆渡文化初探”序》，载林华东《河姆渡文化初探》，浙江人民出版社 1992 年版。

二、世界蚕丝业的起源地

中国是举世公认的蚕丝的起源地，至于蚕丝具体起源于何处，学术界还有不同的意见。有的人认为起源于黄河流域，尤其是黄河的中下游地区，在早期的文献中就有种植桑树、饲养蚕的记载。1926 年山西夏县西阴村的仰韶文化遗址内发现的半个蚕茧，是这方面的一个证据，但也有人对这个蚕茧的年代提出疑问。本书对这个问题不作专门讨论。记载夏代历史的《夏小正》中就有采桑、养蚕的文字；殷代的甲骨文中有桑、蚕、丝、帛等字，并且还有“蚕示三牢”等的记载，说明了殷代曾用牛、猪、羊三牲来祭祀蚕神。这种“三牢”在殷代社会是一种隆重的祭祀礼仪。到周代，在《诗经》中就有不少蚕事活动的记载。可见黄河流域栽桑、养蚕、缫丝的历史相当早，有可能在夏代以前就已产生。

长江流域从考古资料分析，从野蚕驯化为家蚕的过程比黄河流域的要明确，若以大约在 6500 年前河姆渡遗址第三层牙雕小盅上刻的蚕纹图案，作为由野蚕驯化为家蚕的开端，到五六千年前的崧泽文化时，在崧泽遗址中层的下部的花粉“组合中桑属和禾本科花粉数量增加，反映人类的耕作和养畜活动有所发展”；到中层的上部时，“此时孢粉组合中桑树花粉数量非常多，说明除了附近山地植被中有桑树外，在当地的一些高岗地带也有较多的桑树生长。为何崧泽地区此时桑树频繁生长，是否此时此地人类曾经一度有养蚕的频繁活动？”①崧泽遗址中层的孢粉分析，使我们认识到崧泽文化时期已有人工栽桑、养蚕的可能。

到距今 5000 年左右的良渚文化时，在吴江梅堰袁家埭良渚文化遗址内发现一件带柄灰陶壶的腹下部刻有围绕器壁一周的五条蚕纹，每条蚕的方向一致，蚕的头部和身躯都与现代的家蚕形象酷似②。“说明了良渚文化时期已经饲养了家蚕。更重要的是吴兴钱山漾良渚文化遗址内发现了家蚕丝织品——残绢片和丝带、丝线等遗物。绢片残长 2.4 厘米，宽 1 厘米，为平纹织品，每平方厘米各有经纬线 48 根，经鉴定为家蚕丝。这件良渚文化家蚕丝织品，绝大多数同志认为是可靠的、可信的。也有的人承认是良渚文化的遗物，不过浙江地区的古代文化落后于中原，钱山漾遗址的年代可能相当于殷周”。关于良渚文化的绝对年代，现已明确，是公元前 3200—前 2000 年，不可能到达殷代，更不可能是周代。也有个别人对钱山漾遗址下层发现丝织品持否定态度，还认为当时能否织成如此进步的织物，值得进一步研究。“因此，钱山漾下层可能包含不同时代的遗存，甚至

① 王开发、张玉兰、蒋辉、叶志华：《崧泽遗址孢粉分析研究》，《考古学报》1980 年第 1 期。

② 赵青芳：《长江下游先民对中国古代文明的几项重要贡献》，《南京博物院集刊》第 6 辑，1983 年。

可能经过部分扰乱”[①]。还认为残绢片尚未完全碳化，是不可理解的。“是否属于新石器时代，暂可存疑”[②]。参加钱山漾遗址发掘的同志针对这种怀疑论，把遗址的发掘情况作了较详细的介绍，阐明丝织品的出土层位是可靠的，无疑是属于良渚文化的[③]。

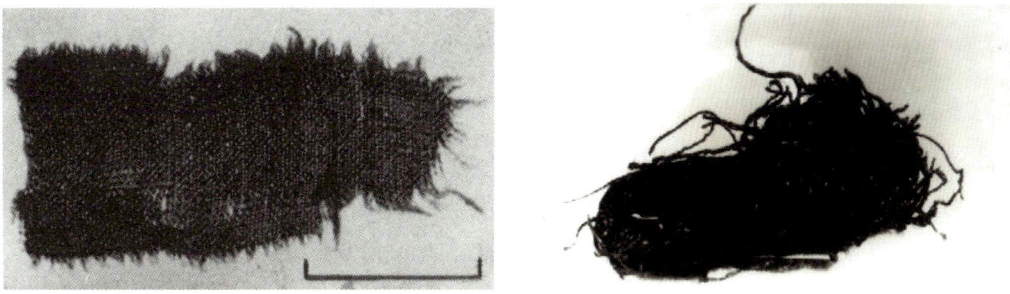

吴兴钱山漾良渚文化遗址内发现的残绢片和丝线

不论是蚕丝的出现年代，抑或是由野蚕驯化为家蚕的过程，都可以认为长江下游是中国蚕丝起源的地区，但黄河流域是中国又一个蚕丝起源地的可能性也是存在的，但是在尚未获得比较确凿的证据之前，先搁置起来，不加肯定，也不要轻易地否定。

野蚕丝被长江下游地区史前时期的人们发现可以作为重要的纺织原料，从养蚕到吐丝作茧，再到蚕茧缫丝，织成绢帛，其间要经过许多复杂的工序，这是广大劳动人民经历了无数代的劳动实践，充分发挥他们的聪明才智所取得的成果。古代西方国家的人们对这一重大发现赞不绝口，称中国为丝国。所以，长江下游史前时期人们发现蚕丝的秘密并将它发展利用，这是对人类物质文明的一大贡献。

丝绸之所以为人们所喜爱，是由于它织成的绢帛，轻盈柔软，绚丽多彩。当丝绸向东传至朝鲜、日本，向西传至希腊、罗马时，人们赞叹不已。对于这条沟通中西商业来往的大道，近代德国地理学家李希霍芬在其《中国》一书中，首先提出了“丝绸之路”之名。丝绸之路的开通，其对世界物质文明史的贡献，迄今还是学术界关心的一个重大课题。

三、苎麻织品的产生是人们改造自然的一大突破

苎麻是一种多年生的草本植物，适宜在高温多湿之地生长。江南气候温暖、雨量充沛，适于苎麻生长繁殖，因而有繁茂的野生苎麻丛生。《农桑辑要》一书中说：“苎麻本南方之物。”

苎麻的纤维细而轻，韧性强，又不皱缩，有光泽，是一种优良的纺织原料。《淮南子·

① 安志敏：《略论我国新石器时代文化的年代问题》，《考古》1972年第6期。
② 安志敏：《略论三十年来我国新石器时代考古》，《考古》1979年第5期。
③ 汪济英、牟永抗：《关于钱山漾遗址的发掘》，《考古》1980年第4期。

人间训》说“冬日被裘罽，夏日服絺纻”，就是说夏日穿最精细、高贵的苎麻织品。

在考古资料中已发现的最早苎麻织品的实物，是钱山漾良渚文化遗址发现的三块苎麻布和苎麻绳等。苎麻布均为平纹织品，每平方厘米经线为24～31根，纬线为16～20根，可见，只有纺麻技艺已经相当高超，才能织成这样精细的苎麻布。

苎麻纤维不及蚕丝精致优雅，所以，蚕丝向海外传播之后，苎麻自然地要退居其后，当它发挥优势时，在时间上已是相当的晚了。唐宋以后，苎麻生产大发展，使中国苎麻织品盛极一时，远销海外，被称为“中国草”。

长江流域史前时期的人们利用苎麻纤维纺纱织布，同时他们也对其他植物纤维加以利用，这是史前时期的人们在认识自然、改造自然过程中的重大胜利成果。苎麻与蚕丝一样，当时社会是走向文明的重要一步。

四、干栏式建筑与有段石锛是人类文明史上的传世杰作

干栏式建筑是中国江南等地的一种富有地方特色的居住房屋。从居住形式上看，干栏式建筑是长江流域及其以南地区的一种主要建筑形式，北方地区则是从地穴式、半地穴式建筑，逐渐发展成地面建筑，它们属于两个不同的系统[1]。有段石锛是一种生产工具，两者不仅名称不同，性质、功能也各异，怎能把它们联系在一起呢？我从两者对海外关系的影响上有一定的联系，并可以相互补充说明着眼，试作这一方面的探讨。

余姚河姆渡遗址第四层发现了距今约7000年的干栏式建筑，这种建筑的特点是立木桩构成框架，建成高出地面的房屋。它适宜于长江流域及其以南地区多沼泽、湖泊，又有充沛雨量的潮湿地带。直到现在，在科学发达、技术进步的条件下，还可见到这种干栏式建筑或其遗迹。

干栏式建筑，从考古发现的实物资料来看，以中国为最早。诸多考古发现表明，中国干栏式建筑的历史可追溯到距今1万年前后，新发现的遗存不仅能说明它的形制结构，还证明这种形制的建筑主要流行于长江以南地区。[2] 它已有一套相当完整而进步的、在木建筑上使用的榫卯结构和企口的拼接技术，这不可能是始于干栏式建筑的初创时期，它已是经过了一个漫长的发展阶段，在建筑的实践过程中，不断地总结提高而取得的成果。所以，干栏式建筑初次在中国产生的年代还得往上推，而确切的可靠资料的获得，还是有赖于考古工作者的田野发掘。

① 安志敏：《“干兰”式建筑的考古研究》，《考古学报》1963年第2期；张文娟：《试论中国史前干栏式建筑的起源》，《三峡论坛》2014年第5期。

② 张文娟：《试论中国史前干栏式建筑的起源》，《三峡论坛》2014年第5期。

相似的潮湿地理环境，又是盛产竹木的地区，人们为了求得生存，战胜恶劣的自然环境，便有产生干栏式建筑的可能。因此，研究中国与世界各地干栏建筑的关系时，应从它的形式、建筑结构和方法等方面进行细致的分析比较，辨明相同或相似因素之间的关系，才能得出比较正确的认识，尤其是与日本、东南亚的干栏建筑的关系，更应注意。戴裔煊就认为："东南亚沿海地区是栅居文化的中心，而亚洲、澳洲、南美洲和非洲等地区的栅居，都是从这个文化中心传播的。"①

这里还得考虑到史前时期的中国，是否与东南亚等地的人们已通过航海而产生彼此间的交往。林惠祥早在 20 世纪 50 年代就对有段石锛作了专题研究②，认为这种有段石锛的背面"中部隆起，成一条横脊，将背面分为前后两部分，前部较厚，后部较薄，看起来像两个阶段，因此称为有段石锛"。还指出"研究我国的新石器时代文化，如不提东南区是不够的，要提东南区而不知道注意有段石锛也是不能指出重点的"。可见，这种有段石锛在中国东南部的史前文化中占有相当重要的地位。它的分布范围，"在华北极为少见，但在南洋、太平洋诸岛广大地方却有很多，其形状和中国东南区的很相像，几乎难以区别"。这种有段石锛，与南洋、太平洋诸岛屿上的人们所使用的有段石锛，在形制上竟达到难以区分的程度，这绝不能说是两者的巧合，应有其内在的联系。因此，林惠祥先生进一步提出，他"以为应是在中国大陆东南区即闽、粤、浙、赣和苏、皖一带地方发生，然后北方传于华北、东北，东南而传于（中国）台湾、菲律宾以至玻里尼西亚（波利尼西亚）诸岛"。

中国史前时期的有段石锛，曾影响了南洋、太平洋诸岛屿的人们，那么，中国史前时期的干栏式建筑对东南亚产生影响，也就不足为奇了。

五、生漆的利用是史前文明的一大成就

河姆渡文化木胎朱漆碗

漆树原产于中国，是一种著名的特产。对漆树的利用，与上述对水稻的种植驯化一样，是史前文明一大成就。水稻的种植驯化，是因稻谷可作为粮食；蚕丝是对昆虫的驯化成果；苎麻的栽培旨在使用它的纤维；漆树是采割它的漆液。能够认识到漆树的汁液是一种重要的工艺材料，是史前时期人们在认识自然、利用自然上

① 戴裔煊：《干栏——西南中国原始住宅的研究》，岭南大学西南社会经济研究所 1948 年，第 46—50 页。

② 林惠祥：《中国东南区新石器文化特征之一：有段石锛》，《考古学报》1958 年第 3 期。

的一大突破。这个突破以长江下游的河姆渡遗址第三层发现的一件木质漆碗（T231③：30）为最早，距今已有6500年左右的历史了。

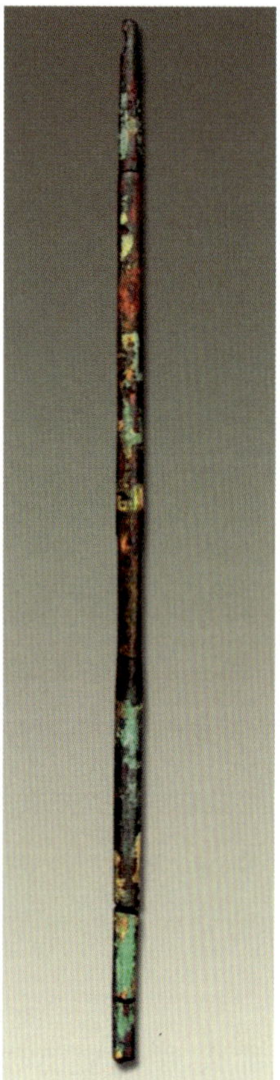

跨湖桥文化
跨湖桥遗址漆弓

认识漆树的汁液——漆可以利用是一回事，当时的人们是怎样割取的又是一回事。河姆渡遗址的史前先民是怎样割取的呢？目前还无法了解，即使公元前3世纪的《庄子·人间世》篇"漆可用，故割之"也没有说明具体割取的方法。《说文解字》中说："桼（即漆），木汁，可以漆物，象形，桼如水滴而下，凡桼之属皆从桼。"[①]漆即是漆树内流出来的汁液。

河姆渡遗址第三层的木质漆碗，是在碗壁外表涂上薄薄的一层红色漆。在马家浜文化时，在圩墩遗址发现两件喇叭形木质漆器。到崧泽文化时期，把漆运用到陶器上，便出现了漆绘陶器。这种漆绘陶器一直延续到良渚文化时期，如吴江梅堰、江阴青阳南楼等遗址多发现有漆绘陶器，在杭州水田畈遗址的3号墓的棺板上也发现有红色漆遗迹。由此可见，良渚文化时期对漆的应用已是相当普遍的了。更值得注意的是在反山、瑶山两墓地里都发现有髹漆木器，如瑶山9号墓发现的一件朱漆嵌玉高柄杯，它的形态与现今的高脚酒杯相似，是已知的中国最早的嵌玉漆器。反山、瑶山髹漆器的发现，把漆的使用提高到一个新的发展阶段。

黄河流域的山西襄汾陶寺遗址的墓地里有漆皮发现，其年代大约是距今4800年，比长江下游地区为晚。还得考虑到黄河流域一带古代就有漆树、用漆的记载，如《禹贡》中载："兖州，厥贡漆丝。"《诗经·国风》曰："山有漆，隰有栗。"不过，黄河流域发掘了那么多的史前遗址，只在陶寺遗址的墓地里有使用漆的遗迹，不能不使我们认为有受长江下游史前人们影响的可能。要解决这个问题，还有待于考古资料的积累，并作进一步的分析研究。

漆器制作作为中国的一种传统手工技艺，已有六七千年的历史了。它在史前时期及其之后流传到日本等许多亚洲国家，成为一门独特的手工技艺。中国漆器开始西传，大约是经波斯人、阿拉伯人之手传到欧洲，很受当地人们的欢迎。

六、玉器是中华文明形成的重要基础之一

中华民族是一个爱玉的民族。在中国古代文献中，玉这个字都含有褒义，并且进而

① 〔汉〕许慎：《说文》六下《桼部》，《说文解字》，中华书局1963年影印本，第128页。

道德化、人格化。如《礼记·玉藻》曰:“君子无故,玉不去身。君子于玉比德焉。”又如《礼记·学记》曰:“玉不琢,不成器;人不学,不知道。”玉与人相对,琢与学相对,器与道相对。为什么要用玉与人相对,而不用石、陶、骨等与人相对呢?可见玉已由神秘化而走向人格化了。

中国古代认为玉是祥瑞之物,同时认为青铜礼器也是吉祥之物,最明显的是“汉武得鼎而名其年”。这就是说,汉武帝得到了青铜礼器的鼎,认为是一件大好事,就把他原来“元狩”年号改为“元鼎”。这种思想意识在当时只是在上层人士中存在,并且以后逐渐地淡薄起来。而玉则不同,直到近代在人民群众中还是普遍存在着爱玉的心理,对玉有着特殊的思想感情。这种思想感情是源远流长的。在距今七八千年或稍晚的阜新查海遗址、内蒙古的兴隆洼遗址、余姚河姆渡遗址和太湖地区的马家浜文化、宁镇地区的北阴阳营文化遗址中,发现的玉器,制作、器形上大多与其他器物有不同之处,显示其有着与众不同的功能。在当时的社会条件下,玉的“特殊功能”,为一般社会成员所享有。演变到玉为少数人所垄断、独占的状况,大约在中华文明产生的前后,距今约5000年。及至青铜礼器出现后,占有统治地位的人把青铜礼器提到首要地位,玉器自然要退居第二位。所以玉被少数人垄断、独占,仅是一个短暂的时期,但中华民族爱玉的传统思想,并不因此而有所减退。

中国古代风胡子答楚王问中有这样一段话:“轩辕、神农、赫胥之时,以石为兵……至黄帝之时,以玉为兵……夫玉,亦神物也。禹穴之时,以铜为兵……当此之时,作铁兵。”① 风胡子根据中国古代兵器材质的不同,将中国古代划分为石兵、玉兵、铜兵、铁兵四个时期,同时又说玉是神物,那就不可能做实用器物,而是一种礼仪用器,其象征的是王权和军事统率权,与石兵、铜兵和铁兵的使用性质是不相同的。为什么玉兵能作为中国古代一个时期(或一个发展阶段)的代表?这是由玉器在中国古代人们的社会生活中占有的重要意义所决定的,尤其是成组玉礼器的产生,更值得重视。玉兵这个阶段,大体上是在新石器时代之后、青铜礼器盛行之前,在时间上的跨度并不大,但是却表现了中国古代社会发展的一个特点。张光直先生说:“玉器时代在中国正好代表从石器到铜器的转变,亦即从原始社会到国家城市社会中间的转变阶段,而这种转变在中国社会史上有它自己的特征。玉琮在中国古代文明史和社会进化史上的重要性在此。”②

此外,长江流域史前时期的象牙制作、编织技艺和镶嵌技艺等,都对海内外物质文化

① 〔汉〕袁康、吴平辑录:《越绝书》卷一一《越绝外传记宝剑第十三》,上海古籍出版社1985年版,第81页。

② 张光直:《中国青铜时代》第2集《谈“琮”及其在中国古史上的意义》,三联书店1990年版。

的发展有着较大的影响，对中国传统手工业的形成和发展作出了应有的贡献，并且在经济、文化的交流中，有力地推动了各族人民提高自身的生产水平，满足生活上的需求，使思想感情变得融洽，对中华民族的形成发挥了重要的作用。

从上述的分析我们可以看到，史前时期的长江文化是灿烂的，它生气勃勃地向前发展，为中华文明的产生和发展作出了卓越的贡献，而且对海外各地区文明的发展起到了推动作用。尤其是蚕丝、绸帛的重要性，迄今仍为人们所关注，成为研究中西关系史上的一个重大课题。推其渊源，不能不回到长江文化。所以，要提高对长江史前时期文化发展水平的认识，必须对新发现的考古资料进行正确的分析研究。若是戴着有色眼镜去观察它、分析它，得到的只能是一种不正确的偏见。要避免产生偏见，需要以正确的立场、观点和方法去认识它、研究它，只有这样才能得出比较切合实际的结论。

第二章　夏商周三代的长江文化

夏代，黄河流域的中原地区已经出现了青铜冶铸。而这一时期的长江流域，由于三苗部落在与北方民族旷日持久的战争中败北及遭受特大洪水的冲击，其文化也遭到了毁灭性的打击。但共工与颛顼之争、黄帝与炎帝之战及此后的禹征三苗，却让长江文化和黄河文化这两大中国文明带紧紧地系结在一起，促进了中国南北文化的交流、融合和发展。

商代，长江流域出现了若干个各具特色的文化区。这些文化区的出现，表明长江文化已得到了长足的进步，其文化整体水平也已迅速接近黄河文化。以青铜文化而言，虽然黄河流域略高于长江流域，但两者的水平已经非常接近，近年来江西新干大洋洲商墓、四川广汉三星堆等遗址出土的青铜器证实了这一点。至于玉器，长江流域并不比黄河流域逊色，其水平甚至还可能在黄河流域之上。而中原商文化中的漆工艺、木作工艺及稻米种植、丝绸等，则可能汲取了长江文化中的先进因素。

西周时期，长江文化显得沉闷、呆滞，处于低谷的状态。其为周人所重的是中下游地区，尤以江汉、江淮地区为其惨淡经营之所在。

两周之际的变故，对长江文化产生了极其重大的影响。在西周时期一直处在压抑状态中乏善可陈的长江文化，到春秋时期却时来运转，行将与黄河文化竞趋争先了。长江流域上、中、下游分别形成了巴蜀滇文化圈、楚文化圈和吴越文化圈。

战国之世，楚文化在与巴蜀文化、吴越文化的争雄中，最终确立了它在长江文化中的主导地位，其影响辐射了淮河以南的半个中国。这标志着融流域内各地文化于一体的长江文化已形成雏形。

第一节　夏文化与长江流域的联系

关于二里头文化为夏文化抑或商文化，学术界尚有分歧。但二里头文化表明中原已进入文明社会，则是确定无疑的。考古工作者经过不懈努力，在二里头廓清了遗址的实有范围，找到了遗址中部的井字形街道，勾勒出城市布局的基本骨架，还发现了宫城城垣，证实了宫城的存在。此外还发现部分二、三、四期宫殿建筑基址，发现一些有关遗址布局的新线索，获得一些包括大型绿松石镶嵌龙在内的珍贵文物。学术界倾向于认为二里头是夏王朝中晚期的都城之所在。二里头考古工作队队长许宏认为：考古发现证明二里头遗址是迄今可以确认的中国乃至东亚地区最早的具有明确规划的都邑。就宫室建筑的空间规划和都邑的总体布局而言，二里头都邑的布局开创了中国古代都城规划制度的先河。作为中国最早的广域王权国家社会，二里头文化对其他青铜文化影响甚巨，奠定了中国古代文明的基础。①

在长江中游的石家河文化遗址，考古工作者发现石家河古城内外多重人工堆筑的城垣类遗迹及人工开挖的城壕类遗迹，遗址内如三房湾作为大型的制陶场所、印信台作为专门的祭祀场所、严家山作为小型的石器加工场所，说明当时的社会已出现明显的阶层分化，社会权力的运作、金字塔形的社会分层模式已经出现。②

一、禹征三苗

三苗，别称“有苗”或“苗民”，是一个庞杂的族系。三苗的“三”，恰如“九黎”的“九”，是说他们族类纷繁、部落众多。三苗活动在长江中游，《战国策·魏策一》记吴起说：“昔者三苗之居，左彭蠡之波，右洞庭之水，文山在其南，而衡山在其北。”后代的注家，都以“彭蠡”为今之鄱阳湖，“洞庭”为今之洞庭湖，但《战国策》所言左、右，与实际方位相反，故《史记·吴起列传》等史籍更改为：“昔三苗氏，左洞庭，右彭蠡。”所言“衡山”，可能是伏牛山。文山则不能确指，大致在鄱阳、洞庭之间的南部。③

这一区域的屈家岭—石家河文化系统，可分为四个文化类型：分布在鄂西北至豫西南以青龙泉为代表的北部类型，分布在鄂西至三峡以季家湖为代表的西部类型，分布在涢水流域以屈家岭、易家山为代表的东部类型，以江西修水山背跑马岭为代表的南部类型。有些学者认为，四个类型中的北、东、南三个类型是三苗文化遗存④。从石家河文化遗址出土的小件铜器来看⑤，这个地区已到了青铜时代曙光初照之时，其文明程度并不比同时期的中原逊色。三苗文化与夏文化，至少有下列区别：

其一，道德观念和行为准则不同。《尚书·大禹谟》记：“蠢兹有苗，昏迷不恭，侮慢自

① 许宏：《二里头：中国早期国家形成中的一个关键点》，《中原文化研究》2015 年第 4 期。
② 向其芳：《石家河大遗址的考古探索历程》，《大众考古》2018 年第 8 期。
③ 俞伟超：《先楚与三苗文化的考古学推测》，《文物》1980 年第 10 期。
④ 俞伟超：《先楚与三苗文化的考古学推测》，《文物》1980 年第 10 期。
⑤ 《石家河新石器时代遗址群考古发掘重大发现》，《湖北日报》1988 年 1 月 8 日。

贤，反道败德。”

其二，装束不同。《淮南子·齐俗训》记：“三苗髽首，羌人括领，中国冠笄，越人鬋发，其于服一也。”“中国冠笄”指中原部落以戴冠插笄为俗。黄河中游的仰韶、龙山文化，正是大量使用骨笄或石笄的；而据洛阳王湾的发掘报告，年代愈晚数量愈多；直至商周，仍为中原风俗①。三苗的“髽首”，据《左传·襄公四年》杜注和孔疏引郑众说以及《淮南子·齐俗训》高注，都认为是用枲麻束发而结，《左传·襄公四年》孔疏引马融说认为乃“屈布为巾”，引郑玄说认为乃“去缅而作”。总之，是不用簪笄的。在三苗文化的遗存中，仅青龙泉遗址的第二、三期出土了骨笄。那里靠近中原，接受仰韶、龙山文化系统的因素颇多，出现骨笄不足为怪。但从长江中游这个文化系统的自身因素来看，却是不用发笄的。

其三，原始信仰不同。《国语·楚语》记昭王问于观射父，观射父对曰：“古者民神不杂……及少昊之衰也，九黎乱德，民神杂糅，不可方物。夫人作享，家为巫史，无有要质……其后，三苗复九黎之德，尧复育重黎之后，不忘旧者，使复典之。”三苗之先为缙云氏，相传为九黎之后，或谓蚩尤即九黎之君。这一族系“家为巫史”，可见盛行巫术，与中原“民神不杂”不同。

其四，图腾崇拜不同。《山海经·海内经》记：“有人曰苗民。有神焉，人首蛇身，长如辕，左右有首，衣紫衣，冠旃冠，名曰延维，人主得而飨之，伯天下。”郭璞注：延维，“委蛇”。可见三苗崇奉蛇图腾，而夏人是崇拜龙的。

凡此种种，都表明三苗是与夏人相异的蛮夷族类，因而被夏人视为“非帝子孙”的“凶族”。在三苗与夏人之间曾多次发生冲突。

最大的冲突有两次。第一次在尧、舜之际，即《史记·五帝本纪》所云：“三苗在江淮、荆州，数为乱。于是舜归而言于帝，请流共工于幽陵，以变北狄；放驩兜于崇山，以变南蛮；迁三苗于三危，以变西戎；殛鲧于羽山，以变东夷。”三危的地望尚不能确指，或许三苗的一支流放他乡，但三苗的主体必定仍在长江中游，势力大概仍不小，以致“舜征有苗而死”，“葬于苍梧之野”。

南宋马远绘《禹王像》

① 俞伟超：《先楚与三苗文化的考古学推测》，《文物》1980年第10期。

第二次即禹征三苗。《墨子·兼爱下》引《禹誓》曰："若予既率尔群对诸群，以征有苗。"其结果如《墨子·非攻下》所记，禹与三苗决战，"苗师大乱，后乃遂几"。

三苗被夏人击败之后，似乎销声匿迹了。生活在今湘西、黔东的苗族，相传他们的祖先跨过大江，跨过大湖，从太阳升起的方向来到太阳落下的方向。这或许就是当初三苗战败后南迁的写照。

禹作为夏王朝的初创者，与其相对应的考古学文化或谓龙山文化晚期，或谓二里头文化早期，无论如何，与二里头文化的关系应是十分密切的。长江中游地区的新石器文化类型，发展至相当于二里头文化期之时突然中断了。一支来自黄河中游的文化，通过南阳盆地，沿着随枣走廊直插江汉地区的腹心①，使长江中游的文化面貌突然发生变异，与禹征三苗的记载正相吻合。

以禹征三苗为契机，以长江中游和黄河中游为主体，中国两大文明的起源带由此紧密地联系在一起，共同促进了南北文化的交流、融合与发展。

二、"越为禹后"

越人分布在长江中下游，其族源众说纷纭。"越为禹后"说出现得最早，影响也最大。《史记·越王句践世家》记："越王句践，其先禹之苗裔，而夏后帝少康之庶子也。封于会稽，以奉守禹之祀……后二十世，至于允常……允常卒，子句践立，是为越王。"其他史籍如《吴越春秋》《越绝书》等所记，都大同小异。也有学者对此说提出质疑甚至完全否定，认为："《史记》言越王句践为夏禹之后，此不过越人托古之辞。"②"夏是北方民族，越是南方民族，两不相干。"③

说"越为禹后"虽有托古之嫌，但考古资料表明，古越族在其早期发展过程中，确实曾经受到中原文化的影响。马桥文化的陶器与二里头文化有密切关系，上海马桥遗址第四层出土的三足盘、觚、鸭形尊、豆、簋、圜底盘、圈足状捉手器盖等器物的形制与二里头文化中的同类器十分接近④。邹衡认为马桥文化中"突然出现了大批二里头文化因素"⑤。这些二里头文化因素多属二里头文化期偏晚或第二至三期之际，由此，有些学者认为二里头文化因素大量涌现在马桥文化中正值中原夏、商之际。

① 俞伟超：《先楚与三苗文化的考古学推测》，《文物》1980 第 10 期。
② 林惠祥：《中国民族史》，商务印书馆 1936 年版。
③ 卫聚贤：《吴越民族》，吴越史地研究会编：《吴越文化论丛》，江苏研究社 1937 年版。
④ 黄宣佩：《上海马桥遗址第一、二次发掘》，《考古学报》1978 年第 1 期。
⑤ 邹衡：《江南地区诸印纹陶遗址与夏商周文化的关系》，《文物集刊》第 3 集，文物出版社 1981 年版。

曾有人指出：夏桀时，殷族西进，驱散了夏族，占领了中原。夏族的遗部如杞、鄫等，仍留居中原，与殷族混合，其余则有经苏皖而徙江浙的，是为后来之吴越①。此说于史不为无证，如《尚书·仲虺之诰》记："成汤放桀于南巢。"南巢的地望，当在今安徽巢湖附近求之②。江淮地区一批富含二里头文化因素的古文化遗址，似与桀奔南巢有关。从安徽潜山薛家岗、含山大城墩、肥西大墩孜、肥东吴大墩、寿县斗鸡台、霍邱小烟堆等遗址中，出有鼎、鬶、盉、豆、爵、盆、瓮、缸、圆腹罐等陶器和铜铃，都与二里头文化同类器物十分接近③，可能是夏族遗民南迁留下的文化遗存。桀"与末喜同舟浮江""与末喜嬖妾同舟流于海"④等记载，或许即暗示夏族遗民的一支经过江淮，渡江南下或顺江东下，来到太湖流域，与当地土著居民共同创造了以印纹硬陶为特色的青铜文化，即马桥文化。

既然在越人中有夏人遗裔，那么说"越为禹后"就不全是附会了。

越族并非单一民族，而是若干有某些共同文化特征的民族单位的统称。《汉书·地理志》颜注引臣赞语："自交趾至会稽七八千里，百越杂处，各有种姓，不得尽云少康之后。"事实上，夏文化对长江流域各区域同时期文化的影响，或强或弱，不能一概而论。但中原得文明风气之先，向长江流域播散，是不能否认的。

三、"禹迹"种种

与"越为禹后"的传说相近似，长江沿线还留存着多处传说中的有关夏禹和其他夏王、夏人的史迹，即所谓禹迹，与夏文化的南渐也不无关系。

"禹迹"分布在四川、湖北、安徽、江西、浙江等省，传说的内容包括大禹生于石纽，禹娶于涂山，禹会诸侯于会稽山，禹葬会稽，禹"封皋陶之后于英、六"，禹之后裔隐居庐山及桀奔南巢等⑤。

上述传说，后人附会的成分颇多，大多不可靠，但并非都是无稽之谈，其中折射出许多历史的影子，是夏文化向南扩散的一种曲折的反映。

四川广汉三星堆遗址出土的陶盉、豆以及玉璋等，与二里头文化的同类器物相近。因此有学者认为："分布于四川的禹迹并不是指禹本人所留下的遗迹，而很可能是夏代文化和夏民族的文化对这些地方有所影响而留下的痕迹。""在夏殷之际的激烈民族斗争

① 翦伯赞：《诸夏的分布与鼎鬲文化》，《中国史论集》，文风书局1947年版。

② 张宏明：《浅谈伍子胥后人墓志》，《文物研究》第1辑。

③ 杨德标等：《安徽江淮地区的商周文化》，《中国考古学会第四次年会论文集》，文物出版社1985年版。

④ 〔汉〕司马迁：《史记》卷二《夏本纪》集解引《淮南子》，中华书局1959年版，第1册，第89页。

⑤ 杜金鹏：《试论夏商之际的民族迁徙与融合》，《郑州大学学报(哲社)》1992年第2期。

中，夏民族就发生过一次很大的民族迁徙，其中一支迁徙的民族带来一些文化因素，在广汉三星堆遗址出土的陶盉、高柄豆就表现出了这种与夏有关系的文化因素。”①此论颇有见地。

聚居于长江流域的部族本来就多，已经相当复杂的文化面貌，随着中原文化的输入，这里的文化更加丰富多彩。不过，由于中原文化的强有力推动，长江流域在夏商之际踏入了青铜时代的门槛。

第二节　商文化与长江流域的联系

商代长江流域加快了进入青铜时代的步伐，出现了若干各具特色的文化区。概而言之，有以早期蜀文化为代表的成都平原文化区，以盘龙城遗址为代表的两湖文化区，以吴城文化为代表的鄱阳湖文化区，以湖熟文化为代表的宁镇文化区，以马桥文化为代表的太湖平原文化区，以及江淮文化区。

商因夏，也立国于中原。殷人踏着夏人的足迹，经营南国。古本《竹书纪年》记：“成汤二十一年，商师征有洛，克之。遂征荆，荆降。”《吕氏春秋·异用》篇载：“汉南之国闻之曰，汤之德及禽兽类，四十国归之。”可知早在商朝初期，殷人便长驱南进，所向披靡。殷人以其先进的青铜冶铸技术为先导，同生活在长江流域的诸多土著民族进行了文化交流。

一、商文化与长江中游

盘龙城位于湖北黄陂叶店村，发现于20世纪50年代，发掘于70年代②。它是商代二里冈上层时期的一座古城，城内有大型的建筑群。第1号宫殿基址可复原成一座四阿重屋式的高台寝殿建筑，四周有回廊，中央为四室③。在这个宫殿基址的南北中轴线上，还有第2号、第3号基址，显然是一组宫殿建筑，而古城则是宫城。

在盘龙城的楼子湾、李家嘴④等地，还有大批同时期的墓葬，出土了数十件青铜的容器、兵器、生产工具等。

① 沈仲常等：《从新繁水观音遗址谈早期蜀文化的有关问题》，徐中舒编：《巴蜀考古论文集》，文物出版社1987年版。

② 湖北省博物馆等：《盘龙城1974年度田野考古纪要》，《文物》1976年第2期。

③ 杨鸿勋：《从盘龙城商代宫殿遗址谈中国宫殿建筑发展的几个问题》，《文物》1976第2期。

④ 湖北省博物馆：《盘龙城二里冈期的青铜器》，《文物》1976年第2期。

青铜爵

青铜斝

青铜卣

青铜鼎

青铜鬲

青铜簋

青铜盉

青铜钺

铜矛

铜戈

箭镞

铜锛

铜斧

铜凿

盘龙城出土青铜器

盘龙城遗址和墓葬出土的器物，其文化内涵与中原高度一致，诸如城墙的营造技术、宫殿的建筑手法、埋葬的风俗、青铜铸造工艺、制玉工艺，以及制陶工艺等，无一不与中原相同。这座与殷人关系深厚的城址，应由殷人营造而成。它既不是一个普通的居民聚落，也不可能是商代的一个方国遗存，而应是殷人设置在长江中游的一个据点。

当时的长江中游尚未出现足以与殷人抗衡的政权实体，即使有南逸的夏人存在，因其元气大伤，且七零八落，已不足为殷人之患了。殷人建立盘龙城的目的，除开疆拓土外，主要是借以控制长江中下游的红铜产区①。商代青铜文化得以迅速发展，缘由就在于殷人既掌握了高超的青铜铸造技术，又有效地控制着铜锡原料基地。

发生在商代后期的“武丁伐荆”，也与长江中游的红铜有关。有卜辞记：“乙未（卜），贞：立事于南，右从（我），中从舆，左从曾。”②从字体看，此卜辞属武丁偏晚期遗物。武丁是“复兴殷道”的一代名王，如《诗·商颂·殷武》所记：“挞彼殷武，奋伐荆楚。”商代，殷人称南国土著为荆，《诗·商颂·殷武》中写道：“维女荆楚，居国南乡。”所谓南乡本来是指大别山、桐柏山以北和伏牛山以东的中原南部，后来随着殷人逐步向南开拓而同步向南展宽。殷人南下，荆人在殷人的压力下，多数臣服，少数逃散③。《诗经》与卜辞所记是否为同一件事，不得而知，但都记录了武丁的南征。在明显的无强大敌手的情况下，武丁成功了。

殷人早在商代早期就建立了盘龙城这一军事据点，但在武丁之前，商朝曾几度中衰，“诸侯或不至”。铜矿可能为某些诸侯所觊觎，甚至一度失去控制。武丁伐荆，亲临长江中游，无疑是要竭力控制和相机开发这里的铜矿。

殷人凭借强大的兵力向南推进，商文化随之向南播散。盘龙城所在的江汉地区因近水楼台先得月，受商文化的影响既早且深。盘龙城出土的陶器，表明已受到二里冈下层

① 万全文：《殷人、周人南进掠铜论》，《江汉考古》1992年第3期。

② 郭沫若主编：《甲骨文合集》5504，中华书局1978—1982年版。

③ 张正明：《楚文化史》，上海人民出版社1987年版，第12页。

文化因素的影响。这里的二里冈商文化的因素，从少到多，由弱到强，最后发展到以商文化因素为主体①。

中原商文化也曾吸收长江流域的某些文化因素，郑州二里冈出土的印纹硬陶、釉陶与盘龙城所出者差别甚小，而与江西吴城同期遗址所出者差别甚大。若说二里冈的印纹硬陶、釉陶是在盘龙城的影响下发展起来，那是不无道理的。

盘龙城扼长江中游，居南方通中原的要冲。殷人因此把它作为跳板，深入到今江西、湖南境内。

分布于江西赣江、鄱阳湖流域的吴城文化遗址，是与中原商代同时的青铜文化遗址，其主人是三苗或扬越尚无定论。从出土的众多器物可知，商文化至迟在商代早期偏晚，就与当地土著文化发生了接触，使后者受到强烈的影响。这里出土有与二里冈上层和殷墟第一、二期十分相似的青铜容器、工具和武器，以及相似的陶器，其他诸如建筑遗址、墓葬、文字等，也与中原有某些相同或近似的特点②。

江西新干大洋洲
商代大墓青铜器出土时状况

商代越人
打击乐器象纹铜铙

江西新干大洋洲商代
大墓出土卷云兽面纹青铜铙

江西新干大洋洲商代大墓
出土目雷纹虎耳扁形虎足青铜鼎

江西新干大洋洲商代大墓出土
目雷纹虎耳扁形虎足青铜鼎局部

江西新干大洋洲商代大墓
出土兽面纹虎耳青铜方鼎

① 陈贤乙:《盘龙城商代二里冈期墓葬陶器初探》,《中国考古学会第四次年会论文集》,文物出版社1985年版。

② 江西省博物馆等:《江西清江吴城商代遗址第四次发掘的主要收获》,《文物资料丛刊》第2期,文物出版社1978年版。

江西新干大洋洲
商代大墓出土
兽面纹鹿耳四足青铜甗

江西新干大洋洲
商代大墓出土兽面纹
鸟耳扁形夔足青铜鼎

江西新干大洋洲商代
大墓出土兽面纹青铜豆

江西新干大洋洲商代
大墓出土兽面纹青铜铙

江西新干大洋洲商代
大墓出土兽面纹青铜温鼎

江西新干大洋洲
商代大墓出土
兽面纹提梁方腹青铜卣

江西新干大洋洲
商代大墓出土
双面神人青铜头像

江西新干大洋洲商代
大墓出土云雷纹联裆青铜鬲

江西新干大洋洲商代
大墓出土折肩青铜鬲

湖南出土的众多商代青铜器表明殷人曾经光临此地。近来发现的商代遗址和墓葬更证实了这一点。石门皂市商代遗址出土的长体锥形实足的分裆鬲，夹砂红陶附加堆纹的大口缸、斝、爵、大口尊等，与郑州二里冈上层所出同类器物基本相同。其中分裆鬲、斝、爵、大口尊等为本地初见的器形，系由中原直接传入①。

殷人在长江中游的频繁活动，促进了当地文化的迅速发展。

二、商文化与长江下游

长江下游大致西起湖口，东至大海，北起淮河，南至太湖流域和杭州湾。在这个范围内，考古学上的文化面貌是不尽相同的，至少可划分为太湖流域文化区、宁镇地区文化区和江淮文化区。仅就安徽境内的江淮地区而言，还可分成西北部沿淮地区、东南部巢湖地区和西南部山区②。

浙江出土的商代原始瓷罐

安徽江淮地区的商文化遗存分布较普遍，与中原商文化面貌大体一致。其铜器皆为典型商代铜器，陶器如鬲、豆、簋、罐、大口尊等与中原同期同类器物颇相似。遗存中尽管不乏当地文化因素的器物出土，但总的看来是以商文化因素为主体。商朝显然有效地控制了这个地方。

商代的宁镇地区有湖熟文化，因最早发现于江苏江宁县（今南京市江宁区）湖熟镇而得名。湖熟文化曾受到商文化的强烈影响，如以鬲、甗等具有商文化特征的炊器，取代了本地区以鼎为主的传统炊器，出土的青铜器如刀、斧、凿、铃、鱼钩、箭镞等器物形制，与中原商器完全一致。就连当地的青铜冶铸工具陶勺，也被中原的灰陶大口尊取代了。有的学者认为，湖熟文化除发挥文化走廊的功能外，还起着“文化熔炉”和“文化屏障”的作用③。“文化熔炉”指湖熟文化将包括中原文化在内的邻近的各种文化吸收、融合，而有所创新；“文化屏障”则指湖熟文化还阻隔着一些文化因素的南北传播，如中原文化的鬲未能南传至太湖流域，几何印纹硬陶和原始青瓷未能在长江以北地区普及，与湖熟文化的阻隔不无关系。或许正是因为有湖熟文化的缓冲，太湖流域和杭州湾虽曾受到中原商文化的影响，但影响不大，殷人对这里殊少问津。

① 湖南省文物考古所：《湖南石门皂市商代遗存》，《考古学报》1992 年第 2 期。
② 宫希成：《夏商时期安徽江淮地区的考古与文化》，《东南文化》1991 年第 2 期。
③ 刘建国：《浅论宁镇地区古文化的几个问题》，《考古》1986 年第 8 期。

三、商周之际的长江上游

长江上游进入青铜时代的时间因地而异。四川大约在商代晚期开始进入青铜时代，滇、黔进入青铜时代则更晚些。

四川广汉三星堆1、2号器物坑和成都十二桥遗址的发掘，表明川西平原在商代已有强大的政权实体存在，青铜文化比较发达。就其文化属性而言，论者一般以为是早期蜀文化。

蜀是一个古老的民族，《华阳国志》卷三《蜀志》记："蜀之为国，肇于人皇，与巴同囿。至黄帝，为其子昌意娶蜀山氏之女，生子高阳，是为帝喾。封其支庶于蜀，世为侯伯，历夏、商、周。"这段记载，除帝喾为帝颛顼之误以外，均与《帝系》相应。

作为政权实体的蜀同商朝有着密切关系，商代甲骨文中即有"征蜀""至蜀""在蜀"和卜问蜀之收成的记录，但蜀的地望一直没有定论，有鲁地说、陕西或四川说等。在上列诸说中，因四川广汉三星堆两个器物坑被发现，成都平原为"蜀"地一说被重新提及，且唱和者日众。但陕西说也近史实，持此论者言之甚详。在陕西城固、洋县一带，迄今已出土500余件商代铜器。一说，"城固铜器群同早期蜀文化的关系要较与商文化、先周文化以及辛店文化、寺洼文化的关系密切得多，它们之间，不只是个别文化相似，而是在文化性质上有着很大的一致性。""陕西城、洋地区与川西地区应属于同一文化圈。"①另有一说认为"蜀地的人们共同体的基本成分是土著"，与统治者有别。陕西城、洋地区与川西地区可能有相同的土著居民，或者有相同的统治者，因此都可称"蜀"。与商朝交往频繁、对商朝时叛时服的"蜀"，也许就在这里，但不能因此而否定商文化对川西平原早期蜀文化的影响。商文化对川西平原的影响是客观存在的，广汉三星堆器物坑出土的礼器、玉器等都反映出中原商文化的强烈影响。不过，器物坑出土的器物以立人像、铜面具等具有宗教色彩的青铜像为主，与商文化显得格格不入，明显地属于两个不同的文化系统。这不得不令人怀疑川西平原与商文化的联系究竟是疏是密，这里是否即是殷人曾征伐过的"蜀"呢？

还有一说，认为商文化先向南推进，经淮至江，越过洞庭湖，又溯江入蜀。这可能是商文化通往成都平原的一条重要途径②。至于"沿着连接关中西陲和汉中盆地的捷径——褒斜道，而达四川盆地"，也不失为商文化入蜀的重要途径。这两条通道或许同时

① 李伯谦：《城固铜器群与早期蜀文化》，《考古与文物》1983年第3期；刘士莪、赵丛苍：《论陕西城、洋地区青铜器及其与早期蜀文化的关系》，四川广汉三星堆国际学术讨论会论文，1992年。

② 李学勤：《商文化怎样传入四川》，《中国文物报》1989年7月20日。

并存，但前者山高水险的客观条件，必定会增大殷人入蜀的难度，沿途已有的考古发现也未能提供殷人溯江入蜀的信息。相比之下，陕南城、洋地区就确乎是一条捷径，而且有出土实物的佐证。

第三节 商代的长江文化

一、精美绝伦的青铜器

商代的青铜器，已在长江流域出土了不少。其中，四川广汉三星堆两个商代器物坑，江西新干商墓，湖北盘龙城商代遗址、墓葬以及湖南地区，出土尤多。

上述各地出土的商代青铜器不仅量多、质优，而且文化内涵丰富。

中国早期冶铜业的中心，显然是在黄河流域。早在仰韶文化后期，就已出现了个别的铜器。到龙山文化时期，铜器就更多了，但仅限于小型器物如锥、凿、刀、铃之类，多数器物的质地为红铜，也有青铜或黄铜。除锻造外，也开始采用单范或合范铸造工艺。到了二里头文化时期，出现了爵、斝等青铜器①。

长江流域迄今尚未出土相当于二里头时期的青铜器，但这里的制陶业已相当发达，已具备冶铸青铜器的技术前提。况且，长江流域是中国铜矿的密集地区。江西瑞昌古铜矿开采年代的上限早到商代中期，已有一套完备的采矿技术②，表明当地土著对铜早就有所认识了。

南进掠铜的殷人，带来了中原先进的青铜冶铸技术，这对推动长江中游青铜文化的发展起了至关重要的作用。江西吴城遗址曾出土相当于商代中期的500余件石范，无疑是当地土著用以冶铸青铜器的。但石范质硬，可塑性小，只能浇铸技术简易的小型工具、武器如斧、锛、刀、镞等，不能大规模地用于铸造容器。因石范的局限性太大，中原输入的陶范自然而然地会取而代之。

湖北盘龙城出土的青铜器，是殷人青铜冶铸技术在长江流域的直接体现。这里出土的青铜器，有礼器鼎、鬲、甗、簋、斝、爵、觚、盉、罍、卣、盘，食器、酒器齐全，组合关系完整；有兵器钺、戈、矛、刀、镞、镦；有工具臿、斫、斧、锛、凿、锯、鱼钩等。器类、形制、纹饰无不与郑州二里冈上层出土的商器相吻合，表现出两地文化的高度一致性。

---

① 中国科学院考古所二里头工作队：《偃师二里头遗址新发现的铜器和玉器》，《考古》1976年第4期。

② 《江西瑞昌铜岭商周矿冶遗址第1期发掘简报》，《江西文物》1990年第3期。

湖北盘龙城出土的商代铜圆鼎

这批青铜器应是就地冶铸而成的。在盘龙城遗址中，出土了许多炼锅，也发现了一些孔雀石、木炭、红烧土等。孔雀石的存在，或许表明当时尚处于 L. 艾奇逊所提出的青铜器合金发展过程中的第三阶段，即铜矿砂加金属锡（锡锭）的发展阶段，其冶金术尚未完全成熟。因此，这里出土青铜器的合金成分尚不稳定，有的铜约占 81％～88％，锡铅分别占 5％～8％和 1％～6％，有的铜含量相对偏低——约占 71％，而含铅量高达 21％～24％，总之，还未能掌握一个比较适当的青铜合金比例①。这种情况也和郑州二里冈时期的青铜冶金术大体相同。

就铸造工艺而言，则已达到较高的水平。这里出土的青铜器普遍使用陶合范的通体浑铸法，也使用了分铸法。由容器里侧平滑以及器表花纹浮于器面可知，其铸造工序应是先制模，模上雕花，再制内外范。而从出土的所有青铜器大小不等、花纹各异来看，应为一器一范。器表光滑，可见范铸后已行打磨修饰。

盘龙城出土的二里冈期的青铜器，只能被视为中原青铜文化向长江流域的延伸。能真正体现商代长江流域青铜文化的水平和风格的，是湖北其他地区及湖南、江西、四川等地出土的大批青铜器。

湖北崇阳县于 1977 年出土铜鼓一件，铜鼓通高 75.5 厘米，重 42.5 千克，由鼓冠、鼓身、鼓足三部分构成，饰以饕餮纹，是迄今所出土的我国最早的铜鼓。较之《商周彝器通考》所著录的商代双鸟饕餮纹铜鼓，在纹饰、造型、铸造工艺等方面颇多相似之处，但更为原始、古朴②。

湖南境内出土的商代青铜器中，有礼器鼎、簋、卣、尊、觯、鬲、甗、方彝、觚；乐器铙、镈；工具斧、削等。出土状况与其他地区有别，或出土于山顶、山腰，或发现于湖边、河岸，多零散分布，少集中出土。仅宁乡出土的一件甗内装有铜斧 224 件，是为特例。这些器物显然是作为祭器，在进行祭祀活动之后遗留下来的。这里出土的商代青铜器基本上属于商代晚期，与安阳殷墟出土的商朝鼎盛时期的青铜器相比，无论造型、纹饰和其他工艺都毫不逊色。

这些青铜器有比较独特的造型风格。或体大而重，如岳阳、宁乡等地出土的 10 余件大铙，一般高 80 厘米左右，每件重约 80 千克，最重者达 154 千克，不见于其他地区。湘乡

① 湖北省博物馆：《盘龙城商代二里冈期的青铜器》，《文物》1976 年第 2 期。

② 鄂博、崇文：《湖北崇阳出土一件铜鼓》，《文物》1978 年第 4 期。

出土的一件爵，高达 32.8 厘米。中原“妇好”墓出土的所谓“空前大爵”，也只高 30 厘米。华容出土的牺首兽面纹尊，高达 72.4 厘米，也比中原的尊高大。或奇巧而秀丽，一部分器物以立体的动物形象作为饰物。如象尊、牛尊、鸮卣等，极具写实倾向，与中原出土的鸟尊、兕觥等庄严古朴而图案化意味颇浓的同类器相比，显得清新自然。相传出于湖南的“虎食人卣”，构思奇特，造型诡异。这种“人兽母题”似有巫术寓意，有待进一步研究。

湖北崇阳县出土的商代青铜鼓

湖南出土的商代青铜豕尊

这些青铜器的装饰手法多别具一格：

其一，以人面作为装饰，如宁乡出土的人面纹方鼎，四壁各有一个浮雕的人面作为主要装饰，在青铜器中实属罕见。

其二，以动物作为装饰。常见的动物饰样主要有两种，一种是虎，一种是羊。前述“虎食人卣”，全器作虎形。虎纹大铙的鼓部装饰乃至控制内腔音量的物体，也是虎；象尊的鼻、身躯和足上，装饰有 13 只虎；牛尊，盖上的提手是虎；至于一件略显轻薄的大钺，也饰有令人赏心悦目的虎纹，与中原习见的那种令人触目惊心的凶猛虎纹的大钺有明显不同的风格。羊饰如宁乡出土的四羊方尊，羊体半露，脸部清晰，身体同塑，形象逼真；华容出土的三羊饕餮纹尊，羊首大而突出，显浮雕状，羊角弯曲伸向两侧；岳阳出土的一件铜尊，则肩上饰有四个羊首。中原商器虽也见羊饰，但与湖南青铜器羊饰的特征差异十分明显[①]。

虎纹、羊纹在这里的商器上盛行，应与生态环境有关。当初这里的自然条件适宜于虎、象之类的动物生存，而羊已成家畜，土著居民与之共处，或受其害，或得其益，而无不

① 湖南省文物考古所：《湖南石门皂市商代遗存》，《考古学报》1992 年第 2 期。

熟知其形象，深谙其习性，这就刺激了他们摹写禽兽形象的欲望。再加上出于巫术的创作动机，铸造出如此风格独具的青铜器，应是不足为怪的。或以为羊饰、虎饰与图腾崇拜有关，这也是可能的，但无从考证。

除一批颇富特征的青铜器外，还有大量与中原商器如出一辙的青铜器。某些铭文如“文乙用享”“大禾”“乙冈”“癸冈”等，可以在中原商器上找到，字体风格也完全一致。因此，曾有人推测这些青铜器来自中原。但在本地铸造的可能性更大。在石门皂市商代遗址中，出土有铜块、铜渣和附有铜渣的残陶器，还发现有一座铜熔炉①，表明当时该地区是能铸造青铜器的。通过同位素源 X 射线荧光仪的检测，这里出土的一部分青铜器如“父乙”簋、“戈”卣等，含有锑。中原出土的铜器，却大多不含锑②。这与湖南锑矿资源的丰富不无关系，应为铸造铜时混入了锑所致。鉴于绝大部分青铜器散布在洞庭湖周围湘水流域，处在商文化的主要通道上，这些青铜器应该是由殷人在当地铸造的。有铭文为“癸冈”的铜器，就可能是“冈”这个氏族的。“冈”氏族是商代最重要的氏族之一，曾见于安阳侯家庄 1550 号大墓，估计是商朝的王族。他们可能随武丁征荆蛮南下后未北返，也可能因商朝覆灭而奔荆蛮，流落江南。在江陵万城的西周前期墓中还出土过有“冈”字铭文的铜器。

石门商代遗址中出土了铜块，据此可推测当时当地已进入铜锭加锡锭的冶金术成熟阶段。出土铜器的含铅、锡量也较中原为高。含锡、铅较多，既可降低铜的熔点，又可增加铜器的硬度和光泽度，是冶铸水平提高的标志之一。据传出土于湖南宁乡的四羊尊，羊角上面有分范铸痕，陶范吻合严密，弯曲弧度虽大，表面精密度甚高，其铸造工艺已达到当时的先进水平了。

江西新干商墓出土的青铜四羊罍

江西新干商墓未发掘以前，人们只能据吴城文化遗址出土的为数不多的青铜器，估量商代江西青铜文化的发展状况。大批石范的出土，说明当地土著能铸造青铜器。尽管如此，吴城青铜器也有中原文化的烙印。对当时当地青铜文化的发展水平，人们没有理由高估。新干商墓大批青铜器的出土，为人们重新认识赣江流域的青铜文化面貌提供了宝贵的资料。

新干商墓出土的铜器达 480 余件，可分为：礼器如鼎、甗、鬲、罍、瓿、豆、簋、壶、卣、瓒等 10 种；乐器铙、镈 2 种；农业生产工具犁、臿、耒、耜、铲、斧、斨、锛、镰、铚、镬等 11 种；手工业工具刀、刻刀、凿、锥、钻 5 种；兵器矛、戈、勾戟、钺、

① 湖南省文物考古所：《湖南石门皂市商代遗存》，《考古学报》1992 年第 2 期。
② 高至喜：《“商文化不过长江”辨——从考古发现看湖南的商代文化》，《求索》1981 年第 2 期。

刀、剑、匕首、镞、胄、镦等 10 种；生活用具匕、箕形器等，以及其他器物如双面人头形神器、伏鸟双尾虎和羊角兽面等①。

在这批青铜器中，青铜容器仅 54 件，占总数的 11%，与中原商墓比如妇好墓以容器为主要随葬品的情形不同。妇好墓以觚、爵等酒器为大宗，新干商墓所出土的却是以鼎为主的食器，其中鼎达 32 件。这种重视等级与权力之象征的鼎的存在，较中原有过之而无不及。但殷人嗜酒的习俗未被沿袭，可能为当地民风所限。引人注目的还有这里出土的一批青铜生产工具，其种类之全、数量之多，在商墓中实属罕见，诸如刻刀、手斧、钻等手工工具，在全国各地商代遗址、墓葬中，俱属首见。农具臿、耒、耜、锤、犁铧等，也是初现。大多数农具都铸有花纹，因此有人推测是墓主生前用于耕田的礼仪之器②。总之，器类及其组合形式明显地受到中原商文化的影响，却又有显著的地方文化特征，双重文化因素有机地糅合在一起。

中原的器型同富于地方特色的装饰融为一体，这是新干商器最显著的特征。在出土的 400 余件青铜器中，没有一件纯粹的中原商器，即使形制雷同，纹饰也不无变化。中原文化在二里冈晚期已通过盘龙城和其他渠道，对散布于赣江流域的土著文化发生较强的影响。由此，这批青铜器中的某些器物有着浓厚的二里冈时期的风格。如卧虎大方鼎，其形制为斜折沿、方唇，圆拱形外槽式立耳，斗形深腹，圆柱状上粗下细、根部又较粗的空足，与郑州杜岭大方鼎基本相同，但在立耳上铸有一只卧虎，这个手法却是不见于中原的。中原商文化传入不久，虽改变了当地土著以石范铸造青铜器的传统，却被迅速地方化、民族化了。之所以如此，想来是因为当地土著的文化比较发达。

当地土著的族属，或谓之三苗③，或谓扬越④。赣江流域在春秋中期以前是扬越聚居之地⑤。虽则也可能有三苗的遗裔，但从当地以几何印纹硬陶为主要特征的考古学文化来看，应是以扬越为主体。扬越分布之处，恰是中国古铜矿密集之区。

浓厚的地方特色，主要体现在装饰手法上。如卧虎大方鼎之鼎耳上的卧虎，双耳耸立，凸目吊眼，口略张，内露两排三角形的利齿，粗项直腰，尾部上卷，屈足，作似卧欲跃之状，颇有百兽之王的雄风⑥。如此造型的老虎形象不见于中原及其他地区。在众多的偏足鼎中，有圆雕状扁足，其整体造型也是一个变形的老虎，圆眼高凸，口大张，尾端收为尖

① 江西省文物考古所等：《江西新干大洋洲商墓发掘简报》，《文物》1991 年第 10 期。

② 彭适凡、彭明瀚：《新干商墓与殷墟妇好墓的比较研究》，《南方文物》1992 年第 2 期。

③ 商志䜹：《试论清江吴城遗址及其有关问题》，中山大学人类学系编：《民族考古研究论文集》，1984 年。

④ 彭适凡：《江西瑞昌商周铜矿遗存与古扬越族》，《江西文物》1990 年第 3 期。

⑤ 刘玉堂：《扬越与楚国》，《楚学论丛》，1990 年 9 月。

⑥ 詹开逊、刘林：《从新干商鼎看吴城文化的性质》，《南方文物》1992 年第 2 期。

钩状；背有凸脊，身饰连续性云雷纹，前后足之膀部纹路加粗，突出，表示出发达的肌肉和力量，这是介于写实造型和抽象构图之间的猛虎形象。

凡有此类足的鼎，其鼎耳必铸有卧虎，而且腹部纹饰必为环柱角饕餮纹。环柱角饕餮纹在新干商器——尤其是鼎上非常普遍，铸有卧虎的三件方鼎即饰有这种纹样。有人还认为环柱角饕餮纹即虎头纹，可成一说①。还有一件伏鸟双尾虎，形似虎尊，而腹底空，作半卧欲起状，张口龇牙，突目粗眉，两耳耸立，粗颈，垂腹，背突出，后垂双尾，背伏一短尾鸟。虎的形象大量出现，令人猜测当地土著可能是崇虎的。

鳍状扁足，以及常见于鼎口沿和耳侧的燕尾纹，也是他处青铜器所没有的装饰。即使与中原商器相同的纹饰，如凤鸟纹、鱼纹、龙纹（无足）等，以及柱足之上带有扉棱鼻的浅浮雕式外卷角兽面和勾戟状的高扉棱等，构图也不乏地方特色。

一批形制特别的兵器和工具，也显示了地方特色。如兵器中有一件勾戟，或称为戣②。勾戟过去只在陕、甘、豫、冀、鲁等地西周早期的大中型墓中见过，年代比新干出土的这件晚。或许勾戟是赣江流域土著首创的，被中原吸收了。

同出的还有两件长条形刀，呈竖状狭长形，一面平整，一面微弧。刀首弯卷，长弧刀，脊上下两端有耳式方穿两个。这种兵器过去只见于晋陕之间，年代在商代中晚期之际，通常被认为是北方所特有的青铜器③。同类器竟在赣中获得，其出现的原因耐人寻味。

新干出土的某些工具，如弯镰、圆刀斧等，也都是中原罕见的。

新干商器普遍使用陶范法，多为浑铸成形，也有一些是分铸合成的。浑铸、分铸法的娴熟运用，得以铸造出许多精巧、复杂的器物。如方卣，在其腹内有通向四壁的十字形管道，且为双底层，外底有十字镂孔。李学勤认为如此设置，大概是既可用炭火在底下加热，又可浸入沸水中④。同出的方鼎也是双层底，有可以揭开的小门，也可能为便于置入炭火加温。这两件器物构思之巧妙，铸造之精致，在同时代的器物中确属绝无仅有的珍品。

新干铜器群的材质是铜锡铅三元合金，杂质极少。从主要的合金成分看，新干青铜器的成分与二里冈时期高锡青铜或高铅低锡青铜都不同，却很接近商末周初时期的青铜合金。从微量元素看，新干青铜器杂质的含量不仅比二里冈和殷墟前期青铜器要低，而且比商末周初，乃至秦汉、明清时期铜合金的都要低（一般为 1%～2%）。由此可知，新干

① 马承源在《商周青铜器纹饰综述》中即持此说，见上海博物馆编《商周青铜器纹饰》，文物出版社1984 年版。

② 邹衡：《有关新干出土青铜器的几个问题》，《中国文物报》1990 年 12 月 6 日。

③ 李学勤：《商青铜器对西土的影响》，《殷都学刊》1987 年第 3 期。

④ 李学勤：《新干大洋洲商墓的若干问题》，《文物》1991 年第 10 期。

青铜器的原材料都是用很纯净的铜、锡或铅配制而成的①。

长江流域迄今所见的商代青铜器以四川广汉三星堆1、2号器物坑出土的一批器物最为奇特②。两个器物坑共出土青铜器500余件,有常见于中原地区的尊、罍、彝、盘等礼器,也有戈等兵器,但主要是立人像、人头像、人面像、跪人像、爬龙柱形器、虎形器、神树等商代考古史上首次发现的器物,尤以众多的青铜人物雕像令人瞩目。

四川广汉三星堆出土的青铜人面像

这批青铜雕像铸造得形态各异,大致可以分为以下几类:

其一,与真人形象大体相同,只在某些部位略有夸张。这类雕像又有立人像、跪人像、人头像、人面像的区别。

立人像1件,身高170厘米,与真人相仿。大眼、直鼻、方颐、大耳,细长颈。头戴花冠。双手极大,作持物状,着左衽长袍,前裾过膝,后裾及地。赤足佩脚镯,立于方座之上。庄严、肃穆,似乎若非大酋则必为大巫。

跪坐人像,形体都很小,从姿态上看有半跪式、跪坐式的区别。其头发从前向后梳,再向前卷,似扁高髻。耳垂穿孔。上身穿右衽长袖短衣,下身着犊鼻裤。

人头像,仅2号坑即出土41件,与真人相当或稍小,形态有异,多为面部特征、发式或冠形的区别。如有的鼻梁高直,有的则是蒜头鼻。

人面像,数量也不少,与真人大小相当,面部特征相同。与人头像一样,耳垂下皆有穿孔。从2号坑出土玉璋上的浅刻人物都带有耳环可知,这种穿孔应是用以挂耳环的。

其二,因某些部位被强烈夸张,从而带有某种神秘色彩,与真人形象有较大区别。这

① 苏荣誉:《新干青铜器的科学价值》,《中国文物报》1991年1月27日。

② 四川文管会等:《广汉三星堆遗址一号祭祀坑发掘简报》,《文物》1989年第10期;《广汉三星堆遗址二号祭祀坑发掘简报》,《文物》1989年第5期。

种雕像均为面像，出土于2号坑中，共3件。其两耳大而尖，双眼斜长，双眼球极度夸张，直径13.5厘米，凸出眼眶16.5厘米。这类人头像形体巨大，是所有人头像中最大的。

其三，简报称之为兽面具，共9件。其面部形态与人完全不同，头上有两卷云形角。双眉斜出向外，眼细长，双眼深圆。其形象与铜器纹饰中的所谓饕餮纹非常相似，但有人以为它们与眼球突出的雕像是同类神物①。

在上述诸类铜像中，有两种最引人注目。一种是铜面像，其额部及左右两侧有方形穿孔，应为钉挂之用。有些学者根据其眼球突出的特点，结合《华阳国志·蜀志》中蜀人祖先蚕丛"其目纵"的记载，认为这是蜀人的祖神形象②。另一种是立人像，有些学者认为他是群巫之长，也是万民之首，即蜀王③。显然，上述两种铜像在这群青铜雕像中处于最高层次，前者是被崇拜的偶像，后者是沟通神人的中心人物。

至于其他铜头像、铜面像，或许都是巫史之类的造像，但他们族属不一，有不同的面部特征和不同的服饰、发式、冠式等。从人类学和中国史籍对古代民族的划分标准来看，语言、饮食、服饰、发式、冠式等都是区别古代民族的重要标准。铜头像、铜面像可能也是巫史形象。有氐、羌的，有西南夷的，还可能有不见经传的外来民族。

这些铜头像、铜面像和立人像一样，眼睛尽管很大，但无眼珠。巫史在中国先秦社会曾具有较高的社会地位，这种情况在文字形成之前或形成之初尤其如此。在文字典籍尚未出现的时代，知识——特别是神话、世系、史诗等都是靠口耳相传。盲人因视力的丧失，听力和记忆力往往特别强，民族知识也就掌握得特别多，因而成为有某种特殊地位的人物。直到已有成熟文字的商代，仍将传播知识的学宫称为"瞽宗"④。《左传·襄公十四年》正义引郑众说："无目，谓之瞽。"这群无眼珠的铜人像很有可能就是一群瞽的形象。瞽在先秦总是与史并称，如见于《左传》《国语》的"史为书，瞽为诗"，"瞽史教诲"即是。史与巫又本来是二而一的职业，因此这些铜人像、铜面像就是象征着蜀国的巫史之属⑤。他们在群巫之长的引导下，从事原始宗教活动。

同出的半跪式和跪坐式的小人像，应是仆役。他们浓眉大眼，有眼珠。在诸多雕像中，唯他们有眼珠，似可反证他们的身份。

不同族籍的巫史形象集合在一起，或许能反映出蜀国是一个部族众多的或松散、或紧密的联盟。

---

① 孙华：《关于三星堆器物坑若干问题的辩证》，三星堆国际学术讨论会论文。

② 范小平：《广汉商代纵目青铜面像研究》，见《四川文物·三星堆遗址研究专辑》1989年。

③ 沈仲常：《三星堆二号祭祀坑青铜立人像初记》，载《文物》1987年第10期。

④ 《礼记·明堂位》："瞽宗，殷学也。"

⑤ 孙华：《关于三星堆器物坑若干问题的辩证》，《四川文物》1993年第4、5期。

铸造青铜雕像的目的，不外乎加强神权和王权，但在商周时代的中原等地区均未出现这种情形，由此，青铜雕像文化显然是一种外来文化。

一般说来，中原在商周时代以礼器和兵器为铸造的重点。所谓“国之大事，在祀与戎”。至于权力的象征，则是九鼎和斧钺。天是至尊之神，然而殊难名状。据《史记·殷本纪》记：“帝武乙无道，为偶人，谓之天神。与之情，令人为行。天神不胜，乃谬辱之。”武乙虽以天神为偶像，可是并不尊重他，甚至还敢渎犯他。总之，商文化缺乏制造偶像的传统，因而没有西亚、埃及、希腊等古代文明所具有的偶像崇拜。

偶像崇拜与神的拟人化有着密切关系。三星堆青铜文化所具有的神的拟人化倾向是不是受了西亚文明的影响才出现的，这是一个值得探讨的问题。尽管三星堆铜像是变形化的，与古代西亚雕像的写实化有所不同，与商代铜器纹饰的变形化则较为接近，但还不能排除三星堆文化受西亚文明影响的可能性。

毋庸置疑，蜀国与商朝之间的文化交流是存在的，但是蜀国没有商朝那样以九鼎、斧钺作为王权、神权的象征，却使用了与西亚权杖类似的金杖，其原因已有学者从地域差异、民族差异等方面进行了探讨①。这样的探讨是有益的，不应轻视。

三星堆青铜雕像群来无前兆，去无遗影，不能不令人怀疑与外来文化的光临有关。

在滇西的剑川海门口古文化遗址，曾有铜器与磨制石器共出②。该遗址经碳-14 测定，为公元前 1165±90 年，相当于商代末期。出土的铜器共 14 件，分别为镰 1 件、钺 1 件、斧 3 件、刀 1 件、锥 1 件、凿 2 件、鱼钩 1 件、夹 1 件、镯 2 件，及铜饰片等。在检测的 11 件铜器中，有不含铅、锡的红铜器，含铅 3%～5%的铅青铜，含少量锡的锡青铜。从同一遗址出土的石范可知，这些铜器是在本地铸造的。石范有单范，也有双合范，并出现了为固定型芯和控制铸件器壁厚薄而安置的泥支钉。根据这些铸造技术，或认为这里出土的铜器，已超越了红铜工艺阶段，具备了青铜时代铜器的某些特征③。总之，滇西地区在商末周初开始铸造青铜器，至于是否进入了青铜时代，则尚不能确定。

二、精巧的玉器

商代是我国源远流长的制玉工艺的重要发展时期，安阳殷墟仅妇好墓出土的各种精美玉器即达 755 件。盘龙城商代早中期遗址和墓葬出土玉戈达 29 件④，新干商墓和三星

---

① 段渝：《商代蜀国青铜雕像文化来源和功能之再探讨》，《四川大学学报》1991 年第 2 期。

② 云南省博物馆：《剑川海门口古文化遗址清理简报》，载《考古通讯》1958 年第 6 期。

③ 王大道：《云南剑川海门口早期铜器研究》，见《中国考古学会第四次学会论文集》，文物出版社 1985 年版。

④ 湖北省文物考古所等：《武汉市盘龙城遗址出土玉戈》，《江汉考古》2018 年第 5 期。

堆1、2号器物坑出土的大批玉器，告诉人们商代长江流域的玉器文化并不比黄河流域逊色。

盘龙城李家嘴M3出土的一件大玉戈长94厘米、内长21厘米、内宽11厘米、援长71厘米、援宽11厘米、厚0.5厘米，是盘龙城遗址出土，也是目前所发现的商代早中期最大的玉戈。新干商墓出土玉器1000余件，有礼器琮、璧、瑗、璜、玦等；武器戈、矛等；装饰品项链、镯、笄型坠饰、蝉、柄形器等，另有神人兽面形饰及羽人各一件。就这批玉器的品类、造型、风格而言，在不同程度上表现出良渚文化的遗风。如玉琮，即良渚文化的余绪①。玉琮上所饰的“蝉”纹，也是良渚文化玉器上的一种兽面纹的蜕化型。还有笄型坠饰，上端有带孔的榫，下端尖锐，这是良渚文化常见的器形。

新干出土的一件玉雕羽人，通高11.5厘米，作侧身跪坐状。运用浮雕手法，表现其大眼高鼻和微张的嘴，戴高羽冠，头顶后部采用掏雕的技法琢出三个相套的连环。臂蜷曲于胸前，蹲腿，脚与臀部平齐。其肋下至腿部刻有羽翼，腰背至臀部阴刻鳞片纹和羽纹。《楚辞·远游》有：“仍羽人于丹丘，留不死之旧乡。”王逸注云：“人得道生毛羽。”洪兴祖补注云：“羽人，为仙也。”《山海经·海外南经》记：“羽民国在其东南，其为人长头，身生羽。”这件玉雕羽人似乎表明，商代赣江流域的土著越人已有羽化成仙的思想。另外，这件羽人头顶后部的链环，琢磨得异常精巧，代表了当时玉雕工艺的最高水平②。

江西新干商墓出土的玉雕羽人

盘龙城出土大玉戈

广汉三星堆一带在20世纪20年代就有玉器出土，近几年来出土尤多。

三星堆一带所出玉礼器有璧、琮、璋、瑗、环等。其中以玉璋尤为引人注目。其特点是大而薄，长度一般在20～60厘米之间，也有长达100厘米的，厚仅1厘米左右。玉璋又

① 李学勤：《新干大洋洲商墓的若干问题》，《文物》1991年第10期。

② 彭适凡、刘林：《谈新干商墓出土的神人兽面形玉饰》，《江西文物》1991年第3期。

分为牙璋和边璋两大类。边璋(编号 K2③:201-4),反映出当时高超的玉石加工技术。此边璋边长 54.4 厘米,上宽下窄,射部和柄部两面各阴刻两组图案,每组 5 幅,各幅图案之间由两条平行线分隔。图案中有作立状和作跪状的人物形象、大山、太阳,以及“[illegible]”形符号、“S”形勾连云雷纹、手纹,以及牙璋的形象等,是一件含有丰富文化信息的艺术珍品。

三星堆出土玉璋

牙璋则别具特色,上面多有加工精细的扉棱,以及云形纹、鸟纹等多种纹饰。如编号 K1:235-5,长 38 厘米,其射部镂刻成鸟形;器身两面各刻一璋形图案,器身与柄之间有三组阴刻平行线纹,在两条平行线之间刻有齿状扉棱,柄与身之间有一圆形穿孔。

也有人说上述玉器不是璋,而是刀形端刃器①。可是,牙璋脆薄,不能装柲作为兵器或工具,只能作为礼仪用器。这种器物最早见于河南偃师二里头,蜀地所出者应是中原文化播散的遗存。

武器和工具类有戈、剑、刀、凿、斧、锛、锥、杵、矛等,许多器物上面也刻有云雷纹、平行纹以及钻有圆形穿孔,线条平直而细腻,刃部磨得较薄。

显然,古蜀人对玉石器的制作的工艺流程,从采料到打制、磨制、切割、镂刻等,已经积累了丰富的经验。

分布于长江流域的其他商代遗址和墓葬,也有为数不多的玉器出土,姑且略而不论。

三、大型城市遗址

长江流域迄今已发现并发掘的大型商代建筑基址,有位居中游的盘龙城遗址,以及位居上游的成都十二桥遗址和广汉三星堆遗址等。

盘龙城遗址修筑于商代二里冈时期,略晚于郑州商城,是迄今所发现的第二座最早的商城。

① 夏鼐:《商代玉器的分类、定名和用途》,《考古》1983 年第 5 期。

盘龙城宫殿遗址之一

盘龙城宫殿遗址之二

盘龙城规模不大，仅在大型建筑区的周围筑出城垣，城垣南北长约 290 米，东西宽约 260 米，部分地段残高 1～3 米，夯筑方法同郑州商城几乎一样。

城内东北部地势较高，是夯土筑成的，现已发现有三座建筑基址，前后平行，方向一致。夯土台的出现，应是高台建筑的雏形。

已发掘的 1 号建筑基址，是先挖坑并打夯筑基，再立柱建屋的。根据残存的柱穴和墙基，可判断此建筑基址前方（南部）的 2 号基址，面阔小于前者，进深则大于前者，似为一座大空间的厅堂——即位于“寝”前的“朝”。假如判断无误，那就是迄今所知最早的“前朝后寝”布局的建筑群实例了。尽管这一建筑群比较简单，但却奠定了北京故宫的基本建筑结构。

《考工记·匠人》记商代王宫正殿的建筑为：“殷人重屋，堂修七寻，堂崇三尺，四阿重屋。”盘龙城建筑群虽不是商朝的宫殿建筑，但也是殷人为镇守南土而修筑的军事据点，因而规格颇高。已发掘的 1 号基址若复原，其面貌为：建筑在高约数十厘米的夯土台基上，中有四室，外有回廊，四周有台阶的四坡重檐茅顶大殿。正与“茅茨土阶”“四阿重屋”的记载相吻合。重檐屋盖是凹曲屋面出现之前，高大建筑为防雨、防晒，以及保证良好的通风和日照条件，同时保持体形高耸壮观的一个成功的创造。这种建筑式样在此后三千余年里一直作为主体殿堂的定制，具体可以参见封建社会末期北京故宫的太和殿。

盘龙城的建筑基址多方面地继承了二里头宫殿建筑的建筑手法，并有所发展。在中国古代建筑的发展史上，有承前启后的地位。

长江上游的川西平原，约在商代已有政权实体。古蜀国的废墟——三星堆遗址，已被陆续发掘。在这里发现了当时建筑的巨大城垣，其断面呈梯形，基宽 40 余米，顶宽 20 余米。三星堆古城的东、西、南三面筑有城垣，城外掘有壕沟。古城东西长 1600～2100 米，南北宽约 1400 米，总面积约 2.6 平方千米。

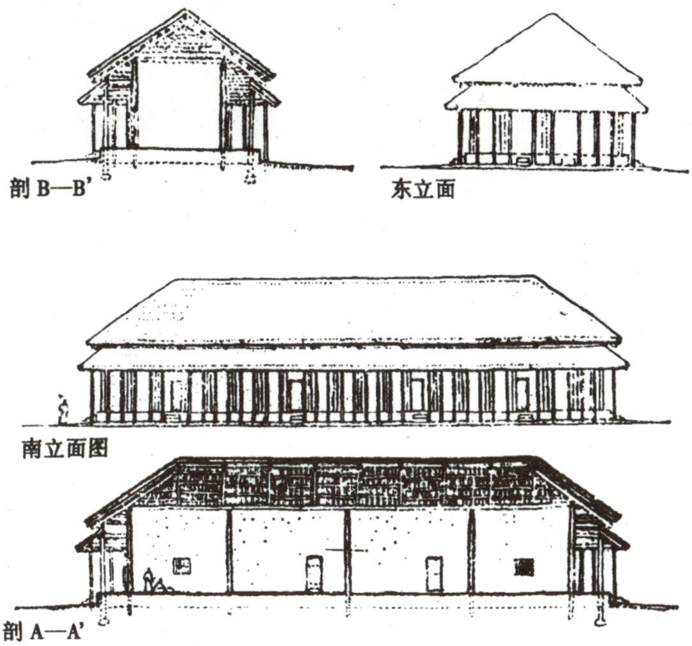

湖北黄陂盘龙城宫殿 F1 复原图

城内迄今尚未发现宫殿建筑遗址，但在古城的中轴线上，集中分布着文化堆积十分丰富的三星堆、月亮湾、真武宫、西泉坝等四处台地，1986 年发现的两个器物坑也处在这一中轴线上。因此，可以猜测当时蜀国的宫殿区就在这里。在城内的其他地区，还发掘清理出房屋密集的生活区，不仅有平民居住的面积仅 10 平方米左右的木骨泥墙小房，而且有显贵居住的面积超过 60 平方米的穿斗结构大房和抬梁式厅堂①。阶级的明显分化，等级的严格区别，都已在这里体现出来。

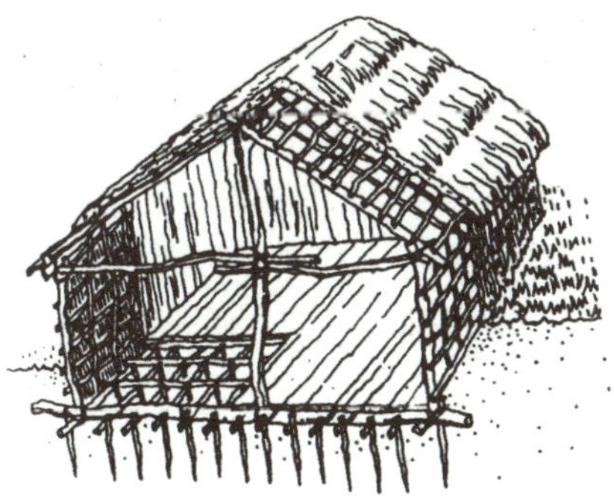

四川成都十二桥出土的商代干栏复原

川西平原还有另一座与三星堆古城几乎同时创立并具有相当规模的商代古城，即早期的成都。1985—1986 年，在成都市西部发掘了属于商代的大型木结构建筑群，总面积达 1500 余平方米②。其中发现了大型宫殿木结构建筑庑廊部分的遗迹。在主体建筑周围，发现了密集排列的小型干栏式建筑遗迹，它们是大型木结构宫殿的附属建筑群。大型主体建筑与小

① 段渝：《巴蜀古代城市的起源、结构和网络体系》，《历史研究》1993 年第 1 期。
② 四川文管会等：《成都十二桥商代建筑遗址第 1 期发掘简报》，《文物》1987 年第 12 期。

型干栏式建筑相互连接，错落有致而浑然一体，组成规模庞大的建筑群体。

十二桥商代木结构建筑使用圆木、方木、木板和圆竹、竹篾、茅草等就地所取之材。采用打桩法、竹篾绑扎法、榫卯联结法等独特的营造方式，有人认为其结构比中原地区同时的大型建筑所用的纵向梁架更为先进①。

这两座地处川西平原腹地的古城，一南一北，或已初步形成蜀国早期的城市体系。三星堆城是中心城市，早期成都城则是次级城市②。这种现象颇为奇特，在东方早期文明史上是罕见的。商代长江流域有壮观的城市拔地而起，在某些方面甚至超越了中原地区。

四、令人瞩目的文字

如前章所述，长江流域到新石器时代晚期已出现了成熟的文字。到这一时期，四川巴蜀文字的出现更是令人注目。

巴蜀文字按其特点可分为两系，一为方块表意文字，一为符号象形文字。方块字的起源可上溯到商代晚期③，在三星堆遗址出土的多件陶器上，发现有相同的刻画符号，说明其含义已约定俗成，应是较早的文字。

成都十二桥遗址出土的陶纺轮上，有“丹”字和“亦”字，原简报认为应属甲骨文字系统④，但也有人认为也是抽象化、线条化了的蜀地方块表意文字。这些方块字比较成熟，它以象形为基础，发展出了指事、会意的象形结构，其水平接近于商代甲骨文⑤。

至于象形文字，即铸刻在巴蜀青铜兵器、乐器、礼器、生活用器以及铜、石等印章和其他器物上的各种非纹饰、图案的符号，如等，有人说可能也滥觞于商代晚期⑥，但证据尚不充分，其主要出现于春秋战国时代。

巴蜀文字可能是中国先秦文字中除汉字外唯一可认定的文字，与汉字不属于同一系统。

第四节　周人与长江文化

周人称包括王畿在内的中原为“中国”。连同与“中国”相对应的“东国”“南国”“北

① 段渝：《巴蜀古代城市的起源、结构和网络体系》，《历史研究》1993 年第 1 期。
② 段渝：《巴蜀古代城市的起源、结构和网络体系》，《历史研究》1993 年第 1 期。
③ 段渝：《巴蜀古文字的两系及其起源》，《考古与文物》1993 年第 1 期。
④ 四川省文管会等：《成都十二桥商代建筑遗址第 1 期发掘简报》，《文物》1987 年第 12 期。
⑤ 段渝：《巴蜀古文字的两系及其起源》，《考古与文物》1993 年第 1 期。
⑥ 段渝：《巴蜀古文字的两系及其起源》，《考古与文物》1993 年第 1 期。

国”等，大致囊括了殷人所曾到达的地方。

周朝的文化拘谨、保守，缺乏殷人的开放气魄，以致西周时期长江流域的文化显得沉闷、呆滞，处于低谷状态。

西周时期，长江流域为周人所重视的是中下游地区，尤以江汉、江淮地区为甚。

一、周人与长江中游

成王在东征之后建侯卫，在汉东和汉北便分封了一些姬姓诸侯，号称“汉阳诸姬”。他们的封国就是周朝设在淮汉之间的重镇。镇守在南部的有曾(随)国和唐国，在东部有息国和蒋国。姜姓的周人和庶姓的戎人也跟着姬姓的周人一起来镇守南土，他们的封国主要在西部，计有姜姓的申国和吕国、曼姓的邓国，以及允姓的都国。其他还有姜姓的厉国、隗姓的弦国等。周人及其同盟者戎人按照军事的需求而分布着，占领了淮汉之间的交通要冲。

周人不满足统治于淮汉之间，以致有昭王南征。古本《竹书纪年》记昭王十六年，“伐荆楚，涉汉”。《墙盘铭》曰：“广笞荆楚，唯狩南行。”《过伯毁》亦载：“过伯从王伐反荆。”《安州六器》对于昭王南征的记载更为详细。昭王所征伐的“荆楚”，显然不是楚国。昭王时，楚尚“僻在荆山”，筚路蓝缕，实力微弱，不可能对周朝构成任何威胁。因此，“荆楚”并非实指当时江汉地区的某一个政权实体，而是对江汉地区的统称。仅有土著楚蛮倒还好办，难办的是这里的殷遗民，他们积数十百年之功，又和土著楚蛮联合起来，对周人造成的威胁就非同小可了。古本《竹书纪年》记昭王十九年“丧六师于汉”，《史记·周本纪》记“昭王南巡狩不返，卒于江上”。昭王兵败身死之后，周人就不敢也不能再南渡汉水了。

在湖北黄陂鲁台山，考古工作者曾发掘五座西周前期的墓葬①。从出土遗物可知，鲁台山西周文化因素较商文化因素尤为突出。周文化以“汉阳诸姬”为先导向南推进，仍不免要融合于先入为主的商文化之中。

五墓中以 30 号墓等级最高，有墓道，随葬五鼎。有铭文的器铭文大体可分为两组，一组为“公大史乍姬峑宝尊彝”类，一组为“长子狗作父乙尊彝”类。关于该墓的墓主是谁，学术界尚有歧见。对于“公大史乍姬峑宝尊彝”的解释，也尚无定论。或谓“公大史为其夫人作器”②，或谓此乃“女子父家所作的陪嫁器”③。当以后者为是。至于公大史，张

① 陈贤乙:《黄陂鲁台山西周文化剖析》,《江汉考古》1982 年第 2 期。
② 陈贤乙:《黄陂鲁台山西周文化剖析》,《江汉考古》1982 年第 2 期。
③ 王光镐:《黄陂鲁台山西周遗存国属初论》,《江汉考古》1982 年第 2 期。

亚初认为若非毕公高之子，则必召公奭之子[①]。刘启益引陈梦家说以为公大史即毕公高[②]。不论毕公、召公，都是姬姓显贵。长子狗应是墓主。张亚初说长子狗是“殷遗民”，箕子后裔，确否姑且不论。长子名乙，而以日为名是殷人的习惯。从这一点来看，长子既非周人也非楚人。说长子狗为殷遗民是有理由的，至于是否箕子之后，则无从证实。长子狗的夫人，应是姬銮。

周女嫁殷人，这应视为一个经济战略措施，是周室为控制长江中游的红铜资源，而对殷遗民所采取的一种笼络性措施。昭王南征失败，周朝对荆蛮与殷遗民的联盟莫之奈何。不得已，才以联姻的形式收服长子狗一族，此族也以箕子为榜样，投入了周人的怀抱。周王朝对江汉地区通过这种间接统治的方式，以获取这里生产的红铜。

鲁台山一带位于长江中游的要冲，西控汉水、涢水，东控长江。周人要向铜绿山及其附近地区推进，鲁台山一带是必经之路。周人所采取的方式虽过于软弱，但目的毕竟是达到了。直到西周晚期，江汉地区都相对安宁，说明周人此举还是行之有效的。

当淮夷作为周朝最强大的敌人消磨着周朝主力的时候，楚国得以在江汉地区坐大。《史记·楚世家》记：“当周夷王之时，王室微，诸侯或不朝，相伐。熊渠甚得江汉间民和，乃兴兵伐庸、扬粤，至于鄂……乃立其长子康为句亶王，中子红为鄂王，少子执疵为越章王，皆在江上楚蛮之地。”楚人所至之鄂，应即东鄂，在今湖北鄂州市境，是扬越的经济中心。大冶铜绿山古铜矿就位于鄂地。熊渠可能就是在当时头等的战略物资——红铜的诱惑之下，才不惮长江风涛之险，而劳师远去的。楚人一至，那里的铜矿就不再是扬越的奇货和周朝的禁脔，而成为楚人得以染指之物，这对楚国的振兴起着莫大的作用[③]。楚国在当时虽不足以与周王朝抗衡，“及周厉王之时，暴虐，熊渠畏其伐楚，遂去其王号”[④]。但楚国在得到大量红铜之后如虎添翼，日益衰落的周朝对江汉地区也就更加无可奈何了。

二、周人与淮河流域

周朝建立伊始，即面临着夭折的危险。《尚书·大诰·序》记：“武王崩，三监及淮夷叛。”《逸周书·作雒篇》也记：“周公立，相天子，三叔及殷东徐奄及熊盈以叛。”东征平叛，终于在具有雄才大略的周公指挥之下取得了胜利，新生的周朝才生存下来了。

周公东征，重创东夷集团。《逸周书·作雒篇》记：“……凡所征熊盈族十有七国，俘淮九邑。”

① 张亚初：《论鲁台山西周墓的年代及族属》，《江汉考古》1984 年第 2 期。

② 刘启益：《黄陂鲁台山 30 号墓与西周康王时期铜器墓》，《江汉考古》1984 年第 1 期。

③ 张正明：《楚文化史》，上海人民出版社 1987 版，第 25 页。

④ 〔汉〕司马迁：《史记》卷四〇《楚世家》，中华书局 1959 年版，第 5 册，第 1692 页。

此时的东方诸夷，应包括淮夷在内。但在西周早期的青铜器如《小臣谜鼎》《旅鼎》《舆方鼎》等铭文中，只见东夷而不见淮夷。尤其是《舆方鼎》的铭文，乃周公东征践奄的实录，记载着东夷在周初是周人的主要敌人。史籍所记载的周人东征对象则是淮夷，《书序》记："成王东伐淮夷，遂践奄。"《史记・周本纪》记："召公为保，周公为师，东伐淮夷，践奄，迁其君薄姑。"

周初东征平叛的对象，在记载同一史实的金文和史籍中，无疑应是相同的，那么征东夷即等于伐淮夷。但东夷与淮夷不能等量齐观。东夷是东方诸夷的泛称，淮夷是其中的一支。因淮夷实力强大，成为周朝的心腹之患，故在后世编纂的文献中就往往用以指代东夷了。至于作为实录的金文，因当时战事多发生于东夷故土山东，且周人在当时多习惯于视东夷为一个整体，故以整体代替了局部。由此亦可推断，淮夷故地应在山东。在周人的征伐、压迫之下，东夷的一支或几支南迁至淮河流域，才被称为淮夷。他们与西周相始终，扼守南北通道，叛服不定，对周期的兴衰影响甚大。

《史记・秦本纪》记："徐偃王作乱，造父为缪王御，长驱归周，一日千里以救乱。"对此，《史记・赵世家》《韩非子・五蠹》《淮南子・人间训》等文献也有记述，但不完全吻合。《后汉书・东夷传》则曰："后徐夷僭号，乃率九夷以伐宗周，西至河上。穆王畏其方炽，乃分东方诸侯命徐偃王主之。偃王处潢池东，地方五百里，行仁义，陆地而朝者三十有六国。穆王后得骥騄之乘，乃使造父御以告楚，令伐徐，一日而至，于是楚文王大举兵而灭之。"此说更调和《秦本纪》《五蠹》二说，并杂采张华《博物志》之异闻，以至于显得荒诞不经。但它透露出两周时期徐与周、徐与楚之间都有过征战的信息。

徐，嬴姓，商之与国，卜辞称为"余方"。嬴，或作盈，又作偃。《说文》："嬴，少昊氏之姓，从女，嬴省声。"段玉裁注云："按秦、徐、江、黄、郯、莒皆嬴姓也。嬴，《地理志》作盈。又按伯翳嬴姓，其子皋陶偃姓。偃，嬴，语之转耳。"故"徐偃王"实即"徐嬴王"，非徐国某一国君的专称，而是徐国历代君主的通称。徐偃王作乱于穆王时，参与伐徐之役的楚君不可能是文王。

徐国失败后，南迁于淮、泗一带，与江、黄、廖、六及群舒并称淮夷，以实力及徐王的好行仁义而成为淮水流域大小邦国的宗主，伺机率领诸邦"内侵"。

淮夷内侵也见于穆王时期的铜器铭文。《录㦰卣》铭："王令㦰曰：残，淮夷敢伐内国，汝其以成周师戍于叶师……"1975 年陕西扶风白家村西周墓出土一批录伯㦰器，其中有鼎 3 件、簋 1 件、甗 1 件，皆称"㦰"，另有簋 1 件、壶 2 件，则称"白(伯)㦰"，都为典型的穆王时器①。㦰簋(甲)记"六月初吉乙酉"与淮夷交战，俘获大量兵器。㦰簋(乙)则记："惟

① 黄盛璋：《淮夷新考》，《文物研究》第 5 辑，1989 年。

九月既望乙丑，在堂自，王俎姜使内使负锡棫玄衣……”棫因功得赏，淮夷则以失败告终。征战之地如堂师、棫林、䣙等，全在淮北。

以徐为首的淮夷本来多数居于淮北，失败之后，只能活动于江淮之间，因而又被称为“南淮夷”。“南淮夷”接近先秦产铜中心之一的皖南地区，从而能迅速恢复发展，成为周人南进的障碍。因此，江淮地区在西周晚期成为战争热点之所在。

古本《竹书纪年》记：“厉王无道，淮夷入寇，王命虢仲征之，不克。”王室衰微，淮夷乘机反叛恰在情理之中。在西周晚期记录战争的金文中，命将出征，周王亲征，都以征淮夷为第一。

厉王时器《虢仲盨》记：“虢仲以王南征，伐南淮夷，在成周，作旅盨，兹盨有十有二。”所记录的是行将出征①。

同时器《翏生盨》记：“王征南淮夷，伐角津，伐桐遹，翏生从，执讯折首，俘戎器，俘金。”这次周王亲征，既打败了淮夷，又获得了红铜。《噩侯驭方鼎》则记：“王南征伐角、遹，唯还自征，在坏，噩侯驭方纳豊（醴）于王，乃祼之。驭方侑王，乃射。驭方鄉王射，驭方休阑。”又有《禹鼎》铭：“……乌乎哀哉！用天降大丧于下国，亦唯噩侯驭方率南淮夷、东夷，广伐南国、东国，至于厉内。王乃命西六师。殷八师曰：‘扑伐噩侯驭方，勿遗寿幼’……”②上述二鼎也皆厉王时器，不过有前后之别。器铭都涉及噩侯，内容却截然不同。

“噩”即“鄂”，此为西鄂，位于南阳之北，成周之南，在周朝与淮夷这两大敌对势力之间具有举足轻重的地位，其向背决定着双方的胜负。

鄂，姞姓。西周晚期，周、鄂一度联姻，周朝有鄂国支持，取得了征讨淮夷的胜利。《噩侯驭方鼎》铭就记录着周王在征南淮夷的途中，与鄂侯驭方宴乐酬答的情景，周王赐之以“玉五谷，马四匹、矢五束”，礼遇优渥。这在记录锡命场合的铜铭中是不多见的。淮夷赂鄂侯红铜，诱鄂侯叛周。周王南征，虽以扑灭淮夷的反叛为头等大事，攫取淮夷所控制的红铜却是其最终目的。噩侯驭方乃率南淮夷、东夷，广伐南国、东国，给周朝造成巨大的威胁。周王恼羞成怒，才实行“扑伐噩侯驭方，勿遗寿幼”的军事报复。

宣王中兴，周朝更加紧了对江淮地区淮夷的进攻与控制。《兮甲盘》铭：“……王令甲征治成周四方积，至于南淮夷。淮夷归我帛晦（贿）人，毋敢不出其帛、其积、其进人、其贮，毋敢不即师、即市，毋敢不用令，则即刑扑伐……”③由此，淮夷重新服于周。

---

① 马承源：《关于翏生盨和者减钟的几点意见》，《考古》1979 年第 1 期。

② 以上参见郭沫若：《两周金文辞大系考释》，科学出版社 1957 年版。

③ 《陕西武功县出土驹父盨盖》，《文物》1976 年第 6 期。

《师寰簋》铭："王若曰：'师寰父，淮夷归我帛晦臣，今敢博厥众段，反厥工吏，弗速我东域。今余肇令率齐师、曩……征淮夷……'师寰虔不坠，夙夜恤厥将事，休既又工，折首执讯，无諆徒驭，殴俘士，女，羊，牛，俘吉金。"《驹父盨盖》铭："唯十又八年正月，南仲邦父命驹父毁(就)南淮夷率高父见南淮夷，厥取厥服……我乃至于淮。大小邦无敢不削(褚)，具逆王命……"淮夷被置于周朝控制之下，稍有反抗，即遭镇压，"吉金"(铜)则成为周人攫取的主要对象①。

三、周封吴于江南

《史记·吴太伯世家》记："吴太伯，太伯弟仲雍，皆周太王之子，而王季历之兄也。季历贤，而有圣子昌。太王欲立季历以及昌，于是太伯、仲雍二人乃奔荆蛮……太伯之奔荆蛮，自号句吴。荆蛮义之，从而归之千余家，立为吴太伯。太伯卒，无子，弟仲雍立。是为吴仲雍。仲雍卒，子季简立。季简卒，子叔达立。叔达卒，子周章立。是时周武王克殷，求太伯、仲雍之后，得周章。周章已君吴，因而封之。"

对于太伯、仲雍奔荆蛮，学术界颇多歧见。或否定其事，认为太伯的封国吴在今甘肃境内，江南的吴到春秋晚期才冒认是太伯之后。或认为太伯所奔之地是在今晋、陕之交的"虞"，奔吴是后人的附会，用来游说吴王，借以牵制楚人。或认为吴是虞的支族，与楚相近，建国于汉水附近的荆蛮之地，后来随周人南征至汉东。或认为这个传说应该是西周前期周朝势力达到江南的史影，不容否定。

太伯、仲雍奔荆蛮，应是信史。至于奔的动机，恐怕不是让贤，而是避祸。《左传·闵公元年》记士蔿语："太子不得立矣，分之都城，而位以卿，先为之极，又焉得立？不如逃之，无使罪至。为吴太伯，不亦可乎？"《国语·晋语》也有类似记载。太伯、仲雍避祸于荆蛮，带去了比较先进的文化，而能变服从俗，因此被当地土著立为王，这不无可能，但文献称自号句吴则未可置信。迄今所知自号"攻敔"即"句吴"的有铭铜器，早不过春秋中期。1954 年江苏丹徒县烟墩山出土的宜侯夨簋，有铭文 100 多字，提供了早期吴国的某些信息。

夨簋部分铭文为："惟四月辰在丁未，王省武王、成王伐商图，笞(遂)省东或(国)图。王卜于宜□土南□。王令虞侯夨曰：□侯于宜……锡土，厥川三百……锡在宜王人……锡宜庶人……"从铭文中，可知虞侯所徙封之地在中土的东南，是水道纵横的水乡，与苏南的自然风貌相合。这里生活着"王人"，"王人"见《春秋》经传，意同周人。宜国的这些周人，或许即太伯、仲雍的后裔。

① 郭沫若：《两周金文辞大系考释》，科学出版社 1957 年版。

周王何时徙封虞侯于宜，可由夨簋的制作年代来推定。康、昭、穆三世皆为论者所涉及，而以李学勤断为穆王所作器最为近实①。此簋的形制、纹饰所反映的时代特征姑且不论，西周直至穆王时才取得击破淮夷联盟的胜利，才可能将其势力伸展至江南，在淮夷的后方“封诸侯，建藩卫”，使淮夷腹背受敌。

宜侯即吴侯，但夨不可能是周章，而只能是周章的后人。周人入主宁镇地区，导致中原文化的大量涌入，仪征、丹徒、溧水、屯溪等地发现的西周墓，就含有两种文化因素，中原文化因素和土著文化因素都非常明显。

四、周人与长江上游地区

20 世纪 70 年代，在陕西岐山县凤雏村西周遗址的西厢房 2 号房的两个窖穴中，出土了 17000 余块甲骨，其中的两片甲骨上有“蜀”字，一为“伐蜀”，一为“克蜀”②。关于这两片甲骨的时代，尚有歧见，当以西周早中期为宜③。

这两个“蜀”字，从目、勹、虫，与殷墟卜辞之“蜀”的结构不同。甲骨文乃象形文字，两个不同的“蜀”字，或许象征着两个不同的对象，是两个不同族体的反映。

商末周初之际，在川西平原上曾发生过重大的政治变故，即出现了王朝的更替，此蜀取代彼蜀。蜀本非一族，蒙文通认为蜀国的蚕丛、柏灌、鱼凫、杜宇、开明氏都各为一族，互有征战兴亡，而且有可能是几个蜀国同时并存④。其说成理。上文曾论及与殷人接触频繁的蜀人是生活在陕西城、洋地区的那支蜀人，而《尚书·牧誓》所记随同武王灭商的蜀则未必与此蜀相同。或认为参与灭商之蜀是氐族的一支，在川西北岷江上游建国的蚕丛氏，与周有始祖血缘关系。至于西周甲骨卜辞所记的征伐对象——蜀，是另外一支蜀人还是与周人有血缘关系的那支蜀人，已无从证实，但都有可能。

总之，整个西周时期，周朝对包括川西平原在内的上游地区殊少问津，彼此虽有文化交流，但并不密切。

第五节　西周时期长江流域的青铜文化

西周时期，长江流域的青铜文化有滞缓乃至倒退的趋势。

---

① 李学勤：《从新出青铜器看长江下游文化的发展》，《文物》1980 年第 8 期。
② 陈钫：《岐山凤雏村两次发现周初甲骨文》，《考古与文物》1982 年第 3 期。
③ 林向：《周原卜辞中的“蜀”》，《考古与文物》1985 年第 6 期。
④ 蒙文通：《巴蜀古史论述》，四川人民出版社 1981 年版。

一、西周时期长江下游的青铜文化

30余年来，在安徽、江苏、浙江等省陆续出土了许多西周时代的青铜器，主要有：江苏丹徒县烟墩山宜侯墓及其附葬坑出土的鼎、簋、鬲、盂、觥、盘及角状器等①；母子墩出土的礼器鼎、簋、鬲、尊、卣、壶，兵器矛、叉、镦、箭镞及车马器②；江苏溧水县乌山岗沿山1、2号墓出土的鼎、卣、盘、戈等③；江苏丹阳县司徒出土的20余件鼎、尊、盘、瓿等礼器④；安徽屯溪县1号墓出土的鼎、鬲、尊、盂、卣、盘及五柱器等⑤。

上面列举的数批青铜器，除个别出自窖藏外，大多出自土墩墓。所谓土墩墓，是宁镇地区和皖南地区土著的一种特殊墓葬形制，其主要特点是平地起封土，无坑或浅坑。扩散所及至于太湖流域⑥。土墩墓出现于西周早期，消失于被土坑竖穴木椁墓所取代的春秋战国之际。土墩墓主要有两种，一种为一墩一墓，一种为一墩多墓。前者一般规模较大，且有青铜器随葬，如宜侯夨墓、安徽屯溪墓、大港母子墩墓等，无疑是当地上层贵族所专用的特殊葬制。后者数量多、延续时间长，主要随葬印纹硬陶、原始瓷器等，随葬器一般不丰。

这种葬制的特殊性，源于该区域有别于中原的文化背景，这种文化背景导致用于随葬的青铜器在器类及其组合、形制与纹饰等方面颇具特色。

凡土墩墓出土的青铜礼器，大多是鼎、簋共出，但其配置形式为一鼎一簋、二鼎二簋或四鼎二簋，与中原西周时代的鼎簋配置形式不同。而且屯溪1号墓、烟墩山宜侯墓、母子墩诸墓中所出青铜器多两两成对配置，这种配置形式在同时的中原墓葬中是罕见的。这里的西周早中期铜器群中，罕见中原所习见的酒器觚、爵、觯，晚期的铜器群中则不见食器盨、簠，却流行中原地区在西周中期即已消失的尊、卣等。

青铜器的形制与纹饰比较复杂。有学者将土墩墓出土的青铜器分成四类，即中原型、仿中原型、土著型、近土著型⑦。

有些青铜器是直接由中原传入的，如烟墩山墓出土的宜侯夨簋，丹徒大港母子墩出土的伯簋，安徽屯溪1号墓出土的父乙尊等，仅寥寥数件。较多的是融中原、土著两种文化

① 江苏省文管会：《江苏丹徒烟墩山出土的古代铜器》，《文物参考资料》1955年第5期。
② 肖梦龙：《江苏丹徒县大港母子墩西周铜器大墓》，《文博通讯》1983年第6期。
③ 《江苏溧水县乌山岗西周2号墓清理简报》，《文物资料丛刊》第2辑。
④ 镇江博物馆：《江苏丹阳出土的西周青铜器》，《文物》1980年第8期。
⑤ 安徽文物工作队：《安徽屯溪西周墓发掘报告》，《考古学报》1959年第4期。
⑥ 刘兴、吴大林：《谈谈镇江地区土墩墓的分期》，《文物资料丛刊》第6辑，文物出版社，1982年；
⑦ 马承源：《长江下游土墩墓出土青铜器的研究》，《上海博物馆集刊》第4集，上海古籍出版社1987年版。

安徽屯溪出土的西周凤纹提梁铜卣

因素于一体的青铜器，许多器物虽有刻意模仿中原同类器的倾向，但在形制、纹饰上表现出许多地方特色。如大港母子墩出土的尊，其形制非常接近中原西周中期的同类器，但尊腹上的环带纹饰却是土著风格的动物变形带状纹，而为其他地区所未见。同墓出土的簋，形制比较接近同期同类中原器，但兽面纹已变得面目全非，其口沿下和圈足上的纹饰更富于地方特征。该墓出土的鸟兽扁壶，形制也酷似同期同类中原器，纹饰则是该地区青铜器所特有的云雷纹，而且图案结构任意勾画更改，不遵守中原纹饰那种对称原则。总之，这类器物与真正的中原青铜器相比，是粗看似同而细看实异，器形相似而细部相异。中原青铜文化因素已被当地工匠糅进土著文化的风格之中，从而创造了一种独特的风格。随着当地青铜文化的继续发展，地方特色也不断加强。至两周之际，这种地方风格成熟了。

有些器物如宜侯夨墓出土的角状器，屯溪1号墓出土的五柱形器等，用途不明，也不见于其他地区，姑且视为纯土著型器物。

此地的青铜器，还有造型轻巧的作风。如出土于母子墩的鸳鸯形尊，造型富有韵律感，清新活泼，与中原青铜器厚重而端庄的作风迥然不同。

伯簋

安徽屯溪1号墓出土的五柱形器

凤纹方鼎

鸳鸯形尊

上面所述的各类青铜器除几件有可能来自中原外，其余全部应该为本地所铸造。但有车马器同出，可知墓主或其先人是北来的。

皖南地区的古铜矿开采于西周，铜陵木鱼山遗址经碳-14 测定，距今 3015 年，相当于西周早期①。

中原出土的青铜器绝大部分为锡青铜，但皖南和宁镇地区所出青铜器或为铅青铜，或为铁青铜。铁青铜主要出自皖南地区，这与皖南在西周早期就已出现了硫化铜矿—冰铜—铜工艺的生产工艺有关②。至于铅青铜，出土得更为广泛，江苏金坛县鳖墩西周土墩墓出土的整坛青铜块，经过光谱及化学定量分析，铜占 58.83%，铅占 39.2%，锡仅有微量③。

这里出土的青铜器都是通体合铸的，铸造技术一般较差，不如中原器精美。而且，诸如鼎、鬲等器物，通体范痕未经打磨修饰即行使用，表面显得比较粗糙，暗淡无光，器底则满积烟炱和带有修补斑痕，为典型实用器。

西周的中原青铜礼器大多铸有铭文，但这里出土的同期青铜器不见铭文，屯溪 3 号墓出土的一件青铜簋上有一立人和弓箭形徽记，显然不是文字。或许当地土著在当时尚未习惯于华夏文字，语言与中原不通。

下游地区由于周人的南进，青铜文化取得了较大的进步，尤其是较之这里在商代尚处萌芽阶段的青铜文化发展状况，其进步就更为显著了。

二、西周时期长江中游的青铜文化

早在北宋时期，湖北就有西周时期的青铜器出土，即著名的“安州六器”。④ 据宋人王

① 中国社会科学院考古研究所实验室:《放射性碳素测定年代报告(一七)》,《考古》1990 年第 7 期。

② 杨立新:《皖南古代铜矿的发现及其历史价值》,《东南文化》1991 年第 2 期。

③ 镇江博物馆等:《江苏金坛鳖墩西周墓》,《考古》1978 年第 8 期。

④ 黄锡全:《湖北出土商周文字辑证》(增补本),武汉大学出版社 2019 年版,第 26—32 页。

黼著《博古图录》记载，为方鼎 3 件、圆鼎 1 件、甗 1 件。其中的中方鼎、中甗等器物的铭文记录了周昭王南征的重要史实。

湖北各地较普遍地出土有西周青铜器，基本上可以分为两大类：一类为江陵万城、黄陂鲁台山等地出土的早期青铜器，有着浓厚的商文化因素；另一类为随州、京山、枣阳等随枣走廊地区出土的青铜器，与曾国有关。此外，在随州出土一批鄂国青铜器，在宜昌出土一批楚国青铜器。

叶家山西周早期墓地的发掘，是近年来最重要的考古发现之一。[①] 经国家文物局批准，2011 年 2 月 18 日至 6 月 14 日，湖北省文物考古研究所、随州市博物馆联合对叶家山墓地进行了第一期考古发掘。共揭露出墓葬 65 座和 1 座马坑。绝大多数墓葬排列有序，极少有打破关系，显系一处经过规划的家族墓地。

叶家山 M27 北部二层台器物照

叶家山 M65 墓坑

叶家山 M111 椁室及器物分布(南北)

叶家山 M111 局部

① 湖北省文物考古研究所、随州市博物馆：《湖北随州叶家山西周墓地发掘简报》，《文物》2011 年第 11 期；湖北省文物考古研究所、随州市博物馆：《随州叶家山第二次发掘的主要收获》，《江汉考古》2013 年第 3 期；湖北省文物考古研究所、随州市博物馆：《随州叶家山西周早期曾国墓地》，文物出版社 2013 年版。

M111 出土编钟

铜斝 M1:015

铜鼎 M2:5

铜鼎铭文 M2:5

铜觥 M27:7

铜罍 M27 2—5

M65-79 面具

第一期发掘共出土陶、铜、瓷、漆木、玉石等各类文物 739 件组，青铜器多达 325 件。从墓葬形制、文物特点分析，这批遗物的年代下限为西周早期。其中高等级的墓葬多出土有“曾侯”字样的铭文，证明叶家山墓地就是西周早期的曾国墓地。叶家山墓地第一期发掘取得了重要的考古成果，并在当年被评为全国十大考古发现。

经国家文物局批准，2013 年 3 月 26 日至 7 月 26 日，湖北省文物考古研究所、随州市博物馆对叶家山墓地进行了第二期发掘。本次发掘揭露面积达 5000 平方米，共发掘墓葬 77 座（包括第一期遗留的 2 座）和马坑 6 座。第二期发掘共出土各类文物 1300 件组，其中许多重大发现改写了湖北地区西周时期的历史。

叶家山西周早期墓地的发现，尤其是 27 号、28 号、65 号、111 号墓分别出土了有曾侯铭文的青铜器，目前至少可确认有两代曾侯。表明该墓地是西周早期的曾国贵族墓地。这也是叶家山西周早期曾国墓地考古工作最重要的收获。

111 号墓位于墓地的中部，是墓地最大的一座墓葬，墓口长 13.48 米、宽 10.28 米，深 9.26 米，有斜坡墓道。葬具棺椁之痕长 4.2 米、宽 3 米、深 1.68 米。内棺痕长 2.3、宽 1.4 米。墓坑底部四边有熟土二层台，四壁放置有大量长方形漆盾。北部二层台上分类放置青铜酒器、水器，东部放置漆木器和原始瓷器，南部放置铜兵器，西部放置铜编钟和少量铜兵器。棺内主要放置车马器和玉器。

该墓铭文青铜器大多有“曾侯”铭文，墓主人当为曾侯犺本人。根据墓葬形制和出土文物特征，该墓年代属于西周早期偏晚，约相当于周昭王晚期。

二期发掘共出土青铜器近 500 件。器类主要有圆鼎、方鼎、簋、鬲、甗、觚、觯、斝、爵、卣、弓形器等。

根据出土文物的器类组合和形制特点，与已发掘的西周姬周文化遗物具有诸多共性，其中铜器的形制、纹饰及陶器种类和形制与已发掘的北京琉璃河燕国墓地、陕西高家堡戈国墓、河南洛阳北窑西周早期墓相同或相近，其年应属西周早期。

更为重要的是，在多座墓葬中再次见有“曾侯”“曾侯谏”的铭文，并新见有“曾侯犺”的铭文，进一步证明应是新发现的一处与西周早期曾侯墓地。

此外，叶家山西周早期曾国墓地还发现了许多其他氏族、方国的青铜器，这些珍贵资料也为研究西周早期的方国历史、文化交流和礼乐制度提供了丰富的材料。

在此之前的 2007 年 11 月，随州考古工作者抢救性地发掘了羊子山 4 号墓，出土一批鄂国青铜器。李学勤先生在其《由新见青铜器看西周早期的鄂、曾、楚》《论周初的鄂国》①等论述中认为，这些青铜器与上海博物馆所藏有“鄂叔”“鄂侯弟”“鄂季”铭文的青铜器，都是西周初期器物，可能属于周成王时期，当地当为鄂国公室墓地。

兽面扉棱尊

长江中游地区迄今已出土的西周时代的青铜器也为数不少。属于西周前期的青铜器，以湖北黄陂县鲁台山西周墓出土的一批最具代表性。

① 李学勤：《由新见青铜器看西周早期的鄂、曾、楚》，《文物》2010 年第 1 期；《论周初的鄂国》，《中华文史论丛》2008 年第 4 期。

鲁台山的5座中、小型西周墓共出土青铜礼器鼎、簋、甗、爵、尊、觯、觚、卣等28件，以及兵器、工具、车马器及日常生活用具如铜镜等①。其中礼器的形制与中原或关中同期青铜器相同的约占90%；铜器上的饕餮纹、夔纹、双尾龙纹、雷纹、云纹、圆涡纹、对角云纹、乳钉纹等，也与中原或关中同期器物上常见的相同；铭辞简短，字体端正古朴且有波磔。其铸造技术与中原地区大体相同，均采用通体浑铸，一范一器。这无疑是周朝在汉东地区分封"汉阳诸姬"，将势力向南推进的结果。

但这批青铜器也有大量商文化的因素，如以鼎、甗、簋、觚、爵、尊、卣、戈、矛为主要器类，以云雷纹、饕餮纹、夔龙纹、圆涡纹为主要纹饰，在盘龙城的早商文化遗存和鄂东的晚商文化遗存中均有所见。铜器铭文上的"以日为名"也见于鄂城出土的晚商铜爵。与江汉地区曾为殷人所大力经营，商文化在这里已有深厚的根基大有关系，与中原西周文化的发展模式大体相同。鲁台山西周文化遗存的内涵是商周文化的融合，其中商文化因素尤为突出。

此外，还在湖北江陵县万城、蕲春县毛家嘴等地出土数批西周前期的青铜器，这些青铜器也往往是在商文化的基础上注入周文化的成分。② 因周人的文化方针过于拘谨，故显得非常呆板，毫无商代青铜器的那种勃勃生气。

蕲春出土酋方鼎

蕲春出土盂方鼎

蕲春出土"王宠"方鼎

湖北出土的西周中晚期的青铜器中，以曾器为最多。京山县苏家垅出土的一批西周晚期曾器，计有鼎9件、簋7件、鬲7件、壶2件、豆2件、盘1件、匜1件、甗1件、盉1件，以及车马器等③。九鼎七簋（或缺一）昭示着墓主的身份，鼎、鬲、甗、簋、豆、壶、盉、盘、匜的组合形式，与河南上村岭虢国墓地1052、1010号墓所出完全相同，器形、纹

① 湖北省博物馆等：《湖北黄陂鲁台山西周遗址与墓葬》，《江汉考古》1982年第2期。

② 李健：《湖北江陵出土西周青铜器》，《考古》1963年第4期；《湖北蕲春毛家嘴西周木构建筑》，《考古》1962年第1期。

③ 湖北省博物馆：《湖北京山发现曾国青铜器》，《文物》1972年第2期。

饰也基本一致，都为当时流行的式样，无明显的地方特色。有铭铜器 10 件，铭文如“曾侯中子斿父自乍鼒彝”，明确地标示出器物的主人为曾侯——亦即随侯。

《左传·桓公六年》杜注：“汉东之国随为大。”从河南新野直至随枣走廊、京山、安陆等地，广泛出土曾器，可知杜注不是谬谈。苏家垅出土九鼎七簋，应是在楚国强大之前，曾国在汉东地区具有举足轻重地位的象征。

曾器所反映出来的文化面貌是对周文化的模仿与学习，尽管如此，它对楚国早期青铜铸造业的发展却有着至关重要的影响。湖北当阳赵家湖楚墓群出土的西周晚期的青铜鼎、簋，即与曾器无甚区别。

曾仲游父壶铭文

曾侯仲子斿父铜鼎

象首龙纹铜方甗

环带纹铜盉

2012 年 6 月，考古工作者在宜昌万福垴发掘出土青铜鼎 1 件，甬钟 12 件[①]。铜鼎立耳外撇，圆鼓腹下垂，柱足，与长安普渡村西周墓 003 号鼎形态较为接近，年代应为西周中期[②]。甬钟可分为细阳线乳钉界格钟、细阳线圈点界格钟、阴线界格钟三类。万福垴所出第一类甬钟年代应在西周早期偏晚阶段至西周中期偏早阶段；第三类甬钟年代应在西

① 湖北省文物考古所等：《湖北宜昌万福垴遗址发掘简报》，《江汉考古》2016 年第 4 期。

② 陕西省文物管理委员会：《长安普渡村西周墓的发掘》，《考古学报》1957 年第 1 期；朱凤瀚：《中国青铜器综论》，上海古籍出版社 2009 年版。

周中期偏晚阶段。第二类甬钟在随州叶家山也有出土，其型式演变介于第一类与第三类之间，年代应在西周中期。甬钟（TN03E20：1）钲部至鼓部一侧刻有“楚季宝钟厥孙乃献于公公其万年受厥福”铭文，其铸造年代为西周中期，而钟体铭文与甬钟铸造年代不同，应该是钟铸造完成使用过一段时间后再进行錾刻而成。

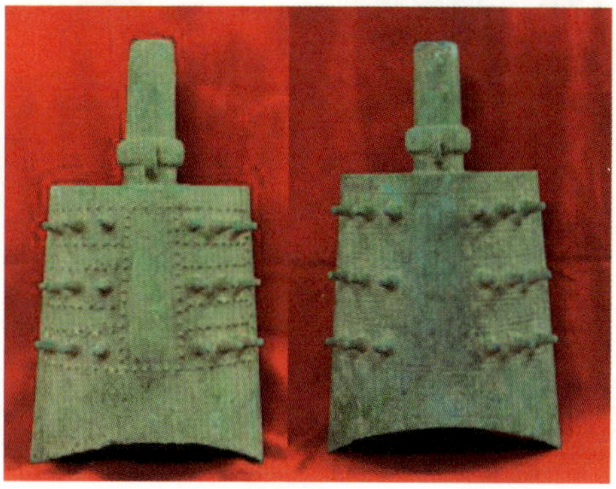

万福垴出土编钟 A 型

编钟 B 型及铭文

编钟 C 型

青铜鼎

此外，西周晚期的楚器尚有楚公逆镈 1 件、楚公豪钟 4 件和采集的楚公豪戈 1 件。楚公豪其人，可能是熊渠；楚公逆为若敖父熊咢。楚公逆镈和楚公豪钟，与中原同期同类器相比，平平无奈，但他们是楚人铸作之器，借此可测知楚国的青铜铸造业已非昔比。楚公豪戈于 1959 年在湖南发现，曾引起学术界的关注。经冯汉骥鉴定，为蜀式戈①。

戈体本蜀器，因铸造精工，楚公豪得而宝之，加刻了“楚公豪秉戈”五字。湖北枣阳曾出土一件两周之际的铭为“曾侯絴□伯秉戈”的青铜戈，李学勤将之与楚公豪戈进行比较，结论是二者虽形制迥异，但铭文文例一致，尤其是“秉戈”二字的结体十分相近②。“楚

① 冯汉骥：《关于“楚公豪”戈的真伪并略论四川“巴蜀”时期的兵器》，《文物》1961 年第 1 期。
② 李学勤：《曾侯戈小考》，《江汉考古》1984 年第 4 期。

公豢戈”的出现，应是楚人在其青铜铸造业起步之时而模仿他人的结果，是楚人掠人之美的开端。

楚公豢戈

楚公豢钟

楚公逆镈

在周文化影响甚微的湖南，据高至喜统计，已出土 62 件西周铜器。这些青铜器的出土地点相当集中，“基本上都出在湘水流域，又大多数集中在湘水中游的湘潭、湘乡和衡阳一带。出这类铜器的地区，与已发现的出印纹硬陶的商周遗址和出土春秋越式铜器及越人墓葬的区域大体吻合”①。这批青铜器的器类也较简单，主要是乐器，计有铙 22 件、甬钟 18 件、镈 6 件。容器仅鼎、甗、罍、簋、爵等 10 余件，中原风格不明显。乐器也是土著风格。据高至喜研究，康昭之际，仰击的铙演变为悬击的钟，由南向北传播，镈最初流行于湘水流域，本来也是越人的乐器。湖南省博物馆于 1989 年收集的一件铜铙，钲部以齿纹为主的纹样似为兽口，越风尤为浓郁。

如上所述，当时生活在湘水流域的土著居民们，尽其所能地铸造了一批颇具特色的青铜器。这里的土著居民为扬越人，他们早在商代就获得了中原的青铜冶铸技术，铸造了不少精品。而且他们还可能据有红铜基地，当时铜绿山铜矿的主人便是扬越。

马纹簋

这批青铜器颇富地方特色，铜器上的纹饰，如云纹、雷纹、圆圈纹、圈点纹、S 形纹等，在古越族地区同时期的印纹硬陶上和其他铜器上是常见的。另外，仍沿袭诸如

① 高至喜：《湖南出土的西周铜器》，《江汉考古》1984 年第 3 期。

细线云纹、细乳钉纹等商代青铜器上的纹饰。桃江出土的一件马纹簋，簋腹上半浮雕的马纹和簋座四角的立马等装饰作风，不见于中原。还有一件仿竹制簋形器，颇似一只竹篮，南方风味更浓。至于一件变形夔龙纹鼎，鼎足为半筒形，与中原地区的柱足鼎不同，或称之为“越式鼎”。

这批青铜器的铸造仍大量采用比较原始的通体合铸法，器壁多轻薄。如钟用两范相合一次铸成，通体范痕往往未经打磨修饰即行使用①。可以说，西周时代的湖南青铜冶铸业与该地区商代的青铜冶铸水平相比，倒是后退了许多。这应是由于外来刺激的消失，导致内在活力削弱的结果。

三、西周时期长江上游的青铜文化

包括四川、滇北、滇西、黔北在内在长江上游地区，散布着众多的族类，由于社会发展的不平衡，此时已进入青铜时代的还只是生活在四川盆地的蜀与巴。

早期的巴主要活动在汉中一带，《华阳国志·巴志》云：“武王既克于殷，以其宗姬封于巴。”此巴即和濮、楚、邓同为周王室之南土的巴。直至春秋中期，见诸史料的巴也一直是与楚为邻的。《左传·桓公九年》孔颖达疏云：“文十六年，与秦楚灭庸，以后（巴）遂不见，盖楚灭之。”实际上是汉上姬姓之巴迫于周人和楚人的压力，向南转移了。鄂西南清江流域的一支巴人是崇虎的，川东南和黔东北乌江下游的 支巴人却是打虎的。当时的巴国，看来不止一个。

西周前期巴人的青铜冶铸水平如何，我们不得而知。但有迹象表明，巴人已进入了青铜时代。

川西的成都平原，则是另外一种情形。彭县竹瓦街曾出土过两批窖藏的青铜器②。近40件，有容器罍9件、尊1件、觯2件；有兵器戈18件、戟3件、钺5件、矛1件、锛1件等。其中两件觯内分别有铭文“牧正父己”和“覃父癸”。

九件罍，分两批出土，第一次出土5件，冯汉骥先生称之为“列罍”，并指出川西在抗战期间也曾出土一大四小共5件罍③。联系到新都木椁墓所出青铜器大都以5件或5件的倍数为一套，“五”在古蜀地区应有某种特殊的含义。那么，第二次出土的4件罍，显然是缺了1件。

---

① 何介钧、何纪生：《古代越族的青铜文化》，《湖南考古辑刊》第3辑，岳麓书社1986年版。
② 王家佑：《记四川彭县竹瓦街出土的铜器》，《文物》1961年第11期。
③ 冯汉骥：《四川彭县出土的铜器》，《文物》1980年第12期。

象首耳卷体夔纹铜罍

羊首兽面纹铜罍

牧正父己铜觯

“列罍”的作用，应与周人礼器中的列鼎相似。罍是用于储酒备酌的器物，常与尊配合使用。《礼记·明堂位》记天子禘祭时，“尊用牺、象、山罍”，并说山罍是“夏后氏之尊也”，将罍归于尊属。罍与尊至迟在商代晚期已成为蜀人的主要礼器。至西周，罍的重要性更加突出，从而形成了“列罄”制度①。新都战国木椁墓出土铜印一枚，印文为一组“巴蜀符号”，其“下半部中置一罍，罍的两侧各站一人，手中所持的器物，似为抬罍工具，上半部的左右两侧各有一部向上的铎，中间一图案似为酒器罍的图案化形象”②。铜印虽已晚至战国，此时罍在蜀地铜礼器中的地位也比以前大大降低，但罍在图案中仍居重要位置，与铎、甲并列。可见，罍是蜀地传统的重要礼器。

从上述9件罍的形制、纹饰来看，有着明显的中原文化因素，纹饰中的兽纹、夔纹、雷纹、涡纹以及器身饰立棱和立体怪兽等，都与商末周初的中原器相同，因此有可能是从中原传入的，但也不能排除当地仿铸的可能性。一件羊头饰大铜罍，顶端所谓饕餮纹实为人头像，颇有三星堆人头像的遗风。

至于兵器，诸如蜀地出土的戈，虽能在中原找到原型，但时至西周，同类的戈在中原已接近消失，在这里却是刚刚出现，而且流传的时间很长，从西周直至战国。其他兵器如戟、矛、钺、锛，也都不同程度地反映出地方特色。

除竹瓦街的两批窖藏外，成都平原甚少出土西周时代的青铜器。较之三星堆两个器物坑出土的大批青铜雕像，蜀地在这一阶段的青铜冶铸业明显地退步了。这两个不同阶段的青铜文化发展状况，可以表明外来文化影响的大小是决定当地青铜文化发展水平高低的至关重要的因素。

① 孙华：《巴蜀文物杂识》，《文物》1989年第5期。

② 沈仲常：《新都战国木椁墓与楚文化》，《江汉考古》1982年第2期。

第六节 两周之际的变故对长江文化的影响

西周末期，王室面临着因乱而弊的危机。以“无道”见称于史的幽王为欢乐所陶醉，强梁的诸侯为忧愤所困扰，彼此离心离德。文化领先的黄河中游不知厄运将至，文化暂时还相对落后的长江中游却无异于得了一个吉兆。

这是一场双重的危机：一是政治危机，天子与诸侯的关系失衡，诸侯不堪忍受天子的胡作非为；二是信仰危机，天命与民意的关系失衡，民意不堪忍受天命的怪诞乖张了。

幽王八年（前774年），以其叔郑桓公为司徒。据《国语·郑语》所记，郑桓公“甚得周众与东土之人”，但他对日趋恶化的局势也束手无策，乃至不得不为自己的存亡而忧虑，私下向周太史伯求教：“王室多故，余惧及焉，其何所可以逃死?”显然，连统治阶级里头脑比较清醒的人也觉得难以为继了。

这位周太史伯，或许就是伯阳。《国语·郑语》记周太史伯说：“王室……殆于必弊者也。”《史记·周本纪》所记周太史伯的话则是：“周亡矣”。两句预言，如出一辙。

周太史伯建议郑桓公在“济、洛、河、颍之间”觅一栖身之所，说只有那个地方还能保住。可是，事态的剧变出乎郑桓公的意料，双重危机合并爆发，申侯串通缯国，勾引犬戎攻杀幽王，立太子宜臼为君，郑桓公死难，事在幽王十一年（前771年）。

宜臼即位，是为平王。经过犬戎蹂躏，王畿已成为一个烂摊子。平王东迁，都于洛邑，此后便是东周了。

《国语·郑语》记周太史伯说：“王室将卑，戎狄必昌。”此处所谓“戎狄”，应即下文所谓“蛮荆戎狄”的简称，亦即少数民族。周太史伯对楚国颇为看重，预言“其必兴矣”。后来的事实证明，他是有先见之明的。

两周之际的变故，弑君和迁都尚在其次，下列七个趋向倒是主要的。

第一，两周之际是铜器时代向铁器时代过渡的开端。1990年河南三门峡市上村岭一座大型虢墓出土的一柄铁剑，原料为块炼铁，制作年代约在两周之际，这是中国铁器时代考古史上的报春之燕。已知年代早于这柄铁剑的所有铁器，都不是人工冶炼铁。

第二，诸侯的实力和实权超过了王室。周王虽仍有天子这个尊号，但已不再是不能冒犯的。名义上还是诸侯事天子，实际上却已变为天子事诸侯了。

第三，思想素材的积累和思维能力的提高，达到了抽象逻辑思维可以起主导作用的程度。当时的抽象逻辑思维，尽管同感觉行动思维和具体形象思维交缠在一起，却已能形成理论体系了。这是不可忽视的一个领域，因为精神生产力并不总是与物质生产力同步增长的，更不总是与生产资料所有制同步升迁的。

第四,民意在政治实践和政治理论中的分量超过了天命。天命虽仍被统治者和思想家所重视,但已不再是不能违抗的了。周朝取代商朝,自称是"民之所欲,天必从之"①,似乎早就重民意而轻天命了。其实不然,当初周朝试图把敬天命和从民意统一起来,可是只能成功于一时,势难持久,而且天命之所属仅限于王室。降及两周之际,天命不再对王室情有独钟了,诸侯可以按照自己的意愿对天命作出自己的解释了。天命不足恃,民意诚可畏,这才是有识者真实的心态。

第五,边缘地区向中原挤压。中原是王畿和若干中小诸侯国,文化虽比较发达,力量却是分散的。边缘地区也有中小诸侯国,但还出现了几个大诸侯国。这些大诸侯国竞相向中原伸张势力,假尊王之名,行争霸之实。中原的中小诸侯国像一群风信子,哪边刮来的风大就朝向哪边,王室也只能随大流。

第六,蛮夷戎狄向华夏渗透。中原各诸侯国多为华夏以及较早与华夏同化的蛮夷戎狄,民族关系比较单纯。边缘地区各诸侯国则不然,或挟带着大量蛮夷戎狄,或本身就是未完全与华夏同化的蛮夷戎狄,民族关系就比较复杂了。边缘地区向中原挤压,在某种程度上就是蛮夷戎狄向华夏渗透。

第七,长江中下游向黄河中下游挑战。王道与霸道的此消彼长,对长江中下游特别有利。一则,长江中下游所受的来自黄河中下游的压力已不大,甚至近于无了。形势逆转,轮到长江中下游向黄河中下游施加压力了。长江中下游的有色金属资源优势,可以发挥更大的作用了。二则,长江中下游所受的源于周礼的束缚本来就不多,这时就更若有若无了。对周礼可以仿效,可以违背,可以僭越,随心所欲。

西周时期在压抑状态中乏善可陈的长江文化,在两周之际时来运转,行将与黄河文化竞趋争先了。

第七节　楚文化崛起于长江中游

《史记·周本纪》说:"平王之时,周室衰微,诸侯强并弱,齐、楚、秦、晋始大,政由方伯。"所谓"方伯",实即霸主。对此,《国语·郑语》所记相似而较详:"及平王之末,而秦、晋、齐、楚代兴。秦(景)[庄]、襄于是乎取周土,晋文侯于是乎定天子,齐庄、僖于是乎小伯,楚蚡冒于是乎始启濮。"按:秦襄公助平王东迁,而取西周王畿为已有;晋文侯迎平王至洛邑,有功;齐庄公和齐僖公主持过诸侯的盟会,虽不成大气候,但也算小霸主了;楚君

① 〔唐〕孔颖达疏:《尚书正义》卷一《周书·泰誓上》,清阮元校刻:《十三经注疏》本,中华书局 1980 年版,上册,第 181 页。

蚡冒开拓濮地，与其祖若敖齐名。

长江上游和长江下游与中原的联系还很少，这时仍沉沉寂寂。长江中游的楚国尚不为北方诸侯重视，但已有脱颖而出之势。

蚡冒死，其弟熊通立。熊通三十五年(前706年)扬言：“我有敝甲，欲以观中国之政。”[①]两年以后，自立为王，是为楚武王。楚武王底定汉西，经略汉东。其子楚文王(前689—前677年在位)北渡汉水，东出方城，使中原为之耸动。楚文王子楚成王(前671—626年在位)出入中原，擒纵淮夷，无霸主之名而有霸主之实。当时的楚国在疆域、人口、财富、甲兵等方面已成为并世诸国之冠。楚成王孙楚庄王(前613—前591年在位)问鼎周室，饮马黄河，是春秋时代功业最显赫的一位霸主。这时的楚文化已有完整的形态和鲜明的风姿，而且富有发展的潜力，已在中华大地上独树一帜。此后直至战国晚期，楚文化始终是长江文化的表率。

春秋早期的楚国正在变小为大、变弱为强，称雄于江汉之间，但与淮汉之间的诸多国家和部落相比，资源既不丰饶，文化也不发达。当时的长江中游，资源最丰富的是聚居在鄂东南和赣西北的扬越，出产大量红铜；文化最发达的是镇守在汉水支流涢水流域的曾国，出土的曾器在当时的长江中游当属最多、最好，更出现了像大夫季梁这样走在时代前列的思想家兼政治家。这个曾国，经李学勤考证，即文献所谓随国，其公室为姬姓[②]。在《国语·郑语》中，“曾”写作“缯”。

迄今已见的曾国铜器，其年代可判定的，最早属于西周早期，最晚属于战国中期。其中，春秋早期以前的所有铜器，无论器类、形制和纹饰，都与同时的周器大同小异，铸造尚称精良，然而器型较少，纹样较简。它们如果出现在黄河中游，就不足为奇了；但它们出现在西周时期铜器生产水平明显衰退的长江中游，就显得难能可贵了。在楚人看来，是只会自叹弗如的。同时期的楚国铜器，如湖北当阳县赵家湖楚墓所出者，与曾国铜器相比，量少而质劣。

春秋早期的曾国尤其值得称道的，是季梁的思想。公元前706年，楚伐曾，设诱敌之计。曾侯要命令曾师出击，被季梁谏阻。《左传·桓公六年》记季梁说：“小之能敌大也，小道大淫。所谓道，忠于民而信于神也。上思利民，忠也；祝史正辞，信也。今民馁而君逞欲，祝史矫举以祭，臣不知其可也。”“夫民，神之主也。是以圣王先成民而后致力于神。”“务其三时，修其五教，亲其九族，以致其禋祀。于是乎民和而神降之福，故动则有

① 〔汉〕司马迁：《史记》卷四〇《楚世家》，中华书局1959年版，第5册，第1695页。

② 李学勤：《曾国之谜》，载《光明日报》1978年10月4日；《论汉淮间的春秋青铜器》，《文物》1980年第1期。

成。今民各有心，而鬼神乏主，君虽独丰，其何福之有？”

“夫民，神之主也”，这是季梁的理论核心。与《尚书》中有关的理论相比，季梁的理论是一大进步。关于神或称天与君、民的关系，《尚书》传达的思想是神为君之主，君为民之主。《泰誓》讲到的“民之所欲，天必从之”，虽表示了对民的体恤，但君仍为民之主，而天（神）则为君之主。季梁的理论颠倒了这个顺序，倡言民为神之主，神为君之主，虽以石破天惊譬之亦不为过。

季梁有这种前卫的思想，应与曾国的生存环境有关。曾是位置最靠南方的一个姬姓诸侯国，深入蛮夷之中，为求生存和发展，非得“民和”不可，这就促使有识之士去修正《尚书》的理论。季梁的理论，实为黄河文化适应长江文化的思想结晶。

真正推崇季梁的，不是曾人，而是楚人。楚国的公族也像曾国的公族那样是北来的，但更深入蛮夷之中。立国之初，战战兢兢，只求免祸。西周中晚期之际，楚君熊渠“甚得江汉间民和”①，才壮着胆子去开疆拓土。公元前706年伐随时，诱敌之计是大夫斗伯比提出的，《左传・桓公六年》记：“熊率且比曰：‘季梁在，何益？’斗伯比曰：‘以为后图，少师得其君。’”按：当时曾国的少师是曾侯的宠臣，此人好逞意气而不谙韬略。斗伯比寄希望于曾侯亲少师而疏季梁，这是有道理的。诱敌之计虽无近期效益，但有远期效益。斗伯比是在郧国长大的，郧国是曾国的近邻，因此，斗伯比可能比熊率且比更了解季梁。总之，他们都认为季梁是贤臣。斗伯比的儿子斗谷於菟在楚成王时为令尹，颇著劳绩。他认为：“夫从政者，以庇民也。”②所谓“庇民”，究其实，就是季梁的主张“利民”。后来，楚国的明君贤臣大致都能留意庇民。

季梁的理论也传到了黄河流域。《左传・僖公十九年》记宋司马子鱼说：“民，神之主也。”事在公元前641年，比季梁提出的时间晚65年。

但是，直到春秋中晚期之际，黄河流域的思想家和政治家还落后于季梁，甚至与《尚书》相比也倒退了。如《左传・襄公十四年》记晋乐官师旷说：“夫君，神之主而民之望也。”事在公元前559年，比季梁晚147年。

先秦的民本思想，萌芽于《尚书》，成形于季梁，经过老子、孔子、墨子从不同的视角加以发挥，至战国中期的孟子而唱出了最强音。

楚成王在位时，扬越成为楚国恭顺的臣民，曾国成了楚国忠诚的附庸，楚国奠定了霸业的基础。同时，楚文化也以丰富的内涵和特殊的风姿而令中原人士刮目相看了。

---

① 〔汉〕司马迁：《史记》卷四〇《楚世家》，中华书局1959年版，第5册，第1692页。

② 《国语》卷一八《楚语下》“子常问蓄货聚马斗且论其必亡”条，上海古籍出版社1988年版，第573页。

楚文化博大精深，下文将在介绍它的成就的同时考察它的机制。

一、抚有蛮夷，以属诸夏

“夷”，就是古人所谓“蛮夷戎狄”；“夏”，就是华夏。春秋时期黄河流域的夷夏关系比较紧张，经常处于对抗状态。也有关系比较和谐的，如晋国，公室与戎狄通婚。但通例是夷则“猾夏”，夏则“攘夷”。管仲相齐桓公，以尊王攘夷为号召，功业显赫。孔子也感念管仲，曾说：“微管仲，吾其被发左衽矣。”①长江流域却是另外一番景象，夷夏之间无大防可言。尤其是楚国，奉行了一条协和夷夏的路线。

这是因为楚人介乎夷与夏之间，地位相当特殊，关系相当微妙，可以说是亦夷亦夏。如果举措失宜，就两边不讨好；反之，如果举措得宜，就能左右逢源。协和夷夏，用楚人自己的话来说，就是“抚有蛮夷”，“以属诸夏”②，这是先秦最开明、最进步的路线。因此，尽管楚国的民族构成最复杂，但它的政治局势却最安定。湖北大冶县至江西瑞昌县一带是当时的产铜中心，那里的楚墓非常稀少，显然表明楚国对当地土著扬越的统治相当宽松，铜矿还是由扬越开采的。考古学者在湖南长沙市一带发现，楚墓和越墓往往有共时性和共地性，俨若友邻。墓主如为成年男子，则不论楚、越，通常都有兵器随葬，可见当时当地楚人和越人的关系是比较和睦的。

正是由于奉行了一条协和夷夏的路线，楚国能够收夷夏之俊才而任之，师夷夏之长技而用之。楚国的某些贤臣良将，如观丁父、彭仲爽、养由基、潘党、伯州犁、郑丹、沈尹戌、沈诸梁、黄歇等，都不是正宗的楚人出身。楚国的某些学者文人也如此，老子原为陈人，庄子和宋玉原为宋人，荀子原为赵人。

这样的夷夏关系，当然是要变的。变，有两个趋向，一是用夏变夷，二是用夷变夏。在孟子看来，前者如出于幽谷而迁于乔木，是进步的；后者却反其道而行之，是退步的。楚国夷夏关系的发展趋向是互变，主要用夏变夷，其次用夷变夏。楚人是用夏变夷的先锋，降及春秋、战国之际，已通行夏言夏字，置身于诸夏之列了。至于用夷变夏，则显示在楚文化的某些特殊气质和特殊风格上。

二、博采众长，独创一格

楚国要变弱小为强大，非积极吸收先进的文化因素不可。无论这些先进的文化因素来自南方抑或北方、本国抑或外国，楚人概不拒斥。楚王身体力行，如公元前 538 年楚灵

---

① 〔春秋〕孔子：《论语·宪问》，杨伯峻：《论语译注》，中华书局 1980 年版，第 151 页。

② 《春秋左传·襄公十三年》，辽宁教育出版社 1997 年版，下册，第 194 页。

王会诸侯于申县，派人问礼于宋、郑两国的上卿，宋向戌献公合诸侯之礼六，郑公孙侨献伯子男会公之礼六，恰好相配。将举行盟会时，楚灵王让行人伍举跟在自己后面，要他随时纠正自己的差错。不料伍举自始至终不提任何意见，楚灵王问他何以如此，他说："礼，吾所未见者有六焉，又何以规？"①由此可知，就连专管外交的伍举也未曾见过上述六仪之礼，不敢置喙。无怪乎，楚人要如饥似渴地汲取对自己有用的外来文化因素了。但是，楚人从来不满足于模仿，在他们看来，模仿只是创造活动的准备工作。对于外来的文化因素，他们总是始则仿行，继而改作，最后独创。

试以农田水利为例：江淮之间饭稻羹鱼，淮夷有筑陂的传统，但只是村社性的小型水利工程。楚人向淮夷学会了筑陂，并且加以改进。楚庄王时由孙叔敖主持，筑成了期思陂这个流域性的大型水利工程，其故址在今河南固始县。相传孙叔敖还设计和兴建了比期思陂更大的水利工程——芍陂，虽不易考实，却事出有因。

再以铜器铸造为例：楚人的铸造技术原来不如曾人，但最迟从春秋中期后段起就超过了曾人。熔模铸造工艺可能不是楚人首创的，但迄今已知确实用熔模铸造工艺制作的年代最早的铜器是楚器。河南淅川县下寺 2 号墓出土的一件铜禁，四周有多层透雕云纹，面缘有 12 只镂空的攀附兽，底缘有 12 只镂空的兽形足。只有掌握了娴熟的熔模铸造工艺，才能做出如此精巧的铜器来。熔模铸造工艺别称精密铸造工艺，因其模料多用蜡而俗称失蜡法。按：由所出铜器铭文可知，此墓的墓主若非令尹子庚，则必为令尹蔿子冯，前者死于公元前 552 年，后者死于公元前 548 年，相去仅 4 年。楚国用熔模铸造工艺制作的铜器，还有比上述铜禁更早的，即楚王熊审盏，现藏美国纽约大都会博物馆，李学勤和饶宗颐都以为其提手和耳足是用熔模铸造工艺制作的。②

淅川县下寺 2 号楚墓出土的铜禁

1978—1979 年发掘的下寺楚墓共 24 座，其中出铜器的大中型墓有 9 座，共出铜器

① 《春秋左传·昭公四年》，辽宁教育出版社 1997 年版，下册，第 265 页。

② 李学勤：《楚王酓审盏及有关问题》，《中国文物报》1990 年 5 月 31 日；饶宗颐：《楚恭王熊审盂跋》，《中央研究院中国文哲研究集刊》创刊号（台北）。按：王人聪以为盏亦可称盂或盏盂，见其所著《楚王酓审盏盂余释》，《江汉考古》1992 年第 2 期。

1252 件。主墓为 2 号墓，出铜器达 551 件。下寺楚墓所出的铜礼器，有鼎、簠、鬲、簋、敦、盥缶、浴缶、壶、盉、匜、盘、奠、盆、鉴、盏、俎、豆、禁、斗、勺、匕、铲等。其中的升鼎，束腰、平底、斜耳、蹄足，器周饰有 6 只攀附兽，最为壮美。余如颈微束、腹微收、盖顶有环形提手、盖沿有 4 枚扣卡的于鼎，鼓腹、直领、小口的汤鼎，器周饰有 6 只攀附兽的鬲，器表遍饰铸镶红铜花纹的浴缶，龙耳、虎足、器腹有十字带饰的方壶，颈微束、腹微鼓、盖顶有环形提手、盖肩有环纽 4 个、盖沿有扣卡 3 个、器腹有环耳 4 个、底有兽首状矮足的盏，以及球形敦、提梁盉、提链壶、四兽足盒形器等，都是工艺精湛、风格清隽的楚式器。下寺楚墓所出的铜乐器，有甬钟一套计 26 件，纽钟两套共 18 件，镈钟一套计 8 件，铸造技术和音乐性能都堪称当时之最。下寺楚墓所出的铜兵器，即戈、矛、戟等，都长大而锋利。这个青铜器群可以作为春秋中晚期之际楚国青铜文化的代表，水平无疑超过了同时黄河流域的青铜文化。

淅川下寺出土王子午鼎

龙耳户足铜壶

龙首提梁盉

矩形镂孔铜俎

又以典章制度之类为例，楚国参酌周礼而不为周礼所限。熊通称王，开诸侯对外称王的先河。周官虽有称尹的，但很少；楚官则多数称尹，别成一系。周制虽有县，但不是基本的行政区域；楚武王攻灭权国后，改设权县，从此，县成为楚王直辖的一级行政区域。贵族墓随葬铜礼器，周制为鼎簋组合，楚制为鼎簠组合。楚国有治盗贼的仆区之法，以及敬宗庙的茅门之法等等，都是即事立法，因俗施治，全不以周法为准。兵略，楚人重进攻而轻防御，好用奇兵，喜出奇计。在晋人假虞伐虢前 33 年，楚人曾假邓伐申；在齐人围魏救赵前 301 年，楚人也曾围许救郑。诸如此类，不胜枚举。

外求诸人以博采众长，内求诸己而独创一格，这就是楚文化变落后为领先的基本缘由。

三、宽松、活泼的氛围

周代的长江中游还充斥着原始的流风余韵，淡泊和贪婪、宁静和狂躁、简捷的领悟和诡谲的想象，对传统的深沉怀恋和对理想的热烈追求，都奇妙地糅合在一起。政治上比较宽松，思想上比较活泼。王室虽多次发生政变，贵族虽不免尔虞我诈乃至发生你死我活的火并，可是，楚国没有言论罪和思想罪，这是学术发展繁荣的有利条件。

楚人本来只有巫学，而且是特别发达的巫学。所谓巫学，不是今人所理解的求神问鬼和装神弄鬼，也不限于巫术、巫法、巫技，即不全是原始的迷信和宗教，其中也荟萃着早期的科学和早期的艺术。所谓早期的科学，主要是天文、历数、医药。所谓早期的艺术，主要是诗歌、乐舞、美术。《史记·日者列传》引贾谊云："吾闻古之圣人，不居朝廷，必在卜、医之中。"按：卜和医都是巫的专长。可见，这位西汉的大儒对古巫是非常推崇的。《论语》记孔子云："南人有言曰：'人而无恒，不可以作巫医。'善夫！"①按：巫、医即卜、医，南人即楚人。可见，孔子这位儒宗也赞赏楚巫。

巫学与后起的宗教不同，尽管都是有神论，但宗教力图使神左右人，而巫术力图使人左右神。宗教的前提是人与天相分，巫术的前提是人与天相合。

楚国东北的陈国和宋国，巫风也较盛。然而，陈人是虞人的后裔，宋人是殷人的遗民，他们在华夏这个大族类中只是两个小支系，况且位于中原，受着姬、姜两个大支系的包围。后来楚化的陈人老子创立了道家学派，楚化的宋人庄子发展了道家学说。先秦的道家是从巫学异化出来的无神论者，但其天人合一的思想则是未曾割断的巫学脐带。楚人以为道家不始于老子而始于鬻子，鬻子即商末周初楚人的大酋兼大巫鬻熊，可见楚人崇奉道家。尽管如此，其他学派在楚国也通行无阻。对学术和学者，楚国从来没有专用任何一家，而且从来没有排斥任何一家。任何学者到了楚国，无论为官为民，都不会觉得难堪的。楚昭王曾经邀请孔子到楚国去，意欲任之以政。叶公子高（沈诸梁）是楚惠王时的名臣，曾经向孔子问政。楚威王礼聘庄子为相，庄子辞不受命，楚威王听之任之。赵国的大儒荀子到过秦国，到过齐国，而从政、著书、终老于楚国。这些都是后话了。正像政策上能宽待不同的民族，工艺上能兼采不同的长技，学术上楚国也能优容不同的流派。如果没有博大的襟怀和宏大的气度，楚国就不会创造出那么伟大的文化业绩。

四、灵巧、清奇的风格

楚文化的风格不是一成不变的，但灵巧、清奇却万变不离其宗。楚地山萦水回、云蒸霞蔚的风光，楚俗狂怪与旖旎交织的风情，就是培育灵巧、清奇风格的温床。

例如铜器：鼎，中原或直壁、或圆腹，或平底、或圜底，或立耳、或附耳，或短足、或高足，体态多凝重端庄。楚式升鼎则不然，束颈一反常规，平底而底缘有环带纹饰，立耳作弧形外侈，短足有扉棱，外加六只竞相向口沿探头探脑的攀附兽，就凝重端庄与轻灵活脱兼而有之了。至于镂空的铜器，尤富玲珑剔透之美，令人称奇叫绝。楚式铜器的风格虽

① 《论语·子路》，杨伯峻：《论语译注》，中华书局 1980 年版，第 141 页。

一变再变，乃至舍弃镂空手法，铸造了一些有返朴倾向的大鼎，形制简朴而线条明快，鼎体雄伟而无臃肿之状，鼎足粗壮而无笨拙之态，仍有灵气和奇气。

淅川徐家岭出土蟠螭纹铜鉴

画像铜壶

神兽

镶红铜龙纹浴缶

龙首双耳簋

例如漆器：器类和器型固然繁多，纹饰尤其华美。大件如号为镇墓兽的木雕土伯像，造型由简趋繁，由朴趋华，愈出愈奇。其最奇者，颈如龙，头如虎，瞠目伸舌，顶上有两支鹿角，双颈双头者有四支鹿角，身躯则隐没在规整的方座之中，形状奇特，神态威严，然而体态兼刚劲与柔美而有之，气势兼沉稳与飞扬而有之。小件如漆豆，一概长柄，作亭亭玉立状。纹饰，写实的少，抽象的多，也是由简趋繁，由朴趋华，不烦细述。

湖北当阳赵巷

M4 出土彩漆方壶

当阳赵巷 M4

出土彩绘动物纹俎

湖北老河口

出土彩绘方豆

湖北江陵出土彩绘蟠蛇卮

江陵出土彩绘猪形盒

江陵出土彩绘凤鸟纹漆盒

荆门出土彩绘双联杯

江陵出土彩绘耳杯

江陵出土彩绘单头镇墓兽

江陵出土彩绘木雕双龙小座屏

例如建筑：楚宫有层台累榭，结构复杂而奇巧，体态高峻而灵秀。楚灵王时所筑的章华宫最为壮观，其遗址在湖北潜江市龙湾，是一组宫殿园林建筑。章华宫讲求建筑与环境的和谐，人工与天工的融通，实为中国园林建筑的先驱。

余如乐舞、美术、诗歌、散文等，此处姑且从略，留待下文补述。

五、赶超中原

楚庄王答进隐者问，以鸟为喻，有“蜚必冲天”“鸣必惊人”之语。春秋中晚期的楚文化，正可谓一飞冲天、一鸣惊人。

楚人开疆拓土，所倚仗的不只是占优势的武力，而且有占优势的文化。《庄子·逍遥游》说：“且夫水之积也不厚，则其负大舟也无力。”“风之积也不厚，则其负大翼也无力。”文化与国家的关系，也像水与舟以及风与翼的关系。楚人出方城，北上中原以争霸，东下淮域以争铜，虽胜败无常，但所得者多而所失者少。文化的播散，大致与版图的扩大同步。

中原的文化本来就比较发达，因此，楚人对中原既有侵吞之意，也有钦羡之情。春秋五霸，主要是两霸，一为楚，一为晋。楚晋角逐，究其实，就是长江中游文化与黄河中游文化的碰撞和交融。论财富和甲兵，占优势的是楚国。《左传·僖公二十三年》记晋公子重耳在流亡中经过楚国，受到楚成王以诸侯相见之礼隆重款待，楚成王问："公子若反晋国，则何以报不谷？"重耳答："子女玉帛，则君有之。羽毛齿革，则君地生焉。其波及晋国者，君之余也。其何以报君？"重耳的话固然有客套的成分在内，可是当时楚国确实比晋国富。楚成王接着说："虽然，何以报我？"所谓"虽然"，改为现代汉语，就是"尽管这样"。可见，楚成王也相信自己的国家最富。五年以后发生的楚晋城濮之战，仅就战车和甲士的数量来说，楚师比晋师多。后来的楚晋邲之战和楚晋鄢陵之战，无论孰胜孰败，仅就兵力来说，楚师仍不比晋师弱。可是，楚穆王以前的楚人心里有数，自己的精神文化不如北方的邻居。楚国贵族引经据典，赋诗断章，这些经典和诗章都来自中原。到楚庄王时，楚国的精神文化才有所建树。

公元前 597 年，楚晋战于邲，楚师大获全胜。大夫潘党建议集中晋人的尸体做成一个叫做"京观"的大丘，《左传·宣公十二年》记楚庄王答曰："非尔所知也。夫文，止戈为武。武王克商，作《颂》曰：'载戢干戈，载櫜弓矢。我求懿德，肆于时夏，允王保之。'又作《武》，其卒章曰：'耆定尔功。'其三曰：'铺时绎思，我徂惟求定。'其六曰：'绥万邦，屡丰年。'夫武，禁暴、戢兵、保大、定功、安民、和众、丰财者也，故使子孙无忘其章。今我使二国暴骨，暴矣，观兵以威诸侯，兵不戢矣。暴而不戢，安能保大？犹有晋在，焉得定功？所违民欲犹多，民何安焉？无德而强争诸侯，何以和众？利人之几，而安人之乱，以为己荣，何以丰财？武有七德，我无一焉，何以示子孙？其为先君宫，告成事而已。武非吾功也。古者明王伐不敬，取其鲸鲵而封之，以为大戮，于是乎有京观，以惩淫慝。今罪无所，而民皆尽忠以死君命，又何以为京观乎？"楚庄王克敌制胜，不以功自矜，而以暴自责，这样的见识和气度是古今中外所罕见的。他对战争与和平、武功与文治的辩证关系有透彻的理解，在春秋战国时代为数众多的明君、贤臣、良将中如鹤立鸡群，在世界军事理论史上也是破天荒的创见。虽云"武有七德"，其中心却只是一个"安民"，而"安民"不可或缺的物质条件是"丰财"。

《老子》第 31 章云："兵者不祥之器，非君子之器。不得已而用之，恬淡为上，胜而不美。而美之者，是乐杀人。夫乐杀人者，则不可以得志于天下矣。"这个高深的见解比楚庄王的上述见解晚出至少几十年，相当于楚庄王的上述见解的翻版。楚国成为道家的故乡，实为良有以也。

《国语·楚语》开篇记楚庄王命士亹傅太子，士亹向申叔时求教，申叔时说："教之春秋，而为之耸善而抑恶焉，以戒劝其心；教之世，而为之昭明德而废幽昏焉，以休惧其动；教之诗，而为之导广显德，以耀明其志；教之礼，使知上下之则；教之乐，以疏其秽而镇其浮；教之令，使访物官；教之语，使明其德，而知先王之务用明德于民也；教之故志，使知废兴者而戒惧焉；教之训典，使知族类，行比义焉。若是而不从，动而不悛，则文咏物以行之，求贤良以翼之。悛而不摄，则身勤之，多训典刑以纳之，务慎惇笃以固之。摄而不彻，则明施舍以导之忠，明久长以导之信，明度量以导之义，明等级以导之礼，明恭俭以导之孝，明敬戒以导之事，明慈爱以导之仁，明昭利以导之文，明除害以导之武，明精意以导之罚，明正德以导之赏，明齐肃以耀之临。若是而不济，不可为也，且夫诵诗以辅相之，威仪以先后之，体貌以左右之，明行以宣翼之，制节义以动行之，恭敬以临监之，勤勉以劝之，孝顺以纳之，忠信以发之，德音以扬之。教备而不认者，非人也，其可兴乎？"这番洋洋洒洒的长篇大论，在中国教育理论史上也是破天荒的创见。申叔时的主张，后来被儒家采纳了不少。所云"春秋""世""诗""礼""乐""令""语""故志""训典"，大半应是成文的典籍。申叔时说到了使"人"（受教者）有"兴"（义同"成"）的十二项准则，一曰"忠"，二曰"信"，三曰"义"，四曰"礼"，五曰"孝"，六曰"事"，七曰"仁"，八曰"文"，九曰"武"，十曰"罚"，十一曰"赏"，十二曰"临"。从中除去并非准则而只是行为的"事""罚""赏""临"四项，实得八项。统而言之，是谓"明德"。八项之中，楚人尤重"忠"和"信"，儒家尤重"孝"和"仁"，这个差别，也是长江文化与黄河文化的差别。

第八节　淮夷文化、吴越文化、扬越文化及其楚化

从公元前 6 世纪中叶起，楚文化成熟了，体系完备，水平高超。此后，楚文化向东向南播散，从淮河中游到淮河下游，从长江中游到长江下游，从洞庭北到洞庭南，其势如风行草偃。

最先受楚文化影响的是蔡国，它原来的国都靠近楚人北上的必经之路，后来的国都靠近楚人东下的必经之路，常使楚人觉得碍手碍脚。政治上它成为楚国不大忠顺的附庸，文化上它受到楚国不可抗拒的熏陶。

安徽寿县 1955 年发掘的蔡昭侯墓，出铜器 486 件。多数铜器，即升鼎、乔鼎（与緐鼎、于鼎类同）、汤鼎（与滦鼎类同）、浴缶、盥缶、球形敦（稍椭）等，纯属楚式。这些铜器上面细密的蟠虺纹、怪异的攀附兽和铸镶的红铜图案等，也楚风十足。

安徽寿县蔡侯墓

出土莲瓣盖铜方壶

蔡侯墓出土盥缶

蔡侯墓出土编钟

蔡侯墓出土升鼎

龙咀盉

青铜豆

按，蔡是淮河中游仅有的一个姬姓诸侯国，蔡昭侯于公元前518至前491年在位。当时的蔡国夹在楚、吴两国之间，亲楚则吴袭之，亲吴则楚伐之，左右为难。由于文化楚高吴低，蔡文化已纳入楚文化体系了。蔡昭侯墓所出的蔡侯钟铭曰："有虔不易，辖(左)右楚王。"器主表白自己一心一意追随楚王，当然这是言不由衷的。同墓所出的吴王光鉴和大孟姬盘，俱有铭，是蔡吴交往的物证。刘和惠认为大孟姬即楚平王始乱终弃的蔡国郹阳封人之女，在其子太子建受害后由楚入吴，与其孙王孙胜会合，其说可从①。

一、淮夷文化及其楚化

淮河中下游的小国大半是淮夷的方国，在淮河中游以舒人为主，在淮水下游以徐人为主。

舒人分布在淮南，因有几个方国而被称为群舒。迄今已发现的春秋舒墓还很少，刚

① 刘和惠：《蔡器铭与楚蔡关系新探》，《东南文化》1989年3期。

到两位数。所出的铜器也很少，不足三位数。由此，当时舒文化的面貌还若明若暗。虽只有鼎、簋、盉、尊、盘、匜之类，但大有特色。其中，最有特色的是牺首鼎，其实亦可称之为牺形鼎，器身既似牛亦似羊，头长两角，前肢为两蹄足，后肢仅一蹄足，尾部为扉棱，背两侧各有一附耳。全器造型稚拙而生动，有痴憨之态而无狞厉之状。其他各类铜器的形制，也都有唯舒独具的特色。如簋有方形而盖角翘起的，盉下部如鬲，以及多兽首纹等。中原文化的影响是有的，但绝非照搬照套。楚文化的影响还看不出来，表明群舒与楚国虽已多次交战，但平素不相往来。

1980 年发掘的安徽舒城县九里墩的一座舒墓，年代为春秋、战国之际，所出铜器如升鼎、乔鼎、簠、敦、甬钟、鼓座等，或纯属楚式，或颇具楚风。先进文化的浸润和渗透，毕竟是后进文化所不能抗拒的。鼓座铭文有“楚帀（师）”字样，揭示了舒、楚之间的对抗，文化交流往往是在对抗中进行的。

安徽舒城出土牺首鼎

安徽舒城九里墩出土鼓座

安徽庐江出土龙首鋬盉

淮河中游的其他小国，大约在春秋、战国之际，也都接受了楚文化，只是接受有多少不同、深浅不等而已。如安徽六安县为六国故址，1991 年发掘了两座大约是战国早期的墓，似为六墓，所出铜礼器如鼎、敦、盘、匜等，以及所出仿铜陶礼器如汤鼎、浴缶、盥缶等，俱属楚系。椁周填青膏泥，亦为楚俗。①

徐与舒为同系异支，淮夷之中，国土最广、兵力最强、文化最高的就是徐人。春秋时期的徐都，位于今江苏泗洪县。春秋早期以前，徐国只有北面受敌。春秋中期楚师东下，吴师北上，徐国就三面受敌了。此后屡战屡败，终于在春秋末期被号为“小霸”的吴王夫差攻灭。

徐国的铜器，见于著录的不足 10 件，现已出土的有 40 件左右。铸造年代几乎都在春秋中期或晚期，属于春秋早期的可能绝无仅有。

① 未见发掘报告，此据许玲研究，见刘和惠《楚文化的东渐》，湖北教育出版社 1995 年版。

李学勤认为：徐国的铜器“大都制作精良，铭文字体秀丽，纹饰细致优美，为长江流域的风格，与北方的庄穆雄浑不同……诸稽荆炉，堪称徐器的代表作”①。验诸实物，可知其言信然。诸稽荆炉，1979 年出土于江西靖安县，形制特异。炉体作平底盘状，体表遍饰蟠虺纹，体侧有两个对称的连环耳，底座为环形，有 10 个兽形支柱，口衔环，尾承盘。其铭文为：“应君之孙徐令尹者旨荆择其吉金自作卢盘。”

徐国设令尹，应为仿效楚国。徐国的餗鼎和汤鼎，也是楚式的。徐器固好，但与时代接近的楚器比较则相距尚远。

徐器的出土地点非常分散，近者在江苏、安徽、山东，远者在浙江、江西、湖北乃至山西，倒是徐都故地迄今一无所见，令人有墙内开花墙外红之感。究其缘故，不外乎主动的“赂”和被动的“俘”。至于徐都未见徐器，想来是由于城破国亡之时被吴人犁庭扫穴般地洗掠一空。即使以后有出土的，也是劫灰了。

江苏丹徒北山顶出土镈钟

北山顶出土四人悬鼓环

二、吴越文化及其楚化

长江下游的江东，大致以太湖为缓冲的水域，北有吴国，南有越国。东周的吴就是西周的宜，或称“句吴”，两个字音都有几个字型，不须详述。越即戉，或称“于越”，两个字音也都有几个字形，也不须详述了。吴、越虽是两国，土著却是一族。

吴国的疆域以太湖平原北部和宁镇丘陵为主体，扩展到皖南的大部分丘陵，苏北的一部分平原，以及淮南的某些地方。越国的疆域以宁绍平原和太湖平原南部即杭嘉湖平原为主体，扩展到浙西、皖南的山地。有时，越人从杭嘉湖平原西出，渡过长江，渗入淮南。

① 李学勤：《从新出青铜器看长江下游文化的发展》，《文物》1980 年第 8 期。

史称吴国的公室是姬姓的周人，但已从吴俗；越国的公室是夏人的后裔，但已从越俗。想来都事出有因，但实据尚嫌少，不妨存疑。

吴国的振兴始于吴王寿梦，寿梦元年为公元前585年。当时的吴国与西周的宜国相比，国力衰退了：宜国有车，有马，多铜器，且有铭文；寿梦即位之初的吴国无车，无马，少铜器，且无铭文。宜国的政治中心在宁镇丘陵，寿梦以后吴国的政治中心却在太湖平原。何以如此？成了一个难解的谜。学者们做过几种解释：有些学者以为吴人将国都从宁镇丘陵迁至太湖平原，迁都的原因可能是畏惧楚人，或者抗击越人，或者联合越人制服宁镇地区的土著夷人，但都不足以证明文化非倒退不可；有的学者以为宜国非吴国，宜国被土著夷人消灭了，吴国才挺进宁镇丘陵的，但这对春秋晚期北方的诸侯承认吴王为姬姓却做不出令人信服的解释。还有一种意见，认为宜国被太湖平原的越人征服，公族与太湖平原的越人酋帅合流，民众逐渐改从越俗，新的君王袭用旧的国号，但按越语的习惯呼作“句吴”。几种解释，虽不无优劣之分，但都是尚待继续求证的假设，姑且存疑。

吴越位于生态环境非常优越而且原始文化非常发达的江东，可是进入文明社会的步调都十分迟缓，落在江北后面了。这是因为他们西、北两面限于江，东面限于海，南面限于山，与中原的联系被淮夷阻断，不易受到毗邻文化的刺激，不易接纳毗邻文化的信息，不易产生文化交融的优势。一言以蔽之，人文的生态环境比较恶劣。直到春秋中期，楚人使淮夷自顾不暇，吴越才开放了，吴人在先而越人在后。

吴越的长技是种稻养鱼、织麻织丝、构筑干栏、制作舟楫，以及铸造农器、匠器和兵器。多印纹硬陶，多原始青瓷，也是土著文化的要素。宁镇丘陵和皖南丘陵流行土墩墓，太湖平原所流行的则是石室墓。

原始青瓷盂

1959年安徽屯溪出土的西周时期原始瓷壶

安徽屯溪西郊土墩墓出土原始青瓷盉

原始青瓷鼎

青铜制作的农器和匠器，已知有犁、锄、镬、铲、耨、臿、镰、斧、锛、凿、锯、刀、削、鱼钩等，品多而质优，犁尤为出色。

青铜制作的兵器，即戈、矛、剑、钺等，甲于天下。对此，文献颇多赞辞。如《周礼·考工记》云:“吴粤(越)之剑,迁乎其地弗能为良……”《庄子·刻意》云:“夫吴越之剑者……宝之至也。”《战国策·赵策》云:“夫吴干之剑,肉试则断牛马,金试则截盘匜……”出土的吴越兵器,可证上列记载都不为过誉。

越人铸剑,比吴人更胜一筹。越王句践剑,1965 年出土于湖北江陵县。经由科学检测,证实它是一柄复合剑。所谓复合剑,即剑脊和剑刃铜锡配比不同的剑。先铸剑脊,其含锡量不足 20%,使之坚韧强固;加铸剑刃,其含锡量接近 30%,使之刚硬锋利。两面都有菱形暗色花纹,是经过硫化处理的。其铭文为“越王鸠浅自乍用剑”。假如要在迄今已见的所有宝剑中评出王者来,那就非此剑莫属了。

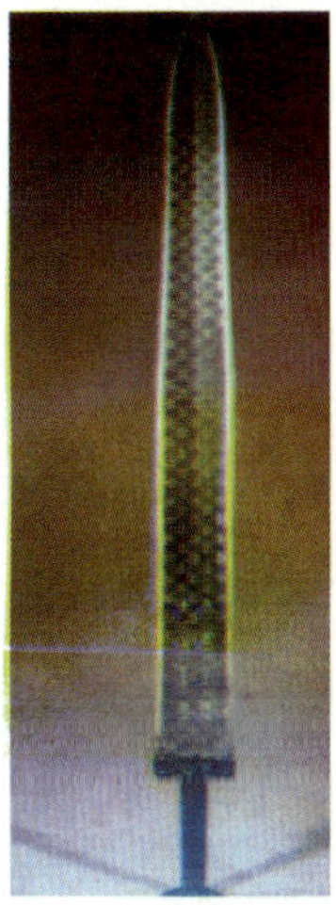

湖北江陵望山一号楚墓出土的越王句践剑

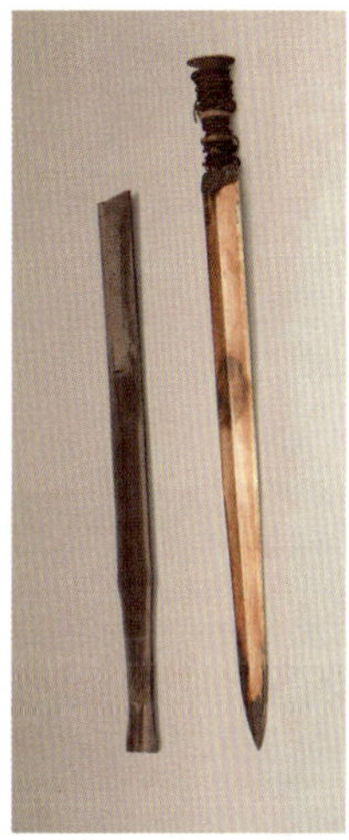

战国越王者旨於睗剑

湖北江陵望山一号墓出土的越剑

越王句践剑剑首

吴人铸戈、铸矛,可使越人自叹弗如。1983 年江陵县出土的吴王夫差矛,也是未曾有的精品,其铸造工艺可与越王句践剑媲美,其铭文为“吴王夫差自乍用作”。吴式矛的精品都有菱形暗色花纹,此矛亦然。

春秋末,越灭吴。战国中,楚灭越。句践和夫差这对生死冤家的宝器流落到楚国的郢都来，是不足为怪的。

吴王夫差矛

吴王夫差矛铭文

传河南省辉县琉璃阁
出土的春秋吴王夫差鉴

传河南省辉县琉璃阁出土
的春秋吴王夫差鉴局部装饰

吴国的铜礼器和铜乐器，当以 20 世纪 50 年代江苏武进县淹城所出土的为代表，计有三轮盘 1 件、三足匜 1 件、牺匜 1 件、尊 3 件、镈 7 件。其中三轮盘构思奇巧，铸工精良，最为令人注目；尊为高筒三段式，圆腹纹饰繁密，是典型的吴器；句镈是吴越特有的乐器，传播或散失在吴越境外的为数无几。肖梦龙认为吴器的代表作还有扁体簋、牺匜、米筛纹镂孔盘、小三足匜、绳索形提梁球形腹卣、侧附蹄形足鬲、小口带盖扁鼓腹立耳鼎、腰间带注甗和附耳盘等①。上海博物馆收藏的一件刻纹椭杯，也是吴国的铜器精品。刘建国认为，铜器刻纹可能是吴人首创的。②

① 肖梦龙：《论吴文化的发展与特色》，《南方文物》1992 年第 1 期。

② 刘建国：《春秋刻纹铜器初论》，《东南文化》1988 年第 5 期。

安徽铜陵出土蟠纹盉

牺尊

凤纹铜盉

1955 年安徽省寿县春秋时期蔡侯墓出土的吴王光鉴

1957 年江苏省武进县出土的春秋时期三轮铜盘

跽座人

1957 年江苏省武进县出土的春秋时期铜尊

龙纹镂云盘

越国的铜礼器和铜乐器，迄今已发现的还很少。三足外撇的越式鼎，不仅越国有，吴国有，扬越、干越等部的越人也有。20 世纪 80 年代发掘的浙江绍兴市 306 号墓是战国早期墓，所出的铜器 17 件可以视为已知越国礼器的代表。其中，一件铜屋模型不仅造型奇妙，而且极富特殊的生活情调和神秘气息。铜屋面宽 13 厘米，进深 11.5 厘米。正面敞开，有柱而无墙无门。左右两面的壁布满整齐的透空方格。背面是墙，中有小窗。屋顶为四角攒尖，满饰华美的镶嵌花纹。屋顶正中立有八角形柱，长 7 厘米，也有镶嵌花纹，顶端有一鸟似鸠。全器通高 17 厘米。屋内有 6 个人像，一律跽坐，分为前后两排。前排左起第一人是起指挥作用的鼓手，侧坐，前有悬鼓，右手执槌，左手前伸。此人臀后股沟明显，无疑是裸体的。前排左起第二、三人朝前正坐，胸有乳突，也是裸体的，束发于顶，双手交置于腹下，作歌唱状。后排左起第一人吹笙，第二、三人鼓琴，琴张四弦。鼓、琴、笙应是小乐队所用的乐器组合，与楚人小乐队组合为鼓、瑟、笙相似。未见有钟、磬、句镯、錞于之类，显然不是宫廷大乐队。乐师四男，歌师二女，裸其身而庄重虔敬地奏乐作歌，无疑是为了娱神。至于八角柱，论者多以为乃图腾柱。同墓所出的三足罍，亦为越式。

浙江绍兴 M306 出土的春秋越国伎乐铜屋

伎乐铜屋中的伎人

绍兴 M306 出土插座

战国时期原始瓷罐

战国时期原始瓷提梁盉

浙江绍兴 M306 号墓出土的春秋时期蟠纹青铜提梁盉

浙江绍兴 M306 号墓出土的春秋时期甗盉

浙江绍兴 M306 号墓出土的春秋时期玉耳金钔

战国原始瓷温酒器

浙江博物馆藏战国原始瓷带流罐

战国时期原始瓷豆

浙江安吉出土的战国时期原始瓷盘

战国时期原始瓷插座

吴越文化的成就，当然远不止于铜器。由于物质遗存以铜器居多，不能不就事论事。

越国故地的城址都很小，吴大城相传却是雄伟壮丽的。吴大城及其配属的园林，都是在阖闾、夫差父子相继为王时兴筑的，就在江苏苏州市辖区之内，遗址尚待探寻。主持设计的是楚人伍员，因而规模、布局、风格都与郢都近似。据《吴越春秋·阖闾内传》和《越绝书·吴地记传》的有关记载计算，城垣周长逾 15 公里，接近江陵故楚郢都的规模。

吴、越两国有共同的语言。《吕氏春秋》卷二三《知化》曰：“吴之于越也，接土邻境，壤交道属，习俗同，言语通，我得其地能处之，得其民能使之，越于我亦然。”《吴越春秋》卷五

《夫差内传》也记载越国大夫文种的话，说："吴与越同音共律，上合星宿，下共一理。"在习俗上也具有共同的文化特征。《吕氏春秋·知化篇》载吴国大臣伍子胥话："吴之于越也……习俗同。"《越绝书》卷七《越绝外传记范伯》载："吴越二邦，同气共俗。"而这种"同气共俗"的表现便是"断发文身"和"凿齿"等风俗。

"断发文身"是吴、越两国人民共同的习俗。王充《论衡·书虚篇》曰：吴为"禹时，裸国，断发文身"。《左传》哀公七年载子贡对吴太宰嚭说："太伯端委以治周礼，仲雍嗣之，断发文身，赢（裸）以为饰。"孔颖达疏："赢以为饰者，赢其身体以文身为饰也。"吴人的这种习俗，与史书所说越人"文身断发"或"被发文身"如出一辙。不仅如此，吴人文身的饰样及目的也与越国之人完全相同。《春秋谷梁传》哀公十三年载："吴，夷狄之也，祝发文身。"范宁注："祝，断也。文身，刻画其身以为文也。必自残毁者，以避蛟龙之害。"同样，越国流行的"黑齿""凿齿"等习俗在吴国也极为普遍。《管子·小匡篇》载春秋时齐桓公云："南至吴、越、巴，牂牁、瓞、不庾雕题、黑齿。荆蛮之国，莫违寡人之命。"

信鬼喜卜，崇拜鬼神是吴越人普遍具有的特征，具体表现在越人的鸡卜和吴人的骨卜上。在丧葬习俗上，吴、越两地均盛行土墩墓。

在民族性格上，吴、越两国有着相同的特性，即都尚武，以轻悍好斗著称于世。《越绝书·越绝外传记地传》曰："锐兵任死，越之常性也。"《吴越春秋·夫差内传》载吴人"王刚猛而毅，能行其令；百姓习于战守，将明于法禁"。吴、越人的这种好勇轻死的民族特性至汉代犹存，《汉书·地理志下》载："吴、粤《越）之君皆好勇，故其民至今好用剑，轻死易发。"

他们长期在比较闭塞的状态中生活，突然开放，华夏文明的芬芳气息扑面而来，于是载欣载奔。可是，他们为角逐而忙碌，文治滞后于武功，精神滞后于物质，只好借重于外来的智囊。吴国的执政大夫伍员和伯嚭，以及越国的执政大夫范蠡和文种，都是楚人。前两人为自己的父辈复仇，后两人为自己的君王雪耻，一切为了战争。无怪乎，在官制、法制、礼制乃至币制等领域，殊少建树。没有自己的学者，唯一的例外是寿梦的幼子季札，此人熟知中原的礼乐，然而他既是吴越最早的一位学者，也是吴越最后一位学者。在这样的状态下，当然不能形成健全的社会机制，只有近视的动机和短期的行为。无怪乎，其兴也骤，其衰也骤。尽管如此，后世成为中国最大的财赋所出之处和人文所萃之区的江东的开发，首先要归功于吴越。

绍兴 M306 出土鸠杖

春秋晚期的吴墓所出的文物，以及战国早期和中期的越墓所出的文物，都打上了楚文化的烙印。例如：江苏六合县程桥吴墓三座和苏州市虎丘吴墓一座，有楚式的鼎、簠、盉、盘、匜与吴式器同出。绍兴市的306号墓，也是楚式的鼎、盉与越式器同出。战国时期吴越地区已流行土坑墓，而故有的土墩墓和石室墓濒于绝迹，一是受楚文化的影响，二是受中原文化的影响。至于椁周填白膏泥、青膏泥，则无疑是仿效楚俗。

三、扬越文化及其楚化

大约在春秋中期，楚人就到达了洞庭的东西两侧。最迟在春秋晚期，楚人已推进到洞庭的南面。楚悼王(前401—前381年在位)命吴起变法，楚国加快了开发湖南的速度。楚人到达湖南南部的时间，不迟于战国早中期之际。

长江中游的江南是扬越的地盘，北邻是楚人，东邻是赣水流域的干越，南邻是岭南的南越和骆越，西北与巴人相接，西南与后来以夜郎闻名的那个神秘的王国相连。

这个地方的有色金属得天独厚，扬越采矿炼铜的技艺已经成为他们这个民族的专长。可是，扬越自己铸造的青铜器还不算多。流行的青铜容器只有一种——越式鼎。春秋中期以前，扬越铸造的青铜兵器如戈、矛、短剑(匕首)、箭镞等，以及青铜工具如斧、锛等，显然曾经受到中原青铜文化的影响。甚至有些容器，如侈口、袋腹、圜底近平、三足不撇的鼎，也是中原风格。有土著特色的铜器，除越式鼎外，主要是人形柄短剑、兽形柄短剑、铍和靴形钺。有的形制奇特，以至成为孤品，如长沙市文物工作队20世纪70年代采集的一件短剑，两兽相交为格，兽身相缠为茎，兽尾相连为环首，怪异逾常。

扬越文化的地区差别是明显的：长沙以北器类、器型多，衡阳以南器类、器型少，长沙至衡阳则介乎二者之间，青铜文化由北向南传播的走向昭然若揭。位于长沙以北的岳阳县，1986年出土了一件青铜提梁卣，年代可能早到春秋中期，基本形制虽仿自中原，装饰风格则与中原同类器迥异。器腹从上到下铸饰三圈环带花纹，除残缺部分外，计有蛇15条、鳄鱼8条、龟3只、蛙2只、蟹1只、鹤2只、水鸟2只、鹿1头、持刀人1个、持戈人1个。持刀人文身，但下身残缺。持戈人则上身残缺，不知文身与否。持戈人右肘下方有人头一个，似为上古猎首风俗的写照①。这些内容繁富、形式稚拙的花纹，凝结着洞庭平原的扬越的情趣和性灵，是形象化的生命奏鸣曲和生活咏叹调。

① 岳阳市文物工作队、岳阳县文物管理所：《岳阳县筻口出土春秋人像动物纹青铜卣》，湖南博物馆编：《湖南博物馆文集》，岳麓书社1991年版。

湖南湘潭出土动物纹提梁卣

春秋晚期以后，扬越的文化面貌逐渐楚化。扬越墓原为窄坑，这时出现了与楚墓相似的宽坑。年代愈晚，宽坑愈多。葬具，原来是船形的，这时出现了与楚人葬具相同的棺和椁。墓坑填土，原来是不夯的，这时开始像楚墓那样分层夯筑了。随葬器，原来多用铜器，少见陶器，这时，铜器持续增多，陶器也开始流行了。资兴县发掘的扬越墓，春秋时期的半数是不见随葬品的空墓，战国时期的没有一座是空墓，似乎反映了扬越社会的良性发展趋向①。

扬越的楚化是一个缓慢的过程，直到战国末期还没有完成。楚贵族墓以列鼎随葬，等级最低的下士也有两鼎；扬越墓不然，无论贵贱，都只以单鼎随葬。扬越对楚人的礼制似有格格不入之感，楚人对扬越的风俗也可使由之。扬越生产技术的楚化是比较迅速的，例如：鼎足与鼎腹的接合，铸接比焊接牢固。楚式鼎的足是铸接的，越式鼎的足原来是焊接的。从春秋、战国之际起，越式鼎的足越来越多地改焊接为铸接了，但直到战国末期仍有少数是焊接的。从战国扬越墓中出土的铜鼎，形制最多变，从盖或耳到足，全无定式，有些是亦越亦楚或者非越非楚的。散漫是越人普遍的文化风气，不独扬越如此，吴越亦如此。

四、扬越地区楚文化的特性

在扬越楚化的同时，洞庭平原的楚人也接受了扬越的若干文化因素。当地某些楚墓的墓坑，与扬越墓相比虽是宽的，与长江以北的楚墓相比就显得窄了。从楚墓中出土的某些铜器，带有同类越式器的风格，甚至与越式器完全相同。

由于天然环境和人文环境的差异，洞庭平原的楚文化与江汉平原的楚文化颇有差异。例如：悬底方棺，江汉平原所在多有，而洞庭平原罕见。平底弧棺，江汉平原不用，而

① 吴铭生：《湖南东周时期越人墓葬的研究》，《湖南考古辑刊》第5集，《求索》1989年增刊。

洞庭平原多用。江汉平原屡见不鲜的“虎座立凤”即飞廉木雕像，洞庭平原至今影踪全无。洞庭平原的“镇墓兽”与江汉平原的“镇墓兽”显然不是同类，如湘乡县牛形山1、2号墓所出的三只“镇墓兽”，俱作噬蛇状，与河南信阳市长台关所出的“镇墓兽”为同类，但其方座则仿自江汉平原的“镇墓兽”。

高至喜认为湖南楚墓的随葬品有几“多”：一是铜镜多，二是铁器多，三是玻璃多①。所论甚是。

铜镜，早到春秋、战国之际，晚到战国末期，型式既多，花纹亦繁。与江汉平原相比，洞庭平原礼制较为松弛，风气更为自由。

长沙战国楚墓出土兽纹镜和四山镜（背面）

冶铁术的发明，以冶铜术的高度发展为前提。湖南出土战国铁器特多，表明扬越不仅擅长炼铜，而且擅长炼铁。铁足铜鼎，也是湖南发现最多。就实用性能来说，铁足优于铜足。

先秦的玻璃都是原始玻璃，或称琉璃。湖南有许多号为“蜻蜓眼”的玻璃珠出土，从战国早期到战国晚期的都有，可能有少量是春秋晚期的。“蜻蜓眼”这种纹饰无疑源于西方，经由南亚传到楚国。有的“蜻蜓眼”玻璃珠，经过化验，证实其原料为钠钙玻璃，无疑是南亚传来的。当时南亚、东亚的通道，是从印度东北部经缅甸北部，越过横断山脉，穿过云贵高原，到洞庭平原和江汉平原。这是最早的一条丝绸之路，或可称之为“南方丝绸之路”。它的开通时间不晚于公元前4世纪后期，也可能早在公元前6世纪后期②。先秦时期中国自己制造的玻璃都是铅钡玻璃，还没有钠钙玻璃。河南固始县句吴夫人墓是公元前6世纪末的，所出的“蜻蜓眼”玻璃珠就有用钠钙玻璃做的。江陵县望山1号墓所出的一件越王句践剑，剑格嵌有淡蓝色钠钙玻璃两块，制作年代约在公元前6世纪至前5世纪之际。湖南正好在这条南方丝绸之路的东端，当地的楚人最早见到“蜻蜓眼”玻璃

① 高至喜：《楚文化的南渐》，湖北教育出版社1995年版。

② 张正明：《料器与先秦的楚滇关系和中印交通》，《江汉论坛》1988年第12期。

珠，珍而爱之，乃至仿而造之，所以当地出土的“蜻蜓眼”玻璃珠最多。今天看来，这些玻璃也许并不珍贵，然而它们是中国境内现存仅有的先秦中外文化交流的物证。

湖北江陵九店出土料珠

1956年湖南长沙出土的战国时期蜻蜓眼玻璃珠、管

1978年湖北随州曾侯乙墓出土的战国早期的料珠

约在春秋、战国之际，楚人已到达了赣西北。限于已有的考古资料太少，还不能对春秋战国时期鄱阳湖平原的文化面貌做出明确的介绍。

第九节　极盛阶段的楚文化

楚国物质文化的极盛阶段约在战国早中期之际，楚国精神文化的极盛阶段约在战国中晚期之际。

一、无与伦比的技术工艺

战国时期，楚国冶金、织帛、髹漆、铸币、筑城等技艺都达到了无与伦比的高峰。

据大冶铜绿山古铜矿的发掘报告，与春秋时期相比，战国时期的采炼技术有了明显的进步。竖井的木构框架已由上下间距约40厘米的稀疏型改变为上下叠压的密集型，内径已由约60厘米扩大到80厘米甚至更大些。马头门所用的木料已由细变粗，有些立柱已由圆变方。横巷的框架已由窄变宽、由矮变高。掘进所用的铜斧形凿，已为铁斧形凿所取代。还出现了辘轳，应是安放在井口，用以提升矿石和积水的。

铜绿山古矿业遗址

据皖南铜陵、南陵、繁昌、泾县、青阳、贵池等县市古铜矿的发掘简报，春秋战国时代

的采炼技术与铜绿山大致为同等水平，井架似乎比铜绿山的差些，可是采炼硫化铜矿石的技术却是铜绿山不曾发现的。

据已见的炉渣总量推测，铜绿山古铜矿和皖南古铜矿在先秦时期炼出的红铜，都不下 10 万吨。

江西瑞昌市和湖北阳新县的古铜矿的采炼技术，与铜绿山没有明显区别。至于先秦时期的产铜量，则尚难估算。

湖南麻阳县九曲湾发现了开采上限为战国的古铜矿，规模较小，技术水平较低。

所有这些先秦的古铜矿，都是越人开采的，西起扬越，东至吴越。古矿井和古炼炉的遗迹，以及同出的越式器，记录了越人对青铜文化所作的伟大贡献。

战国时期的楚国铜铁并用，铁器已经和铜器一样普及了。已知年代为战国早期或更早些的韧性铸铁（可锻铸铁），都是在楚国故地发现的。中国发明韧性铸铁，比西方早 1700 年左右。铁器多为农器和匠器，即锄、臿、耒、耙、镰、斧、锛、凿、锤、削、刮刀等。也有兵器，如铁剑、铁戟等，但数量较少。又有铁鼎足，也不多。还有用作马具的铁带钩，信阳长台关 1 号墓出 5 件，江陵望山 1 号墓出 1 件，都有美丽的嵌错花纹。

江陵望山 M1 出土错金银铁钩

湖北荆门出土铁釜

荆门出土铁制生产工具

楚国的“宛钜铁鉇，惨如蜂虿”，语见《荀子·议兵》。后来，楚都东迁后，秦昭王还在因“楚之铁剑利”而“恐楚之图秦”，事见《史记·范雎蔡泽列传》。

战国早期的楚国青铜器，以 1978 年发掘的湖北随县擂鼓墩 1 号墓所出土的青铜器

湖北随县曾侯乙墓出土的青铜尊盘

为代表。此墓是曾墓，墓主是曾侯。但曾国在楚国的腹地，而曾侯是楚王的附庸，所以，就铸造水平来说，曾国青铜器可以代表楚国青铜器。此墓所出的尊和盘一套，是用熔模铸造工艺制作的，精细巧丽超过了大约早出 120 年的下寺铜禁。此墓出土青铜器总重约 10 吨，创单墓出土青铜器的最高纪录。

战国中期的楚国青铜器，器物类型多了，装饰风格变了。形式奇多的镜，花纹特繁的尊和敦，以及套链提梁壶、透雕奁、人驼灯台等，都堪称杰作。就纹饰而言，礼器趋简，杂器趋繁；铸刻趋少，嵌错趋多。总之，神圣的意味淡了，世俗的气息浓了。

荆门包山 M2 出土鸟首形杯

江陵望山 M2 出土错银凤纹铜樽

荆门包山 M2 出土镂空凤纹杯

包山 M2 出土铜飞鸟

望山 2 号墓出土
战国人骑骆驼铜灯

望山 M3
出土鎏金铜带钩

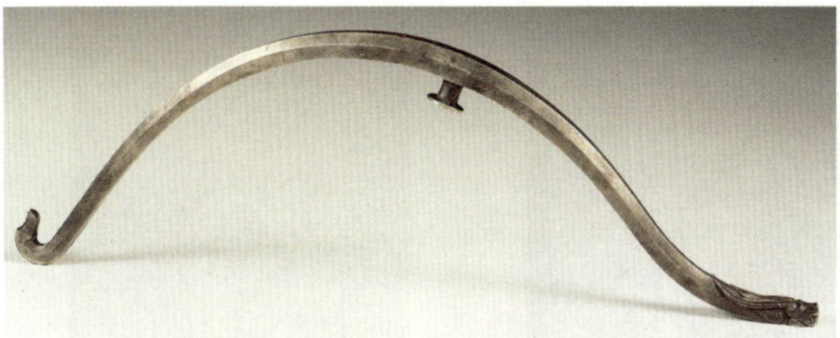

荆州天星观 M2 出土龙凤首银带钩

天星观 M2 出土银带钩

包山 M2 出土嵌错龙纹铜壶

包山 M2 出土镂空龙纹夹层铜镜

宜昌出土菱形纹铜镜

1982 年发掘的江陵县马山 1 号墓是战国中期的一座小墓，仅有一椁一棺，竟出土了丝织、丝绣的衣物共 35 件。品种之繁多、工艺之精湛、保存之完好，都是前所未见的。丝织品按织造方法和组织结构，可分为绢、绨、纱、罗、绮、锦、絛、组八类。一件枕套所用绢的经纬密度为每平方厘米 164×66 根，超过了长沙市马王堆西汉早期墓所出绢的经纬密度。丝绣的花纹美不胜收，意匠的巧妙令今人亦为之叹服。文献盛称齐纨鲁缟，现在看来未必能超过楚国的丝织品和丝绣品。

龙凤虎纹绣

1982 年湖北江陵马山 1 号墓出土的战国对龙对凤纹绣浅黄绢面衾

1982 年湖北江陵马山 1 号墓出土的战国凤鸟几何纹锦面衾

1982 年湖北江陵马山 1 号墓出土的战国六边形纹绦带

1982 年湖北江陵马山
1 号墓出土的战国龙凤虎纹罗

1982 年湖北江陵马山
1 号墓出土的战国龙凤相蟠纹绣

1982 年湖北江陵马山
1 号墓出土的战国龙纹绣

1982 年湖北江陵马山 1 号墓出土
的战国蟠龙飞凤纹绣浅黄绢衾局部

湖北江陵马山楚墓出土的绢禅衣

湖北江陵马山楚墓出土的绢面绵袍

迄今面世的先秦漆器，最多且最好的是楚国的产品。夹纻胎创始未久，多见于楚漆器。积竹胎也尚少，仅见于楚漆器。湖南发现有铜足的楚漆器，应是扣器的嚆矢。

望山 M1 出土彩绘木雕座屏

包山 M2 出土车马出行图漆奁

天星观 M2
出土蟾蜍座凤鸟鸟人

包山 M2 出土
彩绘龙凤纹漆盾

江陵沙冢 M1 出土
彩绘鸟兽纹矢箙面板

1982 年湖北江陵马山 1 号
墓出土的战国彩绘双凤纹漆耳杯

1982 年湖北荆门包山 2 号
墓出土的战国彩绘龙凤纹漆盾

1982 年湖北荆门包山 2 号墓出土的战国彩绘漆棺

楚国盛产黄金，其金币之多为列国之冠。当时唯独楚国有官府制作和发行的金币，其他各国只是以生金块权充金币。楚国的金币多为钣形，且有钤印。印文多为“郢爰”两字（有些学者认为实乃“郢爯”二字），也有“陈爰”“鬲爰”“卢金”等。此外，有所谓马蹄金、麟趾金、瓜子金等，是原始形态的金币。楚墓出土天平特多，无疑是称量黄金所用的。楚国也有银币，状如铜币，但很少。民间通常使用的是贝形的铜币，币文奇特，后世称之为“蚁鼻钱”或“鬼脸钱”。

宜昌前坪 M1 出土郢爰

江陵出土郢爰

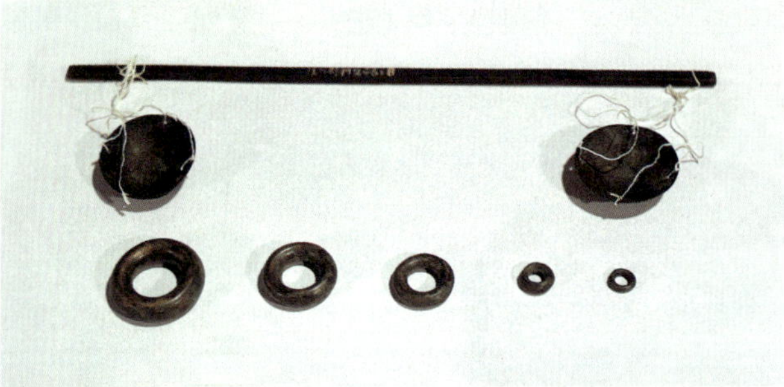

九店出土天平、砝码

位于江陵县北境的故楚郢都，大致为方形，东西略长而南北略短。东北隅、西北隅、西南隅都是斜切的，各有两个钝角，利于防守。东南隅虽是直角，但南垣东门是突出的。城垣周长 15506 米，城内面积约 16 平方公里。已知有城门 7 座，其中，陆门 5 座，水门 2 座。估计还有一座水门，但其原址因水流冲刷和公路叠压，未曾查实。无论陆门、水门，都有一门三道。这种一门三道的水门独见于郢都，无疑是楚人的创造。桓谭《新论》说：“楚之郢都，车毂击，民肩摩，号为朝衣新而暮衣弊。”可想而知，这是一个人烟稠密、市面繁华的大都会。

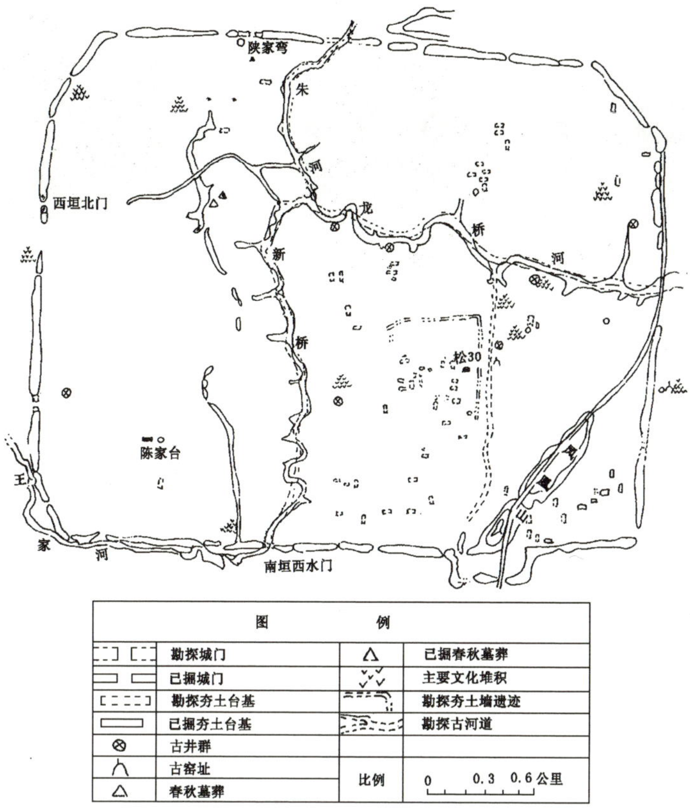

楚都纪南城文化遗址分布图

楚国物质文化的成就，当然不止上面介绍的这些。假如细大不捐，那就还可以举出好些来，例如：中国考古史上最早的两张木床都出自楚墓，结构精巧，其中一张是可以折叠的；中国考古史上的第一双竹筷、第一双五指分开的手套，以及第一批完整的衣衾等等，也都出自楚墓。

包山 M2 出土折叠床

江陵藤店出土皮手套

1975 年湖北江陵雨台山

74 号墓出土的战国彩绘云纹木梳

1982 年湖北江陵马山

1 号墓出土的战国彩绘矩纹竹扇

二、辉煌的学术成就

战国时期有甘德与石申夫齐名，都是天文学家。石申夫是魏人，史无异辞。甘德，或谓齐人，或谓楚人，或谓鲁人，孰是孰非，不易判别。在擂鼓墩 1 号墓出土的一件漆箱的箱盖上，按星空的方位写着二十八宿星名。经与《汉书·天文志》所记甘氏星名和石氏星名对校，可知与前者出入较多而与后者出入较少。屈原《九歌·东君》写到了“天狼”和“弧”，甘氏星名也有“狼”和“弧”，石氏星名则写作“东井”和“舆鬼”。①

随县擂鼓墩 1 号墓衣箱盖纹饰

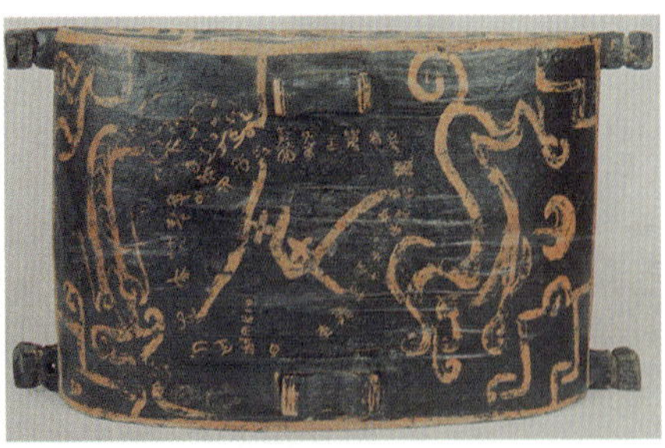

1978 年湖北随州曾侯乙墓出土的

战国早期的彩绘二十八宿图衣箱

1978 年湖北随州曾侯乙墓出土的

战国早期的彩绘后羿射日图衣箱

① 见汤炳正等《楚辞今注》，上海古籍出版社 1996 年版，第 65 页。

王胜利认为：擂鼓墩1号墓的墓主是姬姓的曾侯，因而其漆箱所书二十八宿星名属于中原的石氏体系；楚国的二十八宿星名属于甘氏体系，则甘德应为楚人①。《开元占经》卷八五记甘氏称彗星为“天棓”，长沙子弹库楚墓（长子M1）所出的战国楚帛书也称彗星为“天棓”，这也表明甘氏之学是楚人的天文学。席泽宗认为：甘德在公元前400年至前360年之间，发现了木星的第3号卫星，比西方的发现早出近2000年②。据《汉书·天文志》，甘氏和石氏都发现火星（“荧惑”）和金星（“太白”）有逆行现象。

比甘德稍晚，楚国还有一位知名的天文学家唐眛。此人多才，身为大将，在一次激战中阵亡了。

马王堆3号汉墓出土的帛书《天文气象杂占》，不避刘邦名讳，且将“楚云”列为诸国云气之首，可知乃战国楚人遗物。这篇帛书画有29颗形状各异的彗星，可见楚国天文学家对彗星的观测相当精细。

春秋早期以前，楚历用周正，以冬至所在之月为年首。春秋中期以后，楚历以夏正十月为正月。这与秦历有同有异，秦历也以夏正十月为年首，但不改夏正月序。楚国官方如此，民间则出于农事需要而仍用夏历。战国中晚期的楚人喜用大事纪年，如“大司马昭阳败晋师于襄陵之岁”即公元前323年。

长沙子弹库帛书

子弹库楚帛书相传是1942年盗掘出土的，流失在美国，收藏于纽约大都会博物馆。共有900余字，四周还有与十二月相应的古怪神像。李学勤认为由文字的位置可知分为三篇，可试拟篇题为《四时》《天象》《月忌》。《四时》篇所记的是包牺在“梦梦墨墨”中“咎（规）天步[地]”，炎帝命祝融率领四神“奠三天”“奠四极”，以及共工推步“十日”即由甲至癸十干，多为创世神话。《天象》篇所记的主要是彗星与天灾的关系，以及应当敬祀百神。《月忌》篇以十二月为十二章，所记的是当月宜忌之事。总之，子弹库楚帛书是阴阳家言和数术家言，对于研究古代文化——特别是对于研究楚国学术有珍贵的价值③。

楚国的数学是比较发达的，传世文献无可考，出土实物却提供了一些证据。从长沙市楚墓中，出土了一批算筹。安徽出土的一些郢爰，刻有代表算筹的数字符号，与近代仍

① 张正明主编：《楚文化志》第13章，湖北人民出版社1988年版，第275—278页。

② 《光明日报》1981年4月7日。

③ 李学勤：《长沙楚帛书通论》，《楚文化研究论集》第1集，荆楚书社1987年版。

在使用的数字符号大同小异。1983—1984 年发掘的江陵县张家山 247 号西汉早期墓，出土了保存较为完好的竹简《算数书》。《算数书》的内容和体例与《九章算术》近似，但比《九章算术》早出。其标题有以算法拟定的，即《矰(增)减》《合分》《相乘》《分乘》等；也有以用途拟定的，即《里田》《税田》《程禾》《金贾(价)》等。此墓是吕后执政时下葬的，上距秦灭楚仅约 40 年，墓主为楚裔。由此可想而知，《算数书》应是战国时代的楚人撰著的。

道家与儒家同时兴起，前者代表南方文化，后者代表北方文化。道家的奠基者是楚国的老子，儒家的奠基者是鲁国的孔子。老子是一个人还是两个人甚至三个人，迄今尚难论定。孔子曾向年纪比他大些的老子求教，这却是公认的。先秦诸子的著作，成书年代以《老子》为最早。

今本《老子》有 81 章，计 5700 余字。1973—1974 年发掘的长沙市马王堆 3 号西汉墓，出土了帛书《老子》甲、乙两种写本，与今本略异。

1993 年 10 月，郭店楚简在荆门横空出世。郭店楚简包括十六篇先秦时期的文献，其中道家典籍三篇，分别为《老子》(甲、乙、丙)、《太一生水》《语丛四》(《说之道》)；儒家典籍为十三篇，分别为《缁衣》《鲁穆公问子思》《五行》《穷达以时》《唐虞之道》《忠信之道》《成之闻之》《尊德义》《性自命出》《六德》《语丛一》《语丛二》《语丛三》。这批典籍除《老子》《缁衣》见诸传世本，《五行》见于长沙马王堆出土的帛书外，其余皆为两千多年前的先秦佚籍。①

简本《老子》甲、乙、丙是迄今所见年代最早的《老子》传抄本。它的绝大部分文句与今本《老子》相近或相同，但不分德经和道经，而且章次与今本也不相对应。简本《老子》分见于传本《老子》的三一章，其内容有的相当于传本全章，有的只相当于该章的一部或大部。简本存 2046 字，约为传本的五分之二。

古版画的《老子像》及长沙马王堆汉墓出土的老子帛书

① 湖北省荆门市博物馆：《荆门郭店一号楚墓》，《文物》1997 年第 7 期；荆门市博物馆编：《郭店楚墓竹简》，文物出版社 1998 年版；彭浩：《郭店楚简老子校读》，湖北人民出版社 2000 年版。

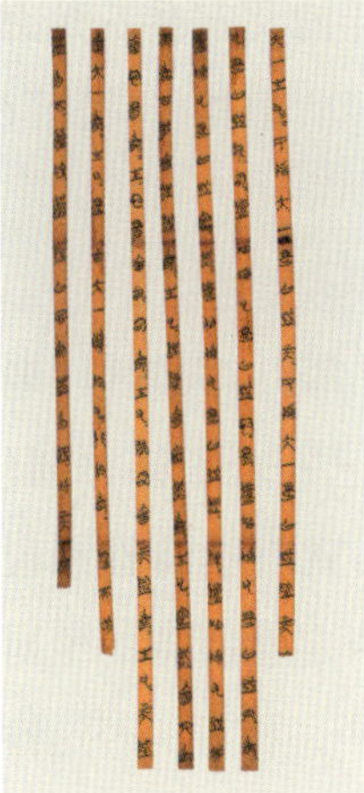

郭店楚简太一生水

郭店竹简—老子乙

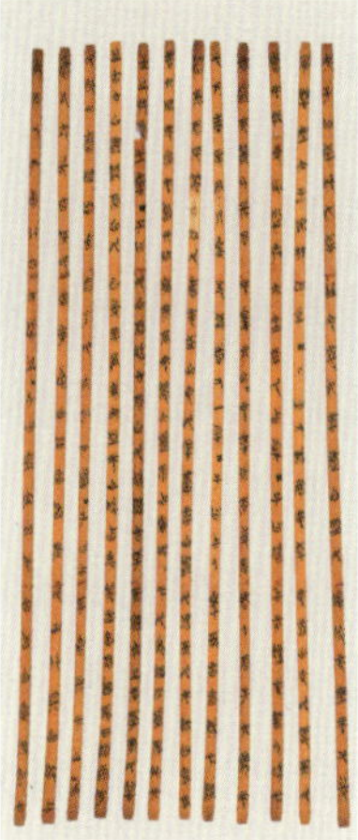

郭店楚简缁衣简

假如以为道儒两家如水火之不相容，那是与实际情况不相符的。老子和孔子相互尊重，孔子对老子还非常推崇。《史记·老子韩非列传》记孔子向老子问礼后对弟子说："鸟，吾知其能飞；鱼，吾知其能游；兽，吾知其能走。走者可以为罔，游者可以为纶，飞者可以为缴。至于龙，吾不能知其乘风云而上天。吾今见老子，其犹龙邪?"后世的思想家和政治家，多有外儒内道或外道内儒的，足证道儒可互补相济。

假如以为道家唯出世是求，对国计民生漠然置之，儒家则适得其反，那也是错的。《老子》第 57 章说："以正治国，以奇用兵，以无事取天下。"试想，连治国用兵之道都讲，怎么会忘怀于国计民生呢？不过，道家是冷眼看世界，儒家是热心向世界，这个区别却是显而易见的。《汉书·艺文志》说："道家者流，盖出于史官，历记成败存亡祸福古今之道，然后知秉要执本，清虚以自守，卑弱以自持，此君人南面之术也。"

老子重哲理，不讲伦理；孔子重伦理，罕言哲理。他们各有所见，各有所获。

老子有精深的辩证思想，孔子没有；孔子有坚韧的进取精神，老子没有。

现代的学者常指责老子是唯心论者，但在认识论的发展史上，有辩证思维的唯心论者的贡献，并不小于无辩证思维的唯物论者的贡献，古代尤其如此。

对于整饬社会秩序，儒家确实比道家有用得多。可是，对于改善社会机制，道家却独具妙用。从西汉早期崇尚清静，到清代早期玄烨在御座旁亲书"无为"二字，都能证明道家学说不是无益于治的。

现代的一位楚人闻一多在《龙凤》一文中说："龙凤是天生的一对，孔老也是天生的一对。"信哉斯言！

战国早期的文子，以及大致与文子同时的蜎子，相传都是老子的弟子。战国中期的庄子，以及战国晚期的鹖冠子，其学也源于老子。

文子其人，生平不详。《文子》其书，后人多视为伪作。1973 年河北定县八角廊 40 号西汉墓出土了竹简《文子》，虽与今本有出入，但与《汉书·艺文志》所记相合，可证西汉以前确实有《文子》。

蜎子，《汉书·艺文志》记他著书 13 篇，后来失传。

庄子，名周，生于宋，迁于楚。他是仅次于老子的一位道家宗师，后人常以“老庄”连称。今传《庄子》共 33 篇，其中，“内篇”7 篇，“外篇”26 篇。《史记·老子韩非列传》说：“庄子……其学无所不窥，然其要本归于老子之言。”涂又光认为：就哲学特性来说，“《老子》系统是相对的否定性，《庄子》系统是绝对的否定性。绝对的否定性所持的绝对主义，发展为自己的反面，即发展为相对主义，而且是绝对的相对主义”①。相对的否定性是《老子》所讲的“无有”，绝对的否定性是庄子所讲的“无无”。《庄子·逍遥游》讲绝对的自由，《庄子·齐物论》讲绝对的平等，两篇都讲绝对的变化。

庄子像

鹖冠子是楚国的一位隐士，喜欢着鹖冠，因号。《鹖冠子》其书因某些文句与贾谊《鵩鸟赋》近似，被后人疑为伪作。马王堆 3 号西汉墓出土的帛书《黄帝书》和《伊尹·九主》，不少文句与《鹖冠子》类同。由此可知，“《鹖冠子》确实是战国晚年楚国人的著作”，“研究中国古代哲学思想，决不应忽略《鹖冠子》这本古书”②。

儒家以共相为本位，道家以殊相为本位。儒家重“恒”，道家重“变”。道家的许多奇言奥旨是古代辩证思维的繁花硕果，对古人、今人乃至后人都是有启迪作用的。

三、富有浪漫色彩的文学

楚人多文采，庄周的散文和屈原的诗歌都是前无古人、后无来者的绝唱。

精湛的学识、广博的见闻、深邃的睿智、狂怪的激情、无羁无绊的想象和比类，集于庄周一身，因而，“属书离辞”，“其言洸洋自恣以适己”③。

《庄子》喜用寓言，寄妙理于巧言之中。试以《秋水》一篇为例：

秋水时至，百川灌河。泾流之大，两涘渚崖之间不辩牛马。于是焉河伯欣

① 张正明：《楚文化史》第 4 章第 6 节，上海人民出版社 1987 年版。
② 李学勤：《新发现简帛与秦汉文化史》，《活页文史丛刊》第 121 号。
③ 〔汉〕司马迁：《史记》卷六三《老子韩非列传》，中华书局 1959 年版，第 7 册，第 2144 页。

然自喜，以天下之美为尽在己。顺流而东行，至于北海，东面而视，不见水端。于是焉河伯始旋其面目，望洋向若而叹曰："野语有之曰'闻道百，以为莫己若者'，我之谓也。且夫我尝闻少仲尼之闻而轻伯夷之义者，始吾弗信，今我睹子之难穷也，吾非至于子之门则殆矣，吾长见笑于大方之家。"北海若曰："井蛙不可以语于海者，拘于虚也；夏虫不可以语于冰者，笃于时也；曲士不可以语于道者，束于教也……吾在于天地之间，犹小石小木之在大山也，方存乎见少，又奚以自多？计四海之在天地之间也，不似礨空之在大泽乎？计中国之在海内，不似稊米之在大仓乎？号物之数谓之万，人处一焉……此其比万物也，不似毫末之在于马体乎？五帝之所连，三王之所争，仁人之所忧，任士之所劳，尽此矣。伯夷辞之以为名，仲尼语之以为博，此其自多也，不似尔向之自多于水乎？"河伯曰："然则吾大天地而小毫末，可乎？"北海若曰："否。夫物，量无穷，时无止，分无常，终始无故。是故大知观于远近，故小而不寡，大而不多……"

河神与海神此问彼答，说到"得而不喜，失而不忧"；"生而不说，死而不祸"；"自细视大者不尽，自大视细者不明"，等等。一直说到"何谓天？何谓人？""牛马四足，是谓天；落马首，穿牛鼻，是谓人。故曰：无以人灭天……"其中贯穿着绝对的相对主义，然而发人深省、启人深思的真知灼见俯拾皆是。

鲁迅在《汉文学史纲要》中称赞《庄子》"仪态万方"，这等于说无美不备。鲁迅接着说道："晚周诸子之作，莫能先也。"其实，就"仪态万方"来说，后世诸家之作，亦"莫能先也"。某种体裁的文学作品一旦臻于极致，就成为空前绝后的，《庄子》即是如此。

战国时期，北方的诗坛众芳芜秽，唯独楚国的诗坛群星璀璨，屈原则是群星之中的北辰。

屈原，名平，生活在楚国盛极而衰的转折时期，是楚辞这种特殊诗体的宗师。

屈原"博闻强志，明于治乱，娴于辞令"，毕生"正道直行"，无奈"信而见疑，忠而被谤"①。公元前278年，郢都沦陷。大约在公元前277年，屈原自沉于汨罗江。他留下的作品，相传有《离骚》《九歌》《天问》《九章》《远游》《卜居》《渔父》《招魂》和《大招》。其中《远游》真伪莫辨，《卜居）和《渔父》显然是后人所作，《招魂》或谓乃宋玉所作，《大招》或谓乃景差所作，此外都无可置疑。

《文心雕龙·辨骚》评楚辞云："气往轹古，辞来切今，惊采绝艳，难与并能。"所评的主要是屈原的作品，但也有宋玉的一篇《九辩》在内。

屈原的诗歌高洁、神妙、绮丽，与庄周的散文异曲同工。试读《离骚》中所写的：

① 〔汉〕司马迁：《史记》卷八四《屈原贾生列传》，中华书局1959年版，第8册，第2481—2482页。

驷玉虬以乘鹥兮，溘埃风余上征。
朝发轫于苍梧兮，夕余至乎县圃。
欲少留此灵琐兮，日忽忽其将暮。
吾令羲和弭节兮，望崦嵫而勿迫。
路曼曼其修远兮，吾将上下而求索。

再读《九歌·少司命》中所写的：

秋兰兮青青，绿叶兮紫茎。
满堂兮美人，忽独与余兮目成。
入不言兮出不辞，乘回风兮载云旗。
悲莫悲兮生别离，乐莫乐兮新相知。
荷衣兮蕙带，儵而来兮忽而逝。
夕宿兮帝郊，君谁须兮云之际？①

近人多称扬屈原的"浪漫主义"，似乎颇能成理。今人更有说屈原是"狄俄尼索斯型"即"酒神型"的，似亦不无所据。无奈这是以貌论神，以洋论中，未免失之偏颇。屈原既是郢中巫学的大师，又是稷下道家的信徒。巫学有原始思维的互通相变律——或称互参相代律，以为万物不仅有形体，而且有灵性，其灵性可互通，其形体可相变。庄周把互通相变律改造成为齐物论，其要旨为："是亦彼也，彼亦是也"，"彼出于是，是亦因彼"②。稷下道家把互通相变律改造成精气说，以为只要肢体"能正"，血气"能静"，便可"穷天地，被四海"③。由此，屈原思接千载，视通万里，而且，在想象中，可以身登九天，亲历八极，向古帝陈辞，同厉神说话。《离骚》是抒情诗歌无可逾越的高峰，后人虽欲效之而终莫能及，缘由就在于后人再也不会有屈原那样深厚的郢中巫学根基和稷下道学根基了，虽欲效之，只能效颦，因而终莫能及。

楚辞的惊采绝艳，既源于巫学和道学，也源于楚地明媚的风光，楚国奇特的风气，楚人俊逸的风致。这些，就不必细说了。

四、富有创造精神的艺术

楚艺术一如楚文学，富有创造精神，因此愈抽象、愈变形就愈擅长。

器乐是纯粹抽象的艺术，楚人最为擅长。现已出土的楚国乐器，有钟、镈、钲、铎、铙、

① 汤炳正等：《楚辞今注》，上海古籍出版社 1996 年版，第 62 页。
② 《庄子·齐物论》。
③ 《管子·内业篇》。按：涂又光著有《论屈原的精气说》，见《楚史论丛》，湖北人民出版社 1984 年版。

錞于、铃、磬、鼓、瑟、琴、笙(竽)、排箫、篪和相。大型的乐队以钟、磬为主,配上鼓、瑟、笙等。钟发声洪亮,磬收韵清越,金声玉振,相得益彰。小型的乐队仅用鼓、瑟、笙,都是大众化的,没有贵族化的钟和磬。钟、鼓、瑟、琴、笙各有几种样式:钟有甬钟和钮钟之别,编配成套;鼓有建鼓、虎座凤架悬鼓、鹿鼓和手鼓之别,形制各异;瑟的弦数,多为 25 根,也有较少的,最少为 18 根;琴仅见 6 张,5 弦 1 张,7 弦 3 张,10 弦 2 张;笙的簧数,有 10、12、14、18 不等,还发现了葫芦笙。排箫,多为竹制,但也有石制的。

长沙喻家台 M41 出土彩绘龙凤漆瑟

局部

局部

1982 年湖北沙市喻家台

41 号墓出土的战国彩绘孔雀纹瑟

1988 年湖北江陵枣林铺 1 号墓

出土的战国彩绘虎座鸟架悬鼓

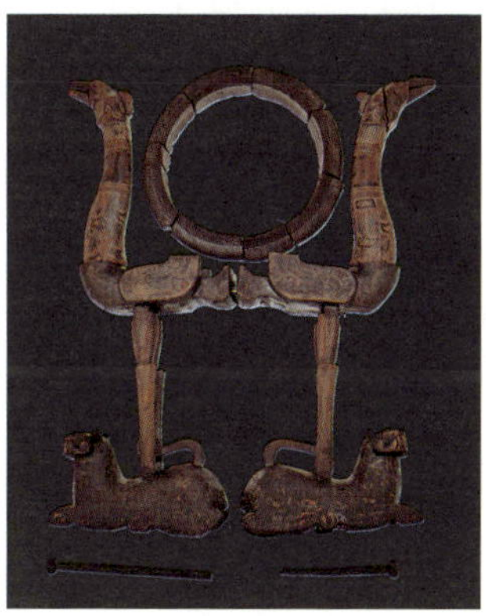

江陵枣林铺

楚虎座鸟架鼓

江陵雨台山 M10 出土卧鹿鼓

江陵出土彩绘编磬

擂鼓墩 1 号墓所出的一套编钟多达 64 件，还配有楚惠王所赠的镈 1 件，阵容壮观非凡，保存完好，性能卓越。其中，甬钟 45 件，总音域跨五个八度音程，比现代钢琴的音域两端平均各只少一个八度音程。在中心音域部位约占三个八度音程的范围内，十二个半音齐备，可见是举世最早有十二个半音音阶关系的定调乐器。

曾侯乙编钟

曾侯乙编磬

“扬枹兮拊鼓，疏缓节兮安歌，陈竽瑟兮浩倡”①，这是小型乐队演出的场面。“緪瑟兮交鼓，箫钟兮瑶簴，鸣篪兮吹竽”②，这是大型乐队演出的场面。演出的效果是：“五音纷兮繁会，君欣欣兮乐康”③，“羌声色兮娱人，观者憺兮忘归”④。

楚国的美术作品，有绘画、雕刻、图案三大类。

迄今已见完整的先秦绘画有帛画两幅和漆画一幅，都出于战国楚墓。人物龙凤帛画一幅，1949 年出于长沙市陈家大山的一座楚墓；人物御龙帛画一幅，1973 年出于长沙市子弹库那座出过帛书的楚墓。这两幅帛画是国画的始祖，线条流畅，所画人物和龙、凤都颇能传神，画男子则气度雍容，画女子则神态娴雅，画龙则作夭矫之状，画凤则有翔舞之态。至于构思谲怪，寓意玄奇，则是楚国艺术的传统。1987 年出于荆门市包山 2 号楚墓

① 《九歌·东皇太一》，见汤炳正等《楚辞今注》，上海古籍出版社 1996 年版，第 43 页。
② 《九歌·东君》，见汤炳正等《楚辞今注》，上海古籍出版社 1996 年版，第 65 页。
③ 《九歌·东皇太一》，见汤炳正等《楚辞今注》，上海古籍出版社 1996 年版，第 43 页。
④ 《九歌·东君》，见汤炳正等《楚辞今注》，上海古籍出版社 1996 年版，第 65 页。

的漆画一幅，宽仅有 5.4 厘米，长不过 87.4 厘米，所画的是贵族行聘迎宾的场景，人物有 26 个，还有车、马、犬、猪、雁、柳等，单线勾勒，重彩平涂。内容是写实的，技法却是抽象和变形的，水平比两幅帛画有过之而无不及。

人物御龙帛画

湖南长沙陈家大山楚墓人物龙凤帛画

车马出行图(局部)

车马出行图(局部)

车马出行图(局部)

车马出行图(局部)

车马出行图(局部)

车马出行图（局部）

湖北包山二号楚墓出土的彩绘漆奁

雕刻有木雕、铜雕、玉雕、角雕之别，而主要的一个种类是木雕。楚国的雕刻匠师惯于用分解与合成的意象构成方式进行创作，采取几种实有之物的局部，造出一种乌有之物。例如：所谓“镇墓兽”，面目狰狞，颈项弯曲，上插飞扬的鹿角，下装稳实的方座。令人乍见之下，无以名之，姑且称之为“镇墓兽”。其实，它是冥府之神土伯的雕像。所谓“虎座立凤”，一只大凤站在一头小虎的背上，两肋长着一对鹿角，凤作昂首振翅状，虎作蜷伏瑟缩状。称之为“虎座立凤”，也是权宜之计。其实，它是风神飞廉的雕像。所谓“辟邪”，迄今仅见一件，是已知年代最早的根雕作品，状如怪兽，但四条腿都雕成了竹竿。称之为“辟邪”，纯属揣测。它大概是为艺术而艺术的即兴之作，也是无何有之乡的无何有之物。《庄子·庚桑楚》说：“道通，其分也成也，其成也毁也。”《庄子·德充符》说：“自其异者视之，肝胆楚越也；自其同者视之，万物皆一也。”所发挥的是齐物论的原理，分解与合成的意象构成方式的奥妙，尽在其中了。楚国的某些美术作品，可以说就是具象化的齐物论。

天星观 M1 出土双头镇墓兽

马山 M1 出土根雕神兽

虎座飞凤

图案，有雕的，有绘的，有织的，有绣的以漆绘和丝绣的图案最妙。“三头凤”是变形的图案的代表作，“无身凤”是抽象的图案的代表作。“三头凤”见于江陵马山 1 号楚墓的丝绣纹样，一个正头长在颈上，双目突出，以致整个头部像两个圆球，顶上有斜翘的双耳，颌下有斜撇的双羽，尖喙居中。两个侧头分别长在两只大翅膀上，喙弯如钩。在两只大翅膀的下方，各吊接着一只小翅膀。凤肚滚圆，凤腿微屈。虽然怪模怪样，但是威严而神秘，显示出强劲的生命力和旺盛的生殖力。“无身凤”是漆绘的，常见而多样。所谓“无身”，就是仅有一目一喙或一羽一爪，这些目、喙、羽、爪甚至可以化为旋曲的几何纹样。其身不可见，然而连蜷翩跹之态和神出鬼没之状毕现。

三头凤纹绣

五、由盛转衰

公元前 278 年楚都东迁以后，由于环境的劣化，楚文化虽仍在发展中，但不像先前那样光彩夺目了。

最后一个楚都仍称郢都，故址在今安徽寿县。城区面积约 25 平方千米，比先前的郢都大得多了。从宫殿遗址中发现的建筑材料看，如槽形砖、大方砖、圆瓦当等，比先前宫殿所用的有了进步。

20 世纪 30 年代被两次盗掘的寿县李三古堆大墓，仍出土了大量铜器。这些铜器没有细巧的纹饰和镂空的构件，但是工艺精熟，形制不乏特色。“铸客大鼎”重达 400 千克，是周代最重的一件铜器，鼎体雄伟，鼎足粗壮，犹存大国气派。“楚王酓肯鼎”侈口有流，斜壁平底，附耳外卷近平，蹄足较高且壮，颇具新意。此墓的墓主似非楚幽王，而为楚幽王时的太后李环①。

① 刘和惠：《寿县朱家集李三古堆大墓墓主的再认识》，《东南文化》1991 年第 2 期。

铸客大鼎

楚王酓肯鼎

安徽长丰县几座战国晚期楚墓中出土的一些玉器,如龙凤连体玉佩等,显示了先秦玉雕的最高水平。

安徽长丰出土龙凤形玉佩

龙凤形玉佩

凤鸟纹玉管饰

这时的黄老之学,是以道家的哲理为核心,“因阴阳之大顺,采儒、墨之善,撮名、法之要”①。黄老之学是长江文化与黄河文化交融的产物,非楚国所独有,为后来汉朝的稳定做好了理论准备。

① 〔汉〕司马迁:《史记》卷一三〇《太史公自序》,中华书局1959年版,第10册,第3289页。

大儒荀卿应楚考烈王令尹春申君之请，去齐适楚，为兰陵令。春申君被害后，荀卿无意仕进，以讲学著书终其余生。楚人李斯和韩人韩非是荀卿的两个大弟子，李斯自愿入秦求富贵功名，韩非被迫入秦以纾韩国之难。秦王嬴政得李斯而重用之，对韩非则信其学而疑其人。韩非为李斯所害而死，李斯则青云直上。韩非所著书析理精透，行文犀利，李斯自以为其学不如韩非。但若就文学论，却是韩非不如李斯。李斯的《谏逐客书》是战国晚期最好的一篇散文，在文学史上已有定评。楚人的文学素养，确实高于北方诸国之人。

《史记·屈原贾生列传》说："屈原既死之后，楚有宋玉、唐勒、景差之徒者，皆好辞而以赋见称。"其中，景差或许是《大招》的作者，但还有疑问。唐勒的作品亡佚已久，后人甚至揣测汉代就见不到了。1972 年发掘的山东临沂县银雀山 1 号西汉墓，出土了唐勒所作辞赋的竹简。可惜残缺太多，不足以展示其原有的风貌了。宋玉才情高于唐勒、景差，而且有传世之作。后人往往把屈原和宋玉连称为"屈宋"，甚至认为宋玉不无出蓝之色，这是有道理的。宋玉的作品，若与屈原的作品相比，雄放、奇谲固不及，细腻、婉约则尚有过之。

当时的楚国已是美人迟暮，动辄心惊，正像宋玉在《九辩》中所描写的："悲哉！秋之为气也，萧瑟兮草木摇落而变衰。"

第十节　东周时期的巴蜀文化和西南夷文化

长江上游位于中华大地的第二阶梯中部和第一阶梯东缘，周围山高水险，只有以成都为中心的盆地比较低平。虽未与外界隔绝的，但依然相当闭塞。直到春秋战国之际，黄河中下游和长江中下游的各国对长江上游仍知之甚少，长江上游的文化面貌仍无重大变化。后来楚、秦对抗，吹皱了一江春水，才给长江上游的文化带来了加速发展的机缘。

由于文献记载的阙失，我们不得不主要凭借考古发现来描述长江上游的文化。

一、东周时期的蜀文化

春秋战国时期蜀国的都城，应在今成都市辖区之内。据东晋人常璩所著《华阳国志·蜀志》："地称天府"，"其宝则有璧玉、金、银、珠、碧、铜、铁、铅、锡、赭、垩、锦、绣、罽、氂、犀、象、毡、耽、丹黄、空青、桑、漆、麻、纻之饶"。"周失纲纪，蜀先称王"。始王为蚕丛，其次为柏灌（柏濩），其次为鱼凫，其后不详，约当战国早中期之际有王名杜宇，杜宇禅位于开明，开明传十二世。公元前 316 年，秦灭蜀。

对春秋时期的蜀文化，限于考古资料太少，目前尚难置喙，只能寄希望于今后的考古发现了。

从已有的考古资料来看，战国时期的蜀文化粲然可观，在长江上游无疑是领先的。

成都市百花潭中学10号墓是一座战国早期的小型蜀墓，出土铜器47件，可分为：兵器22件，戈最多，矛其次，剑、钺和刀都很少；匠器12件，有斧、凿、削等；容器7件，有鼎1件、壶1件、甑1件、鍪2件、奁形器2件；此外，有杂器6件。葬具为船棺，状如独木扁舟。船棺为巴人和蜀人所特有，大约始于春秋、战国之际，有向南扩散的迹象。铜奁形器为尖底，同出的一件陶盏形器也尖底，显然是土著的独特风格。戈是蜀式戈，其类型上承西周而下启战国。铜壶最为上品，器周遍饰金属（铅）嵌错的图像，但它是中原式的。图像从上到下分为三圈，每圈又以壶肩的两个环耳为界分成左右两幅。图像所表现的是生产、生活和战斗的场景，有采桑、弋射、礼射、宴乐和水陆交战。水陆交战图像与河南汲县山彪镇1号墓出土的一对"水陆交战图鉴"的图像相仿，但不无出入。类似的铜壶还有两件：一件现藏故宫博物院，号为"水陆交战纹壶"；另外一件相传出土于成都的白马寺，已残，器腹底缘和圈足的纹饰与百花潭中学10号墓所出铜壶相同。李学勤认为：成都先后发现两件同类的嵌错图像铜壶不是偶然的，"估计两壶铸于蜀国的可能性较大"①。

四川彭县出土菱形蝉纹矛

四川百花潭出土水陆攻战纹铜壶

① 李学勤：《试论百花潭嵌错图像铜壶》，《文物》1976年第3期。

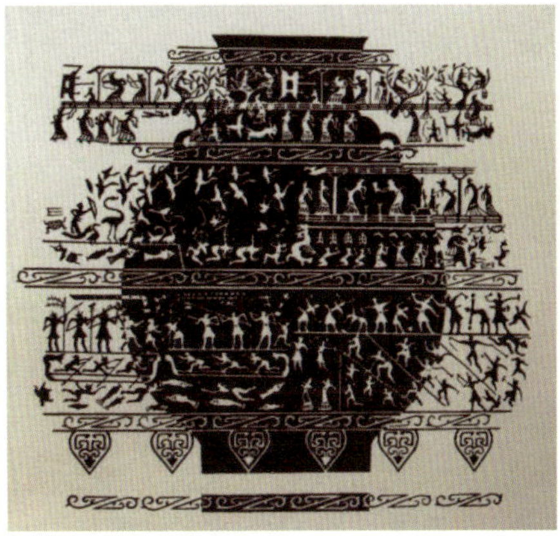

四川成都百花潭出土战国嵌错铜壶的水陆攻战及宴乐纹饰(展开)

新都县马家乡的一座大型木椁墓是战国中期的,早年曾被盗,但从一个腰坑中仍清理出铜器188件。葬具也是船棺,表明墓主是蜀人。然而,墓制为“甲”字形,椁用枋木叠砌,除棺室外,还有8个边箱和1个腰坑,椁室和腰坑周围以白膏泥填塞,这些都颇有楚风。所出的鼎、敦、缶、基、盘、匜、壶、甗、豆、钟和少数剑,也与楚器雷同。鼎共出5件,其中1件的盖内有铭文“邵之食鼎”。“邵”即“昭”,是战国时期楚公族三大姓之最大者;“食鼎”是常见的楚器,铭文字体也是楚式的。无疑,楚文化已播散到四川盆地的西部,而且受到了蜀国王族的重视和欢迎。但从整体来看此墓及其出土文物,蜀风仍较楚风为盛。戈纯为三角援和援两侧有短胡的蜀式戈,多数剑是柳叶形扁茎无格的巴蜀式剑,钺是舌形或称烟荷包式的巴蜀式钺,鍪、釜、甑也是巴蜀式器,陶器则与早期蜀文化遗存一脉相承。器物的组合有九件套和五件套之别:纯礼器为九件套,基本上是楚式器;纯兵器为五件套,基本上是蜀式器。此外,还有一些礼器和兵器各出五件①。如此组合,显示了周礼的蜀化和蜀礼的周化,是在华夏文化与蛮夷文化交融中出现的特殊文化现象。

邵之食鼎

① 李绍明、林向、徐南洲主编:《巴蜀历史·民族·考古·文化》,巴蜀书社1991年版;林向:《近五十年来巴蜀文化与历史的发现与研究》,该文载《巴蜀历史·民族·考古·文化》论文集,巴蜀书社1991年版;李复华、王家佑:《巴蜀文化的分期和内涵试说》,《巴蜀历史民族考古文化》,巴蜀书社1991年版。

战国平肩圆刃铜钺

战国饕餮纹铜戈

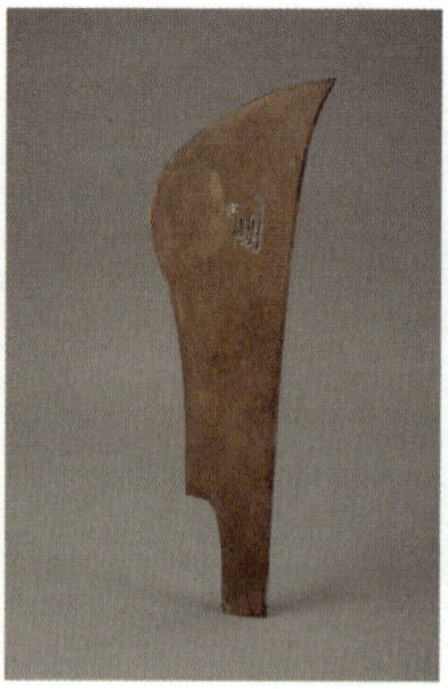
战国铜削

战国铜凿

在蜀国的铜兵器、铜工具和铜印章上，常有“巴蜀图语”。“巴蜀图语”可分为两种：一种是图像性的符号，即手掌、花蒂、水波、房屋、人头和虎、鸟、蝉等；另外一种是文字性的符号，少数与中原文字一致，多数迄今未能释读。马家乡木椁墓出土了一方铜印章，印文是一组“巴蜀图语”，其符号为铎、罍、日月星三辰、人物和族徽，颇有王者气象和神秘意味。

马家乡木椁墓出土的铜印章

蜀国的髹漆工艺起步较迟，可是进步较快。战国早期的漆器还相当粗陋，如荥经县出土的奁、耳杯、双耳长盒、双耳长杯等，都是厚木胎，经刮削成型，髹黑漆或红漆，没有花纹。一些漆器上面有刻画的“成草”两个字(“草”写作“ᛘ”)。“成”应即成都的古称，“草”通“造”。战国中期的漆器已比较精致，如青川县出土的壶、卮、奁、耳杯、盒、双耳长盒、碗、匕等，虽以厚木胎居多，但也用薄木胎和夹纻胎，而且有悦目的花纹了；扁壶、圆盒和双耳长盒形制独特，是典型的蜀式漆器。鸱鸮壶的造型与商代青铜鸱鸮尊相似，颇能传神，而纹饰亦佳。一些漆器上面有烙印的“成亭”两个字，“亭”似宜作市亭解。荥经在成都西南，离秦、楚较远；青川在成都东北，离秦、楚较近：这个地理因素，是在衡量他们的髹漆工艺水平的时候必须予以考虑的。

二、东周时期的巴文化

巴人多山居，北起大巴山，南到武陵山，东邻楚，西邻蜀，中心在长江支流嘉陵江下游至乌江下游一带。如果把独立的部落集团当作方国看待，那么，巴国不止一个。战国晚期秦、楚交争的巴国，应是川东的巴国。《华阳国志·巴志》说：“土植五谷，牲具六畜”，有“桑、蚕、麻、纻、鱼、盐、铜、铁、丹、漆、茶、蜜”之利。

迄今已知的东周巴文化遗存，大致都是战国时期的。巴县冬笋坝、昭化县宝轮院、涪陵市小田溪等地发掘的先秦巴墓，都是战国墓，而且年代偏晚。

以船棺为葬具，这是巴、蜀都有的葬俗，而巴甚于蜀。青铜容器鍪、釜、甑也是巴、蜀都有的，孰先孰后，不易判定。至于其他青铜容器，则是巴少于蜀。青铜兵器，巴人以剑、钺为主，适与蜀人以戈、矛为主相反。巴式剑即柳叶形扁茎无格剑，既可击刺，亦可投掷。小田溪1号墓出土巴式剑8柄，其中7柄集合在一起，长短有序，估计就是投掷所用的。剑身基部有类似蜀式图语的花纹，多为虎纹。巴式钺多为圆刃折腰钺，与蜀式钺有亲缘关系。原有的短三角形援戈已见不到，这时巴人所用的戈主要是与楚式戈类同的中胡二穿戈和长胡三穿戈。此外，还有少量援身为长方形、援端为三角形的直内戈，形制与湖北荆门市所出的“兵闢太岁”铜戚一致而花纹比较简单。矛是楚式的，没有土著特色。巴人的乐器是錞于，年代越晚錞于越多。巴式錞于多用虎钮，显然与民族信仰有关。这个时期的錞于顶盘尚无图像，或者只有少量简单的图像。

柳叶形剑

“兵闢太岁”铜戚

双虎钮錞于

巴国蹈蜀国覆辙，也被秦国攻灭。但秦国对蜀地的统治是直接的，比较严酷；对巴地的统治是间接的，比较宽松。由此，战国晚期蜀文化有衰退迹象，巴文化则仍有上升趋势。小田溪巴墓出土的错金编钟和错银铜壶，都是巴器的精品。涪陵古称“枳”，战国晚期一度被楚军攻占，当地的巴文化遗存带有较多的楚文化因素是合乎情理的。

三、东周时期的西南夷文化

长江上游除了巴人和蜀人，还有分布在滇北、黔北、川西的少数民族，先秦的中原人士对他们还浑然无知，汉代则称之为西南夷。西南夷是一个总称，其中有许多不同的民族。他们都生息在高原上，或聚居于平坝，或散居于草原、山丘、峡谷。

春秋战国时期，在这些少数民族中，滇人建立了最强盛的国家，创造了最发达的文化。滇国的中心在今滇池坝，即今昆明市及其周围地区，气候温和、风光秀丽、物产丰饶。它的北部和中部有铜矿，南部有锡矿。滇人的青铜时代，大约始于春秋中期或春秋早期。降及春秋、战国之际，滇人的青铜文化已多姿多彩了。在云贵高原上，滇池坝是一个文化交流的十字路口。因此，滇文化与周边的其他文化有某些显而易见的共性。楚雄县万家坝发掘的 80 座春秋战国之际的墓葬及其随葬器物，可以作为早期滇文化的样本。出土的青铜器有 898 件，其中兵器最多。兵器有矛、钺、剑、斧、戈等，其中矛最多。早期的山字形格短剑，与西邻的洱海坝青铜文化接近；钺形斧，与东邻和南邻的百越青铜文化接近；船棺，与北邻的巴文化接近；戈，与北邻的蜀文化接近。铜鼓造型简朴，属于原始形态。其他青铜器有锄、凿、盾饰、臂甲等，其中刃口如半个椭圆形的有銎锄最具特色。滇文化遗物扩散面较大，几乎横贯云贵高原，直至武陵山东西两侧。在滇池区域的考古发现中，以晋宁石寨山①的发掘为最重要，从 1955 年到 1996 年，云南文博部门先后在这里进行了 5 次发掘，共清理墓葬数百座，出土青铜器 4000 余件。石寨山古墓群出土的青铜器，铸造精良，种类繁多。主要有兵器、生产工具、生活用具、乐器、装饰品等。兵器有戈、矛、剑、斧、钺、戚、狼牙棒、叉、弩机、箭镞、头盔、臂甲、腿甲等；生产工具有锄、铲、镰、凿、削、鱼钩、针、锥等；生活用品有壶、洗、釜、甑、尊、耳环、案、盒、枕、镜、带钩、伞盖等；乐器有铜鼓、编钟、葫芦笙等。此外，还有悬挂在人身上、用具上、棺椁上的各种扣饰，造型优美生动，是罕见的古代工艺品。

云南楚雄万家坝出土铜鼓

云南楚雄万家坝出土铜扣饰

① 陈丽琼、马德娴：《云南晋宁石寨山古墓群清理初记》，《文物参考资料》1957 年第 4 期；马德娴：《云南晋宁石寨山第三次发掘简记》，《考古》1959 年第 3 期；云南省博物馆编：《云南晋宁石寨山古墓群发掘报告》，文物出版社 1959 年版；江太初：《云南晋宁石寨山古墓第四次发掘简报》，《考古》1963 年第 9 期；云南省考古所等：《晋宁石寨山：第五次发掘报告》，文物出版社 2009 年版。

晋宁石寨山出土四牛贮贝器

晋宁石寨山出土战争场面贮贝器

晋宁石寨山出土人物屋宇模型

晋宁石寨山出土圆形猴边扣饰

晋宁石寨山出土执伞女俑

晋宁石寨山出土杀人祭铜柱场面贮贝器

孔雀纹锄

江川李家山墓地的发掘，是继晋宁石寨山之后的又一次重大考古发掘。1972 年在这里共清理墓葬 27 座，出土青铜器 1700 余件；1991—1992 年，又在这里清理墓葬 58 座，出土各类器物 2000 余件，其中青铜器多精品①。

① 云南省博物馆：《云南江川李家山古墓群发掘报告》，《考古学报》第 2 期。

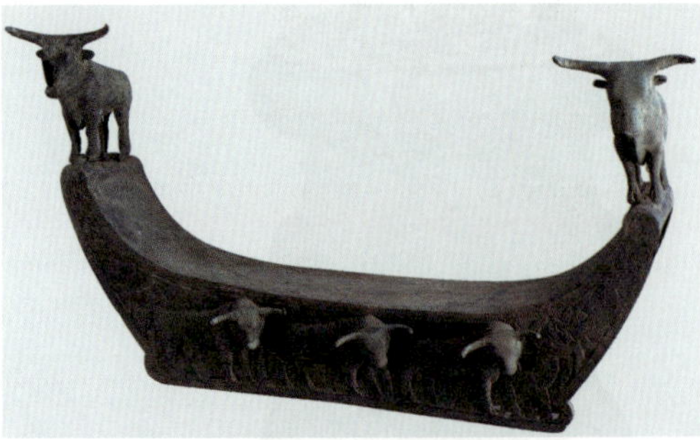

江川李家山出土五牛铜枕

江川李家山出土虎牛铜案

江川李家山出土骑士猎鹿扣饰

江川李家山出土立牛铜葫芦笙

江川李家山出土立鹿针筒

滇池坝的西邻是洱海坝。祥云县大波那村发掘的一座大约相当于战国中期的墓葬及其随葬器物，可以作为洱海坝文化的样本。葬具是青铜棺，棺身为长方形，棺顶作人字形屋脊状，棺身有铸刻的动物图像。出土的青铜器还有锄、锛、矛、剑、斧、钺、鼓、钟等，其中，有肩斧、靴形斧、有銎锄和钟都是典型器物①。铜鼓也属于原始形态，与滇池坝的铜鼓大同小异。张增祺认为先秦洱海坝文化的主人是《史记·西南夷列传》所记的昆明人，昆明人纵贯滇西横断山脉之间的怒江河谷和澜沧江河谷，洱海坝的昆明人是方位最偏东而文化最领先的一支昆明人。

① 童恩正：《略谈云南祥云大波那木椁铜棺墓的族属》，《考古》1966 年第 1 期；李朝真、何超雄：《云南祥云大波那木椁墓》，《文物》1986 年第 7 期；闵锐、朱忠华等：《云南祥云县大波那墓地》，《考古》2015 年 7 期。

云南祥云大波那铜棺

从川西的安宁河流域跨过金沙江到滇西的洱海坝，春秋战国时期有大石墓文化。大石墓文化的主人尚难断定，他们与昆明人有密切联系，但其文明程度低于昆明人。

川西的大部分地区，在今阿坝、甘孜两个藏族自治州境内，春秋战国时期有石棺墓文化。石棺墓文化的主人可能是《史记·西南夷列传》所记的冉駹和白马，属于氐羌系统，与蜀人有或疏或密的联系，但其文明程度低于蜀人。

黔北迄今已发现的春秋战国时期的文化遗存还很少，以致我们无法对当时当地的文化面貌做出即或只是粗线条的描述，只好付之阙如。

楚顷襄王时，有将军庄蹻率所部深入云贵高原，到了滇池坝，变服从俗而为滇王。庄蹻所走的路应是早已由商贩走通的路，但他只走了东面的一半，还顾不上去走西面通到南亚的另外一半。张增祺认为：云南江川县李家山春秋晚期的24号墓出土的一颗蚀花肉红石髓珠，以及春秋、战国之际的22号墓出土的一颗浅绿色透明玻璃珠，都应该是从南亚传来的①。联系到长江中游楚墓出土的“蜻蜓眼”玻璃珠，可知其说中的。古代云贵高原的少数民族为开辟东方和西方文化交流的通道所作出的贡献，值得后人追念和铭记。

① 张增祺：《中国西南民族考古》，云南人民出版社1990年版，第335—339页。

第三章　秦汉长江文化的发展

从公元前221年秦王朝建立开始，到公元220年东汉灭亡为止的400余年中，经历了秦（前221—前206）、西汉（前206—8）、东汉（25—220）三个朝代和一个短命的王莽政权（8—24）。这个时期是中国历史上特别重要的时代，就秦汉政制对后世的影响，政论家与史论家有对于“秦汉之典”与“秦汉之规摹”的分析。而“秦汉之所赐”，即秦汉历史创造对我们民族文化的重要贡献，瞿兑之评价说：“中国成为一统国，自秦启之，而汉承之，虽遇乱世，终犹心焉一统，人人皆拭目翘足以为庶几复见太平。两千年来如一日，此又秦汉之所赐也。”①鲁迅言秦汉时代精神所谓“豁达闳大之风”，所谓“气魄深沉雄大”②，均切实准确。所谓“闳大”和“雄大”，其实既可以看作对秦汉时期社会文化风格的总结，也可以看作对当时我们民族性格与民族精神的表述。而进取意识、务实态度、开放胸怀，也是这一时期社会文化的基本风格。因此，有学者认为，“秦汉时期的文明创造和文明积累，在中国历史上呈示出耀眼的辉煌。当时的文化风貌和民族精神，有鲜明的时代特征。秦汉时期的社会结构和政治形式，也给中国此后2000年来文化传统的形成和历史演进的方向带来了非常深刻的影响”③。与此同时，长江流域的文化发展也到达了一个新阶段。

第一节　秦汉时期长江流域的经济开发

秦汉时期，长江流域经济得到开发，从而其文化也出现了显著的发展。

一、长江流域经济开发新阶段出现的原因

长江流域同我国北方广大地区一样，在很早以前就已经被开发。只不过其经济开发

① 瞿兑之：《秦汉史纂》，台北鼎文书局1979年版，第327页。

② 鲁迅：《坟·看镜有感》，《鲁迅全集》第1卷，人民文学出版社1978年版；鲁迅：《书信·1935年9月9日致李桦》，《鲁迅全集》第13卷，人民文学出版社1978年版。

③ 王子今：《秦汉时期的历史特征与历史地位》，《石家庄学院学报》第20卷第4期，2018年7月。

的程度与地区有高低、大小不同而已。到秦汉时期，长江流域经济开发与此前数千年相比，有迅猛的飞跃和显著的不同。因此，这个时期的经济开发进入有史以来的新阶段。有的学者指出："从这时起，经济重心开始南移，江南经济区的重要性亦即从这时开始以日益加快的步伐迅速增长起来，而关中和华北平原两个古老的经济区则在相反地日益走向衰退和没落。这是中国历史上一个影响深远的巨大变化，尽管表面上看起来并不怎样显著。"①

秦汉时期长江流域经济发展之所以步入了一个新的阶段，主要有以下原因：

首先，大一统的政治局面是长江流域经济发展进入新阶段的重要前提。

气候湿润、山清水秀、景色迷人的长江流域虽然经济开发得较早，但在秦王朝统一中国之前，这一片广大的土地同以黄河流域为中心的北方中原地带，基本上处于隔绝状态，春秋战国时代(前770—前221)这里分别被吴、越、楚、秦和巴蜀割据。因此，经济发展极不平衡。除少数地区外，大部分地区较之黄河流域经济发展得较为滞后，人口也较稀少，往往被视为"蛮""夷"。但是，自公元前221年秦始皇建立统一的专制主义中央集权的秦王朝以后，在中国出现了一个空前的、领土辽阔的统一的秦王朝。据《史记·秦始皇本纪》载：始皇廿六年(前221年)时中国的版图是："地东至海暨朝鲜，西至临洮、羌中，南至北向户，北据河为塞，并阴山至辽东。"始皇廿八年(前219年)琅邪台刻石中，有"西涉流沙，南尽北户，东有东海，北过大夏，人迹所至，无不臣者"②的记载。

根据考证，上述记载实际是概括了始皇三十三年(前214年)以后的形势③。当秦王朝统一之初，秦的版图从"秦初并天下……分天下以为三十六郡"④的记载中可知：当时长江流域所属大约有以下诸郡：蜀郡、巴郡、黔中郡、砀郡、汉中郡、南郡、泗水郡、九江郡、衡山郡、长沙郡、巫郡、会稽郡。这条线相当于今日的四川、湖北、湖南、江西、安徽、浙江、江苏。至于说秦王朝的南方边界那就更远，自今日西起四川成都、重庆，经贵州的思南、黎平，湖南的靖州、郴州，江西的南昌，安徽的宁国，到浙江的绍兴一线，在秦始皇廿六年统一中国之时，就已归入秦的版图。到秦始皇廿六年之后，版图又向南拓展，至始皇三十三年"发诸尝逋亡人、赘婿、贾人略取陆梁地，为桂林、象郡、南海"⑤。这时秦朝南方的边界已达"北向户"或曰"北户"，北至鄂尔多斯草原，东至大海，西至甘肃西部，成为当时世界

① 傅筑夫：《中国封建社会经济史》第二卷，人民出版社1982年版，第25页。

② 〔汉〕司马迁：《史记》卷六《秦始皇本纪》，中华书局1959年版，第1册，第260—263页。

③ 林剑鸣：《新编秦汉史》上卷第2章："秦帝国的建立，一，屹立于世界东方的统一王朝"，台北王南出版公司1981年版，第74—76页。

④ 〔汉〕司马迁：《史记》卷六《秦始皇本纪》，中华书局1959年版，第1册，第260—263页。

⑤ 〔汉〕司马迁：《史记》卷六《秦始皇本纪》，中华书局1959年版，第1册，第253页。

上幅员最为辽阔的统一封建国家之一。

统一国家的出现,为长江流域的经济发展创造了极为有利的前提。因为秦统一中国后的一系列措施和政治、经济、文化制度的推行①,加强了长江流域广大地区与北方黄河流域的经济交流,促进生产的发展,从而使经济有显著飞跃。

其次,秦汉时代三次全国性的农民战争对南方经济发展的推动作用。

秦汉时代曾爆发过三次全国性的农民起义和农民战争,即秦二世元年(前 209 年)开始的陈胜、吴广领导的秦末农民大起义以及此后的楚汉战争;西汉末年以绿林、赤眉为中心的西汉末年农民大起义;东汉末年以张角为首的黄巾起义。这三次大起义都波及或席卷了长江流域,尤其是长江流域中下游广大地区。如秦末农民起义举事之始,就在宿县大泽乡(今安徽宿县大泽乡镇刘村集)。项梁、项羽起义于吴县(今江苏苏州市)。刘邦起义于沛县(今江苏沛县),起义军的南翼曾到达广陵(今江苏扬州)、寿春(今安徽寿县)、下邳(今江苏宿迁县西北)等地。西汉末年绿林、赤眉军起义根据地主要在荆州,如新市(今湖北京山)、云杜(今湖北仙桃)、安陆(今湖北钟祥)、随县(今湖北随州市)、平林(今湖北随州东北),起义军的南翼也横扫了长江流域中下游。东汉末年的黄巾大起义,史称:青、徐、幽、冀、荆、扬、兖、豫"八州之人,莫不毕应"②。可见,统一的封建国家建立之后,农民起义也具有全国规模的性质。而南方长江流域的农民也同黄河流域的农民会合成为一股汹涌澎湃的、势不可当的力量,冲击、涤荡着封建王朝社会的上层建筑和经济基础,成为社会经济发展的动力。

在这些大的农民起义过程中,起义军主要打击的矛头是向着秦、汉王朝的统治中心——关中地区。因此,尽管在战争进程中曾波及和席卷到长江流域的广大地区,但农民起义军和秦汉政府军的主要战场仍在北方的黄河流域。战争毕竟是具有极大破坏性的,因此北方战场经过战争的蹂躏之后,社会生产必受到极大的影响,人口减少、经济萧条、田园荒芜成为这些地区的普遍现象。如秦末农民起义后的西汉初年,北方的人口减少,仅剩秦时的三分之一左右,黄河以北的大城市曲逆(今河北境内),秦时有人口 3 万余户,汉初只剩 5000 余户,就是这么一点人,还被汉高祖刘邦称为"壮哉"之地③。人口如此剧烈地减少,生产自然会受到影响,经济凋敝则是不可避免的事。

居住在关中地区的西汉统治者,也都"自天子不能具钧驷,而将相或乘牛车"。至于一般百姓"齐民无藏盖"④,则是当时北方地区的社会真实写照。东汉和西汉末年的两次

---

① 秦统一后的重要制度和措施,见本章第 2 节"制度文化"。

② 〔宋〕司马光:《资治通鉴》卷五八,中华书局 1956 年版,第 5 册,第 1864 页。

③ 〔汉〕班固:《汉书》卷一《高帝纪下》,中华书局 1964 年版,第 1 册,第 69 页。

④ 〔汉〕司马迁:《史记》卷三〇《平准书第八》,中华书局 1959 年版,第 4 册,第 1417 页。

农民起义过后，北方经济的破坏较秦末尤甚。相反，秦到两汉时期的长江流域则是保持相对稳定、生产和生活受到战乱影响较小的地区，尤其是东汉以后，南方长江流域的稳定和北方黄河流域的战乱形成较为明显的对比，战乱当中或战乱之后出现的不少"流民"，都流向长江流域的巴蜀地区、荆襄地区或淮扬地区。从秦汉时代几次大的农民起义后人口流动的总趋势看，是北方大批民众流向南方，长江流域的人口增加很快。人口的增加无疑是生产发展的重要因素，而且从经济开发较早的黄河流域随人口流动普及到长江流域较为落后地区的生产技术，也强有力地推动了长江流域的经济发展。

在长江流域经济发展的原因中，统治阶级施行的政策也是不可忽视的，首先，秦汉统治者曾有目的、有计划地向长江流域移民。例如秦始皇曾"徙天下有罪适吏民，置海南故大越处，以备东海外越"。① 即使是边远的岭南地区，统治者伴随着政治、军事进展的同时，也迁入了大量人口。始皇三十四年（前 213 年），发五十万罪犯谪戍到这些地区垦荒种地；三十五年（前 212 年），"益发谪戍边"；赵佗也曾上书秦王朝请求从内地遣送"无夫家"的青年女子三万五千人，"以为士卒衣补，秦皇帝可其万五千人"。② 楚汉之际"诸侯并起，民失作业，而大饥馑。凡米石五千，人相食，死者过半"。这时，刘邦就令百姓"就食蜀汉"③。以后，汉代统治者不断向蜀地移民。至于长江下游的吴、越地区，更是秦汉统治者长期移民的重点地区。如秦代就曾将"天下有罪谪吏民"迁至"山阴"④，即今日浙江绍兴地区。这些有计划的移民，无疑是当地生产和经济发展的有力推动者。

其次，秦汉时代的统治者也曾有意识地采取了一些推动经济发展的措施，这方面除以皇帝为首的中央政府所推行的一些有利于生产发展的措施外（例如秦统一中国后所颁布的统一度量衡等政令，及西汉初年"约法省禁""招抚流亡"等政策），在长江流域的地方统治者也曾针对当地情况制定出不少有利于生产发展的政令。例如在西汉前期，长江流域的各郡国都程度不同地推行一些有利于生产发展的措施。这里仅举西汉吴王刘濞利用吴国自然资源，招徕罪犯、流亡铸铁、煮盐，以致国不收赋、财政充足的实例，就足以说明地方政权亦有不少发展生产的有力措施⑤。至于东汉末年各地割据政权都采取了各种促进经济发展的政策，更是历史公认的事实。

总之，秦汉时代长江流域经济迅速发展的原因，首先在于大一统的政治局面为其提

① 〔汉〕袁康、吴平辑录：《越绝书》卷八《越绝外传记地传第十》，上海古籍出版社 1985 年版，第 65 页。

② 〔汉〕司马迁：《史记》卷一一八《淮南衡山列传》，中华书局 1959 年版，第 10 册，第 3086 页。

③ 〔汉〕班固：《汉书》卷二四上《食货志第四上》，中华书局 1964 年版，第 4 册，第 1127 页。

④ 〔汉〕袁康、吴平辑录：《越绝书》卷二《越绝外传记吴地传第三》、卷八《越绝外传记地传第十》，上海古籍出版社 1985 年版，第 18、64—65 页。

⑤ 〔汉〕班固：《汉书》卷三五《荆燕吴传》，中华书局 1964 年版，第 7 册，第 1904 页。

供重要前提，农民的起义和农民战争及统治阶级制定的政策皆促使经济得到显著的发展。而这几个方面则是相辅相成的，各有其不可或缺的作用。单纯地强调某一因素，都是不全面的。[1]

二、长江流域经济开发的状况

长江流域经济开发的重要标志之一，就是农业生产的发展和进步。

从秦统一中国经西汉而东汉，几百年中，南中国——其中主要是长江流域，农业生产始终处于向前发展的状态。这种发展趋势与黄河流域的北方形成鲜明对比。在黄河流域，尤其是在农业生产有久远历史的关中，历经多次战乱，数百年中不断有“三辅大饥”[2]“战斗死亡，缘边四夷所系虏，陷罪、饥疫，人相食”[3]，或“关中饥，民相食”[4]“丧乱之余，郡县残荒”[5]的记载。反映了北方农业生产虽发展较早却不断由于天灾人祸袭击而数度衰落，不少地区凋零、残破，一时难以恢复。

然而，长江流域的农业生产则一直处于稳定上升的态势，没有大起大落的现象。在秦代，由于刚刚建立统一的封建王朝，长江流域广大地区与黄河流域地区的农业生产水平尚有较大的差距。西汉时代，长江流域的人口有所增加。某些地区的农业生产也达到先进地区的水平，但多数地区比起农业开发较早的关中地区来说尚有待于提高，农业生产的主要地区仍在包括关中在内的黄河中下游。据有关资料统计，以当时全国 5000 余万人口计[6]，仅黄河流域的司隶、豫、兖、冀、青、徐等 6 州，就居住着全国三分之二以上的人口，而在豫州一州就有人口 750 万，占全国人口 13%以上。但南方广大地区包括长江流域在内皆没有人口如此密集的州郡。到东汉时代，这种情况发生极大的变化，长江流域广大地区普遍得到开发，人口和垦田数成正比地迅速增加。仅从《后汉书·郡国志》中记载的长江流域人口数目与西汉时代对比，就可看出这种变化。现只举其主要州郡的人口数目增加状况，即可推知一斑：扬州人口从 320 万增加到 430 万；益州人口从 470 万增加到 720 万；荆州人口从 350 万增加到 620 万；豫章郡已由 35 万人增加到 166 万人，增加了 3.74 倍。而长江流域的其他一些州郡也都成为拥有数十万甚至百万人口的地区，见

---

① 王子今认为，江南开发与适应气候变迁的移民南向的运动有关。参见王子今《试论秦汉气候变迁对江南经济文化发展的意义》，载《学术月刊》1994 年第 9 期。

② 〔南朝宋〕范晔：《后汉书》卷——《刘玄刘盆子列传》，中华书局 1965 年版，第 2 册，第 484 页。

③ 〔汉〕班固：《汉书》卷二四下《食货志第四下》，中华书局 1964 年版，第 4 册，第 1185 页。

④ 〔南朝宋〕范晔：《后汉书》卷一上《光武帝纪》，中华书局 1965 年版，第 1 册，第 31 页。

⑤ 〔南朝宋〕范晔：《后汉书》卷三六《郑范贾张列传》，中华书局 1965 年版，第 5 册，第 1223 页。

⑥ 两汉时代的人口数，记载颇为混乱，对此，林剑鸣有专门考证（见林剑鸣《秦汉史》下册，第十六章注⑥）。为节省篇幅这里只举大数。

下表：

蜀郡	300452 户	1350476 人
蜀郡属国	111568 户	475629 人
犍为	137713 户	411378 人
犍为属国	7938 户	37187 人
广汉	139865 户	599438 人
广汉属国	37110 户	205652 人
巴郡	310691 户	1086049 人
汉中	57344 户	267420 人
吴郡	164164 户	700782 人
会稽郡	123090 户	481196 人
庐江郡	101392 户	424683 人
丹阳郡	136518 户	630545 人
九江郡	89436 户	432426 人
长沙郡	255854 户	1059372 人
武陵郡	46672 户	250913 人
零陵郡	212284 户	1001578 人
江夏郡	58434 户	265464 人
南郡	162570 户	747640 人
下邳国	136389 户	611083 人
广陵郡	83907 户	410190 人
彭城	86170 户	493027 人
陈国	112653 户	1547572 人
沛国	200495 户	251393 人
梁国	83300 户	431283 人

注：此表数据见《后汉书·郡国志》。

据以上人口的不完全统计：长江流域人口的增加在某些州郡已超过黄河流域传统的农业地区，例如超过百万人的郡就有零陵、长沙、蜀、巴等郡，而会稽、吴郡等仅在长江下游一角也拥有数十万人口。与此对照当时的三辅地区西汉时曾达到 240 万，但到东汉时竟减少到 50 万人。由此可以反映长江流域人口普遍增加的状况。这个增长数字，无疑也反映了长江流域农业开发的状况。因为人口的增加与垦田扩大有直接关系，如在丹阳地区因太守李忠教民垦田，使“垦田增多，三岁间流民占著者五万余口”①。到东汉末，长江流域的农业生产在全国逐渐占有重要地位，成为粮食和蚕丝生产的基地之一。如太湖和钱塘江流域，西汉时由会稽郡管辖，东汉时分为吴、会稽二郡，这正是经济发展的直接结果，其他如巴、蜀地区的成都平原，荆襄地区的江汉平原，及鄱阳湖、洞庭湖周围，都成为粮食生产和其他农业作物生产的主要地区，不少荒地被开发为良田，使经济出现前所未有的繁荣。

农业生产是古代国民经济发展的基石。农业生产的发展，使手工业、商业和交通运输业以及城市的发展和进步都走上了一个新的阶段。总之，长江流域的经济在秦至汉初时期有初步的发展；从西汉武帝时代到西汉末，长江流域中下游的经济有一定程度发展，个别地区超过中原发展的水平；东汉时代长江流域的经济增长速度，全面超过北方的黄河流域，以农业为基础的国民经济在全国的比重中，也占有绝对优势的地位②。

第二节　秦汉时期长江文化的发展阶段

经济开发是文化发展的基础。但是，政治亦是对文化发展具有重要影响的因素之一，所以，秦汉时代长江流域的文化发展，十分明显地可以分为三个阶段，而这三个阶段都是与当时的政治形势密不可分的。

一、秦和汉初的长江文化

从公元前 221 年秦统一中国，至西汉武帝即位之前（前 140 年），是秦汉时代长江文化发展的第一个阶段。

在这 80 余年间，统一国家的出现，使长江流域文化与黄河流域文化得到全面的交融。同时，在长江流域的不同地区间也加强了交流及整合，开始形成具有特色的长江流域的秦汉文化。

秦始皇统一中国之前，在中国的广阔领土上虽然早就出现了一个“四海之内若一家”③的中华民族④。然而，若从文化方面的差异考察，在这个大家庭中存在着几个十分

① 〔南朝宋〕范晔：《后汉书》卷二一《任李万邳刘耿列传》，中华书局 1965 年版，第 3 册，第 756 页。

② 因古代的统计资料甚不精确，这里仅能概略地加以说明，有些具体内容将在本章后有关部分叙述。

③ 〔战国〕荀况：《荀子校注》卷五《王制第九》，岳麓书社 2006 年版，第 93 页。

④ 邢义田：《天下一家——传统中国天下观的形成》，见《秦汉史论稿》，台北东大图书公司 1987 年版，第 3—41 页。

明显的、各具特色的区域，或曰不同的文化圈。

一般地说大致可分为：以秦为中心的关中文化圈；以三晋和齐鲁为中心的关东文化圈，以及以楚为中心的长江文化圈①。这些不同文化圈之间，不仅物质文化、制度文化有显著区别，在深层即心理和价值观方面也具有极大的差异。例如关东各国常常把关中的秦国视为"戎翟"，说秦文化是"戎翟之教，父子无别，同室而居"②。同时，也把长江文化圈的诸民族称为"蛮夷"，甚至称"蠢尔荆蛮"③。而被视为"蛮夷""戎翟"的这些人们也视关东各国的居民为"异族"，所谓"非我族类，其心必异"④。各文化圈之间的差异，使其各自视其他各方为"非我族类"。因此，从文化的表层"衣服饮食"到文化深层都具有不同特点。

公元前221年秦统一中国后，统一的、专制主义中央集权的王朝的建立，为不同文化圈之间的交流与融合创造了条件，因此，从秦统一到西汉初期（汉武帝即位之前）长江流域文化发展显著地表现为下列几个方面：

（1）制度文化迅速地达到统一的程度。由于秦王朝的建立，秦代和汉初皇帝利用中央集权的政治优势，在全国范围内推行统一的政治、经济和文化制度，因而在不长的时间内就把不同于其他文化圈的长江流域文化，和全国各地区一样统一起来，这是最为显著也极易发生变化的一个层面。

（2）物质文化和民俗、礼仪方面与长江流域以外，特别是北方各文化圈进行更充分的交流。这也是由于政治、经济、文化制度的统一，为这方面的交流创造了条件。对于这个问题最具象征意义的是1975年在湖北云梦睡虎地发掘的11号秦墓。从秦墓出土的文物中判断，该墓埋葬年代应在秦始皇三十年（前217年）之后，而墓地所在则属于长江流域范围内，但墓主"喜"则是秦人。在这里十分清楚地看到楚文化与秦文化亦即长江流域文化与关中文化交流的情况⑤。

（3）在文化的最深层次，即心理和价值观方面，长江流域与北方黄河流域的相互排斥性仍具有十分鲜明的性质。秦统一中国，实质上是居于关中的秦文化向东、向东南推进

---

① 李学勤：《东周与秦代文明》，文物出版社1984年版；林剑鸣：《从秦人价值观看秦文化的特点》，《历史研究》1987年第3期。

② 〔汉〕司马迁：《史记》卷六八《商君列传》，中华书局1959年版，第7册，第2234页。

③ 《诗经·小雅·采芑》，程俊英：《诗经译注》，上海古籍出版社1985年版，第330页。

④ 《春秋左传·成公四年》，辽宁教育出版社1997年版，上册，第146页。

⑤ 因篇幅关系这里无法展开对此问题的讨论，有些内容将在以下的各节中叙述，关于睡虎地秦墓所展现的文化汇融情况，可参见《云梦睡虎地秦墓》，文物出版社1981年版；陈振裕：《从湖北发现的秦墓谈秦楚关系》，见《楚文化新探》，湖北人民出版社1987年版；松崎常子：《通过对湖北省内秦墓的探讨试论秦的统一和战国传统文化的融合》，见《秦汉史论丛》第4辑。

的过程，在推进过程中秦文化逐渐与当地文化融合，或以秦文化取代当地文化。这种融合或取代是以武力为先导，在军事征服之后进行的。所以，在制度文化和物质文化方面极易达到统一。而在文化的深层次方面则与政治、经济统一的进程相反：长江流域文化愈来愈明显地与黄河流域文化对立和排斥。这种现象贯穿于秦代和汉初七八十年间，其重要差异表现为价值观的分歧，这在秦末的战争中表现得尤为明显。

这里，有必要略加阐述在战国及战国以前，秦文化的价值观和秦以外（包括关东和长江流域绝大多数地区）文化圈民族的价值观有显著不同："重功利，轻仁义"乃是以秦为中心的关中文化圈的主要特点。这从《荀子・议兵篇》对秦人的评价中就可以得到证明：

> 故秦人家富子壮则出分，家贫子壮则出赘，借父耰鉏，虑有德色；母取箕帚，立而谇语。抱哺其子，与公併倨；姑妇不相说，则反唇而相稽。其慈子耆利，不同禽兽者亡几耳。

正是这种"重功利，轻仁义"的价值观支配着秦文化的基本取向，从而使秦国自商鞅变法之后在政治、军事及经济上迅速超过东方及南方各国，取得统一全国的最后胜利。在秦统一后，向东推进的秦国文化显然力图取代各种不同的文化，但是，事实却并不是一帆风顺。因为除了秦以外，战国时代几乎各大诸侯国所属的文化圈，其价值观基本取向则是"重仁义，轻功利"，儒家的重义轻利乃是各文化圈共同的特点，所谓"君子喻于义，小人喻于利"[①]，乃是秦以外各诸侯国共同奉行的价值观，正因如此，在战国末年秦才被各国视为"虎狼之国"，"不同禽兽者亡几"。

长江流域文化深层的价值观取向，正是在这一种意义上与关中的秦文化对立的。这种对立不仅存在于秦统一中国之前，也持续于秦统一中国之后。秦军对长江中下游的占领，秦朝政治、经济、文化制度在此地的推行，并未取消这一对立，反而在一定程度上激化了这种对立，各地反秦势力依然存在。尤其是秦在故楚暨东南地区的残暴统治，使当地人们普遍产生了一股反秦暴政、眷恋故国的心理，"楚虽三户，亡秦必楚也"。[②] 六国贵族，如楚国大将项燕的后代项梁等反秦之士，纷纷汇集吴中。秦始皇东巡会稽之时，围观者当中就有不少反秦志士。湖州乌程县（今湖州）东北十六里有一处古地名称作"掩浦"，一名"项浦"，据晋顾长生《三吴土地记》云："昔项羽观秦皇舆御，曰：'可取而代之也。'项梁闻而掩其口，即此处，因名之。"[③]这些反秦志士隐匿民间，暗中为起兵反秦做准备，"每吴

---

① 来可泓：《论语直解》之《里仁篇第四》，复旦大学出版社 2000 年版，第 99 页。

② 〔汉〕司马迁：《史记》卷七《项羽本纪第七》，中华书局 1959 年版，第 1 册，第 300 页。

③ 〔宋〕乐史撰、王文楚等点校：《太平寰宇记》卷九四《湖州乌程县》引，中华书局 2007 年版，第 1885—1886 页。

中有大徭役及丧，项梁常为主办，阴以兵法部勒宾客及子弟，以是知其能”①。后项梁、项羽反秦旗帜一举，果然有江东八千子弟纷起响应。秦朝政府很清楚当时东南地区的政治形势。“秦始皇帝常曰：‘东南有天子气。’于是因东游以厌之”②。因此，我们可以认为，开始于秦二世元年（前 209 年）的秦末农民战争，从文化史的意义上看，乃是长江流域的楚文化与关中的秦文化冲突激化的结果。不仅起义的发动者陈胜、吴广、刘邦、项羽均系楚地人，广大参与起义的群众也多是秦以外的六国人，更重要的是这些起义者与秦人具有完全不同的价值观。这从公元前 206 年秦亡后，项羽“心怀思欲东归，曰：‘富贵不归故乡，如衣绣夜行，谁知之者。’”③这与秦始皇夸耀“六合之内，皇帝之土”④，以及关中秦人蔑视地说楚人“沐猴而冠”⑤等言论和事实中就可得到证明⑥。这种对立的价值观一直延续到汉初，至汉武帝时代才发生根本变化。

刘邦像

充分反映秦末汉初长江流域文化深层的代表作品，乃是楚元王周围的一批学者的著作《谷梁春秋》《元王诗》等等⑦。其具体内容将在以下诸节中阐述。

二、汉武帝时期的长江文化

公元前 140 年汉武帝刘彻登上皇位，至公元前 87 年薨逝于宫中，其统治共延续了 54 年之久。

汉武帝统治时间占西汉王朝历史的四分之一，占秦代和两汉历史的八分之一。而且，在这个时期汉王朝中央政府实行了“罢黜百家”的思想文化政策，从而对长江文化的发展产生了极为重要的影响。

汉武帝即位时，西汉王朝已建立近 70 年，当时的社会已从汉初“天下既定，民亡蓄藏”，“民失作业，而大饥馑”，“天子不能具钧驷，而将相或乘牛车”⑧的经济凋敝状态，经过

① 〔汉〕司马迁：《史记》卷七《项羽本纪第七》，中华书局 1959 年版，第 1 册，第 296 页。
② 〔汉〕司马迁：《史记》卷八《高祖本纪第八》，中华书局 1959 年版，第 2 册，第 348 页。
③ 〔汉〕司马迁：《史记》卷七《项羽本纪第七》，中华书局 1959 年版，第 1 册，第 315 页。
④ 〔汉〕司马迁：《史记》卷六《秦始皇本纪第六》，中华书局 1959 年版，第 1 册，第 245 页。
⑤ 〔汉〕司马迁：《史记》卷七《项羽本纪第七》，中华书局 1959 年版，第 1 册，第 315 页。
⑥ 林剑鸣：《秦俑效应和秦文化的整合》，见《秦文化论丛》，西北大学出版社 1993 年版。
⑦ 王家典：《两汉时期徐淮地区经济文化发展的历史地位》，见《秦汉史论丛》第 4 辑，西北大学出版社 1989 年版。
⑧ 〔汉〕班固：《汉书》卷二四上《食货志第四上》，中华书局 1964 年版，第 4 册，第 1127 页。

“休养生息”而使经济发展，达到西汉王朝的繁荣阶段，社会出现一片兴旺、发达的景象。“至武帝之初七十年间，国家亡事，非遇水旱，则民人给家足，都鄙廪庾尽满，而府库余财。京师之钱累百巨万，贯朽而不可校。太仓之粟陈陈相因，充溢露积于外，腐败不可食。众庶街巷有马，阡陌之间成群，乘牸牝者摈而不得会聚。守閭阎者食粱肉，为吏者长子孙，居官者以为姓号”①。随着经济发展，西汉王朝的专制主义集权加强，汉武帝继位后实行的一个重大决策，就是“卓然罢黜百家”②。武帝建元元年（前 140 年）冬十月“诏丞相、御史、列侯、中二千石、二千石、诸侯相举贤良方正直言极谏之士”。而此时身为丞相的卫绾上奏：“所举贤良，或治申、商、韩非、苏秦、张仪之言，乱国政，请皆罢。”③卫绾的上奏一提出，立即得到汉武帝的批准。这一“罢黜百家”的政策推行之后，儒家被尊为高出于其他各家的地位，从此“独尊儒术”成为汉代统治阶级思想文化政策的主要内容。

“罢黜百家”和独尊儒术的实行对长江文化的影响是巨大的。这时期长江文化的发展，除物质文化、制度文化进一步显示出统一和中央集权的特点外，在学术思想和价值观即深层的文化中，显示出的乃是一种融合各种流派的趋势，其具体成就则反映在各种艺术形式以及文学、哲学著作中，而出自长江流域文学家的诗赋，及被称为杂家之作的《淮南子》则为其中有典型特征的代表。

汉武帝时期政治上中央集权的加强，为文化上的融合和交流创造了条件。但就长江流域文化而言，其内部的差异性仍然是极为明显的。司马迁在《史记·货殖列传》中，曾详述当时各地物产、民俗，乃是汉武帝时期区域文化最可靠的资料，其中有关于长江流域的记载，如长江流域上游的巴蜀：

> 巴蜀亦沃野，地饶卮、姜、丹沙、石、铜、铁、竹、木之器。南御滇僰、僰僮。西近邛笮，笮马、旄牛。然四塞，栈道千里，无所不通，唯褒斜绾毂其口，以所多易所鲜。

而长江流域中游的所谓“南楚”，其自然条件与巴蜀略有不同，文化则接近长江流域的下游：

> 衡山、九江、江南、豫章、长沙，是南楚也，其俗大类西楚。郢之后徙寿春，亦一都会也。而合肥受南北潮，皮革、鲍、木输会也。与闽中、干越杂俗，故南楚好辞，巧说少信。江南卑湿，丈夫早夭。多竹木。豫章出黄金，长沙出连、锡，然堇堇物之所有，取之不足以更费。九疑、苍梧以南至儋耳者，与江南大同俗，而扬

---

① 〔汉〕班固：《汉书》卷二四上《食货志第四上》，中华书局 1964 年版，第 4 册，第 1135—1136 页。
② 〔汉〕班固：《汉书》卷六《武帝纪第六》，中华书局 1964 年版，第 1 册，第 212 页。
③ 〔汉〕班固：《汉书》卷六《武帝纪第六》，中华书局 1964 年版，第 1 册，第 155—156 页。

越多焉。

至于长江流域下游：

> 彭城以东，东海、吴、广陵，此东楚也。其俗类徐、僮。朐、缯以北，俗则齐。浙江南则越。夫吴自阖庐、春申、王濞三人招致天下之喜游子弟，东有海盐之饶，章山之铜，三江、五湖之利，亦江东一都会也。

可见，长江流域中、下游自然条件比较接近，故物质文化及民俗有更多相近之处。然而并不排除各自具有的特色：

> 越、楚则有三俗。夫自淮北沛、陈、汝南、南郡，此西楚也。其俗剽轻，易发怒，地薄，寡于积聚。江陵故郢都，西通巫、巴，东有云梦之饶。陈在楚夏之交，通鱼盐之货，其民多贾。徐、僮、取虑，则清刻，矜己诺。

从以上记载可知：在汉武帝时代长江流域上、中、下游的文化有共同的一面，也有相互之间的差异。这种差异有的源自社会经济发展程度的不同，有的则因自然条件及文化传统的不同。因各自不同特色又有互相融合的可能，从而表现了长江流域文化丰富多彩的内容。

三、西汉末至东汉时期的长江文化

应当说汉武帝时期经济发展为中华民族文化的发展奠定了基础，而汉武帝时期的文化特色为此后两千余年的文化发展确定了基本走向①。长江流域的文化特色也在汉武帝时期基本确定下来。自汉武帝后至东汉末，则沿着武帝时期确定下来的趋势向前发展，不过其发展速度和规模较之前两个时期空前地增加而已。

第三节　秦汉时期长江流域物质文化成就

说起秦汉时期长江流域的物质文化成就，人们自然而然地会想起《史记·货殖列传》和《汉书·地理志》对江南经济的描述。在太史公司马迁笔下，“楚越之地，地广人希；饭稻羹鱼，或火耕而水耨，果隋蠃蛤，不待贾而足；地势饶食，无饥馑之患；以故呰窳偷生，无积聚而多贫。是故江淮以南，无冻饿之人，亦无千金之家。”史学大师班固的记载也大致如此。在他们眼中，江南文化几乎等于一片空白。这种观点千百年来一直影响着人们对秦汉时期长江文化的评价，至今仍深深地烙印在一些史学家的脑海之中。然而，近数十年来长江流域出土的大量秦汉文物，特别是长沙马王堆汉墓的发掘，使人们对秦汉时期

① 林剑鸣：《秦汉时代中国统一的历史过程》，《刘邦研究》1992年第2期。

长江文化的物质成就有了一个全新的认识。目前,为秦汉时期长江文化恢复本来面目的时机已经成熟了。

虽然,秦汉时期长江物质文化的成就在总体上要比黄河文化逊色,但它毕竟在前代基础上有了长足的发展,并在某些领域赶上或超过了黄河文化。在农业上,长江流域至迟在东汉时期已经走上了精耕细作的道路。在手工业上,其漆器制作、造船与航海及瓷器的发明等,均非黄河流域所能比拟;在丝绸纺织、酿酒、金属冶炼等方面,也接近或超过了黄河流域的水平。在交通及商业贸易方面,它先于张骞"凿空"西域之前,便开辟了西南丝绸之路,接着又开辟了海上丝绸之路。在饮食文化方面,豆腐的发明、饮茶风气的盛行,等等,这些都充分反映了秦汉时期长江文化的物质成就,它在中国古代物质文化发展史上占有非常重要的地位。

一、农业

农业是秦汉时期国家的基础产业,有"天下之大业"之称①。秦汉国家把与农业紧密结合并与之构成广大农民生活基础的家庭副业也视为"本业",予以倡导扶持。如《淮南子・主术训》所说:"是故人君者……教民养育六畜,以时种树,务修田畴,滋植桑麻。肥墝高下,各因其宜。丘陵阪险不生五谷者,以树竹木。春伐枯槁,夏收果蓏,秋畜疏食,冬伐薪蒸,以为民资。是故生无乏用,死无转尸。"②

汉代四川画像砖上的渔猎收获图

四川博物院藏东汉收获弋射画像砖

① 〔汉〕桓宽:《盐铁论・水旱》,上海人民出版社 1974 年版,第 79 页。

② 〔汉〕刘安著、高诱注:《淮南子注》卷九《主术训》,《诸子集成》本,中华书局 2006 年版,第 7 册,第 147 页。

(一)农业生产的组成部门

1. 五谷

从文献和考古资料来看,秦汉时期长江流域的粮食作物主要有:水稻、粟、高粱、小麦、黍、稷、芜菁、芝麻等。

水稻是长江流域最主要的农作物。司马迁《史记·货殖列传》说:"楚越之地,地广人希,饭稻羹鱼。"《汉书·地理志》曰:"江南地广,或火耕水耨,民食鱼稻。"《华阳国志·蜀志》载:"绵与雒各出稻稼,亩收三十斛,有至五十斛。"从考古资料来看,水稻遗址遍及长江流域各省区,真实反映了当时的农业生产状况。

汉代陶田

粟,也是长江流域重要的农作物之一。如汉高祖二年六月,"关中大饥,米斛万钱,人相食。令民就食蜀汉"①。汉武帝时,"山东被河灾,及岁不登数年,人或相食,方二三千里。天子怜之……下巴蜀粟以赈焉"②。元鼎二年(前 115 年),武帝又下诏:"水潦移于江南……方下巴蜀之粟致之江陵。"③这反映出四川是汉代重要的产粟地区。此外,江苏、安徽、湖北等省也有出产,如《盐铁论·通有》篇云:"(荆阳)伐木而树谷,燔莱而播粟。"

麦、黍、稷等北方所产的旱地作物,在南方长江流域地区同样也种植,但不普遍。如麦,在《华阳国志·蜀志》汶山郡(治所在汶江,今四川茂汶羌族自治县北)条下有载:"土地刚卤,不宜五谷,惟种麦。"黍、稷,在《华阳国志·巴志》中也有"川崖惟平,其稼多黍。旨酒嘉谷,可以养父。野惟阜丘,彼稷多有。嘉谷旨酒,可以养母"的记载。此外,左思《蜀都赋》在描绘汉、三国间成都平原风光时,也有"沟渠脉散,疆里绮错,黍稷油油,粳稻

① 〔汉〕班固:《汉书》卷一《高帝纪第一上》,中华书局 1964 年版,第 1 册,第 38 页。

② 〔汉〕班固:《汉书》卷二四下《食货志第四下》,中华书局 1964 年版,第 4 册,第 1172 页。

③ 〔汉〕班固:《汉书》卷六《武帝纪第六》,中华书局 1964 年版,第 1 册,第 182 页。

莫莫”之句。

此外，芋盛产于蜀地，是人工栽培的对象，是主食和蔬菜兼具的食物。[①] 甘薯是岭南地区常见主食。甘薯属薯蓣科，《齐民要术》卷一〇引杨孚《南裔异物志》云：“甘薯似芋，亦有巨魁；剥去皮，肌肉正白如脂肪，南人专食以当米谷。”

2. 蚕、桑、麻、苎

桑、麻、苎等，已在长江流域普遍种植。《华阳国志》记载：蜀郡有“桑、漆、麻、纻之饶”；巴郡“土植五谷，牲具六畜。桑、蚕、麻、纻、鱼、盐、铜、铁、丹、漆、茶、蜜……皆纳贡之”。近年在四川成都和德阳的汉墓中都曾出土过“桑园图”画像砖，反映了当时农村中宅前屋后普遍栽桑的情形。至于长江中下游地区的湖南、湖北、安徽、江西、江苏、浙江等省，也是桑林茂密。淮南地区，在“建初八年(83 年)，王景为庐江太守，教民种桑”[②]。江南地区，在东汉茨充担任桂阳郡令时，“教民种植桑柘麻纻之属，劝令养蚕织履”[③]。东汉哲学家王充的家乡浙江会稽，就是以“农桑为业”[④]；王充还在《论衡》中较早地提出了“桑有蝎”是“灾变之情”的观点，并记述了蚕吐丝、结茧、化蛾的形态转变。[⑤]

3. 畜牧业

在秦汉时期，马、牛、羊、鸡、犬、豕等六畜均已在长江流域饲养，但以牛、鸡、豕居多。

四川省博物馆藏汉代饮马画像石

如前所述，养牛业在整个社会中备受重视，长江流域地区自不例外，也显得格外兴盛

① 王褒《僮约》将“种姜”和“养芋”并提，并说“筑肉臛芋”(唐欧阳询：《艺文类聚》卷三五《我部·奴》上海古籍出版社 1965 年版，第 633 页)。

② 〔清〕姚之骃：《后汉书补逸》卷七《东观汉记第七·王景》，文渊阁《四库全书》本。

③ 〔南朝宋〕范晔：《后汉书》卷七六《循吏列传·卫飒传》，中华书局 1965 年版，第 9 册，第 2460 页。

④ 〔汉〕王充：《论衡》卷三〇《自纪》，上海人民出版社 1974 年版，第 447 页。

⑤ 〔汉〕王充：《论衡》卷一六《商虫篇》，上海人民出版社 1974 年版，第 252 页。

发达。从湖北江陵凤凰山汉墓的木牛、四川成都凤凰山的牛骨和木牛、江苏高邮的牛腿骨、苏州荽葑天宝墩23号汉墓出土的牛棚和陶牛，以及四川成都曾家包、江苏常州、广西梧州白石村等地汉墓出土的陶牛来看，养牛业已遍及整个长江流域地区。

秦汉时期，长江流域的养猪业也非常普遍而且发达。汉扬雄《方言》第八说："猪，北燕、朝鲜之间谓之豭；关东西谓之彘，或谓之豕；南楚谓之猪子。"杨孚《南裔异物志》说："郁林(今属广西)大猪，一蹄有四、五甲，多膏，卖者以锥刺其头，入七、八寸得赤肉乃动。"《华阳国志》说：汉时蜀人"祭奠而羊豕其牲……原其由来，染秦化故也"；又说："蜻蛉县(今云南姚安县境)长谷石，时坪中有石猪，子母数千头。长老传言，彝昔牧猪于此，一朝猪化为石，迄今彝不敢放牧于此。"不仅文献记载如此，长江流域各地汉墓出土的大量陶猪模型、陶猪圈、陶猪俑等，也成为秦汉时期长江流域养猪业发达的一个缩影。正是在养猪业发达的基础上，养猪技术也取得了新的突破。如在扬雄《蜀都赋》中，已有蜀人祭祀用"粢米肥賭(即猪)"的描述①。而汉代刘安《淮南王万毕术》也说："麻、盐肥猪食豚"，告诉人们肥育猪的速成方法。

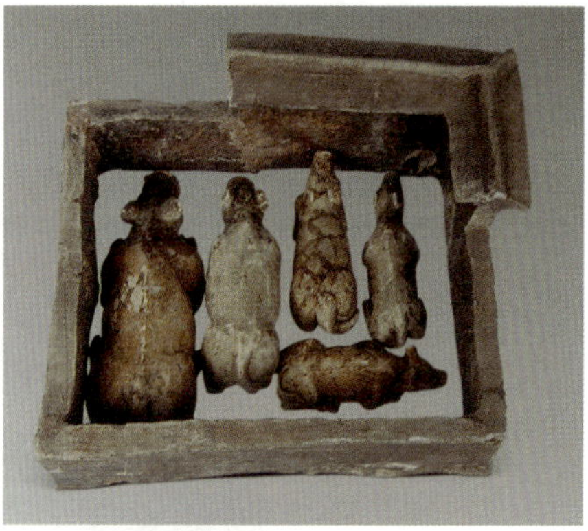

广西壮族自治区博物馆藏
西汉带圈陶屋内猪圈与猪

鸡、鸭、鹅等家禽饲养业更是发达。以考古发掘为例，湖北江陵168号汉墓的方盘装有鸡骨，竹笥里有破碎的鸡蛋；马王堆一号汉墓出土有22根鸡头骨，代表着22只鸡，在一个竹笥里盛有40只鸡蛋。此外，在湖北宜昌前坪出土有陶鹅，广西合浦堂排发现有汉代的玛瑙鹅等。这些出土文物，充分反映了这一时期长江流域家禽饲养业的兴旺发达。由于家禽饲养业的发展，长江流域的家禽饲养技术也达到了相当高的水平，已能培养出不同品种的良种鸡。汉代宫廷报晨用的长鸣鸡，就来源于南方。刘歆《西京杂记》卷四说："成帝时，交趾(今岭南地区)、越嶲(今越西，在四川西部)献长鸣鸡，伺鸡晨，即下漏验之，晷刻无差。鸡长鸣则一食顷不绝，长距善斗。"

东汉绿釉陶鸭

① 〔汉〕扬雄：《蜀都赋》，张震泽校注：《扬雄集校注》，上海古籍出版社1993年版，第31页。

4. 蔬果业

秦汉时期长江流域以蔬菜、果物以及其他一些经济作物为主要栽培对象的园圃业,也得到了迅速的发展。从文献及考古资料来看,秦汉时期长江流域人工普遍栽种的蔬菜有葵、芥菜、姜、藕、笋、芋、莲、甜瓜、香瓜、葫芦、菠菜、蕹菜等;水果种类有荔枝、橘、枣、桃、柿、梅、杏、枇杷、栗、李、梨、杨梅等。在当时,蔬果业是农业中一个重要生产部门。不仅种植普遍,而且收益也极大。《华阳国志》载巴郡"其果实之珍者:树有荔芰,蔓有辛蒟,园有芳蒻、香茗、给客橙、葵";蜀郡"其山林泽渔、园囿瓜果,四节代熟,靡不有焉"。《史记·货殖列传》说:"蜀、汉、江陵千树橘……此其人皆与千户侯等。"

四川博物院藏东汉渔猎采莲画像砖

5. 木材业

秦汉时期,长江流域的木材业在全国占有一定的地位。《汉书·地理志》载:巴蜀地区吴楚之地有"山林竹木疏食果实之饶",其民多以"渔猎山伐为主"。从当时朝廷及居民的用材状况来看,有许多来源于此。如东汉王符《潜夫论》卷三说:"京师贵戚,必欲江南檽、梓,豫章之木。边远下士,亦竞相仿效。伐之高山,引之穷谷,入海乘淮,逆河溯洛,工匠雕刻,连累日月,会众而后动,多牛而后致。重且千斤,功将万夫,而东至乐浪,西达敦煌,费力伤财于万里之地。"《盐铁论·本议》篇亦说:"江南之楠梓竹箭……养生送终之具也,待商而通。"正因为南方长江流域木材业发达,所以沿江的一些城市成为当时木材"输会",以致"零陵(今属湖南)编木为城"①。同时,秦汉时期的造船工业基地多设在江南,这也说明了当地具有丰富的森林资源。为此,秦、汉两朝中央政府均在长江流域的蜀郡严道及江汉地区设置"木官"。

① 《管子·地员篇》,文渊阁《四库全书》本。

另外，特种经济林木漆树在长江流域有大量出产。《史记·货殖列传》说："淮北、常山已南，河济之间千树萩；陈、夏千亩漆。"

6. 渔业

渔业是秦汉时期长江流域的一大优势产业，时有"江湖之鱼，莱黄之鲐，不可胜食"① 的说法。《史记·货殖列传》曰："楚越之地……饭稻羹鱼。"《汉书·地理志》云："江南地广……民食鱼稻，以渔猎山伐为业"；又说："巴、蜀、广汉……民食稻鱼，亡凶年忧。"由于渔业发达，其生产技术也得到了进一步的发展。首先，渔业生产工具和渔法已呈多样化。如《淮南子》说："钓者静之、罛者扣舟、罩者抑之、罣者举之，为之异，得鱼一也。"②于此可见，当时的捕鱼工具主要是网罾、鱼叉和鱼钩等。这些捕鱼工具在考古发掘中多有出土，如江苏盐城市汉盐渎遗址、宝应汉射阳城遗址和高邮邵家沟遗址等，都出土过陶质鱼网坠。另外，江苏睢宁汉代画像墓中的《捕鱼图》，更生动地描绘了当时渔业生产的繁忙景象。其次，人工养殖技术也有了新的发展。《水经·沔水注》载：汉代襄阳侯习郁曾"依范蠡养鱼法作大陂，陂长六十步，广四十步，池中起钓台"，又"引大池水于宅北，作小鱼池，池长七十步，广二十步"，其陂池中"常出名鱼"。这种养鱼池在考古发掘中不乏例证，如成都天回山东汉崖墓出土的陶水塘，呈长方形，内有鱼、螺、莲等。成都市区东郊等处也出土过类似的陶水塘，可见当时劳动人民已普遍利用陂塘养鱼了。

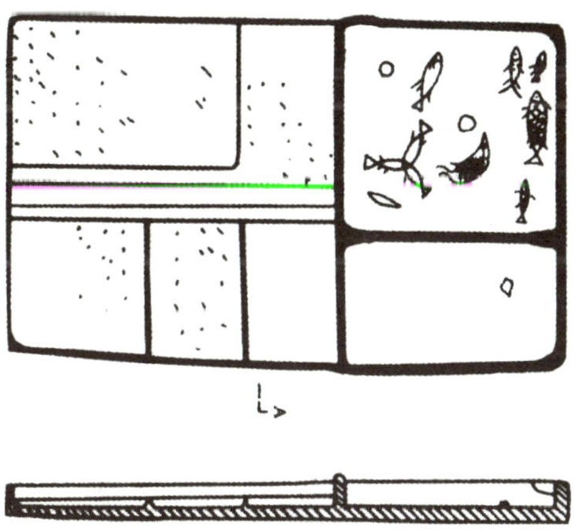

成都出土的汉代陶水塘模型平、剖面图

① 〔汉〕桓宽：《盐铁论》卷一《通有篇》，上海人民出版社 1974 年版，第 7 页。

② 〔汉〕刘安著、高诱注：《淮南子注》卷一七《说林训》，《诸子集成》本，第 7 册，第 296 页。

（二）农业生产技术的提高

1. 农作物品种的改良

秦汉时期，南方曾出现许多地方稻种，晋初郭义恭《广志》载："有虎掌稻，紫芒稻，赤芒稻，白米稻。南方有蝉鸣稻，七月熟。有盖下白稻，正月种，五月获，获讫，其茎根复生，九月熟(按此为再生稻)。青芋稻，六月熟；累子稻、白汉稻，七月熟。此三稻，大而长，米半寸，出益州。粳有乌粳、黑粳、青函、白夏之名。"则可知稻的品种，已有早粳、中粳及再生稻三种类型①。这些稻种，多已经过改良选择。如湖北凤凰山西汉墓出土的陶仓里存有稻穗四束，穗长约 18.5 厘米，每穗平均有 51 颗稻粒，品种为粳稻②，这些显然是作为良种保留起来的。这种穗选法，足以反映出汉代长江流域在水稻品种选育方面已达到较高的水平。又如，广西贵县罗泊湾 1 号汉墓出土文物有"仓种""客秙"等字样，也证明了这一点。

2."火耕水耨"：长江流域独特的生产风俗

长江流域独特的生产风俗首推"火耕水耨"。关于火耕水耨，史籍多有记载。如《史记·货殖列传》说楚越之地"或火耕而水耨"；《汉书·地理志下》说"江南地广，或火耕水耨，民食鱼稻，以渔猎山伐为业，果蓏蠃蛤，食物常足"；《汉书·武帝纪》元鼎二年(前 115 年)武帝诏："江南之地，火耕水耨，方下巴蜀粟致之江陵……无令重困。""火耕水耨"不仅仅是一种耕作方式，还是南方地区独特的生产风俗。按照应劭解释，火耕水耨的具体方法是初春时放火烧掉杂草，然后放水，通过漫撒的方式播种水稻，待稻苗长到七八寸时，割掉水中杂草，再放水灌田，留在土中的草根因水的浸泡而坏死，稻苗遂免遭杂草侵害而生长旺盛。③ 这个生产习俗的形成和长期延续与南方地区温暖潮湿、植被繁茂的自然环境和地广人稀的人文环境有着极为密切的关系。

秦汉时期火耕水耨区主要分布在长江两岸及以南的广大地区，大致包括今江苏、安徽、湖北的南部及浙江、江西、湖南、福建、广东、广西的全境和贵州的东部地区。江淮及汉水上游因地处南北交界，自然环境和社会经济均呈现出过渡性特征：一般来说，与北方交往密切的地方，多采用北方的耕作方式；而其他地区，则可能采用火耕水耨的耕作

① 唐启宇：《中国农史稿》，农业出版社 1985 年版，第 288 页。

② 凤凰山一六七号汉墓发掘整理小组：《江陵凤凰山一六七号汉墓发掘简报》，《文物》1976 年第 10 期。

③ 〔汉〕班固：《汉书》卷六《武帝纪第六》，中华书局 1964 年版，第 1 册，第 182—183 页。唐人张守节《史记正义》、清人沈钦韩《汉书疏证·火耕水耨》对此有不同解释，现代研究者对三家的理解又各不相同。笔者抽见，以应劭的解释最贴近历史事实。

方式。

3. 栽培技术的提高和肥料的使用

秦汉时期，长江流域水稻栽培技术的进步，主要表现在节气和物候现象的利用及移栽技术等方面。与先秦时期相比，这一时期的农业生产更加重视农时。《淮南子·主术训》已经把"上因天时"视为"群生遂长，五谷蕃殖"的三大因素之一。在水稻栽培上，已采用移栽技术。从长江流域四川新津、贵州兴义等地出土的陶水田来看，秧窝都是非常整齐的，横排竖行井然有序。如果未掌握移栽技术是不可能达到这个水平的。《四民月令》说："三月可种粳稻……五月可别稻及蓝，尽夏至后二十日止。"这里所谓的"别稻"，就是指移栽稻秧。移栽好处甚多：首先，可方便秧苗的培育和管理，以得到较好的秧苗；其次，移栽时可栽得整齐，以利秧苗成长时通风和接受阳光，也利于除草管理。这是农作技术上的一大进步①。

广东佛山澜石出土的汉代陶水田模型

在肥料方面，长江流域地区的劳动人民已经使用人厕连猪舍的养猪积肥方法。从长江流域出土的大量陶猪圈模型来看，既有独立式的猪圈，也有与厕所连接在一起的猪圈②。这些多种形式的猪圈，其目的显然是为了养猪积肥，它对古代农业生产的作用是巨大的。

4. 铁农具的普遍使用

铁农具在秦汉时期的农业生产中，具有十分重要的作用。《盐铁论·禁耕》说："铁器

① 巴家云：《汉代四川农业方面几个问题的探讨》，《四川文物》1988 年第 6 期。

② 陶猪圈模型仅在江苏常州、徐州、扬州、苏州、睢宁、邗江、新沂、铜山、邳县、高淳、盐城等县市就出土了不少，其他如四川、湖南、湖北、浙江、江西等省也都有出土。

者，农夫之死生也，死生用则仇雠灭，仇雠灭则田野辟，田野辟而五谷熟。"《盐铁论·水旱》说："铁器，民之大用也。"

从文献和考古资料来看，中国广大南方地区，特别是长江流域在这一时期已普遍使用了铁制农具，而且品种繁多，从耕地、起土到中耕、收割，农业生产的各个主要环节中都已使用相应的铁制农具，如有翻土用的臿，除草用的锄，收割用的镰，起土用的钱（铲），刨土用的镬，碎土和平地用的耙，耕地用的犁铧等。如福建崇安（今武夷山市）城村的汉城遗址中就曾出土有铁器71件、农具18件。其中农具品种有镢、臿、五齿耙、镰、犁、锄。此外，长沙马王堆汉墓、晋宁石寨山滇人墓、绍兴漓渚汉代冶铁遗址等，都出土有铁锄、铁镬、铁口木臿等农具。其中，铁犁的广泛使用和改革，是秦汉时期长江流域农业生产工具发展的一大成就。V形铁犁铧仅在江苏铜山、徐州、高邮就发现了数件①，此外，江苏睢宁、泗洪等地汉代画像石上的"双沟犁""重岗犁"等②，都已具备犁梢、犁床、犁辕、犁衡、犁箭等构件，反映了汉代长江流域犁耕技术的进步。尤应值得注意的是，福建崇安（今武夷山市）在西汉时还出现了前所未有的巨型犁铧，重约15千克，为目前已知的全国最大最重的铁犁③。这种巨型犁铧，是用来开沟作渠用的，它不仅把牛耕和犁耕永远结合在一起，而且反映了汉代长江流域牛耕已发展到"二牛抬杠"的较为先进的耕作阶段，"这是生产力发展的一个重要标志"④。

浙江余杭出土汉代铁凿

汉代牛耕的情景

从时间上来看，秦汉时期长江流域铁农具的使用也大致与黄河流域同步。秦惠文王后元九年，秦灭巴蜀。张仪与张若"城内城，营广府舍，置盐、铁市官并长丞"⑤，开蜀地铁

① 《铜山龟山二号西汉崖洞墓》，《考古学报》1985年第1期；《徐州高皇庙遗址清理报告》，《考古学报》1958年第4期；《江苏高邮邵家沟汉代遗址的清理》，《考古》1960年第10期。

② 武利华、王黎琳编：《徐州汉画像石》，江苏美术出版社1985年版。

③ 福建省博物馆：《崇安城村汉城探掘简报》，《文物》1985年第11期。

④ 杨一民：《汉代豪强经济的历史地位》，《历史研究》1983年第5期。

⑤ 〔晋〕常璩：《华阳国志》卷三《蜀志》，文渊阁《四库全书》本。

器生产官营之先河。汉承秦制，继续在成都设置铁官。在长江中游地区，秦昭王派兵攻破郢都后，建立了南郡，并继续在这里推广铁器，这可以从云梦睡虎地秦墓竹简的记载中得到印证："段（假）铁器，销敝不胜而毁者，为用书，受勿责。"①农民可以向政府借用铁制工具，如损坏，只要交回原物，不要赔偿。如此优惠的条件，自然为铁器工具在长江流域的推广提供了极其良好的条件。

5. 牛耕技术的推广与普及

牛耕在秦汉时期已普及于长江流域。秦昭王在南郡推广铁器的同时，也将牛耕推广到长江流域。云梦睡虎地秦墓竹简云："以四月、七月、十月、正月肤田牛。卒岁，以正月大课之，最，赐田啬大壶酉（酒）束脯，为皁（皂）者除一更，赐牛长日三旬；殿者，谇田啬夫，罚冗皂者二月，其以牛田，牛减絜，治（笞）主者寸十。有（又）里课之，最者，赐田典日旬；殿，治（笞）卅。"这里所说的"田牛"，就是指耕牛。在当时，牲畜比较缺乏，一般都是人力耕作。因此，政府和百姓均将耕牛视为宝物，千方百计加以保护。每年举行四次评比大会，成绩优秀的，田啬夫和饲养员都得奖；成绩较差，或使牛瘦弱生病，则要受罚。

到汉代，牛耕继续在长江流域推广、普及。章帝建初八年（83 年），王景为庐江太守，"先是百姓不知牛耕……景乃驱率吏民，修起芜废，教用犁耕"，解决了当地"地力有余而食常不足"的落后状况，"由是垦辟倍多，境内丰给"②。光武帝建武五年（29 年），任延为九真郡太守，民间"俗以射猎为业，不知牛耕，民常告籴交趾，每致困乏"，"延乃令铸作田器，教之垦辟。田畴岁岁开广，百姓充给"③。庐江郡治舒（今安徽庐江西南），当时辖境相当于今安徽巢县、舒城、霍山以南，长江以北，湖北英山、广济、黄梅和河南商城等县地。九真郡在今越南中部，不属长江流域的范围。由此可知，东汉建立后，一批勤于政事的"循吏"在南方地区任职，在所辖地区积极推广中原地区先进的生产技术和生产工具，为改变本地原有的生产风俗和经济面貌作出了重要贡献。从这两则文献记载中我们可以推测，至迟到东汉初年，长江流域已普及牛耕。

在北方移民的影响下，在"循吏"的锐意经营下，在北方先进技术的带动下，南方地区的农业生产风俗悄然变化。到东汉末年，牛耕技术对许多南方人来说已不再陌生。《三国志·吴书·吴主传》载：吴国大将陆逊领荆州牧，要求扩大屯田，孙权回答："甚善！今孤父子亲自受田，车中八牛以为四耦，虽未及古人，亦欲与众均等其劳也。"考古发掘在今福建、广西等地发现了汉代的铁犁铧，广东佛山澜石东汉墓的陶水田模型中则出土了犁

① 《睡虎地秦墓竹简》，文物出版社 1978 年版，第 32 页。
② 〔南朝宋〕范晔：《后汉书》卷七六《循吏列传·王景》，中华书局 1965 年版，第 9 册，第 2466 页。
③ 〔南朝宋〕范晔：《后汉书》卷七六《循吏列传·任延》，中华书局 1965 年版，第 9 册，第 2462 页。

田模型，进一步证明这些地区已经开始使用牛耕。至迟到东汉末年，广东一些地区已经开始实行插秧。佛山市郊澜石出土的陶水田模型中，农民在不同的田块中犁地、插秧和收割。

牛耕在两汉画像石上也有具体的表现。1984 年 3 月，江苏泗洪重岗汉代画像石墓中曾出土一幅《耕种图》。画面上部为二牛二人犁地图，二牛抬杠，共拉一犁，前有一人牵牛，后面一人左手扶犁、右手扬鞭，吆喝驱牛前进。从画面上看，牛体硕壮，头上双角内弯，腹下特意刻画出雄性生殖器官，当为雄性水牛。它生动地反映了西汉江苏淮河流域地区的牛耕景象①。又，出土于江苏睢宁双沟的另一幅《耕播图》，揭示的是东汉时的耕种场面。画面中一农夫扬鞭扶犁，犁田方式仍是二牛抬杠，但牛前已不再用牵牛人，这反映出江苏地区牛耕技术从西汉到东汉所产生的进步②。

江苏睢宁双沟出土的汉代牛耕画像石

6. 水利灌溉事业的大发展

秦汉时期，是长江流域水利事业大发展的时期。在这一时期，主要的水利工程除兴修联结长江和珠江两大水系的兴安灵渠外，尚有汉江流域的南阳、蛮河、汉中等灌区，长江下游三角洲、巢湖地区的渠堰和人工运河，沟通汉江与渭水支流的“褒斜道”工程，嘉陵江上游西汉水的航道整治，都江堰灌区的扩建，以及滇池的灌溉③。

长江中游的蛮河灌区，是秦汉时期著名的灌溉区。其水利灌溉工程主要有长渠、木渠。长渠，又名白起渠。宋人曾巩《襄州宜城县长渠记》说：“秦昭襄王三十八年（前 269 年），使白起将攻楚，去鄢百里，立堨，壅是水为渠以灌鄢……鄢入秦，而白起所为渠因不废。引鄢水以灌田，田皆为沃壤，今长渠是也。”④木渠，又称木里沟，“楚时于宜城东穿渠，

① 尤振尧：《江苏泗洪汉代农业画像石研究》，《农业考古》1984 年第 2 期。

② 武利华、王黎琳编：《徐州汉画像石》，江苏美术出版社 1985 年版；《论徐州画像石》，《文物》1980 年第 2 期。

③ 长江流域规划办公室《长江水利史略》编写组：《长江水利史略》，水利电力出版社 1979 年版，第 44—45 页。

④ 〔宋〕曾巩：《曾巩集》卷一九，中华书局 1984 年版，上册，第 310 页。

上口去城三里，汉南郡太守王宠又凿之，引蛮水灌田，谓之木里沟。经宜城东而东北入于沔（汉水）……灌田七百顷”①。

秦汉时期长江下游的水利工程，主要在长江三角洲和巢湖流域。据史书记载，“秦始皇造道（通）陵南，可通陵道，到由拳塞，同起马塘，湛以为陂。治陵水道到钱唐，越地，通浙江。秦始皇发会稽适戍卒，治通陵高以南陵道，县相属”②。“秦始皇三十七年（前210年），使赭衣徒三千，凿京岘东南垄”“秦凿丹徒曲阿”③。这些文献虽然现在还没有较为确切的解释，但多数学者认为这是杭嘉运河和丹徒运河的创始，并为隋代江南运河的开通奠定了基础。到汉代，长江三角洲地区的水利工程显著增加，其中最著名的当推鉴湖。鉴湖，又称镜湖，是长江以南最古老的大型水利灌溉工程之一。刘宋时期孔灵符《会稽记》曰：“汉顺帝永和五年（140年），会稽太守马臻创立镜湖，在会稽、山阴两县界，筑塘蓄水高（田）丈余，田又高海丈余。若水少，则泄湖灌田；如水多，则开湖泄田中水入海。所以无凶年。堤塘周回五百一十里，溉田九千余顷。”④此外，太湖流域开始修筑堤岸和丘陵蓄水灌溉工程。据明沈启《吴江水考》注，西汉元始二年（2年），“吴人皋伯通筑塘，以障太湖，即今长兴县之皋塘，以皋伯通所筑，故名，在县东北二十五里”。又，王凤生《浙西水利备考》载：东汉熹平年间（172—177），“余杭县令陈浑在城南辟上下两湖，以拦蓄苕溪洪水。上南湖周三十二里，下南湖周三十里”。淮南地区也修筑了不少灌溉工程。章和元年（87年），马棱为广陵太守，主持“兴复陂湖，溉田二万余顷”⑤。汉安元年（142年），张纲为广陵太守，在东陵村井张纲沟，引湖水灌溉农田⑥。东汉末年，陈登为广陵太守，“浚塘筑陂，周回九十余里，灌田千余顷，百姓德之，因名（陈公塘），亦曰爱敬陂。陂水散为三十六汊，为利甚溥”⑦。另外，巢湖地区也相传在西汉初年修建了七门堰、乌羊堰、千功堰和槽闸堰四处灌溉工程⑧。东汉马援平定交趾二征叛乱时，就在当地大兴水利，“辄为郡县治城郭，穿渠灌溉，以利其民”⑨。又沿海一带居民常遭海潮之患，“马援凿通九真山，又积

① 〔北魏〕郦道元：《水经注》卷二八《沔水》，陈桥驿《水经注校注》，杭州大学出版社1999年版，第504页。

② 〔汉〕袁康、吴平：《越绝书》卷二《越绝外传记吴地传第三》，上海古籍出版社1985年版，第18页。

③ 分别见六朝人作的《南徐记》、晋人作的《太康地记》，转引自元俞希鲁纂《至顺镇江志》卷七《山水》，《宋元方志丛书》本，第3册，第2713页。

④ 《会稽记》原书久已失传，此转引自《太平御览》卷九六《山阴县》，见刘纬毅《汉唐方志辑佚》，北京图书馆出版社1997年版，第186页。

⑤ 〔南朝宋〕范晔：《后汉书》卷二四《马援列传附棱传》，中华书局1965年版，第3册，第862页。

⑥ 〔宋〕乐史：《太平寰宇记》一二三《淮南道一·扬州》，中华书局2007年版，第2447—2448页。

⑦ 〔清〕顾祖禹：《读史方舆纪要》卷二三《南直五·陈公塘》，中华书局2005年版第1123页。

⑧ 〔清〕顾祖禹：《读史方舆纪要》卷二六《南直八·七门堰》，中华书局2005年版，第1279页。

⑨ 〔南朝宋〕范晔：《后汉书》卷二四《马援列传附棱传》，中华书局1965年版，第3册，第839页。

石为坻以遏海波，由是不复过涨海”①。

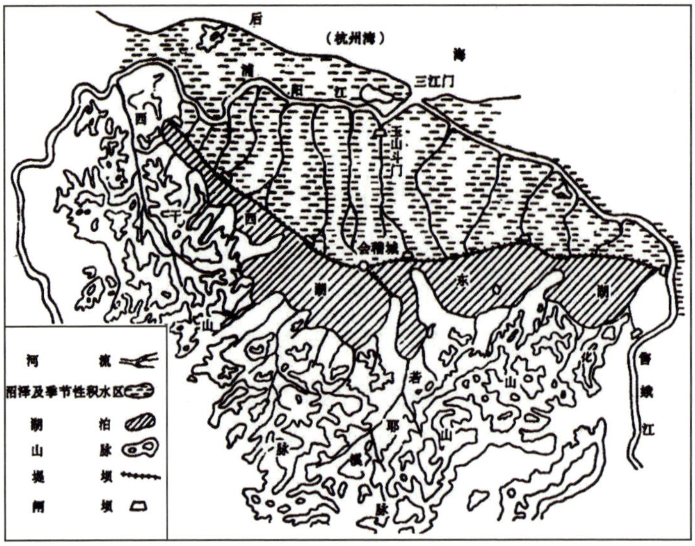

鉴湖水系图

秦汉时期长江上游的水利开发，主要是在四川和云南。四川地区的水利工程，是在战国末年以来都江堰的基础上，进一步扩大成都平原的水利灌溉。西汉初期，“（汉）孝文帝末年，以庐江文翁为蜀守，穿湔江口，溉灌繁田千七百顷”②。都江堰灌区开始向东北方向扩大。云南滇池一带，也在西汉末年开始水利开发。《后汉书·南蛮西南夷列传》载：新莽时期，益州太守文齐发动当地百姓，“造起陂池，开通溉灌，垦田二千余顷”，从而开创了云南地区的水利事业。

在大型灌溉工程兴修的同时，小型灌溉系统也在长江流域得到了普遍的发展。《新中国的考古收获·封建社会》说：“四川眉山和成都等地的东汉墓，经常发现水田与池塘组合的模型，几乎每个模型都有从池塘通向水田的灌溉系统。这种小型的水利建设，是大土地所有制发展后，四川地方豪族在自己庄园内修建起来的小型灌溉系统，类似这种水利建设，在当时南方各地普遍存在，这对南方经济发展是有促进作用的。”广东佛山出土的东汉陶水田模型，同样表明边远地区人工灌溉也是存在的。

① 〔唐〕徐坚：《初学记》，中华书局 1962 年版，第 193 页。

② 〔晋〕常璩：《华阳国志》卷三《蜀志》，刘琳校注《华阳国志校注》，巴蜀书社 1984 年版，第 214 页。

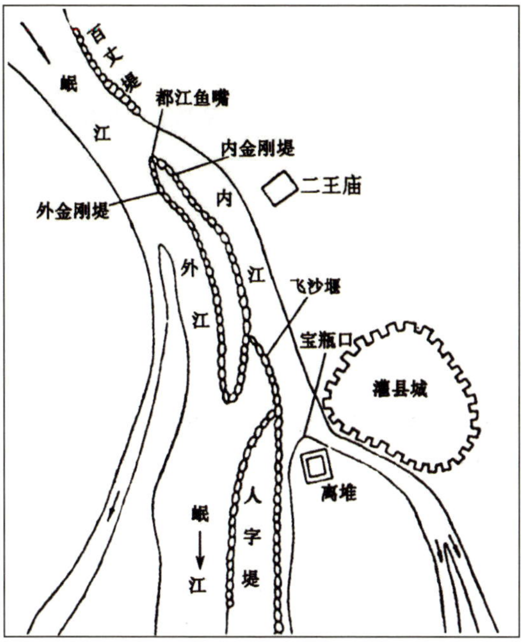

都江堰工程布置示意图

在这一时期，江南劳动人民对陂塘的作用也有了充分的认识。不仅懂得“同陂而溉田，其受水均也”①的道理，而且还能计算出“十顷之陂，可以灌四十顷；而一顷之陂，可以灌四顷，大小之衰然”②。

总之，秦汉时期长江流域的农业生产在中国农业史上占有重要的地位，它为魏晋南北朝时期南方农业生产的飞速发展创造了条件，并对今后中国农业生产的发展历程产生了极其深远的影响。

二、手工业

(一)陶瓷业

秦汉时期，长江流域陶瓷业的发展有两个显著的特点：一是传统的釉陶继续发展，二是青瓷的出现。

1. 釉陶的继续发展

秦汉时期的陶器，可分为南北两大体系：一是关中、关东地区的软陶；一是南方的

① 〔汉〕刘安著、高诱注：《淮南子注》卷一一《齐俗训》，《诸子集成》本，中华书局2006年版，第7册，第179页。

② 〔汉〕刘安著、高诱注：《淮南子注》卷一七《说林训》，《诸子集成》本，第7册，第293页。

硬陶。

南方的硬陶，多产于湖南、江苏、浙江、江西、福建、广东、广西等广大地区。这种硬陶，是用当地的一种密度较大、黏性较强的黏土制成，比灰陶烧制火候更高，陶质也更坚硬。器物的表面往往拍印着细密的方格纹，或刻画有水波形纹、锯齿形纹等等，与盛行于黄河流域，基本上是素面无纹的灰陶迥然有别。器物的种类有瓮、罐、壶、盒、碗等。它们的器形与灰陶系统的各种陶器相比，也别具特色。例如，长沙等地出产的一种“四联罐”或“五联罐”，系由四个或五个小罐互相接合而成。

总之，从陶质、火候、纹饰和器形等各个方面来看，我们可以认为，长江以南广大地区的这种硬陶是继承了当地自新石器时代晚期以来的所谓“几何印纹硬陶”的绪余，在汉代陶器中自成一个系统①。

2. 釉陶的兴起

釉陶虽然早在商周时期便已出现，但并不普遍。到汉代，釉陶业大兴，并形成了南北两大系统。南方釉陶与北方釉陶不同，属青釉系统。从南方各地发现的各种硬陶来看，往往涂有一层薄薄的釉，或黄或绿，颜色都很浅，烧成温度较高。此外，在湖南长沙、江苏海州等地的西汉后期墓中有一种附有双耳的陶瓶，胎壁呈紫褐色，甚坚硬，颈部和肩部施有较厚的绿色釉，亦属南方系统的釉陶。其品种以仿铜礼器的鼎、盒、壶、钫、钟、瓿等为常见，很少发现战国时盛行的碗、钵、盘、盅等一类的饮食器。装饰的纹样以弦纹、水波纹、云气纹或堆贴铺首等为主，绝少甚至完全不用战国时经常采用的S纹和栉齿纹等。釉陶的生产地域也极为宽广，产量极大。如东汉时期生产原始瓷器的窑场遗址，在浙江的宁波、上虞和永嘉以及江苏的宜兴等地的堆积相当丰厚，尤其是上虞县的窑场遗址多而集中，是当时原始瓷器的主要产地②，其产品远销海内外。据学者考证，在西安、洛阳及河北地区西汉晚期墓中经常发现的釉陶瓶，就可能从南方转运而来。

3. 青瓷的发明

青瓷是从原始瓷器发展而来的，出现于东汉时期，是我国古代劳动人民的又一重要的创造发明。

根据近年来的考古发掘和研究，学术界普遍认为，早在东汉后期，首先是在浙江省的绍兴、上虞一带，已经出现了青瓷器。考古工作者在上虞地区调查了许多古窑址，发现东汉窑址36处。它们分布在大顶尖山、龙松岭、凤山、太湖岙和四峰山等地，形成五个大的窑址群。窑的结构和形制属于所谓的“龙窑”，是利用山坡的斜面筑成，窑室较狭、较低，

① 王仲殊：《汉代考古学概说》七《汉代的陶器》，中华书局1984年版，第76—77页。
② 朱伯谦：《战国秦汉时期的陶瓷》，见《朱伯谦论文集》，紫禁城出版社1990年版，第24—26页。

但却很长，这利于通风，提高窑温。中国科学院上海硅酸盐研究所对浙江上虞县小仙坛东汉晚期窑址的瓷片标本和窑址附近的瓷土矿中瓷石样品进行了鉴定，鉴定结果显示小仙坛窑址中的瓷片和该窑址附近瓷土矿的化学成分十分接近，表明这个窑场就是采用附近的瓷石作为自己的制瓷原料的。该窑场的瓷品，其烧成温度已达1300℃左右，瓷胎已烧结不吸水，它的显气孔率和吸水率分别为0.62%和0.28%，瓷质光泽，透光性较好，胎釉的结合紧密牢固。釉料中氧化钙含量在15%以上，并在还原气氛中烧成，釉层透明而有光泽。釉面色泽纯正，淡雅清澈，犹如一池清水。这表明，这一时期的瓷器制品已完全“符合近代瓷的标准”①，这应是真正的瓷器。

浙江出土的东汉青釉瓷罐

从目前的考古资料来看，已知有纪年可考的东汉青瓷实物，最早的当推出自江苏邗江甘泉2号汉墓的4个青瓷罐，时间为汉明帝永平十四年(71年)②。此外，湖北当阳、安徽亳县等地也出土有东汉时期的青瓷罐、青瓷四系罐、青瓷钵、青瓷壶等实物。这些出土的东汉青瓷器，釉色光亮，质地纯净，青润如玉，说明了东汉晚期长江流域的青瓷制造技术已经相当成熟了。

与此同时，浙江上虞、宁波等地的窑工还成功地烧出了别具一格的黑釉瓷器，与青釉瓷器一样成为当时瓷业的重要成就。

瓷器的出现，在中国陶瓷发展史上具有划时代的意义，它是长江流域劳动人民对中国及世界文明的又一重大贡献。由于瓷器具有制作方便、成本低廉、坚固耐用、美观清洁等特点，因此一经出现便迅速地获得了人们的喜爱，成为中国人必不可少的日常生活器具，并远销海外，推动了世界文明的进步和发展。

① 李家治：《我国瓷器出现时期的研究》，《硅酸盐学报》1978年第3期。
② 纪仲庆：《江苏邗江甘泉二号汉墓》，《文物》1981年第11期。

(二)纺织业

秦汉时期,长江流域的纺织业可以分为丝织业、麻织业两大类,其中以丝织业最为发达,代表了当时的先进水平。

1. 品种繁多而精美的纺织物

根据文献和考古资料,秦汉时期长江流域的纺织业可分为丝、麻两大类。其中丝织品主要有:纱、绢、缣、纳(绸)、素罗、纹罗、绮、绫、锦、起绒锦、绦等。

绢是平纹组织的织物,在长沙马王堆1号汉墓中保存较好的有22幅,其经密每平方厘米有55~75根、80~100根和120根三种,纬密分别为经密的1/2至1/3左右。

纱是一种呈方孔的、平纹组织的织物,在马王堆1号汉墓出土有7幅,经纬都较均匀。经密每平方厘米58~64根,纬密40~58根,纱孔方正。其中有一件素纱禅衣,衣身长160厘米,袖长190厘米,整件衣服的重量仅为49克,经纬密度均为每平方厘米62根,薄如蝉翼,代表着当时织纱技术的最高水平。

绮是一种素色平纹提花织物,它的地为平纹组织,而提花部分为突起的二重组织;马王堆1号汉墓出土的三幅绮,地的密度为每平方厘米40×30根,图案为菱形或对鸟菱形。罗绮是一种罗纱组织的提花织物,地纹部分为大罗孔,提花部分为小罗孔;这种织物在马王堆1号汉墓出土10幅,经纬密度一般为每平方厘米100×35根左右。

马王堆汉墓出土的茱萸纹绣绢

西汉绢地茱萸纹绣

西汉绢地"长寿绣"

西汉素纱曲裾式禅衣

西汉绮地“乘云绣”

锦是以二色以上的彩色经丝(或纬丝)用多重组织织成的美丽多彩的丝织品，在长江流域多有出产，其中尤以四川成都最为发达，时有“锦里”之赞。① 扬雄《蜀都赋》说：“若挥锦布绣，望芒兮无幅。尔乃其人，自造奇锦。𬘘繏维縝，縿缘庐中，发文扬彩，转代无穷。”②这不仅说明了汉代四川织锦业的发达，也说明了四川织锦花色品种的繁多。“紞”是用作被面装饰的锦，“繏”是锦带，“维”是蜀锦的品种之一，“縝”是锦制的鞋绊，“紞”是旌旗上的锦直幅，“缘”是衣饰用锦。又据刘歆《西京杂记》所说，汉成帝(前 32—前 7)曾令益州官吏留下三年税输，为宫廷织造“七成锦帐，以沉水香饰之”，于此可见蜀锦之豪华富贵和锦工技艺的高超。由于蜀锦生产如此发达，故当时的成都还获得了“锦城”的称号。秦汉时期长江流域发达的织锦业在考古发掘中也得到了充分的证明，如马王堆汉墓就出土有重经双面组织的纹锦和起绒锦，其中起绒锦为 3 枚经线提花并起绒圈的经四重组织。这种锦，花型层次分明，绒圈大小交替，纹样具有立体效果，因而外表极为华丽③。这样高超的工艺技术在马王堆汉墓丝织品出土前，是现代人所无法想象的。

动物纹锦梳袋，袋内盛 19 齿梳 1 把、小香囊 3 个

湖南长沙马王堆 M1 出土的铺绒绣锦

① 〔晋〕常璩：《华阳国志》卷三《蜀志》，刘琳校注《华阳国志校注》，巴蜀书社 1984 年版，第 235 页。

② 〔汉〕扬雄：《蜀都赋》，张震泽校注：《扬雄集校注》，上海古籍出版社 1993 年版，第 28 页。

③ 上海市纺织科学研究院、上海市丝绸工业公司文物研究组：《长沙马王堆一号汉墓出土纺织品的研究》，文物出版社 1980 年版，第 33—54 页。

麻织品在当时的长江流域也多有出产，如西汉时蜀地出产的“蜀布”，就是一种非常著名的、精致的麻布。蜀布以“黄润”布最为名贵，扬雄《蜀都赋》形容它有如“蜘蛛作丝，不可见风”①。因为可以把整匹布卷在竹筒中，所以时人又称为“筒中布”。这种以精细的牡麻纤维绩织而成的“黄润”布，轻软细密，不仅成为蜀地贡品之一，并且远销到印度和中亚等地②。而产于吴越地区的葛布以洁白细腻而知名，有“白越”“细葛”和“香葛”之称。除文献外，马王堆1号汉墓也出土有10块麻织品，据鉴定：其中细麻布为苎麻，粗麻布为大麻，纤维较长，强韧性较好。《长沙马王堆一号汉墓》报告中说：“粗麻布3块。黄褐色，幅宽45厘米，最长1.36米，密度为每平方厘米18×19根。织纹较粗，经线有粗细不匀的现象。细麻布的织纹较细……每厘米经密32～38根，纬密36～54根。幅宽20.5厘米，长30～150厘米不等；白色的16块，每厘米经密34～36根，纬密30根，幅宽有51厘米和20厘米左右两种。有的细麻布，经过上浆和碾轧加工。根据《仪礼·丧服》郑注‘布八十缕为升’的记载，这次发现的粗麻布幅面经线总数810根，应为10升；细麻布幅面总数1734～1836根（按幅面51厘米计），应为21至23升。过去发现的战国至汉代实物，最精细的是1953年长沙406号楚墓出土的，经密每厘米28根，约为17升布。据《仪礼·士冠礼》‘爵弁服’郑注，古代制作弁冕用最细密的30升布，这次发现的细麻布算是相当细密的了。”可见，秦汉时期长江流域麻纺织品质量比以前有很大提高。

2. 纺织技术的提高

秦汉时期长江流域的纺织技术，也表现出惊人的成就。在纺织机具方面，已趋于完备，并多有创新。斜织机、提花机在当时的长江流域均已出现，这些织机的实物资料虽然至今尚未发现，但我们完全可以从出土的纺织品及东汉画像石上的织机图案中得到印证。以长沙马王堆1号汉墓出土的绒圈锦为例，就必须采用束综提花机才能织造，同时，因织物表面起环状绒圈，起绒圈的经丝与不起绒圈的经丝对送经量的要求是相差很大的，故这两组张力不同的经丝需要有两个不同的送经机构，可见汉初的提花机结构已较为完备。

长沙马王堆汉墓出土的西汉印花敷彩纱

在印染技术方面，也表现出高超的技艺。如马王堆1号汉墓出土的丝织品就采用了

① 〔汉〕扬雄：《蜀都赋》，张震泽校注：《扬雄集校注》，上海古籍出版社1993年版，第28页。

② 蒙默等：《四川古代史稿》，四川人民出版社1988年版，第87页。

25种丝绒颜色①，从织物的色泽一般均深入纤维来看，当为多次浸染而成，且先以一种颜色打底，媒染后再套染另一种工艺。而长沙马王堆1号汉墓出土的“印花敷彩纱”，更典型地反映了当时印花技术的水平。印花敷彩是以印花和彩绘相结合的加工工艺。马王堆1号汉墓出土的印花敷彩纱共有5种样式，其中以465-5号印花敷彩纱的花纹色彩保存得最好。该织物有朱红、银灰、粉白、墨黑等色。印花颜料有五六种之多，检测结果表明，印花颜料为丹砂、硫化铝、白云母等，以及碳素和油的混合物。花纹图案由藤蔓、叶片、花穗、蓓蕾等组成，外廓略呈菱形，长4厘米，宽2.4厘米，四方连续，错综排列，通幅共有20多个图案单位。印花时，先将染料与黏合剂配制而成的灰色浆料涂至印花型板上，然后在织物原先确定的位置上印制出灰色的藤蔓底纹。其余的叶片、蓓蕾和花穗等均采用画绘的方法描绘而成，即“敷彩”。前后共经过7道工序。整个图案线条流畅，层次分明，显得格外逼真、生动。这种印花与彩绘相结合的工艺为西汉所首创，并为以后纺织技术的发展起到了先导作用。此外，熨烫、涂层、砑光等整理工艺也达到了较高的水平，显示了秦汉时期长江流域印染技术的高深造诣②。

东汉纺织画像砖

江苏铜山洪楼东汉墓出土的纺织图画像石

(三)制盐业

秦汉时期长江流域的制盐业，也是当地一项规模很大的手工业。《汉书·吴王濞传》记载：吴王刘濞利用“东煮海水为盐，以故无赋，国用饶足”。而长江上游的川滇地区，更以盛产井盐名闻于时。《汉书·货殖列传》：成都罗裒，擅盐井之利，訾至巨万。《华阳国志·蜀志》说：宣帝时“又穿临邛、蒲江盐井二十所，增置盐铁官”。《华阳国志·巴志》载临江县(今四川忠县)“有盐官，在监、涂二溪，一郡所仰。其豪门亦家有盐井”，等等。这些文献记载，充分反映了巴蜀地区井盐生产的兴盛。

盐在长江流域可分为海盐、井盐两大类，海盐产于长江下游沿海地区，井盐则主要产

① 吴树生、田自秉：《中国染织史》，上海人民出版社1986年版，第73页。

② 朱新予主编：《中国丝绸史(通论)》，纺织工业出版社1992年版，第69—70页。

于巴蜀地区。其生产方法，不外乎煮和晒。而临邛等地井盐，多利用火井(天然气)煮熬盐块。如《华阳国志·蜀志》曰：临邛“有火井，夜时光映上昭，民欲其火，先以家火投之，顷许如雷声，火焰出，通耀数十里。以竹筒盛其光藏之，可拽行终日不灭也。井有二，[一燥一]水，取井火煮之，一斛水得五斗盐；家火煮之，得无几也”。成都市郊曾出土数块盐井生产的画像砖，画面上方为重叠起伏的山峦，中间二人好像在运输盐包。右下角灶上，画有五个釜，灶下火口排着四根管子，这可能就是利用地下天然气煮盐，左下角是一盐井，井上有高架，挂着起重用的吊桶。四个人站在架上以辘轳汲卤。高架旁边有储卤的器具，并有一竹枧经过山溪将卤引至右下的灶上，灶是长形的，一人于灶口拨火①。这真实地反映了秦汉时期四川地区井盐的生产状况。

四川曾家包汉墓出土的东汉制盐画像砖

四川博物院藏东汉制盐画像砖拓片

(四)冶金业

秦汉时期长江流域的冶金业，在前代的基础上有了进一步的发展，并形成了钢铁冶铸、青铜铸造两大部门。

1. 钢铁冶铸

秦汉时期的冶铁业，以北方最为发达，但南方长江流域也有了一定程度的发展。如上游的四川，西汉时在临邛、南安、武阳设有铁官。《华阳国志·蜀志》载：临邛“有古石山，有石矿，大如蒜子，火烧合之，成流支铁，甚刚，因置铁官”。当时著名的大工商业家卓王孙、程郑均在此开设工场，采矿冶铸。《史记·货殖列传》说：“蜀卓氏之先，赵人也，用铁冶富。秦破赵，迁卓氏……致之临邛，大喜，即铁山鼓铸，运筹策，倾滇蜀之民，富至僮千人……程郑，山东迁虏也，亦冶铸，贾椎髻之民，富埒卓氏，俱居临邛。”长江中下游的湖

① 高文：《四川汉代画像砖》，上海人民美术出版社1987年版；《四川汉代画像砖反映的社会生活》，《文物》1975年第4期。

南和江苏在汉代也多处设有铁官，史载当时的吴国在“文帝之时，纵民得铸钱、冶铁、煮盐，吴王擅鄣海泽”①。

秦汉时期长江流域的冶铁业，在考古资料中也多有反映。1954 年，考古工作者在江苏徐州市北利国驿峒山发现了一处汉代矿冶遗址，该遗址尚保留着炼炉、竖井、坑道以及露天开采现场等遗迹。炼炉为竖炉，由炉基、炉身、炉门几部分组成。经对炉渣做化学分析，当时在冶炼过程中可能已投入助熔剂(一种含氧化镁较多的石灰石)。此外，江苏泗洪、盐渎等地还发现了冶铁遗址。从考古发现来看，当时冶铁作坊所造产品有：手工业工具斧、锤、钳、锥、夯头，农业工具犁铧、镬、锛、耙、铲、镰、杵、臼，武器戈、戟、刀、剑，日用品炉、镜、釜、锅、削等②。

冶铁技术也达到了较高的水平，已普遍掌握了鼓风冶铸及铸铁脱碳成钢、生铁炒炼成钢等技术。如江苏徐州一座东汉墓中出土一柄钢剑，长 109 厘米，铭文为：“建初二年，蜀郡西工官王情造，五十湅□□□孙剑□。”很显然，这把剑是用炒钢为原料制作而成的③。

值得注意的是，地处西南边地的云南、广西、贵州，其冶铁业一开始就表现出相当高的水平。云南滇池在西汉时代已有了自己的冶铁业，并在东汉时设立了铁官。如晋宁石寨山西汉时期墓葬中，已发现有 100 多件铁器。其中一件铜柄铁刃经过鉴定，铁刃的成分属于高碳钢，显然这种技术是从中原地区传去的④。

2. 青铜铸造

秦汉时期长江流域的铜器铸造业，仍不失为重要的手工业部门之一。在江南地区，大冶铜绿山铜矿的开采规模比过去进一步扩大，开矿效率也大为提高，矿井深度从春秋时的 20～30 米增加到 40～52 米，井巷断面为 80×80 厘米⑤。《史记·吴王濞传》曰：“吴有豫章郡铜山，濞则招致天下亡命者，[盗]铸钱，煮海水为盐，以故无赋，国用富饶。”长江上游的四川、云南也多铜矿。如西汉时严道铜山是四川地区最大的铜矿，邓通曾在此采铜铸钱；东汉时的四川邛都、会东一带也盛产铜。云南的俞元、律高、贲古、永昌等地产铜，也见于汉代文献。

秦汉时期长江流域铜器铸造业的产品，主要是钱币和铜镜。铸钱是汉代三大手工业之一，是铸铜手工业中生产规模最大、生产数量最多的一个部门，这在当时的长江流域也

① 〔汉〕桓宽：《盐铁论》卷一《错币》，上海人民出版社 1974 年版，第 10 页。
② 贺云翱：《从考古资料看两汉时代的江苏经济》，《东南文化》1988 年第 3 期。
③ 徐州博物馆：《徐州发现东汉建初二年五十湅钢剑》，《文物》1979 年第 7 期。
④ 林声：《谈云南开始制造铁器的年代问题》，《考古》1963 年第 4 期。
⑤ 湖北省黄石市博物馆等：《铜绿山——中国古矿冶遗址》，文物出版社 1980 年版。

不例外。《史记·平准书》说："故吴，诸侯也，以即山铸钱，富埒天子，其后卒以叛逆。邓通，大夫也，以铸钱财过王者。故吴、邓氏钱布天下，而铸钱之禁生焉。"1965年，考古工作者在江苏六合县城东约5000米处发现当时吴国的一处铸钱作坊遗址，遗址范围约1000～1500平方米，地面有大量的汉代绳纹瓦片和陶片，中心建筑是一处干栏式的木结构房屋，在房基周围发现了废铜钱、铜锭、铜块、铜镞、铁斧、铁锛等生产工具及生活用具。铜钱有"半两"和"五铢"，前者边缘尚留有未修饰加工的痕迹，后者则都是铸坏的废钱。据分析，遗址中出土的四铢"半两"应是吴王刘濞所铸的钱，而铸废的五铢钱则可能是元鼎四年禁止王国和私人铸钱以前的私人铸钱遗址之遗物①。

铜镜作为一种日常生活用具，在长江流域各地均有铸造，其中以会稽郡、江夏郡、广汉郡、蜀郡最为发达。会稽郡、江夏郡在东汉时主要以生产神兽镜、画像镜著称于世。这些铜镜造型优美，花纹精致。而四川也是一个重要铸镜地区，不少铜镜铭文都提到这里制造的镜子。如元兴元年"广汉造作尚方明镜"；永嘉元年"造作广汉西蜀尚方明竟"；延熹二年"广汉西蜀造作明竟"等，表明这里是官工铸镜的重要地区②。除上述几个制镜重地外，丹阳郡出产的铜镜也颇获好评，出土的汉代铜镜铭文中常有诸如"汉有善铜出丹阳，和以银锡清且明""杜氏作竟大毋伤，亲有善铜出丹羊（阳）"等类的赞语。

从出土铜镜来看，两汉时期长江流域劳动人民已经掌握了合理配置制镜合金的技术，镜面抛光技术也趋成熟。《淮南子·修务训》说："明镜之始下型，朦然未见形容，及其粉以玄锡，摩以白旃，鬓有微毫可得而察。"这是有关我国古代铜镜表面抛光工艺的最早记载。这种铜镜表面处理技术，一直沿用到近代③。

除铜镜外，长江流域劳动人民在一些生活实用器、明器等的铸造方面也表现了高超的技艺。如江苏扬州邗江甘泉2号汉墓出土的一件铜立牛灯，其构造原理和河北满城汉中山靖王刘胜夫人墓出土的"长信宫"灯有相似之处。此灯的灯座为一立牛，四腿直立，极其雄骏，灯盘置于牛背上，灯盘上亦有屏板可调节灯光，牛的头部有管向后弯曲，通于灯罩，牛头上的管及牛体均中空，这样燃烧的烟炱便可通过牛头上的弯管储于牛体之中，以达到保持室内清洁之目的。立牛通体饰错银花纹，绚丽异常。说明东汉时期长江流域的错金银器制作工艺又有了新的发展。又如，广西合浦西汉墓出土的两件凤灯、湖北张家山汉墓出土的龙凤纹铜洗、云南晋宁石寨山西汉墓出土的铜贝贮等，都代表了当时铜器铸造业的水平，反映了他们在设计、制范、铸造等方面熟练而高超的技术。

---

① 吴学文：《江苏六合李岗楠木塘西汉建筑遗迹》，《考古》1978年第3期。

② 孔祥星、刘一曼：《中国古代铜镜》，文物出版社1984年版，第113页。

③ 何堂坤：《关于古镜表面透明层的科学分析》，《自然科学史研究》第4卷第3期，1985年。

安徽省天长市
城南乡祝涧村三角圩
27 号西汉墓出土双圈铭文铜镜

安徽省天长市
城南乡祝涧村三角圩
27 号西汉墓出土昭明镜

1952 年湖南省长沙市
伍家岭 211 号汉墓出土
的西汉“中国大宁”鎏金青铜镜

草叶纹铜镜

浙江博物馆藏西汉
大乐富贵蟠螭纹镜

湖南长沙马王堆
一号汉墓出土的铜镜

江苏邗江县甘泉
2 号汉墓出土的错银铜牛灯

1956 年云南省晋宁区
石寨山 10 号墓出土的
青铜四牛鎏金骑士贮贝器

云南晋宁石寨山
滇墓出土的铜祭祀贮贝器

秦汉时期长江流域的金属冶炼和制作，除钢铁冶铸和青铜铸造外，在金银器制作方面也取得了一定的成就。如《汉书·贡禹传》说：“蜀、广汉主金银器。”从考古发掘资料来看，这里所说的“金银器”实际上应是指制造镀金或镀银的铜器而言。北京故宫博物院收藏的东汉建武二十一年(45 年)蜀郡西工所造的一件铜酒樽，附有托盘，通体镀金，并在樽和托盘的三个熊形的足上镶嵌绿松石和水晶，制作极其精致①。

2010 年江苏省盱眙大云山
江都王陵出土的鎏金青铜座银盒

2010 年江苏省盱眙
大云山江都王陵出土的金饰

1980 年江苏省邗江县
甘泉镇 2 号墓出土的品字形金饰

2001 年广西合浦
九只岭出土的金饰件

2015 年南昌
海昏侯墓出土的马蹄金

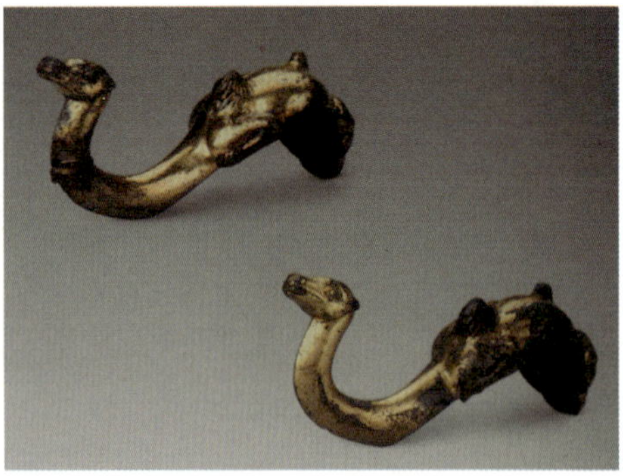

2015 年南昌海昏侯墓出土的
鎏金青铜骆驼形纽钟架构件

① 方国锦：《鎏金铜斛》，《文物参考资料》1958 年第 9 期。

广州汉代南越文王墓出土的银盒

广州汉代南越文王墓出土的鎏金铜壶

(五)漆器业

秦汉时期,中国的漆器生产出现了空前繁盛的局面。以地域而言,当以长江流域最为发达,四川、湖南、安徽、江苏、广西等地漆制品的大量出土就反映了这一点。

蜀中漆器在全国首屈一指。《汉书·贡禹传》有载:"蜀、广汉主金银器,岁各用五百万。"这里所说的金银器,绝大多数当是蜀郡、广汉郡工官所生产的用金银装饰的漆器,时称扣器、错器。扣器是用金银缘饰器物边口或嵌镶柄耳,错器是用金银嵌饰器物上的花纹。于此,我们可见其生产规模之大。考古资料也证实了这一点,近数十年来,在湖南长沙马王堆、湖北江陵凤凰山及贵州清镇等地汉墓及朝鲜平壤、蒙古诺音乌拉等的古墓中,都曾出土大量的、精美如新的蜀中漆器①。这些出土的蜀中漆器,上面往往烙印有"成市""成市草""成市饱""成市素"等字样,表明它们是成都市官监造的。据文献记载,西汉政府曾在全国八个手工工艺最发达的城市设置工官,其中四川就有蜀郡成都、广汉郡雒县两处。

长沙,是长江中游最重要的漆器产地。如在马王堆1号汉墓出土的184件漆器中,除"大部分应当是成都市府作坊的制品"②外,有部分当是本地的产品③。

长江下游的扬州、会稽等也出产漆器。扬州在其附近乃至盱眙东阳一带发现的数百

① 商承祚:《长沙出土漆器图录》,上海出版社1955年版;小场恒吉等:《乐浪汉墓》第1册,乐浪汉墓刊行会,1974年;梅原末治:《蒙古ノィこウぅ发见の遗物》,《东洋文库论丛》第27册,第28—34页,图59～65,1960年。

② 俞伟超、李家浩:《马王堆一号汉墓出土漆器制地诸问题》,见《马王堆汉墓研究》,湖南人民出版社1981年版。

③ 湖南省博物馆、中国科学院考古研究所:发掘报告中认为马王堆1号汉墓出土的漆器大部分是在本地制造的,此说据俞伟超等考证有误,但一部分漆器在本地生产当无疑义,见《长沙马王堆一号汉墓》,文物出版社1973年版,第94页。

座汉墓中出土过大量的漆器，据学者对其上面的戳记及艺术风格等的研究，“认为把扬州地区出土的汉代漆器中的大部分看成属本地产品是没有多少问题的”①。会稽郡也是秦汉时期的漆器产地，如乐浪郡西汉彩箧冢的彩箧人物故事画，其中有商山四皓之一的夏黄公，据陈直研究，“此盖会稽人传说，与北方传说不同，彩箧画工，亦可能为会稽一带人士”②。此外，从安徽合肥、寿县、阜阳，江苏海州，浙江宁波等地汉墓出土的漆器来看，有不少就是当地的产品。1977 年在安徽省阜阳县双古堆发掘的西汉初年的汝阴侯墓中出土了许多漆器，其中一件漆卮上有“女（汝）阴侯卮容五升，三年女阴库己、工年造”的铭文③。从这些漆器上的“女阴”字样戳记中，我们可以知道它们的产地便在汝阴（今安徽阜阳）。

值得注意的是，两广地区在西汉时也能生产精美的漆器。如广州西村石头冈西汉初年墓中的漆器有“番禺”的烙印，广西贵县罗泊湾西汉初期墓中的漆器有“布山”“市府”的戳记④，表明这些漆器是分别在南海郡的番禺（今广东广州）、郁林郡的布山（今广西桂平）生产的，这更有力地证明了秦汉时期南方特别是长江流域漆器制作业的兴盛发达。

从出土的漆器和铭文来看，其制作极其精细。《盐铁论·散不足》篇有“一杯棬用百人之力，一屏风就万人之功”的说法，反映了漆器工艺生产的精良程度。又如，1957 年贵州清镇汉墓出土的西汉漆器铭文曰：“（平帝）元始三年，广汉郡工官造乘舆髹汨画木黄耳棓（杯），容一升十六籥。素工昌、休工立、上工阶、铜耳黄涂工常、画工方、汨工平、清工匡、造工忠造。护工卒史恽、守长音、丞冯、掾林、守令史谭主”⑤。素工制作木胎，髹工、上工负责上漆，铜耳黄涂工的任务是在铜制杯耳上镏金，画工绘制花纹，汨工在器物上雕刻花纹和铭文及负责漆器刮摩，清工最后修整、洗净，造工是负责全面工作的工师。由此可知，一件漆器的制成要经过造胎、上漆、加金属扣、彩绘、打磨、检验等七道工序。这样严密而科学的分工，反映了漆器生产技术的进步和发展。

① 贺云翱：《从考古资料看两汉时代的江苏经济》，《东南文化》1989 年第 3 期。
② 陈直：《西汉经济史论丛》，陕西人民出版社 1980 年修订 2 版，第 105 页。
③ 安徽省文物工作队等：《阜阳双古堆西汉汝阴侯墓发掘简报》，《文物》1978 年第 8 期。
④ 广西壮族自治区文物工作队：《广西罗泊湾一号发掘简报》，《文物》1978 年第 9 期。
⑤ 贵州省博物馆：《贵州清镇平坝汉墓发掘报告》，《考古学报》1959 年第 1 期。

西汉漆卮

西汉漆盒装耳杯

西汉漆壶

西汉云气纹双层漆奁

西汉云气纹长方漆奁

西汉云纹漆具杯盒

1978 年湖北云梦睡虎地

44 号墓出土的秦代彩绘牛马纹扁壶

西汉漆匜

西汉云纹圆漆盘

西汉云纹漆卮

西汉云纹漆案及杯盘

云纹漆案及食具

云纹漆具

湖北云梦睡虎地 M11 出土的秦代彩绘凤鱼纹漆盂

西汉彩绘云龙纹漆平盘

湖南长沙马王堆
M1 出土的云纹漆鼎

湖北云梦睡虎地秦代
M9 出土的彩绘凤形漆勺

湖北云梦睡虎地 M44 出土
的秦代彩绘牛马鸟纹漆扁壶

（以上选自吕章申主编《秦汉文明》，北京时代华文书局 2017 年版）

由于漆器制作精益求精，所以各地生产出了大批名贵华丽的漆器。这些价值高昂的漆器，制作精巧、色彩艳丽、造型优美、装饰精致而又耐用，成为上层统治阶级必不可少的日用品。《汉书·贡禹传》说："尝从之东宫，见赐杯案，尽文画金银饰。"《盐铁论·散不足》说："今富者银口黄耳，金罍玉钟。中者野王纻器，金错蜀杯，夫一文杯得铜杯十。"《汉旧仪》说："大官令尚食，用黄金扣器；中官长、私官长尚食，用白银扣器。"又《后汉书·和熹邓皇后纪》载：邓皇后为了表示节俭，下诏："其蜀汉扣器、九带佩刀并不复调。"于此可见蜀汉漆器在时人心目中所占的地位。从考古资料来看，这些文献记载绝非虚言。如在马王堆轪侯家族三座汉墓出土的700多件漆器中，就有一大批光亮如新、造型精致、纹饰华丽、品种繁多的漆器。其中1号墓中出土的朱地彩绘漆棺和黑地彩绘漆棺，更是漆器中引人注目的珍品，是我国古代工匠大师的艺术杰作。黑地彩绘棺是马王堆1号汉墓内棺以外的第2层棺。棺长256厘米、宽118厘米、高114厘米。棺内涂朱漆，外表通体涂黑，然后用灰、粉绿等冷色和间色绘漫卷的流云纹和神怪、仙人、鸾鸟、鹤及牛、马、鹿、豹、蛇等100多个图像。图形富有变化，且栩栩如生。

黑地云气纹神兽彩绘漆棺

黑地云气纹神兽彩绘漆棺

漆器的胎质有木胎、夹纻胎（即麻布胎）和竹胎三种。胎骨的髹漆，使用了腻子、底漆和面漆，底漆和面漆的层数为三至四道不等，漆膜平均厚度在110微米左右，腻子层一般为灰色。漆器涂膜颜料的颜色有黑、朱红、褐、深棕、金和白色等，这些色彩有的为朱砂（硫化汞）、氧化铁、石绿等颜料调油，绘画于已髹了漆的器物上；有的采用生漆制成半透明的漆，再加入颜料，如黑色矿物等制成；还在一些特别精致的漆器上，先髹黑褐色漆为坯底和面层，在漆地上用金色颜料描绘，然后再用油彩描绘；有的则在髹漆的器物上用锥加以镌刻，并在锥刻的花纹中夹杂油彩，使花纹有粗有细，具有强烈的立体感，因而器物的颜色和造型也更显得鲜艳无比，精巧纤丽，绚丽夺目。漆器纹样细致而流畅，图案主要有云气纹、龙凤纹、花草纹、鸟兽纹和几何形纹等。图案花纹绘制时，除采用平涂外，主要是采用线条勾勒，如有的漆器还采用了几种线条同时勾勒的手法，线条均匀而刚劲有力，显得非常柔和，使图案花纹与地层对比色彩强烈，有明有暗，十分协调①。此外，长沙、合浦、连云港等地出土的漆器，有的还采用金银箔贴的纹样，绘有飞禽、走兽、车马、人物及各种几何图案，可以说是丰富多彩，令人目不暇接。

漆器的品种也非常繁多，估计在20种上下。如马王堆1号汉墓出土的漆器有15种，3号汉墓出土漆器有17种。在这丰富多彩、名目繁多的漆器中，有盛放食物的鼎、盒、盘、盆；有盛酒的钟、圆壶、方壶；有日常生活用具的屏风、几、案、卮杯、耳杯、匕、勺；有盥洗用具的匜、沐盘；有陈放梳妆用具的圆奁盒、方奁盆；还有属于文娱用品的琴、陆博以及兵器中的髹漆品等等，这表明当时漆器的使用已相当广泛了。

(六)酿酒业

秦汉时期长江流域的酿酒业，在中国古代酿酒史上占有非常重要的地位，这主要体现在以下两个方面：一是名酒产地遍布整个长江流域；二是酿酒技术及生产规模都有了进一步的发展。

1. 众多的名酒产地

根据文献资料，秦汉时期长江流域的名酒产地主要有：

巴蜀地区：《汉书》载：建元元年(前140年)，汉武帝派唐蒙出使南粤，唐蒙在南粤王款待他的宴会上饮到了“蒟酱”，并得知是僰道所产，于是断定蜀南僰道至夜郎、南粤之间一定有一条通道，便上书汉武帝通西南夷，汉武帝出兵征服了南粤②。这则故事中的“蒟酱”，据考证当为四川宜宾最早的名酒，产于今长宁县，是一种用野生水果“蒟”酿成的酒③。汉武帝建元六年(前135年)，在今宜宾境内设立僰道县。《华阳国志·蜀志》载：僰道县盛产“荔枝、姜、蒟”。扬雄《蜀都赋》列举蜀地名产时云：“蒟酱酴清。”④章樵注曰：“酴清，酴醾酒。”另据考古资料，在成都凤凰山西汉墓出土的一批陶坛罐的盖上，有墨书的“酒”“甘酒”等字样，也可作为印证。另外在社会中下层也有不少自酿自卖的小手工业作坊，生产规模不大，但数量多，分布广，遍布集市和社会的各个角落。如四川新都出土酿酒售酒画像砖，画面中间刻一口大陶缸，一妇人两袖高卷，左手扶缸沿，右手搅拌，似在酿酒；旁有一人，立于下放三个酒罐的酒炉之旁，似在卖酒；另有两人，一人肩挑两坛酒，一

① 熊传新：《马王堆汉墓的漆器》，载《马王堆汉墓研究》，湖南人民出版社1981年版，第356—357页。

② 〔汉〕班固：《汉书》卷九五《西南夷两粤朝鲜传》，中华书局1964年版，第11册，第3839页。

③ 《中国酒文化和中国名酒》，中国食品出版社1989年版，第295页。

④ 〔汉〕扬雄：《蜀都赋》，张震泽校注：《扬雄集校注》，上海古籍出版社1993年版，第2页。

人手推装有酒坛的独轮车，朝外走去。① 另四川彭县出土画像砖“酒肆”图，肆内炉台后一卖酒者，炉台下置有酒坛。店外一人站在酒炉前似在买酒，另一人手推装有酒罐的独轮车，边走边回头与卖酒者话别。②

四川省博物馆藏汉代酿酒画像砖

宜城（今属湖北）：《周礼》郑注云：“泛泛然，如今之宜城醪矣。”《释名》曰：“犹酒言宜城醪。”曹植《酒赋》说：“宜城醪醴。”晋人傅玄《酒赋》在列举名酒产地时说：“课长安与中山，比苍梧与宜城。”《北堂书钞》卷一四八引傅玄《七谟》说：“甘醪贡于宜城。”由此可见，汉代宜城出产醴醪类名酒，而且还曾作为贡品进奉朝廷。

湘东（今湖南衡阳）：据学者考证，湘东在汉代盛产一种称为“醽醁”的名酒，并且远销于中原。“此酒产于湖南衡阳县之酃湖，因湖水绿，故名酃绿，加酉则变为‘醽醁’”。这种酒在晋人诗文中多有记载，如张载《酃酒赋》说：“衡阳东有酃湖，醴酒甚美，即谓酃酒。”左思《吴都赋》：“飞轻轩而酌绿酃。”《抱朴子》说：“寒泉旨于醽醁”“密宴继集，醽醁不撤。”

乌程（今浙江湖州）：《通雅》曰：“秦时有程林、乌金二家，善酿。南岸曰上若，北岸曰下若，均名若下。”《西吴里语》卷一说：“秦有乌氏、程氏，各善造酒，合其姓为乌程县。”

会稽（今浙江绍兴）：绍兴酿酒的历史至少可以追溯到春秋战国时期，越王句践“箪醪劳师”的故事就说明当时绍兴已能酿酒。到秦汉时，绍兴的酿酒业继续有了发展。《周礼》贾疏引马融注云：“今之宜城、会稽稻米清。”

苍梧（今广西梧州）：桓谭《新论》：“玄酒不如苍梧之醇。”《释名》曰：“犹酒言……苍梧清之属也。”曹植《酒赋》云：“苍梧漂清。”由此可见，广西苍梧一带在汉代盛产醇类名酒。

此外，湖北、江苏、安徽、贵州等地的酿酒业，在汉代也达到了相当的规模，这可从文献资料、出土的大量饮酒器具及画像石上出现的饮酒场面中可以看出，此不赘述。这表

① 《巴蜀汉代画像集》，文物出版社 1998 年版，图 16。

② 余德章：《从四川汉代画像看汉代酿酒》，《汉代画像石研究》，文物出版社 1987 年版。

明，秦汉时期长江流域的酿酒业在前代基础上有了进一步的发展，其名酒产地已遍及整个长江流域地区。

2. 酿酒技术的进步

随着秦汉时期酿酒业的发达，长江流域的酿酒技术也得到了迅速发展和提高。首先，制曲技术已有相当的发展。如西汉末年蜀人扬雄在他所作的《方言》一书中，就记有“𪎭”“麸”“𪍿”“𪎤”“𪍴”“𪎊”“𪎋”等名称。这众多的曲种表明，当时人们已经善于利用曲来酿酒。其次，酿酒工艺已趋成熟。在长沙马王堆西汉墓中出土的帛书《养生方》和《杂疗方》中可看到我国迄今为止发现的最早的酿酒工艺记载。北魏贾思勰在《齐民要术》卷七《笨曲饼酒第六十六》也载：“蜀人作酴酒法，十二月朝，取流水五斗，渍小麦曲二斤，密泥封至二月冻释，发漉去滓。”反映出当时的酿酒工艺已成熟且趋科学化、规范化。第三，酒的度数的提高。有学者依据上海博物馆收藏的一个汉代铜质蒸馏器、四川等地出土的汉代画像砖上的“酿酒图”及葛洪《神仙传》载东汉桓帝时道士王远酿酒的记载等资料，证明“东汉晚期我国已经酿制蒸馏酒了”①。此说虽然尚待商榷，但当时酒的度数比先秦时有了提高当无问题。第四，酒类的品种增多。从文献和考古资料来看，除谷物酿制的稻酒、秫酒、米酒等以外，尚有用甘蔗、蒟等酿制的果酒②。

（七）造船业

秦汉时期，是中国造船史上第一个高峰时期③。在这一时期，中国造船业的重心在南方，以长江流域最为发达，当时的四川、湖北、湖南、安徽、江西、江苏、浙江等地都设有专门的造船工场，以“越舲蜀艇”著称于时④。

四川是长江上游最大的造船中心。据文献记载，公元前 308 年，秦遣“司马错率巴、蜀众十万，大舶船万艘，米六百万斛，浮江伐楚，取商于之地为黔中郡”⑤。其造船业之发达，于此可见一斑。

江陵、武昌、长沙，是长江中游最重要的造船基地。《汉书·伍被传》载，西汉初年，吴王濞曾“伐江陵之木以为船”。20 世纪 80 年代，在湖北江陵凤凰山汉墓出土了数只西汉木船模型。其中一只用整木雕成，全长 71 厘米，船形细长，头部较窄，尾部稍宽，中部宽约 10.5 厘米。底部中间齐平，平面呈梭形，中间大，两头小，两端呈流线型上翘，以减少

① 王有鹏：《我国蒸馏酒起于东汉说》，见《中国酒文化和中国名酒》，中国食品出版社 1989 年版。

② 余华青、张廷皓：《汉代酿酒业探讨》，《历史研究》1980 年第 5 期。

③ 席龙飞、杨熺：《中国造船发展史》，武汉水运工程学院讲义，1985 年。

④ 〔汉〕刘安著、高诱注：《淮南子注》卷二《俶真训》，《诸子集成》本，中华书局 2006 年版，第 7 册，第 33 页。

⑤ 〔晋〕常璩：《华阳国志》卷三《蜀志》，刘琳校注《华阳国志校注》，巴蜀书社 1984 年版，第 194 页。

流水阻力，符合力学原理。船面首尾两端呈平面，中部雕空，留出旁板构成底舱，舱内置横梁若干，上有盖板，中部和靠近尾部的船身旁板上各凿小槽，上置横过梁两根，伸出船外。船上的许多零件中，有“人”字形木架两根，“⌂”形木板两块，其中一块下有凹缺似门，按两者弧度拼合，恰为舱房篷盖的前后山墙及顶架。另有长条木板，盖上后成两个坡面的悬山式房顶；又有窄板两块，疑为舷板，搁在跳出的过梁上，恰为舱房外掌篙、荡桨之通道。还有木柱、桨桩若干，其下皆有榫头，船边上有许多榫眼①。船具有木桨 5 支，桨架 4 根，但未见船舵，可能是以桨代舵。从同墓出土的简册上所载有“船一楒”“中版”“大船皆廿三桨”“大奴□棹”等船史资料来看，当时湖北地区已能制造出结构较复杂、形体较大的、有 23 支船桨的大船了。另据中国科学院考古研究所《长沙发掘报告》所载，长沙 203 号汉墓也出土有 16 支桨，船的两侧边沿和首尾平板上发现有规则的钉眼，这说明当时造船已使用钉子。

长江流域等地出土的汉代船模

庐江、豫章、广陵、会稽等郡是长江下游的重要造船基地。据《汉书·地理志》所载，西汉政府在庐江设有楼船官，大量生产楼船。汉武帝元鼎五年（前 112 年），南粤相吕嘉反叛，武帝以杨仆为楼船将军，率“江淮以南楼船十万师往讨之”②，由此可以想见当时庐江郡楼船生产规模之大。广陵在西汉时也设有船官。高邮天山 1 号汉墓造墓用料中，有一批刻有“广陵船官板”字样的木柱就来自广陵官营船场③。另，《史记·淮南衡山王列传》所载“吴王……王四郡之众，地方数千里，内铸消铜以为钱，东煮海水以为盐，上取江陵木以为船，一船之载当中国数十两车，国富民众”，也证明广陵自西汉初年起便设有官营的造船作坊。会稽是秦汉时期最重要的海船制作中心。据《汉书》等记载，汉武帝曾诏令朱买臣、严助等人到会稽郡“治楼船”④。马端临《文献通考》卷一五八也说武帝时“江淮青齐皆有楼船军。击南粤，救东瓯，则用江、淮、会稽楼船”。

秦汉时期长江流域的造船业已有很高的水平：一是能够建造大型船只，如庐江、豫章等地建造的楼船高达三四层。东汉刘熙《释名·释船》曰：“其（指楼船）上层曰庐，象舍

---

① 杨剑虹：《湖北古代的造船》，见丰荣森、杨剑虹编《湖北古代科技珍闻》，湖北省科技志编辑室刊印，第 68—69 页。

② 〔汉〕班固：《汉书》卷九五《西南夷两粤朝鲜传》，中华书局 1964 年版，第 11 册，第 3857 页。

③ 梁白泉：《高邮天山一号汉墓发掘侧记》，《文博通讯》（江苏）第 32 期，1980 年 8 月。

④ 〔汉〕班固：《汉书》卷六四上《朱买臣传》，中华书局 1964 年版，第 9 册，第 2792 页。

也；其上重室曰飞庐，在上故曰飞也；又在其上曰爵（通“雀”）室，于中候望，若鸟爵之警视也。”①这种楼船几乎成了汉代大型船舶的代表，极其雄壮。如《史记》说：“治楼船高十余丈，旗帜加其上，甚壮。”②二是船舶制造规模宏大、技术先进。以受会稽造船技术影响的番禺为例，1974 年考古工作者曾在广州发现秦汉时期造船工场遗址。经探测和试掘，发现该造船工场有 3 个平行排列的造船台，长度各在 86 米以上，埋藏在距地面 5 米的深处。每个船台都有 2 条滑道，滑道由许多长条厚木板组成，长 70 厘米，厚 15 厘米，1 号船台的 2 条滑道的中心距是 1.8 米，2 号船台是 2.8 米。滑道底下垫有枕木，滑道面上有规则地排列着一组组木墩，墩高 1 米左右，可以拆卸。据有关学者专家判断，利用这样规模的船道和滑道，可以成批制造宽 6～8 米、长 30 米、载重量 50～60 吨的木船。船是搁在木墩上建造的，造成后在滑道上横向铺设许多圆木，撤去木墩后，使船下降搁在圆木上滚动下水。这种成熟的船台和下水滑道，表明当时的造船工艺已经相当先进③。三是橹、舵和布帆等的发明和使用。从长沙木船模来看，当时已使用船首尾出艄和厥板技术。而橹的出现，则是汉代船舶推进工具中一件带有突破性的大发明。《释名》说：“在旁曰橹。橹，膂也。用膂力然后行也。”由于橹可以左右连续不断地摇动，因此它的效率功用远远高于划桨或撑篙，加速了舟船的行进速度，这是中国对世界造船技术的一大贡献。帆和舵，在汉代也已普遍使用。如《释名》曰：“随风张幔曰帆。帆，泛也，使舟疾泛泛然也。”又曰舵：“其尾曰柁。柁，拖也，在后也，拖曳也，且言弼正船使顺流不使他戾也。”

（八）造纸业

秦汉时期长江流域造纸业最重要的成就，是造纸术的发展。

中国古代的造纸业起源于西汉。据考古发掘资料，现存最早的纸可能是 1957 年陕西西安附近灞桥的一座不晚于西汉武帝（前 140—前 87）的古墓出土的。纸呈泛黄色，已裂成碎片，最大的长宽约 10 厘米，最小的也有 3×4 厘米。经鉴定，它是以大麻和少量苎麻的纤维为原料制造而成的，其制作技术比较原始，质地粗糙不匀，还不便于书写。此后，甘肃居延汉代肩水金关遗址、陕西扶风县中颜村、甘肃敦煌马圈湾等地都出土有西汉时代的纸。但以上这些年代略晚于灞桥纸的古纸，在质地上也和灞桥纸相似，都是麻纸，微黄而厚，粗而不匀，表面可以见到纤维束，同样不便于书写。

除了考古资料外，东汉初有的文献中常常提到纸。如《后汉书·郑范陈贾张列传》：“（贾）逵自选《公羊》严、颜诸生高才者二十人，教以《左氏》与简纸经传各一通。”章怀注

① 〔清〕王先谦：《〈释名〉疏证补》卷七《释船》，商务印书馆 1937 年版，第 380 页。
② 〔汉〕司马迁：《史记》卷三〇《平准书第八》，中华书局 1959 年版，第 4 册，第 1436 页。
③ 广州市文物管理处：《广州秦汉造船工场遗址试掘》《秦汉时期的船舶》，《文物》1977 年第 4 期。

云:“竹简及纸也。”《后汉书·和帝纪》:“永元十四年(102年)冬十月辛卯,立皇后邓氏……后不好玩弄,珠玉之物,不过于目,诸家岁供纸墨殷勤而已。”又《北堂书钞》卷一〇四引《马融与窦伯可书》云:“孟陵来赐书,见手书欢喜何量,书虽两纸八行,行七字。”同卷又引《崔瑗与葛元甫书》说:“并送许子十卷,贫不及素,但以纸耳。”不过,西汉及东汉初的纸,使用尚不普及,且多不能书写,书写材料仍以竹、木简和缣帛为主;到和帝时,蔡伦改进了纸的制作方法,才有可能大量生产,从而代替了以前使用的书写材料。

1978年陕西省扶风县出土的扶风纸

蔡伦像

蔡伦(?—121),字敬仲,桂阳(今湖南耒阳)人,是汉和帝时的太监,曾任尚方令,负责监制御用器物。其革新造纸技术的事迹,在《后汉书·宦者列传》中有载:“自古书契,多编以竹简,其用缣帛者,谓之为纸。缣贵而简重,并不便于人。伦乃造意,用树肤、麻头及敝布、鱼网所为纸。元兴元年(105年),奏上之。帝善其能,自是莫不从用焉,故天下咸称‘蔡侯纸’。”由此可知,蔡伦在前人的基础上进行了大量的试验和革新。首先在原料上,除采用破布、旧渔网等废旧麻类材料外,同时还采用了树皮,从而开拓了一个崭新的原料领域,使造纸原料多样化。其次在技术工艺上,也较以前完备和精细。除淘洗、碎切、泡沤原料之外,可能已经用石灰进行碱液烹煮,从而提高了植物纤维纸的质量和生产效率,便于书写,为纸的推广和普及开辟了广阔的道路。它的出现,是中国古代造纸技术的重大突破,是标志着纸张开始取代竹帛的关键性转折。因此,学术界普遍认为:只有蔡侯纸才是真正的纸;“把蔡伦评价为我国造纸术的代表人物或发明者,仍然是正确的”①。

蔡伦之后,造纸技术在长江流域继续得到发展。如东汉宣城人孔丹,就曾发现青檀皮在造高级书画纸(宣纸)时的价值。

造纸术的发明和发展,对世界文明的发展起到了重要的推动作用。在晋武帝司马炎太康年间,造纸术传到朝鲜。隋炀帝大业六年(610年),朝鲜和尚昙征把中国的造纸术传到日本。唐天宝十载(751年),造纸术传入大食。公元793年,造纸术传到西亚的巴格达和叙利亚的大马士革。900年,造纸术又传到非洲的埃及。大约在1150年时,阿拉伯人

① 王菊华、李玉华:《从几种汉纸的分析鉴定试论我国造纸术的发明》,《文物》1980年第1期。

征服了西班牙，在当地设立造纸厂。从此，纸的生产在欧洲各国蓬勃开展。纸的大量生产，有力地推动了人类文化的发展和文明的进步，其作用是不可估量的。这是中国人民对世界文明所作的重要贡献，也是为全世界人民所公认的①。

三、商业和交通运输业

随着农业、手工业的发展，秦汉时期长江流域的商业和交通运输业也得到了显著的发展。“西通巫、巴，东有云梦之饶”的江陵；“东有海盐之饶，章山之铜，三江五湖之利”的吴；“亦一都会”的寿春、合肥、番禺等。西汉中期以后，又兴起一些新的都市，“比屋连甍，千庑万室”的成都是其中的典型，在这里“市廛所会，万商之渊。列隧百重，罗肆巨千。贿货山积，纤丽星繁”。“贾贸墆鬻，舛错纵横；异物崛诡，奇于八方”②。

（一）陆上运输与商业往来

对于秦汉国家来说，便利而迅捷的交通网络和交通工具是王朝运转的一项基本保障，经秦的草创和汉的完善，这一时期形成了中国历史上最初的以京畿为核心向四周辐射的全国交通网络。其中重要的交通干线有连接关中、中原和东方海滨的三川东海道，连接关中和江汉平原的南阳南郡道，连接关中和西北的陇西北地道，连接关中和九原的直道，以及连接河东和右北平的邯郸广阳道。③ 而秦汉时期长江流域的陆上交通运输，最主要的当推巴蜀栈道和西南丝绸之路。

1. 巴蜀栈道

巴蜀栈道，是长江上游地区连接我国西北、中原及岭南地区的交通道路设施，在中国古代交通史上有着非常重要的作用。

巴蜀栈道开创于3000多年以前，至战国时期就已经非常发达，《战国策・秦策三》曰：“栈道千里，通于蜀汉。”秦汉时期，巴蜀栈道达到了顶峰，《史记・货殖列传》说：“关中南则巴蜀，栈道千里，无所不通。”

金牛道，又称石牛道，是巴蜀栈道中最为古老、最为重要的栈道之一，秦汉文献所谓的“栈道千里，无所不通”；“栈道千里，通于蜀汉”，一般就是指这条道路。该道自今陕西勉县西南行，越七盘岭，经朝天驿，趋剑门关，到达成都，是当时由秦入蜀的最早通道。

---

① 林剑鸣：《秦汉史》，上海人民出版社1989年版，下册，第313页；李约瑟：《中国科学技术史》第5卷第1分册《纸和印刷》。

② 〔西晋〕左思：《蜀都赋》，高步瀛：《文选李注义疏》卷四，中华书局1985年版，第2册，第977、978、975页。

③ 王子今：《秦汉交通史稿》，中央党校出版社1994年版，第28—32页。

《水经注·沔水》引《本蜀论》曰："秦惠王欲伐蜀而不知道，作五石牛，以金置尾下，言能屎金。蜀王负力。令五丁引之，成道。秦使张仪、司马错寻路灭蜀，因曰石牛道。"

褒斜道，为蜀道北栈之主干道。其道"北口曰斜，南口曰褒，长四百七十里。同为一谷，按斜谷在眉县西南三十里，秦惠王取蜀之道也"①。褒斜栈道起自秦岭北麓眉县西南15千米的斜水谷，到达秦岭南麓褒城县北5千米的褒水河谷，故称褒斜道。早在秦惠王时，为克服秦岭的阻隔，打通陕西到四川的道路，已开始修筑褒斜栈道。《史记·河渠书》载：汉武帝时，"有上书欲道褒斜道及漕事，下御史大夫张汤。汤问其事，因言：'抵蜀从故道，故道多坂，回远。今穿褒斜道，少坂，近四百里；而褒水通沔，斜水通渭，皆可以行船漕。漕从南阳上沔入褒，褒之绝水至斜，间百余里，以车转，从斜下下渭。'天子以为然，拜汤子印为汉中守，发数万人作褒斜道五百余里。道果便近，而水湍石，不可漕"。此道是一条沿出于秦岭的褒水和斜水，由今陕西眉县附近越过太白山到达今陕南褒城附近的道路，原准备水陆两路兼通，但因航道完工后水中仍多礁石，且水流湍急，无法行船。而陆路却非常便利，大大缩短了巴蜀等地过去从"多坂回远"的"故道"至关中的距离，成为长安入蜀的最主要通道，所以《史记·货殖列传》说："巴蜀栈道千里，无所不通，唯褒斜道绾毂其口。"到汉明帝永平六年（63年），汉中太守鄐君奉明帝之令，在褒斜道南端的七盘山开通隧道，是为褒斜首石门，首创了世界交通史上"最早的人工隧道"②。隧道开通后，褒斜道因此而缩短了约50千米的路程。蜀汉诸葛亮第五次伐魏，即经此道。

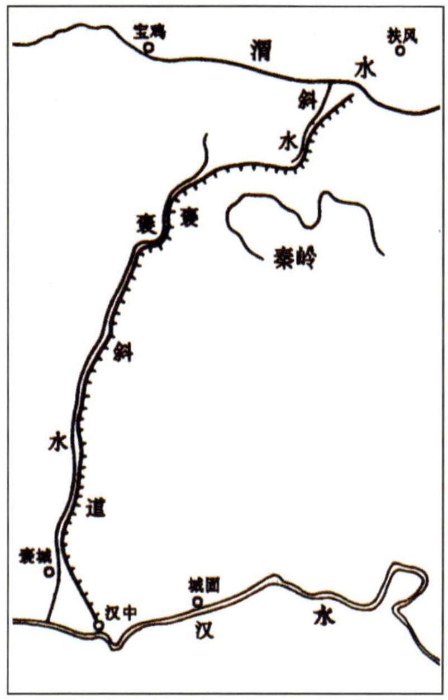

褒斜道示意图

陈仓道，是秦汉时期汉中至宝鸡的重要通道。公元前206年，刘邦取关中，从韩信之计，"明修栈道，暗渡陈仓"，出奇制胜，平定三秦。在当时，它又称故道、散关道、青泥道，因其分别经过蜀之故道县、散关及青泥岭而得名。

子午道是秦代所建的蜀道之一，相传为秦惠文王于公元前316年取蜀以后所修。颜师古在《汉书·王莽传》中注曰："子，北方也；午，南方也。言通南北道相当，故谓之子午

① 张邦伸等：《云栈纪程》卷三《自宝鸡至褒城》，见《西南文献丛刊》二编，学苑出版社2009年版，第22册，第236—237页。

② 《石门》1984年10月创刊号。

耳。”据《史记·高祖本纪》记载：项羽“使卒三万人从汉王，楚子、诸侯人之慕从者数万人，从杜南入蚀中。张良辞归韩，汉王送至褒中，因说汉王烧绝栈道，以备诸侯盗兵，亦视项羽无东意”。由此可见，子午道是由杜陵，南经蚀中入汉中的一条栈道。因该道僻在西部，“途路涩难”①，到汉武帝时被褒斜道所取代。

栈道惊险绝至。《史记索隐》引“崔浩云：险绝之处，傍凿山岩，而施板梁为阁”。《析里桥郙阁颂》曰：“缘崖凿石，外隐定柱，临深长渊，三百余丈，接木相连，号为万柱。过者慄慄，载乘为下。常车迎布，岁数千两。遭遇聩纳，人物俱陨。沈没洪渊，酷烈为祸。自古迄今，莫不创楚。”这种“编木为栈”是典型的古典式木栈，在当时又称为阁道、栈阁，如颜师古注《汉书》说：“栈，即阁也。今谓之阁道，盖架木为之。”

由于栈道多建在悬崖绝壁上，所以其建造工程极其艰巨。以东汉明帝永平六年(63年)的褒斜道修整工程为例，《鄐君开褒斜道摩崖刻石》曰：“汉中郡以诏书受广汉、蜀郡、巴郡徒二千六百九十人，开通褒斜道。始作桥路六百卌三间，大桥五，为道二百五十八里。邮亭驿置徒司空褒中县官寺并六十四所。凡用功七十六万六千八百余人，瓦卅六万九千八百四器，用钱百四十九万，九千四百余斛粟，九年四月成就，益州东就京师，去就安稳。”②

蜀道的开通，无疑在长江文化发展史上具有十分重要的意义。首先，通过蜀道，秦汉时期先进的黄河文化源源不断地输入长江上游地区，从而推动了这些地区经济文化的迅速发展。以成都的勃兴为例，蜀道开通前，成都及其周围地区的经济文化较为落后，不仅无法与邻近的关中文化相比，而且也远远落后于同处长江流域的楚文化和吴越文化；蜀道开通后，改变了巴蜀地区过去因自然环境恶劣而“不与秦塞通人烟”的状况，从而促进了巴蜀文化的发展，使其成为全国的文化重地之一。据文献记载，秦定巴蜀之后，便立即着手成都等地的城市建设。《华阳国志·蜀志》说：“仪与若城成都，周回十二里，高七丈；郫城周回七里，高六丈；临邛城周回六里，高五丈。造作下仓，上皆有屋，而置观楼射兰。成都县本治赤里街，若徒置少城内城，营广府舍，置盐铁市官并长丞，修整里阓，市张列肆，与咸阳同制。”这些措施为秦汉时代巴蜀地区经济文化的发展创造了极其有利的条件。到汉代，巴蜀文化已非常发达，从以前秦人所讥的“西僻之国，戎狄之长”一跃而成为全国经济文化发达的地区。“司马相如游宦京师诸侯，以文辞显于世……后有王褒、严

① 《全后汉文》卷九八《司隶校尉杨孟文石门颂序》，清严可均校辑《全上古三代秦汉三国六朝文》，中华书局1958年版，第1001页。

② 《全后汉文》卷九八，清严可均校辑《全上古三代秦汉三国六朝文》，中华书局1958年版，第998页。

遵、扬雄之徒，文章冠天下”①。成都也成为全国五大城市之一，左思《蜀都赋》曰：“亚以少城，接乎其西。市廛所会，万商之渊。列隧百重，罗肆巨千。贿货山积，纤丽星繁。都人士女，袨服靓妆。贾贸墆鬻，舛错纵横。异物崛诡，奇于八方。”一派兴旺发达的景象。其次，进一步沟通和加强了长江文化与黄河文化的联系。通过这条蜀道，四川等地所产的漆器、丝绸等物品也源源不断地运到黄河流域，对上层社会的经济文化生活产生了一定的影响。再次，栈道修筑的本身，也是人类文明史上的一大壮举，它给后人留下了许许多多精神和物质上的宝贵财富，值得我们借鉴和发扬光大。

2. 秦岭南“新道”

秦始皇在统一和经营南越的过程中，利用先秦以来南岭山脉间形成的自然路径，修筑了所谓的“通越新道”。

历史文献中，最早提及“秦所通越道”的是《淮南子》。《淮南子·人间训》详细叙述了秦统一南越时的行军路线：

> 乃使尉屠睢，发卒五十万，为五军，一军塞镡城之岭，一军守九疑之塞，一军处番禺之都，一军守南野之界，一军结余干之水，三年不解甲弛弩，使监禄无以转饷，又以卒凿渠而通粮道，以与越人战，杀西呕君译吁宋。

有学者根据《淮南子·人间训》的这段文字，推断秦军自江南入岭南有四条通道：①循今南昌，经大庾岭进入广东北部；②循今长沙，经骑田岭抵番禺；③出九疑之塞入今贺县；④经镡城之岭入今兴安县，在受阻灵川后，秦军开凿了连接湘水和漓水的灵渠，继而顺漓水而下直捣广西中部。② 宋人周去非在《岭外代答》中对秦代的入岭之途做了非常详细的阐释和说明。他说：“自秦世有五岭之说，皆指山名之。考之，乃入岭之途五耳，非必山也。自福建之汀，入广东之循、梅，一也；自江西之南安，逾大庾入南雄，二也；自湖南之郴入连，三也；自道入广西之贺，四也；自全入静江，五也。”③周去非认为后世所谓的“入岭五途”并不全是秦代的岭南“新道”，除去“自福建之汀，入广东之循、梅”一路，秦始皇用兵南越所由之道有四条：一是自湖南全州入广西桂林；二是自湖南道县入广西贺县；三是自湖南郴州入广东连县；四是自江西大余入广东南雄。周去非的说法与《淮南子·人间训》

---

① 〔汉〕班固：《汉书》卷二八下《地理志下》，中华书局 1964 年版，第 6 册，第 1645 页。

② 马金霞：《通越新道与南越边关——秦代岭南地区交通研究》，《边疆经济与文化》2013 年第 2 期。

③ 〔宋〕周去非：《岭外代答》卷一《地理门》“五岭”条，见杨武泉《岭外代答校注》，中华书局 1999 年版，第 11 页。

所载的秦军行军路线正相吻合，应即是秦岭南“新道”的事实。

秦始皇平定南越后，为了加强岭南与中原地区在政治、军事和经济等方面的联系，巩固中央王朝对南越地区的统治，于公元前 212 年谪遣“治狱吏不直者”筑南越地，扩筑江南入岭通道，并在地形险要处修建关隘派兵驻防，形成了后来所谓的岭南“新道”。他为了控制自湖南全州入广西桂林一路的要道，修建了“严关”。严关是粤西最古老的关隘，位于今广西壮族自治区兴安县城西南的严关镇狮子山与凤凰山之间的狭谷间，两山对峙，中为通道，形势十分险要，是古代由江南进入粤西的必经之地。周去非《岭外代答》卷十《古迹门》载：“北二十里有险曰严关，群山环之，鸟道微通，不可方轨，此秦城之遗迹也。”顾祖禹在《读史方舆纪要》中进一步解释说：“严关，在桂林府兴安县西南十七里。兴安，旧全义县也。县北三里曰全义岭，自严关而南二十里为古秦城关，实为楚、粤之咽喉。”①

3. 西南丝路的发展

秦汉时期陆路交通和贸易的最高成就，莫过于“丝绸之路”的开辟了！从文献和考古资料来看，秦汉时期的“丝绸之路”除了因张骞通西域而开辟的由西汉都城长安通往中亚的运输线外，还存有一条从我国四川、云南经缅甸、印度、巴基斯坦到达中亚的商道，即后人所说的“西南丝绸之路”或“南方丝绸之路”“滇缅道”。从时间上来说，“西南丝绸之路”开辟要早于北方沙漠之路。

《史记·大宛列传》中有一段很著名的文献记载：张骞从西域出使回来以后，向汉武帝报告说：“臣在大夏时，见邛竹杖、蜀布。问曰：‘安得此?’大夏国人曰：‘吾贾人往市之身毒。’身毒在大夏东南可数千里。其俗土著，大与大夏同，而卑湿暑热云。其人民乘象以战，其国临大水焉。”大夏，即今阿富汗的北部。身毒，据夏鼐先生考证，当指印度②。由此可见，早在张骞“凿空”西域之前，四川地区出产的“蜀布”和“邛竹杖”就已经从今印度转徙到了那遥远的帕米尔高原极西的中亚市场上，这使得经过千辛万苦来到中亚地区的张骞大为惊讶，并在回国复命时将这一惊人的历史事实报告给汉武帝。

秦汉时期的西南丝路，主要可以分为西路和南路两条。

南路的第一段称“五尺道”，因是在峭壁上凿孔架桥为道，处所险厄，以其栈道宽仅五尺而得名。《史记·西南夷列传》曰：秦始皇时，派常頞“通五尺道”。但据文献记载，此道在秦代以前就已存在，因为是古代僰人所开，故又名“僰道”。这条路从四川宜宾南行，经高县、豆沙关，入今云南境内，历昭通、曲靖到达昆明或大理。由此又有两道可达越南，一

① 〔清〕顾祖禹：《读史方舆纪要》，中华书局 2005 年版，第 4805 页。

② 夏鼐：《中巴友谊的历史》，《考古》1965 年第 7 期。

经元江沿红河下航，是最古老的一条水道；另一条则经弥勒、文山出国境，沿明江而达河内地区①。秦五尺道，在汉代屡有修筑之举，并改称为“西南夷道”。如汉武帝时，“作者数万人，千里负担馈粮，率十余钟致一石，散币于邛僰以集之。数岁道不通”②。其间，唐蒙和司马相如先后二度主持此事，虽终于“凿山通道千余里，以广巴蜀”，而“巴蜀之民罢焉”③。《水经注·江水》曰：“凿山开阁以通南中，迄于建宁(今曲靖)，二千余里，山道广丈余，深二、三丈，其堑之迹犹存。”今天，高县县城北约3千米处仍存有一段宽约1公尺的五尺道遗迹，全在山岩上凿成。

西路的第一段古称青衣路，以其始于雅安地区(古青衣)而得名，又称西夷道、邛笮道等。这是一条利用横断山脉南北走向的峡谷与河谷而开辟出来的道路，它从成都出发向西，经今邛崃、天全，折而向南，经雅安、荥经、汉源，沿越西河谷和安宁河谷，由越西、西昌、会理，渡金沙江，直至今云南的晋宁或大理。这就是《华阳国志·蜀志》所载：“三缝县……道通宁州(云南)，渡泸(金沙江)得蜻蛉县(大姚)。”从云南大理出发，再沿“缅甸道”出国境，即经永昌(保山)循大盈江南行，经千崖到达缅甸境内的八莫，再西行至印度、中亚等地④。

通过西南丝路，长江流域出产的丝绸、漆器等物也远销到印度、中亚地区。在印度史书《国事论》(Arthasastra)中，曾经提到“脂那”(Cina)之地产丝及红黑两色或黑白两色之织皮。据饶宗颐先生的研究，“脂那”乃秦之对音，此处系指四川⑤。由此可知，四川与印度之间商业往来在秦代已经比较密切了。到汉代，四川出产的丝绸等物仍直接贩运到今巴基斯坦境内之印度河流域，然后转手远销大夏，甚至有可能到达了希程、罗马⑥。

与此同时，四川临邛等地制作的铁器也输入到越南北部地区⑦。

(二)内河运输与贸易往来

为了推进军事进程和强化控制，秦汉政权还大力开发长江流域的水陆交通。如修筑向南直达吴楚的“驰道”，在湖南、江西、广东、广西之间修筑攀越五岭的“新道”等。在这一时期，长江流域在内河交通及贸易上的成就，首推灵渠的开凿和长江航运事业的进一步发展。

---

① 童恩正：《试谈古代四川与东南亚文明的关系》，《文物》1983年第9期。

② 〔汉〕司马迁：《史记》卷三〇《平准书第八》，中华书局1959年版，第4册，第1421页。

③ 〔汉〕司马迁：《史记》卷三〇《平准书第八》，中华书局1959年版，第4册，第1421页。

④ 童恩正：《略谈秦汉时代成都地区的对外贸易》，《成都文物》1984年第2期。

⑤ 饶宗颐：《蜀布与Cinapatta——论早期中、印、缅之交通》，见《历史语言研究所集刊》第45本，第561—584页，中国台湾，1974年。

⑥ 杨宪益：《绎支那》，见《译余偶拾》，三联书店1983年版，第147页。

⑦ 黎文兰等著、梁治民译：《越南青铜时代的第一批遗迹》，河内科学出版社1963年版。

1. 灵渠的开凿与意义

灵渠，又称零渠或澪渠，因开凿于秦代，一名秦凿渠，位于今广西兴安县境内，是一条沟通湘江和漓江的人工运河。

秦始皇二十六年（前221年），秦定六国后，命尉屠睢率10余万人进军岭南。为解决秦军的给养运输供应问题，秦始皇决定“使监禄凿渠运粮”①。史禄在海阳山（即古海阳山，今广西兴安县境）主持开凿了一条长达30千米、宽约6.5米的水道，这便是著名的灵渠。灵渠的建成，不仅为秦军取得统一南越的胜利创造了重要条件，而且沟通了长江与珠江两大水系，使其成为黄河文化向南辐射的又一重要渠道，从而有力地促进了岭南文化的进步和发展。罗香林在《世界史上广东学术源流与发展》一文中说：“由西汉至南北朝……广东与中原的交通，亦以西安为中心。由西安经汉中沿汉水而下，至洞庭湖，溯湘水而至粤桂交界。中原的学术思想，由此交通孔道，向广东传播。东汉时期，印度佛教，以至海外各国的文化，亦多自越南河内以及广东的徐闻、合浦与番禺等地的港口传入，而扼西江要冲的苍梧，遂成为中原学术文化与外来学术文化交流的重心。”

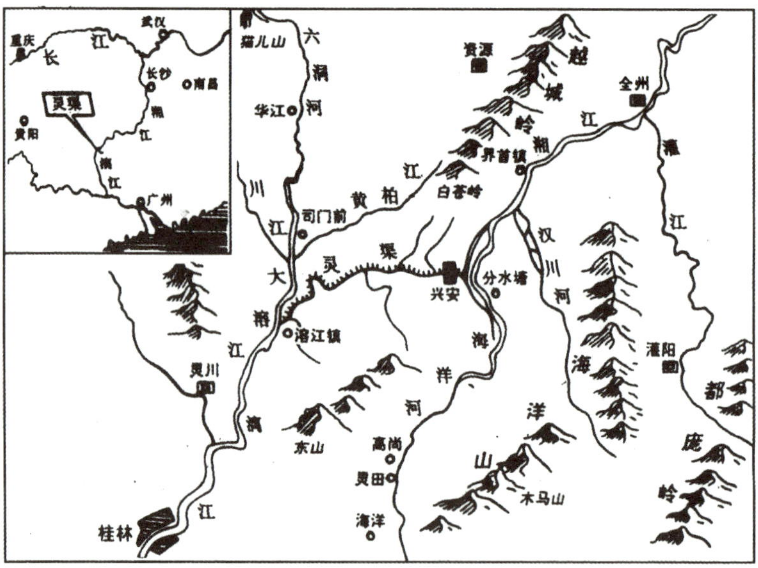

湘漓水源示意图

灵渠在世界航运工程史也占有光辉的地位。它的修成，不仅对沟通古代交通有相当重要的作用，而且直到明清时代还被称为“三楚两粤之咽喉”②。

① 〔汉〕司马迁：《史记》卷一一二《平津侯主父列传》，中华书局1959年版，第9册，第2958页。

② 清乾隆二十年（1755年）杨应琚《修复兴安陡河记》碑，清张方正：《兴安县志》卷三《舆地三·水利》。

灵渠在中国古代水利工程史上也是一项伟大的创举，它的成就对我国古代水利技术的发展有着深远的历史意义。从秦代灵渠的凿渠、修筑抬高海阳河水位的拦河坝和分水工程来看，其工程布置和施工技术已达到了相当高的水平，充分显示了我国古代劳动人民的智慧和创造精神①。

2. 长江航运事业的发展

在秦汉两代，长江干流及其支流的航运事业也有了进一步的发展。

首先就长江干流的航运来说，“浮船长江，贾作上下”②，当是当时经济发展的重要现象。又《汉书》中有“蜀汉之粟，方舟而下”的记载。如元鼎二年(前 115 年)，江南水灾，汉武帝就是下令用漕船装运巴蜀之粟，通过长江运到江陵③。不仅如此，蜀人还在都江堰工程建成以后利用河水来漂运木材，大大提高了劳动效率。《华阳国志・蜀志》曰：“岷山多梓柏大竹，颓随水流，坐致材木，功省用饶。”新都汉墓就曾出土有“放筏”画像砖，真实而生动地再现了当年筏运事业的兴盛景象。

其次，封建统治者还对江南航运进行了开发，使诸郡行船进入长江主流，这成为江南运河的端倪。秦始皇为了加强对东南地区的统一和经营，在太湖流域自然河道和春秋战国以来所开运河的基础上，动工开凿了江南运河。《越绝书》卷二《越绝外传记吴地传第三》云：“秦始皇造道陵南，可通陵道，到由拳塞，同起马塘，湛以为陂，治陵水道到钱唐，越地，通浙江。秦始皇发会稽適戍卒，治通陵高以南陵道，县相属。”④“陵道”就是塘路。“陵水道”就是与塘路并列的水路。王充《论衡》卷四《书虚篇》称这条运河为“通陵江”。又，“秦始皇东巡，望气者云：五百年后江东有天子气。始皇至，令囚徒十万人，掘污其地，表以恶名，故曰由拳县。”⑤唐李吉甫《元和郡县图志》卷二五“润州丹阳县”条云：“丹阳县，本旧云阳县地。秦时，望气者云有王气，故凿之败其势，截其直道，使之阿曲，故曰曲阿(县)。”宋乐史《太平寰宇记》引《吴录・地理志》云：“春秋吴朱方，后名谷阳。秦望气者云：其地有天子气。始皇使赭衣徒三千人凿长坑，败其势，改曰丹徒。”⑥南朝宋刘桢《京口记》云：“龙目湖，秦王东游观地势云：此有天子气。使赭衣徒凿湖中长冈使断，因改名丹

---

① 长江流域办公室编：《长江水利史略》，水利电力出版社 1979 年版，第 52 页。

② 〔西晋〕陈寿：《三国志》卷四八《吴书三・孙休传》，中华书局 1964 年版，第 5 册，第 1158 页。

③ 〔汉〕班固：《汉书》卷六《武帝纪第六》，中华书局 1964 年版，第 1 册，第 182 页。

④ 〔汉〕袁康、吴平辑录：《越绝书》，上海古籍出版社 1985 年版，第 18 页。

⑤ 〔南朝宋〕范晔：《后汉书》志二二《郡国四・扬州・吴郡由拳县》注引晋干宝《搜神记》，中华书局 1965 年版，第 3490 页。

⑥ 〔宋〕乐史：《太平寰宇记》卷八九《江南东道一・润州・丹徒县》，中华书局 2007 年版，第 1758 页。

徒，今水北注江也。”①上引所谓“天子气”“王气”云云，实际上是秦朝统治者对东南地区政治形势的评估。“遏水为堰”“掘污其地”“截其直道”“凿长岗”等，也就是一项又一项的运河开凿工程。动辄“发会稽適戍卒”“令囚徒十万”“使赭衣徒三千”，可见工程之艰巨。雄才大略的秦始皇，通过一系列工程，终于在江南地区构建了以江南运河为主航线的水上交通圈。正如魏嵩山、王文楚两位所说：“秦始皇实为江南运河的创始人。”②

此外，两汉时期随着中原同岭南各地往来的进一步频繁，两汉政权除对旧道屡加修缮以保证畅通之外，还多有创建。如东汉建武二年（26 年）卫飒担任桂阳太守时，凿通了联系含洭、浈阳、曲江三地区的“凿山通道五百余里”③；建初八年（83 年），大司农郑弘“奏开零陵、桂阳峤道，于是夷通，至今遂为常路”④。

（三）海上交通与贸易往来

秦汉时期长江流域海上交通与贸易往来的突出成就，是海上丝绸之路的开辟和发展。

海上丝绸之路形成于西汉初年汉武帝时，它可分为南、北两条航线。

1.“徐闻、合浦南海道”远洋航线

“徐闻、合浦南海道”远洋航线在《汉书·地理志》中有载：“自日南障塞、徐闻、合浦船行可五月，有都元国；又船行可四月，有邑卢没国；又船行可二十余日，有谌离国；步行可十余日，有夫甘都卢国。自夫甘都卢国船行可二月余，有黄支国，民俗略与珠崖相类。其州广大，户口多，多异物，自武帝以来皆献见。有译长，属黄门，与应募者俱入海市明珠、璧流离、奇石异物，赍黄金杂缯而往。所至国皆禀食为耦，蛮夷贾船，转送致之。亦利交易，剽杀人。又苦逢风波溺死，不者数年来还。大珠至围二寸以下。平帝元始中，王莽辅政，欲耀威德，厚遗黄支王，令遣使献生犀牛。自黄支船行可八月，到皮宗；船行可二月，到日南、象林界云。黄支之南，有已程不国，汉之译使自此还矣。”据近代学者们的研究，都元国就在现在苏门答腊岛西北部巴赛河的附近；邑卢没国在今缅甸南部萨尔温江入海口西边的直通地方；谌离国在今缅甸蒲甘城附近的悉利地方；夫甘都卢国则在旧蒲甘城即今缅甸太公城附近；黄支国和已程不国都位在印度东南部，黄支在今麻德拉斯略南的康耶弗仑地方，已程不更在其南部；至于皮宗，即马来半岛西南端的甘蔗岛⑤。由此可见，其活动范围已远至中南半岛、印尼群岛以至印度的最南端，并经印度沟通与西方罗马的

① 〔宋〕李昉等：《太平御览》卷六六《地部三一·湖》引，中华书局 1960 年版，第 314 页。
② 魏嵩山：《杭州城市的兴起及其城区的发展》，载《历史地理》创刊号，上海人民出版社 1981 年版。
③ 〔南朝宋〕范晔：《后汉书》卷七六《循吏列传·卫飒传》，中华书局 1965 年版，第 9 册，第 2459 页。
④ 〔南朝宋〕范晔：《后汉书》卷三三《朱冯虞郑周列传》，中华书局 1965 年版，第 9 册，第 1156 页。
⑤ 章巽：《秦、汉、三国时代的海上交通》，《地理知识》1955 年第 12 期。

贸易交往。这条海上丝绸之路的开辟，为当时长江文化与东南亚文化、印度文化的交流提供了更大的方便和可能。

海上丝绸之路在国外古代文献中也多有记载。如古罗马学者白里内(Gains Dliny the Elder)著有《博物志》一书，书中说到在罗马帝国的奥古斯都·恺撒时期，有一名斯里兰卡的拉切斯(Ra-chias——意为区长)率领着四个人，从海道到达罗马。据这位拉切斯对罗马人说，他曾亲自到过中国。书上还说罗马人通过印度商人用宝石和红海产的珍珠在斯里兰卡与中国商船交换衣料(丝绸)。而汉代中国海商还在科罗曼德和斯里兰卡建立了货栈，与来自埃及等地的商人交换货物。又据吉本所著的《罗马帝国之衰亡》所说："与(罗马)通商最盛之邦，则首推阿拉伯与印度。每岁约当夏至节边，一百二十艘商船，自迈奥霍穆出发，是乃江海傍埃及之一海港。因风之助，四十日可渡大洋。印度的马拉巴海岸及锡兰(斯里兰卡)岛，乃其寻常停泊之处。亚洲远邦商贾，多麇聚于这些地方，以待罗马商人之来与之交易。十二月或一月为其预定归期。回到非洲后，乃卸货于骆驼背上，自红海至尼罗河，以达亚历山大里亚港，然后再由此渡地中海输入罗马都城。"到东汉，中国与罗马已开始直接往来，这在《后汉书·西域传》有明确记载，从而在西汉航线的基础上，突过了印度、斯里兰卡中介港，把东西两段航路连接通了①。

2. 海上丝绸之路的东方航路

秦汉时期，海上丝绸之路的主要始发点是会稽，目的地是日本。据传说，早在秦代初年，江浙一带的吴地就有兄弟两人东渡至日本，向日本人民传授养蚕、织绸和缝制吴服的方法。《后汉书·东夷传·倭》还提到："会稽海外有东鳀人……时至会稽市。"中外学者大都认为这东鳀人就是来自日本的商人，可见当时会稽已与日本有了比较密切的贸易往来。《汉书·地理志下》记录的到东南亚和南亚地区的下述航行时间，是时人出海航行的记录："船行五月，有都元国；又船行可四月，有邑卢没国，又船行可二十余日，有谌离国；步行可十余日，有夫甘都卢国。自夫甘都卢国船行可二月余，有黄支国……自黄支船行可八月，到皮宗……黄支之南，有已程不国。"

另从朝鲜和清镇等地出土的大量汉代巴蜀漆器和会稽漆器来看②，长江流域出产的精美漆器等也随着海上丝绸之路东方航线输入到朝鲜。这是秦汉时期长江文化向外辐射力增强的反映。

① 中国航海学会：《中国航海史》(古代航海史)，人民交通出版社1988年版，第61页。

② 据乐浪汉墓刊行会1974年出版的《乐浪汉墓》第1册所载，平壤和清镇出土西汉广汉郡工官所造的漆器4件、蜀郡西工所造的漆器10件，另有一些来自会稽等地。

四、居住条件的进步

秦汉时期，随着长江流域经济的迅速发展，建筑技术的日臻成熟，人们的居住条件也有了进一步的改善，成为反映时代文明的重要标志。

秦汉时期长江流域的居住状况，根据文献记载和墓葬出土的画像石、画像砖、明器陶屋等，可分为以下几种：

（一）王室宫苑

秦汉时期长江流域虽然没有出现像秦阿房宫、汉长安城这样宏大而辉煌的建筑，但由于汉高祖刘邦分封诸子，从而留下了不少王室宫苑。

吴王城，是吴王刘濞的都城，建都于广陵（今江苏扬州）。据《后汉书·郡国志》注称："广陵，吴王濞所都，城周十四里半。"当时吴国"国用富饶"，刘濞在此营造了不少富丽堂皇的王宫建筑。此后，江都王刘非、广陵王刘胥等也在此大修宫馆。从当时的文献记载来看，有章台宫、显阳殿等大型建筑。

此外，长沙王吴芮建有临湘城，在今长沙市区偏南。据《汉书·吴芮传》《长沙府志》等记载，他在长沙也建有宫殿。

（二）贵族府第及地主庄园

1. 大型院落

贵族的大型宅第在汉画像石、画像砖中屡有发现。如成都市郊出土的"庭院图"，画的是一个田字形的四合庭院的俯视图。四边由长廊形的五脊平房接连组成，左下端有屋门，进门后即为前院，院中有两只雄鸡正昂首相斗；再上为后院，院中有两只展翅的鹤，伫立相对。两侧有东西厢房，上面是一座有台阶的五脊房屋，可能就叫作享堂。其檐下有二柱，方形柱础。堂上二人，若宾主相对而坐，席间有盂和耳杯，想必正在饮酒作乐。右边有一高楼，下有楼梯，上有斗拱、椽木等结构，楼侧一人持篲拂地，并有小狗一只。右下有井园，其左边为一方形井架，右边好似一个长方形的莲池，池中有莲花一丛，大鱼三尾①。

四川成都东汉墓出土汉画像砖描绘的庄园住宅分为左右两个部分，右侧为住宅主体，有前后二院，均有回廊环绕，后院有面阔三间的房屋。左侧是附属建筑，也分前后两院，亦有回廊环绕，前院有厨房、水井以及奴婢的住处，后院有一方形高楼。又如四川德阳画像砖所示，有一高大正门，两侧较低，其一侧设有小门。大门看来是主人或贵客临门

---

① 高文编：《四川汉代画像砖》二四《庭院》，上海人民美术出版社 1987 年版。

时才开启，可以通行车马，而平常一般人出入则走小门。门旁还设有小房间，可以留住过往宾客，称为门庑①。

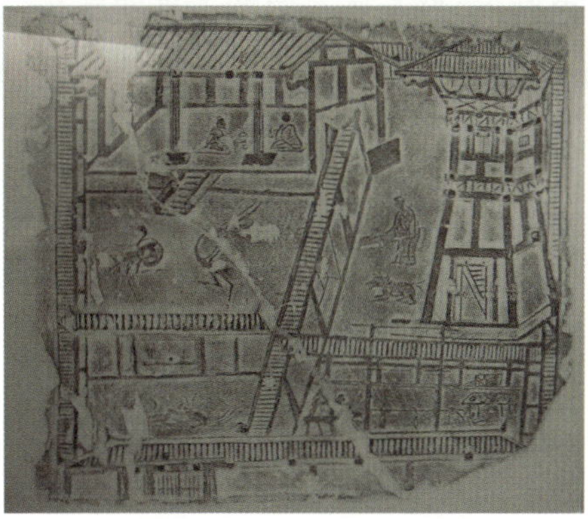

成都市郊出土汉代画像砖“庭院图”

成都市郊出土汉代画像砖“庭院图”

除画像砖外，湖北云梦周田东汉晚期墓还发现一座豪华的地主庄园住宅的陶模型。建筑分前后两重。前重分上下两层；后重有望楼、炊间、厕间、猪圈、院落五个部分。在主体建筑群的前面设有附加建筑——哨棚。前重上层的前壁和左右壁、望楼的四壁和吊楼的前壁门两侧，都设有百叶窗和网形窗。这是目前我国考古发现最早的百叶窗。这座庄园住宅模型的发现，为研究当时江汉地区的建筑情况提供了形象资料②。广州西汉墓出土的干栏陶屋中有五个直棂窗。③ 广东佛山出土东汉陶屋模型系三合院式，由前堂、后室和天井组成④。从四川、湖北、江苏等地出土的这些画像砖石、陶制住宅模型来看，贵族住宅常有前堂后寝的制度，是住宅建筑的主要部分。此外，门、阙以及楼、阁、室、井、灶、庑、囷等建筑，也是贵族大型宅院必不可少的。正门、中门通行车马，前堂是家人团聚和社交、宴会的主要场所。后堂为寝室及车房、马厩、厨房、库房等堆放器物的场所。这种规模庞大的居住环境，不但反映了统治阶级奢侈豪华的生活，而且也表明建筑技术的进步，充分表达出贵族士大夫腐朽落后的享乐思想。

向苑囿园林化方向发展，是汉代贵族住宅建筑的重要迹象，住宅的享乐功能因此得到显著提高。这个苗头在西汉中后期业已出现，《盐铁论》称当时“富者积土成山，列树成

① 重庆市博物馆：《重庆市博物馆藏四川汉代画像砖选集》，文物出版社 1957 年版。

② 湖北省文物考古研究所：《湖北省文物考古工作十年来的发展》，文物编辑委员会：《文物考古工作十年（1979—1989）》，文物出版社 1990 年版，第 192—203 页。

③ 广州市文物管理委员会：《广州南郊南石头西汉木椁墓清理简报》，《文物参考资料》1955 年第 8 期。

④ 广东省文管会：《广东佛山市郊澜石东汉墓发掘报告》，《考古》1964 年第 9 期。

林，台榭连阁，集观增楼”；①“阁道错连足以游观，凿池曲道足以骋骛”。② 仲长统《乐志论》曰：“使居有良田广宅，背山临流，沟池环市，竹木周布，场圃筑前，果园树后。舟车足以代步之难，使令足以息四体之役，养亲有兼珍之膳，妻孥无苦身之劳。良朋萃止，则陈酒肴以娱之；嘉时吉日，则烹羔豚以奉之。躇蹰畦苑，游戏平林，濯清水、追凉风，钓游鲤、弋高鸿。讽于舞雩之下，咏归高堂之上。安神闺房，思老氏之玄虚；呼吸精和，求至人之仿佛。”

汉代楼房建筑正是在这种心态的驱使下向完整化、多样化、精致化和高大化方向发展。如广西东汉墓出土的陶阁楼前座是平房，后座是楼阁，楼上有凉台，右边为厢房，中央是天井。③

1

2

3

4

5

秦汉时期长江流域的贵族住宅

1、2. 江苏睢宁画像石上的建筑群组　3、4. 四川成都画像砖上的庭院及“阙”　5. 四川成都画像砖上的“大门”

① 〔汉〕桓宽：《盐铁论》卷六《散不足》，上海人民出版社 1974 年版，第 69 页。
② 〔汉〕桓宽：《盐铁论》卷二《刺权》，上海人民出版社 1974 年版，第 20 页。
③ 梧州市博物馆：《广西梧州市近年出土的一批汉代文物》，《文物》1977 年第 2 期。

2. 地主庄园

集住宅、园林、田地于一身的地主庄园，也遍布长江流域。

典型的庄园住宅不仅拥有舒适豪华的起居设施，同时还包括进行畜牧业、园圃业以及家庭手工业的空间，如仲长统所说："良田广宅，背山临流，沟池环匝，竹木周布，场圃筑前，果园树后。"①据《后汉书·樊宏传》，南阳樊氏庄园"东西十里，南北五里"，庄园中"竹木成林，六畜放牧，鱼赢梨果，檀棘桑麻"。

庄园的另一个特点是附设军事防护设施。如湖北云梦东汉晚期墓出土的庄园明器前设哨棚，后设望楼。② 此即汉代文献所说的"起坞壁，缮甲兵"③。其在考古发现中的常见形式，是设在地主庄园中的武库和岗楼式望楼。武库形象在四川新都县有出土，图上库房无门框，用柱和斗拱直接支顶屋面，房内的武器架上，横放有戟、矛。库房建造在石台基上，台基上立三檐柱，将建筑分成双开间。每间前面有踏道四级，檐柱上小下大，不施柱础，直接立于台基。中檐柱上置"一斗三升"式斗拱，另两檐柱置一护斗，并都向内安插拱。这种斗拱既承力又美观。屋面为单檐五脊顶，即后来的庑殿顶。盖板瓦，无滴水，即早期的"重唇板瓦"式样。正脊和垂脊均用板瓦竖垒，正脊两端起翘，正中立一象征吉祥的凤鸟。图的右侧似为两个武库看管人员并排坐在一起④。它象征着东汉豪强大族势力的膨胀。谯楼也是地主庄园的象征性建筑，在乡村的大地主富豪们可以说每家必有。楼顶上可以瞭望，遇着紧急情况，便"登楼击鼓，警告邻里"，使相救助。《汉书·陈胜传》注引颜师古曰："谯门，谓门上为高楼以望者，楼一名谯，故美丽之楼为丽谯。谯已呼为巢，所谓谯耳者，亦于兵车之上为楼以望敌也。"从出土的明器陶制谯楼及画像砖来看，谯楼的式样较多：有的三层、四层或五层，多为双开间，或单开间式。每层常是上有屋檐，下有平座栏杆，有的墙壁上满施彩绘，后世木塔的结构即由此发展而成⑤。另据文献所载，西汉末年公孙述还在成都造有十层赤楼，为汉代最高的楼房，标志着汉代建筑技术的长足进步。由于望楼太高，因此防止雷击非常重要。考古所见汉代陶楼壁书"雷火"⑥，可能与规避雷击的方术有关。

安徽寿县出土的汉代陶楼建筑中厕所四周有围栏，栏上装饰菱形方格纹、重环纹及

① 〔南朝宋〕范晔：《后汉书》卷四九《仲长统传》，中华书局1965年版，第6册，第1644页。
② 文物编辑委员会编：《文物考古工作十年》，文物出版社1990年版，第199页。
③ 〔南朝宋〕范晔：《后汉书》卷七七《酷吏列传·李章传》，中华书局1965年版，第9册，第2492页。
④ 高文编：《四川汉代画像砖》二七《武库》，上海人民美术出版社1987年版。
⑤ 刘致平：《中国居住建筑简史》，中国建筑工业出版社1990年版，第17页。
⑥ 四川省博物馆：《四川牧马山灌溉渠古墓清理简报》，《考古》1959年第8期。

十字形镂孔，顶起庑殿顶亭阁，四面开有天窗①。

院落中通常植有树木。如四川新都汉代桑园画像砖描绘住宅院落种植一片桑林。②德阳汉画像砖则刻绘出宅院中榆树和柳树。③ 这些树种多为经济类树木，为居住者提供了收益。

（三）少数民族住宅状况

南方特有的干栏式建筑又有了新的发展，其形式在汉画像砖及明器中有典型的表现。如四川汉画像砖有高栏图，广州等地亦有干栏式明器出土。在当时，干栏式建筑的下段已略为提高，作堂室之用，而人们仍住在楼上。

长江流域地区居民的建筑材料中，茅竹占有重要位置。居住在西南山区的冉駹夷"依山居止，累石为室，高者至十余丈，为邛笼"④。今两广、福建地区以及四川盆地，由于气候潮湿，多蛇虫，故当地居民修建干栏式（栅居式）房屋。其特点是用矮柱将整座房屋架起，离地高度多不及屋高的一半，上层供居住，下层养家畜。⑤ 根据福建崇安城村汉代宫殿遗址，干栏式建筑不仅在民间广泛存在，也是当地贵族的居住房式。⑥ 这种建筑形式在长江流域及以北地区便很少见，且其功能也与岭南地区不同。如在大量的徐州汉画像石建筑图像中，干栏式建筑只有1例，用于贵族观景享乐。⑦ 在建筑风格上，不同地区也有一些区别。抬梁式（梁柱式、叠梁式）木结构多见于四川地区，它逐渐发展成为中国古代建筑中的主要构架形式。穿斗式木结构也多见于南方地区，其特点是柱子顶部直接承檩栱，柱间用横枋贯穿，檐头多将枋挑出支撑出檐。其结构样式至今仍是南方农村普通住宅的主要结构样式。⑧

文物所见汉代猪圈模型遍布全国，有独立式、与厕所相连以及与住房相连三种形式。典型的样式是猪圈呈长方形，圈内有食槽，猪圈的一角建有厕所。畜舍存在区域性差异。在西南和岭南地区的干栏式房屋和楼宇建筑中，居民通常居住在楼的上层，牲畜栏圈多

① 苏希圣等：《安徽寿县出土的两件汉代绿釉陶模型》，《文物》1990年第1期。

② 刘志远等：《四川汉代画像砖与汉代社会》，文物出版社1983年版，图42。

③ 刘志远等：《四川汉代画像砖与汉代社会》，文物出版社1983年版，图53。

④ 〔南朝宋〕范晔：《后汉书》卷八六《南蛮西南夷列传・冉駹夷》，中华书局1965年版，第10册，第2858页。李贤注："按今彼土夷人呼为'雕'也。"则这种建筑样式延续甚久。

⑤ 广州市文物管理委员会编：《广州出土汉代陶屋》，图版2—12，文物出版社1958年版；福建省博物馆：《崇安城村汉城探掘简报》，《文物》1985年第11期；成都文物考古工作队：《四川成都市石人坝小区汉墓清理演示文稿》，《考古》2000年第1期，图9。

⑥ 福建省博物馆：《崇安城村汉城探掘简报》，《文物》1985年第11期。

⑦ 吴曾德：《汉代画像石》，文物出版社1984年版，图20。

⑧ 祁英涛：《中国早期木结构建筑的时代特征》，《文物》1983年第4期。

设在下层，畜舍空隙很多，便于通风。① 这显然与当地气候潮湿有关。

岭南和西南地区干栏式房屋的一个特点是厕所设在室内某一处。广州出土的西汉陶干栏明器，室内左后方有长方形传洞，一俑蹲作溲溺状②。广西北海出土东汉干栏式陶屋，屋内底部后左侧有小厕所坑穴③。

广州出土的汉代干栏式陶屋

四川博物院藏汉代干栏式陶屋

广西壮族自治区
博物馆藏西汉带圈陶屋 1

广西壮族自治区
博物馆藏西汉带圈陶屋 2

此外，石屋在少数民族地区也有使用，如《后汉书·西南夷传》载：汶山郡的冉駹夷"皆依山居止，累石为室，高者至十余丈，为邛笼"。

（四）住宅风俗

在长江流域，人们普遍认为房屋的结构、形制以及周围环境也可能对居住者的命运

① 云南省博物馆：《云南晋宁石寨山古墓群发掘报告》，文物出版社 1959 年版，第 93—94 页；广州市文物管理委员会编：《广州出土汉代陶屋》，文物出版社 1958 年版。

② 广州市文物管理委员会：《广州南郊南石头西汉木椁墓清理简报》，《文物参考资料》1955 年第 8 期。

③ 广西壮族自治区文物工作队：《广西北海市盘子岭东汉墓》，《考古》1998 年第 11 期。

产生影响。其中尤受重视的是屋宇的建筑形式。睡虎地秦简《日书》甲种简 15 背壹～23 背贰详细陈述了这一俗信：

> 凡宇最邦之高，贵贫。宇最邦之下，富而□。宇四旁高，中央下，富。宇四旁下，中央高，贫。宇北方高，南方下，毋（无）宠。宇南方高，北方下，利贾市。宇东方高，西方下，女子为正。宇有要（腰），不穷必刑。宇中有谷，不吉。宇右长左短，吉。宇左长，女子为正。宇多于西南之西，富。宇多于西北之北，绝后。宇多于东北之北，安。宇多于东北，出逐。宇多于东南，富，女子为正。道周环宇，不吉。祠木临宇，不吉。垣东方高西方之垣，君子不得志。

根据简文，屋宇形制对主人未来的影响包括地位、财富、健康、子孙、事业、稳定与否，可以说生活的基本内容尽网其中。就结果而言，有祥、不祥、祥与不祥兼具三种类型。其中，前二者占有优势。后世堪舆术中仍有类似说法。

正是基于上述俗信，住宅结构也融入汉代人避灾求福的心态，所谓“宫室被服非象神，神物不至”①。典型的例子是武帝时营建建章宫。《史记·封禅书》载，武帝太初元年（前 104 年）十一月宫中发生火灾，越巫建议兴建高大宫殿“用胜服之”。朝廷遂兴修建章宫，宫中不仅有千门万户，前殿高度超过未央宫，且有诸多具有象征意义的建筑：“其东则凤阙，高二十余丈”“其北治大池，渐台高二十余丈，命曰‘太液池’，中有蓬莱、方丈、瀛洲、壶梁，象海中神山龟鱼之属。”

在汉人看来，与住宅有关的“土神”很是在意人们的谢意。住宅修建完毕，建筑者要请巫师向土神致谢，称“解土”。《论衡·解除篇》记录了流行于汉代的这一风俗：“世间缮治宅舍，凿地掘土，功成作毕，解谢土神，名曰‘解土’。为土偶人，以像鬼形，令巫祝延，以解土神。已祭之后，心快意善，谓鬼神解谢，殃祸除去。”②东汉则有“贵戚惧家之不吉，而聚（制）诸令名”③，即以吉语命名住宅的习俗。

（五）住居用品

1. 床上用品

被在秦汉时是重要的床上用品，亦名“衣”或“寝衣”，④用途与后代相同。当时被子有

---

① 〔汉〕司马迁：《史记》卷二八《封禅书》载术士少翁语，中华书局 1959 年版，第 4 册，第 1388 页。

② 《太平御览》卷三七《地部二》引三国裴玄《新言》：“俗间有土公之神，云土不可动。玄有五岁女孙，卒得病，诣市卜，云犯土。玄即依方治之，病即愈，然后知天下有土神矣。”据其所述，汉代的土神与后来的土公之神。中华书局 1960 年版，第 177 页。

③ 〔汉〕王符：《潜夫论》卷三《忠贵》，上海古籍出版社 1978 年版，第 135 页。

④ 《论语·乡党》：“必有寝衣，长一身有半。”集解引孔安国曰：“今之被也。”睡虎地秦简《日书》甲种 127 正：“夫妻同衣”。

不装絮的单被和填絮的复衾，质地主要有麻织和丝织两种。麻布被是普通人家中常见的被子，而丝织的绫被和锦被则为贵族家庭使用，且制作精美。如马王堆一号汉墓出土有3件丝锦大被，最大的长约2.67米，宽约2.27米，以整幅锦绣为被面。被头中部设有凹口，当是为覆盖肩部，这种被式在五代时期的贵族中仍可见到。①

席的质料种类颇多。有苇席、蔺席、蒲席、竹席、藤席和毛皮席。马王堆汉墓出土的两件完整莞席长2.2米，宽0.82米。② 这种大席应是铺在地上，可容纳多人跪坐。据《华阳国志·巴志》所载，巴郡是汉代蒲席的重要产地。由于蒲席质地较细，③加之制作工艺过程复杂，价格也比蔺席昂贵。

枕是床上常见的物品。枕套或枕巾称"帤"。④ 据文物资料，汉枕多为木制，呈马鞍或马蹄形。有的还在枕身中部凿出椭圆形枕托。⑤ 汉枕长度约在20余厘米至40厘米左右，高和宽在10厘米左右，外涂漆彩。较为讲究的木枕还用竹篾编成枕面⑥。

江苏东海县尹湾2号汉墓女性墓主身上覆盖的刺绣衾被纹饰

湖南长沙马王堆一号汉墓出土的"长寿绣"药枕

2. 家具

屏风和帷幄属高档家具。马王堆一号汉墓出土的遣策记录随葬屏风是"木五菜（彩）画并（屏）风一，长五尺，高三尺"（简217），按今天计算，其屏风的长和高分别是115厘米和70厘米左右。

---

① 沈从文：《中国古代服饰研究》（增订本），上海书店出版社1997年版，第97页。

② 湖南省博物馆等：《长沙马王堆一号汉墓》上集，第121页。

③〔汉〕刘安《淮南子》卷九《主术训》："匡床蒻席，非不宁也。"高诱注："匡，安也；蒻，细也。"见《淮南子注》，《诸子集成》本，中华书局2006年版，第7册，第146页。

④〔汉〕许慎：《说文》七下《巾部》："帤，枕巾也。"《说文解字》，中华书局1963年影印本，第158页。

⑤ 扬州博物馆：《扬州平山养殖场汉墓清理简报》，《文物》1987年第1期。

⑥ 连云港市博物馆：《江苏东海县尹湾汉墓群发掘简报》，《文物》1996年第8期。

广东广州象岗南越王墓
出土的人操蛇铜屏风托座

广州汉代南越文王墓
出土的屏风复原复制件

广州汉代南越文王墓
出土的屏风右下角折叠铜构件

簏、笥、箧、笈是用竹或苇制成的箱子。其中，簏和笥用于放置衣服和食物。前者较大，后者较小。马王堆一号汉墓出土多件装有服装和缯、布的笥。[1]

奁是女性放置化妆品的器具。在汉代文献中有“镜籢”“妆具”等不同称呼。普通奁盒不分层，高级的奁盒则为双层或多奁妆具。如马王堆一号汉墓出土双层 9 个小奁的奁具[2]。

荆州博物馆藏西汉漆奁

荆州博物馆藏西汉漆奁

沐浴器皿主要有用于盛水的沐壶和用于洗浴的杅、沐盘、铜鉴等容器。徐州西汉崖墓出土的“赵姬沐盘”口径 68.5 厘米，高 15.6 厘米，重达 10 千克[3]；同出长沙西汉墓的“张端君沐盘”口径 64 厘米，高 13.6 厘米。从上述刻有名字的器物来看，当时贵族和富人的盥洗器是供专人使用的。出土的汉杅实物，多刻绘波浪纹图案，展示出杅与洗沐之间的密切关系。如江西南昌汉墓出土陶杅的口沿下划二道波浪纹。[4] 杅的口径约在 30～40 厘米。这种沐具当是用来洗发、面、足或手。

① 湖南省博物馆等：《长沙马王堆一号汉墓》，上集，第 114—115 页。
② 湖南省博物馆等：《长沙马王堆一号汉墓》，上集，第 88 页。
③ 徐州博物馆：《徐州汉墓清理报告》，《文物》1984 年第 11 期。
④ 江西省文物管理委员会：《江西南昌青云谱汉墓》，《考古》1960 年第 10 期。

3. 其他住居用品

汉代居室中除上述物品外，还有一些与生活内容有关的用品。以长沙马王堆一号汉墓为例，鼎、钫、锺、盒、盘、案、几、卮、耳杯、匕、勺、奁、屏风、铜镜、梳妆物品等生活用具，袍、衣、裙鞋、袜、手套等服装，竽、瑟等乐器①。

扇子是夏季驱暑的工具，“动摇清风，以御炎暑”②。汉代的扇子有圆形和矩形两种，用竹子制成，上蒙以素，所谓“新裂齐纨素，鲜洁如霜雪。裁为合欢扇，团团似明月。出入君怀袖，动摇微风发”③；“织竹廓素，或规或矩”④。汉代文物中的扇子与文献所述基本相合。如江陵西汉墓出土有短柄竹扇。⑤

广州汉代南越文王墓出土的玉盒

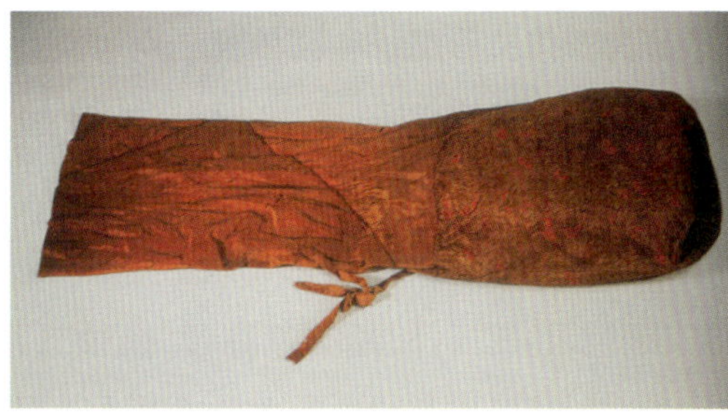

西汉黄色对鸟菱纹绮地“信期绣”香囊

广州汉代南越文王墓出土的铜烤炉

长沙马王堆一号汉墓出土的牛角梳和牛角篦

① 湖南省博物馆:《长沙马王堆一号汉墓》，文物出版社 1973 年版。

② 〔汉〕崔駰:《扇铭》，《北堂书钞》卷一三四《服饰部三》引，文渊阁《四库全书》本。

③ 班婕妤:《怨诗》，《汉诗》卷二，逯钦立辑校:《先秦汉魏晋南北朝诗》，中华书局 1983 年版，上册，第 116—117 页。

④ 〔汉〕傅毅:《扇赋》，《北堂书钞》卷一三四《服饰部三》引，文渊阁《四库全书》本。

⑤ 凤凰山一六七号汉墓发掘整理小组:《江陵凤凰山一六七号汉墓发掘简报》，《文物》1976 年第 10 期。

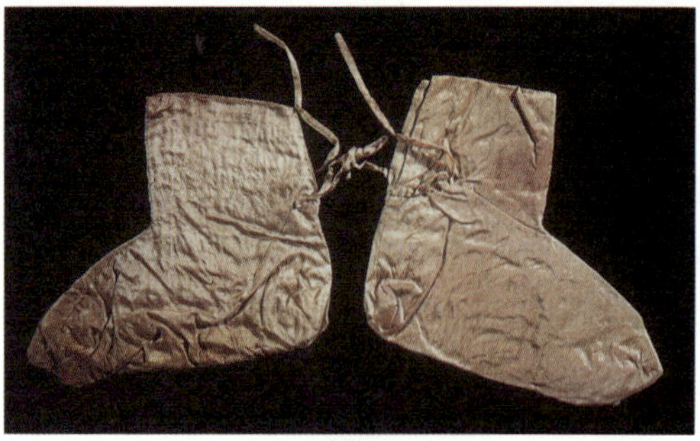

西汉绛紫绢夹袜

便溺器具是秦汉家具的组成部分。溺器由于其形制仿照虎形，亦称“虎子”。汉代的虎子分为兽体长形虎子和圆体虎子两种类型。① 虎子多系木制而成，表面涂有彩漆。扬州出土两件木胎漆虎子，高 19 厘米、长 30 厘米、宽 11 厘米。虎视向前，圆口，尾部上翘与首连接成为把手。② 此外，也有用陶、铜、瓷为质料制作的虎子。③

灯具和蜡烛在汉代也已出现。《潜夫论·遏利》指出：“知脂蜡可以明镫也”。刘歆《西京杂记》卷四云，闽越王献高帝“蜜烛二万枝”。长沙汉墓出土的铜灯中尚有残蜡。④ 目前考古所见汉代与蜡烛有关的文物大都见于今广东和相邻地区，似可说汉代岭南和长江中游地区居民使用蜡烛的程度超过北方地区居民。

东汉人形吊灯

东汉黑釉熊形灯

东汉绿釉陶熊灯

① 黄文宽：《从广州出土的虎子谈虎子的考证》，《考古通讯》1957 年第 6 期。

② 扬州博物馆：《扬州东风砖瓦厂汉代木椁墓群》，《考古》1980 年 5 期。

③ 铜虎子见江西省博物馆《江西南昌地区东汉墓》，《考古》1981 年第 5 期。瓷虎子见吴文信《江苏新沂东汉墓》，《考古》1979 年第 2 期。

④ 李正光、彭青野：《长沙沙湖桥一带古墓发掘报告》，《考古学报》1957 年第 2 期。

广西贵县高中工地

14 号墓出土的胡人座陶灯

西汉刺庙牛灯

应当指出，本节提到的许多家具和日用杂物只是出现在贵族富人家庭中。《汉书·游侠传》载，西汉后期权臣石显家中“床席器物”等家具直数百万钱。与之相比，普通百姓的住宅陈设简单寒酸，仅有几、案、笥、榻、床、草蓐、蔺席、麻被、麻褥、木枕等生活必需品，这些物品大都破旧不堪。下引文献正是一般人家居室陈设状况的写照：薛惇“家贫，坐无完席”①；卫良“家无完席，宾客省之者，坐桑下谈论，饮水去”②。而下贫人家的住宅内几乎一无所有。《汉书·司马相如传上》载，尚未发迹的司马相如“家贫无以自业”，他在成都的住宅“家徒四壁立”。东汉学者王充对此曾做了这样的比较：“富人之宅，以一丈之地为内，内中所有，柙匮所羸，缣布丝绵也。贫人之宅，亦以一丈为内，内中空虚，徒四壁立，故名曰贫。”③这表明，与住宅建筑一样，秦汉时期的室内陈设同样有着显著的群体差异。

五、饮食的发展

（一）饮食的区域差异

秦汉时期，长江流域在饮食文化上有两大突出的成就：一是饮茶风气的传播推广，二是豆腐的发明。由于长江流域所处地理环境的差异，人们的饮食情况也有所不同。以水产品为例，濒临水域的居民食用水产品的数量和频率通常要高于其他地区。

西南地区的经济中心巴蜀，“土地肥美，有江水沃野，山林竹木疏食果实之饶”④，优越

① 〔三国吴〕谢承：《后汉书》卷七，清汪文台辑、周天游校《七家后汉书》，河北人民出版社 1987 年版，第 137 页。

② 〔三国吴〕谢承：《后汉书》卷八，清汪文台辑、周天游校《七家后汉书》，河北人民出版社 1987 年版，第 145 页。

③ 〔汉〕王充：《论衡》卷一三《别通篇》，上海人民出版社 1974 年版，第 205 页。

④ 〔汉〕班固：《汉书》卷二八下《地理志下》，中华书局 1964 年版，第 6 册，第 1645 页。

的自然条件为当地居民提供了良好的生存环境。巴蜀百姓以稻米为主食，作为补充的是粟和芋。在蔬菜方面，这里不仅有黄河流域地区常见的蔬菜，还食用莲藕等水生类蔬菜。由于水网密集，淡水产品在人们生活中占有很重要地位。野生的果实蔬菜，则是当地居民接续冬食补充不足的主要来源。这里是当时公认的具有较高饮食水平的地区："筑肉臛芋，脍鱼炰鳖"①；"尚滋味""好辛香"，富豪宴饮"嫁娶设大牢之厨膳"②。而当地百姓热衷于生活享受的气质则对这种饮食状况起到了强化作用。

1954 年广西壮族自治区贵县新村 22 号墓出土的东汉红陶灶

1954 年广西壮族自治区贵县新村 22 号墓出土的东汉红陶灶

汉代庖厨画像砖

四川省博物馆藏汉代庖厨酒画像砖

① 〔汉〕王褒：《僮约》，《初学记》卷一九引，文渊阁《四库全书》本。

② 〔晋〕常璩：《华阳国志》卷三《蜀志》，刘琳校注《华阳国志校注》，巴蜀书社 1984 年版，第 175、225 页。

成都博物馆藏汉代陶庖厨俑

汉代献食陶俑

重庆中国三峡博物馆藏汉代庖厨侍奉陶俑

庖厨陶俑

在水网纵横、气候温暖湿润的长江中下游地区，据《史记·货殖列传》载："楚越之地，地广人希，饭稻羹鱼，或火耕而水耨，果食蠃蛤，不待贾而足。"稻米是最常见的主食类食物。鱼的食用相当普遍，时人有"吴楚之人嗜鱼盐，不重禽兽之肉"①的描写。长沙马王堆一号汉墓出土的鱼类残骸有鲤鱼、鲫鱼、刺鳊、银鲴、鳡鱼和鳜鱼。② 水生类蔬菜及竹笋等是具有地方特色的蔬菜。果类品种类似巴蜀地区。西汉时期，这一地区普遍使用火耕水耨的耕作方式，生产力水平不高，但由于物产丰富，采集业和渔猎业补充了粮食的不足，虽"无冻饿之人，亦无千金之家"③，普通百姓处于"均贫而寡富"的低水平饮食状况。东汉时期这一地区的耕作方式逐渐转为精耕细作，居民的饮食水平也有所提高。不过，长江中下游一带饮食生活水准的大幅度提高至南北朝时期才出现。

岭南地区居民的饮食结构与长江中下游地区相似，但进入当地百姓食谱中的食物较之后者更为丰富。引人注目的是亚热带水果和食蛇习俗。盛产于岭南的水果除了出产于长江流域的橘、柚、甘蔗等外，还有对其他地区尤其是北方居民颇感新鲜的荔枝、枇杷、龙眼、橄榄、乌榄、人面果等。"越人得髯蛇以为上肴，中国得而弃之无用"④的习俗在西汉时期的岭南地区普遍存在。东汉杨孚《南裔异物志》中也写道：岭南"髯惟大蛇，既洪既长""宾享嘉宴，是豆是觞"⑤。

---

① 〔汉〕应劭：《风俗通义》佚文，吴树平《风俗通义校释》，天津人民出版社1980年版，第398页。

② 中国科学院动物研究所脊椎动物分类区系研究室等：《长沙马王堆一号汉墓出土动植物标本的研究·动物骨骼鉴定报告》，文物出版社1978年版，第74—79页。

③ 〔汉〕司马迁：《史记》卷一二九《货殖列传》，中华书局1959年版，第10册，第3270页。

④ 〔汉〕刘安著、高诱注：《淮南子注》卷七《精神训》，《诸子集成》本，中华书局2006年版，第7册，第111页。

⑤ 〔北魏〕郦道元：《水经注》卷三七《叶榆河》引，陈桥驿《水经注校释》本，杭州大学出版社1999年版，第642页。

（二）调味品

盐的来源主要有从海中提取的海盐（主要分布在沿海地区），从含盐量高的湖中提取的湖盐（主要在西北地区），从含盐质较高的井中提取的井盐（主要在巴蜀地区）。

葱、姜、蒜、花椒、芜荑等，均是秦汉时人经常使用的辛辣类食材。芜荑一名姑榆，果实与树皮均呈辛味，晒干后可作调味料。《急就篇》曰："芜荑盐豉醯酢酱"，把其列为调味品之首。《华阳国志·巴志》载，巴郡出产辛蒟（蒌叶），辛蒟属胡椒科植物，果实有辣味，可做酱。

酸味调味原料有梅。梅在先秦时期即是饮食中不可或缺的调味物，在汉代，梅除去作为水果食用外，仍具调味功能。

蜜是当时重要的甜味调味料。《太平御览》卷八五七引曹丕《与朝臣诏》云："蜀人作食，喜着饴蜜。"

（三）水果

秦汉时期果类品种，除已见于先秦文献的梨、栗、枣、杏、柿、李、桃、柰、棣、棠、梅、柑、橙、橘等品种外，始见于秦汉文献的有蒲陶（葡萄）、安石榴、胡桃（核桃）、卢橘（枇杷）、杨梅、离支（荔枝）、龙眼、林檎、槟榔、留球子、千岁子、橄榄等。这些新见品种大部分来自岭南热带和亚热带地区。自从这一地区并入汉版图之后，这些中原罕见的水果也开始出现在北方居民的食案上。《盐铁论·未通》说，武帝统一岭南，以其地为园圃，橘柚被大量运到中原，出现了"民间厌橘柚"的现象。《汉书·地理志下》载，汉王朝在南海郡设有圃羞官，在交趾羸设有羞官，在巴郡朐忍设有橘官，它们负责向宫廷进贡当地果品。

葡萄、核桃、安石榴等则是西汉中期张骞从西域引入中原的，并迅速在中原地区推广种植。这一时期还形成了具有地方特色的优良果树品种，如安邑之枣，燕、秦之栗，真定之梨，岭南之荔枝，有的品种出现了大面积的种植。《史记·货殖列传》称："安邑千树枣，燕、秦千树栗，蜀、汉、江陵千树橘"；"此其人皆与千户侯等"。

巴蜀当地居民食用的水果主要有柑、橘、柚、橙、甘蔗等。

（四）饮茶风气的传播

饮茶文化起源于史前时期。相传黄帝时采药于浙江桐庐的药祖桐君，在其《桐君录》中记载："俗中多煮檀叶并大皂李作茶。"先秦时期的药物著作《神农本草》也载："神农尝百草，日遇七十二毒，得荼（即茶）而解之。"后世之人大多据此推崇神农为发现和利用茶叶的鼻祖，如陆羽《茶经》中就有"茶之为饮，发乎神农"之说。但据陈珲考证，饮茶文化当创自于中国古越人，“以河姆渡代表的古越地是茶文化的始生物”①。

到先秦时期，巴蜀等地所产的茶叶已作为贡品进奉。如《华阳国志·巴志》记载：“周武王伐纣，实得巴、蜀之师，著乎《尚书》……土植五谷，牲具六畜。桑、蚕、麻、纻、鱼、盐、铜、铁、丹、漆、茶、蜜……皆纳贡之。”“荆巴间采叶作饼，老者成以米膏出之。”“园有芳蒻香茗”“涪陵郡……惟出茶、丹、漆、蜜、腊。”这表明当时长江流域的劳动人民已具有一定的种植和制作技术，能明显区分出茶叶品质的优劣好坏。

秦汉时期，饮茶风气开始在整个长江流域流行起来，并向周围地区扩散。从王褒《僮约》所说的“武阳买茶”“烹茶尽具”，以及汉王到江苏宜兴茗岭“课童艺茶”、汉朝名士葛玄则在浙江天台山设立“植茶之圃”等茶事活动来看，饮茶风习已流行于长江流域。同时，饮茶文化还在这一时期继续向黄河流域扩散。如清代顾炎武在《日知录》卷七“茶”中说：“自秦人取蜀而后，始有茗饮之事。”

关于秦汉时期长江流域的茶文化，除上述所引之外，历代文献尚有：扬雄《方言》：“蜀西南人谓茶为蔎。”常璩《华阳国志》卷三《蜀志》：犍为郡，“汉有盐井，南安、武阳，皆出名茶。”傅咸《司隶教》：“蜀妪作茶粥卖”。② 孙楚《出歌》：“姜桂茶荈出巴蜀，椒橘木兰出高山。”③张载《登成都白菟楼》诗：“芳茶冠六清，溢味播九区。人生苟安乐，兹土聊可娱。”④等等。

(五)豆腐的发明

豆腐的发明，是长江文化对世界的一大贡献。据文献记载，首创豆腐的人是西汉淮南王刘安(前 179—前 122)。明人罗欣在《物原》中说：中国在西汉时的古籍中已有“刘安作豆腐”的记载。李时珍在《本草纲目》中也说：“豆腐之法，始于汉淮南王刘安。”明人叶子奇《草木子·杂制篇》说：“豆腐始于汉淮南王之术也。”

从考古发掘资料来看，豆腐起源于汉代当无疑义。如在河南密县打虎亭的一座东汉画像石墓中，发现有一方反映豆腐作坊的石刻，上面绘有小磨及豆腐的制作全过程，这证明豆腐的发明至迟不会晚于东汉。

自从刘安发明豆腐后，这种营养价值极高的食品开始传到民间，并从五代以后成为中国人爱吃的日常食物，获得了“国菜”的称号。

(六)饮食习俗

食前饭后洗涤食具是当时生活习惯。王褒《僮约》规定家奴“食了洗涤”。

---

① 陈珲：《饮茶文化创始于中国古越人》，《民族研究》1992 年第 2 期。

② 《北堂书钞》卷一四四《酒食部》引，文渊阁《四库全书》本。

③ 〔宋〕李昉：《太平御览》卷八六七《饮食部》引，中华书局 1960 年版，第 3846 页。

④ 《晋诗》卷七，逯钦立辑校：《先秦汉魏晋南北朝诗》，中华书局 1983 年版，上册，第 739—740 页。

不食用受到污染和腐败的食物是人们的共识。王充说："夫鼠涉饭中，捐而不食。捐饭之味，与彼不污者钧，以鼠为害，弃而不御。""虫堕一器，酒弃不饮。"①

广州汉代南越文王墓出土的铜承盘高足玉杯

1997年安徽巢湖汉墓出土的西汉朱雀衔环玉卮

1997年安徽巢湖汉墓出土的西汉朱雀衔环玉卮侧面

广州汉代南越文王墓出土的铜承盘高足玉杯

广州汉代南越文王墓出土的铜框玉卮

南京博物院藏西汉错金银宝石青铜鸟柄汲酒器

广州汉代南越文王墓出土的玉角杯

① 〔汉〕王充：《论衡》卷一《累害篇》，上海人民出版社1974年版，第5页。

第四节　长江流域制度文化的成就

这里集中地阐述秦汉时期长江流域政治、经济、文化制度及民俗和礼仪制度的发展。因自秦统一中国之后，重要的政治、经济、文化制度均趋于统一或完成统一，故本节对长江流域制度文化与全国多数地域一致之处仅作简单叙述或略而不提，将主要篇幅留给属于长江流域制度文化特殊成就的研究。

一、制度文化在文化发展中的作用和地位

所谓制度文化，根据史学界通常的看法，“主要是讲史学界通用的制度，如政治制度、军事制度、选举制度、监察制度”等等，此外还有法律制度、经济制度以及许多与文化更有关的制度，如学校制度、教育制度、博士制度、修史制度以及各种各样的礼制。总之，各种制度本身就是一种文化或者说是文化现象。而这种文化又直接影响甚至决定着文化各个方面的发展[①]。因此，在探讨精神文化的问题之前，先研究制度文化的有关问题是有必要的。

秦汉时代是统一的、专制主义中央集权的政治制度初创和确立时期，所以这一时代的政治制度，在文化史上具有重要的意义，正如《汉书·百官公卿表》中所说：

> 秦兼天下，建皇帝之号，立百官之职。汉因循而不革，明简易随时宜也，其后颇有所改。

这一制度的建立，虽“其后颇有所改”，但基本形式不仅汉代“循而不革”，而且贯穿于此后的两千余年，而其精神则渗透到文化的各个层面，其影响甚至超出封建社会的历史时期。关于这方面的影响，林剑鸣《新编秦汉史》(台北版)“序言”中概略地提及：“从文化发展的角度来看，从公元前221年秦统一中国以后，直到公元后三世纪东汉灭亡为止的数百年历史，都是社会发生深刻变化的时代。这种变化对此后两千余年以至今天，都产生巨大影响。例如在语言中，我们中国被外国人称为China，就是‘秦’的音译，我们今天还称中国境内人数最多的一个民族为‘汉人’，称一个男人为一条‘汉子’，赞扬人常常称为‘好汉’，这些都与秦汉时代有关。在行政区划方面，今天的省县区域划分，乃是自秦代建立的郡县制开始的。自公元前221年建立的皇帝制以及与皇帝相关联的官僚机构，一

① 熊铁基：《汉唐文化史》第2章“从制度文化的建设到精神文化的发展”，湖南出版社1992年版，第12—23页。

直延续到1911年辛亥革命才结束。而帝制消灭之后，残存于人们观念中的影响，则至今也很难说已彻底铲除。”

这里，当然没有必要重复一般秦汉史中所记载的各项制度，所要讲清的则是秦汉制度文化的基本精神，主要是政治制度的基本精神。根据对此有专门研究的熊铁基教授论述[①]，概括地说有如下几项内容：①是建皇帝之号。②是以丞相为首的政府之设立。③是以郡县制为基础的地方政府。④是官吏选拔制度，旧称选举制。

除此之外，在经济上：①实行重农抑商的一系列措施。②山泽、盐铁之利的国家垄断及土地的私有和国有并存。③财政、税赋的统一。

在文化上：①统一文字，统一文书格式。②统一思想“罢黜百家，独尊儒术”等。

以上各项具体在长江流域的文化发展中具有的独特性，则是本书研究的重点。

首先，对皇帝制度的接受和完善。

公元前221年秦始皇建立了以皇帝为首的专制主义中央集权的政治制度，而“皇帝”称号的出现则是具有象征意义的事件。据《史记·秦始皇本纪》载：始皇廿六年，秦初并天下，“丞相绾、御史大夫劫、廷尉斯等皆曰：‘……臣等谨与博士议曰：古有天皇，有地皇，有泰皇，泰皇最贵。臣等昧死上尊号，王为泰皇。命为制，令为诏，天子自称朕。’王曰：‘去泰，著皇，采上古帝号，号曰皇帝，他如议。’”这里，很清楚地记载“皇帝”称号出现的过程。从此之后，皇帝制度就建立起来。然而，从朝廷确立和颁布一种制度是一回事，在社会上接纳这种制度又是一回事。皇帝制度刚刚确立时期，如同对于一切新出现的事物一样，可以肯定是不易为多数人所接受的。但对其抵制最为强烈者，则为长江流域的人们。秦末农民起义最初爆发在长江中游的原楚国地区，来自原楚地的人们长期不接受“皇帝”这一称号，这除了表现当时人们对秦王朝统治的仇恨以外，也反映了长江流域文化与关中的秦文化的冲突。例如陈涉起义时就有夺取秦国政权的“鸿鹄之志”，所谓“死国”，但其自称仅只“王”而已，“大楚兴，陈胜王”，陈涉乃立为王，号为“张楚”[②]。这并非偶然，同样是长江流域的楚人项羽，尽管其起事前在浙江见到秦始皇，发出慨叹曰“彼可取而代之”，但其起义后也只是立楚怀王孙心为王，自为武信君[③]。破秦咸阳后，秦王子婴“系颈以组，白马素车，奉天子玺符，降轵道旁”[④]。这里提到“天子玺符”，所谓“玺”即蓝田玉玺

① 熊铁基：《汉唐文化史》第2章，湖南出版社1992年版，第12—23页。

② 〔汉〕司马迁：《史记》卷四八《陈涉世家》，中华书局1959年版，第6册，第1950—1952页。

③ 〔汉〕司马迁：《史记》卷七《项羽本纪第七》，中华书局1959年版，第1册，第296—300页。

④ 〔汉〕司马迁：《史记》卷六《秦始皇本纪第六》，中华书局1959年版，第1册，第275页。

及乘舆六玺，据《晋书·舆服志》载："秦始皇蓝田玉玺，螭兽纽，在六玺之外，文曰：'受天之命，皇帝寿昌。'""乘舆六玺，秦制也，曰'皇帝行玺''皇帝之玺''皇帝信玺''天子行玺''天子之玺''天子信玺'。"所谓"符"即兵符，1973年在陕西西安发现秦统一后的虎符——杜虎符。《秦金石刻辞》及《历代牌符录》收录的阳陵虎符，其铭文曰："兵甲之符，右在皇帝，左在阳陵"字样。可见，子婴投降，也就是将"天子玺符"亦即"皇帝"名号交出。在秦王朝统治者——从秦始皇至子婴看来，"皇帝"的名号乃是统治天下的象征。然而，楚人项羽则不接受这一名号，他并未顺理成章地登上皇帝的宝座，而是"引兵西屠咸阳，杀秦降王子婴，烧秦宫室，火三月不灭，收其货宝妇女而东"。又"尊怀王为义帝"，"立诸将侯为王"①。这种做法固然有其他原因，但拒绝"皇帝"这一称号，反映了秦的制度文化当时并不为楚人接受。当然，这种抵制是极其有限的。至刘邦夺取楚汉战争胜利之后，当高帝五年（前202年）时"诸侯及将相相与共请尊汉王为皇帝"，经过一番虚情假意的推让，刘邦也"即皇帝位汜水之阳"②了。从此，"皇帝"这一制度便在中国确立下来，使长江流域的制度文化增加了新的内容。

郡县制的普遍推行，在长江流域应是秦统一中国之后实现的。然而，作为一种文化因素，这种制度在长江流域范围内是有根基的。因为早在秦国内部实行郡县制以前，长江流域的楚就建立了县的一级行政机构。《左传·庄公十八年》记，楚武王时灭权国"使斗缗尹之"。美国学者顾立雅认为"尹是楚国县的主管官名称"，并断定这就是"县的起源"③。

清人洪亮吉根据《左传·庄公六年》（前688年）"楚文王伐申"的证据，提出"考楚文王县申在鲁庄公六年"④。按照这样的论断，早在春秋时代的楚国，就有郡县制雏形"县"的出现，当然这一论断尚待进一步证实⑤。不过，早在秦始皇统一中国之前的春秋时代，在楚国已有县的出现，则是无可置疑的。而统一后郡县制在长江流域较顺利地确立起来，不能不与其文化因素有关。

长江流域秦汉时代的制度文化另一个问题是：官僚体制郡县制推行，使得长江流域的重要性日益得以凸显。秦代虽实行"招贤纳士"延揽全国人才的政策，但从制度文化角

① 〔汉〕司马迁：《史记》卷七《项羽本纪第七》，中华书局1959年版，第1册，第315—317页。

② 〔汉〕司马迁：《史记》卷八《高祖本纪第八》，中华书局1959年版，第1册，第379页。

③ 顾立雅：《中国官僚制度的开始：县的起源》，见《亚洲研究》创刊三十周年论文集《中国》。

④ 洪亮吉：《更生斋文甲集》卷二《春秋十论》，见《更生斋集》，《续修四库全书》，上海古籍出版社2002年版，第1468册，第13页。

⑤ 林剑鸣认为最早的县不始于楚而在秦，见林剑鸣《秦史稿》，上海人民出版社1981年版，第53—54页。

度来观察，无论从何处来秦的人才，一旦担任秦朝政府的官僚，至多不过是在秦原有的制度文化中运作而已。到西汉时代，特别是汉武帝之后，长江流域的人才愈来愈多地在政府机构中任职，使官僚队伍的组成发生变化。这种变化大体的趋势是：汉初，长江流域除丰、沛集团外，其他地区的人士很少有可能进入官僚的上层，至东汉则有更多的长江流域人士进入政府上层机构。以三公为例，可以看出极有意义的变化（如下表）：

表一　　东汉时代三公出身于长江流域郡国人数

	总员	沛	会稽	彭城	庐江	九江	汉中	蜀	南郡	下邳	长沙	犍为	江夏	陈
光武帝	20	1												
明帝	8	1												
章帝	7		1											
和帝	12	2												
安帝	16			2	1	1	1							
顺帝	19	3				1		1	2	1	1	1		
桓帝	22	1		1	1		1						1	
灵帝	35	3	1							1	1			1
献帝	12		1		1			2					1	
合计	151	11	3	3	3	2	2	3	2	2	2	1	2	1

表二　　东汉时代三公出身于长江流域以外郡国人数

	南阳	武南	京兆	武内	右扶风	东莱	清河	琅邪	魏	乐安	渔阳	陈留	北海	上党	西河	汝南	左冯翊	颍川
光武帝	6	1	3	1	2	1	1	1	1	1	1							
明帝	2							1				1	1	1	1			
章帝	2		2													1	1	
和帝		2	1		1											1		2
安帝	3					1										1		1
顺帝		3	1													1	1	
桓帝		1		2		1	1									3		1
灵帝	6	3		1	1											6		2
献帝																1		1
合计	19	10	7	4	4	3	2	2	1	1	1	1	1	1	1	14	2	7

表三　　东汉时代三公出身于长江流域以外郡国人数(续)

	泰山	赵	平原	弘农	山阳	河东	河间	鲁	梁	中山	东海	常山	武威	涿郡	济南	安定	太原	不明
光武帝																		
明帝																		
章帝																		
和帝	1	1	1															
安帝	1			1	1	1	1											
顺帝				1	1	1		1										
桓帝				1					1	1								1
灵帝				3	1		1		1		2	1	1	1				
献帝				1											1	1	1	
合计	2	1	1	7	3	2	2	1	2	1	2	1	1	1	1	1	1	1

从以上各表中可以看出：在东汉和帝以前，长江流域10余个郡中，除沛郡有4人出任三公要位外，长江流域出任要职的只有会稽郡1人。这表明长江流域各郡在汉代官僚体制中影响是有限的。相反，从表二中可以明显看出，在北方各郡——尤其是南阳、武南、京兆、右扶风、东莱、清河等黄河流域诸郡，在和帝之前几乎各代均有“三公”，而和帝以后则明显地只集中于南阳等少数几个郡。这些数字的变化是有着相当复杂原因，也足以分析出许多问题。但这里仅指出一点，即制度文化是通过人来体现的，而长江流域各郡出身的官僚愈来愈多地在秦汉官僚体制中发挥作用，就表明在中央政府的推行下，皇帝制、郡县制和封建的官僚制均已成为制度文化融于长江流域文化之中。只有在这一个意义上，研究长江流域的制度文化才具有深刻的意义。

总之，秦汉时代专制主义中央集权的各项制度在全国推行，长江流域各地当然也不例外。但作为制度文化则自有其特殊的发展脉络。例如对于郡县制的认同，是因长江流域的楚国早有县制的施行为其基础，皇帝和官僚制则通过长江流域出身的人士逐渐出仕任职，而融入长江流域的文化体系中。制度文化同法律文化一样，尚是目前研究的薄弱环节。秦汉时代长江流域的制度文化仅举例式地提出上述片面观点，以抛砖引玉，供深入研究时参考。

二、民俗和礼仪制度

作为制度，长江流域的礼仪应大体与统一后的秦汉时代各地大同小异。而关于民俗，长江流域的大部分地区也应与统一后的秦汉时代中华民族大部分地区基本一致。当然，无论何时，民俗与礼仪在各地区、各民族都保持其各自独特的个性，而呈现出丰富多彩的形式。如果这里一般地叙述长江流域与全国各地民俗、礼仪一致的方面，既无必要也并非本书的任务。因此，仅举例性地略述长江流域独特的民俗和礼仪。之所以说举例性地，首先是因为即使仅述及长江流域与其他地区不同的礼仪和民俗，也难以概括和笼统地指出长江流域礼仪和民俗统一的特征和全貌。这里就必须注意本章上节所指出的秦汉时代长江流域三个经济（也是文化）圈，即巴蜀、荆襄、吴越和三个发展时期。在三个经济（文化）圈间和三个不同时期长江流域的文化各有其不同的变化和特点，尤其在礼仪和风俗方面，其特点则更明显，而正是这种丰富多彩的特点，才构成了长江文化婀娜多姿的内容。如果说长江流域的民俗和礼仪可以用一句话概括，那只能说它同长江流域文化一样，也同中华民族文化一样是“多样性的统一”①。当然，这样说无助于对事实的认识，还是具体地以举例的形式叙述长江流域民俗和文化，或不无裨益。

① 林剑鸣：《新编秦汉史》，台北王南出版公司1992年版，第1493页。

(一)婚姻礼俗

婚丧是人类社会生活中普遍受到重视的大事。马克思主义认为:一定社会制度下形成的婚丧礼俗,是由该社会的经济制度决定的。它受当时社会生产力发展水平的制约。秦汉时代的婚丧礼俗也是同秦汉时代经济、政治空前统一的发展相一致的,长江流域大部分地区的婚丧礼俗也多与中原地区相同。其中除各个少数民族如被称为“夷”“蛮”“越”的落后地区外,秦汉时代长江流域的婚丧礼俗与地处关中的或关东的首都、畿辅地区区别不大。这当然与汉武帝提倡儒术有密切关系。例如长江流域秦汉时期大部分地区都是实行一夫一妻制,而上层社会:官僚或地主之家婚仪嫁娶之礼亦依“六礼”——纳采、问名、纳吉、纳征、请期、亲迎等仪式办事。结婚年龄、妻妾制度等等也与中原地区无异。

这里应当指出的是,有一种错误观念认为:地处南方的长江流域在秦汉时代婚姻制度较杂,男女间性关系较随便,一夫多妻或一妻多夫制盛行,甚至“淫风”甚盛等等,这种看法是不符合历史事实的。

首先,不可讳言,在长江流域的个别地区或少数民族,在秦汉时代尚存在着较混乱的婚姻关系,甚至流行一夫多妻或一妻多夫制。但这种现象绝非长江流域普遍存在的,不能以偏概全,亦非长江文化史研究的重点。其次,造成这种错误观念的原因之一,与长期以来对一条史料理解的错误有关。

引起误解的这条史料是会稽刻石铭文中的以下一段文字:

> 饰省宣义,有子而嫁,倍死不贞。
> 防隔内外,禁止淫泆,男女洁诚。
> 夫为寄豭,杀之无罪,男秉义程。
> 妻为逃嫁,子不得母,咸化廉清。

这四句铭文的大意是严禁婚姻以外的性关系,对于奸夫或偷情的寡妇“杀之无罪”,因为此刻石立于长江下游的会稽(今浙江绍兴),所以有的史学家断定当地风俗落后,“淫泆之风”严重,所以在秦始皇三十七年(前210年)专门在此刻石勒铭,以制裁当地的“淫风”。最初提出这一观点的是范文澜先生,后来大陆不少学者以至中、大学教材中也接受这一观点。于是,秦汉时代的会稽地区“风俗习惯落后”“男女群婚”“教化习俗还很落后,氏族社会偶婚制习俗尚未清除”①等论断成为通行的观点。更有甚者竟把这一论断扩而大之,说成是长江流域婚姻或男女关系的普遍特点。这显然是不正确的。

关于会稽刻石铭文中所提及的“淫泆”之风,确实是秦始皇时代留下的几块刻石中独

① 郭志坤:《秦始皇大传》,上海人民出版社2013年版,第319—320页。

有的内容。在其他几块刻石中，无论是峄山、泰山、琅邪，还是碣石刻石铭文中，均没有禁止"淫泆"的文句。但是否就能据此断定秦汉时代会稽地区"淫泆"成风，以致秦始皇不得不巡行至此时刻石禁止呢？回答是否定的，因为第一，秦代的几处刻石铭文，从内容上考察均为针对全国统一后为始皇和秦王朝歌功颂德之辞，绝无仅为当地具体情况立石的禁令；第二，从《史记·货殖列传》和《汉书·地理志》所载战国秦汉时代各地风俗比较，处于长江流域的会稽及其他地区，风俗教化并不比长江流域以外的地区落后。毋宁说这里民风较为淳朴而已，随着经济、文化的发展长江流域大部分地区均成为尊崇礼仪的文明之乡。请看：

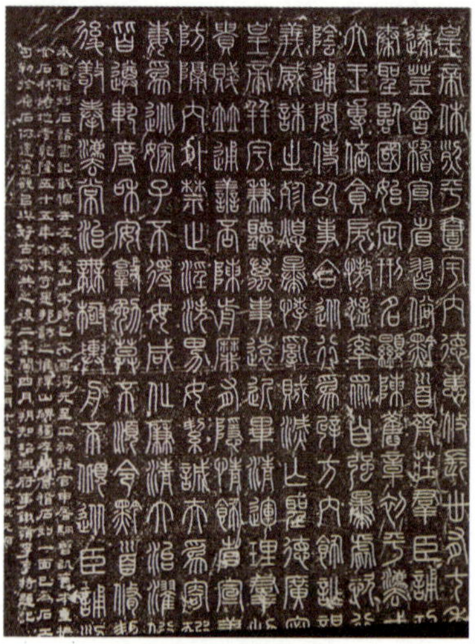

会稽刻石（局部）

> 巴、蜀、广汉本南夷，秦并以为郡，土地肥美，有江水沃野，山林竹木蔬食果实之饶。南贾滇、僰僮，西近邛、笮马旄牛。民食稻鱼，亡凶年忧，俗不愁苦，而轻易淫泆，柔弱褊阸。景、武间，文翁为蜀守，教民读书法令，未能笃信道德，反以好文刺讥，贵慕权势。①

这是记叙长江流域上游的巴、蜀、广汉也只有"轻易淫泆"四字，且随着西汉景帝、武帝的时期到来，有官吏的教导显然有所改变而"好文"。再观：

> 楚、越之地，地广人希，饭稻羹鱼，或火耕而水耨，果食蠃蛤，不待贾而足，地势饶食，无饥馑之患，以故呰窳偷生，无积聚而多贫。②

> 吴地，斗分壄也。今之会稽、九江、丹阳、豫章、庐江、广陵、六安、临淮郡，尽吴分也……吴、粤之君皆好勇，故其民至今好用剑，轻死易发。③

这是记长江流域中下游荆楚、吴、越各地的风俗。之所以不惮重复引用上述资料，就是为证明在原始资料中近于"群婚"或"一妻多夫""一夫多妻"等落后习俗，并不普遍存在于会稽地区，更不能断定长江流域的婚姻及性关系"落后"，相反，在记载战国秦汉时代各地风俗礼仪最为详尽、最为可靠的《史记·货殖列传》及《汉书·地理志》中，明确指出"淫地""俗淫"的地区就有几处，例如"郑国""其俗淫"④；"中山地薄人众，犹有沙丘纣淫地余民……丈夫相聚游戏，悲歌慷慨，起则椎剽掘冢，作奸巧；多美物，为倡优，女子弹弦跕躧，

① 〔汉〕班固：《汉书》卷二八下《地理志下》，中华书局1964年版，第6册，第1645页。
② 〔汉〕司马迁：《史记》卷一二九《货殖列传》，中华书局1959年版，第10册，第3270页。
③ 〔汉〕班固：《汉书》卷二八下《地理志下》，中华书局1964年版，第6册，第1666—1667页。
④ 〔汉〕班固：《汉书》卷二八下《地理志下》，中华书局1964年版，第6册，第1652页。

游媚富贵，遍诸侯之后宫。”[①]还有蓟地“初太子丹宾养勇士，不爱后宫美女，民化以为俗，至今犹然。宾客相过，以妇侍宿。嫁取之夕，男女无别，反以为荣。后稍颇止，然终未改”。至于卫地，更是有名的淫泆成风之地：“卫地有桑间濮上之阻，男女亦亟聚会。声色生焉，故俗称郑卫之音。”以上都是《汉书·地理志》明确记载的“风俗”与儒家所称道的标准不符的地区，这些“淫泆”之风有名的地区显然不包括长江流域的任何部分。所以说认为长江流域风俗“落后”或有“淫泆”之风，是不正确的[②]。

秦汉时代长江流域婚姻习俗如贵族的妻妾成群，上层的淫乱，下层的因穷困、战乱而存在怨妇、旷夫等以及节烈观念较薄淡的现象，均与中原地区相同，并非长江流域仅有，故无须赘述[③]。

（二）丧葬礼俗

秦汉时代长江流域的丧葬之礼极具多样性。这里大部分地区的丧葬之礼与黄河流域大部分地区相同，当然也还有一些不同形式与风格的葬式和葬礼。

1. 丧葬礼仪与习俗

秦汉时期，长江流域大部分地区的丧葬礼仪多与黄河流域相同，而相异者仅在其枝节之处。如贵族之丧礼多与《后汉书·礼仪志》相符，丧礼中的招魂、哭丧、停尸、送丧、服丧以及棺椁之制、祭礼制度等等，到秦汉时代南、北方的长江、黄河流域两地均大同小异。例如1972—1974年初，我国考古工作者在长江中游的湖南长沙马王堆发掘的1、2、3号汉墓就足以说明这个问题，人们亦可据此了解秦汉时代长江流域贵族丧葬礼仪的基本内容。这座仅系食邑七百户的小列侯的墓葬规模宏大，由封土、墓道、墓坑和墓室四部组成，1号墓坑口南北长19.5米，东西宽17.8米，从口到底深16米。其棺椁结构大致由枕木、椁室、棺三部组成，在椁和棺内有数量惊人的随葬品。其奢侈、豪华的程度与秦汉时代关中地区和关东地区的王、侯墓葬相比有过之而无不及。这也从侧面反映了长江流域贵族的丧葬礼制与关中地区和关东地区黄河流域的礼仪习俗大体相同。然而在细枝末节方面南北又存在一些不同。如在墓葬形制方面，马王堆1、2、3号墓乃依土丘地形而兴建，顶部圆平，墓冢与自然土丘、山岗浑然一体；墓为长方形墓坑，斜坡墓道在墓坑之外，大量随葬物均陈于墓室边箱内。而在关中发现的同时期的杨家湾4号墓则为曲尺形墓坑，其墓道则在墓坑之内，此外尚有不同类型的随葬坑，如此等等，这些差别反映了在大

① 〔汉〕司马迁：《史记》卷一二九《货殖列传》，中华书局1959年版，第10册，第3263页。

② 关于这个问题，林剑鸣《会稽“淫风”考》（载《历史研究》1995年第1期）有详细论证，在此不赘述。

③ 林剑鸣等：《秦汉社会文明》第十一章《婚丧礼俗》，西北大学出版社1985年版，第340—350页。

同中的小异。

遗嘱是将亡者意识最为直接的呈现。遗嘱至晚在春秋战国时已经出现，秦汉社会保留并发展了这一传统。秦汉时期的遗嘱称“先令”。① 多在当事人病重时或临终前完成，接受遗嘱者主要是其子女。遗嘱内容涉及对丧事活动的安排、对财产的分配以及对子女未来的安排。② 江苏仪征胥浦 101 号西汉墓出土的“先令券书”系墓主人朱凌在平帝元始五年（5 年）临终前所立的遗嘱，是已知中国历史上最早的一份完整的遗嘱。参与立遗嘱的有县、乡三老，都乡有秩，左，里（师）等地方基层吏员，以及邻里和亲属，遗嘱内容包括朱凌同母异父兄妹的遗产继承和地权转移。胥浦“先令券书”表明，西汉时已初步具备一套习惯性法定继承与遗嘱执行相结合的遗产继承法规。其中，县乡三老和都乡有秩等群吏是官方代表，其作用与地位略似当今的公证人；知见者伍人、亲属等则是民方的证人和中保。遗嘱由当事人自言，知见者四邻和亲属在场作证，公证人县乡群吏录就，从而使遗嘱具有法律效力。③ 又，张家山汉简二年律令《傅律》云：“父母及妻不幸死者已葬卅日，子、同产产、大父母、大父母之同产十五日之官。”（简 377）这是说在葬尸三十日后，亲属要向官府报告。官府大概要根据报告注销死者名籍。

装殓死者，包括着装、覆面衣、在死者口中放置珠、贝（含），在手中放置物（握），以及置办各种随葬品（明器）。马王堆 1 号汉墓女尸最外三层分别覆盖三条锦被。④

停尸是埋葬前的一项程序。在此期间，丧家的邻里和亲朋好友赶来吊唁。据《汉书·酷吏传》受降都尉死后“丧柩在堂”的描述，死者的灵柩大约停放在宅内堂前。《太平御览》卷五五一引《东观汉记》云：“长沙有义士古初，遭父丧未葬，邻人火起，及初舍棺，不可移，初冒火伏棺上，会火灭。”这个带有传奇色彩的故事表明棺安置完毕不可随意移动。

吊唁者不能空手而来，礼物称“赗礼”或“赙钱”，包括钱财和实物。⑤ 这两种物品既是对丧者家庭的精神慰问，也带有支援丧葬活动和丧家日后生活的实际意义。据《论衡》所说“贫人与富人，俱赍钱百，并为赙礼死哀之家”⑥，即普通百姓的赙钱可能在百钱左右。

---

① 〔汉〕班固《汉书》卷五三《景十三王传》：平干王缪刘元“病先令，令能为乐奴婢从死”。颜师古注：“先令者，预为遗令也。”中华书局 1964 年版，第 8 册，第 2421—2422 页。

② 〔南朝宋〕范晔：《后汉书》卷三五《张曹郑列传·张纯传附子张奋》，中华书局 1965 年版，第 5 册，第 1198 页。

③ 扬州博物馆：《江苏仪征胥浦 101 号西汉墓》，陈平、王勤金：《仪征胥浦 101 号西汉墓〈先令券书〉初考》，均载《文物》1987 年第 1 期。

④ 湖南省博物馆等：《长沙马王堆一号汉墓》上集，文物出版社 1973 年版，第 31 页。

⑤ 〔唐〕欧阳询：《艺文类聚》卷八五《百谷部·豆》引《笑林》云：“有人吊丧，并欲赍物助之。问人：‘可与何等物？’人答曰：‘钱、布、谷、帛，任卿所有尔。’”上海古籍出版社 1965 年版，第 1453—1454 页。

⑥ 〔汉〕王充：《论衡》卷一二《量知篇》，上海人民出版社 1974 年版，第 192 页。

江苏仪征西汉墓木楬记录死者之弟从邻近地区获取的亲友赙赠钱物有钱、银、缣、布、履和绣衣，“凡值钱五万七钱”，①这是汉代赙赠状况的实际说明。当然，这个数目会因经济状况的波动而有所变化。上层社会在这方面的开销则大大超过这个数字。较为典型的例子如楚人朱建母终，“贫未有以发丧，方假貣服具”。辟阳侯审食其送赙钱百金，“列侯贵人以辟阳侯故，往赙凡五百金”②。巴郡严王思死后，“义送者赍钱百万”③。

择吉日下葬的习俗在汉代极为流行。据文献记载，汉代已经出现了专门用于选丧葬吉日的专著——《葬历》。《葬历》说：“葬避九空地臽及日之刚柔、月之奇耦。日吉无害，刚柔相得，奇耦相应，乃为吉良。不合此历，转为凶恶。”又说：“雨不克葬，庚寅日中乃葬。”④据《淮南子・天文训》，所谓日之刚柔是指“凡日甲刚乙柔，丙刚丁柔，以至于壬癸”。《论衡・辨祟篇》载：“世俗信祸祟，以为人之疾病死亡，及更患被罪、戮辱欢笑，皆有所犯；起功、移徒、祭纪、丧葬、行作、人官、嫁娶，不择吉日，不避岁月，触鬼逢神，忌时相害。故发病生祸，红法人罪。至于死亡，弹家灭门，皆不重慎，犯触忌讳之所致也。”

确定葬日有繁多的时忌。睡虎地秦简《日书》甲种 30 正贰～31 正贰所记丧葬禁日与死亡时间有关：“葬日，子卯巳酉戌，是胃(谓)男日。午未申丑亥辰，是胃(谓)女日。女日死，女日葬。必复之。男子亦然。凡丁丑不可以葬，葬必参(叁)。”简文中的“复之”系指再次发生死亡，“参”指三次发生死亡。

在汉代人观念中，坟地是死者魂魄“复当得还，养其子孙”所在，“善地则魂神还养也，恶地则魂神还为害也”⑤。大体上说，在确定葬地时要选择高大、平敞或傍山之地，避免“九空地臽”环境⑥。如《汉书・韩信传》载，韩信葬母“乃行营高燥地，令傍可置万家者”。《三国志・吴书・三嗣主传・孙皓》注引《汉晋春秋》记吴主孙皓“遣使者发民掘荆州界大臣、名家冢与山冈连者”以厌荆州王气。

送葬者人数众多，组成这支队伍的成员首先是死者亲属。东海恭王刘彊卒，明帝诏“楚王英、赵王栩、北海王兴、馆陶公主、比阳公主及京师亲戚四姓夫人、小侯皆会葬”⑦。另一类成员是死者生前好友或慕名前来者。如东汉名士黄琼归葬故乡江夏，“四方名豪

① 扬州博物馆：《江苏仪征胥浦 101 号西汉墓》，《文物》1987 年第 1 期。

② 〔汉〕班固：《汉书》卷四三《郦陆朱刘叔孙建传》，中华书局 1964 年版，第 7 册，第 2116—2117 页。

③ 〔晋〕常璩：《华阳国志》卷一《巴志》，刘琳校注《华阳国志校注》，巴蜀书社 1984 年版，第 40 页。

④ 〔汉〕王充：《论衡》卷二四《讥日篇》引《葬历》，上海人民出版社 1974 年版，第 265、266 页。

⑤ 王明：《太平经合校》卷五〇《葬宅诀第七十六》，中华书局 1960 年版，第 182 页。

⑥ 〔汉〕王充：《论衡》卷二四《讥日篇》引《葬历》，上海人民出版社 1974 年版，第 265 页。

⑦ 〔南朝宋〕范晔：《后汉书》卷四二《光武十王列传・东海恭王彊》，中华书局 1965 年版，第 5 册，第 1424 页。

会帐下者六七千人”①。

棺和椁均为重要的丧葬用具。由于西汉中期以后的横穴式墓、砖室墓和石室墓的“墓室本身就起到椁的作用”②，因此木椁主要出现在西汉前期墓中。当时大致沿用先秦时期的棺椁礼制。如马王堆一号汉墓主人系軑侯夫人，其棺椁为四棺一椁。③ 江陵凤凰山西汉墓主人生前的身份是五大夫，其棺椁为二棺一椁。④ 根据文献记载，汉代贵族特别推崇用櫄、梓、樟树木材制棺。梓木是皇帝棺椁用木，如应劭《风俗通义·丧祭》云：“天子敛以梓器”。但据《说文》“木部”“檍，梓属。大者可为棺椁”⑤的叙述，则以梓木为棺并非皇帝特权。《潜夫论·浮侈》描写东汉中原地区上流社会为获取櫄木和梓木制作棺椁，劳师动众，耗资巨大：“夫櫄梓豫章，所出殊远，又乃生于深山穷谷，经历山岑，立千步之高，百丈之谿，倾倚险阻，崎岖不便，求之连日然后见之，伐斫连月，然后讫，会众然后能动担，牛列然后然后能致水，油溃入海，连淮逆河，行数千里，然后到雒。工匠雕治，积累日月，计一棺之成，功将千万。”

当时的棺椁有涂色和不涂色两种类型。不涂色之棺称“素棺”，为贫者所用。讲究的棺则涂以朱色和黑色。长沙马王堆一号汉墓出土的四层木棺，第一层棺表面涂有黑漆，内涂朱漆；第四层为髹黑漆的锦饰内棺。⑥ 东汉礼制规定“公、特进，樟棺黑漆。中二千石以下坎侯漆”⑦。更为考究的棺材则在涂色上绘以画像，称“画棺”。据《续汉书·礼仪志下》，皇帝用棺“表里洞赤，文画日、月、鸟、龟、龙、虎、连璧、偃月、牙桧”。诸侯王、公主、贵人用棺绘“云气画”。马王堆一号汉墓提供画棺实例，在四层套棺中，第二层为黑底彩绘棺，第三层为朱底彩绘棺，其中，黑底彩绘棺上的图像有上百个，包括怪神、怪兽、仙人和飞禽走兽，朱底彩绘棺上绘有龙、虎、朱雀、鹿等瑞兽。⑧

石、瓦也是制棺的材料。江苏徐州西汉中期墓所见棺即为石料。⑨ 瓦棺多分布在蜀地。史载，蜀地豪族“送葬必高坟瓦椁”⑩。四川汉墓中多有瓦制棺椁发现的报道。⑪ 此

---

① 〔南朝宋〕范晔：《后汉书》卷五三《周黄徐姜申屠列传·申屠蟠传》李贤注：“帐下，葬处。”中华书局1965年版，第6册，第1752页。

② 王仲殊：《汉代考古学概说》，中华书局1984年版，第91页。

③ 史为：《长沙马王堆一号汉墓的棺椁制度》，《考古》1972年第6期。

④ 纪南城凤凰山一六八号汉墓发掘整理组：《湖北江陵凤凰山一六八号汉墓发掘简报》，《文物》1975年第9期。

⑤ 〔汉〕许慎：《说文》六上《木部》，《说文解字》，中华书局1963年影印本，第116页。

⑥ 湖南省博物馆等：《长沙马王堆一号汉墓》，文物出版社1973年版，第14、27页。

⑦ 〔南朝宋〕范晔：《后汉书》志第六《礼仪下》，中华书局1965年版，第11册，第3141页。

⑧ 湖南省博物馆等：《长沙马王堆一号汉墓》，文物出版社1973年版，第15—26页。

⑨ 江苏省文管会：《江苏徐州、铜山五座汉墓清理简报》，《考古》1964年第10期。

⑩ 〔晋〕常璩：《华阳国志》卷三《蜀志》，刘琳校注《华阳国志校注》，巴蜀书社1984年版，第225页。

⑪ 徐鹏章：《成都站车乡汉墓清理记》，《考古通讯》1956年第1期；匡远滢：《四川宜宾市翠屏村汉墓清理简报》，《考古通讯》1957年第3期；刘志远：《成都昭觉寺汉画像砖墓》，《考古》1984年第1期。

外，埋葬儿童也多用瓦棺。

湖南长沙马王堆汉墓出土的画棺

湖南长沙马王堆一号汉墓出土的彩绘黑地漆棺

在墓室结构等方面，广州地区的汉墓中基本未见壁龛；椁室底部多有枕木承垫，或在椁底铺河卵石，前者由于这里气候潮湿，土质松散，在土坑壁上做龛极易导致墓室坍塌；后者则是为了排除椁室积水。① 江陵岳山 41 座秦汉墓多数棺底铺垫稻草和芦苇，可能用于吸水。② 这种葬式也与当地环境有关。

汉代盛行用钱币随葬。起初使用的是铜钱，一些贵族、官僚们的大墓，在墓中随葬大量各种各样的贵重随葬品的同时，也往往将作为财富象征的铜钱一起葬入墓中。但或许是由于社会上流行的铜钱数量有限，或许是这一习俗刚刚兴起，因此墓中随葬所用的铜钱数量往往并不很多，有的地区甚至还出现了用泥质的冥钱代替铜钱随葬的习俗，长沙马王堆一号汉墓便是如此。到了东汉，贵族、官僚使用铜钱随葬的风气更加炽盛，所用的铜钱数量也逐渐增多，如东汉后期的雷台汉墓，随葬的铜钱竟达 28000 余枚之多。

汉代石棺

汉代釉陶冥氏

① 黎金：《广州的西汉墓葬》，《文物》1960 年第 2 期。

② 湖北省江陵文物局、荆州地区博物馆：《江陵岳山秦汉墓》，《考古学报》2000 年第 4 期。

瘗埋印章也是汉代上层社会墓葬的习俗。印章内容包括私印和官印两种类型。长沙马王堆 2 号汉墓出土有三枚印章，其中“軚侯之印”“长沙丞相”的铜制鎏金印章是官印，“利苍”玉印是表明墓主人姓名的私印。①

中国国家博物院藏

西汉“滇王之印”金印

中国国家博物院藏

西汉“滇王之印”金印

湖北博物院藏

汉代“关内侯印”金印

汉褐釉人兽纹五口罐

其他随葬品也众多，如江西南康东汉后期墓出土的陶壶与广东始兴和湖南资兴东汉墓相近，该墓出土的陶罐与湖南耒阳东汉墓的陶罐相似，随葬放置银指环、手镯的习俗及其形制与广州东汉后期墓相同。② 湖南资兴西汉墓群中属于早期和中期有两种类型墓葬：一种是以汉式陶礼鼎、盒、壶组合为主，这是由中原新传入的汉文化；另一种以实用生活用器印纹罐、坛、杯、纺轮为主，是土著的百越文化的延续。同时，由于与南越地区隔岭为邻，在随葬品中也有南越文化的痕迹。如前期墓中的三足陶盒和中期墓中的戳印纹瓮、圜底釜等。在时间上，汉文化的影响逐渐增强。在早期的 21 座墓葬中，属于百越文化的墓葬有 7 座，属于汉文化墓葬有 14 座；在中期的 153 座墓葬中，属于百越文化的墓葬有 23 座，属于汉文化的墓葬有 130 座；而到了西汉后期，则均是汉文化墓葬。③

在西汉前期墓葬中，有瘗埋告地状的葬俗。告地状系将死者从阳间移交到阴间的书状，通常书写在木牍上，其行文格式略同阳世官方文书，主要记录死者姓名、籍贯、丧葬时间、所携带物品（随葬品）以及移交对象。如凤凰山 10 号墓告地木牍云：“四年后九月辛

① 湖南省博物馆等：《长沙马王堆二三号汉墓发掘简报》，《文物》1974 年第 7 期。

② 赣州地区博物馆：《江西南康县荒塘东汉墓》，《考古》1996 年第 9 期。

③ 湖南省博物馆等：《湖南资兴西汉墓》，《考古学报》1995 年第 4 期。

亥，平里五大夫伥（张）偃闟告地下主，偃衣器物所以蔡（祭）具器物。各令会以律令从事。”①江苏邗江胡场五号汉墓告地状云：“四七年十二月丙子朔辛卯，广陵宫司空长能、丞□敢告土主：广陵石里男子王奉世有狱事，已复故郡乡里遣自致移栺（诣）穴。四八年狱计承书，从事如律令。”②从上述内容看，西汉人心目中的地下官员有“地下丞”“土主”等；东汉时期陶瓶文字中的地下官员有丘丞、墓柏、地下二千石、蒿里君、决曹、尚书令等③，买地券中则有丘丞、墓伯、地下二千石、墓左、墓右、主墓狱吏、墓门亭长。④ 显然，它们与地上官员具有一致性。有学者认为，告地状是后世墓志的源头。⑤

还有“五石”镇墓的风俗。关于汉代“五石”的组合，学术界尚有不同看法。实际情形可能是当时的“五石”没有统一规定。⑥ 南越王赵眜墓中出土的五色药石包括紫水晶、硫黄、雄黄、赭石和绿松石，此外还有铅弹丸和铅砂。⑦

西汉贵族墓中瘗埋的桃木俑，⑧其目的即在于驱邪，东汉时盛行在墓中埋朱书陶瓶的习俗即是为了求福避灾。陶瓶在许多地区的汉墓中都有出土，表明这种习俗在当时所具有的广泛性。朱书陶瓶“所记皆为五行家之语”⑨，反映出早期道教的一些观念⑩。四川宜宾东汉墓砖云“利后安乐”⑪，这些是对祖先庇护后代的乞求。传世汉代陶屋明器上书写“死人居此屋这大吉”⑫，是对死者墓穴平安的期望。

从考古发掘资料来看，汉代以前的夫妇合葬，一般是夫妇分别葬于两个并排紧靠的墓坑中，可称为“异穴合葬”。直到西汉前期和中期，夫妇合葬仍然多采用这种方式，长沙

---

① 《关于凤凰山一六八号汉墓座谈纪要》，《文物》1975年第9期。

② 扬州博物馆：《江苏邗江胡场五号汉墓》，《文物》1981年第11期。

③ 唐金裕：《汉初平四年王氏朱书陶瓶》，《文物》1980年第1期。

④ 罗振玉：《贞松堂集古遗文》卷一五“延熹四年买地券”，（民国）蟫隐庐石印，1930年版。

⑤ 学界关于墓志肇始时代有如下看法。(1)西汉说。清人叶昌炽《语石》卷四据《西京杂记》西汉杜子春临终作文刻石埋于墓前，以及《博物志》载西汉时南宫寝殿有葬铭谓“此实志铭之始”。赵超以西汉时期出现的告地状为墓志的滥觞（参见赵超《墓志溯源》，《文史》第二十一辑，中华书局1983年版）。(2)东汉说。罗振玉、马衡、赵万里等分据贾武仲妻马姜墓记、张宾公妻穿中文、冯基石椁题字，认为此即墓志起源（参见罗振玉：《辽居稿》；马衡：《中国金石学概要》第2章，《凡将斋金石丛稿》，中华书局1977年版，第89页；赵万里《汉魏南北朝墓志集释》卷一）。(3)魏晋说。日本学者日比野丈夫是此说的代表（日比野丈夫：《关于墓志的起源》，《江上波夫教授古稀纪念论文集．民族．文化篇》）。(4)南朝说。代表人物为清代学者顾炎武和端方（参见顾炎武：《金石文字记》卷二；端方著：《陶斋藏石记》卷五）。以上诸说以西汉说最有说服力。

⑥ 王承文：《汉晋岭南道教“丹砂灵药”考》，《秦汉史论丛》，中国社会科学出版社1998年版。

⑦ 广州市文物管理委员会等：《西汉南越王墓》上册，文物出版社1991年版，第141页。

⑧ 湖南省博物馆等：《长沙马王堆一号汉墓》，图九三，文物出版社1973年版，第101页。

⑨ 陈直：《汉初平四年王朱书陶瓶考释》，载氏著《文史考古论丛》，天津古籍出版社1988年版。

⑩ 王育成：《东汉道符释例》，《考古》1998年第1期。

⑪ 匡远滢：《四川宜宾市翠屏村汉墓清理简报》，《考古通讯》1957年第3期。

⑫ 商承祚：《长沙古物闻见记》，中华书局1996年版，第104页。

马王堆和满城汉中山靖王刘胜夫妇墓即如此。西汉中期以后，夫妇合葬制度为之一变，逐渐流行夫妇同墓合葬。从此以迄东汉，遂成为定制，绝少例外。而横穴的、砖石结构的墓室，更为夫妇同墓合葬提供了极大的方便。① 对分布于各地的西汉诸侯王或诸侯墓葬如江苏高邮广陵王夫妇墓、安徽阜阳汝阴侯夫妇墓的发掘也证明了这一点。② 此外，扬州七里甸东汉初期墓中有棺木二具，也系夫妻合葬③。

墓祭在汉代也非常盛行。世俗认为："墓者，鬼神所在，祭祀之处。"④所以他们在墓前建立祠堂，作为奠祭死者的场所。此外，汉代墓祭时还有避讳的习俗，其中之一就是禁止刑徒参加墓祭。因为他们认为墓室是先人的阴宅，灵魂凭依所在，受过刑的人去祭墓，会有损祖先之德。⑤

在神道上立墓阙、石人、石兽是汉代尤其是东汉墓葬风俗。西汉中期，墓前"垣阙罘罳"已成风尚。⑥ 墓阙多用石料建成，形象高大。现存的东汉墓前石阙的高度大致为3～6米，山东嘉祥武氏祠墓阙、四川新都王稚子墓阙以及四川雅安高颐墓阙是其例证。⑦ 汉荆州刺史李刚墓"有石阙、祠堂、石室三间，椽架高丈余，镂石作椽，瓦屋施平天造，方井侧荷梁校，四壁隐起，雕刻为君臣、官属、龟龙、麟凤之文，飞禽走兽之像。作制工丽，不甚伤毁"⑧。《风俗通义》云："汝南汝阳彭氏墓，路头立一石人，在石兽后。"⑨据传世文献，墓前石兽种类包括狮子、天禄、骆驼、马、象、鹿、鸟等动物形象。⑩

2. 厚葬之风的盛行

汉代在中国历史上是一个厚葬的时期。《汉书·地理志》载："列侯贵人车服僭上，众庶仿效，羞不相及，婚嫁尤崇侈靡，送死过度。"《盐铁论·散不足》曰："死以奢侈相高，虽无哀戚之心，而厚葬重币者，则称以为孝，显名立于世，光荣着于俗，故黎民相慕效，以至

① 王仲殊：《汉代考古学概说》，中华书局1984年版，第102页。

② 文物编辑委员会：《文物考古工作十年》，文物出版社1990年版，第107—108页；安徽省文物工作队等：《阜阳双古堆西汉汝阴侯墓发掘简报》，《文物》1979年第8期。

③ 南京博物院等：《江苏扬州七里甸汉代木椁墓》，《考古》1962年第6期。

④ 〔汉〕王充：《论衡》卷二三《四讳篇》，上海人民出版社1974年版，第357页。

⑤ 〔汉〕王充：《论衡》卷二三《四讳篇》，上海人民出版社1974年版，第356页。

⑥ 〔汉〕桓宽：《盐铁论》卷六《散不足》，上海人民出版社1974年版，第69页。

⑦ 陈明达：《汉代的石阙》，《文物》1961年第12期。

⑧ 〔北魏〕郦道元：《水经注》卷八《济水》，陈桥驿《水经注校注》，杭州大学出版社1999年版，第144页。

⑨ 〔汉〕应劭：《风俗通义》第九卷《怪神·石贤士神》，上海古籍出版社1990年版，第64页。

⑩ 〔南朝宋〕范晔：《后汉书》卷五四《杨震列传》说杨震墓前立有石鸟、石象。（中华书局1965年版，第7册，第1768页）《水经注》卷二四《睢水》说桥玄墓前有石羊、石虎、石骆驼、石马；《水经注》卷二八《沔水》蔡瑁冢前"刻石为大鹿，状甚大，头高九尺，制作甚工"；《水经注》卷二三《汳水》："汉熹平中某君所立，死因葬之""隧前有狮子、天鹿"。

发屋卖业。”“生不养，死厚送，葬死殚家。”丧家不惜倾家荡产以治丧，“富者绣墙题凑，中者梓棺楩椁，贫者画荒衣袍，缯囊缇橐”。其墓葬往往是“积土如山，列树成林”①。当时人们为了骗取“孝悌”的美名以便飞黄腾达，争相“崇饬丧纪以言孝，盛飨宾客以求名”；“京师贵戚，郡县豪家，生不极养，死乃崇丧。或至刻金镂玉，檽梓楩楠，良田造茔，黄壤致藏，多埋珍宝、偶人车马，造起大冢，广种松柏，庐舍祠堂，崇侈上僭。宠臣贵戚，州郡世家，每有丧葬，都官属县，各当遣吏赍奉，车马帏帐，贷假待客之具，竞为华观”。特别是在东汉时期，厚葬之风愈演愈烈。史载明帝时，“百姓送终之制，竞为奢靡。生者无担石之储，而财力尽于坟土。伏腊无糟糠，而牲牢兼于一奠。糜破积世之业，以供终朝之费，子孙饥寒，绝命于此”②。对于这种厚葬做法，“子为其父，妇为其夫，竞相仿效”，“东至乐浪，西至敦煌，万里之中，竞相用之”③。以致到了人们“以厚葬为德，薄终为鄙，至于富者奢僭，贫者单财，法令不能禁，礼义不能止”④的程度。

大量考古资料证明了这些文献记载是确实可信的，且在长江流域的四川、湖北、湖南、安徽、浙江、江苏等省发掘出的墓葬中得到了充分的证明。湖南长沙马王堆汉墓规模巨大，据学者估计，建造这样工程浩大的坟墓，其用工量绝不少于 10 万个。此外，该墓还出土有漆器、乐器、陶器等随葬品 3500 多件。我们只要通过其中三具彩绘的漆棺，便可了解其奢侈之程度。《潜夫论·浮侈》说当时“计一棺之成，功将千万”，绝不是虚言。而汉画像砖墓在各地的普遍发现，都有力地证明了这一点。

马王堆一号汉墓主人辛追复原蜡像

正是在这种“事死如生”丧葬观的指导下。他们不仅在墓室的形制和结构上极力模仿现实生活中的地面住宅，而且在随葬品方面也尽量做到应有尽有，几乎包括了生人所用的衣食住行各个方面的所有物品和器具，如侍仆、食物、器皿、动物、竹简等等。《盐铁论·散不足》所谓“厚资多藏，器用如生人”，正是这一事实的有力证明。

在墓中随葬大量物品是秦汉时期丧葬的重要风俗。西汉中期贤良文学指出：“今厚葬多藏器用如生人”⑤；《潜夫论·浮侈》写道：“今京师贵戚，郡县豪家，生不极养，死乃崇

① 〔汉〕桓宽：《盐铁论》卷六《散不足》，上海人民出版社 1974 年版，第 69 页。

② 〔南朝宋〕范晔：《后汉书》卷二《显宗孝明帝纪》永平十二年(69 年)诏，中华书局 1965 年版，第 1 册，第 115 页。

③ 〔汉〕王符：《潜夫论》卷三《浮侈》，上海古籍出版社 1978 年版，第 155、158 页。

④ 〔南朝宋〕范晔：《后汉书》卷一下《光武帝纪下》光武建武七年(31)春正月诏，中华书局 1965 年版，第 1 册，第 51 页。

⑤ 〔汉〕桓宽：《盐铁论》卷六《散不足》，上海人民出版社 1974 年版，第 69 页。

丧，多埋珍宝。”造成这种现象的直接原因是普遍存在于这一时期的“谓死如生”的社会心理。随葬物品主要包括钱、食物、服装、器具等生活用品，以及陶、木制成的偶人、车马等明器。一般来说，西汉中期以前，用实用器具随葬十分普遍，西汉中期以后，陶、木或金属制成的井、磨、猪圈、楼阁、碓房、田地、猪、羊、犬、鸡、鸭等明器大量出现。[①] 西汉前期的墓葬如长沙马王堆汉墓、江陵凤凰山汉墓延续战国葬俗，还有记载随葬品种类和数量的竹简遣策；稍后的汉墓如湖北云梦大坟头西汉墓、江苏海川西汉霍贺墓和侍其繇墓又演变为书于木板上的赗方。[②] 这种习俗一直延续到魏晋时期。

东汉原始瓷明器一组

如果说衣食诸物是生者为死者提供的实物支援，如《论衡 · 薄葬篇》所说：“多藏食物，以歆精魂”，那么墓中瘗钱是生者给死者提供的商业支援。考古所见汉代墓葬中常可见到瘗埋五铢钱的情形，有的就铺在死者身下[③]。《旧唐书 · 王屿传》云：“汉以来丧葬皆有瘗钱，后世里俗稍以纸钱为鬼事。”这种变化也折射出汉代与隋唐时期人们在丧葬观念上的些微差别，即汉代人更看重对死者的物质上的帮助。

首先，为了使死者能在另一世界继续过着美好而舒适的生活，各种各样的食物就成为主要的随葬品。以长沙马王堆一号汉墓为例，墓里的粮食品种有稻米、小麦、大麦、黍、粟、大豆、赤豆、麻子等多种粮食；水果有杨梅、梅、梨、枣、甜瓜、柿、橙、枇杷等；其他农产品还有芋、姜、笋、藕、菱角以及冬葵子、芥菜等。动物类食物也较多，其中兽类有猪、牛、羊、狗、鹿、兔、马等，禽类有鸡、野鸡、鸭、雁、鹧鸪、鹌鹑、鹤、天鹅、斑鸠、鹬、鸳鸯、竹鸡、火斑鸡、鸮、喜鹊、麻雀等，鱼类有鲤、鲫、鳡、鳜、银鲴、刺鳊等。它们多被大量制成饼、饭，烹制成各种美味佳肴，加上糖、蜜、酱、盐等调味品和各种酒类，其名称见于墓中的“遣策”。

① 王仲殊：《汉代考古学概说》，中华书局1984年版，第98页。

② 参见湖北省博物馆等：《湖北云梦西汉墓发掘简报》，《文物》1973年第9期；南京博物院等：《海州西汉霍贺墓清理简报》，《考古》1974年第3期；南波：《江苏连云港市海州西汉侍其繇墓》，《考古》1975年第3期。

③ 扬州博物馆：《扬州平山养殖场汉墓清理简报》，《文物》1987年第1期。

品类之繁，名目之多，不胜枚举。此外，地主官僚还在墓中放置了各种生活用具，如卮、盘、豆、笾、酒壶、奁、匜、甑、鼎、勺、案、杯、酒樽、镫和杖，袍、衣、裙鞋、袜、手套等服装，竽、瑟等乐器，以及泥半两和郢称等钱币等，可以说，日常生活物品应有尽有。他们想通过这宏丽的墓室、丰富的随葬品，确保他们死后在阴间世界里能够尽情享乐。①

需要指出的是，广大的下层群众，不仅谈不上厚葬，相反倒是死不得葬者居多。正像当时一位政治家所说："今民大饥而死，死又不得葬，为犬猪所食。"②这种情况大概在长江流域也不例外。

3. 王充对厚葬之风的抨击

王充就是一个当时生于长江流域而抨击厚葬、主张薄葬的学者。其激烈的言论多少也反映了他家乡长江流域穷人和富人在丧葬礼仪方面的天壤之别。

王充(27—97)，字仲任，会稽上虞(今浙江上虞)人。是东汉前期著名的唯物主义思想家。他的"无鬼论——薄葬论"思想，主要集中在《论衡》一书的《论死》《死伪》《订鬼》《薄葬》等篇中。王充认为，社会上盛行的"畏死不惧义，重死不顾生，竭财以事神，空家以送终"的厚葬恶习，来源于"墨家之议右鬼，以为人死辄为神鬼而有知，能形而害人"的明鬼论；儒家好礼，提倡"赙祭备物"以敬祖，"示不负死以观生也"，也"开不孝之源"，为厚葬风气的盛行提供了理论依据。这是因为墨家的有鬼论使人们"以为死人有知，与生人无以异"，于是那些"轻愚信祸福"的人便"作偶人以待尸柩，多藏食物以歆精魂。积浸流至，或破家尽业，以充死棺，杀人以殉葬，以快生意"。而儒家的"丧祭礼废，则臣子思泊(薄)"的主张，更使那些要做"孝子"的人，在丧葬上"从其重者""自竭以厚葬亲"，造成"财尽民贫，国空兵弱"的严重现象。于是，他明确指出，要从根本上铲除厚葬恶习，必须让人们明白"死人无知，厚葬无益"的道理，坚持无神化，"辩士文人有效验，若墨家之以杜伯为据，则死无知之实可明，薄葬省财之教可立也"。

为了矫正社会上的厚葬恶习，"使俗薄丧葬也"，王充在《论衡》一书中对历史上的鬼神论进行了抨击，定其真伪、轻重，抨其虚妄，为实行薄葬、反对厚葬提供了理论依据。在《论死篇》到《薄葬篇》，王充集中论述了"人死不为鬼"的无神论思想。在《论死篇》中，王充尖锐而有力地批驳了人死灵魂不灭的谬论，针锋相对地提出了"死人不为鬼，无知，不能害人"的无神论主张，并详细加以阐述。他指出："人死血脉竭，竭而精气灭，灭而形体朽，朽而成灰土，何用为鬼?""人之死，犹火之灭也。火灭而耀不照，人死而知不惠。""夫死，骨朽筋力绝，手足不举……何以能害人也?"他认为，人是由无知的气构成的，"气凝为

① 何介钧、张维明：《马王堆汉墓》，文物出版社1982年版，第31—33页。

② 〔汉〕班固：《汉书》卷七二《贡禹传》，上海人民出版社1965年版，第10册，第3070页。

人”，“死还为气”，并进一步对形神关系做了朴素唯物主义的解释，明确指出：“天下无独燃之火，世间安得有无体独知之精”，精神必须依靠形体才能产生，世间根本没有什么死人的灵魂存在，这就从一定的理论高度批判了灵魂不灭的谬论。这些通俗易懂、生动有力的论说，闪烁着唯物主义的思想光辉。

接着在《死伪篇》中，对史书上记载的和社会上流传的一些所谓人死后变为鬼、有知、能害人的典型迷信传说，王充又运用了大量事实进行类比推论，而且还用生理常识加以论证，逐个批驳，揭露了这些迷信传说的虚伪性。在《纪妖篇》《订鬼篇》中，王充又对这些迷信传说进行了详细的分析考订，进一步系统地阐述了他的“死人不为鬼，无知，不能害人”的无神论思想。他还指出，墨家的有鬼论和他们的薄葬主张自相矛盾，“自违其术”。“如有知而薄葬之，是怒死人也。人情欲厚而恶薄，以薄受死者之责，虽右鬼，其何益哉？如以鬼非死人，则其信杜伯非也；如以鬼是死人，则其薄葬非也。术用乖错，首尾相违，故以为非。非与是不明，皆不可行。”他认为，墨家有鬼论的错误认识来源于“传闻见于外，不诠订于内”，即相信耳目得到的表面现象，而没有通过头脑进行分析，去伪存真，从而才出现这种错误认识。儒家虽然“以为死人无知，不能为鬼”，但“不明死人无知之义”，并且还主张如生“赙祭备物”，以敬祖尽礼，这纯粹是一条使“国破城亡，主出民散”的奸计。“论死不悉则奢礼不绝，不绝则丧物索用。用索物丧，民贫耗之至，危亡之道也”。王充认为，儒家的这些厚葬主张，将会使国家走向危亡的道路。在中国历史上，王充是第一个明确提出丧葬之厚薄关系到国家安危的人。

最后，王充旗帜鲜明地提出了“圣贤之业，皆以薄葬省用为务”的薄葬观，希望“世俗之人”“详览如斯，可一薄葬矣”。

综上可见，王充的薄葬思想，从理论上来说，比西汉时的杨王孙、刘向等人的观点大大前进了一步。在鬼神迷信泛滥成灾、厚葬恶习盛行于世的东汉时代，王充能够坚持无神论，坚决反对厚葬，这种精神十分可贵。他的薄葬思想不仅在后世（特别是魏晋南北朝时期）产生了积极的影响，而且对我们今天宣传薄葬、反对厚葬也还有一定的现实意义。

4. 几种特殊的葬式

在长江上游今四川西部有“板岩葬”①；在长江流域下游，今福建武夷山市（旧称崇安县）的武夷山地区发现有“船棺葬”。这两种较为特殊的葬式是近数十年来考古发现的重要成果，其持续时间都长，但在秦汉时代肯定是存在的。所谓“板岩葬”就是挖一个长方形的墓穴，以厚约半寸的石板若干块镶作棺的四周（一般无底，少数也用河卵石镶砌的），将尸体及随葬品放入后，上面再用几块石板覆盖后封土。这种墓葬在北起松潘、黑水，南

① “板岩葬”亦称“石棺葬”。

至西昌，西至巴塘、新龙，而以茂汶、汶川、理县最为集中。如仅仅在1978年在茂汶羌族自治县城东北，就发掘、清理了40余座此类墓葬。这批墓葬上溯可至秦统一巴蜀之后，而下迄西汉末期。在越西、西昌、米易、冕宁一带，还有一种"大石墓"，在一座墓葬内往往有十多具或数十具骨架。这大约是较贫穷的下层人墓葬①。彭山崖墓排列规整有序，是同一家族的有意识安排的家族墓地。②

至于长江流域下游的船棺葬，其分布地区和持续时间亦较广、较长，其葬式为在悬崖绝壁中的岩洞里置船形棺，一般的船棺是用两根完整的楠木刳成。船棺分为棺盖与棺身两部分：盖作半圆形，象征船篷；棺身如梭形，中间挖空，成为长方形的槽，以敛尸体。其首尾两端，上翘如舟，故称船棺。据研究，这种船棺葬上溯可能至青铜时代，但在秦汉时代的少数民族——越人中也有遗存。

（三）节日风俗

民间流行的许多习俗、节日风俗及某些迷信活动，不少带有制度文化性质，是秦汉社会文明的重要组成部分。

1. 民间节日

秦汉时代的长江流域于今日可考的民间节日，其重要者有除夕与元旦、上巳、端午、七夕、重阳等。由于长江流域与北方黄河流域地理位置不同，记时、记月的历法不同，因而有一些节日也不尽一致。在云梦睡虎地11号秦墓出土的竹简《日书》中，有秦楚月名对照表：

> 十月，楚冬夕。十一月，楚屈夕。十二月，楚援夕。正月，楚刑夷。二月，楚夏尿。
>
> 三月，楚纺月。四月，楚七月。五月，楚八月。六月，楚九月。七月，楚十月。八月，
>
> 楚爨月。九月，楚鬳月。

据于豪亮研究：这一对照表的作用是"秦统一全国以后，楚国的习惯不会很快地消除，它总是保存相当长的一段时间。对于初到楚地的秦人来说，很需要熟悉楚地某些不同于秦人的事物和名称"。这一对照表正是为了"适应这种需要而写下的"③。从这表中可知楚的一月又名冬夕，相当于秦的十月，秦用颛顼历以十月为岁首，而楚则以正月为岁首合于

① 《岷江上游的石棺葬文化》，载《工商导报》（成都）1951年5月20日；《文物考古工作三十年（1949—1979）》，文物出版社1981年版，第352—355页。

② 南京博物院：《四川彭山汉代崖墓》，文物出版社1991年版，第99页。

③ 于豪亮：《秦简"日书"记时记月诸问题》，见《云梦秦简研究》，中华书局1981年版，第355页。

夏历。这一历法问题在此先存而不论，仅从楚国历法中“冬夕”称谓的出现，便可知至少在秦汉时代全中国大部地区都重视的节日——元旦和除夕，原来与长江流域的楚地历法有极密切关系。此外，如灯节（正月十五）、上巳（三月上旬第一个巳日）、端午、七夕、重阳等节日习俗大部分源于长江流域，后传遍全国。

正月初一又称“正旦”①或“正日”②。它的确立是历法修订的直接结果。秦“以十月为正”③，汉王朝建立后沿袭秦制，“因以十月为年首”④，故这一时期以十月初一为正旦。汉武帝太初元年（前 104 年），开始以夏历正月初一为“岁首”。正旦也是民间举行多种活动的盛大节日。地方官府正旦朝贺中。《太平御览》卷六九四引《会稽典略》：“魏朗，字少英，为郡功曹佐。正旦，掾吏顾龛被裘，以加朝服。朗以表非臣服，龛不敬，勃卒撤去。龛恚而不听。朗右手鸣鼓，左手撤裘。以闻府君。喜朗，遂退龛，以朗代之。”《太平御览》卷六九四引《会稽典略》记录了会稽郡府官员正旦聚会的故事。左思《蜀都赋》追记了东汉蜀地居民在正旦时欢聚宴饮的场景：“若其旧俗，终冬始春，吉日良辰，置酒高堂，以御嘉宾。”

端午（五月五日），相传为纪念战国时代楚国爱国主义诗人屈原⑤，又有一说认为端午原是吴越民族举行龙图腾的节日⑥，还有一种说法是纪念春秋时代吴国的大夫伍子胥⑦，但是不论是源于纪念屈原或是伍子胥，还是源于龙图腾的节日，其发生地都在长江流域则是毫无问题的。而从端午习俗的特点考证，这一节日形成应当在秦汉时代。首先，端午在五月五日，此日在汉代视为“恶日”。据《风俗通义·佚文十二》：“俗说五月五日生子，男害父，女害母。”王充《论衡》云：“讳举正月、五月子。以为正月、五月子杀父与母，不得已举之，父母祸死。”⑧而汉代一些为民众所痛恨的人物，恰生于五月五日。如西汉成帝时权倾一时的大司马王凤，东汉时代历经六朝（安帝、顺帝、冲帝、质帝、桓帝、灵帝）、三登太尉、待人处世圆滑、办事模棱两可却官运亨通的“不倒翁”胡广均生于此日。人们把恶人生与被人景仰的屈原投江之日联系起来视为恶日。《初学记》卷四《岁时部》引《风俗通》：“五月五日以五彩丝系臂者，辟兵及鬼，命人不病温，亦因屈原。”其次，端午流行挂艾

① 《续汉书·礼仪志中》刘昭注引《决疑要注》。

② 〔汉〕崔寔著、石声汉校注：《四民月令校注》“正月”条，中华书局 1965 年版，第 1 页。

③ 〔汉〕班固：《汉书》卷二一《律历志上》，中华书局 1964 年版，第 4 册，第 973 页。

④ 〔汉〕班固：《汉书》卷二五《郊祀志上》，中华书局 1964 年版，第 4 册，第 1209 页。

⑤ 这一传说见于文字记载有南朝梁吴均《续齐谐记》，《汉魏六朝笔记小说大观》本，上海古籍出版社 1999 年版，第 1008 页；北周宗懔《荆楚岁时记》，《汉魏六朝笔记小说大观》本，第 1057 页。

⑥ 此说由闻一多首倡，见《闻一多全集》中的《端午考》《端午的历史教育》。

⑦ 见南宋吴自牧《梦粱录》卷三《五月（重午附）》及《曹娥碑》。

⑧ 〔汉〕王充：《论衡》卷二三《四讳篇》，上海人民出版社 1974 年版，第 359 页。

蒲、吃粽子、竞龙舟等习俗，大约也形成于秦汉时代。《续齐谐记》中，记东汉光武时期长沙人区曲，曾称遇到三闾大夫屈原，言若祭我，应用楝叶塞进竹筒里，同时再用彩丝缠好，从此成为纪念屈原的风俗。在此之前，楚地有吃粽子的食物习惯。《风俗通》载，在五月初用菰芦叶裹黏米，以淳浓灰汁煮熟，于端午节吃。五月五日正是夏至前后，这种食品正可除热，调和阴阳。至于挂艾蒲、竞龙舟以纪念屈原，大约也形成于秦汉时代。据文献考证，端午挂艾蒲风习，最初见于《荆楚岁时记》，而在汉代的文献《急就篇》中已有艾用于医药的记载，其主要作用在针灸，“灸刺和药逐去邪”。《风俗通义·辨惑》载：汉俗五月五日用青、赤、黄、白、黑等五彩丝线合并而成细索。系臂上，“俗说以益人命”。时人称“长命缕”“长命线”或“续命缕”“辟兵缯”“五色缕”“朱索”，而用这种细索同样亦作门户上装饰，与挂艾蒲作用相同。“辟兵及鬼，命人不病温。又曰，亦因屈原。”《后汉书·礼仪志》：“汉……以五月五日，朱索五色印为门户饰，以难止恶气。”这里值得注意的是五色索中的“五色”，乃是汉代阴阳五行观念渗入人们日常生活的反映。又，谢承《后汉书》记苍梧太守陈临治郡有方，离任后，当地官民“以五月五日祠临东城门上，令小童洁服舞之”①。史书未言陈临亡故，应是汉代通行的生祠。祠神的目的自然是为了祈福。简言之，端午这一节日起源于长江流域，形成中国民间正式的节日当在秦汉时代，这是毫无疑义的。

除夕之日，民间削桃木为人形，立于户侧，垂苇茭，画虎于门。以桃人除灾，垂苇茭以象征子孙繁衍。除夕之夜，长江流域民间亦有守岁之习俗“达旦不眠”。元旦汉代谓之“正日”，有火烧烤竹子使其爆烈发声，谓之“爆竹惊山鬼”。长江流域是产竹的主要地区，从“爆竹”就可看出这一习俗亦来自南方的长江流域。

至于其他节日，因限于篇幅，不再赘述。

2. 观潮与弄潮

涌潮是发生在潮差较大的喇叭形河口或海湾的一种特有的景观。世界上许多河流的河口，如南美的亚马孙河、北美的科罗拉多河、法国的塞纳河、英国的塞文河、印度的呼格里河，以及我国的长江口北支、浙江境内的鳌江、椒江支流永宁江等都有涌潮，但只有亚马孙河涨潮可以与钱塘江涌潮的变化万千和波澜壮阔相媲美。

钱塘江观潮由来已久。东汉袁康、吴平在《越绝书》中已有记载。王充在《论衡》中论钱江潮云：

> 传书言：吴王夫差杀伍子胥，煮之于镬，乃以鸱夷橐投之于江。子胥恚恨，驱水为涛，以溺杀人。今时会稽、丹徒大江、钱唐浙江，皆立子胥之庙。盖欲慰

① 〔汉〕谢承：《后汉书》卷七，清汪文台辑、周天游校《七家后汉书》，河北人民出版社 1987 年版，第 110 页。

其恨心，止其猛涛也。夫言吴王杀子胥投之于江，实也；言其恨恚驱水为涛者，虚也。屈原怀恨，自投湘江，湘江不为涛；申徒狄蹈河而死，河水不为涛。世人必曰屈原、申徒狄不能勇猛，力怒不如子胥。夫卫菹、子路而汉烹彭越，子胥勇猛不过子路、彭越，然二士不能发怒于鼎镬之中，以烹汤菹汁渖㧐旁人。子胥亦自先入镬，后乃入江；在镬中之时，其神安居？岂怯于镬汤，勇于江水哉！何其怒气前后不相副也？且投于江中，何江也？有丹徒大江，有钱唐浙江，有吴通陵江。或言投于丹徒大江，无涛；欲言投于钱唐浙江，浙江、山阴江、上虞江皆有涛。三江有涛，岂分橐中之体，散置三江中乎？人若恨恚也，仇雠未死，子孙遗在，可也。今吴国已灭，夫差无类，吴为会稽，立置太守，子胥之神，复何怨苦？为涛不止，欲何求索？吴、越在时，分会稽郡，越治山阴，吴都今吴，馀暨以南属越，钱唐以北属吴。钱唐之江，两国界也。山阴、上虞在越界中，子胥入吴之江，为涛当自上吴界中，何为入越之地？怨恚吴王，发怒越江，违失道理，无神之验也。且夫水难驱而人易从也。生任筋力，死用精魂。子胥之生，不能从生人营卫其身，自令身死，筋力消绝，精魂飞散，安能为涛？使子胥之类数百千人，乘船渡江，不能越水。一子胥之身，煮汤镬之中，骨肉糜烂，成为羹菹，何能为害也？周宣王杀其臣杜伯，（赵简子）燕简公杀其臣庄子义。其后杜伯射宣王，庄子义害简（子）公，事理似然，犹为虚言。今子胥不能完体，为杜伯、子义之事以报吴王，而驱水往来，岂报仇之义，有知之验哉！俗语不实，成为丹青；丹青之文，贤圣惑焉。夫地之有百川也，犹人之有血脉也。血脉流行，泛扬动静，自有节度。百川亦然，其朝夕往来，犹人之呼吸气出入也。天地之性，上古有之。《经》曰："江、汉朝宗于海。"唐、虞之前也，其发海中之时，漾驰而已；入三江之中，殆小浅狭，水激沸起，故腾为涛。广陵曲江有涛，文人赋之。大江浩洋，曲江有涛，竟以隘狭也。吴杀其身，为涛广陵，子胥之神，竟无知也。溪谷之深，流者安洋，浅多沙石，激扬为濑。夫涛濑，一也。谓子胥为涛，谁居溪谷为濑者乎？案涛入三江，岸沸踊，中央无声。必以子胥为涛，子胥之身聚岸漼也。涛之起也，随月盛衰，大小满损不齐同。如子胥为涛，子胥之怒，以月为节也？三江时风，扬疾之波亦溺杀人，子胥之神，复为风也？秦始皇渡湘水，遭风，问湘山何祠。左右对曰："尧之女，舜之妻也。"始皇大怒，使刑徒三千人斩湘山之树而履之。夫谓子胥之神为涛，犹谓二女之精为风也。①

从他的描述中，我们可以得知，早在东汉时，杭州吴山上就已经建立了伍子胥之庙。此

① 〔汉〕王充：《论衡》卷四《书虚篇》，上海人民出版社 1974 年版，第 58—60 页。

外，王充还是中国历史上破除迷信神话传说、以科学态度阐述钱江潮成因的第一人。他在《书虚篇》文中提出的钱江潮“发海中之时，漾驰而已；入三江之中，殆小浅狭，水激沸起，故腾为涛”；“涛之起也，随月盛衰，大小满损不齐同”等说，都是符合科学的。

弄潮即戏弄潮浪。所谓“舟人渔子溯涛触浪，谓之弄潮”①。《艺文类聚》卷四引《会稽典录》记东汉安帝时上虞巫者五月五日“于县江涛迎波神”。以东汉曹盱、曹娥父女在曹娥江迎候潮神为滥觞。

(四)道教与佛教

1. 道教

道教源于黄老神仙之术、阴阳五行之说以及流行于汉代的各种巫术，其苗头在西汉成帝年间已初步呈现。成帝时齐人甘忠可撰《包元太平经》可能对后来的太平道产生重要影响。至东汉中期，作为宗教的道教初步形成。《后汉书·刘焉传》载，顺帝年间，沛国丰县人张陵到蜀郡鹄鸣山(今四川仁寿，一云四川崇庆)学道，“作符书以惑百姓，从受道者出五斗米，故世号‘米贼’”。其子张衡和其孙张鲁相继传道，是为五斗米道，它在后世发展成为天师道。约略同时，上层统治者也祭祀老子，②推动了道教的流播。五斗米道在东汉末年影响颇大。张鲁任益州督义司命后，在汉中建立起政教合一的独立王国，“雄据巴蜀垂三十年”。他自称“鬼君”，初入教者称“鬼卒”，教中设“祭酒”，分别统令信徒。百姓有病，令自首其过。犯法宽容三次后方用刑。又在路旁设立义舍，放置米肉，行人量需取用。③ 汉中也成为受道教影响风俗变化最大的地区。大致同时，琅玡(今山东临沂)人于吉创立太平道，撰写《太平清领书》，即道教著名典籍《太平经》。东汉末年张角等利用太平道发动起义。黄巾起义的被镇压，也直接

1973 年江陵凤凰山 8 号西汉墓出土的彩绘神人纹龟盾

① 〔唐〕李吉甫：《元和郡县图志》卷二五《江南道一·浙西观察使》“杭州钱塘县浙江”条，贺次君点校，中华书局 1983 年版，第 603 页。

② 《后汉书·桓帝纪》，延熹八年(165 年)，桓帝因“梦见老子，尊而祀之”，使中常侍管霸之苦县，祠老子。次年，祠老子于濯龙宫。《后汉书·西域传》：“后桓帝好神，数祀浮图、老子。百姓稍有奉者，后遂转盛。”《隶释》卷三陈相边韶《老子铭》亦云：世之好道者“以老子离合于混沌之气，与三光为终始，观天作谶，口降升(斗)星，随日九变，与时消息，规矩三光，四灵在旁，存想丹田，太一紫房，道成化身，蝉蜕渡世自牺、农以来，世为圣者作师。”“延熹八年八月甲子，皇上意在凌云，是以潜心黄轩，同符高宗，梦见老子，尊而祀之。”

③ 〔西晋〕陈寿：《三国志》卷八《魏书·张鲁传》，中华书局 1964 年版，第 4 册，第 263 页。

导致对道教的打击，曹操“除奸邪鬼神之事，世之淫祠，由此遂绝”①；从而为佛教提供了扩展自己影响力的空间。

2. 佛教

关于佛教传入中国的时间有三代以前传入、周代传入、战国末传入、秦始皇时传入、武帝时传入、东汉明帝时传入等多种说法，现在一般认为佛教大致在西汉末至东汉初年传入内地。② 早期佛教依托中国传统的黄老神仙方术，首先得到上层社会的一些人的信奉，代表人物是光武帝刘秀之子楚王刘英。《后汉书·光武十王列传·楚王刘英》载，刘英“更喜黄老，学为浮屠，斋戒祭祀”。他们的宗教仪式如“洁斋三月，与神为誓”，已略具佛教宗教仪式。明帝虽对刘英的政治野心存有戒心，但对他习浮屠却持肯定态度。《四十二章经》大致也在这一时期译成中文。先秦秦汉时期的鬼神观念包括鬼魂报应生人和精灵投胎观念，与佛教也有相合之处，为佛教在中国生长提供了心理土壤。

东汉后期，异域僧人来到洛阳，大量的佛经得到翻译，并流行于世间。③ 这些佛经主要有安息僧人安世高翻译小乘禅法书《安般守意经》，大月支僧人支谶（支娄迦谶）和天竺僧人竺佛朔翻译的大乘佛教般若学《般若道行经》《般舟三昧经》。此外，大月支僧人支曜、安息居士安玄等，以及汉地人士严佛调、孟元士、张少安等人也参与佛教典籍的翻译工作。这一时期佛教造像开始出现。典型者如四川乐山汉代佛像造型，不仅头部有佛光，且身披袈裟，右手上举，伸五指，手掌向外，系佛教中的施无谓相；彭山佛像插座的佛像旁有二侍者，则是佛教中“一佛二胁侍”的造型。④

与后代不同，佛教初入中土对社会风俗的影响基本上集中于社会上层，人们对佛教的理解也仅限于修性和长生成仙。《三国志·吴书·刘繇传》的下述记载曾被作为东汉末年佛教改变民间社会习俗的证据：笮融在彭城“大起浮屠祠，以铜为人，黄金涂身，衣以锦采，垂铜槃九重，下为重楼阁道，可容三千余人，悉课读佛经，令界内及旁郡人有好佛者听受道，复其他役以招致之，由此远近前后至者五千余人户。每浴佛，多设酒饭，布席于路，经数十里。民人来观及就食且万人，费以巨万计”。这个故事也见载《后汉书·陶谦传》，所述略同。其实从这段文字提供的信息应得出的正好是相反结论。无论是起浮屠

① 〔西晋〕陈寿：《三国志》卷一《魏书·武帝操》注引王沈《魏书》，中华书局1964年版，第1册，第4页。

② 任继愈主编：《中国佛教史》，中国社会科学出版社1981年版，第1卷第2章。

③ 据《出三藏记集》，东汉译经共54部74卷；《历代三宝记》卷四云，汉代译经359部427卷；《开元释教录》卷一云，292部395卷。

④ 分见闻宥：《四川汉代画像选集》，群众出版社1955年版，图59；南京博物院：《四川彭山汉代崖墓》，文物出版社1991年版，第37—38页，图44。

祠，还是读经、浴佛，都是上层人士所为；而“课读佛经”“复其他役”“多设酒饭”则表明绝大多数百姓对佛教相当淡漠。这种情形与同一时期道教的影响力形成鲜明对照。再考虑到笮融的崇佛仅此一例，我们有理由认为，就风俗而言，初入中土的佛教在东汉日常生活中并未留下有意义的痕迹。

(五)阴阳五行等迷信活动

秦汉时代的阴阳五行学说是当时人的思想骨干，无论是民间还是统治阶层，“无论是在宗教上、政治上、学术上没有不用这套方式的”①。关于秦汉时代的阴阳五行学说的探讨，并非本书主旨，这里，仅就与长江流域迷信及民俗有关的内容提出一点看法：

1975年，在长江流域的湖北云梦睡虎地秦墓中出土过大批竹简。在这批被称为“云梦秦简”的珍贵资料中，有占全部竹简三分之一的425支内容为《日书》的简。这批简是研究当时社会的第一手资料，从简的内容考察《日书》所反映的事件，大约从秦昭襄王开始至秦始皇统一中国以后的始皇三十年(前217年)止。由于其出土地系长江流域中游的楚地，故可将《日书》中某些内容作为考察秦汉时代长江文化史的可靠资料。《日书》中有两处提到五行观念。

其一，简(反面)813～803有文有表，其文为：“金胜木，火胜金，水胜火，土胜水，木胜土。东方木，南方火，西方金，北方水，中央土。”

其二，简974～982：“丙丁火，火胜金；戊己土，土胜水；庚辛金，金胜木；壬癸水，水胜火；丑巳金，金胜木；未亥(木)，木胜土；辰申水，水胜火。”

从这两处资料来看，五行相胜的思想不仅流行于秦，同时也流行于长江流域的楚。至少在秦始皇三十年(前217年)之前，这种五行相胜的观念就已深入民间：“火胜金”“西方金”。这种观念正是后来生于长江流域的刘邦起兵反秦时“帜皆赤”“上赤”②，西汉王朝的统治者们以“火”德自居的最初思想萌芽③。

在人类文明初期，由于认识能力以及医疗水平的局限，人们通常把疾病的发生归因于神灵的惩罚或鬼怪作祟。这种情况在秦汉时期依然普遍存在，当时流行“兵死之鬼，善行病人”④“有阴德者”可得长寿、行恶者夭亡等说法⑤。睡虎地秦简《日书》中种《诘咎》篇

① 顾颉刚：《秦汉的方士与儒生》，群联出版社1955年版，第1页。

② 〔汉〕班固：《汉书》卷一《高帝纪第一上》《高帝纪第一下》，中华书局1964年版，第1册，第10、82页。

③ 关于汉代五行思想题目甚大，这里仅略提及不详叙。

④ 〔汉〕刘安《淮南子》卷一七《说林训》：“兵死之鬼憎神巫，盗贼之辈丑吠狗。”高诱注：“兵死之鬼，善行病人，巫能祝劾杀之。”《淮南子注》，《诸子集成》本，中华书局2006年版，第7册，第294页。

⑤ 〔汉〕班固：《汉书》卷七四《丙吉传》，中华书局1964年版，第10册，第3144页。又，王充在《论衡·治其篇》中亦批评将人的寿命与行事善恶相联系的看法。可见这种观念在两汉时期始终存在。

谈及能引起疾病或造成死亡的鬼有亡故的父母以及“外鬼”“棘鬼”“阳鬼”“不辜鬼”和“疠鬼”等。

《睡虎地秦简·日书》固然反映了长江流域的楚地民间迷信风习，但仅从这批简中尚难以确切指出《日书》中哪些特点为秦地固有，而长江流域的楚地在迷信习俗方面具有哪些特点。1986年4月，在天水放马滩又发现秦简《日书》，其中已公布释文者73枚①，从而使我们可比较秦、楚两地迷信习俗不同之点。据初步研究：仅从《日书》比较中得知，长江流域的楚地至少在秦代具有“重鬼神轻政治，鬼神观念非常严重”的特点。对于“功利”则较秦人看得轻。对此，笔者有专文论述②。

从《睡虎地秦墓竹简·日书》中也可看出：十二生肖观念也在长江流域流行，但其中有些与传统说法不同，大约是楚地特有或是长江流域特有，与北方稍异。现抄录简文如下：

子，鼠也。丑，牛也。寅，虎也。卯，兔也。辰（原简漏抄生肖）。巳，虫也。午，鹿也。未，马也。申，环也。酉，水也。戌，老羊也。亥，豕也……

在东汉王充《论衡》中述及的十二生肖则与《日书》中略有不同：

午，马也。子，鼠也。酉，鸡也。卯，兔也。……亥，豕也。未，羊也。丑，牛也。……巳，蛇也。申，猴也。……寅，虎也。戌，犬也……③

上述记载与今日流行之十二生肖相同，而与睡虎地发现之《日书》中稍异，故有的学者认为“《日书》所记是楚国的说法”④。大致是可信的。

（六）巫术

秦汉时代巫术流行于全国，连宫中也受其影响，甚至因此而引发政治斗争⑤。但是长江流域的巫术和与巫术有关的活动源远流长，战国时代长江流域楚地流行的《九歌》最初就是为巫术活动而创作的。所以，秦汉时代的巫术中长江流域占有重要地位。

1. 巫师与巫风

长江流域和岭南地区的巫术信仰，比中原地区更为普遍。“越人俗鬼”⑥“荆人鬼，越

---

① 何双全：《天水放马滩秦简甲种“日书”考述》，见《秦汉简牍论文集》，甘肃人民出版社1989年版。
② 林剑鸣：《从放马滩“日书”再论秦文化特点》；李学勤主编：《简帛研究》，法律出版社1993年版。
③ 〔汉〕王充：《论衡》卷三《物势篇》，上海人民出版社1974年版，第49页。
④ 于豪亮：《秦简“日书”记时记月诸问题》，见《云梦秦简研究》，中华书局1981年版。
⑤ 如汉武帝时代“巫蛊之祸”，见林剑鸣《秦汉史》上册，上海人民出版社1989年版。
⑥ 〔汉〕司马迁：《史记》卷二八《封禅书》，中华书局1959年版，第4册，第1399页。

人禨”①是当时人的共识。甚者如会稽地区(今浙江绍兴)百姓为祭祀神灵，耗费了大量的钱财，时人描述道：

会稽俗多淫祀，好卜筮，民一以牛祭，巫祝赋敛受谢，民畏其口，惧被祟，不敢拒逆；是以财尽于鬼神，产匮于祭祀。或贫家不能以时祀，至竟言不敢食牛肉，或发病且死，先为牛鸣，其畏惧如此。②

当时巫祝数量颇多，如《盐铁论·散不足》所说“街巷有巫，闾里有祝”。有的人甚至“弃医药，更往事神，故至于死亡不自知为巫所欺误，乃反恨事巫之晚”③。如闽中(泉州)巫者徐登“本女子，化为丈夫”④。巫师行巫时边歌边唱，翩翩起舞，迎神劾鬼。如会稽上虞人曹盱“能弦歌，为巫祝”，在当地江水上“婆娑迎神”⑤。此外，在都城长安还有来自越地的越巫。⑥

2. 巫术活动

云南省博物馆藏漆木女巫

秦汉时期的巫术活动，主要体现在当时人们的医疗上。虽在我国春秋时期就有“信巫不信医”之说⑦，但医学与巫术并非完全处于对立或排斥状态中。《五十二病方》巫术所治病症几乎包括该文本收入的所有疾病；在该书收入的药方中，用巫术治病的有 43 个，约占总数的七分之一。如治蝎子蜇伤人，唾之，咒曰：“兄父产大山，而居□谷下，□□□不而□□□□而凤鸟□□□□□□：寻寻且贯而心。”“父居蜀，母为凤鸟蓐，毋敢上下寻，凤(贯)而心。”⑧

大疫的频繁发生，为巫术大行其道创造了环境。“善为巫术”的徐登和“能为越方”的

① 〔汉〕刘安著、高诱注：《淮南子注》卷一八《人间训》，《诸子集成》本，中华书局 2006 年版，第 7 册，第 306 页。

② 〔汉〕应劭：《风俗通义》第九卷《怪神》，上海古籍出版社 1990 年版，第 63 页。

③ 〔汉〕王符：《潜夫论》卷三《浮侈》，上海古籍出版社 1978 年版，第 143—144 页。

④ 〔南朝宋〕范晔：《后汉书》卷八二下《方术列传下·徐登》，中华书局 1965 年版，第 10 册，第 2741—2742 页。

⑤ 〔南朝宋〕范晔：《后汉书》卷八四《列女传·孝女曹娥》，中华书局 1965 年版，第 10 册，第 2794 页。

⑥ 越巫见司马迁《史记·封禅书》、张衡《西京赋》。

⑦ 〔汉〕司马迁：《史记》卷一〇五《扁鹊仓公列传》，中华书局 1959 年版，第 9 册，第 2794 页。

⑧ 马王堆汉墓帛书整理小组：《马王堆汉墓帛书(肆)》，文物出版社 1985 年版，第 36 页。

赵炳，在汉末“疾疫大起”时“遂结言约，共以其术疗病”“所疗皆除”，百姓奉若神明。① 于吉“制作符水以治病，吴会人多事之”，及至于吉被孙策处死后，“诸事之者，尚不谓其死而云尸解焉，复祭祀求福”②。汉末五斗米教的兴起壮大也与此有密切关系。《后汉书·刘焉传》注引《典略》述云：“骆曜教民缅匿法，（张）角为太平道，修为五斗米道。太平道师持九节杖，为符祝，教病人叩头思过，因以符水饮之。病人或自愈者，则云此人信道，其或不愈，则云不信道。修法略与角，加施净室，使病人处其中思过……小民昏愚，竞共事之。”

巫术活动还与人们的出行密切相关。秦汉人对鬼怪十分畏惧，巫术成为对付行旅中鬼物的重要武器。睡虎地秦简《日书》甲种谈到游鬼和拦路鬼：“鬼恒从人游，不可以辞，取女笔以拓之，则不来矣。”（46 背贰）“人行而鬼当道以立，解发奋以过之，则已矣。”（46 背三）这些巫术简单易行，便于出行者操作。马王堆汉墓帛书《养生方》所收“行宿”巫术则用于防盗：“行宿，自謼（呼）：‘太山之阳，天□□□，□□先□，城郭不完，口以金关。’即禹步三，曰以产荆长二寸周昼（画）中。”③一些传世汉印文有“行道吉”“行吉”“行毋咎”等内容，④其用途可能是携带在出行者身上以避灾求福。

另一些与出行有关的巫术涉及水上行走、远行和消除脚痛。《太平御览》卷九四八引《淮南万毕术》说，用蜘蛛合水狗肉（水獭）、猪脂密封器中百日，以蜘蛛涂足，“得行水上”。《太平御览》卷九二五引《淮南万毕术》说，食用鹳胎和天雄可“日行千里”。《养生方》则提出了消除远行脚痛之方：“行欲毋足痛者，南乡（嚮）禹步三，曰：‘何水不□，何道不枯，气我□□。’末即取突墨□□□□□内（纳）履中。”⑤上述巫术所使用的这些物品，或能浮于水面，或腿长善走，故被汉代人赋予有助于出行的神奇功能。

与树木有关的巫术禁忌在民间有不小影响。睡虎地秦简《日书》有多处简文涉及这方面内容。如甲种简 109 正贰：“毋以木（未）斩大木，必有大英（殃）。”简 124 正叁：“未不可以澍（树）木，木长，澍（树）者死。”乙种简 66～67 是“木日”：“木良日，庚寅、辛卯、壬辰□，利为木事。其忌，甲戌、乙巳、癸酉、丁未、癸丑、□□□□□寅、己卯，可以伐木。木忌，甲乙榆、丙丁枣、戊己桑、庚辛李、壬辰□（漆）。”分析这些简文可以看出巫术禁忌不仅考虑树木本身的生长状况，更看重时日对林业活动者带来的危害。

---

① 〔南朝宋〕范晔：《后汉书·方术列传下》。李贤注云：“越方，善禁咒也。”中华书局 1965 年版，第页。

② 〔西晋〕陈寿：《三国志》卷四六《吴书·孙讨虏破逆传·孙策传》注引《江表传》，中华书局 1964 年版，第 5 册，第 1110 页。

③ 马王堆汉墓帛书整理小组：《马王堆汉墓帛书（肆）》，文物出版社 1985 年版，第 116 页。

④ 罗福颐编：《汉印文字征》第二，文物出版社 1987 年版。

⑤ 马王堆汉墓帛书整理小组：《马王堆汉墓帛书（肆）》，文物出版社 1985 年版，第 116 页。

（七）服饰风俗

长江和珠江流域，由于气候炎热，加之“陆事寡而水事众”即经常要在水中从事生产活动，因此当地居民“短绻不绔，以便涉游；短袂攘卷，以便刺舟”①。《太平御览》卷三九八引《会稽典录》说，三国吴人贺邵着装严谨，“至于官府左右，莫见其跣坐。常着袜，希见其足”。可见长江流域一带，常年不穿袜是常见的情形。

汉代彩绘木俑

汉代彩绘陶女俑

汉代彩绘木俑

四川成都新都区出土的提罐捧物陶俑

湖南长沙马王堆1号汉墓出土印花敷彩绛红纱绵袍

湖南长沙马王堆一号汉墓出土的褐色罗地“信期绣”曲裾式丝绵袍

湖南长沙马王堆一号汉墓出土的裙子

① 〔汉〕刘安著、高诱注：《淮南子注》卷一《原道训》，《诸子集成》本，中华书局2006年版，第7册，第6页。

湖南长沙马王堆一号汉墓
出土的黄纱地印花敷彩直裾式丝绵袍

湖南长沙马王堆一号汉墓出土的漆冠

湖南长沙马王堆
一号汉墓出土的手套

湖南长沙马王堆一号
汉墓出土的双尖翘头方履

湖南长沙马王堆一号
汉墓出土的朱红菱纹罗曲裾式丝绵袍

湖南长沙马王堆
一号汉墓出土素纱单衣

湖南长沙马王堆一号汉墓
出土的罗地"信期绣"丝绵袍

成都地区由于桑业发达，出产上等锦丝，当地百姓本应得近水楼台之利。但大约在东汉前期的一个时期中，当地官员因担心引起火灾，严禁百姓夜间织衣，因此普通居民的服装颇为简陋，服装成为短缺物品。东汉章帝建初年间(76—84)，蜀郡太守廉范取消这一禁令，成都居民凭藉资源和技术优势，着装水平明显提高，人们从昔日的"无襦"迅速拥有“五绔”。百姓为便，乃歌之曰：“廉叔度，来何暮？不禁火，民安作。平生无襦今五绔。”①并给后人留下“都人士女，□服靓妆”②的印象。

由于汉代蜀地的社会风气较为开放，女性着装也比中原地区更为自由。四川汉墓出土的提壶女俑和箕扫女俑头上簪花，胸露双乳。③

南越地区流行椎髻发式。地处当时海南岛儋耳、珠厓郡，居民服装颇为独特，“皆服布如单被，穿中央为贯头”④。这种服装在南中国海沿岸具有共性，两广一带的交趾人也是“项髻徒跣，以布贯头而著之”。⑤

西南夷部落众多，其服饰也不尽相同。其中，滇人无论贵贱均穿一宽大对襟式外衣，衣长仅及膝下，不着裤，而是以一条宽带系于胯下。与越人相似，滇人也有文身习俗。⑥

滇人发式

第五节　秦汉时期长江流域学术文化和文学艺术

秦汉时期长江流域的学术文化和文学艺术发展出现了空前辉煌的阶段。

一、学术文化和文学艺术的人才辈出

秦汉时代长江流域学术文化和文学艺术的空前发展，原因和重要标志都是人才的大量涌现，特别是从西汉末年之后到东汉时代，长江流域的上游蜀地和中下游吴会地区（包

---

① 〔南朝宋〕范晔：《后汉书》卷三一《郭杜孔张廉王苏羊贾陆列传·廉范传》，中华书局 1965 年版，第 4 册，第 1103 页。

② 〔西晋〕左思：《蜀都赋》，《文选》卷四，商务印书馆 1936 年版，第 89 页。

③ 胡人朝：《重庆市化龙桥东汉砖墓的清理》，《考古通讯》1958 年第 2 期。

④ 〔汉〕班固：《汉书》卷二八下《地理志下》，中华书局 1964 年版，第 6 册，第 1670 页。

⑤ 〔南朝宋〕范晔：《后汉书》卷八六《南蛮西南夷列传》，中华书局 1965 年版，第 10 册，第 2836 页。

⑥ 〔汉〕班固：《汉书》卷九五《西南夷两粤朝鲜传》，中华书局 1964 年版，第 11 册，第 3837 页。

括荆襄、淮南和吴越)成为当时文化最发达的四个地区中的两个,其余两个是三辅地区和豫兖青徐地区①。可见,长江流域文化的发展在全国已居于前列。

经济发展和人口流动是文化发展也是人才辈出的重要条件。如前所述,长江流域在秦汉时代,特别是西汉以后经济高度发展,人口流动较大,这就促使人才的产生。在长江流域的上游蜀地,景帝末年出任蜀守的文翁是一位对当地文化发展有重要影响的人物。文翁系庐江舒(今安徽庐江西)人,"少好学,通《春秋》"②。他因察举而为郡、县吏,后长期任蜀郡太守,并终于蜀。实际上文翁就是个居于蜀地的移民。因当时蜀地经济开发、生产比较好,为文翁发展文化的政策提供了物质基础。文翁的措施之一是派遣有培养前途的人员到文化先进的京师"受业博士,或学律令"。他还在成都办官学,从属县招收弟子,这是全国最早设立的郡级官学。弟子可免除徭役,享受种种优待,从而使社会风尚转变"争欲为学官子弟,富人至出钱以求之"③。这些措施对促使蜀地文化面貌巨变产生极其深远的影响。此后,由本地出生的和外地迁入的人才大量涌现。例如成都人司马相如"少时好读书,学击剑"④,景帝、武帝时以词赋名扬朝野,成为历史上有名的文学家。司马相如的成就对蜀地文化起着相当大的导向作用。《汉书·地理志》载:"及司马相如游宦京师诸侯,以文辞显于世,乡党慕循其迹。后有王褒、严遵、扬雄之徒,文章冠天下。"到东汉时代蜀地的人才已不仅限于个别杰出人物,而"济济多士"⑤,在各学术领域和政治、文学领域突出显现于世。《华阳国志》以概括的文字叙述此时蜀地人才之盛:"降及建武以后,爰迄灵、献,文化弥纯,道德弥臻。赵志伯三迁台衡,子柔兄弟相继元辅,司空张公宣融皇极,太常仲经为天下材英,广陵太守张文纪号天下整理,武陵太守杜伯持能决天下所疑,王稚子震名华夏,常茂尼流芳京尹。其次,张俊、秦宓英辩博通,董扶、杨厚究知天文,任定祖训徒,同风洙

汉代成都画像砖中的讲学情景

① 这是卢云在《汉晋文化地理》(陕西人民教育出版社1991年版)中根据书籍、士人、博士和私家教授等一些数据统计而得出的结论。其统计方法虽有待商榷,但这一结论是相当正确的。

② 〔汉〕班固:《汉书》卷八九《循吏传·文翁》,中华书局1964年版,第11册,第3625页。

③ 〔汉〕班固:《汉书》卷八九《循吏传·文翁》,中华书局1964年版,第11册,第3626页。

④ 〔汉〕班固:《汉书》卷五七《司马相如传》,中华书局1964年版,第8册,第2529页。

⑤ 〔晋〕常璩:《华阳国志》卷一一《后贤志》,刘琳校注《华阳国志校注》,巴蜀书社1984年版,第908页。

泗……虽鲁之咏洙泗，齐之礼稷下，未足尚也。故汉征八士，蜀有四焉。”①从这段叙述中可以看出：东汉时代蜀地文化的发展，在全国具有极大的影响，这里不仅出现众多的文家巨儒、高名学士，而且有著名的仕宦京师的宰相、三公，政绩卓著的刺史、太守。在“学而优则仕”以科举取士的汉代为官首先需要文化基础，所以高官显宦的出现，亦不妨为文化发达的标志之一。

在长江中下游原楚地和吴越地区，秦汉时代的文化发展也与人才的出现紧密相连。秦统一中国以后，远离政治中心的长江流域，曾成为反秦人士的避居地。如楚将项梁曾与其侄项羽“避仇于吴中”，住在会稽郡治吴县（今江苏苏州），“吴中贤士大夫皆出项梁下”②，这是长江流域人才荟萃的原因之一。当然，重要的原因还是经济发展和人口的流动。

在经济发展的前提下，西汉时代割据于长江流域的诸侯王招贤养士，也是此地人才荟萃的一个因素。如梁孝王刘武，就“招延四方豪杰，自山以东游说之士，莫不毕至”③。孝王死后，梁国一分为五，这里的吴王刘濞和淮南王刘安招贤养士的规模更大：“招致天下亡命者”，“它郡国吏欲来捕亡人者，颂共禁不与”④。

这些诸侯王招贤养士甚至招“天下亡命者”的目的，固然是企图与朝廷分庭抗礼以至谋反，但在这些被招来的人才中确实包含了不少文化层次较高的人才。同时，由于礼遇士人，也为人才的出现创造了良好的环境。因此，这些地区成为人才荟萃之地。如司马相如的《子虚赋》就是客居在梁国时写成的，而吴国的江都（今江苏扬州西南）和淮南国的寿春（今安徽寿县）先后聚集了一批名人儒士如齐人邹阳、吴人枚乘和严忌等等。淮南王刘安养士的规模更大：“淮南王安为人好书，鼓琴……亦欲以阴德拊循百姓，流名誉，招致宾客方术之士数千人”，衡山王赐“亦心结宾客以应之”⑤。这些宾客中有不少辞赋、黄老、纵横及五经的名士、学者。虽然以后随着诸侯国割据势力被消灭，而使曾一度聚集起来的众多人才星散云流，但对当地文化的熏陶和提高，其作用是毋庸置疑的。

东汉时代长江中下游人才涌现的数量倍增，其原因也与人口迁徙和地方官的政绩有关。如两汉之际“道路未通，避乱江南者皆未还中土，会稽颇称多士”⑥。东汉初人口流动使长江中下游的人才会集，同时有不少地方官重视人才培养和文化建设。如丹阳太守李

① 〔晋〕常璩：《华阳国志》卷三《蜀志》，刘琳校注《华阳国志校注》，巴蜀书社1984年版，第223页。

② 〔汉〕司马迁：《史记》卷七《项羽本纪第七》，中华书局1959年版，第1册，第296页。

③ 〔汉〕司马迁：《史记》卷五八《梁孝王世家》，中华书局1959年版，第6册，第2083页。

④ 〔汉〕班固：《汉书》卷三五《荆燕吴传》，中华书局1964年版，第7册，第1906、1915页。

⑤ 〔汉〕班固：《汉书》卷四四《淮南衡山济北王传》，中华书局1964年版，第7册，第2145页。

⑥ 〔南朝宋〕范晔：《后汉书》卷七六《循吏列传·任延》，中华书局1965年版，第9册，第2460—2461页。

忠“起学校，习礼容，春秋乡饮，选用明经，郡中向慕之”①；会稽太守张霸“博览五经”“表用郡人处顾奉、公孙松。奉后为颍川太守，松为司隶校尉，并有名称。其余有业行者，皆见擢用。郡中争厉志节，习经者以千数，道路但闻诵声”②。又如扬州刺史张禹也在扩大儒学影响方面留下许多政绩③。正是这种文化氛围，培育出一批知名学者，如会稽人王充、山阴（今浙江绍兴）人赵晔、无锡人高彪等均成为全国有名的学者，不仅在长江流域，而且在全国也是具有极高知名度的人物。

二、秦汉时期长江流域的学术思想和科学技术成就

首先需要说明的是：这里所谓的学术思想乃是包括哲学、经学、政治、文化、社会思想，而长江流域的学术思想资料，应来自三个方面：①产生于长江流域的著作或流行于此的思想；②出生于长江流域的学者在其他地区作出的成果；③出土于长江流域足以反映其学术思想的文物。根据上述界定可知本题的涵盖面极广，绝非有限篇幅所能表达清楚。这里，仅据秦汉时代足以反映长江流域学术思想的典型资料，对其特点做简略剖析，以符合本书体例。至于科技成就的论述，也只能按照上述三个方面的资料来源，做一般性叙述。

（一）秦汉时期长江流域学术思想特点

秦汉时期是我国思想史上一个极为重要的阶段。从战国时代的“百家争鸣”，到秦统一中国后实行“以法为教，以吏为师”和焚书坑儒措施、政策，妄图控制理论和思想，从而结束了春秋战国以来数百年思想界的热烈活跃的场面。秦亡后至汉初，各派思想理论重新出现，而在西汉初年的统治阶级中，相信黄老道家思想的则占统治地位。至汉武帝时代“独尊儒术”后，又形成儒家独尊的地位，但统治阶级实际遵循的则是“内法外儒”或儒法并用的“王霸道杂之”的理论原则；到东汉时代儒家的理论又一度神学化，形成谶纬之学，在民间和统治者中都具有极大的影响，直到东汉灭亡。

秦汉时代长江流域学术思想发展的脉络，大体也与全国相同。不过，由于地理和人文条件的不同，这里的学术思想发展也有一些不同的特点：如在秦代当始皇、二世实行极严厉的文化钳制政策，将所有“诗书百家语”悉数焚烧、禁阅时，张良却能在下邳（今江苏睢宁西北）得到兵书，并从老父学太公兵法。可见，当时在长江流域尚未能将“诗书百家语”禁绝，思想控制在此地尚不似北方严密。而秦末农民起义军中，来自楚地的陈涉队伍也还有孔子后裔孔鲋抱礼器参加，说明即使在秦代思想统治极其严酷的环境下，长江流

① 范晔：《后汉书》卷二一《任李万邳刘耿列传·李忠列传》，中华书局1965年版，第3册，第756页。

② 范晔：《后汉书》卷三六《郑范陈贾张列传·张霸列传》，中华书局1965年版，第5册，第1241页。

③ 范晔：《后汉书》卷四四《邓张徐张胡列传·张禹列传》，中华书局1965年版，第6册，第1497页。

域的学术、思想也还是相对宽松的。

汉初，统治阶级奉行“黄老之学”，主张无为而治。而这种道家思想在长江流域是有极深远根源的。在汉中央朝廷推行黄老道家思想最有力的萧何、曹参均是南方的沛（今江苏沛县）人。当时“黄老之学”大行于世障碍甚少，除社会经济等客观原因外，与朝廷的当权者多出自丰沛集团也不无关系。1972—1974 年在长沙马王堆汉墓出土的帛书中，除《春秋事语》《战国纵横家书》和部分自然科学著作外，最重要的帛书有《老子》甲乙本和《经法》《十六经》《称》《道原》等道家和属于道家体系的黄老之学的著作。这批作为随葬品而埋入地下的帛书，从正面证实了黄老之学在长江流域盛行的程度。淮南王刘安招“天下方术之士”“及诸儒大山小山之徒”著《淮南子》一书，此书“其旨近老子，淡泊无为，蹈虚守静”“其文也富，物事之类无所不载”①，是继《吕氏春秋》后，中国历史上最重要的一本“杂”家著作。但《淮南子》的“杂”是以道家为基调的，“然其大较，归之于道”②，这是史家公认的事实。汉初实行的“无为而治”，统治者奉行黄老之学，但首都长安的学者和中央朝廷的政治家没留下一本完整的道家和黄老之学的著作。但在南方封王的刘安组织编写了《淮南子》，在长江流域的马王堆汉墓中也发现了随葬的黄老道家著作，这难道不是令人深思的现象吗？

西汉帛书《老子》

乙本（湖南省博物馆藏）

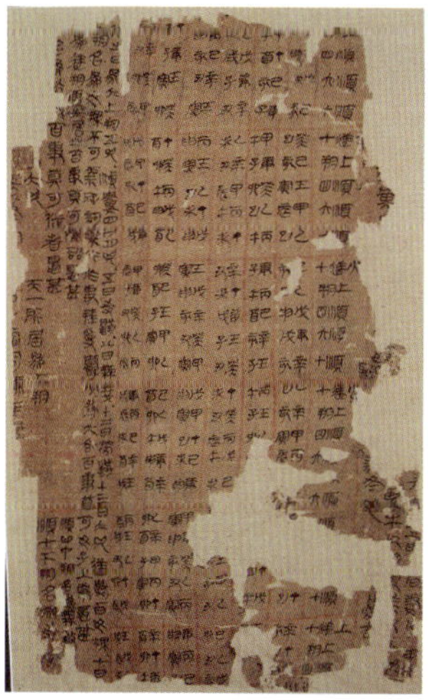

湖南长沙马王堆三号

汉墓出土的帛书《阴阳五行》甲篇

西汉中期儒学成为正统，长江流域自不例外，但这里不断崛起离经叛道的“异端”，形

① 〔汉〕高诱注：《淮南子注》叙，《诸子集成》本，中华书局 2006 年版，第 7 册，第 1—2 页。

② 〔汉〕高诱注：《淮南子注》叙，《诸子集成》本，中华书局 2006 年版，第 7 册，第 2 页。

成这个时代的特色。其中著名的学者首推在蜀地生长、成名后被推荐进京的扬雄。在儒家独尊、谶纬盛行的时代，扬雄却独树一帜，与儒家经典分庭抗礼，“以经莫大于《易》，故作《太玄》；《传》莫大于《论语》，作《法言》；史篇莫善于《仓颉》，作《训纂》；箴莫善于《虞箴》，作《州箴》”①。尽管扬雄的这些著作中多所模拟，古奥难懂，但却面对正统儒学，吸取黄老的观念，反对迷信鬼神，否定长生不死之举。这在当时的思想界也称得上是“异端”。

扬雄之后沛国相（今安徽濉溪西北）人桓谭、会稽上虞人王充都有极强烈的离经叛道的反正统“异端”思想。桓谭和王充都是出生于南方的东汉时代有名学者。桓谭著《新论》，其批判矛头直接指向以董仲舒思想为主而构建起来的神学体系。他指出“怪异”“灾变”无非是自然界的现象，与人事毫无关系。其《形神论》有力地驳斥了鬼神论，为此他本人差点被杀头。王充的《论衡》一书更是直接批判正统儒学的著作，其“天道无为”的论点不仅否定了儒家的“天命”观，也透露出道家无为的信息。书中警句名言振聋发聩，其思想学术价值已有多种著作论述，长期以来被誉为“战斗的唯物主义思想家”②。限于篇幅，在此从略。这里，仅列举上述诸人以说明生长于长江流域的秦汉时代学者中，不乏高举离经叛道的“异端”思想旗帜者。这种现象若与当地学术气氛一贯较为宽松的环境联系起来，不是可以窥视到其中的某些内部联系吗？

（二）秦汉时期长江流域的科学技术成就

科学是无国界的，故而以长江流域的地理范围界定其科学技术成就着实不易。作为统一中国的一部分，其科学技术成就乃是与全国其他地区分不开的。从全国范围的角度来说，秦汉时代在数学、天文、历法、物理、化学、地理学及医学方面均有突出的成就，某些方面在全世界属于领先地位，其中自有长江流域的成就在内。这里，仅根据考古出土的资料，略述长江流域出土文物中反映的科学技术成就。

秦汉时代我国的天文、历法研究是当时世界上最先进的。《汉书·五行志》关于太阳黑子的记录比欧洲的相应记载早900余年，这都是公认的事实。1974年在湖北云梦发现的秦简，其中有《日书》甲乙种。它虽属于迷信用的书，但其中记载天文、历法知识相当丰富。而马王堆汉墓出土的帛书《五星占》和《天文气象杂占》两部书，更具体地证明我国天文学和历法学的高度水平。帛书《五星占》约6000字，包括两部分，前面是占文，后面是五星位置。此书成书年代约在汉文帝时期，即公元前170年左右。此书不仅精确地记载了土星、金星和木星的会合期，而且如实地描述了它们的动态，在科学史上有重大价值。《天文气象杂占》是一种方术书，但所录的自然现象却是很有用的科学资料，书中有29

① 〔汉〕班固：《汉书》卷八七《扬雄传下》，中华书局1964年版，第8册，第3583页。

② 对王充冠以“唯物主义思想家”有待于商榷，但从此也可看出其在思想史上的地位。

幅彗星图像，是极为珍贵的天文图谱。

秦汉时代的地理学已达到极高的水平。在长沙马王堆汉墓中发现的西汉时代三幅地图，表明了当时测绘水平达到相当的高度。这三幅地图所绘的是长沙国南部驻军、地形和一个县的平面图，其绘制方法已有统一图例，测绘的比例十分精确，是中国也是世界现存最古老的地图。

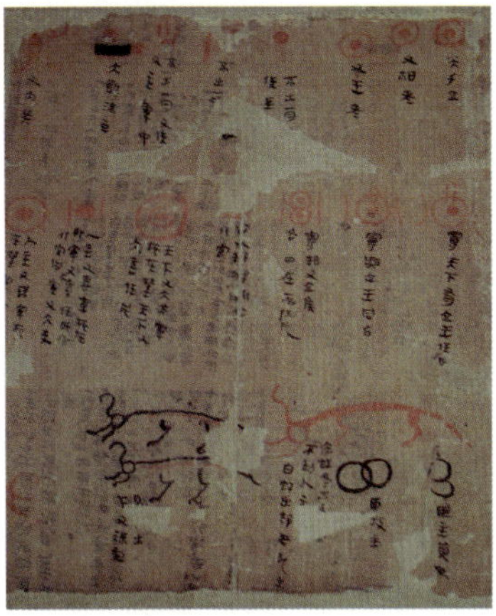

湖南长沙马王堆三号汉墓出土书中的天文气象杂占

湖南长沙马王堆三号汉墓“天一将行”图

长江流域在秦汉时代的医学水平，也从考古资料中得到证明。在《睡虎地秦墓竹简》中有对麻风病诊断的报告书及对其他病例的检验书，反映秦代法医学的科学成果。在长沙马王堆汉墓中发现的帛书有《足臂十一脉灸经》《阴阳十一脉灸经》《五十二病方》和《导引图》等医书。而马王堆一号汉墓发现的女尸，竟然经历 2100 多年仍保存完好，这都是世界科学史上罕见的。

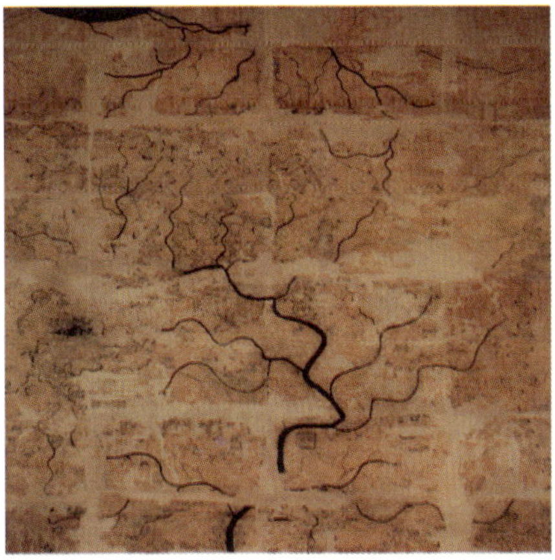

湖南长沙马王堆三号汉墓出土的地形图

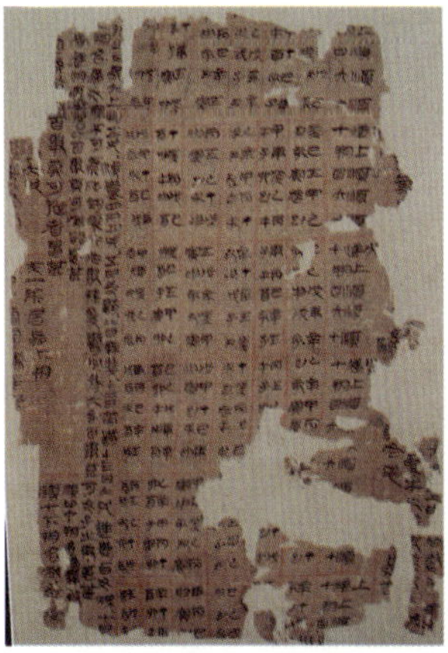

湖南长沙马王堆三号汉墓出土的帛书《阴阳五行》甲篇

三、秦汉时期长江流域的文学成就

依照以上叙述学术思想和科学技术成果的界定，这里仅对秦汉时代出生于长江流域的文学家，以及与长江流域有关的文学作品做选择性概述：

秦代的文风冷峭、严刻而缺乏文采，这是一般文学史对秦文的评价。但在长江流域的湖北云梦睡虎地发现的秦简，却令人对这种认识有所改变。在《睡虎地秦墓竹简》中有《语书》及《为吏之道》两篇文书，它们虽是官方文件，但具有文辞典雅、行文简洁的特点，也不无浓厚的文学色彩。例如《为吏之道》其中有散、韵结合，类似六言诗的优美文字：

凡治事，敢为固，谒私图，画局陈畀以为藉。肖人聂心，不敢徒语恐见恶。

这种词藻华美、语句对仗、声调铿锵的文句在《为吏之道》中占很大比重。表明秦代官方应用文也并非毫无文采。从长江流域发现的这一重要资料来看，应改变对秦代文学的根本认识。

汉代的文学成就主要表现在散文、赋和诗三个领域。而长江流域突出的文学成就则在赋和诗这两个领域。

汉赋的成就及其在文学史上的地位是毋庸赘言的。西汉的著名文学家凡是辞赋有成就者多与长江流域有关，例如司马相如、扬雄均为蜀人，其《甘泉》《羽猎》《长杨》等赋皆为赋中名篇，也是世界文学不朽之作。而洛阳人贾谊所作的《吊屈原赋》《鹏鸟赋》是在长江流域的长沙所作，这种现象绝非偶然，它在一定程度说明“赋”这种文体，其主要特点是想象力丰富，手法铺张，辞藻华丽，而长江流域的浓厚浪漫气息的文化氛围，乃是培养辞赋作者和产生辞赋的极有利条件。

秦汉时代长江流域诗的作品也有很鲜明的特点，西汉初年的统治者多来自长江流域的楚地，而楚人喜歌舞的风气也成为汉初流行的风气。如西楚霸王项羽被刘邦的汉军围困，误以为汉军已经把楚国全占领了，慌张地从床上爬起来，饮酒消愁。看着身边即将永别的虞美人，看着自己心爱的骏马，忍不住唱出了这首慷慨悲凉的《垓下歌》：

力拔山兮气盖世，时不利兮骓不逝。

骓不逝兮可奈何！虞兮虞兮奈若何！①

这首绝命诗最早见于司马迁《史记·项羽本纪》的《垓下歌》，项羽歌中诉说了时不利他的悲哀，又无法保护其心爱的战马与美人虞姬，深感悲痛。最后，项羽在失去虞姬与丧失江山的悲痛心情下，选择了自刎，此行为充满了悲壮。朱熹《楚辞集注》说：“羽固楚人，而其

① 逯钦立：《先秦汉魏晋南北朝诗》，中华书局 1983 年版，第 89 页；〔汉〕司马迁：《史记》卷七《项羽本纪》，中华书局 1959 年版，第 333 页。

词慷慨激烈，有千载不平之余愤。”①

另据《史记》注引《楚汉春秋》所载，虞姬也和了一首歌：“汉兵已略地，四面楚歌声。大王意气尽，贱妾何聊生？”虞姬心中顾念着对项羽的情义，最后也是自尽而亡。她的死表达了对项羽的情义。

又，公元前195年，汉高祖刘邦平定了淮南王英布的叛乱，凯旋途经故乡沛县时，在此过夜。置酒沛宫，邀集故人、父老、子弟饮酒。发沛中儿得百二十人，教他们唱歌。酒酣，刘邦情绪十分激动，亲自起舞，慷慨伤怀，泣下数行。在这次荣归故里的庆功宴上，刘邦情不自禁，思绪万千，又亲自击筑（一种打击乐器），唱起了这首千古史诗《大风歌》：“大风起兮云飞扬，威加海内兮归故乡，安得猛士兮守四方！”②充分表达了他维护天下统一的豪情壮志。有学者认为，《大风歌》这首诗艺术特色十分鲜明，归纳起来有以下特点：一是语言精练、内容丰富。全文只有短短3句，23个字，却涵盖了十分丰富的内容，既有大风起云飞扬的自然景观描写，时代背景的高度精练概括，又有威加海内、创建大汉王朝，平叛凯旋、荣归故里、衣锦还乡的志得意满的壮志豪情，还有急于招揽勇士贤才，巩固大汉王朝政权，保卫边疆的渴望和忧思。二是思想深刻、逻辑性强。在极短的篇幅内，既写出了风起云涌的农民起义，群雄争霸，创业的艰难，又揭示出了平叛归来，巩固政权，守业的不易，流露出急于招揽贤才勇士镇守边疆的渴望。全诗主题突出、层次分明、高屋建瓴、哲理深刻、思想性极强。从逻辑推理来看，先写风起云涌的时代背景，再写威加海内建立大汉王朝，平叛归来的豪情壮志，后写招揽贤才勇士镇守边疆的渴望，顺理成章，层层递进，十分严密。三是对比强烈，跌宕起伏。文似看山不喜平。全诗选材精当，跌宕起伏，写法独特，雄伟壮丽，气势恢宏。既有风起云涌的自然景观时代背景的刻画描写，威加海内的豪情壮志和荣归故里的志得意满，又有安得猛士守四方的忧郁和渴望。动静描写、喜忧对比十分强烈，逐层递进，跌宕起伏，引人入胜，艺术感染力极强。③ 此外，《史记·留侯世家》还载刘邦创作有《鸿鹄歌》：“鸿鹄高飞，一举千里。羽翮已就，横绝四海。横绝四海，又可奈何？虽有矰缴，尚安所施？”这首诗歌同样著名于世，《鸿鹄歌》中“高”“千里”“四海”是宏大的空间概念，鸿鹄之“高飞”，之“横绝四海”，为宏大的事物，以如此宏大的事物与时空概念为背景，展现了鸿鹄翱翔于天地之间的无敌气势，诗歌意境亦可谓宏大。④ 刘勰《文心雕龙·时序》感叹说：“《大风》《鸿鹄》之歌，亦天纵之英作也。”

① 〔宋〕朱熹集注：《楚词后语》卷一，文渊阁《四库全书》本。

② 〔汉〕司马迁：《史记》卷八《高祖本纪第八》，中华书局1959年版，第2册，第389页。

③ 陈静颖：《刘邦〈大风歌〉的艺术特色及文学史意义解析》，《文教材料》2013年第12期（总第608期）。

④ 谈艺超：《汉代诗歌的宏大之美》，《广西民族师范学院学报》2013年第2期。

刘邦宠姬戚夫人也是楚人，她被吕后囚禁后唱出："子为王，母为虏，终日舂薄暮，常与死为伍！相离三千里，当谁使告汝！"①也是一首极有感情的诗。不仅统治集团，就是普通人民也留下大量的诗歌，其中长江流域为数甚多。如西汉淮南王刘长谋反被诛，"民有作歌歌淮南厉王曰：'一尺布，尚可缝；一斗粟，尚可舂。兄弟二人，不能相容。'"②

长江流域的诗歌成就，从汉武帝时代乐府收集的诗歌中就得以窥见，其中吴、越、楚地的乐府具有极鲜明的特性，如《孔雀东南飞》明确注为"庐江小吏"③字样。其余生动、优美的乐府诗名篇很多，难以一一列举。

四、秦汉时期长江流域的艺术发展

秦汉时代长江流域的艺术，继承了战国时代的艺术传统，具有热情奔放、浪漫神奇而富有想象力的特点，与北方黄河流域，尤其是关中文化艺术的淳朴、凝重形成鲜明的对比。这些特点，除大量文献可资参证外，近数十年出土的文物亦给我们提供了极可贵的佐证资料。

（一）歌舞和音乐

秦汉时代社会对歌舞、音乐有极普遍的爱好④，这在长江流域体现得最为突出。荆扬百姓"虽白屋草庐，歌讴鼓琴，日给月单，朝歌暮戚"⑤。在长江流域出土的文物中，我们可以具体地看到秦汉时代舞蹈形象和乐器。1972—1974年在长沙马王堆汉墓中出土的器物上有不少图形就是舞蹈场面，如一号墓第二、三层的彩绘漆棺上绘的歌舞弹奏的内容，其婀娜多姿、潇洒奔放，十分生动。但长江流域的歌舞和音乐有不同于其他地区的特色和成就。

东汉鼓乐百戏图画像石

① 〔汉〕班固：《汉书》卷九七《外戚传上》，中华书局1964年版，第12册，第3937页。

② 〔汉〕司马迁：《史记》卷一一八《淮南衡山列传》，中华书局1959年版，第10册，第3080页。

③ 庐江吏指汉乐府诗《孔雀东南飞》中的男主人公焦仲卿。陈徐陵《玉台新咏·古诗·为焦仲卿妻作序》："汉末建安中，庐江府小吏焦仲卿妻刘氏，为仲卿母所遣，自誓不嫁。其家逼之，乃投水而死。仲卿闻之，亦自缢于庭树。时人伤之，为诗云尔。"

④ 林剑鸣等：《秦汉社会生活》，西北大学出版社1985年版，第366—369页。

⑤ 〔汉〕桓宽：《盐铁论》卷一《通有篇》，上海人民出版社1974年版，第7页。

东汉舞乐杂技画像砖

四川博物院藏东汉舞乐杂技画像砖

广州汉代南越
文王墓出土的玉舞人

徐州博物馆
藏西汉陶绕襟衣舞俑

徐州博物馆
藏西汉陶绕襟衣舞俑

徐州博物馆
藏西汉陶曲裾衣舞俑

云南江川李家山
出土的东汉四舞俑铜鼓

1974 年江西南昌
永和门出土的西汉舞女佩饰

云南省博物馆藏西汉鎏金青铜双人盘舞扣饰

湖南长沙马王堆一号汉墓出土的女歌舞俑

湖南长沙马王堆一号汉墓出土的女歌舞俑

湖南长沙马王堆一号汉墓出土的彩绘女歌舞俑

首先，楚歌、楚舞这种长江流域具有浓郁地方和民族色彩的艺术，到汉代则成为朝廷和宫内主要歌、舞种类。这固然是由于西汉统治者皆出身于楚地，但更重要的则是长江流域的歌舞具有极大的艺术魅力所致。据记载：汉高祖刘邦“既定天下，还过沛，留，置酒沛宫”。他回到长江流域的故乡，“悉召故人父老子弟纵酒”，酒酣之际，刘邦自己击筑高唱《大风歌》，这首《大风歌》语言风格和曲调“显然都是楚地民歌”①。

刘邦的宠姬戚夫人则是一位善舞的楚地美女，起初戚夫人欲求刘邦立己子为太子，后为张良所阻，连刘邦亦无可奈何，只有与戚夫人共同借歌舞消愁。他对戚夫人说：“为

① 夏野：《中国古代音乐史简编》，上海音乐出版社 1989 年版，第 39 页。

我楚舞,吾为若楚歌。”[①]可见楚歌、楚舞确实具有极大的艺术魅力。到西汉武帝时,朝廷的“乐府”机构曾大力收集、整理、改编各地民歌,其中有相当多的一部分来自长江流域。在宫廷音乐中,长江流域的“楚声”占主要地位。据《汉书·礼乐志》记载,西汉宫中,就连在“太乐宫”的人,对流传下来的古乐,只“能记其铿锵鼓舞,而不能言其义”,如有名的《房中祠乐》,虽因袭周代“房中乐”的意思,音调却为“楚声”。

其时,音乐舞蹈风格的地区色彩最为突出。司马相如描述在贵族娱乐场合有“荆吴郑卫之声”;“巴俞宋蔡,淮南《干遮》”[②]。又据《汉书·礼乐志》,西汉乐府有邯郸、江南、淮南、巴俞、楚、梁、临淮、兹邡、东海等地鼓员,巴俞歌鼓员,沛、陈等地吹鼓员,秦倡员,郑、齐铫四会员,蔡、齐讴员等。其区域格局与春秋战国时期诸国音乐相类,显然与前代有着承继关系。楚歌、楚舞、楚地音乐流行于宫内,在长江流域当地更是为人喜爱,自不待言。至于长江流域上游的巴蜀和下游的吴越的音乐、舞蹈,更有其特殊的感染力。

1. 音乐

在长沙马王堆汉墓中出土的器物中,有瑟、竽、笛、琴、律管等五种乐器。另外还有和随葬木俑附在一起的模型乐器钟、磬、筑等三种人们得以目睹这些乐器的具体形象。这是我国音乐史上的一次重要发现,也反映了长江流域音乐文化的重要成就。

瑟是一种古老的乐器。过去在长沙、信阳和江陵的楚墓中,曾先后发现过十多具瑟,但都残缺不全,而马王堆一号汉墓出土的瑟,乃是我国迄今仅存的一件完整弦乐器。从一号墓北边箱出土的三件鼓瑟木俑上,可以看出当时鼓瑟的姿态:鼓瑟者席地而坐,瑟横陈膝前,双臂向前平伸,两手掌心向下,临于瑟的上方,大指屈向掌心,食指内勾,两指成环状,其余三指则微屈,两手食指同时作抹弦之势。在汉代画像石中也能见到鼓瑟的姿势。

浙江海宁长安东汉画像石墓出土彩绘抚琴陶俑

竽也是我国古代重要的簧管乐器。马王堆一号墓出土的竽,使我们看到秦汉时代流行于长江流域乃至全国的这种乐器的实物。

琴是中国古老乐器中最具代表性的一种。在马王堆汉墓中发现的这具琴,全长 82.4 厘米,是秦汉时代流行于长江流域的实物。

---

① 〔汉〕司马迁:《史记》卷五五《留侯世家》,中华书局 1959 年版,第 6 册,第 2047 页。

② 〔汉〕班固:《汉书》卷五七《司马相如传上》,中华书局 1964 年版,第 8 册,第 2569 页。

至于笛、律管、钟、磬、筑等乐器出土自马王堆汉墓，说明秦汉时代的长江流域乐器是多么丰富。在墓中出土的“遣策”上，记有“楚歌者”“河间舞者”“郑舞者”“建鼓”“錞于铙铎”“钟磬”“郑竽瑟”“楚竽瑟”“河间瑟”“钟钹”等，不仅使我们了解到秦汉时代长江流域歌舞、音乐丰富多彩的状况，而且反映了各地、各族歌舞、音乐都会集于长江流域、文化繁荣的景象。

四川博物馆藏
东汉石鼓瑟俑

重庆中国三峡
博物馆藏东汉石鼓瑟俑

徐州博物馆藏
西汉陶抚琴俑

徐州博物馆
藏西汉陶吹奏俑

四川博物院
藏东汉陶抚琴俑

西汉彩绘奏乐木俑

长沙望城坡西汉墓出土的木五弦筑

今广西、云南、贵州的西南地区，则常见铜鼓、羊角钮钟和铜锣等乐器，它们在形制和音阶结构上都与内地乐器有很大差异。如广西贵县罗泊湾西汉墓出土的铜鼓、编钟、羊角钮钟和铜锣采用的是一种不平均律制，出现某些音阶偏低或偏高现象，形成了鲜明的地方特色。①

瞽师是盲人音乐演奏者，俳优则多为侏儒或身体有残疾者，他们用滑稽的装束和演出博取观赏者(多为社会上层)愉悦。如成都东汉墓出土的俳优俑短小肥胖，头戴帻，戴笄，上身袒露，两肩高耸，两臂戴珠翠，下着大足长裤，手臂残废。② 他们在表演时尽管也面带笑容，但其内心难免浸含着辛酸和苦楚。蔡邕的下面这段文字写出了他们的不幸："夫何矇眛之瞽兮，心穷忽以郁伊；目冥冥而无睹兮，嗟求烦以愁悲；抚长笛以摅愤兮，气轰锽而横飞。"③

2. **巴渝舞**

在长江上游的巴郡(今四川东部地区)，境内渝水(渠江)在秦汉时代流行的一种舞蹈称为"巴渝舞"。这是当地民族賨人(巴人的一支)创造的一种舞蹈。作为一种艺术，巴渝舞起源应很早，但它发展、声名大振并成为宫廷艺术则是在秦汉时代。据《汉书·司马相如传》说："巴俞之人，刚勇好舞，初，高祖用之，克平三秦。美其功力，后使乐府习之，因名巴渝舞也。"东汉应劭《风俗通义·祀典》中也有记载：

> 巴有賨人，剽勇。高帝为汉王时，阆中人范目说高祖募取賨人定三秦，封目为阆中慈凫乡侯，并复除目所发賨人卢、朴、沓、鄂、度、夕、袭七姓不供租赋。阆中有渝水，賨人左右居，锐气喜舞，高祖乐其猛锐，数观其舞，后令乐府习之。

《通典》卷一四五《乐五》云："汉高帝自蜀汉将定三秦，阆中范因率賨人以从帝，为前锋……其俗习舞，高帝乐其猛锐，数观其舞，后使乐人习之。阆中有渝水，因其所居，故名曰《巴渝舞》。舞曲有《矛渝本歌曲》《安奴渝本歌曲》《安台本歌曲》《行辞本歌曲》。"此外，《华阳国志·巴志》及《后汉书·南蛮西南夷列传》中都记载了秦汉时代长江流域上游巴地的这种舞蹈。从上述有关史料记载和出土文物资料对照，巴渝舞是巴地板楯蛮的民族舞蹈。

巴渝舞为一种具有极强烈感染力的舞蹈，它的特点是有音乐伴奏的集体武舞。所谓"武舞"就是表现出征或作战的场面，舞者手执兵器，"巴俞之兵，执仗而舞"④，这种舞蹈最初可能就是由军队在阵前表演的。《华阳国志·巴志》中有"周武王伐纣，实得巴、蜀之

① 广西壮族自治区博物馆：《广西贵县罗泊湾汉墓》，文物出版社1988年版，第138页。

② 刘志远等：《四川汉代画像砖与汉代社会》，文物出版社1983年版，图九九、一〇二。

③ 〔汉〕蔡邕：《瞽师赋》，见《汉魏六朝百三家集》卷一八，《景印文渊阁四库全书》，台北"湾商务出版社"2008年版，第1412册，第415页。

④ 〔唐〕魏征：《隋书》卷一五《音乐志下》，中华书局1973年版，第2册，第359页。

师，著乎《尚书》。巴师勇锐，歌舞以凌殷人，前徒倒戈，故世称之曰'武王伐纣，前歌后舞'也"①。在出土的云南铜鼓中，也可见到头戴羽冠、手执干戚的舞人图②。据《汉书·礼乐志》记载"巴俞鼓员三十六人"。颜师古注曰："巴，巴人也；俞，俞人也。当高祖初为汉王，得巴俞人，并矫捷善斗，与之定三秦、灭楚，因存其武乐也。巴俞之乐因此始也。"这里说的"鼓员"三十六人显然是集体舞，在《盐铁论·刺权》中记有"中山素女，抚流徵于堂上；鸣鼓巴俞，作于堂下"。从这里也可得知巴渝舞是用鼓来伴奏的。

四川博物院藏东汉陶舞俑

四川博物院藏汉代舞蹈俑

成都市郊出土
东汉宴乐画像砖上的长袖舞

四川彭州太平场出土
东汉画像砖上的盘鼓舞

极具艺术魅力的巴渝舞经汉初刘邦的提倡，在汉代已突破长江流域的范围进入宫廷，经过整理，巴渝舞被列入宫内燕乐百戏之一，成为载歌载舞的艺术形式。舞曲有四："一曰予渝，二曰安弩，三曰安台，四曰行辞。"汉乐府置巴渝鼓员 36 人。③ 不过，由于这种

① 〔晋〕常璩：《华阳国志》卷一《巴志》，刘琳校注《华阳国志校注》，巴蜀书社 1984 年版，第 21 页。
② 冯汉骥：《云南晋宁出土铜鼓研究》，《文物》1974 年第 1 期。
③ 〔汉〕班固：《汉书》卷二二《礼乐志》，中华书局 1964 年版，第 4 册，第 1073 页。

起源于民间的舞蹈到宫廷后脱离了沃土，在汉以后逐渐枯萎，到三国时代的人就对其舞曲“莫能晓句读”①了。

3. 杂技和幻术

汉代乐舞娱乐活动的一个重要特征，是舞蹈通常与包括魔术、杂技在内的百戏活动联系在一起。张衡《西京赋》所述的百戏中既有“总会倡仙”“鱼龙曼延”的化装歌舞会演，又有带有故事情节的“东海黄公”表演，还有一系列杂技、幻术节目。刘歆《西京杂记》卷三有“淮南王(刘安)好方士，方士皆以术见，遂有画地成江河，撮土为山岩，嘘吸为寒暑，喷嗽为雨雾”的描述，但这个说法可能出自后人的附会。

汉代长江流域的杂技项目颇多。根据文献记载，当时较为流行的杂技主要有如下项目：

(1)冲狭燕濯。张衡《西京赋》有“冲狭燕濯”的描写。薛综注：“卷簟席，以矛插其中，伎儿以身投，从中过。”据此“冲狭燕濯”即钻刃圈。表演这种有很大难度和危险性技艺的艺人不仅有男性，也有女性。南阳汉画像石冲狭图上描绘连续穿越刃圈的表演：一个女伎刚冲过狭圈，立地未稳；另一女伎则正纵身腾空，冲向狭圈。②

(2)弄丸跳剑。这个项目是将丸或剑抛掷在空中后，以手承接(剑以手接其柄)。跳丸先秦时已出现，《庄子·徐无鬼篇》中所说的“市南宜僚弄丸，而两家之难解”描写的即是飞丸之戏。跳剑则是秦汉时期出现的新的杂技种类。飞丸艺人一般可飞三丸、四丸、五丸，多者可达七丸乃至十二丸。③ 跳丸需要高超的本领，现代杂技演员能抛九个以上十分少见。④ 由此亦能想见汉代杂技艺人平日的刻苦训练和技艺的精湛。飞剑则一般抛掷三只剑。⑤ 还有一个艺人同时表演跳丸飞剑的情形。迄今为止所看到的最精彩的跳丸飞剑场面是艺人将三只剑抛向空中，又有十一只丸从手中和足上抛起。⑥

(3)叠案倒立。叠案在南北朝文献中称“安息五案”⑦，说明叠案技艺是从安息传入的杂技项目。从汉画像砖石及壁画上看，艺人所叠案均为偶数，有两案、四案和十二案之

① 〔宋〕郑樵：《通志·乐志》，中华书局1995年版，第892—893页。

② 闪修山等：《南阳汉代画像石刻》，上海人民美术出版社1981年版，图10。

③ 刘志远等：《四川汉代画像砖与汉代社会》图94、图版壹：1；闪修山等：《南阳汉代画像石刻》，上海人民美术出版社1981年版，图1、图7。

④ 傅起龙、傅腾龙：《中国杂技》，天津科学技术出版社1983年版，第19页。

⑤ 刘志远等：《四川汉代画像砖与汉代社会》，文物出版社1983年版，图97。

⑥ 山东省博物馆：《山东安丘汉画像石墓发掘简报》，《文物》1964年第4期。

⑦ 〔宋〕李昉等《太平御览》卷五六九《乐部七·优倡》引《邺中记》：石虎“正会殿前作乐，高絙、龙鱼、凤凰、安息五案之属，莫不毕备”。又引《梁元帝纂要》：“又有百戏，起于秦汉……安息五案。”中华书局1960年版，第2572页。

分。表演叠案的艺人多为女性。四川出土的汉代画像砖有女伎在重叠的十二只案上倒立的图像，[①]这是迄今为止人们所见到的汉代叠案最多的场面。

(4)弄球。即在球上倒立行进。这个项目需要身体具备较好的平衡感和柔韧性，徐州茅村东汉画像石有形象资料[②]。现代杂技中也有这个项目，在中国历史上，其起源至晚可上溯到东汉时期。

(5)弄瓶。即用身体将瓶顶起，使之在空中翻飞。成都汉画像砖有表现弄瓶的场面：表演者以左肘顶瓶，右手握剑，剑锋承一丸。[③]

(6)象人表演。即化装成动物表演幻戏。《汉书·礼乐志》云：汉乐府有“象人四人”。颜师古注引孟康曰：象人“若今戏鱼、虾、师子者也”。张衡《西京赋》细致地描写了象人游戏的内容：“戏豹舞罴，白虎鼓瑟，苍龙吹篪”，“神山崔巍，欻从背见。熊虎升而挐攫，猿狖超而高援，怪兽陆梁，大雀踆踆，白象行孕，垂鼻磷囷；海鳞变而成龙，状蜿蜿以昷昷。”徐州汉画像石描绘的象人表演有凤凰、虎、豹、鱼、龙、龟等动物[④]，从这些描述看，象人化装的动物种类以陆地动物为主，也包括海洋动物；既有中国本土出产的动物，也有来自异域的大雀（鸵鸟），还有传说中的龙和神兽。象人不仅表现出动物的自然过程和行为特点如白象行孕和猿猴攀援，也赋予它们人的情感和举止。真实和实在的展现，幻想和虚拟的驰骋，本土和异域的物种，通过演员才分，表现在光怪陆离的变化之中。因此这个节目深受人们欢迎。

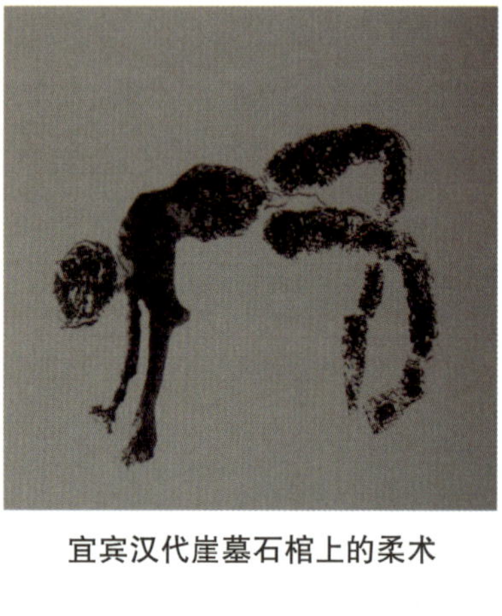
宜宾汉代崖墓石棺上的柔术

宜宾汉代崖墓石棺上的跳剑

杂技叠案倒立

① 刘志远等：《四川汉代画像砖与汉代社会》图版贰：2。

② 江苏省文物管理委员会：《江苏徐州汉画像石》，科学出版社1959年版，图版14。

③ 孙机：《汉代物质文化资料图说》，第390页，图98-17。

④ 江苏省文物管理委员会编著：《江苏徐州汉画像石》，图版52、53。孙景琛等：《谈汉代乐舞画像石与画像砖》，图一七，载南阳汉代画像石学术讨论会办公室编：《汉代画像石研究》，文物出版社1987年版。

四川彭州太平场出土

东汉画像砖上的跳丸表演

四川大邑县出土的汉代杂技画像砖

汉代杂技马戏画像砖

(二)绘画和其他造型艺术

秦汉时代长江流域的绘画和其他造型艺术——雕塑、碑刻和器物造型等,也达到高度的发展阶段,有的具有极高的水平。据《拾遗记》卷四记载:“始皇元年,骞霄国献刻玉善画工名裔。使含丹青以漱石,即成魑魅及诡怪群物之象;刻玉为百兽之形,毛发宛若真矣。皆铭其臆前,记以日月。工人以指画地,长百丈,直如绳墨。方寸之内,画以五渎五岳列国之图。又画为龙凤,骞翥若飞。皆不可点睛,或点之,必飞走也。”这里记载的显然是神话,但据传“骞霄国”是长江流域的某一地区,从这里可以反映出长江流域的骞霄国确是艺术家的摇篮。

秦汉时代的美术作品至今见到最多者为长江流域出土的帛画和漆画,从可以看到的实物中人们可以得知长江流域绘画的艺术水平。

从文献中得知秦汉时代绘画——特别是帛画很多。但至今见到实物最为完整的还是长沙马王堆汉墓的帛画。1972 年 4 月在长沙马王堆一号和三号汉墓中出土的五幅帛画,其中有两幅“T”字形帛画,名曰“非衣”。一号墓中“T”字形帛画全长 2.05 米,上部宽 0.92 米,下部宽 0.477 米,四角缀有飘带,据考据是用来为死者招魂、引路用的。在“非衣”上的画，内容分三部分：上部代表天上，中部代表人间，下部代表地下。画面上有动物、植物、传说中的人物等等。景象和人物有的出自传说，有的则是当时贵族生活的写照，有的属于想象，有的归于现实。画像把那么多的景物完美地组织在一个画面上，真是独具匠心。而且整个画面是采用单线平涂的技法绘成，线条流畅，描绘精细。在色彩处理上，使用了朱砂、石膏、石绿等矿物颜料，对比强烈，色彩绚烂，反映了秦汉时代帛画的技术水平，也说明秦汉时代长江流域帛画的成就①。

湖南长沙马王堆汉墓出土的帛画

湖南长沙马王堆
三号汉墓形帛画局部 1

湖南长沙马王堆
三号汉墓形帛画局部 2

湖南长沙马王堆
一号汉墓形帛画局部 2

① 湖南博物馆、中国科学院考古研究所：《长沙马王堆一号墓发掘简报》，文物出版社 1972 年版。

湖南长沙马王堆一号汉墓形帛画局部 1

湖南长沙马王堆一号汉墓形帛画局部 3

秦汉时代长江流域的漆画艺术也达到高度发展的水准。近数十年在长江流域的长沙、信阳、江陵等地出土的秦汉时代漆器上，都留有各种内容的漆画，每幅漆画都是极珍贵的艺术品。例如马王堆一号汉墓出土的漆器 184 件，三号墓出土的 316 件，有一部分就绘有色彩绚丽的图文或漆画。尤其是一号汉墓中的彩绘大漆棺上的画，更令人叹为观止。漆棺上绘有流云漫卷、神圣逍遥的天国图景，云雾中还有千姿百态、栩栩如生的人、神形象。画技纯熟，画法潇洒生动，线条流畅，气势豪迈、奔放。在江苏连云港市海州发现的西汉墓中，有一漆奁，其漆绘彩画也非常精美；画中有三个不同姿态的人物，一人奏乐，一人舞蹈，一人坐听，三人均束发，系帕头，衣右衽长袖袍。用黑漆勾绘人物形象，色彩鲜艳调和，与马王堆出土的绘画风格极相似①，表明长江流域地区的绘画水平极高。

雕塑及其他形式的造型艺术，在秦汉时代的长江流域也有极大的发展。在长江上游的四川郫县，曾发现一尊东汉时期的击鼓说书陶俑。此俑为一老翁，头梳椎髻，上身袒露，大腹突出，下身着长裤，赤脚，左腿屈踞，右腿前伸。左手持鼓，右手执鼓捧。额前皱纹数道，双目眯缝，歪头吐舌，表情幽默风趣。艺术家捉住说书人最生动的一刹那表情，独具匠心地制成这一稀世珍品。成都发现的汉代崖墓中也有类似的说唱陶俑，均有极高的艺术价值。马王堆汉墓中，曾出土数百个木俑。这些木俑大部分皆雕刻精细，造型生动，大量采用半肉雕的技法。身体各部位比例较为适当，身材一般修长，面貌端正，眉目清秀，反映了这一时期长江流域高超的造型艺术水平。

至于秦汉时代长江流域的石刻、青铜雕刻、建筑等造型艺术，均有极高度的发展。近数十年来长江流域大量考古发现就可得到证明。限于篇幅，不一一列举。

① 南波：《江苏连云港市海州西汉侍其繇墓》，《考古》1975 年第 3 期。

四川绵阳东汉说唱陶俑

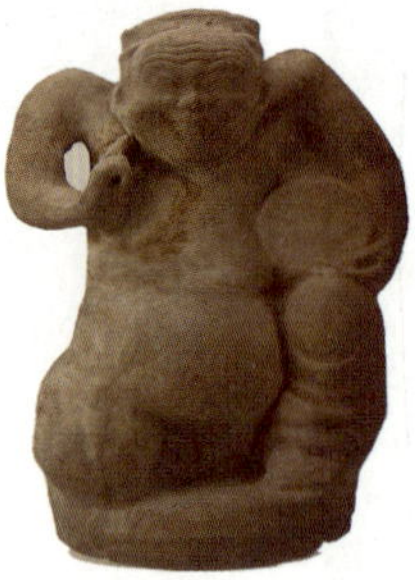

重庆中国三峡博物院藏东汉陶说唱俑

重庆中国三峡博物院藏东汉陶说唱俑

四川博物馆藏汉代说唱陶俑

四川绵阳]说唱陶俑

四川绵阳说唱陶俑

五、秦汉时期长江流域的体育与娱乐活动

秦汉时代长江流域的体育与娱乐，也极其活跃。

（一）导引术

导引术以气功和仿生运动为基本内容。导引是一种节奏缓慢的运动方式，在先秦文献中即有所反映。《庄子·刻意篇》提到模仿熊和鸟运动形态的"熊经"和"鸟伸"两种引术。适度运动对身体的益处曾被战国思想家用类比方式加以证明，其经典表述是《吕氏春秋·尽数》的论述："流水不腐，户枢不蝼，动也。形气亦然。形不动则精不流，精不流则气郁。郁处头，则为肿为风……处足，则为痿为蹷。"模仿动物运动姿势的锻炼方式，在秦汉时期进一步完善。《淮南子·精神训》中有"熊经、鸟伸、凫浴、蝯躩、鸱视、虎顾"六种引术。江陵张家山出土的竹简《引书》系统地记录了当时的导引术式。据研究，该书所载的 65 个导引术式，其姿势包括站式、坐式、卧式、跨式。从运动方式上看，有五种运动类型：包括上肢运动、下肢运动、全身运动在内的徒手导引；包括借助杖、悬板、木柱等外物在内的器械导引；包括模仿蠖、枭、蛇、猿、虎、狼、熊、蛤蟆、鹿、螳螂、鸡等动物运动姿势在内的仿生导引;两人合作进行的导引;呼吸导引。① 在下葬时间上稍晚于张家山汉墓的马王堆三号汉墓出土的《导引图》与《引书》除在治疗某些疾病的具体动作上有差异以及不及前者丰富外,在导引理论和大多数引式上基本相同②。

马王堆汉墓出土的《导引图》(摹本)

湖南长沙马王堆三号汉墓出土的导引图局部

马王堆汉墓帛书《却谷食气》是西汉前期辟谷内容的珍贵文字说明。它指出辟谷者要从每月朔日起服用石韦③,并在就寝和起床时呼吸吐纳。马王堆帛书中的《养生方》《杂疗方》以及竹书《十文》《合阴阳》《天下至道谈》均是房中术或与房中术有密切关系的著述。

(二)娱乐活动

博戏亦称六博或陆博,是中国古代历史悠久的棋类游戏。《史记·殷本纪》记述商王武乙"为偶人,谓之天神,与之博。令人为行,天神不胜"。据此,博戏在商代已经出现,但尚不清楚当时的博戏是否与后世的六博戏相同。《楚辞·招魂》关于"菎蔽象棋,有六博些。分曹并进,遒相迫些。成枭而牟,呼五白些"的描写,则是战国时期六博棋广泛流行的证据。

六博棋具主要由局、棋子、博箸或茕组成。局即六博棋盘,常见的局系方形或长方形木板制成,其上髹漆,局上有 12 个曲道,中央有 1 个方框,四角有圆圈或飞鸟图案。六博棋子有两种类型,一种是 12 粒棋子,分为 6 白 6 黑两组。④ 汉代六博画像石显示,投箸者双手飞舞⑤,较大幅度的身体动作自然造成了浓烈的竞争气氛。

① 高大伦:《张家山汉简〈引书〉研究》,巴蜀书社 1995 年版,第 13—17 页。

② 李学勤:《〈引书〉与〈导引图〉》,《文物天地》1991 年第 2 期。彭浩:《张家山汉简〈引书〉初探》,《文物》1990 年第 10 期。

③ 石韦系一种药用植物,《神农本草经》称其"主劳热邪气,五癃闭不通,利小便水道"。亦有学者认为此处"石韦"可能是一种气,见魏启鹏等:《马王堆汉墓医书校释(贰)》,成都出版社 1992 年版,第 3 页。

④ 湖南省博物馆等:《长沙马王堆二、三号汉墓发掘简报》,《文物》1974 年第 7 期。

⑤ 徐州市博物馆:《论徐州画像石》,图 4,《文物》1980 年第 2 期。

湖南长沙马王堆三号汉墓出土的漆六博具

汉代石棺上的六博场景

蹴鞠亦称“蹋鞠”。据《太平御览》卷七五四引刘向《别录》，至晚在战国时期，蹴鞠即已出现，并成为训练士兵技艺和体力的手段。以后又演变为娱乐活动。当时的蹴鞠游戏有单人和多人形式，如南阳汉画像石和江苏出土的汉画像砖所描绘的蹴鞠场面分别是一男一女相向蹴鞠和单人蹴鞠。①

角抵活动不但是上层社会喜好的娱乐项目，也具有大众娱乐性质。江陵凤凰山秦墓出土的木篦漆盘上所绘角抵图，二人摔跤，一人旁观，三人束发髻，上身赤裸，着短裤，腰系长带。

当时较为正式的举重活动是扛鼎和练锤。据《史记·项羽本纪》“索隐”，扛鼎是“横关对举”，即将鼎横提至膝上，而后两手举起，与现代举重运动中的抓举相似。江苏铜山洪楼汉画像石刻绘一男子双手将鼎举过头顶②，乃是文献“扛鼎”记载的形象展示。扛鼎在秦和西汉时期尤为人们所喜爱，扛鼎者被称为“鼎士”，并受到尊敬。《史记·项羽本纪》载，项羽以“力能扛鼎”闻名江东；另据《论衡·效力篇》，“举重拔坚，壮士之力也”，“世多挈一石之任，寡有举十石之力”，则当时力士有举 10 石者。秦汉 1 斤约重 240 克，1 石 120 斤，10 石折今制约为 288 千克。这个重量或与秦陵百戏俑坑的练力之鼎相仿。这一重量已经超出了今天 105 千克以上级挺举的世界纪录。汉画像石有表现力士拔树的场面：一身材高大男子弯腰倒拔树，树被连根拔起。③

其他的游戏活动包括捕捉动物、斗鸡和弈棋，这些游戏在不同程度上具有成人化的色彩。王充《论衡·自纪篇》中回忆童年时代小伙伴们均好“掩雀、捕蝉”。捕捉到的雀鸟还可以成为汉代儿童手中的宠物。四川彭山汉代崖墓曾出土童子持鸟立俑，儿童满面微

① 吴曾德：《汉代画像石》，图 64。南京市博物馆：《江苏高淳固城东汉画像砖墓》，《考古》1989 年第 5 期。

② 江苏省文物管理委员会等：《江苏徐州汉画像石》，图 56。又该书编者释为举白，观察器物底部有足，应为鼎。

③ 江苏省文物管理委员会等：《江苏徐州汉画像石》，科学出版社 1959 年版，图 56。

笑，左手心立一小鸟，显得十分开心。①

第六节　秦汉时期长江文化的发展规律、特征及对海内外的影响

本节所要叙述的问题多在前面五节中讲到，这里仅简略归纳，以节约篇幅。

一、秦汉时期长江文化的发展规律和特征

长江流域文化的发展，作为中国文化发展的一部分，首先是与中华民族文化发展的特征与规律相一致的。关于秦汉时代中国文化发展的规律与特征，笔者曾归纳为以下三点：①多样化的统一；②大规模地吸收与远距离传播；③在对抗中进步。②

长江地区的文化发展也正是在这一总体规律和特征下进行的。从全国的角度看，长江流域的文化是秦汉时期中国统一文化中的一个组成部分，是形成中华民族绚丽多彩的多样化文化的重要内容。从长江地区本地区范围观察，长江文化同样也是多样化的统一。这里，构成长江流域统一文化的，不仅有上游的巴蜀、中游的荆襄和下游的吴越地区色彩各异的文化，而且有汉民族和“蛮”“夷”等少数民族共同创造的文化。其实，长江流域文化的内部就包括多样化的文化内容。同样，秦汉时期中国文化发展的另外两个规律和特征，也适用于长江流域。在此不再赘述。

在秦汉时期中华民族文化发展总体规律和特征的前提下，长江流域文化发展也有一定特殊规律与特征。简言之就是：

(一)长江流域文化特征具有鲜明的浪漫气息，富有积极进取精神

秦汉时代物质文化、制度文化和精神文化各方面的发展中，贯穿着十分明显的积极进取精神，充满了浪漫的气息。它不仅表现在大量生动、丰富多彩的诗、赋中，而且表现在艺术创作的神奇诡异与独具一格中，甚至还表现在思想领域的“异端”辈出中。反映在物质文化方面则表现为生产的飞速发展，科学技术的高度成就。

(二)较薄弱的专制主义统治，较开放的文化氛围

秦汉时期是中国专制主义中央集权建立的初期阶段，其政治统治的不断强化，对文化发展有促进的一面亦有压制的一面，这是不言自明的。然而，长江流域毕竟距秦汉中央朝廷的咸阳、长安和洛阳较远，其政治统治的力度，显然不及首都附近以及北方广大地区。这就为长江流域文化发展准备了宽松的环境。在几次农民大起义、社会大变动时

① 南京博物院编：《四川彭山汉代崖墓》，文物出版社1991年版，图版35。

② 见林剑鸣《秦汉史》上册《绪论》，上海人民出版社1989年版。

代，大批百姓向长江流域迁徙就是证明。正是这种宽松的条件，使得长江流域文化氛围相对较为开放。从秦到汉不断出现的与正统思想相悖的学说、观点和著作都产生于长江流域，即是由于这一环境提供了有利的条件。

（三）作为文化最深层次的价值观也具有多元化的特点

如前所述，战国时代的秦国同长江流域中、下游的楚、吴、越在价值观上最大区别在于前者“重功利”，后者“轻功利”。但是，这种情况到秦汉时代发生了极大变化，首先是秦亡后入主关中的全国统治集团是以丰、沛为主的长江流域代表人物，秦人与楚人的价值观在撞击中必然互有影响。如项羽与刘邦两人虽均系楚人，但在对夺取天下后的处置办法和追求的终极目标方面，却完全不同，表明楚人的价值观在发生变化。其次，长江流域的一部分——巴蜀，始终是秦的领地。到汉代巴蜀仍是长江流域文化的组成部分。这部分原属秦的地区文化，自然与中下游的荆襄、吴越不同。因此，长江流域文化最深层次的价值观其实是多元的，既有重功利的维度，也有重仁义的维度。反映在学术思想上乃是儒道法家皆有发展空间，而突出表现为黄老和杂家占重要地位，在物质文化发展上的丰富多彩，文学方面的浪漫气息，无不与此相关。

二、秦汉时期长江流域文化对中国和世界的影响

这个问题已在前面各节分别加以叙述。在此仅需概括地归纳如下：

（1）秦汉时期长江流域的文化是中国古代最富有活力的文化。在秦汉时代它同西域文化共同为中国文化增添生机，为后世中国文化的多元发展的一个重要源头。

（2）长江流域文化是汉代统治者借以维持其统治的文化，西汉初年实际是长江流域文化取代关中文化的发生年代。当然，在这一过程中长江流域文化的内涵也发生变化，但在汉代文化的基础中长江流域的文化占有重要成分，是不可否认的事实。

（3）既然长江流域文化在汉文化中占据如此重要的地位，那么，秦汉文化尤其是汉文化对世界的影响无疑也包括了长江文化的成分。如外国人称中国为 China 就是“秦”的音译，有的学者还认为它是“楚”的音译①，如果是“荆”“楚”的音译，那就更证明长江流域文化对世界影响之大。至于通称中国境内人口最多的一个民族为“汉人”，称一个好人为“好汉”，一个男人为“汉子”，这些延续至今的称呼，不仅可证明汉代对中国和世界的影响，也可窥见作为汉文化基础的长江文化对中国后世和世界的影响。

至于长江流域的物质文化、精神文化具体的对外影响，例如精美的丝绸一直运向罗马等，事实已不胜枚举，限于篇幅在此从略。

① 苏仲湘：《论“支那”一词的起源与荆的历史和文化》，《历史研究》1979 年第 4 期。

1987 年广西合浦黄泥岗
1 号墓出土的绿柱石、水晶串饰

1987 年广西合浦
文昌塔 70 号墓出土的玻璃杯

1975 年广西合浦堂排
2 号墓出土的肉红石髓动物串饰

东汉牵马胡人铜俑